RechtsKompass 2016

Sicher durch den Rechtsalltag

Wolters Kluwer Deutschland GmbH

Postfach 10 01 61 · 68001 Mannheim
Telefon 0621/8626262
Telefax 0621/8626263
www.wolterskluwer.com

Stand: April 2016

Herausgeber: Assessor jur. Manfred Kotzian-Rumpf

Redaktion: Assessor jur. Manfred Kotzian-Rumpf, Dr. jur. Betina Münch, Rechtsanwältin Tanja Husmann, Rechtsanwältin Jutta Weber

Bildquelle: © Alex Staroseltsev / Fotolia.com

Druck: Williams Lea & Tag GmbH, München

ISBN 978-3-86817-760-2

So kommen Sie sicher durch den Rechtsalltag

Recht haben und recht bekommen sind bekanntermaßen zweierlei. Wir wollen beides für Sie. Mit unserem **RechtsKompass** sind Sie in der Lage, die Rechtsfälle des täglichen Lebens zu lösen oder sie zu vermeiden – und das schnell, komfortabel und jährlich aktuell.

Tagtäglich sind Sie mit rechtlichen Fragen konfrontiert. Stellen Sie sich vor:

- Sie wollen mangelhafte Ware zurückgeben, wissen aber nicht wie.
- Sie wollen eine Handwerkerrechnung reklamieren, wissen aber nicht, wie verbindlich ein Kostenvoranschlag ist.
- Sie haben sich von Ihrem Ehepartner getrennt. Was kommt jetzt alles auf Sie zu?
- Sie haben geerbt. Haben die anderen Verwandten dennoch Ansprüche?
- Ihnen soll gekündigt werden. Wonach richtet sich die Abfindung?
- Sie haben Ärger mit dem Nachbarn. Was tun?
- Der Vermieter will die Miete erhöhen. Darf er das so einfach?
- Ihr neues Auto hat Macken. Auf wie viel Nachbesserungsversuche müssen Sie sich einlassen?
- Sie sind zu schnell gefahren. Wie wehren Sie sich gegen den Bußgeldbescheid?

In solchen Situationen **schnell** Ihre Rechte zu kennen, gibt Ihnen ein sicheres Gefühl – und Sie können anderen gegenüber souverän auftreten. Und wenn Sie mit dem **RechtsKompass** auch noch zum richtigen Zeitpunkt das Richtige tun, können Sie viel Geld sparen.

Die aktuelle Jahresausgabe verhilft Ihnen auch 2016 immer zu Ihrem Recht!

Mannheim, im April 2016

Manfred Kotzian-Rumpf
Herausgeber

Inhalt

A RECHT IM ALLTAG

B FAMILIE UND RECHT

E MIETE UND RECHT

A1 Ihre Rechte beim Einkauf im Ladengeschäft

1 Wenn Sie einen Kaufvertrag abschließen

Ab wann Sie sich vertraglich binden

Der Kaufvertrag ist in dem Moment **geschlossen,** wenn Sie als Kunde erklären, eine bestimmte Ware **kaufen** zu wollen und der Verkäufer damit **einverstanden** ist. Alltägliches Beispiel: Sie legen im Supermarkt Ware auf das Kassierband, die Kassiererin scannt den Preis ein. Das hat rechtliche Folgen:

- Der **Verkäufer** muss die Ware **liefern.**
- Als **Käufer** müssen Sie den Kaufpreis **bezahlen** und die Ware **abnehmen**.
- Sie erkennen die **Allgemeinen Geschäftsbedingungen** (abgekürzt AGB) des Verkäufers an.
- Spätestens mit der Übergabe der Ware beginnen die **Fristen** der **Gewährleistungsrechte** zu laufen (→ Abschn. 6.1).

! Damit Sie den Zeitpunkt und auch den Inhalt des Vertragsschlusses im Streitfall nachweisen können, sollten Sie sämtliche **schriftlichen Unterlagen** (z. B. Bestellung, Kaufvertrag, Quittung) sorgfältig aufbewahren.

In manchen Branchen (z. B. Möbel- oder Kfz-Handel) sehen die Allgemeinen Geschäftsbedingungen einen **Annahmevorbehalt** vor. Hier muss der Verkäufer innerhalb einer bestimmten Frist die Bestellung ausdrücklich annehmen, um den Vertragsschluss zu besiegeln. Tut er das nicht, ist der Vertrag nicht zustande gekommen.

In welcher Form können Kaufverträge abgeschlossen werden?

Beim **typischen Barkauf** wird der Kaufvertrag nur **mündlich** abgeschlossen. In manchen Branchen ist es üblich, den Kaufvertrag **schriftlich** zu schließen, etwa im Möbel- oder Kfz-Handel.

Daneben gibt es **gesetzliche Sonderfälle.** Bestimmte Kaufverträge müssen **schriftlich** abgeschlossen (z. B. Teilzahlungskauf) oder sogar **notariell beurkundet** werden (z. B. Grundstückskauf).

Kaufverträge lassen sich auch **telefonisch,** über das **Internet,** per **E-Mail** oder **Fax** schließen (z. B. im Versandhandel). Diese sogenannten Fernabsatzverträge sind um BGB geregelt (→ Kapitel A 2).

Was ist beim »Kleingedruckten« zu beachten?

Die meisten Einzel- oder Fachhändler regeln in »**Allgemeinen Geschäftsbedingungen**« die Vertragsabwicklung: Also Lieferungs- und Zahlungsbedingungen, Lieferort, Eigentumsvorbehalt, Gewährleistungsrechte und Haftungsfragen. Die AGB werden in der Regel im Ladengeschäft **ausgehängt** (z. B. an der Kasse) oder auf der Rückseite von Bestellformularen oder Rechnungen **abgedruckt.** Hierzu gilt:

- Lesen Sie das »Kleingedruckte« **vor dem Kauf!** Denn mit dem Abschluss des Vertrages erkennen Sie die AGB des Verkäufers an. Entscheidend ist, dass Sie die Möglichkeit hatten, die AGB zu lesen, und nicht, ob Sie sie tatsächlich gelesen haben.
- **Individuelle Vereinbarungen** mit dem Verkäufer **gehen den Klauseln vor!** Haben Sie sich mit dem Verkäufer beispielsweise darauf geeinigt, dass er die Versandkosten trägt, gilt dies, auch wenn in den AGB steht, dass der Käufer diese Kosten zahlt. Halten Sie solche Vereinbarungen aus Beweisgründen unbedingt **schriftlich** fest.
- Bei der Gestaltung seiner Allgemeinen Geschäftsbedingungen muss der Verkäufer **strenge gesetzliche Vorgaben beachten.** Beispielsweise darf er weder die Haftung für Mängel der Ware ausschließen noch die zweijährige Gewährleistungsfrist für neue Waren verkürzen. Verstößt eine Klausel gegen das Gesetz, ist nur diese Regelung, nicht der gesamte Vertrag, unwirksam.

Bei Zweifeln, ob das »Kleingedruckte« mit dem Gesetz vereinbar ist, beraten Sie die Verbraucherzentralen.

2 Wenn es um den Preis und ans Bezahlen geht

Was gilt bei Falschauszeichnungen und Sonderangeboten?

- Ist eine Ware falsch ausgezeichnet, haben Sie **keinen Anspruch** darauf, den Artikel zum günstigeren (= falschen) Preis zu kaufen (z. B. ist ein Artikel versehentlich mit € 10,– ausgezeichnet, kostet aber tatsächlich € 100,–). Denn **Warenauszeichnungen** und **Schaufensterauslagen** sind **unverbindliche**

Angebote des Verkäufers. Hier können Sie höchstens auf die Kulanz des Verkäufers hoffen, Ihnen die Ware günstiger zu überlassen.

- **Wirbt** ein Händler mit einer **Preisgarantie** – wie es Elektronik- und Baumärkte oft tun –, ist diese für ihn **verbindlich.** Bewahren Sie aber die Werbung auf, damit Sie im Streitfall das Garantieversprechen nachweisen können.
- Zwar darf ein Händler nicht mit falschen oder unvollständigen Sonderangeboten werben (sogenannte »**Lockvogelangebote**«). Als privater Verbraucher lässt sich daraus aber **kein Anspruch** herleiten. Das gilt ebenso, wenn beworbene Artikel schnell ausverkauft sind, weil der Händler sie nicht in ausreichender Menge vorrätig hält (z. B. bei Alltagswaren für mindestens zwei Tage). In beiden Fällen könnte zwar beispielsweise ein Konkurrent einen Wettbewerbsverstoß beanstanden, Ihnen als Kunde nützt das aber nichts.

Wann müssen Sie den Kaufpreis bezahlen?

Grundsätzlich müssen Sie den Kaufpreis erst bezahlen, wenn Ihnen die gekaufte Ware übergeben wird. Eine **Anzahlung** darf der Verkäufer aber verlangen, wenn er dafür einen **sachlichen Grund** hat (z. B. will er sicherstellen, dass Sie eigens für Sie bestellte Ware auch wirklich abholen). Die Höhe ist Verhandlungssache.

Durch eine Regelung im »**Kleingedruckten**« eines Kaufvertrages dürfen Sie nicht zu einer Anzahlung verpflichtet werden. Auch die Klausel »Zahlung am (Datum), Restzahlung vor Lieferung« ist unzulässig. Sie müssen also nicht vor der Lieferung den kompletten Kaufpreis zahlen.

3 Wie kommen Sie von einem Kaufvertrag wieder los?

Der Verkäufer zeigt sich kulant

Ein von Ihnen gekaufter Artikel ist an sich **einwandfrei,** passt oder gefällt Ihnen aber nicht: Ob Sie die Ware zurückgeben dürfen, hängt allein von der Kulanz (also dem Entgegenkommen) des Verkäufers ab. Sie haben **keinen** gesetzlichen **Anspruch auf Umtausch,** wenn die Ware in Ordnung ist.

In der Praxis räumen aber viele Händler (z. B. Bekleidungsgeschäfte) ihren Kunden die Möglichkeit ein, die Ware innerhalb einer bestimmten Frist gegen **Vorlage des Kassenbons** umzutauschen.

! Erkundigen Sie sich vor dem Kauf, ob und innerhalb welcher Frist Sie die Ware umtauschen können. Fragen Sie auch, ob Sie dann Geld oder einen Warengutschein erhalten.

Alles Wissenswerte zum Umgang mit **Waren- und Geschenkgutscheinen** finden Sie auf Ihrer Rechtstipps-CD.

Sie können den Vertrag ausnahmsweise anfechten

Sie können einen Kaufvertrag nur **in bestimmten Fällen** anfechten:

- Sie haben sich beim Vertragsschluss über den **Inhalt des Kaufvertrages** oder eine **wesentliche Eigenschaft** der Kaufsache **geirrt.** Es reicht nicht, wenn sich Ihr **Beweggrund** für den Kauf nachträglich als Irrtum herausstellt (z. B. passt das Sofa nicht so gut ins Wohnzimmer, wie Sie sich das vorgestellt haben).
- Sie **verschreiben** sich beim Ausfüllen eines Bestellformulars und geben eine falsche Bestellnummer an.
- Der Verkäufer hat Sie **bedroht** oder **arglistig getäuscht** (z. B. versichert der Möbelverkäufer, es handle sich um Massivholz, in Wirklichkeit weiß er, dass der Schrank nur furniert ist).

Fechten Sie den Vertrag erfolgreich an, wird er **unwirksam. Folge:** Sie geben die Ware zurück und erhalten dafür den gezahlten Kaufpreis. Die Anfechtung müssen Sie gegenüber dem Verkäufer sofort erklären – spätestens am Tag, nachdem Sie den Irrtum bemerkt haben. Wurden Sie bedroht oder arglistig getäuscht, haben Sie **ein Jahr** Zeit. Aus Beweisgründen sollten Sie den Kaufvertrag stets **schriftlich** anfechten.

Auch der **Verkäufer** kann einen Kaufvertrag **anfechten,** beispielsweise wenn er Rechnungspositionen **falsch addiert** hat. Hier ist eine Berichtigung möglich. **Anders** bei einem **Kalkulationsirrtum:** Legt der Verkäufer irrtümlich einen falschen Preis im Vertrag fest (z. B. verwendet er veraltete Preislisten), kann er diesen Fehler nicht mehr korrigieren. Sie bekommen die Waren zum genannten Preis.

Haben Sie einen Vertrag angefochten, darf der Verkäufer in manchen Fällen **Schadensersatz** verlangen, weil er auf den Bestand des Vertrages vertraut hat (z. B. fehlt die Originalverpackung und kann der Verkäufer die Ware nicht mehr zum Originalpreis verkaufen, müssen Sie die Differenz bezahlen).

Sie treten vom Vertrag zurück

Wie Sie vom Vertrag loskommen, wenn die **Lieferung verzögert** oder **gar nicht erfolgt,** lesen Sie im nächsten Abschnitt. Auch wenn die gekaufte Ware mangelhaft ist, dürfen Sie den Vertrag rückabwickeln (→ Abschn. 6.4).

Kein Widerruf beim Einkauf im Ladengeschäft

Kaufen Sie Waren im Ladengeschäft eines Einzel- oder Fachhändlers, haben Sie **nicht das Recht,** den Vertrag zu **widerrufen.** Das gilt entgegen der landläufigen Meinung auch für Bestellware (z. B. bestellt der Elektrohändler ein spezielles Leuchtmittel für Sie, das er nicht in seinem Sortiment hat). Ein gesetzliches Widerrufsrecht steht Ihnen aber zu, wenn Sie Waren im **Versandhandel** bestellen (→ Kapitel A 2).

4 Wenn sich die Vertragserfüllung verzögert

Der Verkäufer liefert die Ware nicht zum vereinbarten Termin

Verzögert sich die Lieferung, sollten Sie den Verkäufer zunächst durch eine **schriftliche Mahnung »in Verzug setzen«.** Das bedeutet: Sie weisen ihn ausdrücklich darauf hin, dass er seinen Teil des Vertrags nicht erfüllt hat und räumen ihm zugleich eine angemessene Frist zur Lieferung ein (z. B. zwei Wochen). Gleichzeitig drohen Sie an, sich weitere Rechte vorzubehalten (z. B. Rücktritt oder Schadensersatz), wenn die Frist erfolglos verstreicht.

Auf die Mahnung können Sie **verzichten,** wenn

- ein **bestimmter Liefertermin nach dem Kalender** vereinbart wurde (z. B. »Lieferung am 31. 1. 2014«),
- ein **bestimmter Liefertermin nach einem vorher festgelegten Ereignis** vereinbart wurde (z. B. »Lieferung zwei Wochen nach Eingang der Bestellung«), oder
- der **Verkäufer** die **Lieferung ernsthaft und endgültig verweigert** (z. B. teilt er Ihnen schriftlich mit, nicht zu liefern).

Liefert der Verkäufer auch nach Ablauf der in der Mahnung gesetzten Frist nicht oder war eine Mahnung aus einem der drei Gründe entbehrlich, gerät er mit seiner Lieferpflicht in **Verzug.** Jetzt haben Sie zwei Möglichkeiten:

- Möchten Sie die Ware nach wie vor haben, können Sie die **Lieferung abwarten.** Sie haben weiterhin einen Anspruch darauf. Gleichzeitig steht Ihnen Schadensersatz zu, wenn Ihnen wegen der Verzögerung tatsächlich ein Schaden entstanden ist.
- Haben Sie nach Fristablauf kein Interesse mehr an der Ware, haben Sie das Recht, vom Vertrag **zurückzutreten** und **Schadensersatz** zu verlangen, soweit Ihnen ein konkreter Schaden entstanden ist.

Beispiel: Sie bestellen einen Kühlschrank für € 350,–. Nach erfolgloser Mahnung treten Sie vom Vertrag zurück. Der gleiche Kühlschrank kostet bei einem anderen Händler € 400,–. Außerdem sind die Lieferkosten um € 20,– höher. Der Verkäufer hat Ihnen sowohl die Preisdifferenz als auch die höheren Lieferkosten zu erstatten.

Beachten Sie: In diesem Fall müssen Sie dem Verkäufer **auch dann eine Frist setzen,** wenn für die Lieferung ein bestimmter Termin vereinbart war (z. B. »Die Lieferung erfolgt am 1. 2. 2014«). Nur wenn der Verkäufer die Lieferung ernsthaft und endgültig verweigert hat, brauchen Sie ihn kein weiteres Mal zur Lieferung aufzufordern.

Schadensersatz gibt es aber nur, wenn der **Verkäufer für die Verzögerung verantwortlich ist.** Verzögert sich die Lieferung aus Gründen, die er nicht zu verantworten hat (z. B. aufgrund einer Hochwasserkatastrophe im Liefergebiet), muss er keinen Schadensersatz leisten.

Der Verkäufer kann die Ware überhaupt nicht mehr liefern

Ein Händler kann aus verschiedenen Gründen nicht mehr in der Lage sein, die Ware zu liefern. Beispielsweise, wenn der gekaufte Bauernschrank vor Auslieferung durch einen Wasserschaden zerstört wird oder der bestellte Kindersitz aufgrund einer zwischenzeitlichen Rückrufaktion des Herstellers nicht mehr produziert wird. **Folge:** Der Verkäufer ist **nicht (mehr) zur Lieferung verpflichtet** (§ 275 BGB).

Ist er aber **verantwortlich,** weil er zum Beispiel den Bauernschrank einem anderen, mehr bietenden Kunden verkauft und geliefert hat, haben Sie folgende **Möglichkeiten:**

- Sie können statt der Lieferung der Ware Schadensersatz verlangen. Ersetzt wird der Schaden, der entstanden ist, weil der Verkäufer **nicht mehr liefern** kann.
- **Anstelle** von **Schadensersatz** können Sie auch die Kosten vom Verkäufer verlangen, die Ihnen im Vertrauen auf die Vertragsdurchführung entstanden

sind. Die **zu ersetzenden Aufwendungen** müssen dabei jedoch in einem angemessenen Verhältnis zum Kaufpreis stehen.

Beispiel: Für ein neu gekauftes Klavier haben Sie bereits eine Klavierbank mit einem speziellen Bezug anfertigen lassen, die nicht umgetauscht werden kann.

- Haben Sie den **Kaufpreis bereits bezahlt** und kann die Ware nicht mehr geliefert werden, sollten Sie sich wie stets zunächst an den Verkäufer halten. Bekommt dieser eine **Versicherungsentschädigung** (z. B. Wertersatz für eine Antiquität), können Sie diese Entschädigung von ihm verlangen.
- Die einfachste Möglichkeit: Sie **treten** vom Vertrag **zurück,** zum Beispiel, weil Sie die gekaufte Ware auch woanders kaufen können. Für den Rücktritt genügt eine einfache schriftliche Mitteilung an den Verkäufer.

Es wird die falsche Ware geliefert

Wird Ihnen statt der bestellten eine andere Ware (z. B. statt 93er-Bordeaux ein 96er) oder eine zu geringe Menge geliefert (z. B. statt zwei Kisten Wein nur eine), haben Sie **dieselben Rechte** wie bei Lieferung einer **mangelhaften Sache** (→ Abschn. 6.2).

5 Wann ist eine Ware mangelhaft?

Ein **Mangel** liegt nach § 434 BGB vor, wenn

- die Ware **nicht für den vertraglich vorausgesetzten,** auch dem Verkäufer bekannten **Zweck geeignet** ist (z. B. darf die für innen gekaufte Farbe nur außen verarbeitet werden); **oder**
- der **Ware Eigenschaften fehlen,** die Sie nach den **Äußerungen des Verkäufers** oder des **Herstellers in der Werbung** erwarten können. **Voraussetzung** ist, dass Sie sich gerade wegen der beworbenen Eigenschaft zum Kauf entschlossen haben (z. B. ein günstiger Stromverbrauch); **oder**
- der Verkäufer die **Montage unsachgemäß** durchgeführt hat (z. B. klemmen die Schubladen des Küchenschrankes) oder die **Montageanleitung fehlerhaft** oder **unverständlich** ist; **oder**
- eine **falsche Ware** oder eine **zu geringe Menge** geliefert wird.

6 So reklamieren Sie mangelhafte Waren richtig

6.1 Keine Einschränkungen zu Ihrem Nachteil

Ihr Vertragspartner ist der **Verkäufer,** und damit auch **Ihr erster Ansprechpartner.** Ist die gekaufte Ware mangelhaft, wenden Sie sich zunächst an ihn. Es ist allerdings rechtlich zulässig, wenn der Verkäufer zur Mangelbeseitigung **den Hersteller** oder eine **Servicefirma** einschaltet. Dies kann für Sie auch einfacher sein, insbesondere, wenn der Verkäufer den Fehler nicht selbst beheben kann.

» **Beispiel:** Sie kaufen bei einem Discounter einen PC mit einem umfangreichen Softwarepaket. Bei der Installation ergeben sich Probleme. Hier kann in der Regel nur der Support des Softwareherstellers helfen.

Im »Kleingedruckten« darf der Verkäufer die gesetzlichen Gewährleistungsrechte **nicht** zu Ihrem Nachteil **ausschließen** oder **einschränken.** Entsprechende Klauseln sind **unwirksam** (z. B. die Regelung: »Ein Mangel muss per Einschreiben angezeigt werden«).

Das gilt auch für mangelhafte Ware, wenn der Verkäufer sie preiswert oder preisreduziert verkauft hat. **Ausnahme:** Der Verkäufer weist ausdrücklich darauf hin, dass die Ware Mängel haben könnte (z. B. wird sie als **»Zweite-Wahl-Artikel«** ausgezeichnet). Hier können Sie aus diesen Fehlern der Ware keine Rechte herleiten.

Die Frist für die Reklamation mangelhafter Waren darf weder **im »Kleingedruckten«** noch durch eine **individuelle Vereinbarung** verkürzt werden. Sie beträgt für **neue Waren zwei Jahre,** für **gebrauchte Waren** mindestens **ein Jahr.**

Innerhalb der ersten sechs Monate ab Erhalt der Ware wird zu Ihren Gunsten **gesetzlich vermutet,** dass die Ware bereits beim Kauf mangelhaft war. Das Gegenteil muss der Verkäufer beweisen. Diese Vermutung gilt sogar, wenn unklar ist, ob der Mangel bereits vor Übergabe vorlag oder auf einen Bedienungsfehler des Käufers zurückzuführen ist. **Ab dem siebten Monat** müssen Sie als Käufer den Beweis erbringen, dass der Mangel bereits vorlag, als Sie die Kaufsache erhalten haben.

6.2 Immer schön der Reihe nach!

Ist die gekaufte Ware mangelhaft, stehen Ihnen verschiedene Rechte zu. **Beachten Sie:** Diese **Rechte** sind nach dem Gesetz zwingend **gestaffelt,** das heißt, Sie müssen Schritt für Schritt vorgehen.

- **Schritt 1:** Sie können zunächst »Nacherfüllung«, das heißt Reparatur oder Ersatz vom Verkäufer verlangen.
- **Schritt 2:** Bleibt die Nacherfüllung erfolglos, können Sie vom Vertrag zurücktreten oder den Kaufpreis herabsetzen.
- **Schritt 3:** Zusätzlich können Sie Ersatz Ihres Schadens oder Ihrer Kosten verlangen.

6.3 Sie müssen immer zuerst Reparatur oder Ersatz verlangen

Der Verkäufer bekommt eine »zweite Chance«

Haben Sie ein mangelhaftes Produkt gekauft, **müssen** Sie also zunächst **Nacherfüllung verlangen** (§ 439 BGB). Dabei haben Sie als Käufer ein **Wahlrecht,** ob Sie die Reparatur der mangelhaften Ware oder die Lieferung einer neuen fordern. **Aber:** Ist Ihr Wunsch mit **unverhältnismäßigen Kosten** verbunden, darf der Verkäufer die andere Möglichkeit wählen.

Bleibt der **erste Nacherfüllungsversuch erfolglos** (z. B. schleudert die Waschmaschine trotz Reparatur immer noch nicht), müssen Sie dem Verkäufer grundsätzlich einen **zweiten Versuch** zugestehen. Setzen Sie ihm dabei eine **Frist** – aus Beweisgründen am besten schriftlich. Erst wenn diese Frist erfolglos **abgelaufen** ist, stehen Ihnen die **weiteren Rechte** zu (→ Abschn. 6.4).

Das gilt für die Durchführung der Reparatur

Die **Reparatur** muss – sofern Sie nichts anderes mit dem Verkäufer vereinbart haben – **an dem Ort** durchgeführt werden, wo sich die reklamierte Ware **befindet.** Und zwar ohne Rücksicht auf die Entfernung vom Geschäftssitz des Verkäufers (z. B. der Wohnsitz des Käufers bei Reklamation einer Couchgarnitur).

Die verwendeten Ersatzteile müssen dem Zustand der Kaufsache entsprechen. Neue Waren müssen also mit neuwertigen Ersatzteilen ausgestattet werden.

Das gilt für die Kosten

Alle **Kosten** im Zusammenhang mit der Nacherfüllung **trägt der Verkäufer.** Dazu zählen Transport-, Arbeits-, Wege- oder Materialkosten. Er muss zudem die Aus- und Einbaukosten übernehmen.

Vorsicht: Auf Ihren Kosten bleiben Sie sitzen, wenn Sie einen **Mangel selbst beseitigen** oder durch einen Dritten beseitigen lassen, ohne vorher den Verkäufer unter Fristsetzung zur Reparatur aufgefordert zu haben.

Stellt sich Ihr **Mangelbeseitigungsverlangen** als **unberechtigt** heraus (z. B. weil der Mangel nachweislich allein auf einem Bedienungsfehler beruht), darf der Verkäufer Ihnen die Reparaturkosten in Rechnung stellen.

Der Verkäufer darf für den Fall der Ersatzlieferung **keine Nutzungsentschädigung** dafür verlangen, dass Sie die mangelhafte Ware in Gebrauch hatten: Der Umtausch des defekten Geräts gegen ein neues hat kostenlos zu erfolgen. **Anders,** wenn Sie aufgrund einer mangelhaften Ware komplett vom Kaufvertrag Abstand nehmen (→ Abschn. 6.4).

Was gilt, wenn die Nacherfüllung misslingt?

Kann der Verkäufer den Mangel **auch im zweiten Anlauf** nicht oder nicht dauerhaft beheben, dürfen Sie gleich Rücktritt oder Minderung verlangen (→ Abschn. 6.4).

Allerdings muss der **ursprüngliche Mangel weiter bestehen.** Es darf kein neuer Mangel anlässlich der Reparatur auftreten. Als Käufer, der die Ware nach einer Nachbesserung des Verkäufers angenommen hat, tragen Sie grundsätzlich die Beweislast für das zweimalige Fehlschlagen der Nachbesserung. Sie müssen aber nicht die Ursache dafür benennen. Der Verkäufer kann sich somit bei der Ursachenforschung nicht mehr dumm stellen.

Bei einer **fehlgeschlagenen Nacherfüllung** können Sie nachgelieferte oder nachgebesserte Teile weiter reklamieren. Hier beginnt die zweijährige Gewährleistung neu zu laufen. Das gilt aber nur, wenn der Verkäufer den Mangel wirklich anerkannt hat und nicht nur aus Kulanz repariert hat (vgl. nächster Punkt).

Neue Verjährung, wenn der Mangel behoben wird?

Reklamieren Sie eine mangelhafte Ware **erfolgreich,** so ist rechtlich umstritten, ob Sie danach erneut zwei Jahre Zeit haben, Mängel zu reklamieren. **Voraussetzung** für einen Neubeginn der Verjährung ist, dass der Verkäufer den Mangel **anerkennt.** Handelt er nur aus Kulanz, gilt dies nicht. Die Abgrenzung erfolgt im Einzelfall je nach Umfang, Dauer und Kosten der Mängelbeseitigung.

6.4 Sie wollen den Vertrag rückabwickeln oder weniger bezahlen

Sie treten vom Vertrag zurück

Verweigert der Verkäufer die **Nacherfüllung,** können Sie vom Vertrag zurücktreten (§ 437 Nr. 2 i. V. m. § 323 BGB). Nach dem Gesetz gilt die Nachbesserung grundsätzlich nach dem zweiten erfolglosen Versuch als fehlgeschlagen. Beachten Sie dabei Folgendes:

Ihren Rücktritt teilen Sie dem Verkäufer **schriftlich** mit. Fordern Sie ihn gleichzeitig dazu auf, Ihnen den Kaufpreis zurückzuzahlen und geben Sie ihm die Ware zurück (sofern sie noch bei Ihnen ist). **Wichtig:** Sie bekommen **Geld,** einen Gutschein müssen Sie nicht akzeptieren!

Der Verkäufer darf von Ihnen eine **Nutzungsentschädigung** dafür verlangen, dass Sie die Ware in Gebrauch hatten.

Ihr Rücktrittsrecht ist **ausgeschlossen,** wenn der Mangel nur **unwesentlich ist,** das heißt, die Gebrauchstauglichkeit der Ware nicht deutlich herabgesetzt wird. Der Mangel gilt als unerheblich, wenn sich der Beseitigungsaufwand im Rahmen von 5 % bis 10 % des Kaufpreises bewegt. Das Recht, **den Kaufpreis zu mindern,** bleibt Ihnen in diesem Fall unbenommen.

Das Rücktrittsrecht bleibt Ihnen aber erhalten, auch wenn sich erst nach der Erklärung des Rücktritts herausstellt, dass der **Fehler einfach zu beheben** war.

Sie wollen den Kaufpreis herabsetzen

Statt vom Vertrag **zurückzutreten,** können Sie auch den **Kaufpreis mindern** (§ 441 BGB). Um welchen Betrag Sie den Kaufpreis herabsetzen können, richtet sich nach dem Ausmaß des Fehlers und der sich daraus ergebenden **Wertbeeinträchtigung** der Ware.

! Erkundigen Sie sich bei einer Verbraucherzentrale, in welcher Größe eine Minderung vertretbar ist. Was Sie am Ende als Minderung herausholen, hängt auch von Ihrem **Verhandlungsgeschick** ab.

Teilen Sie dem Verkäufer mit, um welchen Betrag Sie den Kaufpreis herabsetzen. Grundsätzlich kann dies mündlich geschehen. Aus Beweisgründen empfiehlt sich aber ein kurzes Schreiben.

6.5 Sie verlangen Schadensersatz

Schadensersatz steht Ihnen **zusätzlich** zum Rücktrittsrecht und dem Recht auf Minderung zu. Voraussetzung ist, dass die Nacherfüllung zweimal fehlgeschlagen ist und der Verkäufer den Schaden verschuldet hat (z. B. führt er die Reparatur unsachgemäß aus).

Ist Ihnen durch die mangelhafte Ware ein Schaden entstanden, können Sie dafür vom Verkäufer **Ersatz** verlangen. Dabei ist zu unterscheiden zwischen Mangelschäden und sogenannten »Mangelfolgeschäden«:

» **Beispiel:**

- Die Reparatur der neu gekauften Waschmaschine scheitert zweimal. Sie treten deshalb vom Vertrag zurück. Mussten Sie ein kostenpflichtiges Gutachten erstellen lassen, um den Mangel zu beweisen, können Sie die Gutachterkosten als **Mangelschaden** vom Verkäufer verlangen (§ 437 i. V. m. § 28 Abs. 1 BGB).
- Durch die defekte Waschmaschine entsteht ein Wasserschaden an Ihrem Badezimmerteppich. Die Kosten für die Reinigung bzw. für einen neuen Teppich stehen Ihnen als sogenannter **»Mangelfolgeschaden«** zu (§ 437 i. V. m. § 281 BGB).

  Sie können auch den **Ersatz der Ihnen entstandenen Kosten** verlangen (z. B. fallen erhöhte Telefongebühren an, weil Sie für die Reklamation eine teure Servicenummer anrufen müssen).

7 Wenn Ihnen der Händler eine Garantie einräumt

Die Garantie ist eine **freiwillige Leistung des Verkäufers oder Herstellers.** Sie kann sich auf die **Beschaffenheit** der Ware (z. B. »100 % ökologisch abbaubar«) oder auf die **Haltbarkeit** (z. B. »30 Jahre haltbar«) beziehen. Einen Anspruch auf Garantie haben Sie nicht.

Wichtig: Wird Ihnen allerdings eine Garantie eingeräumt, stehen Ihnen **zusätzliche Rechte** zu. Diese gelten **unabhängig** von den gesetzlichen Mängelrechten (→ Abschn. 6.2). Sie können sich **daneben** – also zusätzlich – darauf berufen.

In der Praxis spielt eine Garantie insbesondere eine Rolle, wenn die **Garantiefrist länger** ist **als die Gewährleistungsfrist** (z. B. drei Jahre statt zwei bei Neuwaren) oder die **Gewährleistungsrechte nicht mehr durchsetzbar** sind. Beispielsweise weil der Laden geschlossen hat, in dem Sie die Ware gekauft haben. Die Garantie vom Hersteller gilt dann weiter.

A2 Fernabsatz: Rechtliche Besonderheiten beim Versandhandelskauf

1 Verbraucherschutz als Ziel des Gesetzgebers

1.1 Versandbestellungen sind risikoanfällig

Für den **Versandhandelskauf** per Katalog, Brief, Telefon, E-Mail und Internet gelten besondere rechtliche Regeln. Denn diese Art von Geschäften ist für Sie als Verbraucher besonders **risikoreich.** Sie kennen weder Ihren Vertragspartner noch das Produkt, das Sie kaufen wollen. Deshalb **schützen** Sie die gesetzlichen Regelungen zum sogenannten »Fernabsatzgeschäft« vor unseriösen Geschäftemachern (§§ 312 c ff. BGB).

» **Beispiel:** Den Anbietern von Fernabsatzgeschäften werden umfangreiche Informationspflichten auferlegt (z. B. über den Sitz des Unternehmens, die Anschrift, den Gesamtpreis, die Versandkosten, das Widerrufsrecht; →Abschn. 1.4). Als Verbraucher können Sie einen Versandhandelskauf binnen 14 Tagen widerrufen.

Prüfen Sie Punkt für Punkt durch, ob Sie sich im konkreten Fall erfolgreich darauf berufen können.

1.2 Wann liegt ein Fernabsatzgeschäft vor?

Unter den gesetzlichen Schutz fallen Verträge über Warenlieferungen oder Dienstleistungen, die Sie als Verbraucher mit einem Unternehmer, das heißt einem **gewerblichen Verkäufer** abschließen.

Während Sie bisher nur dann als **Verbraucher** galten, wenn Sie den Vertrag ausschließlich zu privaten Zwecken geschlossen haben, sind Sie für Vertragsschlüsse seit dem 13. 6. 2014 auch dann als Verbraucher geschützt, wenn Sie den Vertrag **sowohl zu gewerblichen als auch zu privaten** Zwecken abschließen. Allerdings darf der gewerbliche oder selbstständig berufliche Zweck nicht überwiegen.

Erforderlich ist weiter, dass der Vertrag unter **ausschließlicher Verwendung** sogenannter **Fernkommunikationsmittel** zustande kommt. Dazu gehören zum Beispiel Brief, Postkarte, Katalog, Fax, Telefon, SMS, E-Mail oder Internet.

» **Beispiel:** Sie bestellen Ware online oder mobil bei einem Internetversandhändler oder telefonisch über eine in einer Werbeanzeige angegebene »Bestell-Hotline«.

Voraussetzung ist weiter, dass Sie **keinerlei persönlichen Kontakt** während der Vertragsanbahnung oder des Vertragsschlusses zum Verkäufer haben. Sonst **entfällt** der Schutz des Fernabsatzrechts.

Das Fernabsatzrecht gilt nur, wenn der Unternehmer **regelmäßig** Waren oder Dienstleistungen im Wege des Fernabsatzes vertreibt und hierfür ein **eigenes Vertriebssystem** eingerichtet hat. Davon können Sie ausgehen beim E-Commerce, Versandhandel, Online- / Teleshopping oder Online-Banking.

1.3 Wann das Gesetz Sie nicht schützt

§ 312 Abs. 2 BGB sieht insbesondere folgende Ausnahmen vor, auf die das Fernabsatzrecht keine Anwendung findet:

- **Immobiliengeschäfte;**
- Verträge über den **Bau neuer Gebäude** oder **erhebliche Umbaumaßnahmen** an bestehenden Gebäuden;
- Verträge über **Reiseleistungen** (z. B. Buchung einer Pauschalreise);
- **Personenbeförderungsverträge** (z. B. Buchung von Flügen, Bahntickets oder Automietverträge);
- Verträge über die Teilnutzung von Wohngebäuden (sogenanntes **»Time-Sharing«):** Sie schließen einen Vertrag, wonach Sie ein bestimmtes Appartement auf Mallorca drei Wochen im Jahr nutzen dürfen;
- **Lieferung von Lebensmitteln, Getränken** oder sonstigen **Haushaltsgegenständen des täglichen Bedarfs,** die an Ihren Wohnsitz, Aufenthaltsort oder Arbeitsplatz durch häufige regelmäßige Fahrten geliefert werden;
- Verträge über die **Benutzung von öffentlichen Fernsprechern,** Faxgeräten oder E-Mail-Terminals oder zur Nutzung einer einzelnen hergestellten Telefon-, Internet- oder Telefax-Verbindung.

Entscheidend ist, dass der **Anbieter gewerblich** und nicht nur privat handelt. Denn Verträge von **»privat zu privat«,** die Sie beispielsweise über das Internet oder per E-Mail abwickeln, fallen **nicht unter das Fernabsatzrecht.**

Eine **Besonderheit** gilt für Internetauktionen: »Ersteigern« Sie beispielsweise bei eBay eine Ware bei einem gewerblichen Anbieter oder bei einem sogenannten »Power-Seller«, schließen Sie einen (Kauf-)Vertrag, auf den das Fernabsatzrecht grundsätzlich Anwendung findet.

1.4 Als Kunde müssen Sie umfassend informiert werden

Worüber muss der Anbieter Sie aufklären?

§ 312 d Abs. 1 BImSchG i. V. m. Art. 246 a §§ 1, 2 EGBGB verlangt vom **Verkäufer,** dass er unter anderem folgende Informationen preisgibt – und zwar unabhängig davon, ob der Vertrag mit ihm überhaupt zustande kommt:

- **Informationen zum Unternehmer:** Der Händler muss seine Identität (Name, Rechtsform der Firma), seine ladungsfähige Anschrift (d. h. Land, Ort, Postleitzahl, Straße) einschließlich Telefonnummer, Telefaxnummer und E-Mail-Adresse angeben. Nicht als »ladungsfähige Anschrift« gelten: die Postfachanschrift, die Angabe einer bloßen Filialanschrift oder nur die Internetadresse.
- **Informationen zum Produkt:** Sie müssen über die wesentlichen Merkmale der Ware (z. B. Hosenanzug, 2-teilig, schwarz, Größe M) oder der Dienstleistung informiert werden (z. B. über die Funktionsweise und die Systemvoraussetzungen).
- **Informationen zum Vertrag:** Der Händler muss Sie über vertragliche Rechte und Pflichten, das Bestehen eines gesetzlichen Mängelgewährleistungsrechts und gegebenenfalls über die Laufzeit des Vertrages informieren.
- **Informationen zum Preis und weitere Kosten:** Angegeben werden muss der Gesamtpreis der Ware oder Dienstleistung sowie sämtliche sonstige zusätzlich anfallende Kosten.
- **Informationen zu Zahlungs- und Lieferbedingungen:** Sie müssen auch über die Zahlungs-, Liefer- und Leistungsbedingungen informiert werden sowie über den Termin, bis zu dem die Ware geliefert oder die Dienstleistung erbracht werden soll.
- **Informationen zum Widerrufsrecht** (→ Abschn. 4).
- **Informationen im elektronischen Geschäftsverkehr:** Hier muss Sie der Verkäufer über die einzelnen technischen Schritte informieren, die zu einem Vertragsschluss führen, ebenso über die Möglichkeit Eingabefehler zu erkennen und zu berichtigen.
- **Weitere Informationen:** Angegeben werden muss auch, ob und zu welchen Bedingungen ein Kundendienst besteht, welche Leistungen der Kundendienst erbringt und ob Garantien gewährt werden. Zudem müssen Sie spätestens bei Beginn des Bestellvorganges klar und deutlich darauf hingewiesen werden, ob Lieferbeschränkungen bestehen und welche Zahlungsmittel akzeptiert werden.

! Lassen Sie sich von der Informationsfülle nicht abschrecken! Die Vielzahl der Informationen entspricht dem gesetzlichen Standard und spiegelt Ihr Schutzinteresse als Verbraucher wider. Unterläuft dem Verkäufer hier ein Fehler, profitieren Sie davon (z. B. verlängert sich die Widerrufsfrist). Dies gilt selbst dann, wenn Sie die Informationen erst in Ruhe durchgehen, nachdem es zu Unstimmigkeiten im Vertragsverhältnis gekommen ist.

Wann muss der Verkäufer Sie aufklären?

Die Informationen müssen Sie **vor Vertragsschluss** erhalten – und zwar spätestens vor der Abgabe Ihrer auf den Vertragsschluss gerichteten Erklärung (z. B. vor dem entscheidenden »Mausklick« auf die Schaltfläche »zahlungspflichtig bestellen«).

Bei **Online-Bestellungen** genügt es, dass Sie diese Angaben über einen Link abrufen können. Bei **Telefongesprächen** muss der Verkäufer seine Identität und den geschäftlichen Zweck des Vertrages zu Beginn des Gesprächs ausdrücklich offenlegen.

Im Übrigen müssen Ihnen die Informationen spätestens vorliegen, wenn Sie die **Ware erhalten.**

In welcher Form müssen Sie informiert werden?

In der Regel in **Textform.** Darunter ist eine lesbare Erklärung zu verstehen, die auf einem **dauerhaften Datenträger** abgegeben wird und die Person des Erklärenden nennt (z. B. den Verkäufer). Als dauerhafter Datenträger gilt jedes Medium, auf dem eine Erklärung abgebildet, aufbewahrt oder gespeichert werden kann (z. B. Papier, USB-Stick, CD, Speicherkarte, Festplatte, E-Mail).

Die Informationen müssen **klar und unmissverständlich** sein und dürfen **nicht an versteckter Stelle** stehen (z. B. in einem »Sternchen«-Hinweis). Das gilt ebenso, wenn der Anbieter die Informationen ins »Kleingedruckte« aufnimmt. Sie müssen diese Informationen in den Allgemeinen Geschäftsbedingungen jedenfalls mühelos auffinden und zur Kenntnis nehmen können (z. B. werden sie fett gedruckt).

Was folgt, wenn der Verkäufer seine Informationspflichten verletzt?

Als wichtigste Folge **verzögert** sich der **Beginn der Widerrufsfrist:** Sie beginnt erst, wenn der Verkäufer seine Informationspflichten vollständig erfüllt hat. Anders als nach früherem Recht endet die Widerspruchsfrist aber spätestens ein Jahr und 14 Tage nach Vertragsschluss (→ Abschn. 4.4).

Verletzt der Käufer seine Pflicht, Sie über sämtliche anfallenden **Fracht-, Liefer- und Versandkosten** aufzuklären, darf er diese Kosten nicht erstattet verlangen.

Wurden Sie vor Vertragsschluss gar nicht, falsch oder unvollständig informiert, und entsteht Ihnen dadurch ein **Schaden,** muss der Verkäufer diesen ersetzen.

2 Darauf sollten Sie bei der Bestellung achten

Preisangaben müssen eindeutig sein

Die Preisangaben für Internet- oder Katalogbestellungen müssen **eindeutig und wahr** sein. Es muss auch klar werden, welche Versand-, Fracht-, Liefer- und sonstigen Zusatzkosten anfallen. Diese Angaben brauchen allerdings nicht auf den ersten Blick erkennbar oder direkt neben der Ware abgebildet zu sein.

Es reicht auch aus, unmittelbar neben dem Produkt den Hinweis »zzgl. Versandkosten« zu platzieren. Erforderlich ist dann, dass sich beim Anklicken dieses Hinweises ein Fenster mit einer übersichtlichen und verständlichen Erläuterung zur Berechnung der Versandkosten öffnet. Zudem muss die tatsächliche Höhe der für den Einkauf anfallenden Versandkosten jeweils bei Aufruf des virtuellen Warenkorbs in der Preisaufstellung gesondert ausgewiesen werden.

Unzulässig sind hingegen mit einem **»Sternchen«** versehene Preisangaben, die am Ende der Seite auf zusätzliche Vorverkaufs- und Systemgebühren verweisen.

Aber: Ist der Preis für die Ware **fälschlicherweise zu niedrig** angegeben, haben Sie **keinen Anspruch** darauf, die Ware zu diesem Preis zu kaufen. Vorausgesetzt, es war für Sie erkennbar, dass es sich um eine falsche Preisangabe handelte (z. B. kostet ein Flachbildfernseher lediglich 1 / 10 des üblichen Marktpreises).

Hat der Verkäufer Ihre Bestellung per E-Mail bestätigt, kann er den Vertrag **nachträglich anfechten,** sofern er den Preisfehler vorher nicht bemerken konnte.

Mit Zusatzkosten müssen Sie rechnen

Mit folgenden zusätzlichen Kosten müssen Sie bei einer Bestellung rechnen:

- Liefer- und Versandkosten sowie Kosten für besonders schnelle Lieferung **(24-Stunden-Service);**
- Kosten für eine Versendung per **Nachnahme** oder bei **Raten- oder späterer Zahlung;**
- Kosten für **Auslandsbestellungen** (z. B. je nach Ware und Herkunftsland Einfuhrumsatzsteuern oder Einfuhrzölle);
- Kosten einer etwaigen **Rücksendung,** und zwar unabhängig vom Warenwert.

Aber: Auf alle entstehenden Zusatz- und Nebenkosten müssen Sie **ausdrücklich hingewiesen** werden. Allerdings müssen auch diese nicht auf den ersten Blick erkennbar sein. Es reicht, wenn entsprechende Angaben **gut wahrnehmbar** auf einer gesonderten Internetseite gemacht werden, die noch vor Einleitung des Bestellvorgangs notwendig abgerufen werden muss.

Fehlen diese Hinweise auf Zusatzkosten allerdings, darf der Händler diese Kosten nicht von Ihnen erstattet verlangen.

Ihre Bonität darf geprüft werden

Bei einer **Erstbestellung** darf der Versandhändler Ihr Geburtsdatum erfragen, um beim Kauf gegen Rechnung Ihre Bonität prüfen zu können. Das gilt auch bei einer telefonischen Bestellung. Diese Frage ist **datenschutzrechtlich unbedenklich,** da die Antwort Abrechnungszwecken dient.

Eine Bestellbestätigung führt noch nicht zum Vertragsschluss

Die **Homepage** oder der Katalog des Verkäufers stellt noch **kein Angebot** dar. Ihre **Bestellung** stellt rechtlich lediglich das **Angebot** an den Anbieter dar, einen Vertrag abzuschließen. Diese Erklärung können Sie in jeder elektronischen Form – auch online im Internet – abgeben.

Der Verkäufer muss Ihr Angebot allerdings noch annehmen, damit ein Vertrag zustande kommt. Zu einer solchen **Vertragsbestätigung** ist der Verkäufer **seit dem 13. 6. 2014** gesetzlich **verpflichtet.** Sie muss Ihnen innerhalb einer angemessenen Frist nach Vertragsschluss mit dem Vertragsinhalt zugesandt werden, spätestens jedoch bei Lieferung der Ware. Eine bloße **Eingangs- oder Bestellbestätigung** reicht dazu nicht aus.

Anders kann dies bei einer **Internetauktion** sein. Hier kann schon in der Gestaltung der Angebotsseite und der Angabe eines Mindestgebotes ein wirksames Angebot liegen. Gleiches gilt auch, wenn **direkt abrufbare Leistungen** online erfüllt werden (z. B. Herunterladen einer kostenpflichtigen Software oder App).

3 Das gilt für die Warenlieferung

Dürfen Sie die gelieferte Ware prüfen bzw. zu Prüfzwecken öffnen?

Ja. Das Widerrufsrecht darf nicht ausgeschlossen werden, weil Sie die Verpackung der Ware **zur Prüfung geöffnet** und die bestellte Ware geprüft haben. **Aber:** Gehen Sie dabei mit der Ware so sorgsam wie möglich um. Denn unter Umständen müssen Sie bei Verschlechterung oder Beschädigung der Ware **Wertersatz** leisten (→ Abschn. 4.5).

Was gilt bei Verlust oder Beschädigung auf dem Versandweg?

Geht bei einem Fernabsatzgeschäft die bestellte Ware auf dem Versandweg **verloren** oder wird sie **beschädigt,** haben Sie keinen Anspruch, dass Ihnen die Ware noch einmal geliefert wird. Denn mit der Übergabe an einen zuverlässigen Spediteur hat der Händler seine Vertragspflichten erfüllt.

Allerdings müssen Sie die Ware in diesem Fall auch **nicht bezahlen.** Denn das **Risiko,** dass die Ware während des Transports beschädigt wird oder verloren geht, trägt seit der Gesetzesänderung zum 13. 6. 2014 der **Verkäufer,** sofern Sie als Käufer Verbraucher sind. Eine **Ausnahme** gilt nur dann, wenn Sie den Transport selbst organisieren.

Was tun, wenn die gelieferte Ware mangelhaft ist?

Weist die bestellte Ware Mängel auf (z. B. hat der Pullover einen Webfehler), können Sie **innerhalb** der Widerrufsfrist den Vertrag widerrufen und die Ware **zurückschicken.**

Entdecken Sie den Mangel erst **nach Ablauf** der Widerrufsfrist, haben Sie die **gleichen Rechte wie beim Kauf im Ladengeschäft:** Reklamieren Sie dazu den Mangel am besten schriftlich. Fordern Sie den Verkäufer zunächst zur Nachbesserung auf, das heißt, Reparatur der alten oder Lieferung einer neuen Ware. Bleibt das erfolglos, können Sie den Kaufpreis mindern, vom Vertrag zurücktreten und / oder Schadensersatz verlangen (→ Kapitel A1).

Haben Sie den **Kaufpreis bereits bezahlt,** senden Sie die mangelhafte Ware »**unfrei**« an den Verkäufer (z. B. unter Verwendung des im Internet abrufbaren »Retoure«-Aufklebers des Händlers) und verlangen Sie den Kaufpreis zurück. Klauseln in den AGB, wonach der Kunde die Kosten des Rücktransports mangelhafter Waren trägt, sind unwirksam.

Weigert sich die Post, das Paket so anzunehmen, bleibt Ihnen allerdings nichts anderes übrig, als die Portokosten nachträglich vom Händler ersetzt zu verlangen. Machen Sie das am besten **schriftlich** und legen Sie eine Kopie der Portoquittung bei.

4 Wenn Ihnen ein Widerrufsrecht zusteht

4.1 Sie wollen die Bestellung rückgängig machen

Möchten Sie die Bestellung stornieren oder die Lieferung der Ware rückabwickeln, können Sie den Vertragsschluss widerrufen. Nach alter Rechtslage konnten Online-Händler ihren Kunden neben dem Widerrufs- auch ein Rückgaberecht einräumen. Das **Rückgaberecht entfällt** nach der Gesetzesänderung für alle Verträge, die **seit dem 13. 6. 2014** geschlossen werden. **Folge:** Als Kunde können Sie den Vertrag **nur noch widerrufen.**

Beachten Sie dabei: Anders als bislang genügt die kommentarlose Rücksendung der Ware zur Ausübung des Widerrufsrechts nicht mehr. Sie müssen den Widerruf vielmehr zunächst **ausdrücklich und eindeutig erklären** (→ Abschn. 4.5).

4.2 Gibt es Ausnahmen vom Widerrufsrecht?

Ausnahmen sind gesetzlich vorgesehen

§ 312 g Abs. 2 BGB regelt dies unter anderem für Verträge

- zur Lieferung von Waren, die nach **individuellen Kundenspezifikationen** angefertigt werden oder eindeutig auf die persönlichen Bedürfnisse zugeschnitten sind oder die aufgrund ihrer **Beschaffenheit** nicht für eine Rücksendung geeignet sind oder schnell verderben können (z. B. Schnittblumen) oder deren Verfallsdatum überschritten würde;
- zur Lieferung von **Ton- oder Videoaufzeichnungen oder von Computersoftware,** sofern Sie die gelieferten Datenträger **entsiegeln;**
- zur **Lieferung versiegelter Waren,** die aus Gründen des Gesundheitsschutzes oder der Hygiene nicht zur Rückgabe geeignet sind, sofern Sie die Versiegelung lösen (z. B. bei Kosmetikartikeln, Unterwäsche, Bademode);

- zur Lieferung **alkoholischer Getränke,** wenn der Preis bei Vertragsschluss erfolgte, die Lieferung jedoch frühestens 30 Tage nach Vertragsschluss erfolgt und der Preis **Marktschwankungen** unterliegt;
- zur Lieferung von Waren, wenn diese nach der Lieferung notwendig mit anderen Gütern **vermischt** werden (z. B. Heizöl, das mit Restmengen in Ihrem Tank vermischt wird);
- zur **Lieferung von Zeitungen, Zeitschriften** und **Illustrierten.** Erfasst werden auch Abonnements. **Aber:** Ein Widerrufsrecht steht Ihnen zu, wenn Sie als Verbraucher den Abovertrag am Telefon geschlossen haben;
- zur Erbringung von **Wett- und Lotteriedienstleistungen. Ausnahme:** Der Widerruf ist möglich nach telefonischem Vertragsschluss;
- die in **Form von Versteigerungen** geschlossen werden (z. B. ersteigern Sie telefonisch ein Gemälde). **Beachten Sie:** Sogenannte Online-Auktionen gehören nicht dazu (z. B. bei eBay);
- über die Lieferung von Waren oder die Erbringung von Finanzdienstleistungen, deren Preis auf dem Finanzmarkt Schwankungen unterliegt, auf die der Unternehmer keinen Einfluss hat und die innerhalb der Widerrufsfrist auftreten können (sogenannte **»Spekulationsgeschäfte«),** etwa wenn Sie Aktien online kaufen.

Beachten Sie: Bei diesen Verträgen steht Ihnen zwar kein Widerrufsrecht nach dem Fernabsatzrecht zu, möglicherweise können Sie den Vertrag aber nach den Vorschriften des Haustürwiderrufs- oder Verbraucherkreditrechts widerrufen. Die Informationspflichten über Namen und ladungsfähige Anschrift des Händlers, Art und Preis der Ware und andere wesentliche Vertragsmerkmale (z. B. Kündigungsbedingungen) gelten aber trotzdem (→ Abschn. 1.4).

Sind weitere Beschränkungen oder Ausschlüsse in AGB möglich?

Nein. Eine anderslautende Klausel im »Kleingedruckten« des Versandhändlers ist **unwirksam.**

Unwirksam sind auch Klauseln, die sich fälschlich darauf berufen, dass die verkauften Waren oder Dienstleistungen zu den gesetzlich bestimmten Ausnahmen gehören, bei denen ein Widerrufsrecht ausgeschlossen ist. So ist zum Beispiel ein Cognac aus dem Jahr 1919 keine »schnell verderbliche Ware«.

4.3 Wurden Sie über Ihr Widerrufsrecht richtig belehrt?

Der Verkäufer muss Sie grundsätzlich vor Vertragsschluss – spätestens jedoch bei Erhalt der Ware – darüber aufklären, **dass** und **wie** Sie den Vertrag **widerrufen** können.

Wichtig: Auch darüber, dass Ihnen **kein Widerrufsrecht** zusteht, sind Sie zu belehren. Und zwar in allen Fällen, in denen ein an sich bestehendes Widerrufsrecht durch gesetzliche Regelung ausgeschlossen ist (→ Abschn. 4.2). Das gilt etwa, wenn Sie schnell verderbliche Ware wie Schnittblumen bestellen oder eine bestellte Musik-CD entsiegeln.

Eine **ordnungsgemäße Widerrufsbelehrung** muss hinweisen:

- auf das Recht zum Widerruf;
- darauf, dass der Widerruf ausdrücklich erklärt, aber nicht begründet werden muss;
- auf die Dauer und den Beginn der Widerrufsfrist sowie darauf, dass zur Fristwahrung das rechtzeitige Abschicken der Widerrufserklärung genügt. Unwirksam ist der Hinweis, dass die Widerrufsfrist »frühestens« mit Erhalt der Widerrufsbelehrung beginnt;
- den Namen, wem gegenüber der Widerruf zu erklären ist und dessen ladungsfähige Anschrift mit Telefonnummer;
- darauf, dass der Verbraucher im Widerrufsfall die Kosten für die Rücksendung der Waren zu tragen hat, und auf die Kosten, die insbesondere dadurch entstehen können, dass die Waren aufgrund ihrer Beschaffenheit nicht auf dem normalen Postweg zurückgesendet werden können, **und**
- auf das Verfahren für die Ausübung des Widerrufsrechts.

Die Belehrung muss **klar und verständlich** sein und darf keine verwirrenden oder ablenkenden Zusätze enthalten. Sie muss sich **drucktechnisch** vom übrigen Text abheben (z. B. durch Farbe, Fettdruck oder Sperrschrift) und die Person des erklärenden Verkäufers ausdrücklich nennen. Sonst ist sie nicht ordnungsgemäß erteilt.

Die Belehrung muss Ihnen außerdem in **Textform** erteilt werden, also beispielsweise in einem schriftlichen Vertrag, per Fax oder per E-Mail. Ein Hinweis auf der Website reicht nur aus, wenn Sie ihn herunterladen und / oder ausdrucken können.

Der Verkäufer darf die Widerrufsbelehrung auch in seine **AGB** aufnehmen, wenn er sie darin nicht »verschwinden« lässt, sondern drucktechnisch hervorhebt (z. B. durch Fettdruck).

4.4 Es gibt kein »ewiges« Widerrufsrecht mehr

Wurden Sie als Kunde **ordnungsgemäß** über das Widerrufsrecht **belehrt,** steht Ihnen ein **14-tägiges** Widerrufsrecht zu. Diese Frist gilt nun **europaweit.**

Die Frist beginnt bei **Warenlieferungen** mit dem Erhalt der Ware. Wird die Ware vom Auslieferer bei einem nicht bevollmächtigten Nachbarn abgegeben, beginnt die Frist erst, wenn die Ware bei Ihnen ankommt (z. B. gibt der Nachbar das angenommene Postpaket bei Ihnen ab).

Bestellen Sie **mehrere Waren** in einer einheitlichen Bestellung und werden diese getrennt geliefert, beginnt die Widerrufsfrist bei Erhalt der letzten Teillieferung.

Schließen Sie einen **Abonnementvertrag über gleichartige Leistungen** ab (z. B. beziehen Sie ein mehrbändiges Lexikon), ist der Erhalt der ersten Teillieferung entscheidend. **Wichtig:** Die Frist beginnt danach nicht noch einmal neu!

Bei Dauerlieferverträgen über **ungleichartige Leistungen** (z. B. mehrere Kleidungsstücke) beginnt die Frist erst nach Erhalt der letzten Lieferung.

Bei ordnungsgemäßer Belehrung **erlischt** das Widerrufsrecht nach 14 Tagen. Bei unterlassener oder fehlerhafter Belehrung galt das Widerrufsrecht nach früherer Rechtslage unbegrenzt. Für Verträge, die seit dem 13. 6. 2014 geschlossen werden, endet es nun auch in diesen Fällen spätestens nach einem Jahr und 14 Tagen.

Holt der Verkäufer die Widerrufsbelehrung innerhalb von zwölf Monaten nach, beginnt die 14-tägige Widerrufsfrist ab dem Zeitpunkt, in dem Ihnen die Belehrung zugeht.

4.5 Wie wird der Widerruf abgewickelt?

Eindeutige Erklärung des Widerrufs zwingend notwendig

Anders als bislang genügt die kommentarlose Rücksendung der Ware zur Ausübung des Widerrufsrechts nicht mehr. Sie müssen vielmehr innerhalb der 14-tägigen Widerrufsfrist den **Widerruf ausdrücklich erklären.** Dafür genügt eine Äußerung, aus der sich eindeutig ergibt, dass Sie den Vertrag nicht mehr gelten lassen wollen. Das Wort »Widerruf« müssen Sie dabei nicht verwenden. Der Widerruf muss auch nicht begründet werden.

Allerdings: In den AGB des Verkäufers kann vertraglich vereinbart werden, dass die Rücksendung der Ware zur Ausübung des Widerrufsrechts ausreicht. Hier sollten Sie die jeweiligen Vertragsbedingungen genau prüfen.

Der Verkäufer muss Ihnen für den Widerruf ein **Widerrufsformular** zur Verfügung stellen (z. B. auf seiner Internetseite). Dieses brauchen Sie aber nicht zu verwenden. Der Widerruf muss nicht mehr in Textform erfolgen. Sie dürfen ihn **auch formlos** erklären, etwa per E-Mail, per Fax oder telefonisch. Die Widerrufsbelehrung muss deshalb **zwingend** eine **Telefonnummer des Verkäufers** enthalten.

Da Sie als Verbraucher nachweisen müssen, den Widerruf rechtzeitig erklärt zu haben, ist es weiterhin ratsam, ihn aus **Beweisgründen** in jedem Falle **schriftlich** auszuüben (z. B. per Fax mit Sendebericht, per E-Mail oder per Einwurf-Einschreiben).

Der Verkäufer muss Ihnen den Zugang des Widerrufs unverzüglich auf einem dauerhaften Datenträger bestätigen (z. B. per E-Mail).

Eine Frage der Verpackung

Seit dem 13. 6. 2014 müssen Sie den Widerruf grundsätzlich erklären **und** zudem bereits erhaltene Ware auch innerhalb der 14-Tages-Frist zurückschicken. Soweit möglich sollten Sie die Ware in der – pfleglich behandelten – **Originalverpackung** zurücksenden, der Sie auch den Liefer-, Retoure- oder Warenschein beifügen sollten, damit die Ware zugeordnet werden kann. Haben Sie die Originalverpackung nicht mehr, sorgen Sie für eine angemessene Ersatzverpackung, um **Beschädigung** oder **Verschmutzung** der zurückgesandten Ware zu **vermeiden.**

Der Verkäufer darf die Rücknahme der Ware jedenfalls **nicht** von der Rücksendung in Originalverpackung abhängig machen. Eine entsprechende Klausel im »Kleingedruckten« ist unwirksam.

Als Kunde müssen Sie seit dem 13. 6. 2014 übrigens nicht nur **paketfähige Waren** zurückschicken, sondern sind auch für die **Retoure von Speditionsware** verantwortlich.

Sie müssen nach der gesetzlichen Neuregelung grundsätzlich die vollen **Kosten der Rücksendung** tragen (→ Abschn. 4.6), sofern diese Kosten vom Verkäufer vorab in der Widerrufsbelehrung beziffert wurden.

Das gilt auch für die **Kosten,** die entstehen, wenn die Ware aufgrund ihrer Beschaffenheit nicht auf dem normalen Postweg zurückgeschickt werden kann (z. B. Sperrgut, das per Spedition zurücktransportiert werden muss). Verstößt der Verkäufer gegen diese Informationspflicht, muss er für den Transport aufkommen.

Der Widerruf muss zügig abgewickelt werden

Haben Sie von Ihrem Widerrufsrecht Gebrauch gemacht, müssen Sie die empfangenen Waren **innerhalb von 14 Tagen** an den Verkäufer zurücksenden. Diese Frist beginnt für Sie mit der Absendung des Widerrufs. Zur Fristwahrung genügt die **rechtzeitige Absendung** der Waren.

Beachten Sie: Von der Rücksendepflicht sind Sie als Verbraucher aber befreit, wenn der Händler Ihnen angeboten hat, die Ware abzuholen.

Umgekehrt gilt: Auch der Kaufpreis und die Hinsendekosten sind Ihnen innerhalb dieser 14-Tage-Frist zu erstatten. Für den Verkäufer beginnt die Rückzahlungsfrist mit dem Zugang Ihres Widerrufs.

Der Händler kann die Rückzahlung des Kaufpreises und der Hinsendekosten allerdings so lange **verweigern,** bis er die bestellten Waren zurückerhalten hat oder Sie nachgewiesen haben, dass Sie die Ware abgesandt haben. Das gilt allerdings nicht, wenn sich der Händler bereit erklärt hat, die Ware abzuholen.

Wann von Ihnen Wertersatz verlangt werden kann

Als Kunde müssen Sie die Möglichkeit haben, die bestellte **Ware zu prüfen,** ohne dass Ihnen zusätzliche Kosten entstehen (→ Abschn. 3). **Aber: Benutzen** Sie die Ware und können sie deshalb nicht mehr in einwandfreiem Zustand zurückgeben, sind Sie verpflichtet, Wertersatz zu leisten.

Ausnahmen bestätigen jedoch die Regel:

- **Ohne ausreichende Information kein Wertersatz!** Sie müssen vor oder bei Vertragsschluss auf dieses Risiko **in Textform** hingewiesen worden sein. Als Verbraucher müssen Sie einen Wertverlust nicht ausgleichen, wenn die Verschlechterung der Ware allein auf deren Prüfung zurückzuführen ist, und Sie auch im Ladengeschäft die Ware nicht anders behandelt hätten als bei der Lieferung einer Online-Bestellung (z. B. öffnen Sie die Zellophanverpackung eines Buches, um es durchzublättern).
- Außerdem darf von Ihnen im »Kleingedruckten« **nicht generell Wertersatz** verlangt werden für den Fall, dass Sie den Vertrag widerrufen.
- Ebenso ist ein **pauschalierter Betrag** als Wertersatz **unzulässig.**
- Schließlich muss die Höhe des Wertersatzes in einem **angemessenen Verhältnis** zum Kaufpreis der Ware stehen. Unangemessen ist die Ersatzforderung beispielsweise, wenn der geforderte Betrag des Wertersatzes den Anschaffungspreis übersteigt.

Wer haftet für den Verlust oder die Beschädigung der Rücksendung?

Ab dem Zeitpunkt der Rücksendung trägt im Versandhandel der **Verkäufer** wieder die Verantwortung für die Ware: Geht die Ware demnach während des Rücktransports **verloren** oder wird sie **beschädigt,** fällt dies in seinen **Risikobereich.** Sobald Sie die Ware versandt haben, sind Sie von jeglichen Pflichten befreit – sofern Sie die Ware ordnungsgemäß verpackt haben! Sie müssen also keinen Ersatz leisten und bekommen Ihr Geld trotzdem zurück.

4.6 Wer trägt die Kosten des Widerrufs?

Die **Hinsendekosten,** also die Kosten der Lieferung vom Händler an Sie (z. B. die Versandkosten), erhalten Sie als Kunde im Fall des Widerrufs weiterhin erstattet. Allerdings nur die Gebühren für den **Standardversand.** Gebühren für Express- oder Nachnahmezustellung müssen Sie als Kunde selbst tragen (z. B. für einen 24-Stunden-Service).

Neu geregelt ist für den Widerruf von Verträgen ab dem 13. 6. 2014 hingegen die Frage der **Rücksendekosten,** die anfallen, wenn Sie die Ware nach dem Widerruf zurück an den Händler schicken. Diese Kosten tragen – anders als bislang – **grundsätzlich Sie als Kunde** unabhängig vom Warenwert. Voraussetzung ist, dass der Händler Sie über diese Pflicht **vorab informiert** hat.

Die bisherige **»40-Euro-Grenze«,** wonach dem Händler die Rücksendekosten auferlegt wurden, wenn der Bestellwert über € 40,– lag, entfällt. Zulässig sind aber weiterhin **abweichende Regelungen zugunsten des Kunden** in den AGB. Einige größere Versandhändler haben die bisherige Praxis beibehalten und kommen für die Rücksendekosten auch weiterhin freiwillig selbst auf.

! Prüfen Sie deshalb in den jeweiligen AGB genau, ob der Händler im Falle eines Widerrufs auch die Rücksendekosten trägt! Bestellen Sie im Zweifel nur bei einem Händler, bei dem dies sichergestellt ist.

5 Das gilt bei Online-Dienstleistungen

Zu »Online-Dienstleistungen« zählen auf elektronischem Weg erbrachte Dienstleistungen wie beispielsweise das Bereitstellen von Testergebnissen, der Zugriff auf Datenbanken oder Fachartikel sowie die Erbringung von Fernunterrichtsleistungen.

Auch Dienstleistungen dürfen Sie grundsätzlich auf **ihre Funktion hin überprüfen** (z. B. schließen Sie bei einem Mobilfunkprovider einen kombinierten Smartphone-Tarif- und Handykaufvertrag ab und aktivieren zu Testzwecken die SIM-Karte für einen Anruf, eine SMS oder den Aufbau einer Internetverbindung).

Anders als beim Kauf mangelhafter Waren sind Sie bei Online-Dienstleistungen nicht zur Minderung der Vergütung berechtigt! Hier steht Ihnen unter Umständen aber ein **Schadensersatzanspruch** zu. Diesen können Sie mit einem Vergütungsanspruch verrechnen. Lassen Sie sich dabei rechtlich von einer Verbraucherzentrale oder einem Anwalt beraten.

Auch Online-Dienstleistungen können **widerrufen** werden. Das Recht zum Widerruf **erlischt** allerdings, wenn Sie als Verbraucher Ihre ausdrückliche **Zustimmung zum Beginn** der Ausführung der Dienstleistung gegeben haben und gleichzeitig **bestätigen,** dass Sie Ihr Widerrufsrecht bei vollständiger Vertragserfüllung durch den Anbieter verlieren. Zudem muss der Anbieter die Dienstleistung **vollständig erbracht** haben.

Damit ein Widerruf ausgeschlossen ist, muss ein Vertrag über die Erbringung von Dienstleistungen nicht mehr von beiden Seiten vollständig erfüllt worden sein.

Verlangen Sie also zunächst die Ausführung der Dienstleistung und widerrufen dann den Vertrag, bevor die Dienstleistung vollständig erbracht wurde, schulden Sie dem Anbieter **Wertersatz** für die bis zum Widerruf erbrachte Leistung. Vorausgesetzt, Sie wurden über diese Rechtsfolgen ordnungsgemäß belehrt.

» **Beispiel:** Sie widerrufen den kombinierten Smartphone-Tarif- und Handykaufvertrag, nachdem Sie die SIM-Karte zu Testzwecken aktiviert haben. Hier müssen Sie für den vor Ihrem Widerruf in Anspruch genommenen Teil der Dienstleistung Wertersatz leisten, das heißt, den Anruf, die SMS oder die Internetverbindung bezahlen.

6 Das gilt für die Lieferung digitaler Inhalte

Das Gesetz versteht unter dem Begriff »Verträge über digitale Inhalte, die nicht auf einem körperlichen Datenträger geliefert werden« (§ 312 f Abs. 3 BGB) beispielsweise Downloads, E-Books, die Übersendung von Software, PDF-Daten per Mail, Apps, Musik- oder Videostreaming.

Anders als bei Online-Dienstleistungen (→ Abschn. 5) ist die Lieferung digitaler Inhalte **rechtlich** so zu behandeln wie der **Kauf von Sachen.** Weist der digitale Inhalt **Fehler** auf (z. B. lässt sich die heruntergeladene Software nicht installieren, obwohl Ihr Computer die vom Softwareverkäufer vorausgesetzten Hardwareanforderungen erfüllt), haben Sie die gleichen Rechte wie beim Kauf von Waren: Sie müssen zunächst »Nacherfüllung«, also Reparatur oder Ersatz vom Verkäufer verlangen. Bleibt die Nacherfüllung erfolglos, können Sie vom Vertrag zurücktreten oder den Kaufpreis herabsetzen. Zusätzlich können Sie Ersatz Ihres Schadens oder Ihrer Kosten verlangen (→ Kapitel A1).

Auch Verträge über die Lieferung digitaler Inhalte können seit dem 13. 6. 2014 **widerrufen** werden. Das 14-tägige Widerrufsrecht beginnt mit Vertragsschluss. Es kann jedoch **erlöschen,** wenn der Anbieter mit der Ausführung des Vertrages begonnen hat (z. B. mit der Übersendung der heruntergeladenen Datei oder App). Voraussetzung dafür ist allerdings, dass Sie als Kunde diesem Vorgang vor Ablauf der Widerrufsfrist ausdrücklich **zugestimmt** haben. Zudem müssen Sie **bestätigen,** dass Sie durch Ihre Zustimmung mit Beginn der Ausführung des Vertrages Ihr Widerrufsrecht verlieren.

Ist das Widerrufsrecht nicht erloschen und führen Sie beispielsweise einen Download vollständig durch, können Sie den Vertrag innerhalb der 14-tägigen Frist immer noch widerrufen. In diesem Fall müssen Sie – anders als bei Online-Dienstleistungen – **keinen Wertersatz** leisten.

7 Das gilt für den Umgang mit »nicht bestellten Waren«

Wann gelten Waren als »nicht bestellt«?

Das ist der Fall, wenn Sie den Unternehmer **nicht zur Lieferung aufgefordert** haben.

» **Beispiel:**

- Sie erhalten ohne vorige Bestellung Waren auf Rechnung (z. B. Bücher oder Münzen). In dem beiliegenden Brief heißt es, dass der Verkäufer davon ausgehe, dass Sie die Ware behalten und kaufen wollen, wenn Sie sie nicht zurücksenden.
- Als Angehöriger eines Verstorbenen sehen Sie sich Forderungen für Waren gegenüber, die der Verstorbene zu Lebzeiten noch bestellt haben soll.

Von »unbestellten Waren« ist zu **unterscheiden** ein »Kauf auf Probe«, ein »Testkauf« oder das Anfordern eines sogenannten »Kennenlernpakets«. Hier haben Sie die Ware jeweils selbst zur Ansicht bestellt und der Kaufvertrag kommt zustande, wenn Sie mit der Ware einverstanden sind.

Lassen Sie sich von Zahlungsaufforderungen nicht beeindrucken

Der Verkäufer hat allein durch Zusendung unbestellter Waren **keinen Zahlungsanspruch** (§ 241 a BGB). **Ausnahme:** Sie nehmen die »aufgedrängte« Ware ausdrücklich an (z. B. bestätigen Sie dem Händler auf telefonische Nachfrage, dass Sie das zugesandte Paket behalten wollen).

Schweigen Sie also, passiert nichts. Sie müssen das Angebot auch **nicht** ausdrücklich **ablehnen.** Auch nicht, wenn im »Kleingedruckten« steht, dass der Kauf ansonsten verbindlich wird. Sie müssen die unbestellte Ware **nicht** – und schon gar nicht auf Ihre Kosten – **zurücksenden.** Sie dürfen die Ware sogar **ge- oder verbrauchen** (z. B. das Buch lesen oder den Wein trinken), ohne dass der Verkäufer von Ihnen Schadensersatz verlangen kann.

Das Gesetz sieht zwei Ausnahmen vor

- **Sie können erkennen, dass die Ware irrtümlich versendet wurde:** Das ist etwa der Fall bei einer Namens- oder Adressverwechslung. Hier müssen Sie die Ware aufbewahren und sorgfältig behandeln. Sie müssen dem Anbieter die Ware wieder zur Verfügung stellen. Setzen Sie eine angemessene Frist zur Abholung. Verstreicht diese ungenutzt, schicken Sie sie auf Kosten des Anbieters zurück.

- **Der Anbieter liefert eine andere als die bestellte Ware (in gleicher Qualität / Preis):** Häufig sehen die AGB der Händler eine solche Option vor. Sie sind in diesem Fall nicht zur Abnahme verpflichtet, jedoch zur sorgfältigen Aufbewahrung. Die Kosten der Rücksendung trägt in diesem Fall der Händler.

Was tun, wenn (dennoch) ein Mahnbescheid kommt?

Legen Sie in diesem Fall unbedingt fristgerecht **binnen zwei Wochen** ab Zustellung des Mahnbescheides **Widerspruch** dagegen ein. Dann ist der Händler im Zugzwang. Das Gericht teilt ihm nur mit, dass Widerspruch eingelegt worden ist. Im Mahnverfahren wird nicht geprüft, ob der Anspruch tatsächlich berechtigt ist oder nicht. Häufig verfolgen Versandhändler schon nach dem Widerspruch den Anspruch nicht mehr weiter, sodass es gar nicht zu einer gerichtlichen Entscheidung kommt.

Wie gehen Sie mit »nicht bestellten« Dienstleistungen um?

Wird Ihnen eine »nicht bestellte« Dienstleistung in Rechnung gestellt (z. B. erhalten Sie eine Rechnung für eine Eintragung in ein »neues« Telefonbuch, wobei der Eindruck erweckt wird, dass die Eintragung bereits erfolgt ist und die Rechnung sofort fällig ist), gelten dieselben Grundsätze: Der Verkäufer hat allein durch Erbringung unbestellter Leistungen **keinen Zahlungsanspruch** (§ 241 a BGB). **Ausnahme:** Sie nehmen die »aufgedrängte« Dienstleistung ausdrücklich an.

A3 Was Sie über den Umgang mit Plastikgeld wissen sollten – die größten Risiken

1 Wenn Sie mit Ihrer Girocard (ec-Karte) bezahlen

1.1 Das Electronic-Cash-Verfahren

Was können Sie bei einer Falschabbuchung tun?

Beim Electronic-Cash-Verfahren – das ist die verbreitete Methode mit Online-Terminal und PIN-Code – kann es aus technischen Gründen zu **Doppelabbuchungen** kommen. Hier ist die Bank beweispflichtig dafür, dass Sie den doppelt gebuchten Umsatz tatsächlich getätigt haben. Dafür muss man Ihnen den entsprechenden **Beleg vorlegen.** Das geht logischerweise nicht, sodass Ihre Reklamation in jedem Fall Erfolg hat.

Kontrollieren Sie Ihre Kontoauszüge. Zu Unrecht erfolgte Abbuchungen müssen zwar zurückerstattet werden, Sie machen sich aber dem Kreditinstitut gegenüber unter Umständen schadensersatzpflichtig, wenn Sie dies zu spät tun. Heben Sie zur Sicherheit die Kassenbelege auf – zumindest so lange, bis die Abbuchung auf Ihrem Kontoauszug aufgetaucht ist.

Was müssen Sie bei Diebstahl oder anderweitigem Verlust beachten?

Hier gelten dieselben Spielregeln, als wenn eine andere Person Ihre Girocard missbräuchlich am Bargeldautomaten benutzt hätte. Sie haften unabhängig von Ihrem Verschulden für den Schaden bis € 150,–.

Wird die Karte nach Eingang der Verlustanzeige benutzt, übernehmen die Banken den ganzen Schaden, egal wie leichtsinnig Sie zuvor mit Ihrer Karte umgegangen sind. Deshalb gilt die Devise: Sofort die **Karte sperren** lassen. Am schnellsten geht dies, wenn Sie die ausgebende Bank informieren. Den **zentralen Sperr-Notruf** erreichen Sie unter

- 116 116 oder 030 / 40 50 40 50 bzw.
- +49 116 116 oder +4930 / 40 50 40 50 (aus dem Ausland).

Nach Entdeckung des Kartenverlustes haben Sie ca. eine Stunde Zeit, die Karte sperren zu lassen. Andernfalls laufen Sie Gefahr, für den Schaden aufkommen zu müssen, selbst wenn Sie mit der Karte vorschriftsmäßig verfahren sind. Teilen Sie deshalb Ihrer Bank bei der Sperrung auf keinen Fall mit, dass schon mehr als eine Stunde seit der Entdeckung vergangen ist.

Wird die Karte vor der Verlustanzeige benutzt, tragen Sie außerdem den ganzen Schaden, wenn man Ihnen **grobe Fahrlässigkeit** vorwerfen kann.

» **Beispiel:**

- Grob fahrlässig handelt, wer die persönliche Geheimzahl in einem Adressbuch notiert und dieses mit der Karte zusammen in derselben Tasche aufbewahrt.
- Dasselbe gilt für das gemeinsame Aufbewahren der Karte zusammen mit der als vierstellige Telefonnummer getarnten PIN in einem massiven Schließfach in einem Krankenhauszimmer, dessen Tür verschlossen ist.
- Nicht grob fahrlässig handeln Sie dagegen, wenn Sie Ihre Karte daheim unverschlossen in Ihrem Schreibtisch und die PIN-Nummer mit anderen Unterlagen in einem anderen Raum der Wohnung aufbewahren.

Am sichersten ist es nach wie vor, die PIN auswendig zu lernen. Aber selbst das ist noch kein absoluter Schutz.

So gibt es Trickbetrüger, die anderweitig Ihre PIN auskundschaften. Dies geschieht zum Beispiel, indem sie Ihnen beim Bezahlvorgang über die Schulter schauen, während Sie die PIN eingeben. Achten Sie deshalb insbesondere in dieser Situation darauf, dass Sie unbeobachtet bleiben.

Auch das sogenannte **Skimming** kann Ihnen leicht zum Verhängnis werden. Hier wird der Kartenschlitz mit einem fremden Lesegerät manipuliert, sodass Ihre Daten ausgespäht werden können. Die Betrüger fertigen dann mit Ihren Daten eine Kartenkopie und heben Geld ab. Deshalb Kartenautomaten immer genau anschauen und bei verdächtigen Erscheinungen lieber meiden.

Aufgepasst heißt es erst recht im Internet. Hier ist das **Phishing** sehr gefährlich. Antworten Sie nie auf E-Mails, in denen Sie zur Eingabe von **PIN** und / oder **TAN**s aufgefordert werden. Klicken Sie auch nicht auf Links innerhalb solcher Mails. Löschen Sie diese E-Mails endgültig.

Die Beweislast bei grober Fahrlässigkeit trägt zwar nach noch geltender höchstrichterlichen Rechtsprechung der Bankkunde. Danach gibt es den **Beweis des ersten Anscheins** dafür, dass der Karteninhaber seine Pflicht zur Geheimhaltung der PIN verletzt hat, wenn ein Dritter ohne Probleme mit der Karte Geld aus dem Automaten holen konnte. Das bedeutet: Man geht davon aus, dass Sie unvorsichtig waren. In diesem Fall liegt es an Ihnen, das Gegenteil zu beweisen. Von diesem Grundsatz gibt es aber nach neuester Rechtsprechung des Bundesgerichtshof eine wichtige Ausnahme. Die Bank muss nämlich jetzt Ihnen **beweisen, dass bei der Abhebung die Orginalkarte eingesetzt wurde.** Was ja gerade beim o. g. Skimming nicht der Fall ist.

! Da das Ganze nicht so einfach ist, sollten Sie von vornherein versuchen, den Schaden so gering wie möglich zu halten. Das geht zum Beispiel, indem Sie die Tageshöchstbeträge bei Barabhebungen entsprechend Ihren Bedürfnissen so gering wie möglich halten. Außerdem empfiehlt es sich, täglich zu schauen, ob Ihr Plastikgeld noch vorhanden ist. So können Sie den Verlust schnellstmöglich melden.

1.2 Das elektronische Lastschriftverfahren

Hat Ihr Vertragspartner eine Zahlungsgarantie?

Beim elektronischen Lastschriftverfahren – das ist die Variante mit Unterschrift auf dem Beleg – übernehmen die Banken **keine Garantie** für den Karteninhaber. Mit Ihrer Unterschrift **ermächtigen Sie aber Ihre Bank, Ihren Namen und Ihre Adresse mitzuteilen,** falls Sie die Lastschrift aus irgendwelchen Gründen widerrufen sollten oder Ihr Konto keine entsprechende Deckung aufweist und Ihre Bank deshalb nicht zahlt. Damit kann Ihr Vertragspartner, also der Verkäufer, den **Zahlungsanspruch anderweitig gegen Sie durchsetzen.**

Welche Kosten entstehen Ihnen?

Die Ihnen entstehenden Kosten sind dieselben wie beim Electronic Cash. Je nach der Gebührenregelung Ihrer Bank oder Sparkasse kann eine Buchungsgebühr anfallen.

Sollte die Lastschrift allerdings wegen **mangelnder Kontodeckung** zurückgegeben werden, dürfen Ihnen hierfür **keinerlei Gebühren** abverlangt werden. Das gilt auch für pauschal verlangte Benachrichtigungsentgelte. Schadensersatz kann Ihre Bank nur dann von Ihnen verlangen, wenn sie den Schaden konkret beziffert.

Was können Sie bei einer Falschabbuchung tun?

Überprüfen Sie regelmäßig Ihre Kontoauszüge und vergleichen Sie sie mit den Kassenzetteln. Sind Sie mit einer Abbuchung nicht einverstanden, können Sie binnen sechs Wochen problemlos **der Lastschrift widersprechen.** Auch danach ist dies noch möglich.

Was müssen Sie bei Diebstahl oder anderweitigem Verlust beachten?

Beim elektronischen Lastschriftverfahren liegt **das Risiko beim jeweiligen Vertragspartner.** Da die Zahlung ohne Geheimzahl erfolgt, muss der Händler oder Dienstleister nachweisen, dass tatsächlich der Kontoinhaber den Kauf bzw. den Auftrag getätigt hat, wenn dieser die Lastschrift widerruft. Auf alle Fälle heißt es auch hier, unbedingt innerhalb der Sechs-Wochen-Frist zu widersprechen. Und ganz wichtig: Karte sperren lassen!

2 Wenn Sie mit der Kreditkarte bezahlen

2.1 Wie funktioniert der Zahlungsvorgang?

Wenn Sie die Karte beim Händler bzw. Dienstleister benutzen

Wenn Sie mit Ihrer Kreditkarte zahlen, führt Ihr Vertragspartner die Karte in ein Terminal ein. Die Daten der Karte werden eingelesen, und es wird **eine Onlineverbindung zum Rechner des Kartenunternehmens** hergestellt. Dieser prüft die Echtheit der Karte, den persönlichen Verfügungsrahmen und eventuelle Sperren. Mittels moderner Technik wird auch überprüft, ob der Verdacht für einen Missbrauch besteht.

Ist die Zahlung freigegeben, müssen Sie nur noch unterschreiben. Dann hat der Händler auch eine **Zahlungsgarantie** gegenüber dem Kartenunternehmen.

Wenn Sie mit Ihrer Karte im Internet oder am Telefon zahlen

In diesem Fall reicht es aus, wenn Name, Kartennummer und Kartengültigkeit angegeben werden. Diese Daten kommen leicht in falsche Hände, deshalb ist das Missbrauchsrisiko hier besonders hoch. Allerdings trägt das Risiko aus solchen Geschäften (z. B. bei Kartenbestellung für Konzerte) das Vertragsunternehmen.

Widersprechen Sie als Kunde bei der Kontrolle Ihrer Auszüge der Belastung, kann in der Regel nicht bewiesen werden, wer bestellt hat. Genauso verhält es sich mit der **Bestellung im Internet.** Wer hier unter Ihrem Namen mit Ihren Kreditkartendaten bestellt, bekommt, was er will. Es liegt an Ihnen, die Abbuchung zu kontrollieren und gegebenenfalls die Lastschrift binnen sechs Wochen wieder rückgängig zu machen. Den Schaden hat dann also das Vertragsunternehmen.

Wenn Sie eine Zusatzkarte oder eine Firmenkarte haben

Fast alle Kreditkartenunternehmen bieten **Zusatzkarten für Familienangehörige und Lebenspartner** an. Allerdings hat diese Kartenart einen **Nachteil:** Der Inhaber der Hauptkarte muss nach den Geschäftsbedingungen voll für die Zahlungen, die ein anderer mit der Partnerkarte getätigt hat, geradestehen. Deshalb sollten Sie im Fall einer Trennung die Partnerkarte sofort sperren lassen. Hierzu müssen Sie die Karte an das Kartenunternehmen zurückgeben.

Insbesondere große Firmen stellen ihren Mitarbeitern **Firmenkarten** zur Verfügung, damit sie auf Reisen beispielsweise Hotels, Mietwagen leichter bezahlen können. Damit entfällt die spätere Abrechnung von Spesen bzw. der Spesenvorschuss. **Hauptschuldner ist hier die Firma.** Für private Käufe haftet der Mitarbeiter selbst.

Unangenehm wird es für den Mitarbeiter, wenn **das Unternehmen nicht mehr liquide** ist. In diesen Fällen haftet nach den Kreditkartenklauseln der Mitarbeiter selbst, wenn es sich eindeutig um betriebliche Aufwendungen handelt. Chancen haben Sie hier vor Gericht nur dann, wenn Sie nachweisen können, dass Sie normalerweise nicht die Spesen privat bar im Voraus zahlen müssen, sondern dass die direkte Abrechnung im Vordergrund steht.

Können Sie die Kartenzahlung widerrufen?

Es kann Situationen geben, in denen Sie die **Kartenzahlung rückgängig machen** möchten. Der Bundesgerichtshof hat allerdings entschieden, dass Zahlungen per Kreditkarte **grundsätzlich nicht widerrufbar** sind. Die Banken zahlen also zu Recht an das Kartenunternehmen.

Eine **Ausnahme** kann aber gemacht werden, wenn zum Beispiel offensichtlich eine **Unterschriftenfälschung** vorliegt.

2.2 Wie können Sie sich vor Falschabbuchungen schützen?

Vorsichtsmaßnahmen, die Ärger vermeiden helfen

Auch wenn Sie bei den meisten Falschabbuchungen nicht selbst das Risiko tragen, weil Sie der Abbuchung widersprechen können, sollten Sie dennoch beim Bezahlen mit der Kreditkarte bestimmte Dinge beachten:

- Achten Sie schon beim Unterschreiben des Zahlungsbelegs darauf, dass der **Rechnungsbetrag und der auf dem Beleg eingetragene Betrag identisch** sind – und zwar **in der richtigen Währung.**
- Unterschreiben Sie **keine Blankobelege.**
- Streichen Sie gegebenenfalls **Leerräume auf dem Beleg.**
- Achten Sie darauf, dass der **Beleg in Ihrer Gegenwart erstellt** wird.
- Kommt es zu einer **Fehleingabe,** bestehen Sie darauf, dass der falsche **Beleg in Ihrer Gegenwart vernichtet oder Ihnen ausgehändigt** wird.
- **Bewahren Sie Ihren Beleg zumindest so lange auf,** bis der Betrag ordnungsgemäß bei Ihnen abgebucht worden ist.
- Wenn Sie **Belege** nicht mehr brauchen, machen Sie diese **unkenntlich.**
- Setzen Sie Ihre Karte am besten nur dort ein, wo **Sie von der Seriosität Ihres Vertragspartners** überzeugt sind.
- Geben Sie Ihre **Kreditkartennummer** nur bei einer sicheren (verschlüsselten) Internetverbindung ein. Sie können dies in der Adresszeile Ihres Browsers erkennen: Sichere Seiten beginnen mit »https« (statt nur »http«), und ein kleines Vorhängeschlosssymbol erscheint in der Statuszeile. Der meistverwendete Sicherheitsstandard ist der SSL-Standard.
- Erledigen Sie grundsätzlich den elektronischen Zahlungsverkehr von Ihrem Computer daheim aus, nicht etwa aus einem Internetcafé. Nutzen Sie aktuelle Anti-Virenprogramme.
- Nach einem Kartenmissbrauch im beleglosen Zahlungsverkehr sollten Sie Ihre Karte abgeben und eine neue beantragen. So können Sie weiteren Missbräuchen vorbeugen.

Was tun bei einer Falschabbuchung?

Stellen Sie anhand Ihrer Abrechnung oder Ihrer Kontoauszüge fest, dass Sie einen Umsatz entweder gar nicht oder zumindest nicht in der angegebenen Höhe getätigt haben, sollten Sie die **Buchung beim Kreditkartenunternehmen sofort beanstanden.** Beachten Sie dabei, dass die Frist hierfür nicht unbegrenzt ist. Die Kreditkarten-AGB enthalten häufig eine **Saldoanerkenntnisklausel,** die Ihnen **in der Regel 28 Tage oder einen Monat** Zeit lässt.

Nimmt das Kreditkartenunternehmen die Buchung nach Ihrer Beanstandung nicht zurück, bleibt Ihnen die Möglichkeit, der Lastschrift bei Ihrem Kreditinstitut zu widersprechen. Hierbei ist – wie bei allen Lastschriftverfahren – grundsätzlich eine **Sechs-Wochen-Frist zu beachten.**

Beharrt das Kartenunternehmen weiter auf der Zahlung, verlangen Sie den **Originalbeleg.** Grundsätzlich muss nämlich das Kreditkartenunternehmen nachweisen, dass Sie die Zahlung vorgenommen haben. Wenn das Kartenunternehmen dies nicht mit dem Originalzahlungsbeleg mit Ihrer Originalunterschrift kann, brauchen Sie nicht zu zahlen. Eine **Kopie reicht nicht.**

Wenn Sie einen Kreditkartenbeleg blanko unterschrieben haben: Im Ausland wird zum Beispiel beim Anmieten eines Autos oder beim Einchecken im Hotel oft als **Sicherheitsleistung** ein blanko unterschriebener Kreditkartenbeleg verlangt. Hier können Sie die Abbuchung nicht ohne Weiteres verhindern. Denn mit der Unterschrift ist eine Zahlungsanweisung an die Bank unwiderruflich ergangen.

Was müssen Sie bei Diebstahl oder Verlust beachten?

In der Regel haften Sie bei Verlust der Karte und Missbrauch, den eine andere Person begangen hat, bis zum Zeitpunkt der Verlustmeldung an das Kartenunternehmen mit **bis zu maximal € 150,–.** Nach der Meldung haften Sie überhaupt nicht mehr. Dies ist der Vorteil der Kreditkarte gegenüber Bankkarten: Nur dann, wenn man Ihnen selbst einen vorsätzlichen Missbrauch nachweisen kann oder Sie Ihre Geheimzahl nicht sorgfältig verwahrt haben, machen Sie sich haftbar.

Wenn die Karte bei der Zusendung abhandengekommen ist: Hier müssen Sie keine € 150,– zahlen. Der Versand fällt in die **Risikosphäre der Kartenorganisation.** Zur Sicherheit werden Karten daher oft erst nach einem Kontrollanruf beim Kartenunternehmen freigeschaltet.

Auf keinen Fall sollten Sie mit der Verlustmeldung lange warten. In den AGB der Kartenausgeber wird von Ihnen verlangt, dass Sie »**unverzüglich**« den Verlust melden. Allerdings kann keiner von Ihnen verlangen, ständig nach der Karte zu schauen. Es reicht aus, wenn Sie nachweisen können, dass Sie die Karte sicher aufbewahrt haben. Ansonsten gelten dieselben Verhaltensregeln wie bei Ihrer Girocard. Deshalb hier die **bundesweiten Notfallnummern zur Karten-Sperrung:**

- 116 116 (kostenfrei) oder 030 / 40 50 40 50 bzw.
- +49 116 116 oder +4930 / 40 50 40 50 (aus dem (Ausland).

Achtung: Bei weiteren Umsätzen nach Verlustmeldung erhalten Sie von Ihrem Kreditkartenunternehmen ein Formular, in dem Sie nach Ihrem letzten getätigten Kreditkartenumsatz gefragt werden. Vergessen Sie auf keinen Fall, **dieses Formular korrekt ausgefüllt binnen der vorgeschriebenen Zeit zurückzuschicken.** Andernfalls können Ihnen die jetzt noch getätigten Umsätze angelastet werden!

2.3 Wann kann der Kreditkartenvertrag gekündigt werden?

Die meisten **Kartenunternehmen behalten sich ein jederzeitiges Kündigungsrecht** gegenüber dem Kunden vor. Gründe muss das Unternehmen nicht angeben. Eine Kündigung zur Unzeit kann den Karteninhaber erheblich in Schwierigkeiten bringen, zum Beispiel, wenn er sich auf einer Auslandsreise befindet. Der Bundesgerichtshof hat deshalb die Kündigung in diesen Fällen für unzulässig erklärt. Kreditkartenunternehmen müssen daher **eine Kündigungsfrist von sechs Wochen zum Schluss eines Kalendervierteljahres** einhalten.

Ausnahme: Sie haben dem Kartenunternehmen einen **besonderen Grund zur außerordentlichen Kündigung** geliefert. Ein derartiger Grund ist etwa die Manipulation einer Karte oder das wiederholte absichtliche Überziehen des Verfügungsrahmens.

Auch **als Kunde** können Sie die Kreditkarte kündigen. Meist akzeptieren dies die Unternehmen sogar während der Laufzeit. Die Kündigung wird aber nur dann gültig, wenn **die zerschnittene Karte beim Unternehmen eingegangen** ist. Haben Sie den Kreditkartenvertrag vorzeitig gekündigt, muss man Ihnen den entsprechenden Teil der Jahresgebühr zurückerstatten. Das gilt aber nur für einen Vertrag, bei dem keine feste Laufzeit vereinbart wurde.

A4 Sicher mit Handwerkern und Kundendiensten umgehen

1 Worauf es schon bei der Auftragsvergabe ankommt

1.1 Erteilen Sie einen genauen und verbindlichen Auftrag

Mit der Beauftragung eines Handwerkers schließen Sie einen **Werkvertrag.** Der Handwerker schuldet Ihnen einen bestimmten **Erfolg** (z.B. soll der defekte Fernseher wieder funktionieren). Er hat nur dann ein Anrecht auf seinen Lohn, wenn er Ihnen das Ergebnis präsentieren kann, das Sie vertraglich vereinbart haben.

Je unbestimmter Sie Ihren Auftrag formulieren (z.B. »Schauen Sie doch mal nach, was an dem Gerät kaputt ist!«), desto mehr Möglichkeiten räumen Sie dem Handwerker ein, später auch für Tätigkeiten kassieren zu können, die gar nicht nötig waren bzw. gar nicht zum Erfolg geführt haben. Deshalb sollten Sie Ihren **Auftrag so konkret wie möglich formulieren.**

Der telefonisch erteilte Auftrag ist genauso verbindlich wie ein im Geschäft des Handwerkers unterschriebener oder per Fax oder E-Mail angebahnter Vertrag. Aus Beweisgründen sollten Sie aber – wenn möglich – den Auftrag **schriftlich** erteilen.

Denken Sie auch daran, mit dem Handwerker verbindlich zu vereinbaren, zu welchem **Zeitpunkt** die Arbeiten beendet sein sollen. Ist Ihnen die rechtzeitige Fertigstellung besonders wichtig, sollten Sie dem Handwerker deutlich machen, dass das Geschäft mit der Einhaltung der vereinbarten Zeit steht und fällt (sog. »**Fixgeschäft**«).

1.2 Kostenvoranschlag oder Festpreisvereinbarung?

Mit einem Kostenvoranschlag legt der Handwerker den **voraussichtlichen Arbeitsumfang** sowie die **entstehenden Kosten** fest. Insbesondere bei Arbeiten größeren Umfangs empfiehlt es sich, mehrere Kostenvoranschläge einzuholen. Lassen Sie sich möglichst einen schriftlichen Kostenvoranschlag mit einer genauen Leistungsbeschreibung sowie einer Aufstellung des Materials, der Nebenkosten und der Umsatzsteuer geben.

Schützt Sie der Kostenvoranschlag vor Kostenüberschreitungen?

Da der Handwerker mit dem Kostenvoranschlag nur eine ungefähre Schätzung der Kosten vornimmt, ist ein **Kostenvoranschlag in der Regel unverbindlich.** Ihr Auftragnehmer darf daher die veranschlagten Kosten »unwesentlich« überschreiten, wenn er dies **plausibel begründen** kann. Als **unwesentlich** gelten nach der bisherigen Rechtsprechung **Überschreitungen** von **10 bis 20 %.**

Kann der Handwerker während der Durchführung der Arbeiten erkennen, dass der Kostenvoranschlag **wesentlich überschritten** wird, muss er Sie hierüber **unverzüglich informieren** (§ 650 Abs. 2 BGB). Sie können dann den Vertrag **kündigen** und brauchen nur einen der schon geleisteten Arbeit entsprechenden Teil der Vergütung zu zahlen. In der Praxis ist es allerdings häufig schwer, einen anderen Handwerker zu finden, der die Arbeiten fortsetzt.

Wird die wesentliche Kostenüberschreitung **nicht unverzüglich angezeigt,** macht sich der Handwerker schadensersatzpflichtig. Über die Konsequenzen im Einzelnen sind sich die Gerichte jedoch nicht einig. Teilweise wird dem Handwerker nur der ursprünglich veranschlagte Betrag zuzüglich einer »unwesentlichen Überschreitung« zugebilligt.

! Bei einer deutlichen Überschreitung des Kostenvoranschlags: Zahlen Sie nur den veranschlagten Betrag zuzüglich einer »unwesentlichen Überschreitung« von 15 %. Damit minimieren Sie Ihr Prozesskostenrisiko.

Sie müssen aber damit rechnen, dass Sie den üblichen Marktwert der erbrachten Leistungen zahlen müssen. Können Sie z. B. durch den Kostenvoranschlag eines Konkurrenten nachweisen, dass ein anderer Handwerker die Arbeiten insgesamt preiswerter durchgeführt hätte, brauchen Sie nur den günstigeren Preis zu entrichten.

Darf eine Vergütung für den Kostenvoranschlag verlangt werden?

In § 632 Abs. 3 BGB heißt es ausdrücklich: »Ein Kostenvoranschlag ist im Zweifel nicht zu vergüten.« Deshalb kann der Handwerker eine Vergütung für seinen Kostenvoranschlag grundsätzlich **nur dann** beanspruchen, wenn er dies mit dem Kunden **ausdrücklich vereinbart** hat. Es genügt dabei nicht, dass er auf eine Klausel in seinen Geschäftsbedingungen verweist. Die **Beweislast** für eine Vergütungsvereinbarung **trägt der Handwerker.** Kann er den Beweis nicht erbringen, brauchen Sie nicht zu zahlen.

Ausnahme: Eine **ausdrückliche Vergütungsvereinbarung** ist nach der bisherigen Rechtsprechung des Bundesgerichtshofs **nicht notwendig,** wenn eine solche branchenüblich ist. Bei **Reparaturaufträgen** in der Radio- und Fernsehtechnikerbranche, im Elektrogerätebereich und im Kfz-Sektor sollten Sie sich darauf einstellen, dass Sie zur Kasse gebeten werden. Dagegen können Sie bei der Erstellung von Angeboten im Bauhandwerk davon ausgehen, dass diese kostenlos sind, wenn Ihnen der Handwerker nicht zuvor etwas anderes mitteilt.

Eine Festpreisvereinbarung schützt vor Überraschungen

Da Sie nur selten einen Handwerker dazu bewegen können, seinen Kostenvoranschlag ausdrücklich für »verbindlich« zu erklären, sollten Sie eine **Festpreisvereinbarung** anstreben. Diese kommt meist dadurch zustande, dass der Handwerker ein **schriftliches Angebot** mit den zu erbringenden Einzelleistungen zu einem festen Endpreis abgibt, das Sie dann annehmen. An derartige Preisabsprachen ist der Handwerker gebunden; er darf den Preis auch dann nicht überschreiten, wenn er sich verkalkuliert hat.

! Vereinbaren Sie mit dem Handwerker einen konkreten Zeitpunkt, bis zu dem sein Angebot steht. So können Sie weitere Angebote einholen.

2 Was tun, wenn sich die Arbeiten verzögern?

2.1 Auf Vertragserfüllung bestehen?

Da Sie einen verbindlichen Vertrag abgeschlossen haben, können Sie auf Vertragserfüllung bestehen und vom Handwerker verlangen, dass er die Arbeiten zu einem späteren Termin erbringt.

Das ist immer sinnvoll, wenn mit den Arbeiten schon begonnen wurde. Denn in der Regel wird es schwierig sein, kurzfristig einen anderen Handwerker zu finden, der die Arbeiten fortsetzt.

Theoretisch haben Sie wegen der Verzögerung auch einen **Schadensersatzanspruch.** Ersatz verlangen können Sie aber nur, wenn Sie belegen können, dass die Verzögerung Sie Geld gekostet hat. Vergeudete Arbeitszeit bekommen Sie nur ersetzt, wenn Sie nachweislich unbezahlten Urlaub genommen haben.

2.2 Den Vertrag beenden?

Durch Kündigung

Grundsätzlich können Sie einen Werkvertrag **jederzeit ohne Angabe von Gründen kündigen** (§ 649 BGB). Günstiger für Sie ist es meistens, die Voraussetzungen für einen Rücktritt zu schaffen. Bei einer Kündigung kann der Handwerker nämlich seinen Lohn verlangen, natürlich unter Abzug derjenigen Kosten, die er wegen des nicht durchgeführten Auftrags eingespart hat.

Durch Rücktritt

Verzögern sich die Arbeiten und wollen Sie sich ohne finanzielle Nachteile vom Vertrag lösen, müssen Sie dem Handwerker erst noch einmal **eine angemessene Frist setzen.** Die Länge der Frist hängt von den Umständen des Einzelfalls ab.

Musterformulierungen hierfür finden Sie als PDF oder als interaktive Muster auf Ihrer Rechtstipps-CD.

Schreiben Sie ihm aus Beweisgründen am besten per **Einschreiben.** Verstreicht die Frist, ohne dass der Handwerker tätig wurde, können Sie vom Vertrag zurücktreten (§ 323 Abs. 1 BGB). Dabei spielt es keine Rolle, ob der Handwerker die Frist verschuldet hat. Ihr Rücktrittsrecht bleibt auch bestehen, wenn er einwendet, dass er aus diesen oder jenen Gründen »für die Fristversäumnis nichts kann«.

Ausnahmsweise können Sie, ohne eine Nachfrist setzen zu müssen, vom Vertrag zurücktreten, wenn Sie mit dem Handwerker einen genauen Termin für die Arbeiten vereinbart haben (§ 323 Abs. 2 Nr. 2 BGB). Dabei muss im Vertrag jedoch deutlich gemacht werden, dass das Geschäft mit der Einhaltung des vereinbarten Termins steht und fällt (sogenanntes **»Fixgeschäft«**).

Wann Sie zusätzlich Schadensersatz verlangen können

Hat der Handwerker das Versäumnis verschuldet, können Sie neben dem Rücktritt Schadensersatz verlangen, zum Beispiel für zusätzliche Aufwendungen wie Porto- oder Telefonkosten. Sie können auch einen anderen (teureren) Handwerker beauftragen und etwaige Mehrkosten von Ihrem ursprünglichen Vertragspartner ersetzt verlangen.

3 Worauf sollten Sie bei den Arbeiten achten?

3.1 Wenn Sie etwas unterschreiben sollen

Haben Sie den Handwerker telefonisch beauftragt, haben Sie damit bereits einen verbindlichen Vertrag geschlossen. Legt Ihnen der Handwerker bei seiner Ankunft zusätzlich ein **Auftragsformular** (»Nur zur Bestätigung«) vor, sollten Sie unbedingt auf die dort abgedruckten **Allgemeinen Geschäftsbedingungen** achten.

Enthält das Formular **Preisklauseln,** die Ihnen nicht einleuchten, **unterschreiben Sie nicht!** Sonst können die Klauseln später der Abrechnung zugrunde gelegt werden. Das gilt auch dann, wenn Sie die Unterschrift erst nach Durchführung der Arbeiten leisten sollen. Besonders bei umfangreicheren Arbeiten lässt sich der Handwerker zunächst sogenannte **Stundenzettel** unterzeichnen, die der späteren Rechnung zugrunde gelegt werden. Achten Sie ganz genau darauf, dass die **Ankunftszeit** und das **Arbeitsende** korrekt angegeben werden.

Die Arbeitszeit sollte ggf. für jede der arbeitenden Personen getrennt aufgeführt werden. Achten Sie auch darauf, dass das Formular **keine weiteren Klauseln** enthält, die Sie durch Ihre Unterschrift bestätigen würden. Lassen Sie sich in jedem Fall eine **Durchschrift** aushändigen.

3.2 Wenn der Handwerker in Begleitung kommt

Schickt der Handwerksbetrieb gleich mehrere Mitarbeiter, brauchen Sie nur **einen** Handwerker zu entlohnen, wenn der Auftrag von einem Einzelnen problemlos ausgeführt werden kann. Sie sollten von vornherein deutlich machen, dass Sie den Einsatz eines zweiten Mitarbeiters nicht akzeptieren und diesen auch nicht bezahlen werden. **Ausnahmsweise** kann die **Entlohnung weiterer Mitarbeiter** gerechtfertigt sein,

- wenn aus Gründen der Arbeitssicherheit der Einsatz von zwei Monteuren zwingend vorgeschrieben ist, oder
- umfangreiche Arbeiten von mehreren Mitarbeitern gleichzeitig erbracht werden.

3.3 Wenn der Handwerker ein zweites Mal kommen muss

Nur allzu oft passiert es, dass der Handwerker erneut kommen muss, weil er den Auftrag bei seinem ersten Besuch nicht vollständig ausführen konnte. Dann entstehen erneut An- und Abfahrtkosten.

! Lassen Sie sich genau erklären, aus welchem Grund er erneut kommen muss. Haben Sie den Eindruck, dass der erneute Termin bei korrekter Durchführung des Auftrages nicht erforderlich gewesen wäre (z. B. hätte er wissen müssen, dass er ein bestimmtes Werkzeug benötigen würde), lehnen Sie die Übernahme zusätzlicher Arbeits- und Fahrtkosten ausdrücklich ab.

4 Wenn die Arbeiten abgeschlossen sind

4.1 Müssen Sie das Werk abnehmen?

Was Sie über die Abnahme wissen sollten

Hat der Handwerker seine Leistung **vertragsgemäß** erbracht, müssen Sie das Werk (also die geleistete Arbeit) **abnehmen** (§ 640 Abs. 1 Satz 1 BGB). Unter Abnahme versteht man, dass Sie als Auftraggeber das Werk entgegennehmen und als vertragsgemäß billigen. Die Abnahme kann **ausdrücklich** erklärt werden. Es reicht aber auch, wenn aus Ihrem Verhalten geschlossen werden kann, dass Sie mit dem Werk einverstanden sind **(stillschweigende Abnahme)**:

» **Beispiel:**

- Sie holen das reparierte Gerät ab und nehmen es vorbehaltlos mit.
- Nach Reparatur Ihres Fernsehgerätes in Ihrer Wohnung zeichnen Sie dem Kundendienst den Stundenzettel ab oder Sie begleichen die Rechnung ohne Vorbehalte.
- Nach Durchführung von Dachdeckerarbeiten an Ihrem Haus schauen Sie sich mit dem Meister die Arbeiten an und äußern sich anerkennend.

Ehe Sie vorschnell das Werk in diesem Sinne »abnehmen«, sollten Sie sich bewusst machen, dass die **Abnahme erhebliche Rechtsfolgen** auslöst:

- Der Handwerker kann seine **Vergütung** verlangen (§ 641 Abs. 1 BGB).
- Die **Verjährungsfrist** für die Geltendmachung von Gewährleistungsansprüchen beginnt zu laufen (→ Abschn. 5).
- Die **Beweislast** für eine mangelhafte Reparaturleistung geht auf Sie über. Das heißt, **bis zur Abnahme** muss der **Handwerker** beweisen, dass er die vertraglich versprochene Leistung ordnungsgemäß erbracht hat. Wollen Sie **nach der Abnahme** Rechte geltend machen, müssen Sie beweisen, dass der Mangel bereits bei der Abnahme vorhanden war oder auf eine unsachgemäße Handwerkerleistung zurückzuführen ist.

Überprüfen Sie wenn möglich erst den Erfolg der Arbeiten

Sie sind zwar nicht verpflichtet und manchmal auch praktisch nicht in der Lage, zu prüfen, ob das Werk wirklich einwandfrei ist (z. B. lässt sich Ihr reparierter Tintenstrahldrucker in der Abholstelle nicht testen). Sie können aber auch später noch Rechte geltend machen. Dennoch sollten Sie vor der Abnahme zumindest im Groben prüfen, ob die Leistung dem entspricht, was Sie mit dem Handwerker vereinbart hatten. Entdecken Sie dabei Mängel, haben Sie die Möglichkeit, die Abnahme und die Zahlung zu verweigern (→ Abschn. 4.3).

Bei unwesentlichen Mängeln müssen Sie das Werk abnehmen

Dies schreibt § 640 Abs. 1 Satz 2 BGB vor. Mit dieser Vorschrift will der Gesetzgeber eine mutwillige Verzögerung der Abnahme verhindern. Ob ein Mangel »**unwesentlich**« ist, hängt vom Einzelfall ab. Hierbei darf es sich nur um Kleinigkeiten handeln, die einerseits der Abnahme des Werkes nicht entgegenstehen, die aber andererseits auch nicht hingenommen werden müssen.

» **Beispiel:** Der Schreiner hat mehrere Innentüren ausgewechselt. Bei einer Tür ist der Beschlag verkratzt und muss ausgewechselt werden. Hier liegt ein unwesentlicher Mangel vor.

Wollen Sie in einem solchen Fall das Werk nicht abnehmen, kann der Handwerker Ihnen eine **angemessene Frist für die Abnahme** setzen. Nach ergebnislosem Fristablauf gilt das Werk als abgenommen (§ 640 Abs. 1 Satz 3 BGB).

4.2 Wann hat das Werk einen »Mangel«?

Allgemein hat das Werk einen Mangel, wenn die tatsächliche Beschaffenheit davon abweicht, wie das Werk eigentlich sein sollte. Der Gesetzgeber hat verschiedene Kategorien für einen Mangel gebildet:

- **Das Werk entspricht nicht dem, was Sie gewöhnlich erwarten durften:** Zum Beispiel hat Ihr frisch gereinigter Anzug immer noch Fettflecken.
- **Dem Werk fehlt eine vereinbarte Beschaffenheit:** Zum Beispiel vereinbaren Sie mit dem Schreiner, dass er Ihren Keller mit Kiefernholz verkleidet. Der Schreiner erbringt die Arbeiten zwar fachlich einwandfrei, verwendet jedoch Fichtenholz.
- **Das Werk eignet sich nicht für die vertraglich vorausgesetzte Verwendung:** Zum Beispiel lassen Sie sich vom Schreiner Schränke für Ihr Bad bauen. Der Schreiner erbringt die Arbeiten fachlich einwandfrei, verwendet jedoch Holz, das für Nassräume ungeeignet ist.
- **Der Handwerker stellt ein anderes Werk oder ein Werk in zu geringer Menge her:** Zum Beispiel beauftragen Sie die Autowerkstatt, Winterreifen auf sämtliche Räder Ihres Wagens einschließlich Reserverad aufzuziehen. Das Reserverad wird dabei vergessen.

4.3 Ihre Rechte, wenn Mängel vorhanden sind

Erklärt der Handwerker seine Arbeiten für abgeschlossen und stellen Sie einen Mangel fest, müssen Sie zunächst prüfen, ob es sich hierbei um »unwesentliche« Mängel oder solche Mängel handelt, die »mehr als unwesentlich« sind.

Der Mangel ist unwesentlich

Es wäre ungerecht, wenn der Handwerker die volle Vergütung erhielte, obwohl er ein mangelhaftes Werk abgeliefert hat. Deshalb dürfen Sie in diesem Fall nach § 641 Abs. 3 BGB einen angemessenen Teil der Vergütung verweigern, und zwar »mindestens in Höhe des Doppelten der für die Beseitigung des Mangels erforderlichen Kosten«.

! Hat das Werk Mängel, sollten Sie nicht den gesamten Rechnungsbetrag zahlen, sich aber gleichzeitig wegen der erkannten Mängel Ihre Rechte vorbehalten. Seien Sie hierbei zu Ihren Gunsten großzügig, damit der Handwerker einen Anreiz hat, auch die restlichen Arbeiten noch zu erledigen.

Der Mangel ist nicht nur unwesentlich

Dann haben Sie folgende Rechte:

- Sie können und sollten die **Abnahme unbedingt verweigern.** Wenn Sie nämlich das Werk abnehmen und sich Ihre Rechte nicht vorbehalten, verlieren Sie gemäß § 640 Abs. 2 BGB die nachfolgend aufgeführten Mängelrechte!
- Sie können die **Zahlung verweigern.**
- Sie können die ordnungsgemäße **Herstellung** des Werks verlangen.

Es steht dem Handwerker frei, ob er das mangelhafte Werk durch eine Nachbesserung oder ausnahmsweise durch eine völlige Neuherstellung in Ordnung bringt (→ Abschn. 5.2).

Für die Nachbesserung können Sie dem Handwerker eine angemessene Frist setzen. Hält er diese nicht ein, können Sie vom Vertrag **zurücktreten** und, sofern den Handwerker auch ein Verschulden trifft, **Schadensersatz** verlangen, zum Beispiel für die eingetretene Verzögerung.

4.4 Wenn der Handwerker Schäden angerichtet hat

Auch wenn das Werk an sich einwandfrei erbracht wurde, kann es besonders bei Arbeiten, die bei Ihnen zu Hause ausgeführt werden, vorkommen, dass der Handwerker aus Unachtsamkeit einen Schaden anrichtet.

Sobald Sie einen Schaden entdecken, zeigen Sie diesen dem Handwerker an. Sie können dann in Höhe des mutmaßlichen Schadensbetrages die Zahlung der Rechnung verweigern, denn das Gesetz gibt Ihnen insoweit ein **Zurückbehaltungsrecht** (§ 273 BGB).

5 Wenn Sie nach der Abnahme Mängel feststellen

5.1 Reklamieren Sie jeden Mangel umgehend

Als Auftraggeber sind Sie für das Vorliegen des Mangels beweispflichtig. Je länger Sie damit warten, desto leichter kann sich Ihr Handwerker herausreden. Er könnte zum Beispiel behaupten, dass der Mangel durch Ursachen entstanden sei, die nach Abnahme des Werks aufgetreten sind (z. B. falschen Gebrauch).

Nehmen Sie keine Eigenreparaturen vor

Versuchen Sie nicht eigenmächtig, einen Mangel selbst zu beheben oder durch einen anderen Handwerker beseitigen zu lassen. Sie bringen sich dadurch in Beweisschwierigkeiten.

Beachten Sie »Rügefristen« im Kleingedruckten

Viele Handwerker verwenden Verträge mit Allgemeinen Geschäftsbedingungen. Dort findet man gelegentlich **Klauseln,** die den Kunden verpflichten, auftretende Mängel innerhalb kürzester Frist bei ihm zu melden. Da durch solche Klauseln die gesetzlichen Verjährungsfristen weit unterschritten werden, sind sie nur zulässig, sofern sie sich auf **offensichtliche Mängel** beziehen. Die Frist muss **mindestens eine Woche** betragen, in der Regel sind mindestens **zwei Wochen** erforderlich. Dennoch sollten Sie möglichst die angegebenen Fristen einhalten.

Beachten Sie die Verjährung

Ihre Mängelrechte unterliegen der Verjährung, das heißt, nach Ablauf gewisser Fristen können Sie Ihre Rechte nicht mehr durchsetzen. Die **Verjährung beginnt mit der Abnahme** des Werks. Die Verjährungsfrist bei Werkleistungen ist unterschiedlich:

- Sie beträgt für **Reparaturarbeiten** und für **Arbeiten an Grundstücken zwei Jahre** (§ 634 a Abs. 1 Nr. 1 BGB). Darunter fallen etwa kleinere Arbeiten am Haus (Auswechslung eines Fensters, Innenanstrich). Allerdings kann der Handwerker die Frist in seinen AGB auf **ein Jahr** verkürzen (§ 309 Nr. 8 b) ee) BGB). Das dürfte bei Reparaturleistungen die Regel sein.
- Die Verjährungsfrist für »**Bauwerke**« beträgt **fünf Jahre** (§ 634 a Abs. 1 Nr. 2 BGB); sie kann auch durch Geschäftsbedingungen nicht verkürzt werden. Darunter fallen umfangreichere Arbeiten, die für den Bestand und die Erhaltung des Gebäudes von wesentlicher Bedeutung sind (z. B. Einbau einer Heizungsanlage, komplette Erneuerung des Daches).

5.2 Verlangen Sie »Nacherfüllung«

Tritt ein Mangel auf, können Sie zunächst von Ihrem Vertragspartner nur die Mängelbeseitigung, die sogenannte »Nacherfüllung«, verlangen. Der Handwerker kann sich aussuchen, ob er das ganze Werk neu herstellt **(Neuherstellung)** oder ob er eine Reparatur vornimmt **(Nachbesserung).**

! Fordern Sie Ihren Handwerker am besten schriftlich auf, den Mangel zu beheben. Setzen Sie Ihrem Handwerker gleichzeitig eine **Frist,** wenn Sie den Weg für weitere Schritte (→Abschn. 4.3) bahnen wollen. Bemessen Sie die Frist so, dass eine Mängelbeseitigung innerhalb dieser Zeitspanne möglich ist. **Musterformulierungen** hierfür finden Sie als PDF oder als interaktive Muster auf Ihrer Rechtstipps-CD.

Ist die **Mängelbeseitigung** für den Handwerker mit **unverhältnismäßigen Kosten** verbunden, darf er sie ausnahmsweise ablehnen (§ 635 Abs. 3 BGB).

Wie viele Nacherfüllungsversuche müssen Sie hinnehmen?

Hierbei kommt es auf die »Umstände des Einzelfalles« an, insbesondere auf den Umfang des ursprünglichen Auftrages. Waren die ursprünglich zu erbringenden Arbeiten technisch aufwendig und kompliziert (z. B. Installation einer neuen Heizung), wird Ihnen eine mehrmalige Nachbesserung eher zuzumuten sein als bei einfachen Reparaturen (z. B. Schuhreparatur).

Als **Faustregel** kann gelten, dass Ihnen bei größeren Arbeiten **zwei Nacherfüllungsversuche** zuzumuten sind. Unzulässig ist, dass der Handwerker in seinen **Allgemeinen Geschäftsbedingungen** von vornherein eine bestimmte Anzahl von Nacherfüllungsversuchen festlegt.

Führt die Nacherfüllung insgesamt innerhalb angemessener Frist nicht zu dem gewünschten Erfolg, können Sie zu den weiteren Rechten – Selbstvornahme, Minderung, Rücktritt oder Schadensersatz – übergehen (→ Abschn. 4.3).

Wer trägt die Kosten der Nacherfüllung?

Diese trägt der Handwerker (§ 635 Abs. 2 BGB). Anderslautende Klauseln im Kleingedruckten sind unzulässig. Zu den Nacherfüllungskosten zählen sämtliche dafür erforderlichen Aufwendungen.

» **Beispiel:**

- **Transportkosten:** Ihr Handwerker muss die mangelhaft reparierte Gefriertruhe wieder von Ihnen abholen, wenn diese nicht bei Ihnen repariert werden kann.
- **Wegekosten:** Diese können durch eine erneute Reparatur anfallen.
- **Arbeits- und Materialkosten.**

- **Schäden am Eigentum des Auftraggebers, die im Zuge der Nachbesserung zwangsläufig entstanden sind:** Nach dem Versetzen der falsch angebrachten Küchenoberschränke fallen Maler- und Reinigungsarbeiten an.

Ausnahme: Haben Sie den Handwerker mit einer Reparatur beauftragt und hatte der Defekt **mehrere Ursachen,** beseitigt der Handwerker bei der Reparatur aber zunächst nur eine Ursache, kann er die Kosten ersetzt verlangen, die für die Beseitigung der **anderen** Ursachen entstehen. Es handelt sich dabei um sogenannte »**Sowieso-Kosten**«, die Ihnen ohnehin entstanden wären, wenn der Handwerker diese Maßnahme gleich zu Anbeginn getroffen hätte.

» **Beispiel:** Der Reparaturdienst hat zunächst lediglich einen defekten Schalter Ihrer Waschmaschine repariert. Bei der anschließenden Wäsche stellen Sie fest, dass die Maschine immer noch nicht richtig läuft. Der Reparaturdienst stellt fest, dass auch die Heizspirale erneuert werden muss. Die Materialkosten müssen Sie bezahlen, nicht aber die Kosten der zweiten Anfahrt sowie die Arbeitszeit für die nochmalige Demontage.

5.3 Wenn keine Nacherfüllung (mehr) in Betracht kommt

Führt die Nacherfüllung innerhalb einer angemessenen Frist nicht zum gewünschten Ergebnis oder hat sie gar nicht stattgefunden, weil der Handwerker sie abgelehnt hat, haben Sie nunmehr die **Wahl:**

- Sie können die Mängel durch einen anderen Handwerker beseitigen lassen und diese Kosten dem ersten Handwerker in Rechnung stellen. Das ist die sog. **Selbstvornahme** (§ 637 BGB).
- Sie können die Vergütung des Handwerkers herabsetzen, also eine **Minderung** vornehmen (§ 638 BGB).
- Sie können den gesamten Vertrag rückgängig machen, das heißt den **Rücktritt** vom Vertrag erklären (§ 634 Nr. 3 BGB, § 636 BGB).
- Sie können unter bestimmten Voraussetzungen **Schadensersatz** verlangen.

Beachten Sie darüber hinaus, dass Sie die Ihnen günstigen Tatsachen im Streitfall **beweisen** müssen, insbesondere, dass ein Mangel vorgelegen hat. Sorgen Sie daher für Zeugen oder für schriftliche Dokumente (z. B. Aufforderungsschreiben mit Fristsetzung).

Sie wollen den Mangel selbst beheben bzw. beheben lassen

Wenn Sie in der Lage sind, die restlichen Arbeiten zur Beseitigung des Mangels fachgerecht durchzuführen, können Sie die Arbeiten selbst ausführen. In diesem Fall können Sie **Kostenersatz** für das verwendete Material sowie für Ihre Arbeitsleistung verlangen. Grundlage ist der **Nettostundenlohn,** der einem abhängig Beschäftigten mit vergleichbarer Tätigkeit zustände, etwa € 15,– bis € 20,–. Erkundigen Sie sich am besten bei der Handwerkerinnung nach dem üblichen Lohn.

In der Regel ist es aber sinnvoll, einen weiteren Handwerker zu beauftragen. Auch wenn dieser Handwerker einen höheren Stundensatz verlangt, müssen Sie keine weiteren Kostenvoranschläge einholen. Sobald die Rechnung vorliegt, muss Ihr erster Handwerker Ihnen diese Kosten ersetzen. Sind die zu erwartenden Kosten relativ hoch, können Sie von vornherein von Ihrem ursprünglichen Vertragspartner einen **Kostenvorschuss** verlangen.

! Lassen Sie sich von Ihrem zweiten Handwerker eine genaue Fehlerbeschreibung und detaillierte Aufstellung der notwendigen Arbeiten anfertigen.

Sie wollen die Vergütung kürzen

In den Fällen, in denen Sie glauben, mit dem Mangel leben zu können, werden Sie die **Minderung** wählen. Diese kommt vor allem in Betracht, wenn der Mangel geringfügig ist. Haben Sie bereits bezahlt, können Sie den Minderungsbetrag vom Handwerker zurückverlangen. Die Höhe des anzusetzenden Minderungsbetrages richtet sich nach dem Umfang des Mangels und einer in § 638 Abs. 3 BGB beschriebenen recht komplizierten Formel.

! Setzen Sie als Minderung am besten den Betrag an, der für die Mängelbeseitigung anfallen würde. Dies entspricht der Auffassung der Rechtsprechung.

Sie wollen den Vertrag rückgängig machen

Das Gesetz gibt Ihnen zwar theoretisch die Möglichkeit, nach erfolgloser Fristsetzung zur Beseitigung des Mangels vom Vertrag zurückzutreten. Mit dem Rücktritt können Sie sich allerdings häufig gewisse Nachteile einhandeln:

- Beim Rücktritt erhalten Sie zwar den Werklohn zurück, doch hat Ihr Handwerker das Recht, die von ihm eingesetzten Materialien wieder herauszuverlangen. Da dies oft nicht möglich ist, kann er dann von Ihnen **Wertersatz** verlangen. Sie müssen also zahlen, obgleich Sie noch kein mangelfreies Werk in Händen haben.
- Der Rücktritt vom Werkvertrag ist **ausgeschlossen,** wenn durch den Mangel der Wert oder die Tauglichkeit des Werkes nur »**unerheblich**« gemindert ist (§ 323 Abs. 5 Satz 2 BGB). Deshalb kann es Ihnen passieren, dass Sie mit Ihrem Handwerker nicht nur darüber streiten, ob überhaupt ein Mangel vorliegt, sondern auch darüber, ob dieser erheblich ist. Für die entsprechende Bewertung ist in der Regel ein Gutachten erforderlich, was für Sie wiederum einen zusätzlichen Kostenaufwand darstellt.

Fazit: Bevor Sie vorschnell den Rücktritt vom Vertrag erklären, sollten Sie sorgfältig überlegen, ob es für Sie nicht günstiger ist, zum Beispiel eine Minderung und daneben Schadensersatz zu verlangen.

Sie wollen Schadensersatz verlangen

In diesem Fall sollten Sie vorsichtshalber Rechtsrat einholen, wenn der Handwerker Ihre Forderung nicht akzeptiert. Kostengünstige Beratung erhalten Sie zum Beispiel bei den Verbraucherzentralen.

Schadensersatz infolge des Mangels

Hat das Werk einen Mangel und entstehen Ihnen dadurch Schäden, können Sie Schadensersatz verlangen (§ 634 Nr. 4 i. V. m. § 281 bzw. § 280 BGB):

- Ihr Schadensersatzanspruch bezieht sich zunächst auf die Kosten für die Behebung der Mängel. Er erfasst aber auch zusätzliche damit anfallende Kosten für Anfahrt, Verdienstausfall, Nutzungsausfall (z. B. müssen Sie ein Ersatzgerät mieten), Kosten für die Einholung eines Privatgutachtens über die Reparaturmängel, Anwaltskosten usw.
- Sie können auch Schadensersatz verlangen, wenn **durch den Mangel der Werkleistung auch an anderen Gegenständen bzw. Rechtsgütern** (z. B. Ihrer Gesundheit) **ein Schaden verursacht** wird.

Sie müssen nachweisen, dass der Schaden durch einen Mangel des Werks verursacht wurde. Will der Handwerker einwenden, dass er den Schaden nicht schuldhaft verursacht hat, muss er das auch beweisen können (§ 280 Abs. 1 Satz 2 BGB).

Schadensersatz infolge der Verletzung von Nebenpflichten

Verursacht der Handwerker einen Schaden dadurch, dass er **schuldhaft Nebenpflichten verletzt** hat, können Sie auch **ohne vorherige Fristsetzung** (für die Beseitigung des Mangels) Schadensersatz verlangen (§§ 280 Abs. 1, 241 Abs. 2 BGB). Das betrifft die Fälle, in denen der Handwerker neben seiner Hauptpflicht (z. B. zur ordnungsgemäßen Reparatur) weitere Pflichten verletzt.

» **Beispiel:**

- **Ihr Handwerker verletzt seine Aufklärungspflicht:** Ihr Malermeister soll Ihre alten Fenster von außen streichen. Er versäumt es, Sie darauf aufmerksam zu machen, dass ohne fachgerechten Innenanstrich und Sanierung der Holzteile der neue Außenanstrich alsbald abblättern und reißen kann.
- **Ihr Handwerker verursacht einen zusätzlichen Schaden am Werk:** Er repariert den Motor Ihrer Nähmaschine zwar ordnungsgemäß, während der Reparatur fällt ihm jedoch die Nähmaschine zu Boden. Das Gehäuse wird erheblich beschädigt.
- **Er verursacht aus Unachtsamkeit einen Schaden an Ihrem Eigentum:** Der Fernsehtechniker, der Ihr Fernsehgerät bei Ihnen zu Hause repariert, bemerkt nicht, dass sein Lötkolben auf den Teppich gefallen ist und dort einen Brandfleck verursacht.

6 Was tun, wenn Sie zur Kasse gebeten werden?

Verlangen Sie eine nachvollziehbare Rechnung. Sie müssen immer überprüfen können, wie sich im Einzelnen die verlangte Vergütung zusammensetzt. Zumindest die ausschlaggebenden Positionen (z. B. Arbeitszeit, Fahrzeit, Materialkosten und Umsatzsteuer) müssen angegeben sein.

Die Checkliste »Handwerkerrechnung« finden Sie auf Ihrer Rechtstipps-CD.

Ist die Rechnung in Ordnung, müssen Sie den Betrag sofort begleichen. Bei höheren Beträgen ist es üblich, dass diese überwiesen werden. Mehr als 30 Tage nach Zugang der Rechnung dürfen Sie sich auf keinen Fall Zeit lassen, da Sie sonst in Verzug geraten und mit hohen Zinsforderungen rechnen müssen.

! Sind Ihnen bestimmte Rechnungsposten unklar geblieben, sollten Sie einen Teilbetrag der Rechnungssumme bis zur vollständigen Klärung zurückbehalten oder zumindest unter **schriftlichem** Vorbehalt zahlen.

A5 Energiekosten: Das gilt bei Rechnungsärger und Preiserhöhungen

1 Wenn es um die Gas- und Stromrechnung geht

1.1 Die Rechnung muss einfach und verständlich sein

Energielieferanten müssen **kein einheitliches Rechnungsformular** verwenden. Das Gesetz regelt lediglich die **Mindestanforderungen** an eine Energierechnung. Oberstes Gebot ist dabei **Transparenz:** Rechnungen für Energielieferungen an Endverbraucher müssen einfach und verständlich sein. Die für Forderungen maßgeblichen Berechnungsfaktoren sind vollständig und in allgemein verständlicher Form auszuweisen (§ 40 Energiewirtschaftsgesetz (EnWG)).

! Wichtig sind dabei insbesondere die Angabe des Verbrauchs des vergleichbaren Vorjahreszeitraums sowie des nächstmöglichen Kündigungstermins und der Kündigungsfrist. So können Sie überlegen, wie Sie eventuell Energie einsparen könnten sowie ob und wann Sie gegebenenfalls den Anbieter wechseln möchten. Weicht Ihr Verbrauch stark von dem des Vorjahres ab und hat sich an Ihrem Verbrauchsverhalten nichts geändert, sollten Sie eventuell den Zähler prüfen lassen.

Die Rechnung muss darüber hinaus auch **Hinweise auf Möglichkeiten der Streitbeilegung** sowie auf die »**Schlichtungsstelle Energie**« und den Verbraucherservice der **Bundesnetzagentur** enthalten. So müssen Sie nicht lange rätseln, an wen Sie sich im Streitfall wenden können (→ Abschn. 3.1).

1.2 Der Verbrauch wird grundsätzlich durch Ablesen ermittelt

Die Ablesung des Zählers ist für die **Grundversorgung** – das betrifft in der Regel die Kunden der örtlichen Stadtwerke, die zu Allgemeinen Preisen mit Strom bzw. Gas beliefert werden – in § 11 Stromgrundversorgungsverordnung (StromGVV) bzw. Gasgrundversorgungsverordnung (GasGVV) geregelt. Diese Grundsätze gelten entsprechend auch für **Sonderkunden.** Das sind Kunden, die einen Strom- oder Gasliefervertrag mit dem Grundversorger zu einem anderen als dem Allgemeinen Preis abgeschlossen haben (z. B. beziehen Sie Ökostrom) oder die Energie von einem anderen Versorger beziehen.

Danach muss der **Verbrauch grundsätzlich durch Ablesung ermittelt** werden. Der Lieferant kann entweder die Daten des Netzbetreibers übernehmen oder den Zähler selbst ablesen. Er kann aber auch die Ablesung vertraglich dem Kunden auferlegen. Dann müssen Sie darauf achten, den Zähler zum üblichen jährlichen Abrechnungszeitpunkt abzulesen. Das nächste Ablesedatum ergibt sich jeweils aus der letzten Rechnung. Den Zählerstand sollten Sie parallel dem Lieferanten und dem Netzbetreiber mitteilen – dazu genügt eine E-Mail.

! Gibt es während des Lieferjahres Preisänderungen (→ Abschn. 2), sollten Sie den Zählerstand ebenfalls zum fraglichen Zeitpunkt ablesen und die Daten an Lieferant und Netzbetreiber melden. Denn sonst kann der für die neuen Preise maßgebliche Verbrauch nicht zeitanteilig berechnet werden.

Eine Abrechnung aufgrund einer **Verbrauchsschätzung** ist **nur ausnahmsweise zulässig,** wenn das Grundstück und die Räume des Kunden nicht zum Zwecke der Ablesung betreten werden können oder wenn der Kunde eine vereinbarte Selbstablesung nicht oder verspätet vornimmt. Rechnet der Lieferant unzulässigerweise auf der Grundlage von Schätzwerten ab, schließt das seinen Zahlungsanspruch aber nicht aus, wenn der tatsächliche Verbrauch später festgestellt werden kann.

1.3 Das gilt für die Rechnungsstellung

Der Abrechnungszeitraum beträgt für Haushaltskunden in der Grundversorgung in der Regel **zwölf Monate.** Eine **geringfügige Über- oder Unterschreitung** von wenigen Tagen ist **hinnehmbar.** Energielieferanten müssen Letztverbrauchern eine **monatliche, vierteljährliche oder halbjährliche Abrechnung anbieten.** Diese kann jedoch mit (hohen) Entgelten verbunden sein. Nur wenn Sie schon einen digitalen Zähler haben, ist eine monatliche Verbrauchsinformation kostenlos.

! Um Ihren Verbrauch besser einschätzen und Ihr Verbrauchsverhalten steuern zu können, sollten Sie selbst monatliche Kontrollablesungen machen. So können Sie auch ungewöhnliche Verbräuche leicht feststellen und gegebenenfalls schnell eine Zählerprüfung veranlassen.

Der Lieferant muss dafür sorgen, dass Ihnen die turnusmäßige Rechnung spätestens **sechs Wochen** nach Beendigung des abzurechnenden Zeitraums vorliegt. Diese Frist gilt auch nach Beendigung des Lieferverhältnisses für die Schlussrechnung. Wird die **Abrechnungsfrist nicht eingehalten,** liegt ein **Wettbewerbsverstoß** vor. Melden Sie dies Ihrer Verbraucherzentrale oder der Bundesnetzagentur. Diese kann gegebenenfalls rechtliche Schritte gegen den Energieversorger einleiten (z. B. ihn abmahnen; → Abschn. 3.1).

Weist die Rechnung ein **Guthaben** zu Ihren Gunsten aus, muss Ihnen der Lieferant dieses unverzüglich erstatten bzw. mit dem nächsten Abschlag komplett verrechnen. Ein verbleibendes Restguthaben muss dann gleichzeitig erstattet werden. Es ist also nicht zulässig, das Guthaben mit mehreren Abschlägen zu verrechnen.

Nach Erhalt einer korrekten Abrechnung sind Sie als Verbraucher verpflichtet, die Rechnung zeitnah zu begleichen. Bei einem **Grundversorgungsverhältnis** werden Rechnungen und Abschläge zu dem vom Energielieferanten angegebenen Zeitpunkt, **frühestens** jedoch **zwei Wochen nach Zugang der Zahlungsaufforderung** fällig.

Versäumen Sie die in der Rechnung angegebene Zahlungsfrist, ist **streitig,** ob Sie sich dann schon in **Verzug** befinden mit der Folge, dass Sie gegebenenfalls Verzugszinsen zahlen müssen, oder ob der Verzug erst durch eine weitere Mahnung eintritt.

Bei Energielieferverträgen **außerhalb der Grundversorgung** (Sonderverträge) richtet sich die Fälligkeit nach den Regelungen des Vertrages. Hier bedarf es für die Begründung von Verzug stets einer Mahnung.

Der Versorger muss gegebenenfalls **beweisen,** dass Ihnen die **Rechnung zugegangen** ist. Dazu kann er sich nicht auf eine Klausel in seinen AGB berufen, wonach eine elektronische Rechnung als zugegangen gilt, wenn sie im persönlichen Servicebereich des Kunden zur Verfügung steht.

Ist die Energierechnung **offensichtlich fehlerhaft** (→ Abschn. I.4), können Sie die Zahlung vorläufig verweigern.

1.4 Die Energierechnung enthält (Berechnungs-)Fehler

Rechnungen können **aus verschiedenen Gründen fehlerhaft** sein, beispielsweise:

- **Es wurde ein falscher Verbrauch zugrunde gelegt:** Hierbei kann es sich um einen bloßen Ablesefehler handeln, wird etwa ein zu hoher Endzählerstand angegeben: Sie können in diesem Fall den aktuellen Zählerstand dokumentieren und glaubhaft machen, dass die Angabe nicht stimmen kann. Entspricht der hohe Verbrauch jedoch dem Zählerstand, könnte der Zähler defekt sein.
- **Der Zähler ist defekt:** Sie können beim Netzbetreiber oder bei Ihrem Energieversorger eine **Nachprüfung der Messeinrichtungen** durch eine Eichbehörde oder eine staatlich anerkannte Prüfstelle **beantragen.** Stellen Sie den Antrag nicht beim Netzbetreiber, müssen Sie diesen informieren. Sie sollten daher stets beide Unternehmen informieren. Stellt sich jedoch **kein Fehler** heraus, **tragen Sie** die **Kosten der Überprüfung.** Diese können sich – einschließlich Ein- und Ausbau des Zählers – durchaus auf € 150,– belaufen.

- **Es wurden zwei Zähler verwechselt:** Ihr Verbrauch kann auch deshalb zu hoch sein, weil eine Verwechslung zweier Messeinrichtungen vorliegt und Ihnen zum Beispiel der höhere Stromverbrauch Ihres Nachbarn berechnet wurde.
- **Es wurde ein falscher Tarif zugrunde gelegt:** Ihnen werden höhere Arbeitspreise berechnet als vertraglich vereinbart. Prüfen Sie, ob der Preis des vereinbarten Tarifs berechnet wurde.
- **Ihre Abschlagszahlungen wurden nicht komplett berücksichtigt:** Der Versorger hat einen bezahlten Abschlag vergessen. Fehlen mehrere Abschläge, könnte zum Beispiel ein Zahlendreher in der Kundennummer die Ursache dafür sein, sodass Ihr Versorger Ihre Zahlungen einem anderen Kundenkonto gutgeschrieben hat.
- **Ein zugesagter Bonus wurde nicht berücksichtigt:** Es könnte sein, dass der Lieferant den Bonus nicht berücksichtigt und einen Ausschlussgrund unterstellt hat, ohne Ihnen dies mitzuteilen. Prüfen Sie deshalb stets, ob in der Rechnung vertraglich vereinbarte Vergünstigungen wie Frei-kWh oder ein Bonus berücksichtigt sind.

Enthält die Abrechnung einen **Berechnungsfehler,** kann grundsätzlich die Vertragspartei, zu deren Lasten sich der Berechnungsfehler auswirkt, von der anderen Partei einen finanziellen Ausgleich verlangen. Es kommt nicht darauf an, ob eine Vertragspartei an dem Fehler ein Verschulden trifft.

Entdecken Sie einen Fehler, sollten Sie **stets sofort reklamieren.** Denn Ansprüche sind in der Regel auf den der Feststellung des Fehlers vorhergehenden Ablesezeitraum beschränkt; es sei denn, die Auswirkung des Fehlers kann über einen größeren Zeitraum festgestellt werden. In diesem Fall ist der Anspruch auf längstens **drei Jahre beschränkt.**

Weist die Rechnung einen Fehler auf, haben Sie als **Kunde in der Grundversorgung** nur dann ein Recht zur **Zahlungsverweigerung,**

- soweit die ernsthafte Möglichkeit eines **offensichtlichen Fehlers** besteht. Ein offensichtlicher Fehler liegt **nicht vor,** wenn zu dessen Klärung umfangreiche Tatsachenfeststellungen erforderlich wären, etwa wenn die ordnungsgemäße Funktionsweise eines Zählers erst durch die Einholung eines Sachverständigengutachtens geklärt werden könnte; **oder**
- sofern der in der Rechnung **angegebene Verbrauch ohne ersichtlichen Grund mehr als doppelt so hoch** wie der vergleichbare Verbrauch im vorherigen Abrechnungszeitraum ist und wenn Sie eine Nachprüfung der Messeinrichtung verlangt haben. Dies ist auch dann erfüllt, wenn eine Verdoppelung des Verbrauchs in einem früheren Zeitraum vorliegt.

Für **Sonderkunden** sind die Regelungen des Vertrages zu beachten, die aber nicht wesentlich von den gesetzlichen Vorschriften abweichen dürfen.

1.5 Das gilt für Abschlagszahlungen

Der Energieversorger ist gegenüber **Haushaltskunden in der Grundversorgung** berechtigt, für die **nach** der letzten Abrechnung verbrauchte Energie eine Abschlagszahlung zu verlangen. In Verträgen mit **Sonderkunden** wird entweder auf die Regelungen der GVV verwiesen oder es werden vergleichbare Vereinbarungen getroffen. Abschläge dürfen nur für bereits verbrauchte Energie, also **im Nachhinein,** erhoben werden (z. B. darf der Abschlag für den Monat Januar erst Ende Januar erhoben werden).

Einige Anbieter gehen jedoch dazu über, die Abschläge bereits **am Monatsanfang** zu verlangen. Damit erhalten sie dann von allen Kunden die Abschläge einen Monat zu früh, was diesen Anbietern zu mehr Liquidität verhilft. Stellen Sie dies fest, können Sie eine Umstellung des Verhaltens verlangen, Ihre Verbraucherzentrale informieren oder sich bei der Bundesnetzagentur beschweren (→ Abschn. 3.1).

In der Jahresabrechnung werden Höhe und Fälligkeit der Abschlagsbeträge für die neue Abrechnungsperiode festgesetzt. Geplante **künftige Preiserhöhungen** dürfen nicht mitberücksichtigt werden und nicht von vornherein zu einer Erhöhung der Abschläge führen. Erst wenn der Versorger im Laufe der kommenden Abrechnungsperiode eine weitere Preiserhöhung rechtmäßig vornimmt, darf er zu diesem Zeitpunkt die Abschläge anpassen.

Die **Höhe der Abschläge** richtet sich grundsätzlich nach dem (in der Jahresrechnung korrekt ausgewiesenen) Verbrauch im zuletzt abgerechneten Zeitraum. Ist eine solche Berechnung nicht möglich, bemisst sich die Abschlagszahlung nach dem durchschnittlichen Verbrauch vergleichbarer Kunden. Dies gilt auch für die Abrechnung gegenüber Sonderkunden.

! Sie können den monatlichen Abschlag überprüfen, indem Sie den Gesamtpreis für das nächste Jahr (auf Grundlage der aktuellen Preise müssen Sie dazu die Summe des jährlichen Grundpreises und des Produktes aus Arbeitspreis und Jahresverbrauch bilden) durch zwölf teilen. Manche Versorger dividieren den Jahresbetrag durch elf (Monate) und kommen zu einem etwas höheren Abschlag. Das ist aber noch akzeptabel.

Die Erhöhung der Abschläge für die künftige Abrechnungsperiode ist nur zulässig, wenn dies auf einem höheren Verbrauch und / oder gestiegenen Preisen beruht. **Prüfen** Sie daher, ob die neuen Abschläge **korrekt berechnet** wurden.

Ist das nicht der Fall, sollten Sie Ihrem Versorger Ihre Bedenken darlegen und eine umgehende Neuberechnung der Abschläge verlangen.

Aufgepasst: Eine **eigenmächtige Kürzung** ist **nicht zulässig** und kann zur Folge haben, dass der Anbieter klagt oder eine Sperre des Strom- bzw. Gasanschlusses bewirkt (→ Abschn. 1.7).

Lässt sich der Anbieter nicht auf ein berechtigtes Kürzungsverlangen ein, sollten Sie Rechtsrat und Hilfe einholen und die Bundesnetzagentur informieren (→ Abschn. 3.1). Zudem kommt ein Anspruch auf Schadensersatz in Betracht, da Sie ja unfreiwillig in Vorleistung treten.

Falls Sie die **Zahlung unberechtigter Preiserhöhung(en) verweigern** wollen, können Sie konsequenterweise neben der Rechnung auch die **Abschläge kürzen.** Als Verbraucher dürfen Sie sich ausdrücklich auf den **Unbilligkeitseinwand** nach § 315 BGB berufen, ohne in Verzug zu geraten. Demzufolge darf Ihnen bei einer Zahlungsverweigerung auch keine Energiesperre angedroht oder gar verhängt werden. Allerdings sind die Erfolgsaussichten einer Klage auf Erstattung von Preiserhöhungen für Kunden in der Grundversorgung gesunken (→ Abschn. 2.5).

Ändern sich im Laufe einer Abrechnungsperiode die Preise, darf der Versorger die **nach einer Preiserhöhung anfallenden Abschlagszahlungen anpassen.** In der Praxis wird aber von dieser Möglichkeit weitgehend kein Gebrauch gemacht.

1.6 Das gilt für die Verjährung von Rechnungsansprüchen

Energieanbieter sind dazu verpflichtet, den Kunden innerhalb von **sechs Wochen nach Ende eines Abrechnungszeitraumes** eine Rechnung zukommen zu lassen. Für Ansprüche aus Energierechnungen gilt die regelmäßige Verjährungsfrist **von drei Jahren.** Diese beginnt mit dem Schluss des Jahres, in dem Sie die Rechnung erhalten haben. Ansprüche aus Rechnungen aus 2013 verjähren also am 31. 12. 2016.

Beachten Sie: Nach gängiger Rechtsmeinung setzt der Beginn der Verjährung aber die **Erteilung einer Rechnung** voraus. Der Versorger darf damit den **Verbrauch der vergangenen Jahre nachberechnen** und kann so willkürlich die Verjährung hinausschieben. Das kann zu Problemen führen, wenn Sie einen hohen Betrag nachzahlen müssen. Dann sollten Sie zumindest angemessene Abschlagszahlungen verlangen. Lässt sich der Jahresverbrauch nicht mehr ermitteln, muss der Versorger ihn anteilig auf den Abrechnungszeitraum verteilen und nach den jeweils geltenden Preisen berechnen. Es ist also nicht zulässig, den aktuellen Preis für den Gesamtverbrauch zugrunde zu legen.

! Liegt Ihnen sechs Wochen nach Ende des Abrechnungszeitraums noch keine Rechnung vor, sollten Sie diese im eigenen Interesse anfordern. Wegen eines Verstoßes gegen die Abrechnungspflicht sollten Sie die Bundesnetzagentur und auch Ihre Verbraucherzentrale informieren, damit gegebenenfalls Maßnahmen erfolgen können (→ Abschn. 3.1).

1.7 Eine Versorgungssperre darf nur ausnahmsweise verhängt werden

Kommen Sie einer Zahlungsverpflichtung trotz Mahnung nicht nach – geraten Sie also in **Verzug** –, kann der Versorger unter bestimmten Voraussetzungen die Versorgung unterbrechen lassen. Für **Haushaltskunden in der Grundversorgung** sind die Voraussetzungen einer Sperre in § 18 StromGVV bzw. GasGVV geregelt:

- Bei Stromschulden muss ein Zahlungsrückstand von mindestens € 100,– bestehen. Bei Gas muss der Rückstand eventuell noch höher sein.
- Die Folgen der Unterbrechung für den Kunden müssen im Verhältnis zur Schwere der Zuwiderhandlung stehen.
- Es darf keine hinreichende Aussicht bestehen, dass der Kunde seinen Zahlungsverpflichtungen nachkommen wird.
- Die Unterbrechung der Versorgung muss mindestens vier Wochen zuvor angedroht werden.
- Zusätzlich ist dem Kunden der Beginn der Unterbrechung drei Werktage im Voraus anzukündigen.

Liegt auch nur eine der genannten Voraussetzungen nicht vor, ist eine **Sperre unzulässig!** Eine Sperre ist auch dann nicht zulässig, wenn Sie ein Recht zur Zahlungsverweigerung haben (→ Abschn. 1.4). Insbesondere dann, wenn Sie die Rechnung wegen einer streitigen Preiserhöhung gekürzt und sich auf deren Unbilligkeit gem. § 315 BGB berufen haben, darf keine Sperre verhängt werden.

Beachten Sie: Allerdings dürfen Sie **nicht den gesamten Rechnungsbetrag zurückbehalten,** sondern nur den auf die beanstandete Preiserhöhung entfallenden Anteil; den zu zahlenden Betrag müssen Sie selbst ausrechnen.

Auch wenn Sie **Sonderkunde** sind, darf Ihr Versorger eine Sperre verhängen lassen, sofern er die Vorschriften des § 19 StromGVV bzw. GasGVV in den Vertrag einbezieht und die oben genannten Voraussetzungen im Einzelfall vorliegen. Besteht eine davon abweichende vertragliche Regelung, muss deren Wirksamkeit geprüft werden. Aus einem Urteil des Bundesgerichtshofes ergibt sich, dass auch gegenüber Sonderkunden eine Sperre generell möglich ist. In der Praxis wird aber der Versorger bei Zahlungsverzug des Kunden wohl eher den Vertrag kündigen, als sich mit den Problemen einer Sperre auseinanderzusetzen.

Eine Sperrung des Netzanschlusses gegenüber Sonderkunden ist **unzulässig,** wenn Ihr Liefervertrag **keine wirksame Preisanpassungsklausel** enthält und Sie deshalb Geld aus unberechtigten Preiserhöhungen zurückbehalten haben.

! Droht Ihnen Ihr Versorger die Sperre des Strom- oder Gasanschlusses an, ist Eile geboten. Sie sollten dann schnell Rechtsrat bei einer Verbraucherzentrale einholen und einen Rechtsanwalt einschalten, der notfalls eine einstweilige Verfügung zur Verhinderung der Sperre bei Gericht beantragen wird.

2 Wenn es um Preise, Preiserhöhungen und Rückforderungen geht

2.1 Wann und wie muss der Energielieferant Sie über seine Preise informieren?

Seit dem 30. 10. 2014 müssen Energieversorger ihre Strom- und Gaskunden in der Grundversorgung besser über die Zusammensetzung der Allgemeinen Preise informieren (§ 2 Abs. 3 StromGVV bzw. GasGVV). Seitdem müssen sie die jeweiligen Kostenbestandteile auf ihrer **Internetseite** veröffentlichen und auch im **Grundversorgungsvertrag** angeben. Eine besondere Informationspflicht besteht zudem anlässlich von **Preisänderungen** (→ Abschn. 2.3).

Insbesondere zusätzliche Informationen (z. B. die genaue Zusammensetzung des Preises bei Strom und Gas) sollen es den Kunden ermöglichen, die Preisänderungen ihres örtlichen Grundversorgers besser zu bewerten und verschiedene Anbieter miteinander zu vergleichen.

Die gesetzliche Verpflichtung gilt unmittelbar nur für die Grundversorger gegenüber ihren **Haushaltskunden in der Grundversorgung.** Verbraucherfreundliche Vorschriften haben jedoch – sozusagen als »gesetzliches Leitbild« – mittelbare Auswirkungen für **Sonderkunden.** Das heißt, die Maßstäbe an die Preistransparenz gelten im Grundsatz auch hier. Zudem haben Energielieferanten auch gegenüber ihren Sonderkunden weitere Informationspflichten (z. B. über die Vertragsdauer, die Kündigungstermine/-fristen, die Zahlungsweise und die Art und Weise, wie aktuelle Informationen über geltende Tarife erhältlich sind).

2.2 Keine Preisanpassung ohne Rechtsgrundlage

Für Kunden in der Grundversorgung gibt es gesetzliche Regelungen

Seit dem 30. 10. 2014 enthalten für Kunden in der Grundversorgung die § 5 Abs. 2, 3 StromGVV bzw. GasGVV eine **gesetzliche Grundlage für Vertrags- und Preisänderungen.** Der Gesetzgeber musste die bis dahin bestehenden Vorschriften ändern, weil sie der Europäische Gerichtshof beanstandet und festgestellt hatte, dass sie nicht mit europäischem Recht zu vereinbaren sind. Sie würden nicht gewährleisten, dass Verbraucher rechtzeitig über Anlass, Voraussetzungen und Umfang einer Preisänderung informiert werden, bevor diese wirksam werden soll. Dies hat Auswirkungen für Preiserhöhungen in der Vergangenheit und auf etwaige Rückforderungsansprüche (→ Abschn. 2.5).

Bei Sonderkunden ist eine wirksame Preisanpassungsklausel erforderlich

Für Preiserhöhungen gegenüber Sonderkunden benötigt der Energielieferant eine **wirksame Preisanpassungsklausel in seinen AGB.**

Der Bundesgerichtshof hat in jahrelanger Rechtsprechung praktisch alle Preisänderungsklauseln, wie auch immer die Versorger sie gestaltet haben, als **unwirksam** angesehen. **Einzige Ausnahme** bislang ist folgende Entscheidung.

» **Beispiel:** Ein Stromanbieter verwendet in seinen AGB eine Klausel, in der unter anderem auf die Möglichkeit der Preisanpassung, die dafür möglichen Umstände und das Sonderkündigungsrecht hingewiesen wird. Der Bundesgerichtshof hat diese Klausel für zulässig erachtet. Das Transparenzgebot gebiete es nicht, die aus § 315 Abs. 3 BGB folgenden Rechte der Vertragsparteien ausdrücklich oder vollständig zu regeln oder den Vertragspartner darüber zu belehren.

Auch Klauseln, welche sich an den alten Preisänderungsvorschriften für Kunden in der Grundversorgung orientierten, waren unwirksam. Seitdem sind die Versorger umgeschwenkt und teilweise dazu übergegangen, **für einzelne Preisfaktoren besondere Klauseln zu gestalten.**

! Da die Gerichte viele Preisanpassungsklauseln als unwirksam angesehen haben, bestehen für Strom- und Gassonderkunden gute Chancen, Geld aus unberechtigten Preiserhöhungen zurückzuerhalten. Eine umfassende Rechtsprechungsübersicht zu den Preisanpassungsklauseln finden Sie auf der Homepage der Verbraucherzentrale NRW (www.vz-nrw.de) – und lassen Sie sich dazu beraten (→ Abschn. 3.1).

2.3 Wie muss der Energielieferant über eine Preisänderung informieren?

Wenn Sie Kunde in der Grundversorgung sind

Ändern sich einzelne Kostenbestandteile des Preises, muss der Versorger seine Preise neu kalkulieren und die einzelnen Kostenfaktoren gegenrechnen. Bei insgesamt gestiegenen Kosten darf er die Preise **erhöhen.** Sind die Kosten jedoch insgesamt gesunken, ist der Versorger verpflichtet, die Allgemeinen Preise unverzüglich neu zu ermitteln und sie zu **senken.**

Der Grundversorger muss eine Preisänderung **sechs Wochen vor der beabsichtigten Änderung öffentlich bekannt geben,** in der Regel in der Tageszeitung. Erfolgt die Bekanntgabe auch nur einen Tag zu spät, ist die Preiserhöhung nicht wirksam.

Parallel dazu muss der Versorger die Kunden **per Brief** informieren. Seit dem 30. 10. 2014 hat er hierbei den Umfang, den Anlass und die Voraussetzungen der Änderung sowie die einzelnen Kostenfaktoren **in übersichtlicher Form** anzugeben. Zudem hat er den Kunden auf sein Recht hinzuweisen, dass dieser den Vertrag ohne Einhaltung einer Kündigungsfrist zum Zeitpunkt des Wirksamwerdens der Änderungen **kündigen** kann.

Wenn Sie Sonderkunde sind

Für die Ankündigung von Preiserhöhungen gegenüber Sonderkunden gilt § 41 Abs. 3 EnWG. Diese Vorschrift regelt zwar keine Details, enthält aber ebenfalls den **Grundsatz,** dass Verbraucher **rechtzeitig** auf **transparente und verständliche Weise** über eine beabsichtigte Änderung zu unterrichten sind. Zudem muss der Kunde auch darüber informiert werden, dass er den Vertrag ohne Einhaltung einer Kündigungsfrist kündigen kann.

Haben Sie als Sonderkunde den **Energieversorgungsvertrag online geschlossen** und bei Vertragsabschluss **ausdrücklich zugestimmt,** dass die gesamte Korrespondenz online erfolgt, darf der Lieferant Preisänderungen auch per E-Mail ankündigen.

2.4 Wie können Sie gegen eine Preiserhöhung vorgehen?

Sind Sie **Vertragspartner eines Energielieferanten,** haben Sie **zwei Möglichkeiten,** auf eine Preiserhöhung zu reagieren:

- Wollen Sie anlässlich einer angekündigten Preiserhöhung **kündigen** und den Anbieter wechseln, sollten Sie **als Sonderkunde** sofort auf eine mitgeteilte Preiserhöhung reagieren. Nach Wirksamwerden der Preisänderung ist eine rückwirkende Kündigung nicht mehr möglich.

  Kunden in der Grundversorgung können jederzeit in Textform, d. h. etwa per E-Mail, kündigen. Als **Sonderkunde** sollten Sie prüfen, welche Form für Ihre Kündigung in Ihrem Vertrag vorgesehen ist (z. B. Schriftformerfordernis). Ab dem 1. 10. 2016 darf für Erklärungen von Verbrauchern in AGB keine strengere Form als die Textform mehr vereinbart werden.

  Ein **Muster** für eine Kündigung nach einer Preiserhöhung finden Sie auf www.vz-nrw.de.
- Wollen Sie trotz der angekündigten Preiserhöhung **am Vertrag festhalten,** etwa weil Ihnen auch der neue Preis noch günstig erscheint, brauchen Sie zunächst nichts zu tun. Wollen Sie später Geld aus einer eventuell unberechtigten Preiserhöhung zurückhaben, genügt ein Widerspruch gegen die Jahresrechnung.

Der Bundesgerichtshof hat **für alle Haushaltskunden** festgelegt, dass sie einer **Jahresrechnung widersprechen** müssen, wenn sie Geld aus einer darin abgerechneten Preiserhöhung zurückhaben möchten. Ein einmaliger Widerspruch richtet sich zwar auch gegen künftige Preiserhöhungen. **Vorsorglich** sollten Sie aber **jeder Rechnung widersprechen,** in der eine Preiserhöhung enthalten ist und aus der Sie Geld zurückhaben möchten (→ Abschn. 2.5).

2.5 Was müssen Sie bei der Rückforderung unberechtigter Preiserhöhungen beachten?

Ohne Widerspruch geht nichts

Für **Sonderkunden** gilt nach der Rechtsprechung des Bundesgerichtshofes: Wer Geld aus unberechtigten Preiserhöhungen zurückhaben will, muss einer Rechnung, in der die jeweilige Preiserhöhung erstmals abgerechnet wird, innerhalb von drei Jahren nach Erhalt widersprechen.

Das gilt auch für **Kunden in der Grundversorgung** hinsichtlich Preiserhöhungen, die bis zum 29. 10. 2014 vorgenommen wurden. Bei Preiserhöhungen ab dem 30. 10. 2014 könnte die Widerspruchsfrist kürzer sein. Hier sollten Sie zeitnah, das heißt innerhalb eines Monats nach Erhalt der Rechnung, widersprechen.

Beachten Sie: Die Widerspruchsfrist ist taggenau zu berechnen, das heißt, ab Zugang einer Rechnung haben Sie genau drei Jahre Zeit.

Haben Sie den Preiserhöhungen schon widersprochen, aber von der Formulierung her nur die Billigkeit der Preiserhöhung gemäß § 315 BGB beanstandet, ist dies zugleich als Widerspruch gegen fehlende Rechtsgrundlagen zu werten. Auf die Formulierung des Widerspruchsschreibens kommt es also insoweit nicht an.

! Möchten Sie von Ihrem Energieversorger Geld für die **letzten drei Jahre** zurückverlangen und haben Sie bisher keinen Widerspruch gegen die Rechnungen eingelegt, sollten Sie dies umgehend nachholen.

Ein **Muster** für den Widerspruch und die Rückforderung bei Strom-/Gaspreiserhöhungen finden Sie unter www.vz-nrw.de.

Beachten Sie die Verjährungsfrist

Machen Sie Rückzahlungsansprüche geltend, müssen Sie damit rechnen, dass sich der Versorger auf Verjährung beruft. Die regelmäßige Verjährungsfrist beträgt **drei Jahre.** Sie beginnt mit dem Schluss des Jahres, in dem Sie die Rechnung mit der abgerechneten Preiserhöhung erhalten haben. Damit können Sie im Jahr 2016 nur noch Ansprüche aus Rechnungen ab 2013 für den darin abgerechneten Zeitraum durchsetzen.

Lehnt der Versorger Ihre Ansprüche ab, müssen Sie rechtzeitig die **Verjährung hemmen.** Dazu müssen Sie Ansprüche aus Rechnungen von 2013 notfalls bis Ende 2016 einklagen oder einen gerichtlichen Mahnbescheid beantragen. Auch die Eröffnung eines Verfahrens bei der »Schlichtungsstelle Energie« hemmt die Verjährung (→ Abschn. 3.1).

Eventuell könnte eine **längere Verjährungsfrist** von maximal zehn Jahren gelten. **Ausnahmsweise** kann die Verjährung später beginnen, wenn eine unsichere und zweifelhafte Rechtslage vorliegt, die selbst ein rechtskundiger Dritter nicht verlässlich einzuschätzen vermag. In einem vergleichbaren Fall im Bankenbereich hat das der Bundesgerichtshof so entschieden. Allerdings werden Sie mit heftigem Widerstand der Energieversorger rechnen müssen. Sie sollten daher eine Klage allenfalls erwägen, wenn Ihre Rechtsschutzversicherung die Kosten für einen Rechtsstreit übernimmt.

Wie berechnen Sie Ihre Ansprüche als Kunde in der Grundversorgung?

Auch wenn es für Kunden in der Grundversorgung bis zum 29. 10. 2014 keine gesetzliche Grundlage für Preiserhöhungen gab, waren die Versorger nach Auffassung des Bundesgerichtshofs dazu berechtigt, ihre Preise anzuheben und Kostensteigerungen an die Tarifkunden weiterzugeben. Nur wenn die Preiserhöhung darüber hinausging und der Erzielung eines zusätzlichen Gewinns diente, können Sie diesen zurückverlangen. Im Klartext bedeutet dies jedoch, dass Kunden in der Grundversorgung **praktisch keine realistischen Chancen haben, Geld zurückzubekommen.**

Für **Preiserhöhungen** in der Grundversorgung **ab dem 30. 10. 2014** gab es eine gesetzliche Rechtsgrundlage. Hier gilt wohl, dass Sie die Billigkeit der Preiserhöhung gegebenenfalls in vollem Umfang gerichtlich prüfen lassen können.

Wie berechnen Sie Ihre Ansprüche als Sonderkunde?

Für Sonderkunden ist die Rechtslage besser. Sie können eine **Preiserhöhung,** die auf einer **unwirksamen Preisanpassungsklausel** beruht, **komplett zurückverlangen.** Allerdings finden die Energielieferanten auch hier noch Argumente, die eigentlich klaren Entscheidungen des Bundesgerichtshofes zu unterlaufen. Bei einer Klage besteht also dennoch ein Risiko.

Für die **Berechnung des Rückzahlungsanspruchs** kann nicht auf den bei Vertragsschluss vereinbarten niedrigen Anfangspreis abgestellt werden. Vielmehr ist der Preis aus derjenigen Rechnung maßgeblich, der Sie erstmals rechtzeitig innerhalb von drei Jahren widersprochen haben.

Verlangen Sie die Erstattung von zu Unrecht gezahlten **Preiserhöhungen,** können Sie sich dennoch auf im Abrechnungszeitraum erfolgte **Preissenkungen** berufen. Für die Berechnung ist dann der als Letztes vor der Widerspruchsfrist geltende Preis maßgeblich.

» **Beispiel:** Sie haben der Jahresrechnung von Mai 2010 widersprochen, mit der die Gaslieferung für den Zeitraum 1. 4. 2009 bis 31. 3. 2010 abgerechnet wurde. Im August 2009 wurde der Arbeitspreis von 5,4 ct / kWh auf 5,7 ct / kWh erhöht, im Januar 2010 wiederum auf 5,2 ct / kWh gesenkt. Für den Verbrauch im Zeitraum 1. 8. bis 31. 12. 2009 müssen Sie nur den vor der Erhöhung geltenden Preis (von 5,4 ct / kWh) zahlen und erhalten also 0,3 ct / kWh zurück. Ab Januar 2010 zahlen Sie nur 5,2 ct / kWh.

Für engagierte Verbraucher bzw. deren Anwälte, die auf Rückzahlung von Gaspreiserhöhungen klagen möchten, hält die VZ NRW eine **Musterklageschrift** auf ihrer Homepage bereit (www.vz-nrw.de).

3 Wenn es um Hilfe und Anlaufstellen für Verbraucher geht

3.1 Wo finden Sie Informationen und Beratung?

Wer?	Was?	Wohin?
Verbraucherzentrale	Allgemeine Informationen zum Energierecht, Urteile und Musterbriefe; individuelle Rechtsberatung/-vertretung.	**Bundesverband der Verbraucherzentralen e. V. (vzbv)** Markgrafenstraße 66 10969 Berlin Tel.: 030 / 25800 – 0 www.vzbv.de
Bund der Energieverbraucher	Umfangreiche und aktuelle Informationen; Interessenvertretung in Form einer Rechtsberatung/-vertretung. Beim Bund der Energieverbraucher müssen Sie dazu jedoch Mitglied werden.	**Bund der Energieverbraucher e. V.** Frankfurter Straße 1 53572 Unkel Tel.: 02224 / 9227 – 0 www.energieverbraucher.de
Schlichtungsstelle Energie	Für Verbraucher kostenlose Streitschlichtung. Vorausgesetzt, Sie haben sich zunächst selbst mit Ihrem Anliegen erfolglos an den Anbieter gewandt. Die Schlichtungsempfehlungen sind für die Beteiligten unverbindlich.	**Schlichtungsstelle Energie e. V.** Friedrichstraße 133 10117 Berlin Telefon: 030 / 2757 240 – 0 www.schlichtungsstelle-energie.de
Regulierungsbehörden	Allgemeine Informationen; keine Rechtsberatung/-vertretung; Beschwerdestelle über Missstände im Zusammenhang mit hohen Netzentgelten, Probleme beim Anbieterwechsel oder bei der Stromkennzeichnung.	auf Bundesebene: **Bundesnetzagentur** Tulpenfeld 4 53113 Bonn Tel.: 0228 / 14 – 0 www.bundesnetzagentur.de auf Landesebene: Wirtschaftsministerien
Kartellbehörden	Beschwerdestelle über Missstände im Zusammenhang mit hohen Preisen; massiver Protest von Verbrauchern kann als Druckmittel für rechtliche Verbesserungen wirken.	**Bundeskartellamt** Kaiser-Friedrich-Str. 16 53113 Bonn Tel.: 0228 / 94 99 – 0 www.bundeskartellamt.de oder die Landeskartellbehörden (Wirtschaftsministerien)

3.2 Was folgt aus Sammel- / Musterklagen und Verbandsklagen?

Musterverfahren der Verbraucherverbände, an denen sich einzelne Verbraucher unmittelbar beteiligen können, werden relativ selten geführt und betreffen dann in der Regel auch nur einen kleinen Teil der Kunden eines bestimmten Unternehmens. Sie haben **keine** automatische **Bindungswirkung** für Kunden anderer Unternehmen. Da in den Verfahren jedoch Rechtsfragen von genereller Bedeutung geklärt werden, sind sie von allgemeinem Interesse; andere Kunden können sich argumentativ auf das Ergebnis solcher Verfahren (Gerichtsentscheidungen) berufen.

Ob Sie sich einem **Musterverfahren** anschließen können, erfragen Sie am besten bei der (Verbraucher-)Organisation, die das jeweilige Verfahren führt. Soweit der klagende Verbraucherverband die Prozesskosten nicht übernimmt, besteht für die Beteiligten auch ein **Kostenrisiko.**

Die Verbraucherzentralen führen jedoch zahlreiche **Verbandsverfahren,** in denen sie gegen Unternehmen wegen Wettbewerbsverstößen, Verstößen gegen Verbraucherschutzgesetze oder wegen unwirksamer Geschäftsbedingungen vorgehen und mit denen sie gegebenenfalls Rechtsfragen generell gerichtlich klären lassen. Gibt das Unternehmen eine außergerichtliche Unterlassungserklärung ab oder ergeht ein rechtskräftiges Urteil, können sich alle Kunden des Unternehmens hierauf berufen. Kunden anderer Unternehmen können sich argumentativ auf solche Entscheidungen berufen.

A6 Was gilt für den Online-Vertragsschluss beim Warenkauf, bei Dienstleistungen oder Downloads?

1 Welche Regeln gelten für einen Online-Vertragsschluss?

1.1 So funktionieren »Angebot« und »Annahme«

Vertragsschluss erfolgt per Mausklick, Enter-Taste oder E-Mail

Auch ein Vertragsschluss im oder über das Internet besteht – wie bei jedem anderen Vertrag – aus einem Angebot und dessen Annahme. Das gilt, wenn Sie über einen Computer, ein Handy oder Smartphone oder einen Tablet-Computer online gehen und auch, wenn Sie bei Ihrer Geschäftsanbahnung mobile elektronische Kommunikationstechniken nutzen (z. B. Mobilfunk, WLAN oder Bluetooth).

Die einzige **Besonderheit** beim Online-Vertragsschluss: Sie geben diese Erklärungen **per Mausklick, Enter-Taste, E-Mail oder SMS** ab. Solche elektronischen Erklärungen sind rechtlich **wirksam.**

Was gilt bei direkt abrufbaren Internetdienstleistungen?

In diesem Fall wird der Vertrag **online erfüllt,** ohne dass eine weitere Bestätigung durch den Verkäufer erfolgt oder notwendig ist (z. B. beim Zugriff auf Datenbanken oder der Erbringung von Fernunterrichtsleistungen).

Was gilt bei Downloads?

Auch bei Downloads ist **keine ausdrückliche Bestätigung erforderlich.** Laden Sie digitale Inhalte unmittelbar herunter (z. B. Download von Software, E-Books, Apps, Music- oder Videostreaming), kommt der Vertrag zustande, wenn Sie den entscheidenden »Mausklick« auf die Schaltfläche **»zahlungspflichtig bestellen / kaufen«** vornehmen und der Ladevorgang beginnt.

Was gilt bei Internetauktionen?

Bei Internetauktionen werden rechtlich betrachtet **keine Versteigerungen** durchgeführt. Ersteigern Sie bei einer **eBay-Auktion** einen Artikel, schließen

Sie durch die Abgabe des Höchstgebotes innerhalb der vorgegebenen Laufzeit einen **Kaufvertrag** mit dem Anbieter ab; eBay selbst wird nicht Vertragspartei.

Beim **Sofortkauf** geben Sie als Verkäufer mit der Freischaltung ein Angebot zum Abschluss eines Kaufvertrages zu dem von Ihnen bestimmten Festpreis ab. Klickt der Käufer das Feld »Kaufen« an und bestätigt seine Option, ist der Kaufvertrag geschlossen. Einzelheiten dazu erfahren Sie in → Kapitel A7.

1.2 Wenn Ihre Unterschrift erforderlich ist

Bei manchen Verträgen verlangt das Gesetz Schriftform (§ 126 a BGB). Bei der sogenannten elektronischen Form wird die für die Schriftform erforderliche eigenhändige Unterschrift durch eine **qualifizierte elektronische Signatur** ersetzt.

Die **praktische Bedeutung** für Sie als Verbraucher ist jedoch **gering.** Denn für eine Vielzahl von verbraucherrelevanten Erklärungen ist die elektronische Form **gesetzlich ausdrücklich ausgeschlossen** (z. B. bei einem Verbraucherdarlehensvertrag). Außerdem ist der Aufwand, elektronisch signieren zu können, groß. Dafür brauchen Sie eine **spezielle Soft- und Hardware** und müssen bei einem Zertifizierungsanbieter ein qualifiziertes **Zertifikat beantragen.**

Von der elektronischen Form ist die sogenannte **Textform** zu unterscheiden (§ 126 b BGB). Die Textform ist gewahrt, wenn

- eine **lesbare Erklärung** auf einem **dauerhaften Datenträger** abgegeben wird. Dazu gehört jedes Medium, auf dem eine Erklärung aufbewahrt oder gespeichert werden kann (z. B. Papier, USB-Stick, CD, Speicherkarte, Festplatte, E-Mail); **und**
- die **Person des Erklärenden** genannt ist (z. B. im »Briefkopf« oder Inhalt des Textes). Dabei wird nicht mehr verlangt, dass der Abschluss der Erklärung durch Nachbildung der Namensunterschrift oder anders erkennbar gemacht wird.

Die Textform hat im **Rechtsalltag von Verbrauchern** eine **große Bedeutung.** Denn bestimmte Erklärungen können dadurch per E-Mail oder Fax abgegeben werden und sind genauso wirksam wie ein unterschriebener Einschreibe-Brief. Nicht mehr erforderlich ist die Textform allerdings beim Widerruf einer Online-Bestellung. Den dürfen Sie auch formlos erklären, etwa per E-Mail, Fax oder telefonisch.

1.3 Wenn Minderjährige Online-Verträge abschließen

Es gelten die Grundsätze wie im Ladengeschäft

Kaufen Kinder und Jugendliche online am PC oder über ein Smartphone ein, gelten grundsätzlich die gleichen Regeln wie bei sonstigen Verträgen mit Minderjährigen:

- Bestellungen von **Kindern unter 7 Jahren** sind **unwirksam;** bestellen **Kinder zwischen 7 und 17 Jahren** Waren oder Dienstleistungen, ist diese Bestellung nur dann **wirksam, wenn die Eltern zustimmen.**
- **Ausnahmsweise** dürfen Jugendliche mit ihrem **Taschengeld** oder ihren Ersparnissen eigenständig Verträge abschließen (z. B. kostenpflichtiger Download einzelner Musiktitel oder kostengünstiger Apps).

Sind Sie mit den Internet-Einkäufen Ihres Kindes nicht einverstanden, **verweigern** Sie nachträglich Ihre **Genehmigung** und **widersprechen** der Bestellung. Dann bleibt der Anbieter auf seinen Kosten sitzen. Er muss zudem die Rücksendung bezahlen bzw. die Ware auf eigene Kosten abholen.

! Bemerken Sie auf Ihrem Kontoauszug eine **zweifelhafte Abbuchung** (z. B. hat sich Ihr Kind für den Internet-Einkaufsbummel Ihrer Kreditkarte bemächtigt), sollten Sie dieser **schriftlich widersprechen** und von der Bank die Rückbuchung verlangen. Sie erhalten Ihr Geld zurück, sofern Ihnen die Bank keine Sorgfaltspflichtverletzungen nachweisen kann. Das wird der Bank in der Regel aber schwerfallen, denn die verwendeten Daten, wie Kreditkartennummer, Name und Ablaufdatum, sind nicht geheim.

Als Eltern müssen Sie die Internetnutzung prüfen und kontrollieren

Als **Eltern** müssen Sie Ihre **minderjährigen Kinder** aber über die Risiken und Gefahren bei der Internetnutzung **belehren** und – soweit im Rahmen der Erziehung möglich – auch **überwachen.** Verletzen Sie diese Belehrungs- und Überwachungspflichten, **haften Sie** als Anschlussinhaber des Internetzugangs grundsätzlich mit, wenn es zu Rechtsverstößen kommt (→ Kapitel A8). Allerdings sind die Voraussetzungen, nach denen Sie in einem solchen Fall (mit) haften müssen, relativ streng.

2 Das sollten Sie unbedingt vor Vertragsschluss beachten

2.1 Ausreichende Information ist Pflicht

Versandhändler und Anbieter von Dienstleistungen im Internet treffen **umfangreiche gesetzlich vorgeschriebene Informationspflichten.** Als Kunde müssen Sie beispielsweise über unternehmensspezifische Daten informiert werden (z. B. Namen und Adresse des Anbieters). Sie erhalten Angaben zum angebotenen Produkt (z. B. Merkmale der Ware, Preis), zu den Zahlungs- und Lieferbedingungen und Sie erfahren Einzelheiten über Ihre Verbraucherrechte (z. B. Gewährleistung, Kündigung, Belehrung über das Widerrufsrecht).

Unterbleibt die Information, ist sie unvollständig oder fehlerhaft, verzögert sich der Beginn Ihres Widerrufsrechts. Holt der Verkäufer die ordnungsgemäße Belehrung innerhalb von zwölf Monaten nach, beginnt die 14-tägige Widerrufsfrist ab dem Zeitpunkt, in dem Ihnen die Belehrung zugeht (→ Kapitel A2).

2.2 Das gilt für das »Kleingedruckte« im Internet

Gerade wenn Sie über das Internet Waren oder Dienstleistungen beziehen, sollten Sie die Allgemeinen Geschäftsbedingungen (AGB) des Anbieters vor einer Online-Bestellung aufmerksam lesen. Denn dort finden Sie als Kunde viele **wichtige Informationen** und **Regelungen** rund um die Abwicklung der Bestellung (z. B. über das Bezahlverfahren, Ihr Widerrufsrecht, die Kosten der Rücksendung der Ware nach Ausübung des Widerrufsrechts).

! Laden Sie sich aus Beweisgründen deshalb die AGB herunter und / oder drucken Sie diese aus. Denn entscheidend ist die Fassung der AGB zum Zeitpunkt des Vertragsschlusses. Ändert der Anbieter die AGB nachträglich, ist Ihr Vertrag von diesen Änderungen nicht betroffen.

Kommt es zum Streit, kann der Internetanbieter sich nur dann auf seine AGB berufen, wenn er im Zeitpunkt des Vertragsschlusses ausdrücklich darauf hingewiesen hat und Sie die Möglichkeit hatten, vom »Kleingedruckten« Kenntnis zu nehmen. Der Internetanbieter muss Ihnen seine AGB vor Vertragsschluss entweder per Post oder E-Mail zuschicken oder so zur Verfügung stellen, dass Sie sie **abrufen und in wiedergabefähiger Form speichern** können.

Zulässig ist auch das sogenannte »**Click-Wrap-Agreement**«. Hier können Sie die AGB elektronisch zum Lesen einsehen und erklären durch Anklicken der entsprechenden Schaltfläche Ihr Einverständnis damit.

Auch Online-AGB müssen den inhaltlichen Maßstäben des BGB entsprechen: **Unzulässige Klauseln sind unwirksam,** beispielsweise eine Klausel, nach der offensichtliche Mängel unverzüglich – spätestens jedoch zwei Wochen nach Übergabe des Kaufgegenstandes – dem Anbieter gegenüber schriftlich anzuzeigen sind.

2.3 Beugen Sie Missbrauch vor

Achten Sie auf eine sichere Datenübertragung

Verschicken Sie vertrauliche Daten (z. B. Bankverbindung, Kreditkartennummer) nur über eine **verschlüsselte Datenübertragung,** beispielsweise eine SSL-Verschlüsselung. Diese erkennen Sie am entsprechenden Hinweis beim Öffnen der Seite (»Sie sind im Begriff, sich Seiten über eine sichere Verbindung anzeigen zu lassen ...«) sowie an der Internetadresse (https://...).

Gehen Sie vorsichtig mit Ihren Daten um

Bei jeder Online-Bestellung werden personenbezogene Daten erfasst (z. B. Name, Vorname, Anschrift, E-Mail-Adresse, Telefonnummer). Ob das zulässig ist und was mit diesen Daten weiter geschehen darf, bestimmt das Bundesdatenschutzgesetz (BDSG). Hiernach gilt: Grundsätzlich ist jede Datenerhebung, -nutzung oder -verarbeitung **verboten.**

Ausnahmen: Sie haben eingewilligt oder eine gesetzliche Vorschrift erlaubt die Erhebung und Verarbeitung der Daten (z. B. zu Abrechnungszwecken).

Grundsätzlich muss Ihre Einwilligung zwar schriftlich erfolgen. Bei Online-Vertragsschlüssen reicht aber auch, wenn Sie **elektronisch einwilligen.** Allerdings muss der Internetanbieter Sie vorher eindeutig und hervorgehoben über Art und Umfang der Speicherung sowie die vorgesehene Datenübermittlung **informieren.** Das darf er auch in seinem **»Kleingedruckten«.** Wirksam ist Ihre Einwilligung allerdings nur, wenn er Ihnen zugleich das Recht einräumt, der Datennutzung jederzeit zu widersprechen.

Bemerken Sie einen **Verstoß gegen den Datenschutz** (z. B. erhalten Sie unerwünschte Werbemails eines Anbieters, mit dem Sie zuvor noch nie zu tun hatten), sollten Sie den Internetanbieter **schriftlich** auffordern, die Datennutzung zu **unterlassen, Auskunft** über den »Weg Ihrer Daten« zu erteilen (das heißt, woher er die Daten bekommen und an wen er sie weitergegeben hat) und Ihre Daten zu **löschen.**

Reagiert der Internetanbieter auf dieses Schreiben **nicht,** sondern verwendet er Ihre Daten weiter, wenden Sie sich an den zuständigen Datenschutzbeauftragten. Wer das ist, erfahren Sie von Ihrer Landesregierung.

3 Können Sie den Vertragsschluss korrigieren oder beenden?

3.1 Ab wann sind Sie rechtlich an Ihr Angebot gebunden?

Der **Zeitpunkt des Vertragsschlusses** ist entscheidend für die Frage, ob Sie Ihr Angebot ohne Weiteres zurückziehen können oder rechtlich schon daran gebunden sind. Im letzten Fall ist es für Sie von Bedeutung, ob und wie Sie den Vertragsschluss korrigieren oder den Vertrag beenden können.

Ob Sie rechtlich bereits gebunden sind, hängt davon ab, wann Ihre Bestellung angenommen wird. Für den **Zugang von elektronischen Erklärungen** kommt es darauf an, wann mit dem Abruf einer Mail durch den Empfänger **üblicherweise gerechnet** werden kann. Hier ist zu unterscheiden:

- Werden elektronische Erklärungen (z. B. ein Angebot zum Kauf eines Handys) in einem **unmittelbaren Dialog** abgegeben (z. B. im Rahmen eines »Chats« oder bei Bestellformularen auf Internetseiten durch Anklicken des Feldes »zahlungspflichtig bestellen«), gilt die Erklärung als sofort zugegangen. Das bedeutet, dass Sie mit Absendung daran gebunden sind.
- Werden elektronische Erklärungen **an eine Mailbox versandt** (z. B. per E-Mail), ist dies mit dem Einwurf eines Briefes in den Hausbriefkasten vergleichbar. Von **Geschäftsleuten** können Sie deshalb die **regelmäßige Kontrolle** ihres elektronischen Postfachs erwarten. Dazu zählt auch der Spam-Ordner. Nachrichten, die während der **üblichen Geschäftszeiten** abrufbar werden, gelten im gleichen Zeitpunkt als zugegangen. Mitteilungen, die außerhalb der Geschäftszeiten eingehen, werden üblicherweise bei Öffnung des Geschäfts zur Kenntnis genommen. Bei **Privatpersonen** dürfen Sie davon ausgehen, dass sie zumindest einmal täglich ihren Posteingang durchsehen. Hier gelten Nachrichten als am Tag nach der Abrufbarkeit auf dem Server oder in der Mailbox zugegangen.

3.2 Sie haben sich geirrt

Internethändler müssen ihren Kunden eine **Korrekturmöglichkeit** zur Verfügung stellen, mit deren Hilfe sie Eingabefehler vor Abgabe der Bestellung erkennen und berichtigen können (z. B. wird der Warenkorb vor dem Abschicken der Bestellung nochmals angezeigt und kann korrigiert werden).

Fehlt eine entsprechende Korrekturmöglichkeit, haben Sie mehrere Möglichkeiten: Entsteht Ihnen dadurch ein Schaden, können Sie vom Internetanbieter **Schadensersatz** verlangen. Daneben können Sie die fehlerhafte Online-Bestellung auch **widerrufen,** wenn Sie als Verbraucher bei einem gewerblichen Anbieter etwas bestellen (→ Kapitel A2).

Besteht eine Korrekturmöglichkeit und unterläuft Ihnen gleichwohl ein Fehler bei der Bestellung, können Sie den **Vertrag anfechten,** wenn Ihre Bestellung auf einem Irrtum beruht. Das Recht zur Anfechtung haben übrigens beide Seiten – Käufer und Verkäufer. Das gilt für gewerbliche Geschäfte, für Online-Vertragsschlüsse von »privat zu privat« oder bei Einkäufen über eBay.

» **Beispiel:**

- Sie bestellen bei einem Online-Anbieter, vertippen sich dabei und bestellen statt einer DVD zehn Exemplare.
- Sie möchten bei eBay Karten für ein Fußballspiel von Werder Bremen als Auktion mit einem Startpreis von € 1,00 verkaufen, »verklicken« sich aber und bieten die Karten versehentlich zu einem Festpreis von € 1,00 über die »Sofort-Kauf-Option« an.
- Aufgrund eines softwarebedingten Fehlers im Datentransfer erscheint ein (ursprünglich korrekt eingegebener) falscher Kaufpreis auf der Homepage. Hier kann der Vertrag vom Verkäufer im Nachhinein angefochten werden.

! Sie müssen **schnell reagieren!** Denn die Anfechtung muss unverzüglich, nachdem Sie Ihren Irrtum bemerkt haben, erfolgen. In der Rechtsprechung wird je nach den Umständen des Einzelfalls hierfür die absolute Obergrenze bei zwei Wochen ab Kenntnis Ihres Irrtums angenommen. **Außerdem** müssen Sie die **Anfechtung ausdrücklich erklären.** Aus der Anfechtungserklärung muss eindeutig hervorgehen, dass Sie sich vom Vertrag vollständig lösen wollen.

3.3 Sie möchten den Vertrag rückabwickeln

Haben Sie ein sogenanntes »**Fernabsatzgeschäft**« getätigt, also beispielsweise online Ware von einem gewerblichen Anbieter bestellt, steht Ihnen in der Regel ein 14-tägiges Widerrufsrecht zu (→ Kapitel A2).

Haben Sie bei **eBay** als privater Verbraucher bei einem Unternehmer Ware gekauft, können Sie den Vertrag grundsätzlich ebenfalls innerhalb einer Frist von 14 Tagen widerrufen; gegebenenfalls kommt auch eine Anfechtung in Betracht (→ Kapitel A7).

Auch ein **Download-Vertrag** kann widerrufen werden (z. B. laden Sie Software auf Ihren Computer, ein E-Book auf Ihren E-Book-Reader oder eine App auf Ihr Smartphone). Das 14-tägige Widerrufsrecht beginnt mit Vertragsschluss.

3.4 Sie wollen kündigen

Haben Sie einen Vertrag abgeschlossen, der **auf Dauer angelegt** ist (z. B. einen Mobilfunkvertrag) oder eine **regelmäßig wiederkehrende Leistung** beinhaltet (z. B. einen Abonnementvertrag), steht Ihnen ein **Kündigungsrecht** zu. Rechtlich macht es keinen Unterschied, ob Sie den Vertrag online geschlossen haben oder im Ladengeschäft vor Ort.

Sie müssen grundsätzlich die **vereinbarte Kündigungsfrist** einhalten. **Ausnahmsweise** können Sie den Vertrag außerordentlich kündigen, wenn Sie dazu einen **wichtigen Grund** haben (z. B. bei mehrfacher Nichtbelieferung).

Die Kündigung muss **schriftlich** erfolgen und **dem Empfänger** zugehen. Sie dürfen per E-Mail oder online kündigen.

! Aus Beweisgründen empfiehlt sich jedoch nach wie vor eine schriftliche Kündigung mit Zustellungsnachweis (z. B. Brief per Einschreiben mit Rückschein).

4 Was tun, wenn Sie in eine Internetfalle tappen?

Das Angebot ist nur scheinbar »gratis«

Auf einer Internetseite werden Informations- oder Serviceleistungen »kostenlos« angeboten, im »Kleingedruckten« sind jedoch **überteuerte Preise** für Einmalleistungen (z. B. für Horoskope, Wettervorhersagen, Rezepte, Malvorlagen, Hausaufgaben- oder Führerscheinhilfe) oder sogar für teure Abonnements **versteckt.**

Diese an sich unberechtigten Forderungen unseriöser Anbieter haben in der Vergangenheit viele Verbraucher bezahlt, ohne an sich dazu verpflichtet gewesen zu sein. In der Praxis folgten hier der Rechnung eine Mahnung und ein Inkassoschreiben, das die betroffenen Kunden verunsicherte und zur Zahlung veranlasste. Hier schützt Sie das Gesetz durch die sogenannte **»Buttonlösung«**.

Mehr Sicherheit beim Online-Kauf: Die »Buttonlösung«

Wenn Sie als **privater Verbraucher** bei einem **gewerblichen Händler** Ware online bestellen, werden Sie durch die sogenannte »Buttonlösung« vor Internet-Abzocke besser geschützt.

Erfolgt Ihre Bestellung im Internet über eine Schaltfläche, muss diese so gestaltet sein, dass Sie als Verbraucher gut lesbar darauf aufmerksam gemacht werden, dass Sie eine **kostenpflichtige Bestellung** abgeben.

Das Gesetz nennt als mögliche Button-Beschriftung »zahlungspflichtig bestellen«. **Zulässig** sind aber auch inhaltlich gleichlautende Beschriftungen wie »kostenpflichtig bestellen«, »zahlungspflichtigen Vertrag schließen« oder »kaufen«. **Unzulässig,** da nicht eindeutig, sind aber Formulierungen wie »Anmeldung«, »weiter«, »Bestellen und Kaufen« oder »Bestellung abschicken«.

Die **Bestätigungspflicht** gilt unabhängig davon, ob Sie über einen Computer, ein Handy oder Smartphone oder einen Tablet-Computer online einkaufen gehen.

Unmittelbar bevor Sie Ihre Bestellung abgeben, müssen Ihnen zudem unter anderem folgende **Informationen** klar und verständlich mitgeteilt werden: wesentliche Eigenschaften der Ware; Gesamtpreis einschließlich aller Preisbestandteile; Mindestlaufzeit des Vertrages.

Diese Informationen müssen in **räumlicher Nähe** zum Bestell-Button stehen. Beides muss bei üblicher Bildschirmauflösung gleichzeitig zu sehen sein, ohne dass Sie als Nutzer scrollen müssen oder nur darauf verlinkt werden.

Verletzt der Händler diese **gesetzlichen Gestaltungspflichten** für den Bestellvorgang, kommt also nicht deutlich zum Ausdruck, dass Sie einen kostenpflichtigen Vertrag abschließen, oder fehlen die vorstehend genannten Angaben, **kommt** auch **kein Vertrag zustande.**

Dabei trifft im Streitfall den Händler die **Beweislast** dafür, dass er die gesetzlichen Anforderungen erfüllt hat.

Was tun, wenn die Kostenfalle zugeschnappt ist?

Ist die Internetfalle also erst einmal zugeschnappt, sollten Sie den abgeschlossenen Vertrag vorsorglich **unbedingt widerrufen!** Mit einem Widerruf können Sie einen eventuellen, unberechtigten Schufa-Eintrag verhindern, mit dem die Internet-Abzocker gerne drohen.

Zwar können Sie einmal jährlich eine **kostenlose Eigenauskunft** bei der Schufa verlangen und auch dann noch dem unberechtigten Eintrag widersprechen. Doch wenn Sie gleich reagieren, beugen Sie unnötigem Ärger vor, damit Ihnen nicht infolge eines unberechtigten Eintrags andere Leistungen verweigert werden. Verschicken Sie Ihren Widerruf aus Beweisgründen am besten per **Einschreiben mit Rückschein.**

Wer nicht widerspricht, sollte **auf keinen Fall die Rechnung bezahlen!** Denn mit der Zahlung erkennen Sie den Vertragsschluss an und bekommen bei einem 2-Jahres-Abo im Folgejahr die nächste Rechnung.

Zudem sollten Sie als Opfer einer Abofalle unbedingt **Anzeige erstatten.** Denn hierbei handelt es sich zumindest um einen versuchten Betrug.

5 Was gilt bei Lieferproblemen oder Mängeln der Ware, der Dienstleistung oder des Downloads?

Die bestellte Ware lässt auf sich warten

Warten Sie wochenlang vergeblich auf online bestellte **Waren** oder kommen diese gar nicht bei Ihnen an, werden Sie wie jeder andere Versandhandelskunde behandelt: Sie können Ihre Bestellung beispielsweise widerrufen (→ Kapitel A 2).

Die bestellte Ware ist mangelhaft

Prüfen Sie die Ware **sofort nach dem Auspacken.** Weist die bestellte Ware Mängel auf (z. B. ist bei den bestellten Schuhen eine Naht falsch gesetzt), sollten Sie am besten **innerhalb** der Widerrufsfrist den Vertrag widerrufen und die Ware **zurückschicken.**

Beachten Sie: Das kommentarlose Zurücksenden der Ware allein reicht nicht mehr. Nutzen Sie entweder das Widerrufsformular des Händlers (z. B. zum Download auf seiner Internetseite) oder erklären Sie den Widerruf formlos (z. B. per E-Mail, Fax oder telefonisch). Für die Rücksendung haben Sie 14 Tage Zeit.

Entdecken Sie den Mangel erst **nach Ablauf** der Widerrufsfrist, haben Sie die **gleichen Rechte wie beim Kauf im Ladengeschäft,** das heißt, Sie verlangen zunächst Reparatur der alten oder Lieferung einer neuen Ware. Bleibt die Nacherfüllung erfolglos, können Sie den Kaufpreis mindern, vom Vertrag zurücktreten und / oder Schadensersatz verlangen (→ Kapitel A1).

Die Dienstleistung erweist sich als mangelhaft

Nehmen Sie über das Internet eine Dienstleistung in Anspruch (z. B. holen Sie online eine Rechtsberatung ein) und erweist sich eine solche Leistung als mangelhaft, gibt es wichtige **Unterschiede zu Rechten bei Kaufverträgen.** Anders als beim Kauf sind Sie nicht zur Minderung der Vergütung berechtigt! Hier steht Ihnen unter Umständen aber ein Schadensersatzanspruch zu. Diesen können Sie mit einem Vergütungsanspruch verrechnen.

Der Download erweist sich als mangelhaft

Anders als bei Online-Dienstleistungen ist die Lieferung digitaler Inhalte **rechtlich** so zu behandeln wie der **Kauf von Waren.** Weist der digitale Inhalt Fehler auf (z. B. lässt sich die heruntergeladene Software nicht installieren, obwohl Ihr Computer die vom Softwareverkäufer vorausgesetzten Systemanforderungen erfüllt), können Sie also Nacherfüllung verlangen (d. h. Reparatur oder Neulieferung). Bleibt diese erfolglos, können Sie vom Vertrag zurücktreten oder den Kaufpreis herabsetzen. Zusätzlich können Sie Ersatz Ihres Schadens oder Ihrer Kosten verlangen.

6 Wenn es ans Bezahlen geht

Im **elektronischen Geschäftsverkehr** ist spätestens bei Beginn des Bestellvorganges klar und deutlich darauf hinzuweisen, welche Zahlungsmittel akzeptiert werden. Dabei dürfen Ihnen als Kunde keine Zusatzkosten entstehen, wenn Sie mit einem vom Unternehmer akzeptierten Zahlungsmittel bezahlen (z. B. per Kreditkarte).

Sie haben aber **keinen Anspruch auf eine bestimmte Zahlungsart.** In der Regel können Sie wählen:

- **Sie zahlen mit Kreditkarte:** Sie haben den Vorteil, dass Sie Kreditkartenzahlungen relativ leicht stornieren lassen können. **Achtung:** Verschicken Sie Ihre Kreditkartendaten nicht ungeschützt über das Internet!
- **Sie bezahlen über PayPal:** Bei PayPal müssen Sie sich registrieren lassen und erhalten ein virtuelles Konto, von dem Zahlungen vorgenommen werden können. Getätigte Zahlungen werden dem Empfänger sofort gutgeschrieben, sodass übliche Banklaufzeiten für Überweisungen entfallen.
- **Sie bezahlen per Lastschrift:** Im SEPA-Lastschriftverfahren ermächtigen Sie den Händler auf elektronischem Weg, den Rechnungsbetrag von Ihrem Girokonto einzuziehen. Der Vorteil für Sie liegt darin, dass Sie Lastschriften innerhalb von sechs Wochen zurückbuchen lassen können.
- **Sie überweisen den Rechnungsbetrag nach Lieferung:** Sofern möglich, sollten Sie diese Zahlungsart wählen. Sie haben so den Vorteil, vor Bezahlung die bestellte Ware oder Dienstleistung prüfen zu können. Das Bonitäts- bzw. Zahlungsrisiko trägt hier der Händler. Um sich abzusichern, prüft er oft vor Auslieferung die Bonität eines Bestellers durch eine automatisierte Schufa-Abfrage.
- **Sie gehen in Vorleistung (Vorkasse):** Bezahlen Sie den Händler bereits vor der Lieferung, haben Sie nicht die Möglichkeit, die bestellte Ware vor der Bezahlung zu prüfen. Sie tragen also das Risiko, dass Sie Ihrem Geld »hinterherlaufen«, wenn Sie beispielsweise die Ware aus irgendeinem Grund nicht behalten wollen.
- **Sie wählen Versand per Nachnahme:** Die Versendung per Nachnahme bietet für Sie als Empfänger der Ware den Vorteil, dass Sie erst mit Übergabe der Paket- oder Briefsendung bei dem Zusteller bezahlen müssen. Der Händler hat gegenüber der Zahlung auf Rechnung hier den Vorteil, dass er sein Geld nach Ablieferung sicher erhält. Allerdings werden Ihnen regelmäßig die – mitunter hohen – Nachnahmegebühren in Rechnung gestellt.

7 Was tun mit unbestellten Waren oder Dienstleistungen?

Bestellt jemand unter Ihrem Namen Waren oder Dienstleistungen **ohne Ihre Kenntnis** und sind Sie damit nicht einverstanden, ist der Vertrag **unwirksam.** Teilen Sie dem Internethändler umgehend mit, dass die Bestellung nicht von Ihnen stammt, und widerrufen Sie sie vorsorglich.

! Werden Sie Opfer solch schikanösen Verhaltens, sollten Sie Anzeige »gegen unbekannt« erstatten. Der Übeltäter kann über die IP-Adresse seines Computers ermittelt werden und hat mit strafrechtlichen Konsequenzen zu rechnen.

Wussten Sie hingegen von der Bestellung oder erklären sich **nachträglich** damit **einverstanden** (z. B. behalten Sie die Ware), sind Sie an den Vertrag gebunden und müssen den Kaufpreis zahlen. Das Gleiche gilt, wenn Sie Ihre Online-Kennung und das dazugehörige Passwort an einen Dritten zur Nutzung weitergeben, der damit im Internet shoppen geht.

8 Wenn es zum Streit kommt

Sichern Sie die Beweise

Vorsorglich sollten Sie bei jedem Abschluss eines Online-Vertrages alle wesentlichen Erklärungen durch Speichern **sichern** (z. B. fertigen Sie einen Screenshot an) und gegebenenfalls **ausdrucken** (z. B. das Bestellformular, sonstige Vertragsunterlagen, die AGB des Händlers sowie alle gewechselten E-Mails).

Dritte helfen weiter

Sie können sich jederzeit an eine Verbraucherzentrale wenden. Darüber hinaus helfen folgende Stellen weiter:

- Verbraucher mit Wohnsitz in Baden-Württemberg, Bayern, Berlin, Hessen oder Rheinland-Pfalz können sich an den **Online-Schlichter** wenden (www.online-schlichter.de). Diese Schlichtungsstelle für Online-Shopping kann von Kunden aus ganz Deutschland und dem übrigen EU-Raum angerufen werden, deren Reklamation sich gegen einen Unternehmer mit Sitz in den genannten Bundesländern wendet.
- Das **Europäische Verbraucherzentrum** unterstützt Sie als Verbraucher bei Streitigkeiten mit Unternehmen in der EU, Island und Norwegen (www.euro-info-kehl.com).
- Für weitere Fragen zum Online-Handel oder bei einem konkreten Problem finden Sie auch in der **E-Commerce-Verbindungsstelle** einen Ansprechpartner (www.ecommerce-verbindungsstelle.de).

A7 Sicher anbieten, mitsteigern und kaufen bei eBay

1 eBay als Auktionshaus und Handelsplattform

Privatleute versteigern ihre meist gebrauchten Waren auf eBay an Höchstbietende. Unternehmen bieten neue Waren sofort zu einem **Festpreis** oder zum **Ersteigern** an. Rechtlich gesehen ist es aber egal, ob Sie etwas ersteigern, zum Festpreis kaufen oder verkaufen – Sie gehen stets ein **rechtsverbindliches Geschäft** ein. Hierzu gelten folgende Grundsätze:

- Den Kaufvertrag schließen Sie als Käufer direkt mit dem Verkäufer. eBay selbst wird nicht Ihr Vertragspartner und ist somit **nicht für die Abwicklung der Vertragsprobleme zuständig** (→ Abschn. 3).
- Wird ein Produkt zur **Versteigerung** angeboten, kommt am Ende der vorab festgelegten Auktionszeit mit dem Bieter, der das höchste Gebot abgegeben hat, automatisch ein Vertrag zustande. Bei den **Festpreisangeboten,** dem sogenannten »Sofort-Kauf«, wird das Angebot sofort beendet, wenn sich ein Kaufinteressent findet.
- Kaufen Sie die Waren von einem **Unternehmer,** handelt es sich um ein sogenanntes **Fernabsatzgeschäft,** für das besondere Verbraucherschutzbestimmungen gelten (z. B. können Sie ein solches Geschäft leichter widerrufen; → Abschn. 4.2).

2 Mitmachen können nur Mitglieder

2.1 Ein Mitgliedskonto ist Pflicht

Kaufen oder verkaufen können Sie nur, nachdem Sie sich als eBay-Mitglied angemeldet haben. Als **Verkäufer** müssen Sie zudem ein **eBay-Mitgliedskonto** einrichten. Die Anmeldung erfolgt online und ist kostenlos.

Wenn Sie sich anmelden, schließen Sie mit eBay einen **Vertrag über die Nutzung** der eBay-Webseiten. Hierfür hat eBay Nutzungsbedingungen festgelegt.

Diese AGB bestimmen die Regeln für alle eBay-Geschäfte. Sie gelten nur zwischen den Mitgliedern und eBay, nicht aber im Verhältnis zwischen Käufer und Verkäufer.

Ein **Verstoß** gegen die Nutzungsbedingungen kann sich jedoch auf das Verhältnis zwischen Anbieter und eBay auswirken (z. B. kann das Angebot vom

Auktionshaus gesperrt werden). Wenn Ihnen Verstöße gegen die Nutzungsbedingungen auffallen, melden Sie dies eBay.

Werden neue Mitglieder überprüft?

Haben Sie Ihren E-Mail-Account bei einem **Internetzugangsprovider** (z. B. T-Online, 1&1), werden Ihre Anmeldedaten in der Regel nicht überprüft, wenn Ihr Provider bereits eine Identitätsprüfung durchgeführt hat. In diesem Fall erhalten Sie nach Ihrer Anmeldung innerhalb kurzer Zeit per E-Mail einen **Bestätigungscode,** den Sie online aktivieren müssen, um die Anmeldung zu bestätigen. Erst danach können Sie auf der Auktionsplattform aktiv werden.

Nutzen Sie eine E-Mail-Adresse von einem **Internetdienstanbieter** wie web.de oder hotmail, müssen Sie einer **Schufa-Überprüfung** zustimmen. Ihr Name, Ihre Anschrift und Ihr Geburtsdatum werden dann mit der Datenbank der Schufa abgeglichen. Es findet aber nur ein Identitäts-Check statt, Ihre Kreditwürdigkeit wird nicht abgefragt.

Absolute Fälschungssicherheit gibt es aber nicht. Immer wieder gelingt es Betrügern, sich mit der Identität anderer Personen anzumelden und Geschäfte zu machen (→ Abschn. 3).

2.2 Problemfall »Minderjährige«

Erst mit **18 Jahren** ist eine Mitgliedschaft möglich. Minderjährige können sich nicht bei eBay anmelden. Überprüft wird das Alter mit dem bei der Anmeldung anzugebenden Geburtsdatum oder anhand der Identitätsprüfung.

Ob der Vertrag wirksam ist, hängt vom **tatsächlichen Alter** Ihres Vertragspartners ab. Ist er zwischen sieben und achtzehn Jahre alt, ist er nach § 107 BGB nur beschränkt geschäftsfähig. Willigen die Eltern nicht vorher ein, ist der Vertrag zunächst unwirksam. Genehmigen die Eltern auch nachträglich das Geschäft nicht, bleibt es endgültig unwirksam.

Billigen Sie, dass Ihr minderjähriges Kind Ihren Mitgliedsnamen und Ihr Passwort benutzt, geht das zu Ihren Lasten. Das gilt insbesondere, wenn Sie das Tun und Treiben Ihres Sprösslings hätten **erkennen** und **verhindern können,** indem Sie zum Beispiel Ihr Passwort ändern.

Ihr Kind handelt in diesem Fall als Ihr Stellvertreter und der Verkäufer kann von Ihnen die Vertragserfüllung verlangen.

2.3 Kann die Mitgliedschaft beendet oder beschränkt werden?

Sie selbst können den Vertrag ohne Einhaltung einer Kündigungsfrist **jederzeit kündigen. eBay** muss hingegen eine Frist von **14 Tagen zum Monatsende** einhalten. Das ergibt sich aus den AGB von eBay, die Sie mit Ihrer Anmeldung akzeptieren.

Verstoßen Sie gegen die AGB oder handeln Sie betrügerisch, stehen eBay weitere **Sanktionsmöglichkeiten** zu. So kann eBay beispielsweise ein eingestelltes Angebot löschen, eine Verwarnung aussprechen, Ihre Nutzungsrechte einschränken oder Ihre Mitgliedschaft vorläufig oder endgültig sperren.

Eine **endgültige Sperre** kommt etwa in Betracht, wenn Sie von anderen Mitgliedern wiederholt negativ bewertet werden oder wenn Sie falsche Kontaktdaten angeben (z. B. eine falsche E-Mail-Adresse).

Wird Ihr Mitgliedskonto gesperrt, werden Sie **insgesamt vom eBay-Handel ausgeschlossen,** unter welchem Mitgliedsnamen auch immer. Auch eine Neuanmeldung ist nicht möglich.

Halten Sie die **Sperre** für **ungerechtfertigt,** können Sie hiergegen **Einspruch** einlegen. eBay bietet hierfür ein Formular an. Wird die Sperre dann nicht aufgehoben, bleibt Ihnen nur der Gerichtsweg.

2.4 Welche weiteren Sanktionen drohen?

Stellen Sie Waren zum Verkauf ein, können Sie bei der Warenbeschreibung urheberrechtswidrig nicht einfach auf Bilder und Texte anderer Autoren zurückgreifen. Außerdem müssen Sie unbedingt die Markenrechte anderer beachten! Sie dürfen daher nur Originalware mit Markennamen beschreiben.

Gegen **Markenpiraterie** und **Urheberrechtsverletzungen** gehen Rechteinhaber rigoros vor. Mittels besonderer Software wird regelmäßig nach Verstößen gesucht. Ihnen drohen hier **Abmahnung, Unterlassungsanspruch** sowie **Kosten- und Schadensersatz** von mehreren Hundert Euro.

! Erhalten Sie eine Abmahnung, lassen Sie sie **umgehend anwaltlich prüfen.** Geben Sie vorher keine Unterlassungserklärung ab und leisten Sie keine Zahlungen. Einige Rechtsanwälte verschicken Massenabmahnungen per Serienbrief, die oftmals unberechtigt sind.

2.5 Wie wird der Datenschutz gewährleistet?

Ihre persönlichen Mitgliedsdaten werden nach Angaben von eBay vertraulich behandelt und auf einem sicheren Server hinterlegt. Mit der Anmeldung stimmen Sie der in der **Datenschutzerklärung** beschriebenen Nutzung und Verarbeitung Ihrer Daten zu.

» **Beispiel:**

- Name, Anschrift, E-Mail-Adresse und nach vorheriger ausdrücklicher Zustimmung auch Lieferanschrift und Bankverbindung werden an den Käufer bzw. den Verkäufer übermittelt, wenn ein Angebot beendet ist.
- Ihr Mitgliedsname und Ihr Bewertungsprofil werden angezeigt.
- Ihre personenbezogenen Daten werden für eBay-Marketing-Maßnahmen und die Übersendung eines Newsletters genutzt. Dem können Sie aber jederzeit **widersprechen** und den Newsletter jederzeit **abbestellen.**

3 Was gilt für den Vertragsschluss?

eBay bietet nur die Handelsplattform

eBay wird nicht Ihr Kaufvertragspartner, sondern bietet nur die Handelsplattform und legt per AGB die Regeln für die Geschäfte fest. Bei **Auktionen** kommt der Vertrag somit zwischen Verkäufer und Höchstbietendem mit zeitlichem Ablauf der Auktion zustande.

Beim **Sofort-Kauf** geben Sie als Verkäufer ebenfalls mit Freischaltung ein Angebot zum Abschluss eines Vertrages ab, bestimmen aber einen **Festpreis.** Wird auf einen Sofort-Kauf geboten, kommt der Vertrag bereits dann zustande, wenn der Käufer auf das Feld »Kaufen« klickt.

Was für Angebot und Gebot gilt

Damit Sie als eBay-Verkäufer erfolgreich sind, sollten Sie ein paar Grundsätze beachten (z.B. Urheber- oder Markenrechte, Nutzungsbedingungen von eBay), um Ihre Verkaufschancen nicht zu mindern. Denn Fehler können Sie teuer zu stehen kommen. Sei es, dass Ihnen eine Abmahnung ins Haus flattert, sei es, dass eBay aufgrund eines Verstoßes gegen die AGB das Angebot löscht oder Ihre Mitgliedschaft sperrt.

Umgekehrt sollten auch eBay-Käufer wissen, worauf zu achten ist, wenn sie auf »Schnäppchenjagd« gehen. Verschaffen Sie sich deshalb einen Überblick über bestimmte Vorsichtsmaßnahmen im Umgang mit Passwort, Rechner und den Angeboten des Internetauktionshauses, um Betrügern nicht auf den Leim zu gehen.

Checklisten zur rechtssicheren Gestaltung Ihres Angebotes und für die Abgabe Ihres Gebots bietet unsere Übersicht **»Wie Sie bei eBay richtig anbieten oder erwerben«.** Sie finden sie auf Ihrer Rechtstipps-CD.

AGB des Verkäufers

Die AGB von eBay gelten nicht direkt zwischen Käufer und Verkäufer. Im Zweifel können sie aber zur Vertragsauslegung herangezogen werden, wenn es zu Streitigkeiten über die Vertragsabwicklung kommt.

Gewerbliche Verkäufer verwenden meist **eigene AGB.** Darin regeln sie beispielsweise Gewährleistungs- und Garantiebedingungen, Haftungsbegrenzungen und informieren ihre Kunden über die Rechte und Pflichten bei Fernabsatzgeschäften.

Das »Kleingedruckte« wird Vertragsbestandteil, wenn es **vor Vertragsschluss im Angebot** enthalten ist. Ist die Auktion oder der Sofort-Verkauf beendet, können keine zusätzlichen oder abweichenden AGB mehr vereinbart werden.

Wie lange sind Sie an Ihr Angebot gebunden?

Nur solange noch niemand ein Gebot abgegeben hat, können Sie Ihr Angebot zurücknehmen. Liegt schon ein Angebot vor, dürfen Sie die Auktion nur **ausnahmsweise vorzeitig beenden.** Bei eBay ist dies in **drei Fällen** erlaubt:

- Sie merken, dass Sie sich beim Einstellen **über** die **Beschaffenheit** des Artikels **geirrt** haben (z. B. fällt Ihnen ein, dass die von Ihnen angebotene Bluse aus Viskose anstatt – wie von Ihnen beschrieben – aus Seide ist).
- Während der Auktion **ändert** sich die **Beschaffenheit** des Artikels (z. B. bekommt die angebotene CD einen Kratzer).
- Sie können den beschriebenen Artikel nicht mehr verkaufen, weil er in der Zwischenzeit **zerstört** wurde (z. B. geht die zum Verkauf angebotene Vase zu Bruch).

Benutzen Sie für die vorzeitige Beendigung das entsprechende **eBay-Formular.** Es fallen zwar keine Gebühren für die vorzeitige Beendigung an, die ursprünglichen Einstellgebühren müssen Sie aber dennoch bezahlen.

Dabei gilt: Auch wenn eBay die vorzeitige Beendigung einer Auktion zulässt, bleibt Ihr ursprüngliches Verkaufsangebot zunächst wirksam. Besteht der Bieter auf Vertragserfüllung, können Sie Ihr Angebot dann nur im Wege der **Anfechtung** beseitigen, die Sie so schnell wie möglich erklären müssen.

Können Sie Ihr Gebot zurückziehen?

An Ihr Gebot sind Sie grundsätzlich gebunden und können es normalerweise nur mit dem Einverständnis des Verkäufers zurücknehmen.

Ändert der Verkäufer allerdings nach Ihrem Gebot die Beschreibung des Artikels **in wesentlichen Punkten** (z. B. fügt er hinzu, dass die angebotene Software nur unter Windows Vista läuft), können Sie Ihr Gebot zurückziehen. Das gilt auch, wenn Sie den **Verkäufer** unter der angegebenen E-Mail-Adresse **nicht erreichen,** weil diese sich zwischenzeitlich geändert hat oder falsch ist. Nutzen Sie hierfür das von eBay bereitgestellte **Formular.**

Was gilt bei Preisschaukelei?

Erweckt der eingestellte Artikel nicht das erwartete Interesse, kann es vorkommen, dass der Verkäufer unter einem anderen Mitgliedsnamen oder durch Dritte eigene Gebote abgibt, um den **Preis künstlich in die Höhe zu treiben.** Erkennbar ist eine solche Preisschaukelei meist nicht. Anhaltspunkte für manipulierte Gebote lassen sich allenfalls dem Bewertungsprofil entnehmen, wenn dort immer wieder die gleichen Mitgliedsnamen als Käufer auftauchen und angeblich bereits verkaufte Waren noch einmal verkauft werden.

! Eine solche **Manipulation** ist laut Nutzungsbedingungen von eBay **verboten.** Wer dagegen verstößt, riskiert eine Sperre der Mitgliedschaft. Melden Sie Ihren Verdacht deshalb dem Auktionshaus unter der betreffenden Artikelnummer. Speichern und drucken Sie die Angebotsseiten aus.

Was gilt im Fall eines »Identitätsklaus«?

Wenn Sie zur Zahlung aufgefordert werden, aber gar nicht mitgesteigert haben, ist der Fall eindeutig: Man hat Ihre Identität geklaut und unter Ihrem Namen ein Höchstgebot abgegeben.

Hier gilt: Keine Panik! Die **Beweislast** dafür, dass Sie tatsächlich der Käufer sind, trägt der **Verkäufer.** Es besteht kein Anscheinsbeweis dafür, dass das Gebot von Ihnen stammt. Die Identifikation mittels Passworts ist kein Beweis dafür, dass Sie ein Gebot tatsächlich abgegeben haben.

Der Sicherheitsstandard im Internet ist nicht ausreichend, um aus der Verwendung eines geheimen Passworts auf denjenigen als Verwender zu schließen, der dieses Passwort ursprünglich gewählt hat. Dies gilt umso eher, als dass immer wieder Meldungen über gravierende Sicherheitslücken bei eBay die Runde machen. Dennoch sollten Sie schnell aktiv werden.

! Setzen Sie sich mit den Verkäufern in Verbindung, erläutern Sie den Sachverhalt und verweigern Sie die Zahlung. Wählen Sie sofort ein neues Passwort und informieren Sie eBay über den Missbrauch. Verlangen Sie die unverzügliche Änderung Ihres Mitgliedsnamens. Berufen Sie sich hierbei auf das Urteil des Amtsgerichts Potsdam, das einen Anspruch auf Sperrung bejaht hat. Erstatten Sie bei der Polizei Anzeige gegen unbekannt.

Müssen zunächst überbotene Käufer nachrücken?

Nein. Zwar kann Ihnen der Verkäufer, wenn der eigentliche »Höchstbietende« abgesprungen ist, vorschlagen, den Artikel doch noch zu kaufen. Bei eBay ist dies bis zum 60. Tag nach Auktionsende möglich. Als unterlegener Bieter sind Sie hierzu aber nicht verpflichtet.

4 Wie kommen Sie vom Vertragsschluss wieder los?

4.1 Wenn Sie sich geirrt haben

Haben Sie sich beim Eingeben Ihres Preisvorschlags oder Gebotsbetrags vertippt oder wurden Sie über die Beschaffenheit der Ware arglistig getäuscht, können Sie den Vertrag anfechten. Die Anfechtung muss **unverzüglich,** das heißt spätestens zwei Wochen nach Kenntnis des Anfechtungsgrundes, erfolgen.

! Streit darüber, dass Sie sich tatsächlich vertippt haben oder nur anfechten, weil Sie den Artikel nun doch nicht haben möchten, können Sie aus dem Weg gehen. Haben Sie sich bei der Gebotseingabe vertippt, müssen Sie dann mit der Rücknahme des Gebots **gleichzeitig ein neues Gebot** abgeben. Nutzen Sie hierfür das von eBay bereitgestellte **Formular.**

4.2 Wenn Ihnen ein Widerrufsrecht zusteht

So üben Sie Ihr Widerrufsrecht aus

Haben Sie als **privater Verbraucher** von einem **Unternehmer** bei eBay eine Ware gekauft, können Sie den Vertrag grundsätzlich innerhalb einer **Frist von 14 Tagen** widerrufen. Für einige Waren besteht allerdings kein Widerrufsrecht.

» **Beispiel:** Software, Videos, CDs und DVDs, die Ihnen versiegelt geliefert werden. Brechen Sie das Siegel, können Sie die Ware nicht mehr zurücksenden.

Wann und wie Sie Ihr Widerrufsrecht ausüben können, lesen Sie ausführlich in → Kapitel A 2 zum Fernabsatzrecht. Denn eBay-Käufe bei Unternehmern sind rechtlich gesehen nichts anderes als Versandhandelsgeschäfte.

Entscheidend ist, dass Sie von einem Unternehmer kaufen

Es kommt immer wieder vor, dass Händler sich als Privatverkäufer tarnen. **Konsequenz** für Sie als Käufer: Sie müssen die Unternehmereigenschaft des Verkäufers **beweisen,** wenn Sie sich auf Ihr Widerrufsrecht berufen wollen.

Die nachfolgende **Checkliste** nennt Ihnen Indizien für die Unternehmereigenschaft. Damit können Sie leichter erkennen, wer als Unternehmer gilt:

- Prüfen Sie, ob Sie es mit einem eBay-Shop oder einem Powerseller zu tun haben. Denn wer mit einem **eigenen eBay-Shop** oder als **Powerseller** verkauft, gilt im Zweifel als Unternehmer.
- **Allein die Anzahl** von Geschäften oder Beurteilungen ist noch **kein ausreichendes Indiz** für eine Unternehmereigenschaft. Vielmehr müssen **weitere Umstände** hinzutreten, die auf unternehmerisches Handeln schließen lassen:
  - Es werden immer wieder **gleiche Waren in regelmäßigen Abständen** verkauft.
  - Es wird **überwiegend mit Neuwaren** gehandelt.
  - Es liegt eine **Spezialisierung** auf bestimmte Gegenstände oder Warengruppen vor.
- Für eine **Privatperson** spricht eher, wenn mehr gekauft als verkauft wird. Gleiches gilt, wenn typische Gebrauchtwaren des privaten Gebrauchs angeboten werden (z. B. Haushaltsgegenstände, Kleidung). Auch derjenige, der jede Tasse seines Porzellanservices oder jedes Taschenbuch einzeln verkauft, handelt nicht allein wegen der hohen Anzahl von Geschäften als Unternehmer.

! Recherchieren Sie nach Zeitpunkt, Art und Anzahl der Geschäfte anhand der Bewertungen des Verkäufers. Drucken Sie die Ergebnisse aus. Fragen Sie im Zweifel bei anderen Käufern nach, die Sie dem Bewertungsprofil entnehmen können.

5 So erfüllen Sie den Vertrag

5.1 Wenn es ans Bezahlen geht

Als Verkäufer können Sie verschiedene Zahlungsarten anbieten. **Barzahlung** kommt nur bei **Selbstabholung** der Ware in Betracht. Eine sichere Sache! Als Käufer können Sie hier die Ware vor Ort prüfen.

Die meisten eBay-Geschäfte werden aber gegen **Vorkasse** abgewickelt. Die Zahlung kann dabei auf verschiedenen Wegen erfolgen:

- **Überweisung** auf das Konto des Verkäufers: Die Bankverbindung wird in der sogenannten »Kaufabwicklung« vorher bei eBay hinterlegt. Es ist auch Zahlung **per Kreditkarte** möglich. Eine riskante Sache, aber leider Normalität bei eBay.
- **Nachnahmelieferung:** Sie bekommen die Ware vom Zusteller erst nach der Bezahlung ausgehändigt, ohne dass Sie den Inhalt des Pakets prüfen konnten. **Aber:** Innerhalb von sieben Tagen nach Auslieferung können Sie die Beschädigung der Ware unter Vorlage des Pakets auf einer Postfiliale reklamieren.
- Zahlung über **PayPal:** Hierbei handelt es sich um eine **sichere, schnelle und weltweit mögliche Zahlungsart.**

  Dazu müssen beide Vertragspartner ein PayPal-Konto einrichten. Der Käufer lädt sein PayPal-Konto per Überweisung oder Kreditkarte auf und weist PayPal an, die Zahlung auf das PayPal-Konto des Verkäufers vorzunehmen. PayPal ist für den **Verkäufer kostenpflichtig.**

  Allerdings sichert das Verfahren auch nur den Bezahlweg. Schutz vor Betrügern, die es allein auf das Geld des Käufers abgesehen haben, gibt es nicht. Doch der Käufer ist durch den **PayPal-Käuferschutz** geschützt. Liefert der Verkäufer nicht oder entspricht der gelieferte Artikel eindeutig nicht der Beschreibung, deckt PayPal den Schaden für Ihre Käufe auf eBay in unbegrenzter Höhe ab.
- Der Käufer überweist das Geld an den **eBay-Treuhandservice** (www.iloxx.de). Dieser meldet dem Verkäufer den Zahlungseingang, der die Ware dann verschickt. Der Käufer überprüft die Ware und meldet den Eingang dem

Treuhandservice. Dieser überweist anschließend den Kaufpreis an den Verkäufer. **Vorteile** dieses Service: Die Vertrauenswürdigkeit des Verkäufers wird verbessert und seine Verkaufschancen erhöht. Käufer wiederum werden vor Falschlieferungen geschützt.

Der Treuhandservice ist **kostenpflichtig.** Die Kosten richten sich nach der Höhe des Gesamtbetrages und sind gestaffelt. Sie liegen bei einem Treuhandbetrag von bis zu € 250,– bei € 4,50 und betragen € 100,– bei einem Gesamtbetrag von € 50 000,–.

! Klären Sie bereits vor Abgabe Ihres Gebotes, ob der Verkäufer mit dem Treuhandservice einverstanden ist. Versuchen Sie, sich auf eine Teilung der Treuhandkosten zu einigen. Nutzen Sie den Treuhandservice für alle hochpreisigen Artikel. Im Zweifel sollten Sie auf den Kauf teurer Produkte besser verzichten, wenn der Verkäufer den Treuhandservice ablehnt.

5.2 Wenn es um die Lieferung geht

Als Verkäufer bestimmen Sie den Versandweg

Ob Paketservice, Post, Kurierdienst oder Selbstabholung – den Versandweg legen Sie als Verkäufer bereits in der Artikelbeschreibung fest.

Als Käufer dürfen Sie die Ware auch beim Versteigerer **abholen,** sofern der Verkäufer die Selbstabholung **nicht ausdrücklich ausgeschlossen** hat. Ein Hinweis auf die Versandkosten genügt nicht, um einen Versand als einzige Möglichkeit der Warenübergabe festzulegen.

Wenn es zu Transportschäden kommt

Wenn die Ware beim Versand beschädigt wird oder verloren geht, ist zu unterscheiden:

- Kaufen Sie von einem **Unternehmer,** trägt dieser während des Versands das sogenannte »**Transportrisiko**«. Im Schadensfall muss er Ihnen die gleiche Ware in unbeschädigtem Zustand noch einmal zusenden oder – falls dies nicht möglich ist – den Kaufpreis zurückerstatten und gegebenenfalls auch Schadensersatz leisten.
- Kaufen Sie von einer **Privatperson,** hat der Verkäufer seine Lieferpflicht erfüllt, wenn er die gekaufte Ware dem Versender übergeben hat. Wird die Ware auf dem Weg zu Ihnen beschädigt oder geht sie verloren, müssen Sie

dennoch den Kaufpreis bezahlen. Allerdings haftet Ihnen das Versandunternehmen, wenn es den Unfall verschuldet hat (z. B. wird die Ware bei einem Verkehrsunfall beschädigt).

Bei einigen Versendern ist eine **Transportversicherung** bereits in den Versandkosten enthalten; bei anderen können Sie sie gegen Aufpreis abschließen. Beim Kauf unter Privatleuten ist der Abschluss der Transportversicherung jedoch nur sinnvoll, wenn der Wert der verschickten Ware höher ist als die pauschalisierte Höchstschadenssumme des Versanddienstes. Erkundigen Sie sich beim Versender oder prüfen Sie dessen AGB.

6 Wenn es Probleme bei der Vertragsabwicklung gibt

6.1 Wenn der Käufer nicht oder nicht rechtzeitig zahlt

Sie müssen den Käufer in diesem Fall **mahnen** und ihn im äußersten Fall auf Zahlung **verklagen.** Alternativ können Sie auch **vom Vertrag zurücktreten,** wenn der Käufer zu erkennen gibt, dass er nicht zahlen wird (→ Kapitel A 1).

! Bei Vorkasse müssen Sie die Ware erst nach Zahlungseingang liefern. Ihr Schaden ist daher überschaubar. Melden Sie den Vorfall aber immer dem Auktionshaus. Bei eBay haben Sie in diesem Fall einen Anspruch auf die **Gutschrift der Verkaufsprovision.** Bieten Sie denselben Artikel nochmals zum Verkauf an, wird Ihnen die **Angebotsgebühr erstattet.**

6.2 Wenn der Verkäufer nicht oder verspätet liefert

Warten Sie **mehr als eine Woche** auf bereits **bezahlte Waren,** fordern Sie den Verkäufer auf, innerhalb von sieben Tagen zu liefern. Erklären Sie bereits für den Fall der Fristüberschreitung, dass Sie vom Vertrag zurücktreten und Sie die Rückzahlung des Kaufpreises verlangen werden (→ Kapitel A 1).

Das Muster »Mahnung wegen ausstehender Lieferung« als interaktive Vorlage finden Sie auf Ihrer Rechtstipps-CD.

Erhalten Sie lediglich eine **leere Verpackung** oder ist der **Verkäufer verschwunden,** liegt ein Betrug nahe. Informieren Sie neben eBay auch die Polizei und stellen Sie Strafanzeige.

6.3 Wenn der Verkäufer mangelhafte Ware liefert

Ihre Rechte bei mangelhaften Waren

Stimmt die Ware nicht mit der auf der Internetseite beschriebenen Ware überein oder weist die Ware einen Mangel auf, haftet der Verkäufer. Wie Sie mangelhafte Ware **richtig reklamieren,** erfahren Sie in → Kapitel A 1. Geben Sie bei einer Reklamation immer die Auktionsnummer und die Artikelnummer der Ware an. Drucken Sie zu Beweiszwecken die Internetseiten der Auktion aus.

Vorsicht bei gebrauchten Waren: Ob diese tatsächlich mangelhaft sind, hängt von der Beschreibung der Ware im Angebot ab. Werden dort negative Angaben gemacht, stellen diese keine Mängel dar (z. B. wird ein Auto mit Rostschäden abgebildet und beschrieben oder bei Kleidung auf Tragespuren hingewiesen).

Was gilt, wenn die **Gewährleistung ausgeschlossen** wurde, hängt davon ab, ob Sie

- von einem **Unternehmer** kaufen: Dieser darf die Gewährleistung für Neuwaren nicht ausschließen oder einschränken. Bei Gebrauchtwaren ist eine Verkürzung auf maximal ein Jahr zulässig, wenn er dies im Angebot deutlich macht. Anderslautende Klauseln bei der Artikelbeschreibung sind unwirksam.
- von einem **privaten Verkäufer** kaufen: Dieser darf die Gewährleistung sowohl für Gebraucht- als auch für Neuwaren ausschließen. Dies muss jedoch in der Artikelbeschreibung deutlich zum Ausdruck gebracht werden: »Die Ware wird unter Ausschluss jeglicher Gewährleistung oder Garantie verkauft.« Aber auch der knappe Hinweis »Privatverkauf, daher keine Garantie« reicht aus.

  Trotzdem dürfen Sie als privater Verkäufer weder einen Mangel **arglistig verschweigen** noch eine **Beschaffenheitsgarantie** übernehmen, die Sie nicht einhalten können.

7 So setzen Sie Ihre Rechte durch

7.1 Grundsatz: Einigen vor Klagen

Wenn der Verkäufer nicht liefert oder der Käufer nicht zahlt, nehmen Sie Kontakt auf und versuchen Sie zunächst, sich **gütlich zu einigen.** Gerade bei Geschäften »von privat zu privat« basieren Probleme häufig auf geschäftlicher Unerfahrenheit. Greifen Sie dabei auch auf die **Hilfe von eBay** zurück, das für viele Probleme vorformulierte Texte und Mails bereithält. Oder nutzen Sie den **Käuferschutz** bei **PayPal-Zahlungen.**

Scheitert eine Einigung, wenden Sie sich an eine Verbraucherzentrale oder schalten Sie einen Rechtsanwalt ein. Scheint eine **Klage** unvermeidlich, sollten Sie vorher eine sorgfältige Kosten-Nutzen-Analyse vornehmen, denn bei geringem Streitwert sind Zeitaufwand und Kosten oft höher als der Nutzen.

Wenn Sie den Verdacht haben, auf einen Betrüger hereingefallen zu sein, schalten Sie die Polizei ein und erstatten Sie **Betrugsanzeige.**

7.2 Das Bewertungssystem als Beurteilungsmittel

Die Vertragspartner beurteilen sich gegenseitig freiwillig. Bewertungen können innerhalb von 60 Tagen nach Angebotsende abgegeben werden. **Verkäufer** dürfen ihre Kunden nicht neutral oder negativ bewerten. eBay möchte so »Rachebewertungen« von schlecht bewerteten Verkäufern verhindern. **Käufer** hingegen dürfen Verkäufern schlechte Noten erteilen und sie detailliert bewerten (z. B. in den Rubriken Artikelbeschreibung, Kommunikation, Versandzeit, Gebühren). Aus den Bewertungspunkten ergibt sich ein **Bewertungsprofil** zur Einschätzung der Zuverlässigkeit der Mitglieder – auch als Informationsquelle für künftige Verkäufer und Bieter.

Nur sachlich gerechtfertigte und wahre Bewertungen sind **zulässig. Unzulässig** sind negative Bewertungen, wenn sie unwahr und unsachlich sind, Schmähkritik, üble Nachrede oder Beleidigungen enthalten, überspitzt sind oder zu falschen Schlussfolgerungen führen können.

Abgegebene Bewertungen werden von eBay nur unter ganz strengen Voraussetzungen gelöscht, etwa wenn **beide Vertragspartner einverstanden** sind.

Ferner stellt eine unzulässige Negativbewertung eine Vertragsverletzung dar und ist mit den eBay-Nutzungsbedingungen unvereinbar. Sie können deshalb von Ihrem Vertragspartner bei ungerechtfertigten oder unwahren Bewertungen verlangen, dass er der Löschung durch eBay **zustimmt.**

! Möchten Sie, dass eBay die negative Bewertung löscht, nutzen Sie das Formular »Antrag auf Bewertungslöschung« und setzen Sie Ihrem Vertragspartner eine Frist von 14 Tagen. Kommt er dieser Aufforderung nicht nach, bleibt Ihnen nur der Klageweg.

A8 Aufgepasst, wenn Sie Musik kopieren oder tauschen, Filme streamen oder eBooks lesen

1 Sie kaufen, hören, vervielfältigen und tauschen Musik

1.1 »Musikpiraterie« ist strafbar und macht schadensersatzpflichtig

Es dürften hauptsächlich Kinder und Jugendliche sein, die durch illegales Downloaden und Kopieren von Musik gefährdet sind, Anwaltspost zu bekommen. Dann kann es unangenehm und teuer werden. Denn **»Musikpiraterie«** stellt eine Urheberrechtsverletzung dar. Diese kann auf Antrag verfolgt werden und **strafbar** sein. Der Verstoß zieht Unterlassungsansprüche nach sich und macht **schadensersatzpflichtig** – und das nicht nur theoretisch (→ Abschn. 4).

Die Musikindustrie geht nach wie vor insbesondere gegen die Teilnehmer von Musik-Tauschbörsen gezielt vor. Wer erwischt wird, wird **abgemahnt.** Dabei wird oft mit immensen Forderungen gedroht, und selbst die meist als Sofortlösung angebotenen Vergleiche liegen in der Regel noch zwischen € 500,– und € 1 000,–.

! Besprechen Sie mit Ihren (minderjährigen) Kindern den Umgang mit sogenannten »Raub- oder Schwarzkopien« und privaten Musikkopien und dessen mögliche rechtliche Konsequenzen. Weisen Sie sie auf das »PLAYFAIR«-Gütesiegel hin (www.playfair.org), das legale und lizenzierte Angebote kennzeichnet (z. B. iTunes, Apple Music, Deezer, simfy, Amazon, Spotify).

Der **Erwerb** von künstlerischen Werken wie Musik auf CD oder DVD unterscheidet sich rechtlich vom einfachen Kauf eines sonstigen Gegenstands erheblich: Sie erwerben zwar volles Eigentum am Datenträger und seiner Verpackung. An den gespeicherten Inhalten hingegen werden Ihnen **lediglich bestimmte Nutzungsrechte** eingeräumt. Gekauft heißt also hier lediglich »benutzen dürfen« und umfasst das private Abspielen einer CD oder einer DVD – mit oder ohne Kopierschutz. Außerdem ist es zulässig, eine CD ohne Kopierschutz auf den eigenen Rechner zu ziehen oder deren Inhalt auf Ihren MP3-Player oder Smartphone zu kopieren.

Beachten Sie: Bei »körperlos« erworbener Musik (z. B. über iTunes) ist diese Funktion je nach System schon automatischer Bestandteil Ihres Nutzungsumfangs und wird über Ihre Computersoftware gesteuert.

1.2 Das gilt für gekaufte CDs, DVDs und Blu-Ray-Discs

Vorlage illegal, Kopie illegal!

Grundregel: Von jedem legal erworbenen (oder kopierten) Musikträger dürfen Sie Privatkopien erstellen. Ist aber bereits die Vorlage offensichtlich illegal, ist auch die hiervon erstellte Kopie unzulässig.

» **Beispiel:**

- Sie verwenden einen heimlichen Konzertmitschnitt eines Freundes als Vorlage. Diese ist offenkundig illegal erworben, da solche »Bootlegs« genannten Mitschnitte vom Veranstalter ausdrücklich verboten sind.
- Ein fliegender Händler verkauft aktuelle Titel zum Dumpingpreis. Hier drängt sich der Verdacht auf Raubkopien oder Hehler-Ware auf.

Kopien nur für den Privatgebrauch!

Das Anfertigen von Kopien für den privaten Gebrauch ist in Deutschland unter bestimmten Voraussetzungen erlaubt. Beachten Sie dabei Folgendes:

- **Der Anlass:** Privatgebrauch spielt sich immer in »**geschlossener Gesellschaft**« ab. Es ist daher zulässig, gekaufte Musik bei einer privaten Feier abzuspielen. Schul-, Vereins- oder Straßenfeste gehören nicht mehr hierzu und sind öffentlich. Bei solchen Anlässen benötigen Sie eine Sondererlaubnis der GEMA (www.gema.de).
- **Der Personenkreis:** Eine Privatkopie darf beispielsweise für den CD-Spieler im Auto oder in der Ferienwohnung benutzt oder an die Ehefrau, Kinder oder andere, **persönlich eng verbundene Personen** weitergegeben werden. Es muss immer eine individuelle, soziale Nähe gegeben sein. Dies ist etwa bei einem Dutzend Mannschaftskameraden, nur beruflich bekannten Kollegen, Chormitgliedern oder vergleichbaren Gruppen nicht mehr der Fall.
- **Die Unentgeltlichkeit:** Die Nutzung und Weitergabe einer Kopie müssen stets unentgeltlich sein. Der Verkauf (z. B. auf dem Schulhof oder Flohmarkt), die Vermietung oder die sonstige Gewinnerzielung sind unzulässig.

Niemals mehr als sieben Kopien!

Diese **Faustregel** gilt als Antwort auf die Frage, wie viele Kopien zulässig sind. Sie orientiert sich aber an den Vorgaben älterer Rechtsprechung. Heute wird insbesondere bei digital und daher ohne Qualitätsverlust machbaren Kopien bisweilen auch weniger als angemessen angesehen. Die **Begrenzung** auf maximal sieben Kopien gilt dabei fürs Kopieren Ihrer eigenen Original-CDs und auch für legitime Originale von Freunden oder Bekannten, die Sie sich ausleihen.

Das Format des Originals darf für Kopierzwecke verändert werden

Dies geschieht oftmals zwangsläufig, beispielsweise wenn Sie eine nicht kopiergeschützte CD einlesen und dann die Titel als MP3-Dateien auf dem PC speichern oder aus einem freigegebenen Musikvideo nur die Tonspur abspeichern.

Kopierschutz knacken ist tabu!

Hersteller dürfen ihre verkauften Datenträger mit einem Kopierschutz versehen. Sie müssen aber kopiergeschützte CDs oder DVDs **ausdrücklich kennzeichnen** (z. B. durch einen entsprechenden Hinweis oder ein Logo auf dem Datenträger oder der Verpackung). **Fehlt der Hinweis** und können Sie den Datenträger nicht auf einem üblichen Abspielgerät wiedergeben, dürfen Sie die Ware zurückgeben (→ Kapitel A 1).

Bei mit einem Kopierschutz versehenen Original-CDs / DVDs müssen Sie auf eine Privatkopie verzichten. Knacken Sie trotzdem den Schutzmechanismus (z. B. mithilfe bestimmter Software), machen Sie sich zwar im Rahmen des erlaubten Eigengebrauchs der Kopien (noch) nicht strafbar. Mit zivilrechtlichen Ansprüchen müssen Sie aber gleichwohl rechnen (z. B. Unterlassung, Schadensersatz).

Eine **Ausnahme** gilt, wenn der **Kopierschutz nicht funktioniert.** In diesem Fall haben Sie eine rechtmäßige Kopie erstellt, da kein »wirksamer Kopierschutz« im Rechtssinne eingegriffen hat.

Ob eine **analoge Kopie** (z. B. vom PC über die Soundkarte auf Kassette) auch bei Kopierschutz zulässig ist, ist derzeit nicht abschließend geklärt. Da die digital wirkenden Kopierschutzvorkehrungen technisch nicht zum Zuge kommen, liegt eigentlich kein Gesetzesverstoß vor.

1.3 Das gilt für Downloads aus dem Internet

Im Grundsatz gilt »kostenpflichtig = legal«

Für legale Downloads (z. B. für kostenpflichtige Angebote von gewerblichen Anbietern wie iTunes) gilt grundsätzlich dasselbe wie für im Laden gekaufte CDs oder DVDs: Sie erhalten ein Nutzungsrecht, dürfen privat abspielen, kopieren und brennen – soweit kein Schutzmechanismus eingreift (→ Abschn. 1.2). Voraussetzung auch hier: Das **Original,** das heißt die Downloadquelle, darf **nicht offenkundig rechtswidrig** sein.

» **Beispiel:** Für € 1,– gibt es die Musikdatei mit der elektronischen Sperre, dass sie beispielsweise nur 2-mal kopiert und 5-mal auf CD gebrannt werden kann (sogenanntes »digitales Rechtemanagement« (DRM)). Für € 4,– erhalten Sie dagegen das Lied frei von solchen elektronischen Schutzmechanismen und unterliegen dann allein den gesetzlichen Nutzungsschranken.

Stimmt dann die Gleichung »kostenlos = illegal«?

Nicht immer. Denn im Internet sind auch zahlreiche Angebote zu finden, mit denen beispielsweise Hobbykünstler oder Newcomer ihre Titel zum freien und legalen Download bereitstellen, um bekannt zu werden. Aber auch bekannte Künstler nutzen oftmals das Internet, um neue Werke zu bewerben. Wenn hier etwas verschenkt wird, ist der Download legal. In der Regel ist ein solcher Download dann aber auch mit erheblichem Werbeaufwand verknüpft, sodass kein Zweifel über die Rechtmäßigkeit der Quelle herrscht.

Beherzigen Sie daher als **Faustregel:** Was nicht erkennbar legal ist, sollte nicht heruntergeladen werden.

1.4 Das gilt für die Teilnahme an Tauschbörsen

Das versteht man unter einer Tauschbörse

Als Tauschbörse wird ein organisierter Online-Marktplatz in Form einer Website verstanden, über den Musik getauscht wird. Voraussetzung ist eine passende Software, die es kostenlos im Internet zum Herunterladen gibt (z. B. EMule).

Als Teilnehmer einer Musik-Tauschbörse laden Sie dabei nicht nur Musiktitel herunter (sogenannter »**Download**«), sondern machen in der Regel parallel Ihre Dateien anderen Teilnehmern zum Herunterladen zugänglich (sogenannter »**Upload**«). Das sieht die entsprechende Software in der Regel so vor. Die Teilnahme an solchen Börsen ist also keine »Einbahnstraße«. Häufig ist es sogar ausgeschlossen, die Upload-Funktion zu deaktivieren.

Rechtlich ist die Teilnahme an Tauschbörsen nach wie vor umstritten. Sie wird aber als **grundsätzlich unzulässig** angesehen, insbesondere was den Upload von Musiktiteln anbelangt, also das Zur-Verfügung-Stellen von Musik auf einer solchen Plattform. Sie stellt nach herrschender Meinung einen – auch strafrechtlich relevanten – Verstoß gegen das Verbreitungs- und Vervielfältigungsrecht des Urhebers dar. Denn die Rechte liegen allein bei den Künstlern oder Musikverlagen, die die Titel verkaufen und nicht verschenken wollen.

Deshalb unterliegen Tauschbörsen mittlerweile einer starken Überwachung durch die Musikindustrie, die ihre Ermittlungen häufig bis zum Endnutzer vorantreiben und zum Teil erhebliche Schadensersatzforderungen stellen (→ Abschn. 4).

Wenn Sie Musiktitel downloaden oder zum Download bereitstellen

Ein reiner Download ist im Rahmen einer Tauschbörse – wie der Name schon sagt – kaum möglich, da die zu benutzende Software dies in der Regel verhindert.

Gegenstand der gefürchteten Abmahnungen ist in der Regel aber nicht ein Download, sondern der **Upload** (gleichbedeutend mit »Freigabe zum Download durch Dritte«), der beispielsweise durch Tauschbörsensoftware veranlasst und freigegeben wird. Dieser Upload geschieht ohne Einwilligung des Urhebers und verbreitet damit das Werk illegal. Wie oft ein von Ihnen verbreitetes Werk heruntergeladen wird, ist – soweit feststellbar – nur für die Höhe des Schadensersatzes von Bedeutung (→ Abschn. 4). Illegal ist es bereits im Moment des Uploads.

2 Sie streamen Serien, Kinofilme oder die Bundesliga im Internet

2.1 Wie funktioniert das Streaming?

Live-Streaming

Streaming ist die direkte Wiedergabe eines Werkes, ohne es in herkömmlicher Weise erst auf dem eigenen Computer als »greifbare« Datei abzuspeichern. Es ist am ehesten mit Rundfunk oder Fernsehen vergleichbar, hat aber Besonderheiten. Ein bestimmter Audio- / Video-Inhalt wird aufgezeichnet und kontinuierlich in Echtzeit (live) im Internet abrufbar gemacht (sogenannter »Stream«).

» **Beispiel:**

- Diese Technik kommt etwa bei Internetradio, Nachrichtenseiten, aber beispielsweise auch für Videokonferenzen zum Einsatz.
- Auch bieten die Webseiten traditioneller Fernsehsender inzwischen häufig einen Live-Stream des ausgestrahlten Programms an (z. B. ARD-Mediathek).

On-Demand-Streaming

Streaming auf Abruf (sogenanntes »On-Demand-Streaming«) ist das Konzept von **Online-Videotheken** wie etwa iTunes, Watchever oder Netflix.

» **Beispiel:** Sie wählen einen Film aus, bezahlen über Ihren Benutzeraccount die Leihgebühr und erhalten für eine bestimmte Zeit die Möglichkeit, den Film – in der Regel auch beliebig oft innerhalb einer gewissen Frist – anzuschauen. Auch ein Hin- und Herspulen, Pausieren oder Neustarten ist möglich.

Zwischenspeicherung im Cache

Technisch ist es so, dass dieser Film sehr wohl im sogenannten »Cache«, einem bestimmten Teil des Arbeitsspeichers Ihres Gerätes, geladen und abgelegt werden muss, um wiedergegeben werden zu können. Die Datei ist mit herkömmlichen Nutzermitteln in der Regel aber nicht aufzufinden oder zu manipulieren.

2.2 Ist Streaming legal?

Der Europäische Gerichtshof (EuGH), Instanzgerichte (wie z. B. das LG Köln) und auch das Bundesjustizministerium (im Rahmen einer parlamentarischen Anfrage) haben das reine Betrachten gestreamter Inhalte als legal eingestuft, da **keine Vervielfältigung im urheberrechtlichen Sinne** stattfindet. Es ist aber noch nicht höchstrichterlich geklärt, ob Streaming infolge der – wenn auch flüchtigen – Zwischenspeicherung nicht doch ein eventuell illegales Kopieren darstellt.

! Als Nutzer von Streaming halten Sie sich am besten an dieselben Regeln wie beim Download von Musik: Erwerben Sie den Inhalt von bekannten und durch ein »PLAYFAIR«- oder ein anderes Gütesiegel ausgezeichneten Anbietern wie iTunes, Amazon, Sky, Spotify, Watchever oder Netflix. Unseriöse Angebote in der Rubrik »Aktuelle Kinofilme gratis« sollten Sie hingegen besser meiden.

3 Sie erwerben ein eBook

Welche Rechte haben Sie als Verbraucher?

Ein eBook ist eine Textdatei, welche die digitale Version eines gedruckten Buches enthält. Das eBook ist auf speziellen eBook-Geräten lesbar – aber auch auf Smartphones, Tablet- oder sonstigen PCs. Sie erwerben dabei eine Datei, die Sie in erster Linie **lesen** können und dürfen. Die Datei kann je nach Plattform beispielsweise in den Formaten *.epub, *.pdf, *.azw, *.lit oder *.mobi gespeichert sein.

Anders als bei einem Papierbuch, das Sie in die Hand nehmen und jederzeit auch wieder verkaufen können, erwerben Sie auch hier nur bestimmte **Nutzungsrechte** (vgl. Abschn. I 1). Häufig sind die erworbenen eBooks auch zwingend mit Ihrem Nutzerkonto beim jeweiligen Verkäufer verbunden und unterliegen seinen Geschäftsbedingungen.

Ob die Unterscheidung zwischen herkömmlichem Buch und eBook rechtlich korrekt ist, ist umstritten und noch nicht abschließend geklärt. Als Nutzer eines eBook-Readers machen Sie sich deshalb mit folgenden Besonderheiten vertraut.

Darf das Nutzungsrecht in AGB-Klauseln eingeschränkt werden?

Was Sie mit der erworbenen Datei sonst noch alles machen dürfen, hat zum einen technische, zum anderen rechtliche Grenzen. DRMs (»Digitales Rechtemanagement«) sind computertechnische Vorkehrungen, durch die die Benutzung, Vervielfältigung und Verbreitung von elektronischen Dateien reguliert werden soll (→ Abschn. 1.3). Vieles ergibt sich darüber hinaus aus den allgemeinen Geschäftsbedingungen (AGB) des Internetbuchhändlers.

» **Beispiel:** Ein in den AGB eines Online-Buchhändlers enthaltenes Verbot des Weiterverkaufs eines eBooks – oder eines Hörbuchs – ist zulässig. Begründung: Als Nutzer erwerben Sie beim eBook im Gegensatz zum Papierbuch kein Eigentum, sondern nur ein Benutzungsrecht.

Was gilt fürs private Kopieren?

Grundsätzlich gilt das zu Musik und Filmen Gesagte entsprechend. Allerdings ist es bei eBooks fast immer so, dass das erworbene eBook fest mit einem bestimmten Lesegerät und Account verbunden ist. Dementsprechend sind diese Originaldateien verschlüsselt und mit üblichen Mitteln überhaupt nicht erfolgreich kopier- bzw. übertragbar. Entsprechende Regelungen sind dann auch in den Nutzungsbedingungen enthalten.

Wann ist eBook-Lesen illegal?

Unter denselben Umständen wie bei illegal erworbener Musik (→ Abschn. 1.2): Also dann, wenn die Datei aus einer **offenkundig unrechtmäßigen Quelle** stammt bzw. **entgegen der Nutzungsbedingungen** des Rechtsinhabers **verwendet** wurde oder ein **Kopiermechanismus »geknackt«** wurde.

Dürfen Sie ein gebrauchtes eBook weiterverkaufen oder weitergeben?

Der EuGH befasst sich derzeit mit einer entsprechenden Anfrage aus den Niederlanden, eine Entscheidung des BGH steht hierzu noch aus. Zurzeit vertritt die Rechtsprechung aber überwiegend die Meinung, dass zumindest der **Verkauf durch die Nutzungsbedingungen wirksam verboten** werden kann.

Für ein eBook, das verkäuferseitig mit einem bestimmten Kundenkonto oder Gerät verknüpft ist, wird häufig die zusätzliche Bereitstellung für eine bestimmte Zahl von weiteren Lesegeräten ermöglicht – häufig als »Familienfreigabe« oder ähnlich bezeichnet. Darüber hinaus müssen Sie davon ausgehen, dass die Weitergabe nicht erlaubt ist.

4 Welche Folgen hat eine Urheberrechtsverletzung?

4.1 Wie werden Musikpiraten und Raubkopierer entdeckt?

Verstöße gegen das Urheberrecht sind strafbar. Ferner hat der Urheber umfangreiche Auskunfts- und Schadenersatzansprüche. Deshalb hat sich mittlerweile eine ganze Branche von »Computerdetektiven« auf die Ermittlung von Internetpiraterie spezialisiert.

Ansatzpunkt ist immer die sogenannte »**IP-Adresse**«, also das »Nummernschild« des Internetanschlusses, mit dem Sie im Internet surfen. Spezielle Software protokolliert, wann welche Up- und Downloads unter diesem Kennzeichen erfolgten. Name und Anschrift des Anschlussinhabers, dem die festgestellte IP-Adresse zu diesem Zeitpunkt zugeordnet war, werden beim Provider abgefragt. Dieser ist zur Auskunft verpflichtet, sofern ein entsprechender Gerichtsbeschluss vorliegt. Üblicherweise muss dies nicht für jeden Einzelfall eingeholt werden, sondern wird als Sammelbeschluss für ein bestimmtes Fahndungsziel erlassen. Dabei sind auch Einzelpersonen nach wie vor im Visier der Ermittler – besonders als Nutzer von Tauschbörsen.

! Verschlüsseln Sie zum einen Ihr WLAN, um die unbefugte Nutzung Ihres Rechners durch Dritte zu unterbinden, damit Ihnen bzw. Ihrem Anschluss nicht eine Urheberrechtsverletzung zugeschrieben wird, die Sie selbst nicht begangen haben. Bestehen zum anderen ehrliche Zweifel an den Vorwürfen, empfiehlt sich stets der Gang zu einem Rechtsanwalt mit Schwerpunkt IT-Recht.

4.2 Welche rechtlichen Konsequenzen drohen?

In der Regel geht es den Rechtsinhabern schlicht um Geld – also Ersatz der Rechtsverfolgungskosten, meist pauschalierte **Schadensersatzforderungen** – und die künftige **Unterlassung**; jedenfalls in Fällen vereinzelten und »privaten« Fehlverhaltens. Insbesondere bei gewerblichem Zusammenhang oder im Wiederholungsfall kann auch Auskunft darüber verlangt werden, welche weiteren Verbreitungswege das geraubte Werk noch genommen hat. Auch eine Strafanzeige kann bei Vorliegen eines hinreichenden Anlasses erfolgen.

4.3 Wie teuer wird es mit einer Abmahnung?

Schon zu Beginn der oft als »Abmahnwellen« bezeichneten Rechtsverfolgungen wurden als Schadensersatz häufig 4- oder sogar 5-stellige Eurobeträge angesetzt – und von der Rechtsprechung auch anerkannt. Dementsprechend hoch waren folglich auch die Anwaltskosten. Dem setzt seit Juni 2013 das sogenannte »Anti-Abzock-Gesetz« Grenzen. Der **(Regel-)Streitwert** für Unterlassungs- oder Beseitigungsansprüche im Urheberrecht (d. h. insbesondere bei Abmahnungen wegen illegalem Up- und Download von Musik bei privatem Filesharing) wurde **auf € 1 000,– beschränkt.** Hieraus folgen Anwaltskosten für die **erste Abmahnung** an einen **privaten Nutzer** von rund € 150,–.

Dies ist aber keineswegs in jedem Fall so, denn das Gesetz enthält eine sogenannte **»Öffnungsklausel«:** Im Zusammenhang mit **Tauschbörsen** oder bei **gewerblichen, wiederholten oder besonders umfangreichen Verstößen** wurde auch schon ein höherer Wert bestimmt. Gleiches gilt in vergleichbaren Fällen, die die **Anwendung des Regelstreitwerts unbillig** erscheinen lassen (z. B. ist für das Angebot einer urheberrechtswidrigen Bootleg-CD auf eBay ein Streitwert von € 10 000,– angemessen). Ebenso gilt für einen nachfolgenden Prozess die Streitwertbegrenzung nach herrschender Meinung nicht.

Ein echter **Vorteil für Verbraucher:** Sie müssen nun **an ihrem Wohnsitz verklagt** werden. Die Möglichkeit des Geschädigten, bei Internet-Urheberrechtsverletzungen das Gericht mit einer für ihn günstigen Rechtsprechung zu wählen, wurde abgeschafft. Es gibt also keinen »fliegenden Gerichtsstand« mehr.

! Wer eine Abmahnung erhält, muss innerhalb der gesetzten Frist reagieren. Handeln Sie aber nicht voreilig und unterschreiben Sie nichts. Nehmen Sie sich vielmehr die Zeit für eine Rechtsberatung und informieren Sie sich über Ihre Reaktionsmöglichkeiten.

4.4 Was gilt für die Höhe des Schadensersatzes?

Die Höhe des entstandenen Lizenzschadens, der von Nutzern für Urheberrechtsverletzungen verlangt werden kann, schwankte bislang – je nach Gericht – zwischen € 10,– und € 200,– pro getauschtem Musikstück. Nun hat der Bundesgerichtshof einen Betrag von **€ 200,– für jeden Musiktitel** als nicht zu hoch angesehen. Daran werden sich in Zukunft die »Abmahnindustrie« und die Gerichte wohl orientieren.

4.5 Haftet auch der Internetanschlussinhaber?

Bereits im Jahr 2012 hatte der BGH entschieden, **Eltern,** die einen PC und einen Internetanschluss bereitstellen, **genügen ihrer Aufsichtspflicht** über ein normal entwickeltes **minderjähriges Kind** (hier: 13 Jahre alt), das ihre grundlegenden Gebote und Verbote befolgt, bereits dadurch, dass sie ihr Kind über die Rechtswidrigkeit einer Teilnahme an Internettauschbörsen **belehren** und ihm eine Teilnahme daran **verbieten.** Befolgen Sie dies, scheidet eine eigene (zusätzliche) Haftung als Inhaber des Internetanschlusses für Rechtsverletzungen durch das minderjährige Kind aus. Eine **zusätzliche Überwachung** oder **Zugangssperre** zum Computer wird erst notwendig, wenn konkrete Anhaltspunkte vorliegen, dass das Kind das Verbot missachtet hat.

Aber selbst wenn Eltern vortragen können, den Zugriff ihrer Kinder auf PC und Internet sorgfältig reguliert zu haben, geht der Vorwurf auf das Kind über. **Minderjährige** haften, wenn es um Schadensersatzansprüche geht, nach ihrer Einsichtsfähigkeit.

In Erweiterung dieser Rechtsprechung wurde höchstrichterlich entschieden, dass gegenüber **volljährigen Familienmitgliedern** noch nicht einmal diese Belehrung erforderlich ist, um die Haftung des Anschlussinhabers auszuschließen. Der volljährige Nutzer ist für die Folgen des illegalen Filesharing selbst verantwortlich. Etwas anderes gilt aber auch in diesem Fall, wenn bereits **Anlass zu Misstrauen** bestand – der Anschlussinhaber also vernünftigerweise hätte Sicherungsmaßnahmen ergreifen oder zumindest ein »ernstes Wort« sprechen müssen.

Von alledem unberührt bleibt die **Haftung des Anschlussinhabers für eigenes Handeln.** Den vorgenannten Entscheidungen lag zugrunde, dass sich nachweislich Dritte (das heißt eigene bzw. Stiefkinder) illegal betätigt hatten. Auch ein fahrlässig offenes (das heißt unverschlüsseltes) WLAN ist nach wie vor eine Haftungsfalle; ebenso, wenn Sie keinen Passwortschutz einrichten.

A9 Facebook & Co.: Bei sozialen Netzwerken heißt es aufpassen!

1 Soziale Netzwerke sind kein rechtsfreier Raum

Soziale Netzwerke sind aus dem täglichen Leben kaum noch wegzudenken. Millionen von Nutzern sind auch in Deutschland täglich online, um privat Freunde zu finden, zu kontaktieren oder Nachrichten oder Fotos auszutauschen. Aber auch als Werbe-Plattform werden die Netzwerke immer wichtiger. Und wer seine Karriere voranbringen will oder einen Job sucht, nutzt gerne die Möglichkeiten des »Mitmach-Internets«.

Als Nutzer gehen Sie mit dem Diensteanbieter stets eine **Vertragsbeziehung** ein und müssen sich an die vereinbarten **Nutzungsbedingungen** halten. Denn verstoßen Sie dagegen, laufen Sie Gefahr, dass der Anbieter Sie vor die virtuelle Tür setzt und Ihren Account schließt.

Sie gehen zudem ein **rechtliches Risiko** ein, wenn Sie mit Ihren persönlichen Daten, mit Fotos oder mit Postings in die Öffentlichkeit gehen. Denn es stellen sich Urheberrechts- und Haftungsfragen.

2 Mitmachen können nur Mitglieder

2.1 Wenn Sie ein Mitgliedskonto eröffnen

Achten Sie auf das Mindestalter

Bei allen Social-Network-Diensten ist zunächst ein Nutzer-Account einzurichten. Bei Facebook wird der Zugang – wie bei den meisten sozialen Netzwerken – besonders leicht und auf der Startseite prominent positioniert erklärt. Vergleichen Sie dazu die Startseite (www.facebook.com).

Facebook fordert von allen Nutzern, dass sie ihr richtiges Geburtsdatum angeben, damit die Authentizität der Seite und der Zugang zu altersgerechten Inhalten gewährleistet werden kann. Ihr Geburtsdatum wird aber nur angezeigt, wenn Sie dies möchten.

Wählen Sie den richtigen Nutzernamen

Jedem Nutzungskonto wird ein Nutzer- oder auch Profilname zugeordnet, den Sie sich selbst geben können, sofern er nicht bereits von einem anderen Nutzer blockiert ist. **Ausnahme:** Bei Business-Netzwerken kann Namensidentität auftreten, weil es eine Vielzahl von Nutzern mit den identischen Nutzernamen gibt (z. B. melden Sie einen Account auf »Hans Maier« an).

Überaus verbreitet ist es, sich unter falschen und / oder prominenten Namen bei Facebook anzumelden (sogenannte »**Fake-Accounts**«). Dies stellt in den Fällen, bei denen es nicht mit ausdrücklicher Erlaubnis des eigentlichen Namensinhabers geschieht, eine Namensrechtsverletzung bzw. Namensanmaßung sowie eine Persönlichkeitsrechtsverletzung dar. Vorsicht, hier drohen Ihnen neben Unterlassungsansprüchen der tatsächlichen Namensinhaber oder Fotografen, die die dazugehörigen Profilfotos gemacht hatten, insbesondere Schadensersatzansprüche der Betroffenen.

Wenn Sie Angaben zu Ihrer Person machen

Sie können Angaben zu Ihrer Person machen – und / oder es je nach konkreter Verwendung des Dienstes unter Umständen auch lassen. Beachten Sie dabei:

- Angaben zur Person sollten tunlichst der Wahrheit entsprechen. Falsche öffentliche Angaben zur Person (z. B. ein nicht existierender Studienabschluss oder Doktortitel) sind kein Kavaliersdelikt und deshalb unbedingt zu unterlassen.
- Halten Sie sich unter dem Aspekt, dass potenziell zahlreiche und unter Umständen auch unbekannte Personen die Informationen einsehen können, an die Formel »weniger ist mehr«.

! Seien Sie zurückhaltend mit persönlichen Informationen und prüfen Sie kritisch, welche privaten Daten Sie »öffentlich« machen. »Googeln« Sie sich ab und zu selbst, um zu prüfen, welche Informationen über Sie im Netz vorhanden sind.

Wenn Sie ein Foto einstellen

Zudem können Sie ein Profilbild einstellen. Kein Problem, wenn Sie dazu ein Automatenfoto oder eine selbst gemachte Aufnahme wählen. Doch aufgepasst, wenn Sie dazu ein Passfoto einstellen, das von einem **Profi-Fotografen** als Bewerbungsfoto gemacht wurde. Das dürfen Sie online nur mit seiner Genehmigung benutzen, andernfalls machen Sie sich schadensersatzpflichtig.

! Besprechen Sie bereits beim Fototermin mit dem Fotografen die geplante Verwendung. Lassen Sie sich diese schriftlich bestätigen. Die Einwilligung gibt es aber nur gegen Gebühr.

2.2 Das »Kleingedruckte« regelt die Nutzung

Erkundigen Sie sich nach den AGB

Ein oft gegebener und doch selten befolgter Rat: Schauen Sie mal ins Kleingedruckte! Gerade Facebook-Datenschutz und Facebook-Nutzungsregelungen sind weitgehend, überraschend und ändern sich zudem häufig (z. B. regelt Facebook in seinen Nutzungsbedingungen, dass es an allen hochgeladenen Bilddateien eigene Nutzungsrechte erhält).

! Ob diese Regelungen im Einzelnen rechtlich zulässig sind, ist umstritten. Doch es zeigt, wie weit Facebook geht. Überlegen Sie deshalb bei jeder Datei noch einmal, ob Sie den Upload-Button drücken.

Problem beim Streit ums »Kleingedruckte«: Grundsätzlich gilt auch für Facebook deutsches Recht und so lassen sich etwaige Rechtsverstöße durchaus vor deutschen Gerichten erfolgreich verfolgen.

In der Praxis hilft es Ihnen mitunter aber wenig, wenn einzelne Klauseln einer bundesdeutschen AGB-Kontrolle nicht standhalten oder massiv gegen geltendes Datenschutzrecht verstoßen. Der Aufwand der Rechtsverfolgung ist enorm, und ob sich Facebook am Ende an das Ergebnis hält, ist fraglich. Denn Facebook sitzt bekanntermaßen in den USA und schenkt nationalem Recht nicht immer ausreichend Beachtung.

Was gilt bei Nutzungsänderungen?

Nutzungsänderungen können rechtlich gesehen grundsätzlich nicht ohne Weiteres einseitig durch den Anbieter geändert werden. Es bedarf immer der **Zustimmung** durch den Nutzer. Hinsichtlich Facebook stehen entsprechende Gerichtsentscheidungen noch aus.

Die Praxis lehrt allerdings, dass die wenigsten Mitglieder von der Nutzung abgesehen haben, wenn die Bedingungen geändert wurden.

Umgekehrt gilt, dass der Anbieter nicht gezwungen werden kann, einen grundsätzlich kostenlosen Zugang zu einem sozialen Netzwerk wegen einer verweigerten Zustimmung weiterhin zu den »alten« Konditionen anzubieten. Hier kann es – zumindest theoretisch – auch zu einer Kündigung des Accounts durch den Anbieter kommen.

2.3 Was gilt, wenn Minderjährige mitmachen wollen?

Derzeit liegt das Mindestalter für die Teilnahme bei Facebook bei **13 Jahren.** Überprüft wird das von Facebook jedoch nicht.

Wenn Sie **als Eltern** entdecken, dass sich Ihr Kind ohne Ihre Zustimmung auf Facebook tummelt, lesen Sie dort den Bereich »Sicherheit für Eltern«. Hier erfahren Sie, wie Sie einen Account eines Kindes unter 13 Jahren **löschen** oder sonstige Missbrauchsfälle melden können.

3 Wie Sie Ihre Mitgliedschaft nutzen können

3.1 Sie suchen Freunde und pflegen Kontakte

Einmal angemeldet, lassen sich nicht nur leicht und schnell Meinungen, Links, Fotos, Videos und Ähnliches verbreiten. Die Plattformen leben zudem maßgeblich davon, dass sich die Teilnehmer untereinander verknüpfen.

! Erhalten Sie Kontaktanfragen von Dritten, sollten Sie wählerisch sein. Denn nicht hinter jedem »Freund« steckt ein echter. Erkundigen Sie sich im Zweifelsfall auch außerhalb des sozialen Netzwerkes nach der Glaubwürdigkeit solcher Anfragen.

Sie können einzelne Beiträge jedermann zugänglich machen oder auf Ihre »Freunde« beschränken.

! Seien Sie zurückhaltend und sich über den tatsächlichen Verbreitungsgrad eines Eintrags zu jeder Zeit im Klaren. So vermeiden Sie unangenehme Überraschungen (z. B. Abmahnungen nach Urheberrechts- oder Wettbewerbsverstößen).

3.2 Sie posten Nachrichten

Fallen Postings unter den Urheberrechtsschutz?

Hier gilt grundsätzlich: Nachrichten an sich genießen keinen urheberrechtlichen Schutz, und zwar egal, ob nun »in China ein Fahrrad umgefallen ist« oder »die Berliner Mauer gebaut oder abgerissen wird«.

Trotzdem können Meldungen ihrer Formulierung, ihrem Wortwitz oder der konkreten Ausgestaltung wegen durchaus unter den Urheberrechtsschutz fallen, wenn sie ein Mindestmaß an **schöpferisch eigener Leistung** überschreiten. Bei den üblichen Kurzmeldungen in sozialen Netzwerken ist dies aber selten der Fall.

Wollen Sie eine urheberrechtlich geschützte Meldung kopieren und an anderer Stelle verwenden, benötigen Sie grundsätzlich die entsprechende Einwilligung des Urhebers. **Ausnahme:** Für sogenannten »Re-Tweets«, eine gesonderte Weiterverbreitungsfunktion, die es auch bei Facebook gibt, ist diese nicht erforderlich. Hier geht man von einer konkludenten Einwilligung des Verfassers aus.

Wenn es um »Cyberstalking« geht

Werden Sie Opfer eines »Cyberstalkers«, der Sie dauerhaft und unaufgefordert per E-Mail kontaktiert und belästigt, melden Sie diesen Verstoß unbedingt dem Betreiber des sozialen Netzwerkes oder erstatten Sie Anzeige bei den Strafbehörden.

Sinnen Sie nicht auf Vergeltung und stellen Sie den Täter auch nicht im Netz an den Pranger. Veröffentlichen Sie keine persönlichen Daten des Täters und rufen Sie auch nicht zu Vergeltungstaten auf. Das ist auch auf Facebook kein Kavaliersdelikt!

3.3 Sie laden Fotos und Videos hoch

Welche Bilder dürfen Sie einstellen?

Prüfen Sie zunächst die Nutzungsbedingungen daraufhin, ob das Einstellen von Bilddateien im Grunde auf eigene Nutzerfotos beschränkt ist oder nicht. Facebook ist hier – im Verhältnis zu anderen Netzwerken – großzügig: Sie dürfen generell Fotos und Videos posten.

Doch sollten Sie – wie überall im Internet – ausschließlich **eigene Bilddateien** verwenden und auch solche, zu denen Sie alle erforderlichen Rechte haben. Denn Sie dürfen fremde Fotos nicht ohne entsprechende Erlaubnis des Rechteinhabers verwenden. Das gilt entsprechend für fremde Markenlogos.

Kurzum: Eine Erlaubnis brauchen Sie zur Veröffentlichung fast immer. Denn jeder Mensch hat das sogenannte **Recht am eigenen Bild.** Das bedeutet, dass jeder grundsätzlich selbst darüber entscheidet, was mit Bildern, auf denen er **persönlich erkennbar** ist, gemacht werden darf. Insbesondere ob diese überhaupt und – wenn ja– in welchem Zusammenhang sie veröffentlicht werden dürfen.

» **Beispiel:**

- Bei Personen entscheidet der Abgelichtete selbst. **Besonderheit:** Bei Minderjährigen ist stets das O.K. der Eltern erforderlich – dies am besten schriftlich und von beiden Elternteilen;

- bei Innenaufnahmen von Gebäuden hat deren Besitzer einzuwilligen;
- in allen Fällen ist die Erlaubnis vom eigentlichen Fotografen notwendig. Zur Verwendung von Profi-Passfotos lesen Sie den obigen Abschnitt.

Dabei kann die Einwilligung ausdrücklich oder stillschweigend erteilt werden, im Einzelfall auch gegen ein angemessenes Honorar.

» **Beispiel:** Besonders beliebt ist auf Facebook das Veröffentlichen von **Disko- oder Partyfotos.** Hier wird häufig ein Einverständnis zur (privaten) Fotografie durch schlüssiges Verhalten wie etwa Lächeln oder In-die-Kamera-Schauen gegeben sein. Ein Einverständnis zur Veröffentlichung im Internet ist das aber noch lange nicht, wenn der Fotograf als solcher nicht durch seine Kleidung oder Auftreten als Journalist oder Webblogger zu erkennen ist.

Liegt **keine Einwilligung** vor, darf ein Foto nur **ausnahmsweise** veröffentlicht werden:

- bei **Personen und Ereignissen des Zeitgeschehens.** Das sind häufig Prominente aus Politik, Wissenschaft, Königshäusern, Sport oder Show-Business. Eine Veröffentlichung von Schnappschüssen ist hier nur möglich, wenn diese im Zusammenhang mit einem Ereignis stehen. Gleichzeitig muss die Veröffentlichung des Bildes zwingend einem Informationsinteresse der Allgemeinheit dienen;
- wenn eine **abgebildete Person** zwar erkennbar, aber lediglich **Beiwerk** ist (z. B. zur Landschaft) oder nur **zufällig** innerhalb einer Menschenmenge in der Öffentlichkeit fotografiert wird (z. B. bei einer Sportveranstaltung im Zuschauerbereich).

3.4 Was Sie zum Umgang mit Werbung wissen sollten

Grundsätzlich ist Werbung per Telefon, Fax oder E-Mail nur zulässig, wenn Sie darin vorab ausdrücklich eingewilligt haben. Diese Regel ist auch auf Nachrichten in sozialen Netzwerken übertragbar, sofern diese werbenden Charakter haben.

» **Beispiel:** Wollen Sie als Unternehmer anderen Facebook-Nutzern werbende Direktnachrichten für eigene Produkte oder Dienstleistungen zusenden, benötigen Sie grundsätzlich dafür eine entsprechende Einwilligung oder Genehmigung des Empfängers. Andernfalls drohen Ihnen Unterlassungs- und Schadensersatzansprüche.

4 Wer postet, der haftet

4.1 Bei Datenschutzverletzungen

Für die Zulässigkeit der bei Facebook eingestellten Einträge gelten grundsätzlich keine rechtlichen Besonderheiten – auch und gerade mit Blick auf den Datenschutz. Grundsätzlich hat jeder Mensch das aus der **informellen Selbstbestimmung** abgeleitete Recht, frei zu entscheiden, was mit seinen personenbezogenen Daten passiert (z. B. Name, Telefonnummer, Anschrift). Das Veröffentlichen solcher personenbezogenen Daten Dritter gegen deren Willen verstößt gegen geltendes Datenschutzrecht.

» **Beispiel:** Sie dürfen bei Facebook nicht für jedermann sichtbar die private Telefonnummer eines Arbeitskollegen, dessen Gehalt, Gesundheitszustand oder seinen Wohnsitz veröffentlichen. Der Betroffene hat hier Unterlassungs- oder gar Schadensersatzansprüche.

4.2 Bei Persönlichkeitsrechtsverletzungen

Jede Art von Beleidigung, Diskreditierung oder die Verbreitung unwahrer Tatsachenbehauptungen sind absolut tabu. Sie sind auch nicht von der Meinungsfreiheit gedeckt. In der Praxis ist die Grenzziehung mitunter aber schwierig.

Sie haften für **eigene unbedachte Äußerungen**, durch die das Persönlichkeitsrecht Dritter verletzt wird.

» **Beispiel:** Sie verbreiten öffentlich völlig übertrieben über einen Arbeitskollegen bei Facebook, dass dieser »ohnehin ständig krank sei.«

Sie haften aber auch für die **Postings von Dritten.**

» **Beispiel:** Ein Dritter postet an Ihrer Facebook-Pinnwand beleidigende Inhalte oder obszöne Fotos von einem anderen.

Werden Sie auf diesen Umstand hingewiesen, sind Sie als Inhaber einer Profilseite in der Pflicht. Sie müssen den betreffenden Inhalt umgehend entfernen, etwa das Bild oder die streitige Tatsachenbehauptung im Zweifel unverzüglich löschen.

4.3 Bei Urheberrechtsverletzungen, insbesondere bei Fotos

Nicht nur wenn Sie **selbst** fremde Fotos ohne Einwilligung des Rechteinhabers posten, haben Sie für eine mögliche Urheberrechtsverletzung einzustehen. Auch wenn **Dritte** ein urheberrechtlich geschütztes Foto auf Ihrer Pinnwand bei Facebook veröffentlichen (z. B. zeigt das Bild eine Badewanne mit gelber Badeente), kann das teuer werden. Hier müssen Sie mit einer Abmahnung rechnen.

4.4 Wenn das Arbeitsrecht tangiert ist

Bevor Sie am Arbeitsplatz Ihren Facebook-Account öffnen und sich mit Ihren Freunden austauschen, sollten Sie sicher sein, dass Ihnen die **private Internetnutzung** auch tatsächlich erlaubt ist. Halten Sie sich unbedingt an die getroffene Abrede! Denn eine vertragswidrige Nutzung kann im Einzelfall eine **fristlose Kündigung** nach sich ziehen – wenn auch in der Regel erst nach vorheriger Abmahnung. Bei einer besonders schwerwiegenden Vertragsverletzung darf sie auch ohne vorherige Abmahnung ausgesprochen werden.

Davon ist allerdings die Frage zu unterscheiden, ob Ihnen als Arbeitnehmer wegen **negativer Äußerungen** über einen Kunden Ihres Arbeitgebers auf Facebook gekündigt werden darf.

Die Antwort hängt unter anderem davon ab, ob der Eintrag im öffentlichen oder über den sogenannten »privaten Bereich« bei Facebook nur im Freundeskreis gepostet wurde. Grundsätzlich dürfen Sie davon ausgehen, dass in diesem Fall – ähnlich wie beim Gespräch im Kollegenkreis – die Äußerung nicht nach außen dringt und somit keine arbeitsrechtlichen Konsequenzen nach sich zieht.

4.5 Wenn Partyalarm ausgelöst wird

Die Einladung zu einer ungewollten Massenparty ist inzwischen ein bekanntes Phänomen.

» **Beispiel:** Gepostet wird ein Halloween-Treffen oder eine Geburtstagsparty. Ein simples Häkchen entscheidet, ob man wirklich nur seine Freunde einlädt. Denn wer versehentlich eine Einladung als »öffentlich« kennzeichnet, macht sie für alle Facebook-Nutzer einsehbar. Da nützt es auch nichts, wenn der Fehler gleich korrigiert und die Einladung zurückgenommen wird. Das Netz verbreitet solche Nachrichten schnell, und bald steht die Netzgemeinde mit mehreren Dutzend bis mehreren Hundert ungebetenen Gästen in beschaulichen Wohngegenden.

Die Polizei ist im Großeinsatz, denn unter den ungebetenen Gästen sind immer auch welche, die Ärger machen wollen und Eigentum Dritter beschädigen (z. B. werden Blumenbeete und Gartenzäune niedergetrampelt, Mülltonnen angezündet oder geparkte Pkw demoliert). Auch die anschließende Straßenreinigung gibt es nicht kostenlos.

So ein Polizeieinsatz kostet Geld und auch die Sachschäden summieren sich schnell. Dabei lassen sich die eigentlichen Randalierer häufig nicht ausmachen. Am Ende wird derzeit wohl der Steuerzahler zur Kasse gebeten. Denn die juristischen Grundlagen sind nicht eindeutig, sodass schlussendlich die Gerichte die Fragen klären werden.

In jedem Fall bleibt es neben einer möglichen Einstandspflicht des Einladenden immer bei einer Haftung des unmittelbaren Schädigers. Beide haften als sogenannte **Gesamtschuldner.** Das bedeutet, der Geschädigte kann sich den liquideren der beiden aussuchen. Sollte sich ein Geschädigter erfolgreich gegen den Veranstalter einer solchen Party durchsetzen, kommt in dem Fall auch noch ein Erstattungsanspruch gegen den eigentlichen Verursacher in Betracht, sofern er denn konkret bekannt ist.

5 Was tun, wenn Dritte eine Rechtsverletzung begehen?

5.1 Erste Schritte zur Sicherung Ihrer Rechte

Sollten Sie sich durch irgendetwas oder irgendjemanden in Ihren **eigenen Rechten** betroffen fühlen, steht sowohl der Verursacher, grundsätzlich aber auch der Dienstbetreiber als Ansprechpartner zur Verfügung (z. B. sind Sie Opfer einer falschen Tatsachenbehauptung, werden Sie beleidigt oder private Bilder von Ihnen veröffentlicht).

! Denken Sie in jedem Fall an die Beweissicherung! Denn Verstöße sind im Internet oft genauso schnell weg, wie sie gekommen sind! Fertigen Sie unbedingt sogenannte »Screenshots« von den entsprechenden Kommentaren oder Bildern im Internet an. Speichern Sie diese Datei auf Ihrem Rechner! Oder machen Sie echte Ausdrucke von den inkriminierten Internetseiten.

Bevor Sie sich allerdings an einen Anwalt wenden, können Sie im Einzelfall auch zunächst selbst versuchen, an den Verursacher heranzutreten. Das ist insbesondere in einfach gelagerten Fällen möglich und sinnvoll (z. B. wollen Sie nicht, dass ein Urlaubsbild von Ihnen veröffentlicht wird).

Geben Sie dem Verursacher unter einer kurzen Fristsetzung von nur wenigen Tagen Gelegenheit, die Sache kostengünstig, also ohne Hinzuziehung eines Rechtsanwaltes, aus der Welt zu schaffen. Um Ihrer Forderung Nachdruck zu verleihen, können Sie sich parallel auch an Facebook selbst wenden.

Aber auch wenn Dritte über Ihre Profilseite **fremde Rechte** verletzen (z. B. obszöne Bilder auf Ihrer Facebook-Pinnwand veröffentlichen), müssen Sie, wenn Sie nachweisbar Kenntnis davon erlangen, tätig werden. Sie sollten zunächst die Postings von Dritten auf Ihrer Pinnwand umgehend sperren oder die Kommentarfunktion einschränken. Weitere rechtliche Schritte bleiben Ihnen vorbehalten.

5.2 Veranlassen Sie eine Abmahnung

Reagiert der Verursacher auf Ihre Unterlassungs-Aufforderung **nicht** oder nicht angemessen, sollten Sie umgehend einen Anwalt Ihres Vertrauens einschalten. Beachten Sie dabei, dass eine **einstweilige Verfügung** nur innerhalb von vier Wochen ab Kenntnis von der Rechtsverletzung beantragt werden kann. Vorher ist in der Regel noch eine Abmahnung mit angemessener Fristsetzung notwendig.

Ist es für ein solches Eilverfahren zu spät, steht Ihnen auch eine **Unterlassungsklage** offen. Hier können – anders als im einstweiligen Rechtsschutzverfahren – mögliche Schadensersatz- oder Auskunftsansprüche neben der bloßen Unterlassung gleichzeitig geltend gemacht werden.

5.3 Erstatten Sie Strafanzeige

Bei besonders schwerwiegenden Verstößen, wie beispielsweise einer vorsätzlichen Urheberrechtsverletzung, bei schweren Beleidigungen oder Wettbewerbsverstößen, kann auch das Strafrecht weiterhelfen. Hier können Sie mittels Strafanzeige bei der zuständigen **Staatsanwaltschaft** oder Ihrer örtlichen **Polizeidienststelle** ein entsprechendes Ermittlungsverfahren gegen den Verletzer einleiten.

! In der Praxis müssen Sie häufig Strafanzeige stellen, um den eigentlichen Verursacher überhaupt herauszufinden. Betroffenen gegenüber teilen die Portalbetreiber meist nicht mit, welcher Nutzer sich hinter »cyberbarbie73« oder »FC-Kalle« verbirgt; den Strafermittlungsbehörden aber schon.

6 Was tun, wenn Sie abgemahnt werden?

In der Regel werden Sie abgemahnt, weil Sie aus Sicht Ihres Gegenübers im Social Web etwas falsch gemacht haben (z. B. haben Sie unberechtigterweise Texte und Bilder übernommen). Die Abmahnung ist ihrer Rechtsnatur nach eine »Gelbe Karte«. Sie eröffnet dem Abgemahnten eine (zweite) Chance, sich angemessen im Rechtsverkehr zu verhalten, um eine gerichtliche Auseinandersetzung zu vermeiden.

» **Beispiel:** Sie erhalten ein Schreiben, in dem Ihnen ein Rechtsverstoß vorgeworfen wird und Sie unter Fristsetzung zur Abgabe einer (vorformulierten) sogenannten »strafbewehrten Unterlassungs- und Verpflichtungserklärung« sowie häufig zur Übernahme der entstandenen Kosten aufgefordert werden. Strafbewehrt bedeutet dabei, dass im Wiederholungsfall eine saftige Vertragsstrafe fällig wird. Der Begriff »Abmahnung« muss hierbei in solchen Schreiben gar nicht ausdrücklich vorkommen.

Flattert Ihnen eine Abmahnung ins Haus, sollten Sie **nicht voreilig handeln.** Unterschreiben Sie nichts und schreiben Sie auch dem Abmahnenden oder dessen Rechtsanwalt keinen Brief, in dem Sie erklären, das gerügte Verhalten in Zukunft nicht mehr vorzunehmen und / oder das persönliche Foto oder die Äußerung bereits gelöscht zu haben. Hiermit räumen Sie den Verstoß als solchen nur ein. Ein solches Schreiben mit bloßen Absichtserklärungen für die Zukunft hat juristisch keinerlei weitere Bedeutung.

Sie dürfen das Schreiben **aber auch nicht völlig ignorieren.** Hierdurch laufen Sie Gefahr, nach Fristablauf eine einstweilige Verfügung zu »kassieren«, wodurch der Ärger und die damit verbundenen Kosten nur unnötig steigen. In der Regel wird Ihnen eine Frist zum Tätigwerden gesetzt, die Sie durchaus bis zum Ende ausnutzen können.

! Nehmen Sie sich Zeit für eine Rechtsberatung und kontaktieren Sie einen auf IT-Recht oder gewerblichen Rechtsschutz spezialisierten Rechtsanwalt oder nehmen Sie das Beratungsangebot der Verbraucherzentralen in Anspruch.

Falls Sie einlenken und eine strafbewehrte Unterlassungs- und Verpflichtungserklärung abgeben wollen, müssen Sie sicherstellen, dass der gerügte Verstoß zum Zeitpunkt der Abgabe der Unterlassungs- und Verpflichtungserklärung bereits im Internet nicht mehr abrufbar ist.

Wenn Sie sich gegen eine unberechtigte Abmahnung wehren und **juristisch in die Offensive gehen** wollen, können Sie beispielsweise zunächst eine sogenannte **Gegenabmahnung** veranlassen. Hier wird die Gegenseite über die tatsächliche Sach- und Rechtslage aufgeklärt und ihr unter Fristsetzung Gelegenheit gegeben, von den angeblichen Unterlassungs- und Schadensersatzansprüchen Abstand zu nehmen.

Reagiert der ursprüngliche Abmahner hierauf nicht angemessen, können Sie eine sogenannte **(negative) Feststellungsklage** erheben. Haben Sie mit Ihrer Klage Erfolg, stellt das Gericht verbindlich fest, dass die Abmahnung unberechtigt war.

Gleichzeitig kann es in Einzelfällen sinnvoll sein, durch einen Rechtsanwalt eine sogenannte **Schutzschrift** bei dem zuständigen Gericht zu hinterlegen. Darin legen Sie dar, aus welchem Grund der vorgeworfene Rechtsverstoß nicht zutrifft. Vorteil für Sie als abgemahnte Person: Beantragt der Abmahner eine einstweilige Verfügung, muss das Gericht Sie vor Erlass seiner Entscheidung informieren. Eine solche Schutzschrift ist allerdings nur ein halbes Jahr gültig, danach verliert sie ihre Wirkung.

7 Wie Ihre Mitgliedschaft endet

7.1 Wenn Sie Ihren Account deaktivieren oder löschen

Ihre Mitgliedschaft bei Facebook kann beendet werden. Denn zwischen dem Anbieter eines sozialen Netzwerkes und den Nutzern besteht ein Nutzungsvertrag, der grundsätzlich auch von beiden Seiten gekündigt werden kann.
Facebook unterscheidet hierbei zwischen

- der bloßen **Deaktivierung eines Profils.** Danach wird das Nutzerkonto lediglich stillgelegt, aber nicht gelöscht. Vorhandene Einträge sind dann nicht mehr für jedermann erreichbar und auffindbar (z. B. tauchen sie in der Suche nicht mehr auf). Aktivieren Sie Ihr Konto später wieder, stehen alle alten Informationen, Daten und Bilder wieder bereit; und
- der **tatsächlichen Löschung** eines Profils. Hier werden alle Einträge (angeblich) faktisch und unwiderruflich gelöscht. Ob das in der Praxis aber so gehandhabt wird, ist nicht klar. Denn es liegen Erfahrungen vor, dass bei späterem Wiedereinstieg des Nutzers – der laut Facebook unter diesem Profilnamen nicht mehr möglich sein soll – alte Informationen, Daten und Bilder wieder aufgetaucht sind.

! Nach geltendem Datenschutzrecht haben Sie gegenüber Facebook einen Auskunftsanspruch. Sie können erfragen, welche personenbezogenen Daten von Ihnen gespeichert sind und wie diese verarbeitet wurden. Außerdem können Sie die endgültige Löschung dieser Daten verlangen.

7.2 Wenn der Netzwerk-Anbieter Ihren Account aufkündigt

Facebook darf Ihre Mitgliedschaft kündigen, wenn Sie als Nutzer nachweisbar und nachhaltig gegen die »virtuelle Hausordnung« verstoßen.

» **Beispiel:** Ein Nutzer postet regelmäßig menschenverachtende Parolen oder nimmt zu Kindern unsittlich Kontakt auf. In diesen Fällen folgt dem Hausverbot in der Regel auch eine Strafanzeige.

7.3 Wenn der Nutzer stirbt

Die Angehörigen müssen sich um das digitale Erbe kümmern

Für den Umgang mit Nutzer-Profilen gibt es keine allgemeingültige Regelung und die wenigsten Verstorbenen dürften hierzu Angaben in ihrem Testament gemacht haben. Es ist also die Entscheidung der Hinterbliebenen, wie mit gespeicherten Daten und Fotos umgegangen werden soll.

Denn als Erbe treten Sie in die Rechtsbeziehungen ein, die der verstorbene Nutzer mit dem Anbieter des sozialen Netzwerkes hatte. So müssen Sie beispielsweise einen kostenpflichtigen Dienst auch bis zur Beendigung der Mitgliedschaft bezahlen. Die Handlungsanleitung für das Vorgehen im Todesfall finden Sie auf der Homepage von Facebook.

Beachten Sie: Facebook gibt niemandem, auch den Erben oder Angehörigen nicht, die Zugangsdaten zu einem Konto. Das wird mit dem »Schutz der Privatsphäre eines Verstorbenen« begründet. Ob das rechtlich zulässig ist, werden die Gerichte klären müssen.

! Als Nutzer sollten Sie deshalb Ihren Erben Ihre Zugangsdaten und Passwörter überlassen (z. B. im Rahmen einer letztwilligen Verfügung). Das erleichtert das Vorgehen.

Der Account des Verstorbenen wird in »Gedenkmodus« gesetzt

Facebook hat mittlerweile eine entsprechende Funktion eingerichtet. Informieren Sie sich darüber auf den Hilfeseiten des sozialen Netzwerkes.

Folge: Ist ein Konto in den **Gedenkmodus** versetzt, wird das Profil nicht mehr im »Vorschläge«-Abschnitt der Startseite angezeigt. Alle bisherigen Inhalte werden eingefroren und können nicht mehr bearbeitet werden. **Ausnahme:** Bestätigte Freunde und Familienmitglieder können das Profil bzw. die Chronik einsehen oder in der Suche finden. Sie können weiterhin Gedenk- bzw. Kondolenzbeiträge hinterlassen.

Das Konto des Verstorbenen soll endgültig entfernt werden

Als Erbe können Sie auch die Entfernung des Accounts des verstorbenen Nutzers bei Facebook beantragen. Meist reicht die Vorlage der Sterbeurkunde, um Änderungen vornehmen zu lassen. Bei Anbietern mit Sitz im Ausland müssen Sie darüber hinaus mitunter auch eine Übersetzung oder weitere Dokumente vorlegen.

A10 So vermeiden Sie Fehler im Umgang mit Telefon- und Internet-Anbietern

1 Bevor Sie sich für einen Provider entscheiden

1.1 Wählen Sie den passenden Internetanschluss

Komplettvertrag, Providervertrag oder Internet via TV-Kabel?

Ein **breitbandiger Internetanschluss** ist der Schlüssel für schnelles Surfen, Streamen, Telefonieren und Fernsehen via Internet (IPTV). Bevor Sie sich für einen Anbieter entscheiden, sollten Sie sich darüber informieren, welche rechtlichen Konsequenzen mit der **jeweiligen Vertragsgestaltung** verbunden sind, beispielsweise, ob Sie einen oder mehrere Vertragspartner haben. Je nach Variante müssen Sie bei **verschiedenen Stellen reklamieren, wenn es Ärger mit dem Anbieter gibt.**

» **Beispiel:**

- Bei vielen Angeboten ist der Internetzugang mit einem Festnetz-Telefonanschluss **kombiniert (sogenannter Vollanschluss).** Anstatt über das Festnetz kann die Telefonie hierbei allerdings auch per Internet (Voice over Internet Protocol (VoIP)) realisiert werden. Bei Vollanschlüssen haben Sie es nur mit **einem Vertragspartner** zu tun.
- Anders bei den sogenannten **»Resale«-Anschlüssen.** Hier bietet Ihnen der Provider nur den DSL-Anschluss, für den aber noch ein Telefonanschluss bei der Deutschen Telekom AG notwendig ist. Hier stehen Ihnen **zwei Vertragspartner** gegenüber.
- Breitband-Internet **über das Kabel** ist einem DSL-Anschluss gleichwertig, vielfach sogar noch schneller. Auch hier gibt es Komplettverträge **mit einem Vertragspartner.**
- Für standortunabhängiges deutschlandweites Surfen **per Mobilfunknetz** bieten die Netzbetreiber Pauschaltarife an. Beim Mobilfunk haben Sie in der Regel **einen Vertragspartner.**

! Achten Sie darauf, dass die Vertragslaufzeiten der verschiedenen Verträge gleichzeitig beginnen (z. B. Anschluss- und Tarifvertrag).

Ist DSL bei Ihnen verfügbar?

Einen Überblick darüber, in welchen Gemeinden mit welchen Techniken ein Zugang zum Breitbandinternet möglich ist, gibt der **Breitbandatlas des Bundeswirtschaftsministeriums,** den Sie im Internet unter www.zukunft-breitband.de finden. Hier sind sämtliche Anbieter an Ihrem Wohnort aufgelistet. Auf ihren Internetseiten informieren die Anbieter zudem über die **konkrete örtliche Verfügbarkeit.**

Welche **Geschwindigkeit an Ihrem Wohnort tatsächlich möglich ist,** hängt von der Entfernung Ihres Wohnorts zur nächsten Vermittlungsstelle ab. Die **Verfügbarkeitsabfragen** der Anbieter sind hierfür nicht unbedingt zuverlässig. Denn sie liefern **nur Richtwerte** zur erreichbaren Geschwindigkeit des Breitbandanschlusses.

! Verlassen Sie sich deshalb nicht auf Verfügbarkeitsabfragen. Erkundigen Sie sich beim Anbieter nach der tatsächlich realisierbaren Geschwindigkeit, um sich vor bösen Überraschungen zu schützen (z. B. stellt sich die DSL-Leistung als zu langsam heraus; →Abschn. 4.2).

VDSL kommt

Bis 2018 sollen alle analogen Festnetzanschlüsse auf IP-Telefonie umgestellt werden. Dies ist Voraussetzung für VDSL-Vectoring, einem Hochgeschwindigkeits-DSL, das DSL ablöst. Bereits jetzt droht die Telekom Kunden schriftlich mit einer **Zwangskündigung,** wenn sie ihren Anschluss nicht auf Internet-Telefonie umstellen lassen. Bestandskunden werden vor die Wahl gestellt, ob sie umstellen möchten oder ihren Anschluss ganz verlieren. Das ist die zulässige Folge, wenn Sie als Kunde der Änderung nicht zustimmen. Denn nach Ablauf der Vertragslaufzeit darf auch der Provider ordentlich kündigen. Als Betroffener bleibt Ihnen nur die Möglichkeit, sich für einen neuen Tarif zu entscheiden oder zu einem anderen Anbieter zu wechseln.

1.2 Achten Sie auf die anfallenden Kosten

Bei **Vollanschlüssen** mit Flatrate für Internet und Telefon bezahlen Sie einen Komplettpreis. Sie können aber auch mixen und für Telefonanschluss und Internetzugang **verschiedene Anbieter** wählen. Die Rechnung erhalten Sie beim Vollanschluss von einem Anbieter, bei getrennten Anschlüssen von verschiedenen Anbietern. Was für Sie günstiger ist, hängt von Ihren Telefon- und Surfgewohnheiten ab.

Surfen Sie selten im Internet, kann sich ein volumen- oder minutenbasierter Tarif für Sie lohnen. Eine **Flatrate,** also ein Pauschalpreis für die Internetnutzung, ist vorteilhafter, wenn Sie häufig online sind und einen DSL-Highspeed-Anschluss gewählt haben. Den günstigsten Anbieter ermitteln Sie am besten anhand eines **Online-Tarifrechners** (z. B. www.tarifrechner.de).

Achten Sie aber bei allen Tarifangeboten darauf, ob die Surfgeschwindigkeit »gedrosselt« wird, wenn Sie ein bestimmtes Volumen überschreiten. **Klauseln mit »Drossel-Vorbehalten«** in einem **laufenden Vertragsverhältnis,** die bei Internet-Flatrates eine Drosselung des Surftempos auf 2 Mbit / s vorsehen, sind unwirksam. Macht der Anbieter aber die Volumenbegrenzung **von Beginn an** deutlich (z. B. schließen Sie erstmals einen Vertrag), kann die Drosselung zulässig sein.

Lesen Sie vor dem Vertragsschluss unbedingt das Kleingedruckte durch, ob dort weitere Kosten versteckt sind. Das kann Ihren Anschluss oder die Nutzung des Internets nämlich erheblich verteuern.

» **Beispiel:** Achten Sie auf die Höhe einmaliger Anschlussgebühren. Wird die erforderliche Hardware (z. B. Modem, Splitter) kostenlos bereitgestellt? Fallen Versandkosten an? Wie hoch sind die Kosten für den optionalen Installationsservice?

1.3 Wenn Sie den »Richtigen« gefunden haben

Bestellung ist noch kein Vertragsabschluss

Bestellen Sie Ihren DSL-Vertrag im Internet, wird Ihnen bereits einige Minuten später per E-Mail der Eingang Ihrer Bestellung bestätigt. Dies ist aber noch nicht die Bestätigung des Vertragsschlusses. Rechtlich bindet sich der Anbieter nämlich erst, wenn er Ihren **Auftrag ausdrücklich schriftlich bestätigt,** Ihnen die **Hardware sendet** oder mit Ihnen einen **Termin vereinbart,** um den Internetzugang einzurichten. Als Kunde sind Sie jedoch an Ihr Angebot zum Vertragsschluss gebunden. Unter bestimmten Umständen können Sie den Vertrag allerdings widerrufen (→ Abschn. 5.1).

Weicht die Auftragsbestätigung von Ihrer Bestellung ab (z. B. anderer Tarif, geringere Bandbreite), gilt dies als Ablehnung Ihrer Bestellung und als neues Angebot des Anbieters. **Widersprechen** Sie deshalb unbedingt **schriftlich** dieser Änderung, wenn Sie damit nicht einverstanden sind. Andernfalls akzeptieren Sie die neuen Bedingungen, wenn Sie beispielsweise die gelieferte Hardware installieren und den Internetzugang nutzen.

Wird Ihnen im Rahmen eines **unerwünschten Werbeanrufs** ein Anbieterwechsel vorgeschlagen, um dann den Wechsel auch sofort ohne Ihr Zutun auf den Weg zu bringen, sind Sie vor diesen untergeschobenen Verträgen **geschützt.**

Denn Sie können solche Verträge auch dann noch **widerrufen,** wenn der neue Anbieter ohne Ihre Zustimmung den Internet-Anschluss schon bei Ihnen eingerichtet hat. Außerdem darf bei einem Anbieterwechsel Ihr alter Vertrag nur von dem neuen Anbieter gekündigt werden, wenn die Kündigung des Vertrags oder eine Vollmacht zur Kündigung in Textform (d. h. per E-Mail oder Fax) vorliegt (→ Abschn. 5.1).

Achten Sie also auf die Tücken im »Kleingedruckten«. Denn in den AGB und Leistungsbeschreibungen der Anbieter sind häufig wichtige Informationen versteckt, die Sie kennen sollten, ehe Sie den Vertrag unterschreiben.

» **Beispiel:** Sie bestellen DSL 16 000. Laut der Leistungsbeschreibung braucht Ihnen der Anbieter aber nur 6 340 kbit/s bereitzustellen (→ Abschn. 4.2).

2 Wenn der Anbieter eine »lange Leitung« hat

2.1 Wer hat den »Schwarzen Peter« bei Verzögerungen?

Wenn Sie vergeblich auf den **neuen Internetanschluss** warten, kann dies verschiedene Gründe haben. Dies kann beispielsweise an **Bearbeitungsengpässen** bei Ihrem Anbieter liegen oder daran, dass die Deutsche Telekom fast alle Anschlussleitungen in die Privathaushalte besitzt und der neue Anbieter sich mit der Telekom abstimmen muss, was nicht immer klappt.

Aber auch wenn Sie sich als Kunde nicht an den Ablauf halten, können Sie sich selbst durch **eigene Fehler** in die Warteschleife versetzen. Beachten Sie daher unbedingt unsere Checkliste beim Anbieterwechsel (→ Abschn. 3).

Haben Sie sich an den Ablauf gehalten, ist es unerheblich, wer die Verantwortung für den immer noch nicht funktionierenden DSL-Anschluss trägt: **Ihr Ansprechpartner ist stets der neue Anbieter** – selbst wenn dieser den »Schwarzen Peter« an die Deutsche Telekom weitergeben möchte. Denn der neue Anbieter ist letztlich dafür verantwortlich, dass der Vertrag erfüllt wird – auch wenn er sich hierbei der Deutschen Telekom oder Mitarbeitern anderer Firmen bedient. Diese sind nur seine sogenannten »Erfüllungsgehilfen«.

2.2 Wie können Sie Druck machen?

Reklamieren Sie schriftlich und gegenüber dem neuen Anbieter!

Bleibt die Mitteilung eines verbindlichen Termins für die Freischaltung Ihres neuen bestellten DSL-Anschlusses aus, versetzt Sie der Techniker oder wird die Leitung trotz Ankündigung nicht freigeschaltet, **müssen Sie aktiv werden.**

Bringen Sie Ihre Beschwerden aber **keinesfalls nur telefonisch** an, etwa indem Sie bei der Hotline des Anbieters anrufen. Im Streitfall lässt sich ein solcher Anruf nicht beweisen. Reklamieren Sie daher **immer auch schriftlich!** Geeignet sind hierfür E-Mails mit Eingangsbestätigung durch den Empfänger oder ein Telefax mit Sendebericht. Am sichersten ist ein Einschreiben mit Rückschein, auch wenn es die teuerste Variante ist. Sofern Sie es doch mit einer **Hotline** zu tun haben, **notieren** Sie zu Beweiszwecken unbedingt den **Namen** Ihres Gesprächspartners, **Datum und Uhrzeit** des Anrufs.

Hilfestellung bei der Auseinandersetzung mit dem Provider bieten Ihnen auch die Verbraucherzentralen. Bleibt Ihre Leitung »tot«, hilft meist nur noch die Einschaltung eines auf Telekommunikationsrecht spezialisierten Rechtsanwalts, der Ihre Rechte gerichtlich per einstweiliger Verfügung durchsetzen muss.

Fristsetzung, Rücktritt vom Vertrag und Schadensersatz

Gehen Sie hierbei auf Nummer sicher und setzen Sie den Anbieter zunächst schriftlich »in Verzug«. Geben Sie ihm letztmalig die Chance, den DSL-Anschluss bereitzustellen und setzen Sie ihm hierfür eine **Frist von ca. drei Wochen.** Drohen Sie ihm dabei gleichzeitig an, ohne weitere Ankündigung vom Vertrag zurückzutreten, wenn nach Ablauf der Frist Telefon oder Internet immer noch nicht funktionieren sollten.

Verstreicht auch diese Frist, haben Sie das Recht **vom Vertrag zurückzutreten.** Hat sich der Anbieter zwischenzeitlich gemeldet und steht die Bereitstellung des Anschlusses tatsächlich kurz bevor, können Sie selbstverständlich auch von einem Vertragsrücktritt absehen. Ihr Ziel – endlich DSL – haben Sie ja erreicht!

Läuft die Nachfrist ergebnislos ab, können Sie für den Ihnen durch die »anschlusslose Zeit« entstandenen Schaden Ersatz verlangen (z. B. Kosten für Handytelefonate, die bei pünktlicher Bereitstellung übers Festnetz geführt worden wären). Schadensersatz gibt es aber nur, wenn allein der Anbieter für die Verzögerung verantwortlich ist. Trifft Sie ein **Mitverschulden** (z. B. haben Sie nicht ganz korrekte Angaben im Bestellformular gemacht), gehen Sie leer aus.

! Bewahren Sie Quittungen und Rechnungen auf! So können Sie Ihren Schaden nachweisen. Fehlen Ihnen Belege oder möchten Sie es etwas einfacher haben, verhandeln Sie mit dem Anbieter über eine Pauschalsumme. Hierauf lassen sich die Anbieter häufig ein.

3 Das gilt für den Tarif- oder den Anbieterwechsel

Sie möchten den Tarif wechseln

Sie möchten von einem Minutentarif zu einer Flatrate wechseln oder benötigen für die Internetnutzung anstatt der bestellten Bandbreite von 6 000 kbit / s nunmehr 30 000 kbit / s. Grundsätzlich gilt: Vertrag ist Vertrag! Sie haben **keinen Rechtsanspruch** auf einen **Tarifwechsel.** Die meisten DSL-Anbieter lassen sich aber auf Vertragsänderungen ein – wenn auch zu unterschiedlichen Bedingungen. Da jeder Anbieter seine eigene Geschäftspolitik hat, sollten Sie sich vor Vertragsschluss über die Möglichkeiten eines Tarifwechsels erkundigen.

» **Beispiel:** Möchten Sie zu einem **teureren Tarif** wechseln, ist dies in der Regel kein Problem. Anders, wenn ein **günstigerer Tarif** gewünscht wird. Dann kommt ein Tarifwechsel meist erst zum Ende der Laufzeit des Vertrages in Betracht. Sollte es früher möglich sein, verlangen die Anbieter, dass mit dem Wechsel eine neue Mindestvertragslaufzeit von zwölf oder 24 Monaten beginnt.

Gelegentlich bieten die Provider Ihren Kunden einen Tarifwechsel an, beispielsweise ein Upgrade auf höhere Bandbreiten. Hat Ihnen Ihr Anbieter ausdrücklich einen Tarifwechsel zu höheren Bandbreiten empfohlen, ohne dass dies tatsächlich technisch möglich ist, liegt eine Schlechtleistung vor. Hier dürfen Sie nach vorheriger Fristsetzung den Vertrag außerordentlich kündigen oder können ihn wegen arglistiger Täuschung anfechten (→ Abschn. 5.1).

Sie möchten den Anbieter wechseln

Haben Sie sich für einen neuen Anbieter entschieden, sollten Sie sich für das Ausfüllen des Bestellformulars ausreichend Zeit nehmen. Für einen reibungslosen Ablauf des Anbieterwechsels benötigt es Ihrer **Mithilfe.** Denn der Wechsel folgt hinter den Kulissen komplizierten Spielregeln. Halten Sie daher die »richtige« Reihenfolge ein. Orientieren Sie sich dabei an folgender **Checkliste:**

- Überprüfen Sie die Laufzeiten und Kündigungsfristen Ihres alten Vertrages. Geben Sie als **frühesten Wechseltermin** den Zeitpunkt an, zu dem Ihr alter Vertrag endet.
- **Kalkulieren Sie Wartezeiten ein.** Relativ sicher ist, wer schon ca. zwei Monate vor Ablauf des alten Vertrages den neuen DSL-Anschluss zum Wechseltermin in Auftrag gibt.
- **Lassen Sie Ihre Kündigung des alten Vertrages über den neuen DSL-Anbieter laufen,** wenn er Ihnen dies anbietet. Eigene Kündigungen gefährden den Ablauf beim Anbieterwechsel, da untereinander Termine abzustimmen sind. Die Kündigungserklärung ist meist bereits im Antragsformular des neuen Anbieters enthalten. Sie muss auch dann in Textform (etwa per E-Mail oder Fax) vorliegen, wenn Sie den Anbieterwechsel über Telefon oder Internet vollziehen.
- **Füllen** Sie das **Vertragsformular** des neuen Anbieters **sehr sorgfältig aus.** Achten Sie unbedingt darauf, dass Sie dem neuen und dem alten Anbieter **identische Daten** zu Ihrem Namen, Ihrer Adresse und dem gewünschten Anschlussort gegeben haben.
- Geben Sie **sämtliche Telefonnummern** an, die Sie zum neuen Anbieter mitnehmen möchten.

Beim Wechsel des Telefon- oder Internetanbieters höchstens ein Tag ohne Leitung

Bei einem Anbieterwechsel darf Ihr Telefon- oder Internetanschluss **nicht länger als einen Kalendertag unterbrochen** werden. **Scheitert** der Wechsel in dieser Zeit, muss der alte Anbieter Sie zunächst wieder mit einem Telefon- bzw. Internetanschluss versorgen. Als »Druckmittel« müssen Sie ihm bis zum erfolgreichen Wechsel dann nur noch die Hälfte der ursprünglichen Grundgebühren zahlen.

Nur wenn Sie als Kunde das Scheitern nachweislich selbst zu vertreten haben (z.B. haben Sie das Antragsformular fehlerhaft ausgefüllt), bleibt es bei den alten Grundkosten. Entgelte für Anrufe müssen Sie aber weiterhin in voller Höhe begleichen.

Versorgen muss Sie der alte Anbieter nur dann nicht, wenn Sie ihn selbst auffordern den Anschluss abzuschalten oder den Vertrag beim neuen Anbieter widerrufen oder der Vertrag einvernehmlich aufgelöst wurde.

Der neue Anbieter kann die Grundgebühr erst verlangen, wenn der Wechsel erfolgreich durchgeführt wurde.

! Scheitert der Wechsel innerhalb eines Kalendertages, sollten Sie neben einer Beschwerde an die betroffenen Anbieter dies auch umgehend schriftlich oder per E-Mail der Bundesnetzagentur melden (www.bundesnetzagentur.de). So können Sie sicherstellen, dass die Versorgungsunterbrechung nur wenige Tage andauert, da dort ein »Eskalationsverfahren« eingeleitet wird, das schnelle Abhilfe schaffen soll. Die Bundesnetzagentur kann zudem für »eine tote Leitung«, die die Anbieter zu vertreten haben, eine Geldbuße bis zu € 100 000,– verhängen.

4 Endlich »freigeschaltet«, aber weiterhin Ärger

4.1 Mangelhafte Hardware

Arbeitet ein mitgeliefertes Gerät nicht fehlerfrei, das **für das Funktionieren des Internetzugangs notwendig** ist (z. B. defekter DSL-Splitter), gehen Sie wie oben beschrieben vor (→ Abschn. 2.2).

Sind lediglich **zusätzlich bestellte Geräte** mangelhaft (z. B. der WLAN-Router für den Aufbau eines hausinternen Netzwerks), kommt ein Rücktritt vom DSL-Vertrag grundsätzlich nicht in Betracht. Mangelhafte Ware reklamieren Sie nach den Regeln der gesetzlichen Gewährleistungsrechte (→ Kapitel A 1).

4.2 Technische und andere Verbindungsprobleme

Wenn Telefon und Internet nicht funktionieren

Fällt **gelegentlich** der Internetzugang aus oder können Sie zeitweilig nicht telefonieren, müssen Sie solche technischen Störungen hinnehmen. Nur bei **dauerhaften** oder **häufigen kleinen Störungen** ist dies unzumutbar. Darin liegt ein wichtiger Grund für eine außerordentliche Vertragskündigung (→ Abschn. 5.1).

Auch hier müssen Sie den Anbieter zunächst schriftlich unter Fristsetzung auffordern, den Fehler zu beheben. Die Frist ist umso kürzer, je dringender Sie auf einen funktionierenden Internet- oder Telefonanschluss angewiesen sind (z. B. betreuen Sie pflegebedürftige Angehörige). Eine längere Frist als drei Wochen brauchen Sie nicht zu akzeptieren.

! Notieren Sie Datum und Dauer der Ausfallzeiten. Schreiben Sie sich auf, wann genau Sie beispielsweise der Hotline den Fehler gemeldet haben. Darüber hinaus sollten Sie aber immer schriftlich reklamieren (→ Abschn. 2.2).

Wer allerdings bei einem Kombi-Vertrag von Festnetz und Internet über mehrere Wochen aus anderen Netzen nicht erreichbar ist (z. B. versäumt es der bisherige Anbieter, bei einer Rufnummernmitnahme die Teilnehmerdatenbank zu aktualisieren), darf den Vertrag aus wichtigem Grund außerordentlich kündigen.

Fällt der heimische Internetanschluss aufgrund einer schuldhaften Pflichtverletzung des Providers über mehrere Wochen oder Monate **aus** (z. B. unterläuft ihm ein Fehler bei der Tarifumstellung), können Sie **Schadensersatz für die fehlende Nutzungsmöglichkeit** verlangen.

Es besteht sogar **ohne Nachweis** eines konkreten Schadens ein Ersatzanspruch, wenn Sie das Internet lange nicht nutzen können und ein Ersatz beschafft werden muss (z. B. schaffen Sie sich ein Smartphone an). Als Kunde erhalten Sie in diesem Fall die Nutzungsgebühr für den besagten Zeitraum zurück und können die zusätzlich entstandenen Kosten erstattet verlangen (z. B. die Anschaffungskosten für das internetfähige Handy). **Aber:** Verfügen Sie bereits über ein Handy mit Internetzugang, ist der Nutzungsausfall geringer zu veranschlagen.

Wenn die DSL-Leistung zu langsam ist

Ihr DSL ist eine »lahme Ente« – trotz bestellter DSL mit 50 000 kbit / s? Kein seltenes Problem in der Praxis. Da die **tatsächliche Übertragungsrate** erst nach Freischaltung der DSL-Leitung exakt feststellbar ist, versuchen die Anbieter sich vor rechtlichen Konsequenzen zu schützen und schränken deshalb ihre Werbeaussagen ein: Es heißt nicht »DSL mit 50 000 kbit / s«, sondern »bis zu 50 000 kbit / s«.

! Lesen Sie deshalb vor Vertragsschluss die Leistungsbeschreibungen der Anbieter, um zu erkennen, ob eine bestimmte Bandbreite garantiert wird. Wählen Sie zunächst einen Vertrag mit geringerer Bandbreite. Stellt sich heraus, dass bei Ihnen auch eine höhere Leistung machbar ist, kann der Vertrag immer noch aufgestockt werden. Erkundigen Sie sich aber vorher, ob ein solcher Tarifwechsel bei Ihrem Anbieter möglich ist.

Um zu prüfen, welche Leistung bei Ihnen ankommt, können Sie im Internet einen kostenlosen DSL-Speedtest machen (z. B. bei www.wieistmeineip.de).

Wenn die garantierte Bandbreite unterschritten wird

Kommt bei Ihnen weniger Übertragungsgeschwindigkeit als **vertraglich garantiert** an und liegt dies nicht an Ihren Endgeräten, handelt es sich um eine Schlechtleistung. Sie müssen dann zunächst dem Anbieter Gelegenheit geben, den Fehler zu beheben. Setzen Sie ihm hierfür eine Frist von ca. drei Wochen. Verstreicht die Frist erfolglos, können Sie den Vertrag außerordentlich kündigen – am besten per Einschreiben mit Rückschein (→ Abschn. 5.1).

Empfiehlt Ihnen der Anbieter ausdrücklich einen Tarifwechsel zu höheren Bandbreiten und Sie lassen sich deshalb auf einen neuen 24-Monats-Vertrag ein, können Sie diesen Vertrag auch **wegen arglistiger Täuschung** gemäß § 123 BGB **anfechten,** wenn Sie tatsächlich nicht mehr Leistung als vor dem Tarifwechsel erhalten.

! Bevor Sie kündigen, prüfen Sie, ob ein Wechsel zu einem günstigeren Tarif mit einer niedrigeren Bandbreite vorteilhafter wäre. Denn meist lässt sich auch über einen anderen Anbieter keine höhere Geschwindigkeit erzielen. Geht der Anbieter hierauf nicht ein, können Sie den Vertrag immer noch außerordentlich kündigen.

Wenn die beworbene Bandbreite nicht erreicht wird

Bei Verträgen mit beispielsweise »**bis zu**« 16 000 kbit / s (Downstream) gilt **nicht nur die Höchstübertragungsrate als vertragsgemäß.** Auch geringere Bandbreiten reichen daher aus, den Vertrag zu erfüllen. Grund: Die Anbieter können den Datentransfer außerhalb ihres Wirkungsbereichs kaum beeinflussen. Unter welchen Bedingungen die beim Kunden ankommende Geschwindigkeit noch als eine vertragsgemäße Leistung oder bereits als Schlechtleistung gilt, wurde bislang von der Rechtsprechung noch nicht entschieden.

Die **Verbraucherzentralen** argumentieren, dass bei gestaffelten DSL-Angeboten von beispielsweise 1 000, 2 000, 6 000 und 16 000 kbit / s wenigstens eine Übertragungsrate geliefert werden muss, die oberhalb der Bandbreite der nächstgeringeren Vertragsvariante liegt. Und bei DSL 16 000 sollte die Leistung erheblich über 6 000 kbit / s liegen.

Fazit: Sie müssen sich auf eine schwierige Auseinandersetzung mit dem Anbieter einstellen, wenn Sie wegen geringerer als beworbener Bandbreite den Vertrag außerordentlich kündigen möchten.

5 Wenn es um die Vertragsbeendigung geht

5.1 Sie wollen aus einem Providervertrag aussteigen

Können Sie den Vertrag widerrufen?

Hier kommt es darauf an, wo bzw. wie Sie den Vertrag abgeschlossen haben:

- Haben Sie Ihren Vertrag **zu Hause im Rahmen eines Vertreterbesuchs** geschlossen, können Sie dieses (außerhalb von Geschäftsräumen geschlossene) Geschäft mit einer Frist von 14 Tagen widerrufen. Die Widerrufsfrist beginnt mit dem Vertragsschluss.
- Haben Sie den Internetanschluss am Telefon, im Internet oder per Brief geschlossen, gilt dies als **Fernabsatzvertrag,** den Sie widerrufen dürfen.
- Über Ihr Widerrufsrecht müssen Sie bereits vor Vertragsschluss **informiert** werden – bei außerhalb von Geschäftsräumen geschlossenen Verträgen auf Papier; bei Fernabsatzverträgen in einer dem Fernkommunikationsmittel angepassten Weise. Hierfür reicht ein deutlicher Hinweis auf der Internetseite oder in einer App. Vielfach finden Sie die Informationen aber auf dauerhaften Datenträgern, so zum Beispiel in Werbekatalogen oder Prospekten.
- Die **Widerrufsfrist** beträgt in der Regel 14 Tage und **beginnt** erst, wenn
  - Sie bei außerhalb von Geschäftsräumen geschlossenen Verträgen nach Vertragsschluss über Ihr Widerrufsrecht auf Papier belehrt wurden (z. B. gedruckt auf dem Auftragsformular) oder – sofern Sie dem zustimmen – auch auf einem anderen dauerhaften Datenträger;
  - Sie bei Fernabsatzverträgen innerhalb einer angemessenen Frist nach Vertragsschluss – spätestens vor Freischaltung des Internetanschlusses – eine Widerrufsbelehrung auf einem dauerhaften Datenträger (z. B. per E-Mail) erhalten; es sei denn, Sie haben die Informationen zum Widerrufsrecht schon vor Vertragsschluss erhalten.
- Wurden Sie **ordnungsgemäß belehrt,** müssen Sie allerdings unbedingt die Widerrufsfrist einhalten. **Folge:** Die bis zum Zeitpunkt des Widerrufs vom Anbieter erbrachte Leistung müssen Sie nur dann bezahlen, wenn er Sie vor Vertragsschluss auf diese Pflicht hingewiesen hat und Sie ausdrücklich zugestimmt haben, dass der Anbieter vor Ende der Widerrufsfrist bereits mit der Dienstleistung beginnt.
- Wurden Sie **nicht über Ihr Widerrufsrecht informiert,** verlieren Sie Ihr Widerrufsrecht erst spätestens zwölf Monate und 14 Tage nach Vertragsschluss. Danach soll nach dem Willen des Gesetzgebers kein Widerruf mehr möglich sein und »Rechtsfrieden« eintreten.

» **Beispiel:** Aufgrund einer Telefonwerbung wechseln Sie zu einem vermeintlich günstigeren Anbieter und binden sich für ein Jahr. Weder während des Telefonats noch später werden Sie über Ihr Widerrufsrecht noch über die Verpflichtung, im Falle des Widerrufs für bis dahin erbrachte Leistungen zahlen zu müssen, informiert. Sie surfen zunächst munter mit dem neuen Tarif. Anhand der ersten beiden Rechnungen stellen Sie jedoch fest, dass der neue Tarif Sie teurer kommt als der alte Tarif. Sie können nunmehr den neuen Providervertrag widerrufen und müssen auch die beiden Monatsrechnungen nicht begleichen.

Wann ist eine ordentliche Kündigung zulässig?

Provider-Verträge haben fast immer **Mindestvertragslaufzeiten** von zwölf oder 24 Monaten. Sie können den Vertrag nur zum Ende der Vertragslaufzeit kündigen. Dabei müssen Sie die Kündigungsfrist einhalten, die nicht länger als drei Monate zum Ende der Mindestlaufzeit sein darf. **Aufgepasst:** Verpassen Sie die Frist, verlängert sich der Vertrag automatisch – maximal um ein Jahr!

! Kündigen Sie immer schriftlich und versenden Sie die Kündigung am besten per Einschreiben mit Rückschein, damit Sie im Streitfall die fristgerechte Kündigung nachweisen können.

Wann dürfen Sie den Vertrag fristlos kündigen?

Kurzfristig können Sie nur aus dem Vertrag aussteigen, wenn Sie dazu einen **wichtigen Grund** haben (§ 314 BGB). Dieser kann etwa in einer dauerhaften Störung des Internetzugangs liegen oder darin, dass die garantierte Übertragungsgeschwindigkeit nicht erreicht wird (→ Abschn. 4.2).

Auf jeden Fall müssen Sie dem Anbieter vor Ausspruch der Kündigung noch eine **letzte Frist setzen,** um den Problemen abzuhelfen. Verstreicht diese ergebnislos, steht Ihrer Kündigung nichts entgegen.

Was gilt bei Umzug?

Haben Sie einen langfristigen Provider-Vertrag abgeschlossen und ziehen um, können Sie den bestehenden **Vertrag** – ganz gleich ob Festnetz oder Internet – **an den neuen Wohnort mitnehmen,** ohne dass Ihre Laufzeit von Neuem beginnt. **Vorausgesetzt,** der Anbieter bietet dort den gleichen Internetzugang bzw. Telefonanschluss an.

Wollen Sie allerdings anlässlich Ihres Umzugs den Tarif wechseln, kommen Sie in der Regel nicht um eine neue 24-monatige Mindestvertragslaufzeit herum.

Kann Ihr Provider aber **am neuen Wohnort keinen gleichen Internetzugang** bereitstellen (z. B. wird die vereinbarte Mindestgeschwindigkeit am neuen Wohnort unterschritten), steht Ihnen ein **Sonderkündigungsrecht zu.** Sie müssen sich also nicht mit der Einstufung in einen anderen Tarif einverstanden erklären, sondern dürfen den Vertrag unter Einhaltung einer Kündigungsfrist von drei Monaten zum Ende eines Kalendermonats kündigen.

Für den durch den Umzug entstandenen Aufwand darf Ihr Anbieter »Umzugskosten« verlangen. Diese Gebühr darf jedoch nicht höher sein als das Entgelt für einen Neuanschluss. In der Regel betragen die Kosten für den DSL-Umzug – je nach Provider – zwischen € 20,– und € 70,–.

! Einige Provider bieten im Internet Umzugsformulare an, die Sie nutzen sollten. Informieren Sie Ihren Anbieter rechtzeitig über Ihren Umzug. Können Sie bei Vertragsschluss bereits einen Umzug innerhalb von 24 Monaten absehen, sollten Sie einen Vertrag mit kürzerer Laufzeit wählen. Alle Anbieter sind verpflichtet, mindestens auch einen Vertrag mit einer Laufzeit von zwölf Monaten anzubieten.

5.2 Wenn der Provider den Vertrag beenden möchte

Dann muss er ebenso wie Sie die Vertragslaufzeiten und die Kündigungsfristen beachten. **Außerordentlich** kann er nur kündigen, wenn Sie ihm hierfür einen **wichtigen Grund** gegeben haben, weil Sie zum Beispiel eine Flatrate für einen privaten Anschluss für gewerbliche Zwecke nutzen oder mit mehr als zwei Monatsraten in Zahlungsverzug sind.

Wollen Sie allerdings anlässlich Ihres Umzugs den Tarif wechseln, kommen Sie in der Regel nicht um eine neue 24-monatige Mindestvertragslaufzeit herum.

Kann Ihr Provider aber am neuen Wohnort keinen gleichen Internetanschluss bereitstellen (z. B. wird die vereinbarte Mindestgeschwindigkeit [illegible]), steht Ihnen ein Sonderkündigungsrecht zu. Sie müssen sich also nicht auf den [illegible] einlassen. [illegible] dürfen den Vertrag unter Einhaltung einer Kündigungsfrist von drei Monaten zum Ende eines Kalendermonats kündigen.

[illegible]

5.2 [illegible]

[illegible]

A11 Rechts- und Kostenfragen zum mobilen Telefonieren und mobilen Internet

1 Was Sie vorab entscheiden müssen

1.1 In der Regel zwei Verträge: Kauf- und Mobilfunkvertrag

Für das mobile Telefonieren und Surfen benötigen Sie ein Handy oder ein Smartphone sowie einen Mobilfunkvertrag. Rechtlich betrachtet schließen Sie zwei unterschiedliche Verträge ab: zum einen den **Kaufvertrag über das Handy.** Alle Rechtsfragen hierzu richten sich nach den Vorschriften des BGB, beispielsweise, was gilt, wenn das Handy defekt ist.

Surfen oder Telefonieren können Sie aber erst, wenn Sie auch einen **Mobilfunkvertrag** abschließen, das heißt den Vertrag über die Nutzung eines Mobilfunknetzes. Für ihn sind die rechtlichen Rahmenbedingungen im **Telekommunikationsgesetz** (TKG) geregelt.

1.2 Die Tarifwahl

Als Faustregel für Ihre Tarifwahl gilt: Wer das Handy häufig nutzt, sollte einen Laufzeitvertrag abschließen. Für **Vielsurfer** lohnt sich eine Datenflatrate ab mindestens 1 GB. Für **Wenigtelefonierer/-surfer** genügt eine Prepaid-Karte mit einem Datenpaket von monatlich 100 MB – dies reicht in der Regel, um E-Mails täglich abzurufen. Und wer (oft) im Internet unterwegs ist, sollte beachten, ab wann die Übertragungsrate gedrosselt wird. Das steht in der Regel im Kleingedruckten!

! Im Internet finden Sie **Handy-Tarifrechner,** die die Auswahl erleichtern (z. B. von www.teltarif.de und www.billiger-telefonieren.de).

Bei einem **Flatrate-Tarif** handelt es sich um einen Tarif zu einem Pauschalpreis, der Ihnen eine uneingeschränkte Nutzung ermöglicht. Eine Vertragsklausel, nach der ein solcher Vertrag bei exzessiver Nutzung vom Anbieter gekündigt werden darf, ist unwirksam.

Sofern der Anbieter die **angebotene Flatrate** einschränken möchte (z. B. können Sie nur im Mobilfunknetz des jeweiligen Netzbetreibers zum Pauschalpreis telefonieren), muss er darauf ausdrücklich und erkennbar **im Vertrag** hinweisen. Ein Hinweis in den AGB reicht nicht.

Den Anbieter treffen unter Umständen **Hinweis- und Beratungspflichten** für die richtige Tarifwahl. Sind ihm bestimmte kostenverursachende Umstände bekannt und berät er Sie falsch oder verschweigt Wichtiges, brauchen Sie die hieraus entstandenen Rechnungsbeträge nicht zu bezahlen.

» **Beispiel:** Während eines Laufzeitvertrages kaufte ein Kunde bei seinem Mobilfunkanbieter ein neues Handy mit Navigationssoftware, das automatische Aktualisierungen per Internet veranlasste. Der Anbieter wies nicht ausdrücklich darauf hin, dass ein Tarifwechsel in eine Datenflatrate sinnvoll sei. Die Rechnung über € 11 500,– musste der Kunde nicht bezahlen.

1.3 Rund um den Abschluss eines Mobilfunkvertrages

Online oder im Ladengeschäft?

Benötigen Sie keine persönliche Beratung, können Sie einen Mobilfunkvertrag über das Internet abschließen. Dort gibt es häufig Online-Preisnachlässe (z. B. 10 %). Auch das 14-tägige **Widerrufsrecht** bei Vertragsschlüssen im Internet ist ein schlagendes Argument für die Online-Entscheidung.

Doch auch beim Kauf im Laden steht Ihnen unter Umständen ein Widerrufsrecht zu. Wenn Sie nämlich im Gegenzug für den Abschluss eines Mobilfunkvertrages ein subventioniertes Handy zum symbolischen Preis von nur beispielsweise € 1,– erhalten, ist die **Kopplung von Mobilfunkvertrag und subventioniertem Handy eine Art Finanzierungshilfe.** Damit handelt es sich um einen widerrufbaren Verbraucherdarlehensvertrag. Das ist allerdings umstritten.

Postpaid mit Vertragsbindung?

Bei Mobilfunkverträgen mit Vertragsbindung sind Sie meist längere Zeit mit einem Anbieter »verbändelt«. Nach dem TKG muss Ihr Anbieter **mindestens einen Laufzeitvertrag von nur zwölf Monaten** im Angebot haben. Längere **Mindestlaufzeiten** als 24 Monate sind unzulässig. Wird dagegen verstoßen, ist die Laufzeitvereinbarung insgesamt unwirksam und Sie können den Vertrag jederzeit spätestens am 15. eines Monats für den Schluss des Kalendermonats kündigen.

Prepaid?

Bei einem Handy mit einer Prepaid-Karte können Sie nur auf **Guthabenbasis** telefonieren. Ist es verbraucht, laden Sie per Internet, Telefon oder Lastschrift die Prepaid-Karte auf. Es gibt keine Vertragslaufzeit.

Da Sie nur bei vorhandenem Guthaben telefonieren können, findet **keine Bonitätsprüfung** statt. Aber dennoch werden Ihre **Personalien gespeichert,** damit die Sicherheitsbehörden hierauf gegebenenfalls zugreifen können.

Postpaid ohne Vertragsbindung?

Bei Postpaid-Tarifen stellt Ihnen der Anbieter nachträglich eine Rechnung (z. B. wird das Gebührenaufkommen monatlich abgerechnet). Dieser Tarif ist vergleichbar mit einem Prepaid-Angebot: Es gibt **keine Grundgebühr** und auch **keine Vertragslaufzeit.** Allerdings entfällt der Schutz vor hohen Rechnungen.

2 Sie haben sich entschieden

2.1 Sie schließen einen Laufzeitvertrag ab

Ihre Bonität wird überprüft!

Zwar bezahlen Sie die monatlichen Grundgebühren immer für den laufenden Monat im Voraus, die Nutzungsgebühren fürs Telefonieren und Surfen werden Ihnen aber erst nachträglich in Rechnung gestellt. Deshalb wird Ihre Bonität **vor Vertragsschluss** mithilfe einer Anfrage zum Beispiel bei der Schufa überprüft, mit der Sie sich bei Vertragsschluss einverstanden erklären müssen.

Aber auch **während der Vertragslaufzeit** werden Daten – mit Ihrem Einverständnis – über nicht vertragsgemäßes Verhalten (z. B. offene Rechnungen, Kartenmissbrauch) oder über die Sperrung oder Beendigung des Vertrages an verschiedene Wirtschaftsauskunfteien übermittelt.

Obligatorische Einzugsermächtigung – ist dies rechtens?

Ja, wenn Sie die **Rechnung mindestens fünf Werktage vor der Abbuchung prüfen** können, kann der Mobilfunkanbieter von Ihnen eine Einzugsermächtigung zur Abbuchung der angefallenen Kosten verlangen.

Minderjährige – ohne die Eltern geht nichts!

Einen Laufzeitvertrag darf man erst abschließen, wenn man volljährig ist, also ab dem 18. Lebensjahr. Bestimmte Verträge mit geringer Verpflichtung können Minderjährige zwar mit ihrem Taschengeld oder ihrem Ersparten schließen – dazu zählen aber Verträge mit dauerhafter Bindung wie Mobilfunkverträge nicht!

2.2 Sie entscheiden sich für eine Prepaid-Karte

SIM-Lock-Sperre – Ihr Handy ist an eine Karte gebunden

Prepaid-Handys haben oft eine sogenannte »SIM-Lock-Sperre«. Das heißt, dass das Handy für zwei Jahre nur mit der gekauften SIM-Karte funktioniert. **Nach Ablauf der Mindestfrist** können Sie Ihr Handy **kostenfrei entsperren** lassen. Dazu erhalten Sie in der Regel per E-Mail einen Entsperr-Code vom Netzbetreiber. **Achtung:** Geben Sie die Daten sorgfältig ein, denn nach mehreren Fehleingaben wird Ihr Handy für immer gesperrt.

Achten Sie auf eine wirksame »Schuldenbremse«

Nicht alle Prepaid-Verträge ermöglichen eine wirksame Kostenkontrolle. Deshalb muss ein Mobilfunkanbieter Prepaid-Kunden beispielsweise auf das erhöhte Risiko außerordentlich hoher Kosten bei Prepaid-Verträgen mit der Tarifoption »automatische Aufladung« deutlich **hinweisen.** Andernfalls macht er sich **schadensersatzpflichtig.**

» **Beispiel:** Einem Prepaid-Kunden wurden rund € 14 700,– in Rechnung gestellt. Er hatte einen Prepaid-Tarif mit der Option »Webshop-Wiederaufladung 10« gewählt. Dies führte dazu, dass ihm nach Verbrauch des vorausbezahlten Betrages automatisch immer wieder neu € 10,– »gutgeschrieben« wurde. Darüber hatte ihn der Anbieter aber nicht aufgeklärt. Folge: Der Kunde wurde von den über das erworbene 10-Euro-Prepaidguthaben hinausgehenden Kosten freigestellt.

! Wählen Sie bei Guthabenverbrauch nicht die Option »Automatische Aufladung des Guthabens«. Laden Sie besser manuell durch Überweisung oder den Kauf von Guthabenkarten auf. Sonst entfallen die Kostenkontrolle und auch der Schutz vor unberechtigter Nutzung durch Dritte nach Guthabenverbrauch.

Eingeschlichen hat sich auch, dass trotz verbrauchten Guthabens weiter telefoniert, gesimst und gesurft werden kann. Dabei ist eine AGB-Klausel, wonach das Prepaid-Guthabenkonto ins Minus rutschen kann und ein negativer Saldo vom Kunden unverzüglich auszugleichen ist, unzulässig.

Restguthaben auf Prepaid-Karten verfallen nicht!

Klauseln im »Kleingedruckten«, nach denen **Prepaid-Guthaben verfallen,** weil sie nicht innerhalb einer bestimmten Frist aufgeladen wurden oder weil der Vertrag gekündigt wurde, sind **unwirksam. Folge:** Da auch die anderen Anbieter ähnliche Klauseln verwenden, haben mittlerweile fast alle Mobilfunkanbieter reagiert und die **Guthabenkarten unbefristet gültig** gestellt.

! Wollen Sie als Prepaid-Kunde den Anbieter wechseln oder auf ein Vertragshandy umsteigen, haben Sie **Anspruch auf Erstattung von Guthaben.** Dies geschieht aber nur, wenn Sie Ihren Mobilfunkanbieter schriftlich unter Angabe Ihrer Mobilfunkrufnummer zur Rückzahlung auffordern. Gebühren dürfen die Anbieter für die Auszahlung nicht berechnen.

Können Minderjährige eine Prepaid-Karte kaufen?

Erst ab 18 Jahren kann Ihr Kind einen Prepaid-Vertrag abschließen. Vorher geht ohne Ihre Einwilligung nichts! Ein **Handyguthaben aufladen** können Minderjährige allerdings ohne elterliches Einverständnis mit ihrem **Taschengeld.**

3 Wenn das Handy einen technischen Defekt aufweist

Ist der Akku Ihres Handys defekt oder treten Störungen auf dem Display auf, reklamieren Sie den Mangel bei dem Händler, bei dem Sie das Handy gekauft haben. Den **»richtigen« Vertragspartner** zu kennen, ist für Ihre Reklamation wichtig. Prüfen Sie deshalb Ihre Vertragsunterlagen!

Sie haben zwei Jahre Anspruch auf **Nacherfüllung,** das heißt auf Reparatur oder Lieferung eines neuen Handys. Schlägt die Nacherfüllung 2-mal fehl, können Sie die **Minderung** des Kaufpreises verlangen oder vom Vertrag **zurücktreten.**

Beachten Sie: Der **Mobilfunkvertrag** ist rechtlich unabhängig vom Kaufvertrag über das Handy. Deshalb **läuft** er **trotz mangelhaftem Handy weiter.** Denn die SIM-Karte funktioniert auch mit anderen Handys.

4 Wenn Versorgungslücken im Mobilfunknetz auftreten

Sie müssen sich in diesem Fall an den Vertragspartner Ihres Mobilfunkvertrages wenden, der nicht mit dem Verkäufer Ihres Handys identisch sein muss.

» **Beispiel:**

- Einen Mobilfunkvertrag können Sie direkt mit einem der drei **Betreiber der Mobilfunknetze** (T-Mobile, Vodafone bzw. O_2) abschließen.
- Sie können sich aber auch für einen **Serviceprovider** entscheiden (z. B. klarmobil, debitel). Ihr Vertragspartner ist in dem Fall der Serviceprovider.
- Bei **Discounter-Tarifen** handelt es sich hingegen um Kooperationen der Netzbetreiber mit branchenfremden Partnern. Sie schließen dann den Vertrag mit dem jeweiligen Mobilfunknetzbetreiber.

Wenn es **Versorgungslücken** im jeweiligen Mobilfunknetz gibt (z. B. gibt es an Ihrem Wohnort keinen Netzempfang), bleibt der Mobilfunkvertrag wirksam: Sie können ihn deshalb **nicht vorzeitig kündigen.**

Aufgepasst: Der Mobilfunkanbieter muss Sie nicht vor Vertragsschluss auf etwaige Versorgungslücken hinweisen. Es ist allgemein bekannt, dass Mobilfunk nicht lückenlos gewährleistet werden kann.

! Haben Sie Zweifel, dass im gewünschten Gebiet Netzempfang besteht, lassen Sie sich den Netzempfang **vor Vertragsschluss** vom Anbieter oder Verkäufer **schriftlich zusagen.** Haben Sie dann trotz Zusage keinen Empfang, sind Sie berechtigt, den Vertrag fristlos zu kündigen.

5 Wenn es um die Kosten geht

5.1 Aufgepasst bei typischen Gebührenfallen

Premium-SMS und SMS-Abos

Dahinter verbergen sich **Mehrwertdienste für Handynutzer,** wie beispielsweise Handyspiele, Klingeltöne, Wetterberichte, Sport-News. Diese Dienste können Sie mit einer 5-stelligen Kurzwahlnummer per SMS bestellen. Sie werden dann wiederum per SMS auf Ihr Handy geschickt. Das kostet Sie dann zwischen € 0,29 und € 4,99 pro SMS.

Da Premium-SMS häufig zu Kostenfallen werden können – insbesondere für **Jugendliche** –, gibt es eine Reihe von **Schutzvorschriften:**

- Bei Abonnements muss **vor Vertragsschluss** deutlich über Vertrag, Preis, Abrechnungszeitraum und Zahl der Kurznachrichten **informiert** werden. Sofern der Kunde den Erhalt dieser Informationen nicht ausdrücklich bestätigt, kommt kein Vertrag zustande.
- Kostet die Premium-SMS mehr als € 2,–, muss der Kunde vorher eine **Zwischennachricht mit Preisangabe** erhalten und diese dann per SMS bestätigen. Wartet der Anbieter die Bestätigung nicht ab, kann er keine Zahlung verlangen.
- Bei Vertragsabschluss im Internet muss unmittelbar vor Beendigung des Bestellvorgangs klar, verständlich und in hervorgehobener Weise über den Inhalt des Vertrags informiert werden und der Bestellbutton mit **»zahlungspflichtig bestellen«** oder einer anderen eindeutigen Formulierung beschriftet werden. Sonst kommt der Vertrag nicht zustande.
- Sind die monatlichen Abo-Kosten höher als € 20,–, kann der Kunde verlangen, hierauf mit einer **kostenlosen Warn-SMS** hingewiesen zu werden. Unterbleibt der Hinweis, muss der Kunde den Mehrbetrag nicht bezahlen.
- Per SMS abgeschlossene Abo-Verträge können mit einer Frist von einer Woche gegenüber dem Anbieter bis zum Ende eines Abrechnungszeitraums **gekündigt** werden. Dieser darf höchstens einen Monat betragen. **Ausnahme:** »Ereignisbasierte« SMS-Abos können Sie jederzeit und ohne Einhaltung einer Frist kündigen. Darunter fallen Dienste mit aktuellen Meldungen wie beispielsweise Aktienkurse, Fußballergebnisse oder Newsticker.

! Zahlen Sie die Rechnung nicht, wenn gegen die Schutzvorschriften verstoßen wird, und holen Sie sich Unterstützung im Streit mit dem Anbieter bei den Verbraucherzentralen oder der Bundesnetzagentur (www.bundesnetzagentur.de).

Stellen Sie fest, dass die Handyrechnung Ihres minderjährigen Kindes aufgrund eines SMS-Abos in die Höhe geschnellt ist, können Sie statt zu kündigen auch rückwirkend den **Vertrag rückgängig machen,** indem Sie **nachträglich Ihre Genehmigung verweigern.** Denn: Minderjährige zwischen sieben und 17 Jahren sind nur beschränkt geschäftsfähig. Das gilt für den Fall, dass

- Sie Ihrem Kind Ihr eigenes Vertragshandy zur Verfügung stellen, mit dem ein Klingelton-Abo abgeschlossen wird;
- Sie Ihrem Kind ein Prepaid-Handy zur Nutzung überlassen, mit dem kostenpflichtige Features heruntergeladen werden.

! **Widersprechen** Sie hohen Handyrechnungen Ihres minderjährigen Kindes, die auf Premium-SMS-Abos zurückzuführen sind. Erklären Sie, dass Sie den **Abovertrag nicht genehmigen.** Fordern Sie den Anbieter zur Rückzahlung der bereits abgebuchten Gebühren auf.

Aber: Handelt es **sich nicht um ein Abo,** sondern zum Beispiel nur um einzeln bestellte Klingeltöne, sind solche SMS vom sogenannten »Taschengeldparagrafen« gedeckt.

App-Abzocke durch WAP-Billing

Bei Smartphone-Apps kann schon ein unbeabsichtigtes Tippen auf ein Werbebanner genügen, um ein kostenpflichtiges Abo zu aktivieren. Möglich macht die Masche das sogenannte **WAP-Billing** (WAP = **W**ireless **A**pplication **Pro**tocol). Beim Antippen des Werbebanners wird die Rufnummer des Verbrauchers automatisch übermittelt. So kann der Abzocker den Mobilfunkanbieter ermitteln und einen Zahlungsvorgang auslösen. Die Gebühren tauchen direkt auf Ihrer Mobilfunkrechnung auf.

! Damit Sie nicht Opfer dieser App-Abzocke werden, können Sie das **WAP-Billing bei Ihrem Mobilfunkprovider sperren** lassen.

Beachten Sie: Ist eine WAP-Billing-Sperre eingerichtet, können Sie auch andere (nützliche) Dienste wie die mobile Buchung von Fahrkarten nicht mehr per WAP-Billing bezahlen. Andere Zahlungswege wie etwa eine Kreditkartenzahlung bleiben aber möglich. Je nach Anbieter ist es auch möglich, eine **Teilsperrung** für bestimmte Leistungen einzurichten.

Sind Sie bereits in die **Kostenfalle getappt,** bezahlen Sie nicht und reklamieren Sie die Rechnung direkt beim Anbieter des Abos.

In-App-Käufe

Manche Apps nutzen den Umstand aus, dass das Kennwort, das beispielsweise zum Einkauf im App-Store benötigt wird, nur alle 15 Minuten erneut einzugeben ist. In der Zwischenzeit kann dann auch ohne Passworteingabe »eingekauft« werden. Dies trifft auch auf In-App-Käufe für virtuelle Hilfsmittel bei Onlinespielen zu (z. B. für Spielerweiterungen oder Joker). Das ist insbesondere für Kinder verführerisch – und geht schnell ins Geld.

! Entschärfen Sie die Kostenfalle, indem Sie In-App-Käufe auf dem Smartphone deaktivieren, sodass bei jedem Download nach dem Passwort gefragt wird.

Roaminggebühren und »Kostenairbag«

Nutzen Sie Ihr Handy im Ausland, fallen sogenannte **Roaminggebühren** an – egal ob Sie selbst telefonieren, angerufen werden oder surfen.

! Aufgepasst, die meisten Datenflats gelten bislang nur für die Nutzung in Deutschland! Wollen Sie also im Ausland per Handy ins Internet gehen, sollten Sie sich vorab über die Reichweite der Datenflatrate informieren. Das gilt auch, wenn Sie bereits über eine **EU-Flatrate** verfügen. Denn Volumen, Laufzeit und Gebühren fallen je nach Anbieter verschieden aus.

Aufgrund einer EU-Verordnung gibt es aber beim Roaming im EU-Ausland Höchstpreise für Telefonate, SMS und Datenpakete und ein Kostenairbag soll zusätzlich hohe Surfgebühren abfedern.

EU-Eurotarif	**ab 1. 7. 2014**
abgehende Gespräche	22,61 Cent / Minute (netto 19 Cent)
ankommende Gespräche	5,95 Cent / Minute (netto 5 Cent)
SMS	7,14 Cent (netto 6 Cent)
mobile Datendienste	23,80 Cent / MB (netto 20 Cent)

Für **mobile Datendienste** gilt zudem eine maximale Kostenobergrenze von € 59,50/Monat, wenn Sie nicht ein höheres Limit vereinbaren. Sind 80 % der Kosten verbraucht, erhalten Sie eine **Warn-SMS.** Die Verbindung wird nach Überschreiten der Grenze automatisch gekappt, außer, Sie haben zwischenzeitlich eine Weiterführung des Datendienstes mit dem Anbieter vereinbart.

Wichtig: Die Kostenbremse **gilt nur innerhalb der EU sowie in Norwegen, Liechtenstein und Island** und beispielsweise nicht in der Schweiz oder in der Türkei.

! **Überhöhte Gebühren** für Auslandsgespräche brauchen Sie nicht zu bezahlen. Sie müssen lediglich die zulässigen Höchstentgelte berappen.

Zudem müssen Mobilfunkanbieter ihren Kunden ohne Tausch der SIM-Karte die Nutzung günstigerer Mobilfunkanbieter ermöglichen, wenn Sie sich im europäischen Ausland aufhalten. Die Trennung zwischen nationalem Mobilfunkdienst und Roaming-Leistung bezeichnet man als **»Decoupling«.** Erkundigen Sie sich bei Ihrem Anbieter nach einem entsprechenden Angebot.

5.2 (Un)zulässige Gebührenpraxis der Anbieter

Die Kosten fürs Telefonieren, Surfen und Simsen werden immer günstiger – neue Einnahmequellen versuchen sich die Anbieter daher durch zusätzliche Gebühren zu erschließen. Diese Gebühren stecken in den AGB der Anbieter. Sie sind aber vielfach unzulässig – entweder weil sie generell unzulässig oder in der Höhe »nach oben« offen sind. Orientieren Sie sich an der nachfolgenden Aufstellung, was von Ihnen als Mobilfunkkunde verlangt werden darf und was Sie nicht bezahlen müssen.

Unwirksame Gebühren

- **Deaktivierungsgebühr** bei Kündigung des Mobilfunkvertrages. Für die Stilllegung des Mobilfunkanschlusses dürfen keine Gebühren verlangt werden.
- **Kostenpflichtiger Einzelverbindungsnachweis.** Die Standardform des Einzelverbindungsnachweises muss kostenlos sein.
- **Auszahlungsgebühr für Prepaidguthaben.** Die Auszahlung von Guthaben nach Beendigung eines Prepaid-Vertrages hat kostenlos zu erfolgen.
- **Zu hohe Kosten für Rücklastschriften.** Manche Gerichte halten dabei bereits Pauschalen, die € 10,– überschreiten, für zu hoch.
- **»Nichtnutzungsgebühr«** des Mobiltelefons. Knapp € 5,– dafür zu verlangen, dass Kunden über drei Monate hinweg ihr Handy nicht benutzen, ist unzulässig.
- **»Pfandgebühr« für SIM-Karte.** Es darf kein Pfand dafür verlangt werden, dass die SIM-Karte nicht innerhalb von zwei oder drei Wochen nach Ablauf des Vertrages zurückgegeben wird.
- **Mahnkosten.** Für jede Mahnung – auch die erste –, die den Kunden erst in Verzug setzt, € 9,95 zu verlangen, ist unzulässig.

Wirksame Gebührenklauseln

- **Portierungskosten** für die Rufnummernmitnahme sind bis zu maximal € 29,95 zulässig.
- Ein **Einzelverbindungsnachweis,** der über die Standardform hinausgeht, darf berechnet werden.
- Kosten für die **Aufhebung von Sperren für bestimmte Rufnummernbereiche. Aber:** Die **Einrichtung von Sperren** für Nummernbereiche wie beispielsweise 0900-, 0137- oder 0180-Nummern oder WAP-Billing-Sperren sind hingegen **kostenlos** einzurichten.
- **Wechselgebühr** (hier: für einen Tarifwechsel in einen günstigeren Tarif).

! Kürzen Sie die Handyrechnung um unzulässige Gebühren! Haben Sie eine Einzugsermächtigung erteilt, können Sie der Lastschriftabbuchung bei der Bank widersprechen und dann den unbeanstandeten Teil überweisen.

5.3 Stimmt Ihre Mobilfunkrechnung?

Vorsorgemaßnahmen

- Beantragen Sie bereits bei Vertragsschluss einen regelmäßigen **Einzelverbindungsnachweis** oder holen Sie dies zügig nach. Nur so können Sie die Rechnung überprüfen.
- Stimmen Sie wegen der Beweisnachteile bei Vertragsschluss **keinesfalls** der **sofortigen Löschung Ihrer Verbindungsdaten** zu. Wählen Sie besser die ungekürzte Speicherung der Verbindungsdaten.
- Sie können bestimmte **Rufnummernbereiche** unentgeltlich bei Ihrem Netzbetreiber **sperren** lassen (z. B. 0900-, 0137-Nummern).
- Sperren Sie Ihr Smartphone vor dem »**WAP-Billing**«, der Bezahlung per Handy, ohne dass Kreditkarten- oder Handydaten angegeben werden müssen.

Reklamations-Checkliste

- Reklamieren Sie so schnell wie möglich, **spätestens** aber **acht Wochen nach Rechnungserhalt.** Haben Sie diese Einwendungsfrist verpasst, trifft den Anbieter nicht mehr die Nachweispflicht für die einzelnen Verbindungen.
- Reklamieren Sie am besten **immer schriftlich** – möglichst per Einschreiben mit Rückschein oder als Einwurfeinschreiben.
- **Begründen** Sie Ihre **Einwendung** schlüssig. Bestreiten Sie einzelne Rechnungspositionen unter Angabe nachvollziehbarer Gründe (z. B. Preisobergrenzen bei Roaming überschritten, Sie genehmigen nicht die kostenpflichtigen Downloads Ihrer Kinder).
- Rechnungsbeträge, die Sie nicht reklamieren, müssen Sie fristgerecht zahlen – sonst droht eine Mahnung. Haben Sie eine Einzugsermächtigung erteilt, können Sie der Lastschriftabbuchung bei der Bank widersprechen und dann den unbeanstandeten Teil überweisen.
- Die **Beweislast** dafür, dass die Gebühren korrekt berechnet und die technischen Einrichtungen für die Ermittlung der Verbindungsentgelte fehlerfrei funktionieren, trifft den Anbieter.

- Könnte die Technik des Anbieters versagt haben, geben Sie sich bei der **technischen Prüfung** nicht mit einer nichtssagenden Zertifizierungsbescheinigung zufrieden. Bestehen Sie auf einem **kostenlosen Prüfprotokoll.** Solange Ihnen der Netzbetreiber keines vorlegt, brauchen Sie die Rechnung nicht zu bezahlen.
- Ergibt die **Prüfung Mängel,** wird zu Ihren Gunsten vermutet, dass beanstandete Rechnungsposten falsch sind. Ist das Ergebnis der Prüfung in Ordnung, müssen Sie nun darlegen, warum dennoch die Rechnung nicht korrekt ist.

! Lassen Sie sich bei Fragen zu Ihrer Telefonrechnung von der Verbraucherzentrale beraten.

6 Was gilt bei Vertragsänderungen?

6.1 Sie möchten den Tarif wechseln

Können Sie während der Vertragslaufzeit den Tarif wechseln?

Dies ist fast immer möglich. Die Anbieter verlangen aber, dass Sie sich dann für eine neue feste Laufzeit binden oder berechnen Ihnen **eine Bearbeitungsgebühr.** Lässt der Anbieter hingegen grundsätzlich keinen Tarifwechsel zu, bleibt Ihnen nur die Kündigung des Vertrags zum Ende der vereinbarten Laufzeit.

Müssen Sie Tarifänderungen des Anbieters akzeptieren?

Nur dann, wenn sie sich zu Ihren Gunsten auswirken. **Ändert** der Mobilfunkanbieter den Tarif aber **zu Ihren Ungunsten,** muss er Sie vorher über seine Pläne **informieren** und Ihnen schriftlich ein **Widerspruchsrecht** einräumen (z. B. darf ein Mindestumsatz bei Prepaid-Karten nicht per SMS eingeführt werden). **Widersprechen** Sie der Tarifänderung, dürfen Sie den Vertrag fristlos kündigen oder die Fortgeltung des alten Tarifs verlangen. Im letzteren Fall müssen Sie aber damit rechnen, dass der Anbieter den Vertrag zum Ablauf der Vertragslaufzeit kündigt.

Was gilt für den Wechsel von Papier- auf Online-Rechnung?

Schließen Sie einen **neuen Mobilfunkvertrag** online ab, können Sie die Rechnung meist nur noch **online** über die Homepage Ihres Netzbetreibers abrufen.

Wird dies so **im Kleingedruckten vereinbart,** haben Sie keinen Anspruch auf eine Rechnung in Papierform. Benötigen Sie dennoch eine Papierrechnung, ist rechtlich bislang umstritten, ob diese in Rechnung gestellt werden darf.

Will der Anbieter allerdings Ihren **laufenden Vertrag** von Papier- auf Online-Rechnung umstellen, geht das **nicht ohne Ihr Einverständnis.**

6.2 Sie möchten den Anbieter wechseln

Ist dies während eines laufenden Vertrags möglich?

Nein. Sie können aber – anders als beim Festnetz – einen weiteren Mobilfunkvertrag mit einem anderen Anbieter abschließen. Es kann sich dann unter Umständen für Sie rechnen, nur noch mit der neuen SIM-Karte zu surfen, zu simsen oder zu telefonieren. **Beachten Sie dabei:** Der alte Vertrag besteht fort und hierfür können Kosten anfallen. Vergessen Sie daher nicht, den alten Vertrag fristgemäß zu kündigen!

Ist die Rufnummernübertragung möglich?

Ja. Die Übertragung der alten Rufnummer auf den **neuen Anbieter** können Sie **jederzeit,** also nicht erst bei Vertragsende verlangen. Hierauf muss Sie der neue Anbieter vor Vertragsschluss in Textform (z. B. auf Papier oder per E-Mail) hinweisen und der alte Anbieter muss Ihnen auf Wunsch für die Restlaufzeit eine neue Rufnummer geben. Die Rufnummernmitnahme darf Ihnen der alte Anbieter jedoch in Rechnung stellen. **Portierungskosten** bis zu € 29,95 sind hierfür zulässig.

Auf die Rufnummernportierung haben Sie sowohl bei Prepaid- als auch bei Laufzeitverträgen einen **Rechtsanspruch.** Dies gilt aber nicht bei Vertragsänderungen ohne Wechsel des Anbieters (z. B. Wechsel vom Laufzeit- zum Prepaid-Vertrag). Die Rufnummernmitnahme steht dann allein im Ermessen des Anbieters.

! Damit die Rufnummernportierung beim Anbieterwechsel reibungslos klappt, müssen Sie beim neuen Anbieter rechtzeitig – am besten **spätestens 31 Tage nach Vertragsschluss** – die Übernahme Ihrer alten Rufnummer beantragen. Weiterhin müssen Ihre **Kundendaten** beim alten und neuen Anbieter **identisch** sein.

7 Was gilt für die Beendigung des Mobilfunkvertrages?

7.1 Für Mobilfunkkunden: Widerruf oder Kündigung

Was kommt für Sie infrage?

Haben Sie Ihr Handy oder Smartphone und die Mobilfunkkarte über eine **Telefon-Hotline, im Internetshop oder per Brief** erworben, können Sie den (Fernabsatz-)Vertrag mit einer Frist von 14 Tagen **widerrufen.** Die Widerrufsfrist läuft erst, nachdem Sie ordnungsgemäß über Ihr Recht zum Widerruf belehrt wurden und nicht bevor die Bestellung bei Ihnen eingegangen ist.

Aufgepasst: Während der Widerrufsfrist dürfen Sie zu Testzwecken das Handy auf seine Eignung **überprüfen** (z. B. darf die SIM-Karte dafür aktiviert werden). Ein Anruf oder eine SMS führen nicht zum Verlust des Widerrufsrechts. Widerrufen Sie anschließend, müssen Sie die SMS oder den Anruf nur bezahlen, wenn Sie vor Vertragsschluss hierauf hingewiesen wurden und Sie dem zugestimmt haben.

Widerrufen Sie den Vertrag, so werden beide Verträge – Kaufvertrag und Mobilfunkvertrag – aufgehoben.

Ordentliche Kündigung – Welche Fristen gelten?

Ihren **Prepaid-Vertrag** können Sie **jederzeit** – meist mit einer Frist von einem Monat – **beenden.** Prüfen Sie die Frist in Ihren AGB! Haben Sie auf Ihrer Karte noch ein Guthaben, muss Ihnen dies gebührenfrei ausgezahlt werden.

Ihren **Laufzeitvertrag** hingegen können Sie grundsätzlich erst zum **Ende der Vertragslaufzeit kündigen.** Beachten Sie die vertraglich vereinbarte Kündigungsfrist im »Kleingedruckten«, die aber nicht länger als drei Monate zum Ende der Mindestlaufzeit sein darf. Verpassen Sie die Frist, verlängert sich der Vertrag automatisch um maximal ein Jahr.

Können Sie einen Mobilfunkvertrag außerordentlich kündigen?

Ausnahmsweise ja, wenn hierfür ein **»wichtiger Grund« vorliegt.** Das ist der Fall, wenn Ihnen die weitere Durchführung des Vertrages schlechthin **unzumutbar** ist.

Der wichtige Grund muss außerdem im **Verantwortungsbereich des Anbieters** liegen und mehrfach aufgetreten sein. Oder es muss nach dem bisherigen Verlauf der Vertragsbeziehung damit zu rechnen sein, dass er wiederholt auftritt.

» **Beispiel:** Es treten über mehrere Monate hinweg nicht behebbare Störungen auf, sodass teilweise weder telefoniert noch gesimst werden konnte.

Auch wenn Ihr **Tarif erhöht** wird **oder** sich **Leistungen zu Ihren Ungunsten ändern,** können Sie den Vertrag zum Zeitpunkt des Inkrafttretens der Änderung außerordentlich kündigen.

7.2 Für Mobilfunkanbieter: Kündigung und Anschlusssperre

Möchte der Anbieter Ihren Vertrag nicht mehr zu den alten Konditionen verlängern (z. B. haben Sie einer Tariferhöhung widersprochen und läuft Ihr Vertrag deshalb zu den alten Preisen weiter), muss er ihn zum Ende der Laufzeit **ordentlich kündigen** und dabei die Kündigungsfristen beachten. Meist erhalten Sie dann gleichzeitig ein neues Vertragsangebot.

Außerordentlich kündigen kann Ihnen der Anbieter hingegen nur, wenn Sie ihm hierfür einen **wichtigen Grund** gegeben haben. In den AGB Ihres Anbieters werden in der Regel Beispiele für »wichtige Gründe« genannt. Beachten Sie aber: Eine Klausel, die den Anbieter bei jedwedem Zahlungsverzug zur außerordentlichen Kündigung berechtigt, ist **unwirksam.**

Ist Ihr Anbieter zur außerordentlichen Kündigung des Mobilfunkvertrages berechtigt, kann er zudem **Schadensersatz** verlangen und als entgangenen Gewinn den Betrag fordern, den Sie bis zum Ende der Vertragslaufzeit in jedem Fall an ihn hätten zahlen müssen.

Um Ihnen eine letzte Chance einzuräumen, sich vertragsgemäß zu verhalten, kann der Anbieter Ihnen **androhen,** im ersten Schritt Ihren Anschluss zu sperren und im zweiten den Vertrag fristlos zu kündigen, wenn Sie die Störung nicht beseitigen (z. B. indem Sie die ausstehenden Gebühren bezahlen).

Mobilfunkanbieter dürfen Ihnen den Anschluss nur sperren, wenn Sie mit **mindestens € 75,– in Verzug** sind. Anderslautende AGB sind unwirksam (z. B. Sperre bereits für Zahlungsrückstände von € 15,50). Forderungen, die Sie form- und fristgerecht und schlüssig beanstandet haben, zählen hierbei nicht mit. Urteile oder Vollstreckungsbescheide hingegen sind bei der Berechnung der € 75,– zu berücksichtigen.

Beachten Sie: Der Mobilfunkanbieter darf den Anschluss **nur nach vorheriger Ankündigung** sperren. Außerdem werden Ihnen die **Kosten der Sperre** und deren Aufhebung in Rechnung gestellt. Obwohl Sie nicht telefonieren können, müssen Sie die vereinbarten monatlichen Grundgebühren oder Mindestumsätze weiter bezahlen!

! Haben Sie Zweifel an der Rechtmäßigkeit einer fristlosen Kündigung oder einer Sperre, wenden Sie sich an einen Rechtsanwalt oder eine Verbraucherzentrale, um die sofortige Aufhebung der Sperre oder fristlosen Kündigung zu verlangen.

8 Was gilt, wenn Ihnen Ihr Handy abhandenkommt?

Veranlassen Sie schnell eine Sperre

Wird Ihnen Ihr Handy gestohlen oder kommt es sonst abhanden, sollten Sie schnell reagieren. Um zu verhindern, dass Dritte auf Ihre Kosten telefonieren, lassen Sie **umgehend** Ihre **Mobilfunkkarte sperren!** Wenden Sie sich telefonisch oder per Fax an die Servicehotline Ihres Mobilfunkanbieters.

» **Beispiel:** Meist sind dazu folgende Angaben nötig: Handyrufnummer, SIM-Kartennummer, Kundennummer oder Kundenkennwort. Notieren Sie sich auch die Gerätenummer (sogenannte **IMEI-Nummer)** Ihres Handys, die durch Drücken der Tasten *#06# im Handydisplay erscheint. Manche Anbieter verlangen diese Nummer für die Sperre. Notieren Sie sich deshalb diese Daten!

Die **Sperrkosten** müssen Sie übernehmen. Taucht das Handy nicht mehr auf, steht Ihnen eine **Ersatzkarte** zu, die allerdings durchschnittlich € 20,– kostet. Und ein neues Handy wird ebenfalls Ihren Geldbeutel belasten.

Telefonieren Dritte **bis zur Sperre** auf Ihre Kosten, müssen Sie zwar die bis dahin entstandenen **Telefonkosten tragen.** Haben Sie den Diebstahl aber nicht fahrlässig ermöglicht, darf der Anbieter das Missbrauchsrisiko nicht voll auf Sie abwälzen. Bei den meisten Anbietern ist die Haftung daher **auf € 50,– begrenzt,** wenn Sie Ihre Karte unmittelbar, nachdem Sie den Verlust bemerkt haben, sperren lassen. **Nach der Sperrmeldung** haften Sie dann nicht mehr.

Da Verlust oder Diebstahl allein in Ihrer Verantwortung liegen, sind Sie nicht zur **außerordentlichen Kündigung** berechtigt.

A12 Das Nachbarrechts-ABC

1 Wer ist überhaupt »Nachbar«?

Eine allgemeingültige Antwort darauf gibt es nicht. Denn es ist unterschiedlich geregelt, wer »Nachbar« im Sinne des Gesetzes ist. Wichtigste Rechtsquellen sind die Vorschriften der **Landesnachbarrechtsgesetze.**

Dort werden nicht nur **Eigentümer** und **Erbbaurechtsinhaber** als Nachbar im Sinne des Gesetzes genannt. Auch für Nutzungsberechtigte eines Grundstücks wie **Mieter oder Pächter** von Grundstücken, Häusern oder Kleingärten gelten dann die Vorschriften des Nachbarrechtsgesetzes unmittelbar.

2 Was umfasst das Nachbarrecht?

2.1 Das private Nachbarrecht

Gilt für Sie das private Nachbarrecht, können Sie verlangen, dass störende Einwirkungen aus der Nachbarschaft unterlassen oder beseitigt werden.

» **Beispiel:**

- Darf Ihr Nachbar bei dringenden Baumaßnahmen gegen Ihren Willen Ihr Grundstück betreten oder kann er von Ihnen verlangen, dass Sie die durch Nadeln Ihrer Tanne verstopfte Regenrinne reinigen?
- Darf Ihr Nachbar nachts duschen, monatlich eine Party geben, im Sommer allabendlich grillen, auf dem Balkon Blumen pflanzen, Wäsche aufhängen oder rauchen?

Ein möglicher **Abwehranspruch** besteht unabhängig vom Eigentum, sodass er nicht nur den Grundstückseigentümern, sondern auch Mietern oder Pächtern zusteht.

Um die Einhaltung der privatrechtlichen Vorschriften kümmert sich keine Behörde. Das ist Ihre eigene Angelegenheit. Notfalls müssen Sie Ihre Interessen vor Gericht durchsetzen. Etwas anderes gilt dann, wenn auch öffentliche Belange betroffen sind, etwa im Fall einer Ruhestörung.

! Versuchen Sie auf alle Fälle, einen Nachbarschaftskonflikt zunächst gütlich beizulegen. Dies ist insbesondere dann wichtig, wenn Sie in Ihrem Bundesland ein außergerichtliches Schlichtungsverfahren durchführen müssen, bevor Sie vor Gericht ziehen.

2.2 Das öffentliche Nachbarrecht

Sie können Ihrem Nachbarn gegenüber nicht generell darauf bestehen, dass dieser öffentlich-rechtliche Vorschriften einhält (z. B. aus dem Baugesetzbuch). Das ist Aufgabe der Behörde. Sofern Sie allerdings **unmittelbar in eigenen Rechten betroffen** sind, können Sie sich natürlich wehren.

Darüber hinaus aber gelten einige öffentliche Vorschriften zum Nachbarrecht auch als direkt »**drittschützend**«: Sie regeln also nicht nur das Verhalten der Behörde gegenüber dem Antragsteller, sondern geben Dritten einen unmittelbaren Anspruch. Dazu zählt beispielsweise die Einhaltung der Art der im Bebauungsplan festgelegten baulichen Nutzung.

2.3 Was gilt im Verhältnis von privatem und öffentlichem Nachbarrecht?

Die Materien sind häufig miteinander verzahnt und die Vorschriften stehen in **Wechselbeziehungen,** die bestimmten Spielregeln folgen. Haben Sie also die für Ihren Fall einschlägigen Vorschriften gefunden, müssen Sie zudem Folgendes beachten: **Bundesrecht bricht Landesrecht.** Das bedeutet, dass eine landesrechtliche Vorschrift nicht angewandt wird, wenn sie einer höherrangigen Vorschrift widerspricht.

» **Beispiel:** Nach Landesrecht ist das Kompostieren von Küchen- und Gartenabfällen grundsätzlich zulässig. Führt jedoch der Komposthaufen zu einer wesentlichen Geruchsbelästigung, die über die Ortsüblichkeit i. S. d. § 906 BGB hinausgeht, müssen Sie ihn entfernen.

Diese Grundsätze gelten auch im Verhältnis von privatrechtlichen zu öffentlich-rechtlichen Vorschriften, die gegensätzliche Regelungen enthalten. In manchen Landesnachbarrechtsgesetzen ist der **Vorrang des öffentlichen Rechts** sogar ausdrücklich geregelt.

» **Beispiel:** Der Bebauungsplan einer Stadt sieht für ein Baugebiet eine bestimmte Art der Einfriedung der Grundstücke vor. Nach privatem Nachbarrecht besteht kein Zwang zur Einfriedung, die Nachbarn möchten gar keine Zäune. Hier ist allein der Bebauungsplan ausschlaggebend. Sie müssen Ihren Zaun entsprechend den öffentlich-rechtlichen Vorschriften gestalten.

Daneben gibt es aber auch Fälle, in denen Vorschriften des öffentlichen Rechts und des privaten Nachbarrechts **nebeneinanderstehen** und gleichermaßen beachtet werden müssen.

» **Beispiel:** Ihren zivilrechtlichen Abwehranspruch gegen eine unzumutbare Störung Ihrer Nachtruhe durch Froschlärm aus dem Nachbargartenteich können Sie nur durchsetzen, wenn eine öffentlich-rechtliche Genehmigung zur Umsetzung der naturgeschützten Tiere vorliegt. Diese kann aber durchaus zu erteilen sein.

! Da es nicht immer einfach zu beurteilen ist, ob die betreffenden Normen sich gegenseitig beeinflussen, ergänzen, beschränken oder gar ausschließen, sollten Sie sich in Zweifelsfällen anwaltlich beraten lassen.

2.4 Es gibt kein abschließendes Nachbarrechtsgesetz

Wo finden Sie die Vorschriften?

Es gibt kein Gesetz, in dem alle für Nachbarschaftsfragen bedeutsamen Regeln enthalten sind. Landes- und Bundesrecht sind zu beachten, so regeln die Landesnachbarrechtsgesetze, aber auch das Bürgerliche Gesetzbuch (BGB) nachbarrechtliche Fragen.

» **Beispiel:** Das Landesnachbarrechtsgesetz regelt den Grenzabstand bestimmter Pflanzen zur Grundstücksgrenze. Das BGB regelt, was passiert, wenn Äste und Wurzeln der Pflanzen über die Grenze ragen.

Daneben spielen oft auch **gemeindliche Vorschriften** eine Rolle. Bebauungspläne regeln unter anderem die Art der zulässigen baulichen Nutzung (z. B. Wohngebiet); Gestaltungspläne schreiben beispielsweise vor, welche Farbe die zu verwendenden Dachziegel haben dürfen. Grünflächenpläne regeln, welche Pflanzen im Garten angepflanzt werden dürfen; Baumschutzverordnungen enthalten Regelungen für das Abholzen oder den Rückschnitt von Bäumen.

Das »nachbarliche Gemeinschaftsverhältnis« schließt Lücken

Wenn die gesetzlichen Regelungen nicht eindeutig oder abschließend sind, müssen die Gerichte das allgemeine Rücksichtnahmegebot heranziehen, um damit einen Interessenausgleich zwischen den streitenden Nachbarn herzustellen. Dies folgt aus dem **Gebot von Treu und Glauben.**

Diese Rechtsfigur verpflichtet die Nachbarn zur **gegenseitigen Rücksichtnahme** und kann im Ausnahmefall dazu führen, dass Sie als Eigentümer eines Grundstückes Einschränkungen hinzunehmen haben.

Weiter wird das »nachbarliche Gemeinschaftsverhältnis« benutzt, um **unklare Begriffe** in Rechtsvorschriften zu klären, beispielsweise was als »wesentliche Beeinträchtigung« im Sinne des § 906 BGB anzusehen ist (→ Ortsüblichkeit). Dabei wird nicht auf das subjektive Empfinden des betroffenen Nachbarn abgestellt. Vielmehr kommt es auf die Sichtweise eines vernünftig denkenden und handelnden Nachbarn an.

Welches Land hat ein Nachbarrechtsgesetz?

Baden-Württemberg, Bayern, Berlin, Brandenburg, Hessen, Niedersachsen, Nordrhein-Westfalen, Rheinland-Pfalz, Saarland, Sachsen, Sachsen-Anhalt, Schleswig-Holstein und Thüringen haben Nachbarrechtsgesetze erlassen.

Allerdings bestehen zwischen den jeweiligen Landesgesetzen durchaus **Unterschiede:** Teilweise werden gleiche Rechtsfragen unterschiedlich beantwortet, etwa hinsichtlich der Grenzabstände für Pflanzen. Teilweise werden unterschiedliche Rechtsfragen geregelt.

Beachten Sie: Das **Nachbarrechts-ABC** stellt nachbarrechtliche Grundsätze **länderübergreifend** dar. Manchmal liegen die Unterschiede jedoch im Detail. Prüfen Sie deshalb stets das für Sie geltende Landesnachbarrechtsgesetz.

Was gilt, wenn es kein Landesnachbarrechtsgesetz gibt?

In Bremen, Hamburg und in Mecklenburg-Vorpommern wird in Nachbarrechtsfragen in erster Linie auf die Vorschriften des BGB zurückgegriffen (§§ 903 – 924 BGB und § 1004 BGB). Daneben sind gegebenenfalls die jeweiligen Ausführungsgesetze zum BGB heranzuziehen, die nachbarrechtliche Vorschriften enthalten (z. B. in Bayern und Bremen). Schließlich werden über das Rechtsinstitut des nachbarlichen Gemeinschaftsverhältnisses Interessenkonflikte gelöst.

Durch Vereinbarungen können Sie vom Nachbarrechtsgesetz abweichen

Wenn Ihnen die gesetzlich geregelte Lösung nicht gefällt, können Sie sich mit Ihrem Nachbarn über mögliche nachbarliche Streitpunkte einigen und eine **individuelle Regelung** treffen. Diese Vereinbarungen sollten Sie aus Beweisgründen immer **schriftlich** festhalten. Und alle Beteiligten sollten unterschreiben.

Aufgepasst bei einem Eigentümerwechsel! Verträge zwischen zwei Nachbarn gelten nicht gegenüber einem Neueigentümer oder Neumieter, sofern einer der Nachbarn sein Grundstück verkauft oder es im Todesfall auf einen Erben übergeht.

! Um eine Regelung auch gegenüber wechselnden Nachbarn verbindlich zu gestalten, ist die entsprechende Vereinbarung (z. B. Sicherung eines Zufahrtsrechts über das Nachbargrundstück) durch die Eintragung einer **Grunddienstbarkeit** im Grundbuch zu sichern.

2.5 Wo finden Sie Gesetze und Informationen zum Nachbarrecht?

In der Regel erhalten Sie bei den **Landesjustizministerien** auf schriftliche Anfrage **kostenlose** Informationsbroschüren zum Nachbarrecht. Häufig werden diese Informationen auch zum **Download** über die Homepage der Ministerien angeboten.

Die einschlägigen kommunalen Vorschriften (z. B. Rechtsverordnungen oder Satzungen), die bei nachbarrechtlichen Konflikten ebenfalls eine wichtige Rolle spielen, erfragen Sie am besten bei Ihrer örtlichen **Gemeinde- / Stadtverwaltung** (z. B. Bau- oder Ordnungsamt) oder Sie finden sie im Internetangebot Ihrer Stadt.

3 Wie Sie Ihre Ansprüche durchsetzen können

3.1 Wenn ein Fall von »Selbsthilfe« vorliegt

Grundsätzlich müssen Sie zunächst Ihren Nachbarn abmahnen, sein störendes Verhalten zu unterlassen, bevor Sie sich an die zuständige Ordnungsbehörde (z. B. Polizei oder das Gewerbeaufsichtsamt) oder die Gerichte wenden. Nur in seltenen **Ausnahmefällen** dürfen Sie sofort eingreifen und »selbst Hand anlegen«, um nachbarliche Angelegenheiten zu regeln. Die Sonderfälle der **zulässigen Selbsthilfe** sind gesetzlich geregelt:

- Können Sie nicht rechtzeitig gerichtlichen Schutz erlangen, dürfen Sie eine Sache wegnehmen, zerstören oder beschädigen (§ 229 BGB).
- Ragen Zweige auf Ihr Grundstück herüber oder dringen Wurzeln ein, sogenannter → **Überhang,** regelt § 910 BGB die genauen Voraussetzungen der Selbsthilfe.
- Unter strengen Voraussetzungen räumt Ihnen das Gesetz auch ein Selbsthilferecht bei sogenannten **Besitzstörungen** ein (§ 859 BGB). Als Besitzer eines Parkplatzes können Sie einen unberechtigt abgestellten Pkw abschleppen lassen, wenn sie dies zeitnah veranlassen.

! Halten Sie stets Maß bei den Selbsthilfeaktionen! Sind Sie dazu gar nicht berechtigt oder schießen Sie mit Ihren Abwehrmaßnahmen über das Ziel hinaus, können Ihnen bei überzogener Gewaltanwendung gegen Sachen oder Personen **strafrechtliche Konsequenzen** drohen, etwa ein Verfahren wegen Sachbeschädigung oder Nötigung.

3.2 Wenn die Polizei kommen darf

Die Polizei muss nicht immer kommen, wenn sie gerufen wird. Das hängt mit den **Aufgaben und Befugnissen der Polizei** zusammen:

- Für den **Schutz privater Nachbarrechte** ist die Polizei an sich nicht zuständig. Die Polizei wird sich nicht in Fragen wie Grenzverlauf, Überwuchs, allgemeine Unfreundlichkeiten und störende Komposthaufen einmischen. Können Sie sich nicht einigen, müssen Sie Ihren Nachbarn vor dem Zivilgericht auf Unterlassung verklagen.
- Wird durch die Beeinträchtigung Ihrer Interessen jedoch auch die öffentliche Sicherheit und Ordnung **gefährdet** oder ist gerichtliche Hilfe **nicht rechtzeitig erreichbar,** kann die Polizei einschreiten.

» **Beispiel:** Sie finden aufgrund einer lautstarken Sommergrillparty im Nachbargarten keinen Schlaf. Nach § 117 OWiG stellt unzulässiger Lärm eine Ordnungswidrigkeit dar. Ein Anruf bei der Polizei beendet nach 22:00 Uhr die Feier schneller, als es ein Gericht vermag.

Auch hier gilt: Sie haben **keinen Anspruch auf behördliches Einschreiten!** Den Beamten steht ein Ermessensspielraum zu und sie müssen pflichtgemäß prüfen, ob sie einschreiten und welche Maßnahmen sie ergreifen.

3.3 Wenn Sie sich außergerichtlich einigen

Suchen Sie zunächst das persönliche Gespräch mit Ihrem Nachbarn

Als ersten Schritt sollten Sie immer eine **einvernehmliche Lösung** mit Ihrem Nachbarn suchen – schließlich müssen Sie weiterhin im täglichen Leben miteinander auskommen. Außerdem kann ein unnötiger oder vorschnell begonnener Rechtsstreit erhebliche Kosten auslösen.

! Denken Sie daran, dass Sie mit Ihrem Nachbarn auch von der gesetzlichen Regelung abweichende individuelle Vereinbarungen treffen können, um eine gütliche Lösung des Konfliktes zu finden.

Nehmen Sie Beratungsangebote in Anspruch!

Führt das persönliche Gespräch mit Ihrem Nachbarn zu keinem Ergebnis oder sind die Fronten bereits zu verhärtet, um »vernünftig« miteinander reden zu können, sollten Sie versuchen, den Konflikt mithilfe von unbeteiligten Dritten außergerichtlich zu lösen. Hier kommen **verschiedene Institutionen** bzw. **Ansprechpartner** in Betracht, wie die nachfolgende **Übersicht** zeigt:

- Als **Vermittler** können beispielsweise die Mitarbeiter der Haus-, Wohnungs- und Grundeigentümervereine oder bei Streitigkeiten unter Mietern auch die Mietervereine tätig werden.
- Weiter können Sie sich an die **Rechtsantragsstellen** des für Sie örtlich **zuständigen Amtsgerichts** wenden. Die Rechtspfleger helfen nicht nur konkret, wenn es um die Formulierung von Anträgen geht. Dort erhalten Sie auch Hinweise auf das **örtliche Angebot von öffentlichen Rechtsauskunfts- und Vergleichsstellen,** das von Bundesland zu Bundesland verschieden ist.
- **Mediatoren** können bereits im Vorfeld gerichtlicher Auseinandersetzungen mitwirken, ohne dabei rechtlich zu beraten. Im Mediationsverfahren tritt der Vermittler zwischen den beteiligten Parteien neutral auf. Er leitet die Gespräche, sammelt Fakten und arbeitet – gegebenenfalls zusammen mit den Parteien – einen Lösungsvorschlag aus. Einigt man sich, wird das Ergebnis als Vergleich beurkundet.
- Sind auf beiden Seiten des Nachbarschaftskonflikts Rechtsanwälte beteiligt, sollten Sie die Möglichkeit ausloten, einen **Anwaltsvergleich** (§§ 769 a–c ZPO) zu schließen. Dieser kann – aus Kostengründen am besten durch einen Notar – für vollstreckbar erklärt werden und somit ein aufwendiges Gerichtsverfahren ersetzen.

Häufig hilft ein freiwilliges Schlichtungsverfahren

Schlichten lohnt sich, denn Prozessieren kostet Nerven, Zeit und Geld. In zahlreichen Bundesländern wird deshalb ein **freiwilliges Schieds- oder Schlichtungsverfahren auf kommunaler Ebene** angeboten. Dort können ehrenamtliche Schiedspersonen zur Streitschlichtung eingeschaltet werden. Ein solches Schiedsverfahren kann in allen Nachbarrechtsfragen durchgeführt werden. Es ist grundsätzlich freiwillig. Sie können Ihren Nachbarn also nicht dazu zwingen, sich zu beteiligen.

! Das für Sie zuständige Schiedsamt erfahren Sie bei Ihrer Gemeinde- oder Stadtverwaltung, der Polizei oder beim örtlichen Amtsgericht.

3.4 Wenn es doch vor Gericht gehen soll

Eskaliert der Streit und wollen Sie ihn vor Gericht austragen, ist zunächst ein Blick in die landesrechtlichen Vorschriften Pflicht: Denn in etlichen Bundesländern regeln **»Schlichtungsgesetze«**, dass in bestimmten zivilrechtlichen Nachbarstreitigkeiten vor dem Gang zum Amtsgericht ein **obligatorisches außergerichtliches Schlichtungsverfahren** durchzuführen ist.

Folge: Eine Klage beim Amtsgericht dürfen Sie erst einreichen, wenn Sie mit Ihrem Nachbarn zuvor vor einer anerkannten Güte- oder Schiedsstelle vergeblich versucht haben, die Streitigkeit gütlich beizulegen, oder wenn die Schlichtungsstelle innerhalb von drei Monaten nicht tätig wurde (§ 15 a EGZPO).

Der erfolglose Einigungsversuch muss der Klageerhebung zwingend vorausgehen und kann grundsätzlich **nicht nachgeholt** werden. Eine ganz **ohne Schlichtungsversuch erhobene Klage** wird als **unzulässig** abgewiesen.

! Erkundigen Sie sich bei den **Landesjustizministerien** oder bei Ihrem **örtlich zuständigen Amtsgericht,** ob in Ihrem Bundesland eine obligatorische außergerichtliche Streitbeilegung gesetzlich vorgeschrieben ist. Fragen Sie nach den **Einzelheiten des Verfahrens,** das ebenfalls von Bundesland zu Bundesland unterschiedlich geregelt sein kann.

3.5 Nachbarrechtliche Ansprüche bestehen nicht ewig

Bedenken Sie stets auch, dass nachbarrechtliche Ansprüche Verjährungs- oder Ausschlussfristen unterliegen. Diese richten sich entweder nach den Vorschriften des **BGB** (z. B. beträgt die Regelverjährung drei Jahre) oder nach **landesrechtlichen Sondervorschriften.** Daneben sind nach § 924 BGB etliche Nachbarrechte **von der Verjährung gänzlich ausgenommen.** Dazu zählt beispielsweise der Anspruch auf die Einrichtung eines Notwegs oder auf Beseitigung des Grenzbaums bzw. Grenzstrauchs.

4 Nachbarrecht von »A« bis »Z«

Abfall

Welcher Müll wie entsorgt werden muss oder darf, wird in den jeweiligen **Abfallgesetzen** der Länder geregelt. Die zuständige Behörde kümmert sich um die Einhaltung dieser **öffentlich-rechtlichen Vorschriften.**

! Gegen eine »wilde Mülldeponie« hilft eine **Anzeige** bei der zuständigen **Abfallbehörde.** Denn Autowracks ohne Gebrauchswert dürfen nicht auf dem eigenen Grundstück gelagert werden.

Im privaten Verhältnis der Nachbarn untereinander gilt:

- Den Anblick von Müll auf dem Grundstück Ihres Nachbarn müssen Sie ertragen, sofern keine Geruchsbelästigung oder Gesundheitsgefährdung durch Ratten, Mäuse oder Ungeziefer davon ausgehen. Gegen bloße **ästhetische Beeinträchtigungen** können Sie grundsätzlich nichts unternehmen.
- Ihr Nachbar darf seine Mülltonne **grundsätzlich auch im Freien aufstellen.** Allerdings hat er sie so auf seinem Grundstück zu platzieren, dass Sie von Gerüchen und dem Lärm beim Leeren des Abfalls weitgehend verschont bleiben.

Ästhetische Beeinträchtigungen

Über Geschmack lässt sich (nicht) streiten. Hier ist Ihre Toleranz gefordert. Blicken Sie also von Ihrem Grundstück aus auf eine Wäschespinne (→ Wäsche), ein unaufgeräumtes Gartenlager mit Baumaterialien, einen Gartenzwerg oder auf eine Satellitenschüssel an der Hauswand Ihres Nachbarn, müssen Sie dies ertragen. **Anders** jedoch, wenn

- zu der **bloßen optischen Beeinträchtigung weitere** kommen, wie etwa → Geruchsbelästigungen oder Gesundheitsgefährdungen durch angezogenes Ungeziefer.
- Ihr Nachbar den hässlichen Anblick **bewusst schafft,** um Sie zu ärgern. Beispielsweise wenn er einen »Frustzwerg« an der Grundstücksgrenze aufstellt, der Ihnen »den Vogel zeigt«. Bei einem **schikanösen Vorgehen** haben Sie einen Abwehranspruch und der Gartenzwerg muss weg.
- Sie in einer **Wohnungseigentumsanlage** wohnen. Das gemeinsame Eigentum darf nur in einer solchen Weise genutzt werden, dass hieraus den Miteigentümern kein unvermeidbarer Nachteil erwächst. Als Nachteil kommen auch mögliche ästhetische Beeinträchtigungen in Betracht.

Autowaschen

Der Betrieb einer Autowaschanlage **an Sonn- und Feiertagen** ist **verboten.** Er verstößt gegen die Sonn- und Feiertagsgesetze der Bundesländer. Das gilt sowohl für **automatische Waschanlagen** als auch für das Autowaschen durch private Autobesitzer an einem **Selbstwaschplatz.**

Badbenutzung

Die Rechtsprechung zu nächtlichem Baden und Duschen ist uneinheitlich, im Ergebnis aber gilt: Ein **»Nachtbadeverbot« ist nicht zulässig.**

Es kann weder im Mietvertrag noch in der dazugehörigen Hausordnung wirksam vereinbart werden, dass nach 22:00 Uhr die Badbenutzung verboten ist. Egal, ob Sie Wasser in die Wanne einlaufen lassen oder die WC-Spülung betätigen, die auftretenden Wassergeräusche zählen zu den normalen → Wohngeräuschen.

Balkon

Als Mieter dürfen Sie **Blumentöpfe und -kästen** auch außen am Balkon anbringen, wenn dadurch weder Dritte noch das Gebäude zu Schaden kommen können. Sie müssen die Kästen aber so befestigen, dass sie auch bei starkem Wind nicht herabfallen und Passanten gefährden. Achten Sie auch darauf, dass Sie beim Gießen Ihre Nachbarn nicht stören und die Fassade nicht verunreinigen.

Als Bewohner eines Mehrfamilienhauses dürfen Sie auch auf Ihrem Balkon **rauchen.** Dort bewegen Sie sich quasi »im Freien«. Ihr Nachbar kann Ihrem Zigarettengenuss nicht entgegenhalten, der Rauch dringe in seine Wohnräume ein und belästige ihn dort.

Ballspiel

Ein **generelles (Fuß-)Ballverbot** vor dem eigenen Grundstück können Sie nicht verlangen. Kinder dürfen auch vor dem Nachbargrundstück (Fuß-)Ball spielen, sofern sie dabei keine fremden Sachen beschädigen (z. B. klettern Kinder über den Zaun, um den herübergeflogenen Ball zurückzuholen und zertrampeln dabei ihr Blumenbeet). Sie können den Kindern aber untersagen, Ihr Grundstück zu betreten. Den kassierten Ball dürfen Sie jedoch nicht behalten.

Auch den **Lärm** durch aufspringende Bälle und Kindergeschrei müssen Sie tolerieren. Kindliches Ballspielen können Sie auch dann nicht verbieten, wenn Sie tagsüber besonders ruhebedürftig sind (z. B. arbeiten Sie im Schichtbetrieb). → Kinderlärm ist nach dem Bundesimmissionsschutzgesetz rechtlich keine schädliche Umwelteinwirkung mehr.

Mit dem Umstand, dass immer wieder **ein Ball auf Ihr Grundstück herüberfliegt,** müssen Sie sich hingegen nicht abfinden. Von Ihrem Nachbarn können Sie verlangen, dass er Netze oder Tore errichtet, um das Herüberfliegen zu verhindern. Dies gilt allerdings nicht, wenn Ihr Schaden im Verhältnis zu dem dazu notwendigen Aufwand nur geringfügig ist.

Baulärm

Wann Baulärm noch zulässig ist, beurteilt sich nach der »**Allgemeinen Verwaltungsvorschrift zum Schutz gegen Baulärm**« (→ Lärm). Werden deren Grenzwerte oder Zeiten überschritten, handelt es sich grundsätzlich um wesentliche Beeinträchtigungen, die Sie nicht dulden müssen.

Als **Grundstückseigentümer** haben Sie gegen Baulärm keine Handhabe, wenn das Bauvorhaben **behördlich genehmigt** ist. In Städten müssen Sie Baulärm als ortsüblich dulden. Sie können also nicht verlangen, dass bestimmte, lärmintensive Bauarbeiten zu bestimmten Zeiten unterlassen werden.

Anstelle des Abwehranspruchs steht Ihnen aber ein finanzieller **Ausgleichsanspruch** zu (§ 906 Abs. 2 Satz 2 BGB), wenn die Grundstücksnutzung durch den Lärm über das zumutbare Maß hinaus beeinträchtigt wird (z. B. führt der Baulärm in der Nachbarschaft zu finanziellen Einbußen, die Sie als Vermieter treffen).

Auch als **Mieter** können Sie Baulärm nicht stoppen. **Aber:** Sie können in diesem Fall Ihre **Miete mindern,** und zwar unabhängig davon, ob Ihr Vermieter den Baulärm entschädigungslos dulden muss oder nicht.

Baumschutzregelungen

Die meisten Städte und Gemeinden verfügen über Baumschutzsatzungen/-verordnungen. Liegt eine Baumschutzregelung vor, ist alles **verboten,** was die geschützten Pflanzen **ändert, schädigt** oder **zerstört.** Die Regelungen verpflichten sowohl die Baumeigentümer als auch deren Nachbarn.

» **Beispiel:**

- Als Eigentümer dürfen Sie den Wurzelbereich eines Baumes nicht zubetonieren.
- Der durch Laubfall oder Nadeln geplagte Nachbar kann nicht einfach selbst zur Säge greifen oder die Entfernung des Baumes verlangen.

- Baumschutzregelungen beschränken das Abholzen und den Rückschnitt von Bäumen und Sträuchern sowie die Veränderungen des Kronenaufbaus von Bäumen.

Die Vorschriften enthalten **Ausnahmeregelungen,** wann ein geschützter Baum gefällt werden darf, etwa bei Windbruchgefahr oder wenn Wurzeln in die Grundmauern eindringen. Die Befreiung können sowohl Baumeigentümer als auch Nachbarn beantragen.

Verstoßen Sie gegen die Baumschutzregelungen (z. B. fällen oder beschädigen Sie einen geschützten Baum), droht Ihnen in der Regel ein saftiges **Bußgeld.** Zudem machen Sie sich Ihrem Nachbarn gegenüber **schadensersatzpflichtig.**

Betreten von Grundstücken

Ein fremdes Grundstück dürfen Sie **nur mit der Zustimmung** des jeweiligen Eigentümers betreten. Andernfalls können Sie sich wegen Hausfriedensbruchs strafbar machen, sofern Sie ein eingefriedetes Grundstück betreten (§ 123 StGB). **Ausnahmen:**

- Bei einem **Notfall.** Beispielsweise wenn zur Brandbekämpfung oder zur Abstützung einer einsturzgefährdeten Mauer das Betreten des Nachbargrundstückes notwendig ist (§ 904 BGB). Die **Zustimmung** des Nachbarn ist hierfür **nicht erforderlich.**
- Für Arbeiten am eigenen Haus oder Grundstück, die Sie nur vom Nachbargrundstück aus erledigen können (z. B. das Anstreichen einer Grenzwand). Dazu berechtigt Sie regelmäßig das → **Hammerschlags- und Leiterrecht.** Sie müssen sich aber in diesen Fällen **vorher** mit Ihrem Nachbarn **absprechen.** Verweigert Ihnen Ihr Nachbar seine Einwilligung, müssen Sie ihn notfalls verklagen.
- Ihnen steht ein → **Notwegerecht** zu. Oder Sie sind aufgrund einer im Grundbuch eingetragenen Grunddienstbarkeit oder eines Geh- und Fahrtrechtes dazu berechtigt.

Bodenerhöhungen

Verändert Ihr Nachbar das Geländeniveau durch Bodenaufschüttungen oder künstliche Hügel (z. B. als Unterbau für eine Terrasse oder einen Lärmschutzwall), kann davon für Ihr Grundstück eine erhebliche **Gefahr** ausgehen. So kann beispielsweise der Boden abrutschen oder abgeschwemmt werden.

Die Frage, ob und wie Nachbargrundstücke vor solchen Schäden geschützt werden, regeln die **Landesnachbarrechtsgesetze** unterschiedlich. Meist lassen die dem Bauherrn ein Wahlrecht, die »geeignete« Schutzmaßnahme zu treffen (z. B. ausreichend Abstand zum Nachbargrundstück einzuhalten oder eine Stützmauer zu bauen). Doch er muss die Schutzmaßnahme stets auf seinem eigenen Grund und Boden vornehmen.

! Klären Sie **rechtzeitig im Vorfeld** mit der Baubehörde, ob Sie dafür eine Baugenehmigung benötigen. Denn ab einer bestimmten Größe können solche Maßnahmen **genehmigungspflichtig** sein.

Bodenvertiefungen

§ 909 BGB regelt bundeseinheitlich, dass eine Bodenvertiefung nicht dazu führen darf, dass das Nachbargrundstück die erforderliche Stütze verliert und abzurutschen droht. Als Grundstückseigentümer können Sie von Ihrem Nachbarn verlangen, dass er zum Schutz Ihres Grundstückes eine Stützmauer oder eine vergleichbare Sicherung herstellt.

! Klären Sie mit der Baubehörde, inwieweit für die geplante Bodenvertiefung eine Baugenehmigung notwendig ist.

Um eine **unzulässige Vertiefung** abzuwehren, können Sie gegen Ihren Nachbarn auch eine privatrechtliche Unterlassungsklage erheben. Wurden die Arbeiten bereits durchgeführt, haben Sie einen Beseitigungsanspruch. Der Nachbar hat in diesem Fall die Wahl, wie er die Beeinträchtigung behebt, entweder durch Wiederherstellung des ursprünglichen Zustandes oder durch eine genügende anderweitige Befestigung.

Dachrinne

Verunreinigen und verstopfen Laub, Tannennadeln oder -zapfen vom Nachbargrundstück Ihre Dachrinne, lesen Sie unter dem Stichwort → **Laubfall,** ob und wie Sie sich gegen eine solche Beeinträchtigung wehren können.

Wollen Sie Ihre Dachrinne reinigen und ist das nur vom Nachbargrundstück aus möglich (z. B. müssen Sie dazu eine Leiter an der Hauswand anstellen), können Sie sich regelmäßig auf das sogenannte → **Hammerschlags- und Leiterrecht** berufen.

Gemeinsame Dachrinnen zwischen zwei Häusern können → **Grenzeinrichtungen** sein. Folge: Beide Nachbarn dürfen die Rinne benutzen. Diese gesetzliche

Vermutung wird widerlegt, wenn Ihr Nachbar beweisen kann, dass es sich um seine Dachrinne handelt, obwohl sie sich auf der Grundstücksgrenze befindet.

Als Eigentümer eines Hauses dürfen Sie Ihr Dach nicht so bauen, dass es in den → **Luftraum** Ihres Nachbarn hineinragt (→ Überbau). Das gilt auch für Vordächer und Dachrinnen.

Niederschlagswasser, das über Ihrem Grund und Boden herunterkommt, darf nicht auf das Nachbargrundstück fließen. Sie müssen es in der Regel auf Ihrem eigenen Grundstück sammeln und entsorgen bzw. der öffentlichen Kanalisation zuführen (→ **Traufrecht**).

Einfriedungen

»Einfriedung« ist der juristische Oberbegriff für **Zäune und Mauern,** die ein Grundstück vom Nachbaranwesen abgrenzen. Wissenswertes rund um den Gartenzaun fasst unser Beitrag **»Was gilt beim Streit um Zäune, Hecken, Mauern und andere Grenzeinrichtungen?«** zusammen. Sie finden ihn auf Ihrer Rechtstipps-CD.

Elektrosmog

Zwar ist aus wissenschaftlicher Sicht die Frage nach möglichen Gesundheitsbeeinträchtigungen durch Elektrosmog noch nicht abschließend geklärt. Eine Klage hat dennoch keine Aussicht auf Erfolg, wenn die Grenzwerte der sogenannten **»Elektrosmog-Verordnung«** (26. BImSchV) eingehalten werden. Den Staat trifft keine Pflicht zur Vorsorge gegen hypothetische Gesundheitsgefahren.

Fallobst

Für die Kirschen aus Nachbars Garten besteht ein **Ernteverbot.** Sie dürfen weder überhängendes Obst oder Beeren pflücken noch den Baum schütteln, damit die Früchte auf Ihr Grundstück fallen. Sie können sich dadurch wegen Diebstahls strafbar machen und müssen das Obst seinem Eigentümer herausgeben bzw. ihm den Schaden ersetzen.

Aber: Die Früchte (z. B. Äpfel, Birnen, Kirschen, Zwetschgen), Nüsse oder Beeren, die von einem Baum oder einem Strauch direkt auf Ihr Grundstück **fallen,** gehören Ihnen (§ 911 BGB).

Das gilt auch, wenn die Früchte aufgrund der Hanglage Ihres Grundstückes zu Ihnen **hinüberrollen.** Ihr Nachbar darf weder zum Aufsammeln des Fallobstes Ihr Grundstück betreten noch die Früchte von Ihnen zurückverlangen. Zum

Ernten darf er allerdings in den → Luftraum Ihres Grundstücks hinübergreifen, beispielsweise mithilfe eines sogenannten »Obstpflückers«.

Ein übermäßiger Befall Ihres Grundstücks mit Früchten kann eine erhebliche Belästigung darstellen (z. B. durch Mostbirnen). Hier können Sie von Ihrem Nachbarn verlangen, dass er den herüberragenden Ast **zurückschneidet** und Ihnen die entstandenen **Kosten** fürs Aufsammeln des Fallobstes **ersetzt.** Es gelten die Grundsätze des → Laubfalls.

Feiern

Um **22:00 Uhr ist Schluss,** wenn dadurch Ihr Nachbar gestört wird. Denn es gibt keine gesetzliche Regelung und kein Gewohnheitsrecht, das eine längere Party oder regelmäßig stattfindende lautstarke Feste gestattet (z. B. einmal im Monat).

Zwar müssen Ihre Nachbarn ein gelegentliches Feiern etwa anlässlich Ihres Geburtstages dulden. Doch müssen Sie Ihrerseits die Nachtruhe (→ Ruhezeiten) beachten.

» **Beispiel:** Feiern **auf dem Balkon** sind ab 22:00 Uhr ins Haus zu verlagern. Dieselben zeitlichen Grenzen gelten auch für ein **Gartenfest** (→ Grillen).

Verstoßen Sie gegen die Ruhezeiten, kann Ihr Nachbar zunächst die Party durch die **Polizei** beenden lassen. Wiederholungstätern droht unter Umständen ein **Ordnungsgeld** bis zu € 5 000,–. Zudem kann Ihr Nachbar Sie auf Unterlassung verklagen, um Ihnen künftige Feiern zu verbieten.

Etwas großzügiger ist die Rechtsprechung für Regionen, in denen **Fastnacht** oder **Karneval** gefeiert wird und dies als »landestypisch« gilt.

Fenster- und Lichtrecht

Sie wollen in die dem Nachbargrundstück zugewandte Außenwand Ihres Hauses ein Fenster einbauen. Der Nachbar fühlt sich durch die neue Öffnung jedoch »beobachtet«. Umgekehrt kann sich die Frage ergeben, ob Sie ein bestehendes Fenster in Grenznähe durch einen Neubau »zubauen« und damit den dahinterliegenden Zimmern Licht und Luft nehmen dürfen (→ Lichtrecht).

In diesen Fällen müssen Sie nicht nur prüfen, ob Ihr Bauvorhaben nach der jeweiligen **Landesbauordnung** zulässig ist. Vielmehr sollten Sie auch einen Blick in die Regelungen der Nachbarrechtsgesetze werfen. Diese enthalten auch Regelungen zu Grenzabständen von Gebäuden. Wegen der **unterschiedlichen Detailregelungen** sollten Sie sich bei Ihrer Gemeinde nach der konkreten Ausgestaltung des Fenster- bzw. Lichtrechts erkundigen.

Hier ein **Überblick** über die Grundregeln des Fenster- und Lichtrechts:

- Die Vorschriften betreffen **Gebäudeteile,** zum Beispiel Fenster, Türen, Lichtöffnungen, Erker, und ähnliche Ausblick gewährende, begehbare Gebäudeteile wie Balkone und Terrassen, die parallel zur Grundstücksgrenze oder schräg in einem Winkel von 60 Grad oder 75 Grad dazu verlaufen.

- Unter Umständen wird die **Gestaltung der Gebäudeteile eingeschränkt.** So dürfen beispielsweise Fenster, die einen Ausblick auf das Nachbargrundstück bieten, bis zu einer Höhe von 1,80 m nur aus undurchsichtigem Material bestehen (z. B. Milchglas) und sich nicht öffnen lassen.

- Der erforderliche **Mindestabstand** zur Grenze ist unterschiedlich geregelt. In Bayern reichen 60 cm aus, während etwa in Schleswig-Holstein 3 m einzuhalten sind.

- **Ausnahmen:** Ist nach dem **Baurecht** ein **geringerer Abstand** zulässig, dann geht diese öffentlich-rechtliche Regelung der nachbarrechtlichen vor. Hat Ihr Nachbar für sein Bauvorhaben eine Baugenehmigung erhalten, müssen Sie den Umbau hinnehmen, sofern Sie die Genehmigung nicht erfolgreich anfechten können.

  Stimmt Ihr Nachbar **schriftlich zu,** dürfen Sie ebenfalls näher an die Grundstücksgrenze heranrücken. Seine Einwilligung darf er Ihnen nicht verweigern, wenn keine oder nur geringfügige Beeinträchtigungen von dem Fenster zu erwarten sind.

Fehlt eine entsprechende Vorschrift in den Landesnachbarrechtsgesetzen, können Sie sich in diesem Fall auf die Grundsätze des nachbarlichen Gemeinschaftsverhältnisses berufen.

In Fällen, in denen Ihr Nachbar das Fensterrecht verletzt (z. B. hält er den Mindestabstand nicht ein), können Sie verlangen, dass das Fenster undurchsichtig geschlossen wird oder auf den Mindestabstand versetzt wird. Beachten Sie dabei etwaige **Ausschlussfristen.** Diese betragen je nach Bundesland zwischen zwei Monaten und zwei Jahren. Machen Sie diesen Anspruch nicht innerhalb der vorgesehenen Frist geltend, erlischt er.

Übrigens: **Glasbausteine** sind keine Fenster nach dem Nachbarrechtsgesetz. Deshalb dürfen Sie eine solche Lichtöffnung regelmäßig näher an die Grundstücksgrenze setzen, ohne den Mindestabstand einhalten oder die Zustimmung Ihres Nachbarn einholen zu müssen.

Freie Aussicht

Genießen Sie als Hauseigentümer einen unverbauten Blick ins Grüne, werden Sie sicherlich auf dessen Fortbestand größten Wert legen. Doch nach der Rechtsprechung haben Sie **keinen Anspruch** auf freie Aussicht.

! Wollen Sie sich eine »unverbaubare Aussicht« sichern, müssen Sie sich mit Ihrem Nachbarn einigen und im Grundbuch eine **Grunddienstbarkeit** auf dessen Grundstück eintragen lassen. Eine solche dingliche Sicherung gibt es aber nicht umsonst.

Frösche

Zwar ist der Teichbesitzer für den Froschlärm verantwortlich, wenn durch das Gequake massiv die Nachtruhe der Nachbarschaft gestört wird. Der lärmgeplagte Nachbar kann die Beseitigung der Frösche oder das Zuschütten des Teiches jedoch nur verlangen, wenn eine **naturschutzrechtliche Ausnahmegenehmigung** vorliegt. Denn auch die in einem künstlich angelegten Feuchtbiotop lebenden Frösche stehen unter Artenschutz.

Eine solche Ausnahmegenehmigung wird in der Praxis jedoch nur erteilt, wenn in der Abwägung die Interessen des Artenschutzes hinter das Interesse eines Nachbarn, in einem reinen Wohngebiet von Froschlärm aus einem künstlich angelegten Biotop verschont zu bleiben, zurücktreten. Das ist der Fall, wenn das Quaken die **Richtwerte der TA-Lärm erheblich überschreitet.**

Fussballplatz

Wohnen Sie in der Nähe eines **Fußballplatzes,** müssen Sie den Lärm der Stadionansage, den Torjubel und die Anfeuerungsrufe auch am Wochenende ertragen – selbst wenn Sie kein Fußballfan sind. Der Spielbetrieb ist regelmäßig an Werktagen bis 20:00 Uhr, an Sonn- und Feiertagen bis 18:00 Uhr zulässig.

Auf einem **Bolzplatz** wird regelmäßig lärmintensiv ohne feste Regeln Fußball gespielt. Solche Plätze sind in einem Wohngebiet zulässig. Allerdings muss auf die Anwohner Rücksicht genommen werden. Inwieweit Sie den Lärm von diesen speziellen Spielfeldern hinnehmen müssen, beurteilen die Gerichte unterschiedlich. Es hängt davon ab, ob der Bolzplatz als → Sportanlage oder als Spielplatz angesehen wird.

Überschreitet die Lärmbelästigung, die von einem Bolzplatz ausgeht, dauerhaft die **Grenzwerte,** kann dies dessen Schließung rechtfertigen.

Gartenzwerg

Als **Grundstückseigentümer** können Sie grundsätzlich nichts gegen die Gartenzwergkultur im Nachbargarten unternehmen. Egal, welche Blüten das auch treiben mag, gegen die → ästhetischen Beeinträchtigungen sind Sie regelmäßig machtlos. Selbst dann, wenn Sie sich durch die heraushängende Zunge und obszöne Geste des Wichtels (z. B. ein ausgestreckter Mittelfinger) beleidigt fühlen. Stellt das Gericht keine Beleidigung fest, etwa weil die Zunge im Mundwinkel hängt und nicht gerade herausgestreckt wird oder den »berühmten« Finger eine Blume ziert und er mit Stoff umwickelt ist, darf der Gartenzwerg bleiben.

Mitbewohner einer **Wohnungseigentumsanlage** haben eine Handhabe, denn Gartenzwerge genießen kein »Bleiberecht« im **gemeinschaftlichen Vorgarten.** Dort stellen sie eine nicht unerhebliche Beeinträchtigung des optischen Gesamteindrucks der Anlage dar und müssen auf Wunsch eines Miteigentümers entfernt werden.

Anders wenn ein Miteigentümer seinen Gartenzwerg auf der von ihm **als Sondereigentum genutzten Gartenfläche** platziert. Dagegen können die anderen Wohnungseigentümer nichts machen.

Gaststättenlärm

Gaststättenlärm müssen Sie regelmäßig **bis 22:00 Uhr** (→ Ruhezeiten) hinnehmen. Er gilt auch in einer reinen Wohngegend als → ortsüblich. Werden Sie danach vom Lärm gestört, sollten Sie sich an das zuständige **Ordnungsamt** wenden. Dieses kann dem Gastwirt jederzeit **Auflagen zum Lärmschutz** erteilen, beispielsweise den Einbau schallisolierender Türen oder Fenster.

In der Regel haben die Länder eine **Sperrzeit von 5:00 Uhr bis 6:00 Uhr** festgelegt, in der die Gaststätten geschlossen bleiben müssen. Im Einzelfall können die Gemeinden auf Antrag eine **Sperrzeitverlängerung** anordnen. Dann werden die Öffnungszeiten verkürzt.

! Wollen Sie sich als betroffener Nachbar gegen eine Sperrzeitenregelung wehren, müssen Sie vor dem Verwaltungsgericht klagen. Daneben bleibt es Ihnen unbenommen, vor den Zivilgerichten auf Unterlassung der Lärmstörung zu klagen, etwa auf eine frühere Schließung des Lokals. Lassen Sie sich anwaltlich beraten.

Geruchsbelästigungen

Als **Grundstückseigentümer** haben Sie gegen erhebliche bzw. unzumutbare Geruchsbelästigungen einen Abwehranspruch gegenüber Ihrem Nachbarn (§ 906 BGB). Etwa bei einem → Komposthaufen auf der Gartengrenze oder bei Gerüchen durch Tierhaltung. **Außer:** Die Belästigung ist → ortsüblich. Hierbei kommt es auf den Einzelfall an.

» **Beispiel:** Kochgerüche und -dünste sind vom Nachbarn zu dulden. Das gilt auch, wenn sie intensiv sind und die Nachbarn unterschiedliche Kochgewohnheiten und Essenszeiten haben. Nicht hingenommen werden müssen jedoch durchgängige erhebliche Belästigungen wie bei einer gewerblichen Küchennutzung.

Als **Wohnungseigentümer** können Sie sich gegen rücksichtslose Miteigentümer oder deren Mieter wehren, wenn Ihnen durch die Geruchsbelästigung ein Nachteil im Sinne des § 14 Nr. 1 WEG erwächst. Verlangen Sie, dass die Störungen im Rahmen des wirtschaftlich Zumutbaren reduziert werden (z. B. durch eine bauliche Veränderung).

» **Beispiel:** Das Küchenfenster einer Miteigentümerin lag genau unter dem Schlafzimmerfenster des Klägers. Die Gerüche zogen beim Lüften zu ihm hinauf und er fühlte sich dadurch erheblich gestört. Die Wohnungseigentümerin musste die Geruchsbelästigung durch den Einbau einer leistungsfähigen Dunstabzugshaube mit Kohlefilter verringern.

Als **Mieter** können Sie extreme Geruchsbelästigungen (z. B. Gerüche im Treppenhaus) in bare Münze umsetzen und die Miete kürzen.

Gewerbelärm

Werden Sie als Anwohner durch Gewerbelärm gestört, sollten Sie sich an das zuständige **Gewerbeaufsichtsamt** wenden. Dort überprüft man, ob die Immissionsrichtwerte eingehalten werden (→ Lärm).

Ist der immissionsschutzrechtlich genehmigte Gewerbebetrieb zu laut, wird die Behörde dem Verursacher geeignete Maßnahmen zur Lärmbekämpfung auferlegen (z. B. Lärmschutzauflagen). Falls diese technisch nicht durchführbar oder wirtschaftlich unzumutbar sind, steht Ihnen stattdessen ein **Ausgleich in Geld** zu. In Einzelfällen kann auch der Betrieb untersagt werden.

Grenzabmarkung

Sie wissen nicht, wie Ihr Grundstück verläuft, etwa weil der Grenzstein nicht (mehr) vorhanden ist, er unkenntlich ist oder nicht an der »richtigen« Stelle steht? In diesen Fällen wird im Rahmen einer sogenannten **Grenzanzeige** anhand der Katasterunterlagen mithilfe eines Vermessungsingenieurs geklärt, wo die Grundstücksgrenze verläuft und dies mit Pfählchen markiert. Vor einer solchen Grenzanzeige sollten Sie Ihren Nachbarn über Ihr Vorhaben informieren. Zwingend beteiligt werden muss Ihr Nachbar sogar, wenn bei der Grenzanzeige Mängel an der Grenzabmarkung festgestellt werden (z.B. fehlende Grenzsteine). Dann kommt ein **amtliches Grenzvermessungsverfahren** in Gang, in dessen Verlauf die Grenzzeichen wiederhergestellt oder neu errichtet werden. Die Mitwirkung des Eigentümers des Nachbargrundstücks an diesem Verfahren ist gesetzlich vorgeschrieben (§ 919 BGB). Weigert sich der Nachbar, können Sie auf Zustimmung zur Abmarkung klagen. Zuständig sind die Zivilgerichte.

Die Abmarkung ändert nicht die Eigentumsverhältnisse, sondern legt nur den Grenzverlauf fest. Über den wiederhergestellten Grenzverlauf wird ein **Protokoll** angefertigt, das der Beweissicherung dient und auf dem Katasteramt aufbewahrt wird. Erkennen es beide Nachbarn an, ist der angezeigte Grenzverlauf bis zum Beweis des Gegenteils verbindlich. Die **Kosten** für die Grenzabmarkung teilen Sie sich mit Ihrem Nachbarn, sofern Sie nichts anderes vereinbart haben.

Grenzabstände von Gebäuden

Gebäudeabstandsregelungen enthalten in erster Linie die **Landesbauordnungen.** Einzelfragen wie etwa zum Mindestabstand zum Nachbargrundstück oder unterschiedliche Grenzabstände in Wohngebieten bzw. in Gewerbegebieten oder Ausnahmen enthalten zudem die **gemeindlichen Bebauungspläne.** Erkundigen Sie sich beim zuständigen Bauamt nach den konkreten Einzelheiten!

Grenzabstände von Pflanzen

Wohin mit den Pflanzen?

Grundsätzlich dürfen Sie als Eigentümer über Ihren Grund und Boden frei verfügen und die Anpflanzungen nach Belieben vornehmen. **Aber:** Die Landesnachbarrechtsgesetze beschränken Ihre Gestaltungsfreiheit und regeln **Grenzabstände bei Anpflanzungen.** Dabei weichen die einzelnen landesrechtlichen Regelungen erheblich voneinander ab.

Für welche Pflanzen gelten die Abstandsregelungen?

Die in den Nachbarrechtsgesetzen geregelten Grenzabstände gelten ausdrücklich nur für **Bäume, Sträucher und Hecken.** Sie gelten **nicht** für **Blumen und Stauden.** Deshalb sind Stauden und Blumen im Grenzstreifen zum Nachbargrundstück erlaubt.

! Die Einteilung unterscheidet sich in einzelnen Bundesländern erheblich. Prüfen Sie deshalb das jeweilige Nachbarrechtsgesetz genau! Außerdem sollten Sie im Zweifelsfall einen Botaniker zurate ziehen, der Pflanzen eindeutig zuordnen kann, sofern diese nicht namentlich im Gesetz aufgeführt sind.

Wie wird der Grenzabstand gemessen?

Als Abstand gilt die **kürzeste Verbindung zur Grenze.** Im Allgemeinen wird von der Mitte des Baumes, des Strauches oder der Hecke aus waagrecht und rechtwinklig zur Grundstücksgrenze gemessen. Entscheidend ist die **Mittelachse** des Baumstammes oder des Strauches beim Austritt aus dem Boden.

Verzweigungen über der Erde bleiben unberücksichtigt, ebenso eine Neigung des Stammes oder Triebes zur Grenze hin. Sind mehrere Stämme, Zweige oder Triebe vorhanden, ist derjenige maßgebend, der der Grenze am nächsten steht.

Bei einem »**hängenden Grundstück**« wird die Höhe einer Hecke wie folgt bestimmt: Gemessen wird an der Stelle, wo die Hecke aus dem Erdboden austritt, und nicht etwa von einem gegebenenfalls anderen Niveau des Nachbargrundstücks.

Welchen Abstand müssen Sie einhalten?

Diese Frage beantworten die einzelnen Nachbarrechtsgesetze höchst unterschiedlich. Folgende **Grundsätze** gelten jedoch länderübergreifend:

- In einem **Grenzstreifen** von 0,50 m dürfen überhaupt keine Bäume, Sträucher oder Hecken angebaut werden. Teilweise gilt dies auch für Rebstöcke oder Hopfen.
- Der einzuhaltende **Grenzabstand ist abgestuft** nach Art und Höhe der Pflanzen und beträgt in der Regel $^1/_3$ bis $^1/_2$ der Höhe des Baumes, des Strauches oder der Hecke.
- Für **bestimmte Nutzungsarten** von angrenzenden Grundstücken (z.B. landwirtschaftliche Nutzung, Weinbau, Erwerbs- oder Kleingartenbau) gelten Sondervorschriften. Danach **vergrößert** sich der einzuhaltende **Grenzabstand,** in der Regel sieht das Gesetz eine Verdoppelung des Abstandes vor.

In **Bundesländern ohne Grenzabstandregelung,** also in Bremen, Hamburg und Mecklenburg-Vorpommern, müssen Sie sich mit Ihrem Nachbarn auf den einzuhaltenden Grenzabstand einigen. Nehmen Sie als »Verhandlungsbasis« beispielsweise die Abstandsregelungen eines Nachbarbundeslandes und berufen Sie sich auf die Grundsätze des nachbarlichen Gemeinschaftsverhältnisses, um für die unterschiedlichen Interessen an der Grundstücksgrenze eine Lösung zu finden.

Welche Rechte haben Sie, wenn Grenzabstände verletzt wurden?

Hat Ihr Nachbar bei der Anpflanzung die erforderlichen Grenzabstände nicht eingehalten, können Sie **Beseitigung bzw. Rückschnitt** verlangen. In manchen Bundesländern räumt Ihnen das Gesetz auch ein Wahlrecht ein, ob der vorschriftsmäßige Zustand durch Beseitigung oder durch Rückschnitt hergestellt werden soll (z. B. in Sachsen, Sachsen-Anhalt oder in Thüringen). **Beachten Sie:** Beseitigung oder Rückschnitt können Sie nicht uneingeschränkt verlangen.

- Sie müssen etwaige → **Baumschutzregelungen** oder Pflanzen schützende Vorschriften des Naturschutzrechts beachten.
- Der Rückschnitt von Bepflanzungen ist **zeitlich beschränkt.** So können Sie beispielsweise in manchen Bundesländern in der Zeit von Anfang bzw. Mitte März bis zum 30. 9. keinen Rückschnitt verlangen.
- Es bestehen **Verjährungs- und Ausschlussfristen.**

In unserem Beitrag »**Was gilt, wenn Pflanzabstände nicht eingehalten werden?**« können Sie die Besonderheiten und Einschränkungen des Rückschnitt- oder Beseitigungsanspruchs nachlesen. Sie finden ihn auf Ihrer Rechtstipps-CD.

Grenzeinrichtungen

Nicht nur bei der Festlegung und Gestaltung der Grundstücksgrenze treffen häufig unterschiedliche Vorstellungen der Nachbarn aufeinander. Auch wenn die Grenze markiert ist durch Zäune, Hecken, Mauern oder Bäume, gibt es zahlreiche Fragen.

Welche Grundsätze für die einzelnen Grenzeinrichtungen gelten, erfahren Sie in unserem Beitrag »**Was gilt beim Streit um Zäune, Hecken, Mauern und andere Grenzeinrichtungen?**«. Sie finden ihn auf Ihrer Rechtstipps-CD.

Grillen

Wenn Sie wissen wollen, was Sie beim Grillen beachten müssen, um einen Nachbarstreit zu vermeiden, lesen Sie unseren Beitrag **»Streitpunkt Sommergrillfest«**. Sie finden ihn auf Ihrer Rechtstipps-CD.

Hammerschlags- und Leiterrecht

Fremde Grundstücke dürfen Sie grundsätzlich nur mit Einwilligung des Eigentümers betreten. Nur **ausnahmsweise** ist Ihnen das → Betreten des Nachbargrundstücks erlaubt, wenn Sie für bestimmte Bauarbeiten auf Ihrem Grundstück **vorübergehend** das Nachbargrundstück in Anspruch nehmen müssen.

» **Beispiel:** So berechtigt Sie das **Hammerschlagsrecht,** das Nachbargrundstück zu betreten, um von dort Arbeiten am eigenen Haus auszuführen (z. B. Instandsetzungsarbeiten an der Hauswand). Nach dem **Leiterrecht** dürfen Sie für solche Bau- oder Renovierungsarbeiten auf dem Nachbargrundstück eine Leiter, ein Gerüst oder andere Arbeitsgeräte aufstellen.

In den meisten **Nachbarrechtsgesetzen** der Länder finden Sie entsprechende Regelungen. Fehlt die gesetzliche Regelung des Hammerschlags- und Leiterrechts, muss Ihr Nachbar Sie aufgrund des **nachbarlichen Gemeinschaftsverhältnisses** auf sein Grundstück lassen. Die Voraussetzungen für die Inanspruchnahme dieser Rechte sind jedoch streng:

- Es muss sich um eine **bauliche Maßnahme** handeln, etwa das Errichten, Reparieren oder Pflegen einer baulichen Anlage (z. B. müssen Sie Ihre Dachrinne säubern). Für Gartenarbeiten können Sie sich nicht unmittelbar auf diese Rechte berufen. Um zum Heckenschneiden das Nachbargrundstück betreten zu dürfen, können Sie sich aber gegebenenfalls auf das nachbarliche Gemeinschaftsverhältnis berufen.
- Die bauliche Maßnahme darf öffentlich-rechtlichen Vorschriften nicht widersprechen. Erkundigen Sie sich vorab beim zuständigen Bauamt, ob Sie für Ihr Vorhaben eine Genehmigung benötigen.
- Diese Arbeiten müssen **zwingend** vom Nachbargrundstück aus verrichtet werden. Es wird allerdings von Ihnen nicht verlangt, dass Sie sich vom Dach Ihres Hauses abseilen, um Anstreicharbeiten an der Grenzwand auszuführen. Die Nachteile und Belästigungen, die Ihr Nachbar in Kauf zu nehmen hat, und Ihr Nutzen an den Arbeiten müssen in einem **angemessenen Verhältnis** zueinander stehen.

Beispiel: Nur um einen kleinen Farbfleck an der Hauswand auszubessern, dürfen Sie durch das Anstellen der Leiter nicht die Gemüseernte Ihres Nachbarn ruinieren.

- Ihre Nachbarn sind **rechtzeitig** von der geplanten Aktion zu unterrichten.
- Gehen Sie mit dem Grundstück Ihres Nachbarn **pfleglich** um. Treffen Sie deshalb ausreichende Maßnahmen, um Belästigungen und Schäden zu vermeiden (breiten Sie z. B. Bretter oder Folien zum Schutz der Beete oder Rasenflächen aus). Richten Sie auf dem Nachbargrundstück einen Schaden an, müssen Sie diesen ersetzen (z. B. das zerstörte Blumenbeet neu anlegen).

Sie dürfen dieses Recht **nicht eigenmächtig durchsetzen!** Erlaubt Ihnen Ihr Nachbar nicht, auf sein Grundstück zu kommen, und können Sie sich nicht gütlich einigen, müssen Sie ihn verklagen.

Immissionen

Unter Immissionen versteht man **Einwirkungen unkörperlicher Art,** zum Beispiel Luftverunreinigungen wie Gase, Dämpfe, Rauch, Gerüche (→ Geruchsbelästigungen), aber auch → Lärm, Erschütterungen, → Lichtimmissionen, Strahlen und ähnliche Umwelteinwirkungen vom Nachbargrundstück.

Als **Eigentümer** können Sie nach § 1004 BGB verlangen, dass der »Störer« (z. B. der Verursacher der Lärmbelästigung) die Beeinträchtigung unterlässt. Als **Mieter** können Sie Ihren Anspruch auf § 862 BGB stützen. Allerdings müssen Sie gewisse Immissionen auf Ihrem Grundstück **dulden** (§ 906 BGB). Beispielsweise wenn

- es sich um **unwesentliche Beeinträchtigungen** handelt. Das sind geringfügige Belästigungen, die sich aus dem üblichen Zusammenleben von Nachbarn ergeben (z. B. → Wohngeräusche oder Unterhaltung in Zimmerlautstärke);
- es sich zwar um eine **wesentliche Beeinträchtigung** handelt, diese aber → **ortsüblich** ist (z. B. Bushaltestelle vor der Terrasse) und **nicht** durch **wirtschaftlich zumutbare Maßnahmen verhindert** werden kann (z. B. durch vernünftige Lärmschutzmaßnahmen). In diesem Fall haben Sie aber einen gesetzlichen Anspruch auf Geldausgleich, wenn Ihr Grundstück mehr als zumutbar beeinträchtigt wird;
- **Grenzwerte in technischen Regelwerken** nicht überschritten werden (→ Lärm).

Abzugrenzen sind Immissionen von → ästhetischen Beeinträchtigungen (z. B. ein Schrotthaufen im Nachbargarten), die Sie in Ihrer Nachbarschaft hinnehmen müssen.

Einen **öffentlich-rechtlichen Schutz** vor Immissionen gewährt Ihnen das Bundesimmissionsschutzgesetz (BImSchG), insbesondere wenn Sie sich gegen schädliche Einwirkungen, Gefahren und erhebliche Nachteile zur Wehr setzen wollen, die durch genehmigungsbedürftige Anlagen (z. B. Fabrik, Schweinemastbetrieb) entstehen.

Nach dem BImSchG bzw. den entsprechenden Immissionsschutzgesetzen der Länder haben Sie unter Umständen einen Anspruch darauf, dass die Anlage durch technisch zumutbare Abwehrmaßnahmen verbessert wird, beispielsweise den Einbau von Filteranlagen. Oder Ihnen steht ein Schadensersatzanspruch zu.

Kinderlärm

Seit Juli 2011 stellt § 22 Abs. 1 a BImSchG die gesetzliche Standardvermutung auf, dass Lärm etwa von Kindergärten und Spielplätzen **keine schädliche Umwelteinwirkung** darstellt. Daraus folgt:

- Kindertagesstätten und vergleichbare Einrichtungen werden künftig wesentlich einfacher in Wohngebieten eingerichtet werden können;
- Gerichte werden solchen Lärm nicht mehr als pauschalen Klagegrund zulassen, womit die »Klagefreude« rechtsschutzversicherter Nachbarn sich verringern wird. Denn Versicherungen zahlen nicht für Prozesse, die erkennbar ohne Aussicht auf Erfolg sind.

Beachten Sie jedoch: Die neue gesetzliche Vermutung gilt aber ausdrücklich nur »im Regelfall«. Völlige Ausnahmslosigkeit oder gar ein »Klageverbot« sind damit nicht vorgegeben.

Davon ist weiter das **rein private Spielen** zu unterscheiden. Hier gilt: Ignorieren der Ruhezeiten, objektiv unnötiger oder gar mutwilliger Lärm sowie beharrliche Missachtung der Hausordnung kann nach wie vor Ärger bedeuten, wenn das übliche Maß überschritten wird (z. B. wenn Kinder über die Möbel springen oder im Flur Rollschuh laufen).

Allerdings ist Kinderlärm auch in einem **Mehrfamilienhaus ortsüblich.** In der Regel können also weder Mitmieter noch der Vermieter erfolgreich dagegen vorgehen. Auch hier gilt aber: Extremfälle finden bei geeigneter Argumentationsgrundlage nach wie vor den Weg zum Richter.

Kirchengeläut / Kirchenmusik

Geht Ihnen der Lärm der Zeitangabe mit Stundenschlag auf die Nerven, gehen Sie gegen **nicht sakrales Glockengeläut** vor. Hier entscheiden die **Zivilgerichte** im Klagefall darüber, ob die Immissionswerte der TA-Lärm oder der VDI-Richtlinie 2058 überschritten werden (→ Lärm). Werden die Lärmgrenzwerte eingehalten, dürfen die Glocken zur Zeitansage läuten. Allerdings gilt die Zeitangabe nicht mehr grundsätzlich als ortsüblich. Insbesondere Abwehransprüche gegen allzu laute Kirchturmuhren in der Nacht haben Aussicht auf Erfolg.

Wenden Sie sich gegen **sakrales Glockengeläut,** das zu liturgischen oder gottesdienstlichen Zwecken ertönt, landen Sie mit einer Klage vor dem zuständigen **Verwaltungsgericht.** Allerdings sind Ihre Erfolgsaussichten, diese Art von Geläut zu unterbinden, gering. Das liturgische Läuten wird durch grundgesetzlich garantierte Religionsausübungsfreiheit geschützt. Demgegenüber fallen allgemeine Nachbarschaftsgesetze wenig ins Gewicht.

Komposthaufen

Pflanzliche Küchen- und Gartenabfälle dürfen im eigenen Garten in fast allen Bundesländern kompostiert werden. Die Art und Weise des ordnungsgemäßen Kompostierens ist entsprechend vorgeschrieben.

Hält der Hobbygärtner diese Regeln ein, stinkt der Kompost nicht übermäßig und tritt kein Ungeziefer auf, können Sie in der Regel nicht verlangen, dass der Kompost beseitigt wird. Fühlen Sie sich allein vom Anblick des Komposthaufens gestört, können Sie nichts unternehmen.

Den **Ort,** an dem Ihr Nachbar seinen Komposthaufen anlegt, darf er grundsätzlich frei wählen. Einschränkungen können sich aus landesrechtlichen Abstandsregelungen ergeben.

Lärm

Die entscheidende Frage bei nachbarschaftlichen Lärmstreitigkeiten ist, wann Lärm **nicht mehr zumutbar** und deshalb als **wesentliche Beeinträchtigung** anzusehen ist. Dann stehen Ihnen nachbarliche Abwehr- und Unterlassungsansprüche zu (§ 906 BGB).

Um dies zu beurteilen, werden **verschiedene Maßstäbe und Regelwerke** herangezogen. Diese legen je nach Lärmquelle (z.B. durch Industrie- oder Sportanlagen, durch Arbeits- oder Freizeitlärm) unterschiedliche Grenzwerte fest. Können die Immissionen gemessen werden, liegt in der Regel eine wesentliche und damit unzulässige Lärmbelästigung vor, wenn diese **Grenzwerte überschritten** werden.

Doch kann auch bei einem ermittelten Durchschnittswert **unterhalb des Grenzwertes** bereits eine wesentliche Beeinträchtigung vorliegen. Dabei wird regelmäßig auf das »Empfinden des verständigen Durchschnittsmenschen« abgestellt und eine Vielzahl von Faktoren berücksichtigt. So kommt es auch auf die Dauer und Häufigkeit der Lärmbelästigung sowie die Tatsache an, wie aufdringlich oder lästig eine bestimmte Lärmstörung ist. Ferner ist die Frage der **Ortsüblichkeit** entscheidend.

Die Beurteilung von Lärmbelästigungen erfolgt nach verschiedenen Regelwerken (z.B. TA-Lärm, Geräte- und Maschinennutzungsverordnung, LAI-Hinweise zum Freizeitlärm). Diese Grenzwerte sind für einen Zivilrichter in einem **privaten Nachbarstreit nicht verbindlich.** Vielmehr ergeben sich daraus Anhaltspunkte dafür, ob einem Nachbarn der Lärm noch zumutbar ist oder nicht.

! Auch wenn zur Lärmmessung fast immer ein **Sachverständigengutachten** notwendig ist, sollten Sie aus Beweisgründen selbst alle Fakten zusammentragen und ein **Lärmprotokoll** anfertigen. Notieren Sie darin Datum, Uhrzeit, Dauer und Ausmaß der konkreten Lärmbelästigung durch Ihren Nachbarn und geben Sie möglichst einen Zeugen an, der diese Störung bestätigen kann. Wenden Sie sich mit Ihrer Lärmbeschwerde an die **Polizei** oder das **Ordnungsamt.**

LAUBFALL

Wenn aus dem Nachbargarten Unmengen von Laub, Blüten, Nadeln oder Tannenzapfen auf Ihrem Grundstück landen, Ihre → Dachrinne verstopfen oder Ihren Swimmingpool verunreinigen, stellt sich die Frage, ob Sie das als betroffener Nachbar hinnehmen müssen.

Wurden die vorgeschriebenen → Grenzabstände von Pflanzen eingehalten und liegt kein → Überhang vor, ist ein Nachbarstreit wenig erfolgversprechend. Denn Laubfall wird als Kehrseite der Annehmlichkeit »Wohnen im Grünen« angesehen. Ein **Abwehranspruch** steht Ihnen nur zu, wenn

- die Benutzung Ihres Grundstücks **wesentlich beeinträchtigt** wird. Das heißt, dass Sie Laub gleich zentnerweise wegschaffen müssen, um Ihr Grundstück noch begehen zu können, **und**
- die Beeinträchtigung **nicht mehr** als → **ortsüblich** angesehen werden kann, wenn sich etwa eine Baumschule auf dem Nachbargrundstück befindet.

Doch selbst in diesem Fall kann Ihrem Anspruch entgegenstehen, dass auch Ihr eigener Baumbestand im Garten Laub produziert und Sie ohnehin Laub rechen müssen. Ebenso scheitern Ihre Ansprüche, wenn der störende Baum unter eine → Baumschutzregelung fällt. Auch haftet der Baumeigentümer nur, wenn er sein Grundstück nicht ordnungsgemäß bewirtschaftet.

Können Sie sich aus rechtlichen oder tatsächlichen Gründen nicht gegen die Beeinträchtigung wehren, steht Ihnen unter Umständen ein Ausgleichsanspruch zu (sogenannte **»Laubrente«;** § 906 BGB). Laubrente erhalten Sie ferner nur dann, wenn die Beeinträchtigung das zumutbare Maß übersteigt. Dazu kann der Aufwand für die Gartenarbeit ermittelt werden.

! Tragen Sie also im Streitfall vor, dass Sie einen erhöhten Arbeitsaufwand haben. Legen Sie dazu genau dar, wie viele Schubkarren Laub Sie wegfahren und wie viel Zeit Sie für das Laubrechen aufwenden müssen.

Lichtimmissionen

Wenn Sie wissen wollen, wie die Gerichte entscheiden, wenn Leuchtreklame, Laser- oder Himmelsstrahler, Scheinwerfer oder andere Blendwirkungen auf Ihr Grundstück einwirken und Sie beeinträchtigen, nehmen Sie unseren Beitrag **»Lichtreflexionen und Blendwirkungen: Können Sie sich dagegen wehren?«** zur Hand. Sie finden ihn auf Ihrer Rechtstipps-CD.

Lichtrecht

Wird der Lichteinfall **durch bauliche Maßnahmen** auf dem Nachbargrundstück verändert oder verschlechtert, ist das häufig Anlass zu Streit. Beispielsweise wenn Aufschüttungen vorgenommen werden (→ Bodenerhöhungen) oder der Einbau von Fenstern in Außenwände ansteht (→ Fenster- und Lichtrecht).

Ob Sie dies hinnehmen müssen, richtet sich nach den Vorschriften der Landesbauordnungen und den Nachbargesetzen der Länder. Erkundigen Sie sich diesbezüglich bei Ihrer Gemeinde.

Die Entziehung von Licht **durch Bäume** auf dem Grundstück Ihres Nachbarn können Sie grundsätzlich nicht nach § 1004 BGB abwehren. Jedoch sollten Sie stets prüfen, ob sich ein Abwehranspruch aus der Verletzung von → Grenzabständen von Pflanzen ergibt.

Luftraum

Als Grundstückseigentümer genießen Sie die »Lufthoheit« über Ihrem Grund und Boden (§ 905 BGB). Ihr Nachbar darf demnach keine Werbetafeln oder Transparente über Ihr Grundstück ragen lassen.

Fühlen Sie sich durch solche Anlagen – aus ästhetischen oder sonstigen Gründen – gestört, können Sie Beseitigung oder Unterlassung verlangen. Dieses Recht steht auch **Mietern** zu.

» **Beispiel:** Bei Kranauslegern wird auch danach unterschieden, ob durch beförderte Lasten eine potenzielle Gefahr ausgeht. Im Fall des bloßen Hereinragens ohne Transport ist auch nicht von einer Beeinträchtigung auszugehen.

Grenzen findet Ihre »Lufthoheit« in **öffentlich-rechtlichen Duldungspflichten.** So ist beispielsweise ziviler und militärischer Flugverkehr über Ihrem Grundstück erlaubt oder die Telekom darf Leitungen verlegen.

Versorgungsunternehmen sind dagegen nicht berechtigt, den Luftraum von Privatgrundstücken für bestimmte elektrische Leitungen unentgeltlich zu benutzen (z. B. Hochspannungsleitungen). Sind Sie als Grundstückseigentümer damit nicht einverstanden, muss unter Umständen ein Enteignungsverfahren betrieben werden. **Aber:** Sind Sie Kunde eines Versorgungsunternehmens, treffen Sie erweiterte Duldungspflichten (§ 12 Niederspannungsanschlussverordnung).

Notwegerecht / Notleitungsrecht

Fehlt Ihrem Grundstück zu seiner ordnungsgemäßen Benutzung die notwendige Verbindung zu einer öffentlichen Verkehrsfläche oder reicht die vorhandene Verbindung nicht aus, können Sie von Ihrem Nachbarn verlangen, Ihnen ein **Notwegerecht** einzuräumen (§ 917 Abs. 1 BGB).

Über die Voraussetzungen und den Umfang dieses Rechts klärt Sie unser Beitrag »**Notwegerecht: Wann können Sie Nachbargrundstücke dafür in Anspruch nehmen?**« auf. Auch wenn Ihrem Grundstück die notwendige Verbindung zu einem öffentlichen Versorgungsnetz fehlt (z. B. Wasser-, Abwasser-, Gas-, Strom- oder Fernsprechleitungen), können Sie sich hier informieren. Denn unter »Notweg« versteht man auch eine Notleitung. Den Beitrag finden Sie auf Ihrer Rechtstipps-CD.

Ortsüblichkeit

Ob eine Störung oder Beeinträchtigung aus der Nachbarschaft ortsüblich ist, ist entscheidend für die Frage, ob Ihnen ein nachbarrechtlicher Abwehranspruch zusteht oder nicht. Zwar können Sie grundsätzlich verlangen, dass Ihr Nachbar Beeinträchtigungen unterlässt oder beseitigt. Doch Sie müssen selbst **wesentliche Beeinträchtigungen hinnehmen,** wenn

- die Störung, die von dem Grundstück Ihres Nachbarn ausgeht, durch eine **ortsübliche Benutzung** des Grundstücks herbeigeführt wird **und**
- sie mit **wirtschaftlich zumutbaren Maßnahmen** nicht verhindert werden kann (§ 906 Abs. 2 Satz 1 BGB).

Was im **Einzelfall** ortsüblich ist, hängt maßgeblich von der konkreten Wohnlage ab und ergibt sich aus einem Vergleich mit den tatsächlichen Nutzungen und Gestaltungen der anderen Grundstücke des Gebietes. Wird die Mehrzahl der Grundstücke einer Umgebung nach Art und Umfang gleich benutzt, so ist diese Nutzung samt der damit verbundenen Beeinträchtigung als ortsüblich anzusehen, und Sie müssen sie dulden.

Zumutbare Abwehrmaßnahmen sind alle technischen (z. B. Schallschutzmaßnahmen) und betriebswirtschaftlichen Möglichkeiten (z. B. Betriebsumstellung), die geeignet sind, die Störung zu mindern oder zu beseitigen.

Dabei darf Ihr Nachbar grundsätzlich frei entscheiden, welche **Maßnahmen** er **wählt,** um die störende Einwirkung auf das Nachbargrundstück zu beseitigen. **Unzumutbar** sind allerdings Abwehrmaßnahmen, die seine wirtschaftliche Existenz gefährden (z. B. ist die Umstellung eines Gewerbebetriebes langfristig unrentabel).

Müssen Sie die → Immissionen dulden und wird Ihr Grundstück mehr als zumutbar beeinträchtigt, können Sie für die damit verbundenen Belästigungen einen angemessenen **finanziellen Ausgleich** fordern. Die Höhe ist eine Frage des Einzelfalls und kann nicht generell beantwortet werden.

Rasenmähen

Die »**Geräte- und Maschinenlärmschutzverordnung**« (§ 7 Abs. 1 32. BImSchV) regelt Geräuschgrenzwerte und schränkt die Betriebszeiten ein, um vor übermäßigen Lärmbelästigungen zu schützen:

- Motor-Rasenmäher dürfen Sie in Wohngebieten an Werktagen nur noch von 7:00 Uhr bis 20:00 Uhr benutzen. Darüber hinaus gilt: Sonn- und feiertags nie!
- Weitere Einschränkungen betreffen besonders laute Gartengeräte (z. B. Laubbläser). Diese dürfen werktags nur von 9:00 Uhr bis 12:00 Uhr und von 15:00 Uhr bis 17:00 Uhr eingesetzt werden.
- Private Häuslebauer müssen werktags ihre **Beton- und Bohrmaschinen** im Freien ebenfalls um 20:00 Uhr abschalten. Nicht davon betroffen sind Arbeiten im Innern des Hauses. Hier dürfen Sie unter Umständen auch bis 22:00 Uhr Löcher bohren.

Die Verordnung enthält einheitliche Mindestzeiten. Die Länder und Gemeinden dürfen jedoch weitergehende Ruhezeiten oder Ausnahmen festlegen, beispielsweise für den Betrieb lärmarmer Modelle (z. B. bis 88 dB(A)), die Sie an entsprechenden Typenschildern erkennen, mit denen die Geräte gekennzeichnet werden müssen. Eine Anfrage bei der Gemeindeverwaltung kann im Zweifelsfall Klarheit schaffen. Denn mähen Sie zur falschen Zeit, droht Ihnen ein Bußgeld!

Ruhezeiten

Regelmäßig enthalten Hausordnungen für Mietshäuser oder Wohnungseigentümergemeinschaften verbindliche Regelungen über Ruhezeiten. Im Streitfall werden aber auch vor Gericht Ruhezeiten angenommen, wenn diese nicht ausdrücklich geregelt sind. Üblich sind folgende Zeiten:

- **Morgendliche Ruhezeit** von 6:00 Uhr bzw. 7:00 Uhr bis 8:00 Uhr,
- **Mittagsruhe** von 12:00 Uhr bzw. 13:00 Uhr bis 15:00 Uhr,
- **Abendruhe** von 20:00 Uhr bis 22:00 Uhr,
- **Nachtruhe** von 22:00 Uhr bis 6:00 Uhr bzw. 7:00 Uhr.

! Die Ruhezeiten sind in den Bundesländern unterschiedlich geregelt. Erkundigen Sie sich deshalb bei Ihrer Gemeindeverwaltung nach der Zeit und der Dauer der festgelegten Ruhezeiten.

Während der Ruhezeiten müssen Sie weniger Lärm aus Ihrer Nachbarschaft ertragen, beispielsweise sollten diese das Staubsaugen in dieser Zeit (→ Wohngeräusche) unterlassen. Doch auch außerhalb dieser Zeitspannen hat keiner das Recht, unbeschränkt Lärm zu machen. **Ausnahme:** Bei → Kinderlärm ist die Rechtsprechung großzügig.

Spielplatz

Private wie gemeindliche Spielplätze für Kinder bis 14 Jahren sind sowohl im **Allgemeinen wie auch im reinen Wohngebiet zulässig.** Spiellärm auf einem Kinderspielplatz müssen Sie während der **üblichen Nutzungszeiten** als **ortsüblich** und sozial adäquat tolerieren (→ Kinderlärm). Er stellt nach neuerer Gesetzeslage keine Störung im Sinne des BImSchG dar. Das gilt auch für fremde Kinder, die nicht im Bereich des Spielplatzes wohnen.

Auch wenn Kinder abends **außerhalb der festen Öffnungszeiten** auf Spielplätzen spielen und schreien, müssen Sie das in der Nachbarschaft dulden.

Anders aber, wenn Jugendliche und junge Erwachsene den Spielplatz für Partys nutzen oder zum **»offenen Jugendtreff«** machen und lärmen. Dabei handelt es sich um eine unzumutbare Lärmbelästigung. Gegen diese missbräuchliche Benutzung des Spielplatzes haben Sie ein Abwehrrecht. Sie können von der Gemeinde verlangen, dass diese regelmäßig Kontrollen durchführt, um den Missbrauch zu unterbinden.

Sportlärm

Geräusch- und Lärmbeeinträchtigungen, die von öffentlichen Sportanlagen ausgehen, sind nach der **Sportanlagenlärmschutzverordnung** zu beurteilen (→ Lärm).

Unter den Begriff »Sportanlage« fallen verschiedene Arten von Sportplätzen, wie Sport- und Fußballplätze, Tennisplätze, Schwimmbäder, Eislaufbahnen, Kegelbahnen oder Turnhallen. Diese müssen allerdings zum **Zwecke der Sportausübung** betrieben werden.

Beeinträchtigungen durch **zweckfremde Nutzungen** werden nicht nach dieser Verordnung beurteilt (z. B. Konzerte). Hier gelten vielmehr die LAI-Hinweise.

Werden die Immissionsrichtwerte überschritten, können Sie vom Betreiber der Sportanlage verlangen, dass er **Schallschutzmaßnahmen** ergreift oder die An- und Abfahrtswege zu den Parkplätzen entsprechend gestaltet. Wenden Sie sich im Zweifel an die Gemeinde, selbst wenn diese den Platz einem Verein überlässt. Ist dies technisch nicht möglich, können Sie grundsätzlich eine Betriebszeitenregelung verlangen.

Bei neuen Anlagen werden die Anforderungen an den Lärmschutz meistens durch **Auflagen zur Baugenehmigung** erreicht. Befürchten Sie als Nachbar einer solchen Sportanlage, dass die Werte nicht eingehalten werden, sollten Sie rechtzeitig prüfen, ob Sie deshalb die Baugenehmigung mit Widerspruch oder einer Nachbarklage angreifen.

Traufrecht

Regenwasser, das von Gebäuden eines Grundstücks abgeleitet wird, muss grundsätzlich auf dem eigenen Grund und Boden gesammelt und entsorgt werden. **Ausnahmsweise** darf ein Grundstückseigentümer das Niederschlagswasser über das Nachbargrundstück ableiten. Dieses sogenannte Traufrecht entsteht durch Vereinbarung zwischen den Nachbarn oder aufgrund baurechtlicher Erlaubnis.

Die Einzelheiten dazu sind teilweise in den Nachbarrechtsgesetzen der Länder geregelt. Im Grundsatz sehen die Vorschriften vor, dass der Betroffene geeignete Auffang- und Ableitungsvorrichtungen am Haus des Nachbarn anbringen kann (→ Dachrinne).

ÜBERBAU

Was gilt, wenn ein Gebäude teilweise auf dem Nachbargrundstück steht, regeln die Vorschriften **§§ 912 – 916 BGB.** Als Grundstückseigentümer können Sie grundsätzlich verlangen, dass die Eigentumsbeeinträchtigung beseitigt wird.

Eine Wertminderung Ihres Grundstücks müssen Sie nicht hinnehmen. **Ausnahmsweise** müssen Sie jedoch das grenzüberschreitende Gebäude **dulden,** wenn folgende Voraussetzungen erfüllt sind:

- Es muss ein **Gebäude** errichtet worden sein. **Anders,** wenn Grenzmauern, Tore oder Zäune teilweise über die Grundstücksgrenze gebaut werden. Hier können Sie deren Abriss verlangen.
- Es muss **über die Grenze** gebaut worden sein.
- Der Überbau muss durch den **Grundstückseigentümer** ausgeführt worden sein.
- Der Bauherr darf **nicht vorsätzlich oder grob fahrlässig** über die Grenze gebaut haben. Das ist möglich, wo eine Grenze nicht eindeutig markiert ist. Hat der Architekt den Überbau verschuldet, wird dies dem Bauherrn zugerechnet.
- Sie dürfen als Nachbar nicht vor oder sofort nach der Grenzverletzung dem Überbau widersprochen haben.

Als Ausgleich dafür erhalten Sie eine **Geldrente.** Alternativ können Sie auch jederzeit verlangen, dass Ihnen der überbaute Grundstücksteil **abgekauft** wird. Dies bringt klare Grenzverhältnisse mit sich und vermeidet den Streit über die Höhe der jährlichen Rente.

Zum Sonderproblem des Überbaus durch nachträgliche Isolation vergleichen Sie den Lexikoneintrag → Wärmedämmung.

ÜBERHANG

Was tun mit überhängenden Ästen und Zweigen?

Als Eigentümer dürfen Sie auf Ihr Grundstück herüberragende Äste, Zweige und andere Pflanzen wie beispielsweise Unkraut, Ranken oder Stauden grundsätzlich im Rahmen der Selbsthilfe zurückschneiden (§ 910 BGB). Das gilt jedoch **nicht** für einen herüberragenden **Baumstamm.** Beachten Sie dabei folgende Grundsätze:

- Vorausgesetzt wird, dass durch den Überhang die **Grundstücksnutzung eingeschränkt** wird. Beispielsweise verhindert Schatten das Wachstum Ihrer Pflanzen im Nutzgarten oder besteht ein Vergiftungsrisiko für Tiere oder spielende Kinder, weil die Pflanzen giftig sind. Nicht ausreichend ist, wenn dem Boden nur Nahrung und Feuchtigkeit entzogen wird.
- Sie müssen in diesem Fall Ihrem Nachbarn zunächst eine **angemessene Frist** setzen, um die auf Ihr Grundstück hinüberwachsenden Pflanzenteile zu beseitigen. Erst wenn er nichts unternimmt, dürfen Sie selbst zur Gartenschere greifen.
- Bei der Fristsetzung müssen Sie die Wachstums- und Vegetationsperioden von Pflanzen beachten, während der ein Rückschnitt nicht verlangt werden kann. Gleiches gilt für Zeiten des Fruchtstandes und der Ernte. Erkundigen Sie sich bei Ihrer Gemeinde, ob weitere landesrechtliche Sonderregelungen bestehen.
- Sie dürfen den **Überwuchs abschneiden** und ihn einschließlich seiner Früchte behalten. Schreiten Sie selbst zur Tat, dürfen Sie den Überwuchs nur bis zur Gartengrenze abschneiden. Zum »Kahlschlag« mit Substanzverletzung darf es aber nicht ausarten, sonst droht Schadensersatz.

Was gilt bei eindringenden Wurzeln?

Auch wenn die vorgeschriebenen Grenzabstände von Pflanzen eingehalten wurden, können deren Wurzeln über die Grundstücksgrenze hineinwachsen. Nach § 910 BGB gilt Folgendes:

- Ihr Grundstück muss konkret **beeinträchtigt** oder **geschädigt** sein, beispielsweise wird Ihr Rasen aufgeworfen, heben sich Terrassenplatten oder werden Kanalanschlüsse durch Wurzelwerk verstopft oder zerstört. Das bloße Hinüberwachsen der Wurzeln auf das eigene Grundstück stellt noch keine Beeinträchtigung dar.

- Anders als bei Zweigen können Sie Wurzeln abschneiden, **ohne** Ihrem Nachbarn **eine Frist** zu setzen. Das Risiko, dass Sie den Baum oder Strauch durch die rechtmäßige Entfernung der Wurzel schädigen, trägt grundsätzlich der Eigentümer der Pflanze. Allerdings machen Sie sich selbst schadensersatzpflichtig, wenn Sie das Gebot nachbarlicher Rücksichtnahme verletzen, etwa indem Sie das Wurzelwerk unfachmännisch kappen. Zudem dürfen Sie die Wurzeln nur bis zur Grundstücksgrenze abschneiden und nicht darüber hinaus.

  Es kann sich durchaus eine **Mithaftung** des beeinträchtigten Grundstückseigentümers ergeben, wenn er durch vorwerfbares Zuwarten für den Zustand mitverantwortlich ist. Hier kann eine Kostenteilung angemessen sein.

! Erkundigen Sie sich bei Ihrer Gemeinde, ob eine → Baumschutzregelung besteht, die Ihr Selbsthilferecht einschränkt. In manchen Fällen benötigen Sie eine behördliche Erlaubnis, um die Wurzeln zu entfernen. Ausnahmsweise geht es in dringenden Notfällen auch ohne, etwa wenn Baumwurzeln die Abwasserleitung verstopfen.

Wer trägt die Kosten für die Beseitigung des Überhangs?

Neben Ihrem Recht auf Selbsthilfe können Sie von Ihrem Nachbarn auch verlangen, dass er als Eigentümer der Pflanze die Wurzeln auf seine Kosten beseitigt.

Aber auch wenn Sie **Dritte beauftragen,** die Störung zu beseitigen (z. B. einen Gärtner), muss Ihr Nachbar für diese Kosten aufkommen.

Die Ersatzpflicht umfasst auch die Kosten für die Ursachenforschung und Beseitigungsversuche der Störung (z. B. für Reinigung der Rohre) sowie die Schadensbehebung, beispielsweise Reparaturarbeiten am Haus nach einer Überschwemmung infolge der Kanalverstopfung oder Neuverlegung von zerstörten Rohren.

Sie dürfen hinsichtlich des **Umfangs** Ihrer Selbsthilfemaßnahmen nicht über das Ziel hinausschießen. Beseitigt werden darf nur die Schadensursache, und nur notwendige Reparaturen auf Kosten des Nachbarn sind zulässig.

Zudem müssen Sie sich ein **Mitverschulden** anrechnen lassen und bleiben auf einem Teil des Schadens sitzen, etwa wenn eine Leitung nicht fachgerecht verlegt wurde und deshalb die Baumwurzeln eindringen konnten.

Unkraut

Können Sie sich gegen Unkrautwuchs wehren?

Allein den unerfreulichen Anblick von Disteln und Brennnesseln im Nachbargarten haben Sie als → ästhetische Beeinträchtigung hinzunehmen. Wächst Unkraut auf Ihr Grundstück hinüber, dürfen Sie es nach den Grundsätzen des → Überhangs entfernen.

Was gilt für Unkrautsamenflug aus einem verwilderten Nachbargarten?

Die Gerichte bewerten diese Unkrautlast regelmäßig als »unwesentliche Einwirkung« auf Ihr Grundstück, sodass einer Klage auf Beseitigung wenig Erfolgschancen zukommen. Selbst wenn die Grundstücksbeeinträchtigung durch den Unkrautwuchs als wesentlich angesehen wird, mutet man Ihnen das Unkrautjäten zu.

Gepflegte Gärten, in denen sich der ungewollte Unkrautsamenflug am deutlichsten auswirkt, bedürfen ohnehin einer zeitaufwendigen Bearbeitung, sodass die zusätzliche Arbeit nicht ins Gewicht fällt. Anders in **Extremfällen.**

» **Beispiel:** Liegt ein brachliegendes, verwildertes Grundstück in einem bebauten Wohngebiet und wird überhaupt nicht gepflegt, muss der Grundstückseigentümer einer Mindestpflege nachkommen. Konkret: Es muss ein- bis zweimal jährlich gemäht werden.

Was gilt beim Einsatz von Unkrautvernichtungsmitteln?

Es kommen die Grundsätze des → Laubfalls zur Anwendung: Spritzt Ihr Nachbar **chemische Pflanzenschutzmittel** in seinem Garten und werden diese auf Ihr Grundstück geweht oder durch Regenwasser dorthin ausgeschwemmt, können Sie Beseitigung und Unterlassung verlangen, sofern diese Beeinträchtigung wesentlich ist. Dies ist der Fall, wenn der Einsatz der Herbizide nicht mehr → ortsüblich ist.

Verbrennen von Gartenabfällen

Während in fast allen Bundesländern das Kompostieren von pflanzlichen Küchen- und Gartenabfällen (→ Komposthaufen) zulässig ist, ist das **Verbrennen** von Gartenabfällen, wie beispielsweise Laub oder Reisig, innerhalb der im Zusammenhang bebauten Ortsteile nach den jeweiligen Landesimmissionsschutzgesetzen grundsätzlich **verboten.** Für Pflanzenabfälle gelten allerdings

Sonderregelungen in den Pflanzenabfallverordnungen der Länder, die das Verbrennen grundsätzlich gestatten.

! Erkundigen Sie sich danach bei Ihrer Gemeindeverwaltung. Daraus ergeben sich mögliche Ausnahmen für Kleingärtner. Geregelt wird, ob, wann und wie Gartenabfälle ausnahmsweise verbrannt werden dürfen.

Selbst wenn das Verbrennen von Gartenabfällen ausnahmsweise erlaubt ist, können Sie sich als betroffener Nachbar gegen allzu heftige Rauchschwaden wehren. Vorausgesetzt, der Rauch beeinträchtigt Ihr Grundstück wesentlich.

Verkehr / Verkehrslärm

Den Verkehrslärm beispielsweise von an- und abfahrenden Fahrzeugen in einem reinen Wohngebiet müssen Sie grundsätzlich als ortsüblich hinnehmen. **Anders,** wenn die **Zumutbarkeit** der von den Autos ausgehenden Lärmbeeinträchtigung **deutlich überschritten** wird. Hier haben Sie unter Umständen einen Unterlassungsanspruch gegen Ihren Nachbarn.

» **Beispiel:**

- Bei Lärm durch wiederholtes Zuknallen von Autotüren nach 20:00 Uhr oder bei häufigem Ein- und Ausparken.
- Wenn der Motor laufen gelassen wird oder eine nächtliche Standheizung in einem vor dem Schlafzimmerfenster geparkten Fahrzeug betrieben wird.
- Bei lautem Gelächter und Gesprächen nach 22:00 Uhr.

Videoüberwachung

Hier kollidieren das Sicherheitsbedürfnis des Grundstückseigentümers und der **Schutz des Persönlichkeitsrechtes** des Nachbarn, der nicht beim Betreten und Verlassen seines Hauses gefilmt werden möchte. Es gilt:

- Die Installation einer Überwachungskamera auf einem **privaten Grundstück** in der Nachbarschaft müssen Sie hinnehmen, sofern öffentliche und private Flächen außerhalb des überwachten Grundstücks nicht von den Kameras erfasst werden. Allein die hypothetische Möglichkeit, überwacht zu werden, beeinträchtige die Persönlichkeitsrechte des Einzelnen nicht. **Anders,** wenn es Hinweise auf gezielte Überwachung gibt (z. B. bei einem eskalierenden Nachbarschaftsstreit).

- Die Überwachung einer **gemeinsamen Hauseinfahrt** oder einer **gemeinsamen Tiefgarage** brauchen Sie nicht zu dulden, wenn Sie den Aufnahmen nicht zugestimmt haben. Sie können verlangen, dass die Videoanlage demontiert wird.
- Eine Videoanlage muss auch dann demontiert werden, wenn Ihr Nachbar eine Kamera so installiert, dass eine permanente Aufzeichnung ermöglicht wird. Es kommt nicht darauf an, ob auch tatsächlich gefilmt wird.

WÄRMEDÄMMUNG

Was gilt für Grenzwände?

Das Problem der grenzüberschreitenden Wärmedämmung ist **noch nicht grundsätzlich geregelt.** Anders in Berlin, Bremen und Hessen. Hier gibt es bereits gesetzliche Regelungen, nach denen Grundstückseigentümer es dulden müssen, wenn ihr Nachbar sein Haus dämmt und die Grenzwand dadurch auf sein Grundstück ragt. Im Zweifel empfiehlt sich eine Nachfrage beim örtlichen Bauamt.

Für nachträgliche Wärmedämmungsmaßnahmen sind in den meisten Bundesländern deshalb die Regeln des Überbaus (§ 912 BGB) maßgebend:

- Eine Wärmedämmung einer **Grenzwand** – also einer Wand, die unmittelbar an der Grenze zum Nachbargrundstück errichtet ist –, die über diese Grenze ragt, muss vom Nachbarn nicht hingenommen werden.
- Auch aus dem »nachbarlichen Gemeinschaftsverhältnis« ergibt sich hier keine Duldungspflicht, wenn die Wärmedämmung nicht zwingend notwendig oder aus technischen Gründen nur außen an der Fassade anzubringen ist.
- Hat der Nachbar bei den Baumaßnahmen weder vorsätzlich noch grob fahrlässig gehandelt und würde der Abriss die Gebäudeeinheit unverhältnismäßig beeinträchtigen, bleibt nur die Duldung gegen Geldrente.

! Versuchen Sie, sich mit Ihrem Nachbarn zu einigen. Ergibt sich aus einer geplanten Baumaßnahme ein Überbau, können Sie dem Nachbarn eine Überbaurente oder eine Abfindung für die überbaute Fläche anbieten. Aus Beweisgründen sollten Sie eine entsprechende **Vereinbarung schriftlich festhalten** und gegebenenfalls ins Grundbuch eintragen lassen, damit sie auch bei einem Eigentümerwechsel Bestand hat.

Was gilt für Nachbarwände?

Etwas anderes kann bei sogenannten **Nachbarwänden** gelten, die von beiden Nachbarn gemeinschaftlich genutzt und verwaltet werden. Dient die Wärmedämmung dem beiderseitigen Interesse der Energieeinsparung, kann eine Duldungspflicht bestehen.

WÄSCHE

Was gilt für den Betrieb von Waschmaschinen und Wäschetrocknern?

Die damit verbundenen Geräusche gehören zur **normalen Haushaltsführung**, die Ihr Nachbar hinzunehmen hat (→ Wohngeräusche).

- Grundsätzlich dürfen Ihre **Mitbewohner in einem Mehrfamilienhaus** einen Wäschetrockner aufstellen.
- In einer **Eigentumswohnung** dürfen Sie täglich Wäsche waschen – auch an Sonn- und Feiertagen. Das gilt insbesondere für berufstätige Mitbewohner, die darauf angewiesen sind, gelegentlich ihre Wäsche an diesen Tagen zu waschen.

Was gilt für das Wäscheaufhängen?

Auch wenn Sie sich am Anblick der Wäsche Ihres Nachbarn stören, gegen bloße → ästhetische Beeinträchtigungen können Sie nichts ausrichten. Wäsche darf zum Trocknen oder Lüften im Freien aufgehängt werden. Beispielsweise darf Kleinwäsche auf dem Balkon einer **Mietwohnung** getrocknet werden, wenn der Wäscheständer durch die Balkonbrüstung verdeckt wird.

Auch eine Wäschespinne, die nur bei Bedarf aufgestellt wird und nicht immer zu sehen ist, gilt nicht als nachhaltige optische Störung in einer **Wohnanlage.** Sie dürfen auch Ihre Wäsche zum Trocknen an der Luft in der Wohnung aufhängen. Ein entsprechendes Verbot in der Hausordnung kann durch Mehrheitsbeschluss nicht erreicht werden.

Hingegen darf das regelmäßige Aufhängen von Groß- und Bettwäsche auf dem Balkon durch Mehrheitsbeschluss der übrigen Miteigentümer einer Wohnungseigentumsanlage untersagt werden, wenn diese sich vom Anblick erheblich gestört fühlen.

Wohngeräusche

Alltagsgeräusche hat die Nachbarschaft grundsätzlich hinzunehmen. Das gilt beispielsweise für den **Betrieb von Haushaltsgeräten,** beispielsweise Spülmaschinen, Staubsauger, Waschmaschinen oder Wäschetrockner, soweit die Benutzung nicht das übliche Maß übersteigt.

Doch selbst eine wesentliche Beeinträchtigung kann wohl nicht untersagt werden. Es sei denn, Ihr Nachbar stört sie mit diesen Haushaltstätigkeiten zur Nachtzeit (→ Ruhezeiten). Allerdings müssen Sie sich mit Wasser- und Installationsgeräuschen durch nächtliche → Badbenutzung oder durch die WC-Spülung auch nach 22:00 Uhr abfinden.

Elektronische Geräte wie Radio, Fernseher oder CD-Player sollten Sie ausschließlich **im Innern der Wohnung** nutzen und nur in Zimmerlautstärke betreiben. Denn Sie dürfen Ihre Nachbarn durch das Musikhören nicht stören. Dies gilt vor allen Dingen in den → Ruhezeiten. Werden Sie von Ihrem Nachbarn dauernd lautstark beschallt und führt dies zu Gesundheitsbeeinträchtigungen, können Sie sogar Schmerzensgeld verlangen.

Gegen Radio- oder Fernsehgeräusche **im Freien** können Sie sich erfolgreich zur Wehr setzen und verlangen, dass die Musik abgestellt wird. Beispielsweise wenn Sie auf Ihrer Terrasse die Radiosendung aus dem Nachbargarten unfreiwillig mithören müssen. Dabei kommt es nicht auf eine bestimmte Lautstärke, sondern allein auf die wahrgenommene Belästigung an.

B1 Was Eltern minderjähriger Kinder unbedingt wissen sollten

1 Wenn Kinder Verträge schließen

1.1 Kinder zwischen 0 und 6 Jahren

Kinder, die noch keine 7 Jahre alt sind, sind nach § 104 Abs. 1 BGB **absolut geschäftsunfähig.** Alle rechtlich bedeutsamen **Erklärungen,** die sie abgeben, sind nichtig. Sie können keinerlei Verträge wirksam abschließen. Daran ändert auch die elterliche Erlaubnis nichts. Etwas anders ist die Lage, wenn Sie Ihr Kind beispielsweise zum Bäcker schicken. Dann handelt Ihr Kind als Bote und ist nur Ihr »Sprachrohr«. Vertragspartner des Verkäufers werden Sie selbst, nicht Ihr Kind.

1.2 Kinder zwischen 7 und 18 Jahren

Mit dem siebten Geburtstag darf Ihr Kind rechtlich bedeutsame Erklärungen abgeben, für die es aber die Einwilligung seiner Eltern braucht (§ 6 BGB). Jetzt ist es **beschränkt geschäftsfähig.** Der **Vertrag** ist nicht nichtig, sondern »schwebend unwirksam«.

Konkret: Als Eltern können Sie Ihre **Genehmigung noch nachträglich** erteilen, um das Geschäft wirksam zu machen. Das geschieht in aller Regel stillschweigend, nämlich wenn Sie sich nicht rühren.

Ausnahmen: Der sogenannte **Taschengeldparagraf** (§ 110 BGB) deckt Geschäfte ab, die ein Minderjähriger mit dem Geld bezahlt, das Sie ihm zur freien Verfügung überlassen haben. Was Sie als Eltern alles darunterfallen lassen wollen, hängt ganz von Ihren Erziehungsprinzipien ab. Auf alle Fälle haben Sie das letzte Wort. Der **Minderjährigenschutz** hat dabei **absoluten Vorrang.**

Handelt es sich um »größere Sachen«, wie zum Beispiel einen **Grundstückskauf,** reicht selbst die elterliche Genehmigung nicht aus. Hier muss das **Familiengericht** zustimmen. Und sind gar die eigenen Eltern oder die Großeltern daran beteiligt, muss noch ein sogenannter Ersatzpfleger eingeschaltet werden.

1.3 Ab 18 Jahren

Mit Eintritt der Volljährigkeit, also ab dem 18. Geburtstag, wird Ihr Kind **voll geschäftsfähig.** Es nimmt wie jeder andere Erwachsene am Rechtsverkehr teil. Das heißt, es muss für alles persönlich geradestehen.

Aber: Ein **Geschäft, das noch aus der Zeit der Minderjährigkeit herrührt** und noch schwebend unwirksam ist, wird **nicht mit Eintritt der Volljährigkeit automatisch wirksam.** Der Neu-Erwachsene kann sich aber selbst die Genehmigung erteilen (§ 108 Abs. 3 BGB).

2 Wenn Kinder Schäden verursachen

2.1 In welchem Umfang haften Kinder?

Dass minderjährige Kinder erhebliche Schäden verursachen können, zeigt schon der tägliche Blick in die Zeitung. Vom Großbrand bis zum folgenschweren Verkehrsunfall durch unachtsames Verhalten ist da alles vertreten.

Ob die Minderjährigen für die Schäden auch aufkommen müssen, hängt von ihrer Verantwortlichkeit ab. Und diese hängt wiederum vom Alter ab. Wie die **Haftung in den einzelnen Altersstufen** geregelt ist, ergibt sich aus § 828 BGB:

Kinder unter sieben Jahren

In dieser Altersklasse gilt der Grundsatz: »Denn sie wissen nicht, was sie tun«. Egal, was sie angestellt haben, sie werden für nichts verantwortlich gemacht. Nur besonders reiche Kinder müssen »aus Billigkeitsgründen« den von ihnen angerichteten Schaden finanziell wiedergutmachen. Man spricht hier von dem sogenannten »Millionärsparagrafen« (§ 829 BGB). Besteht eine private Haftpflichtversicherung, reicht das allein noch nicht, die Haftung zu bejahen.

Kinder zwischen sieben und 18 Jahren

Wenn Kinder sieben Jahre alt werden, haften sie entsprechend ihrer Einsichtsfähigkeit. Lässt sich Einsichtsfähigkeit feststellen, kann ein Minderjähriger für den Schaden **in voller Höhe persönlich haftbar** gemacht werden, wenn dem Geschädigten kein Mitverschulden anzulasten ist. Dass Kinder in der Regel vermögenslos sind, spielt keine Rolle. Denn aus einem rechtskräftigen Gerichtsurteil kann 30 Jahre lang vollstreckt werden.

! Wenn ein Kind einen Schaden verursacht hat, bei ihm aber nichts zu holen ist, sollten Geschädigte versuchen, über das **Opferentschädigungsgesetz** Ersatz zu erhalten. Berufen Sie sich auf eine einschlägige Entscheidung des Bundessozialgerichts. Im entschiedenen Fall hatte ein 10-jähriges Kind einem anderen einen angezündeten Feuerwerkskörper in die Hosentasche gesteckt, dabei kam es zu schweren Verbrennungen.

Wichtige Ausnahme: Wenn der Schaden mit einem Kraftfahrzeug oder mit Bus / Bahn verursacht worden ist, haften Kinder unter 10 Jahren generell nicht (§ 828 Abs. 2 BGB). Dieses Haftungsprivileg gilt allerdings nicht für Schäden, die Kinder im ruhenden Verkehr verursachen, also zum Beispiel wenn sie mit dem Fahrrad an parkenden Fahrzeugen Schäden verursachen. Ist das Fahrzeug dagegen verkehrswidrig abgestellt, bleibt es bei dem Haftungsprivileg. Entscheidend ist, ob das Kind durch die konkrete Verkehrssituation überfordert ist.

Wann konkret bei einem Schadensfall die **Einsichtsfähigkeit** vorliegt, hängt vom Einzelfall ab. Generell lässt sich aber sagen: Einsichtsfähig ist ein Kind immer dann, wenn es in der Lage ist, das Unrecht seiner Handlung gegenüber dem Mitmenschen und zugleich die Verpflichtung zu erkennen, in irgendeiner Weise für die Folgen seiner Handlung selbst einstehen zu müssen. Außerdem muss ein Kind in der Lage sein, sich der Einsicht gemäß zu verhalten.

» **Beispiel:**

- Mehrere 10-jährige Kinder, die in einem abgesperrten Bereich einer Kiesgrube einen Radlader in Gang gesetzt und anschließend beim Zurücksetzen in einen Schlammweiher gefahren haben, sind zur gesamtschuldnerischen Haftung in Höhe von ca. € 27 000,– verurteilt worden. Begründung: Bei einem 10-jährigen Kind könne man davon ausgehen, dass es wisse, nicht mit einem Radlader fahren zu dürfen. Es müsse wissen, dass dies gefährlich ist.
- Das Oberlandesgericht Köln gab der Schmerzensgeldklage gegen einen 11-Jährigen, geistig um zwei Jahre zurückgebliebenen Jungen statt, der beim Spielen einen siebenjährigen Kameraden mit einem Wurfpfeil im Gesicht getroffen hatte. Das verletzte Kind erblindete auf einem Auge. Hier entschied das Gericht, dass der Pfeilwerfer wissen musste, dass das Spiel gefährlich war.

2.2 Haften Eltern für ihre Kinder?

Wenn die Aufsichtspflicht verletzt worden ist, haften unter Umständen auch die Eltern nach § 832 Abs. 1 Satz 2 BGB. Denn wer ein Kind betreut, das aufsichtsbedürftig ist, macht sich bei Verletzung der Aufsichtspflicht selbst schadensersatzpflichtig – gleich, ob das Kind den Schaden vorsätzlich oder fahrlässig herbeigeführt hat.

Der Gesetzgeber geht hier sogar so weit, dass er den Eltern die Beweislast dafür aufbürdet, das Kind in gehöriger Weise, das heißt dem Alter entsprechend, beaufsichtigt zu haben. Es handelt sich um eine sogenannte »Beweislastumkehr« zugunsten des Geschädigten.

Die Aufsichtspflicht gilt nicht unbegrenzt

Laut Bundesgerichtshof bestimmt sich das Maß der gebotenen Aufsicht

- nach **Alter, Eigenart und Charakter des Kindes,**
- nach der **Vorhersehbarkeit** des schädigenden Verhaltens
- sowie danach, was verständige Eltern nach vernünftigen Anforderungen in der konkreten Situation an erforderlichen und zumutbaren Maßnahmen treffen müssen,

um Schädigungen Dritter durch ihr Kind zu verhindern.

» **Beispiel:** Ein **fast 12-jähriger Junge** hatte mit einem in einer Schmuckkassette seiner Mutter gefundenen Feuerzeug Stroh in Brand gesetzt und dadurch eine Scheune in Schutt und Asche gelegt. Die Feuerversicherung des Geschädigten wollte sich an die Eltern halten, weil die Haftpflichtversicherung des Kindes nur einen Teilbetrag übernommen hatte. Man warf der Mutter vor, sie habe die Schmuckkassette, in der sich das Feuerzeug befand, dem Kind unbeaufsichtigt überlassen und es so fahrlässig in Versuchung geführt.

Das sah das Gericht aber nicht so. Mit zunehmendem Alter ist ein normal begabtes und entwickeltes Kind intellektuell und psychisch in der Lage, die Gefahren offenen Feuers zu erkennen. Demnach musste die Mutter hier nicht damit rechnen, dass ihr Sohn ihr das Feuerzeug heimlich entwendet und später zum Zündeln einsetzt.

Anders sieht es dagegen bei **sieben bis acht Jahre alten Kindern** aus. Diese müssen nicht nur eindringlich über die Gefährlichkeit des Spiels mit dem Feuer belehrt werden. Darüber hinaus gilt für die Aufsichtspflicht: Je geringer der Erziehungserfolg bzw. je jünger das Kind ist, desto intensiver müssen Aufsicht und Überwachung sein. So dürfen zum Beispiel Kleinkinder grundsätzlich nicht längere Zeit sich selbst überlassen bleiben.

Bei einem **geistig zurückgebliebenen und schwer verhaltensgestörten Kind** wird von den Eltern eine mehr oder weniger ständige unmittelbare Kontrolle des Kindes verlangt. Ein **normal entwickeltes Kind von acht Jahren** darf dagegen im Freien ohne Aufsicht auch dort spielen, wo die Eltern nicht sofort eingreifen können. Es genügt, wenn Sie sich als Eltern einen groben Überblick über das kindliche Tun verschaffen. Es gibt aber auch zahlreiche Fälle, in denen die Rechtsprechung sogar die **Alleinhaftung der Eltern** annimmt.

» **Beispiel:**

- Eine 3-Jährige versuchte, einen Elektroherd einzuschalten. Die Mutter hatte sie zwar beobachtet und das Kind ermahnt, aber ohne Erfolg. Es kam zu einem Brand, für den die Mutter haftbar gemacht wurde. Sie hätte damit rechnen müssen, dass das Kind nicht aufhört am Herd herumzuspielen, wenn das Interesse einmal geweckt ist.
- Auch Eltern eines 2-jährigen Kindes müssen stets damit rechnen, dass das Kind unvermittelt und ohne Grund plötzlich irgendwohin rennt. Deshalb ist ein Kind in diesem Alter noch an der Hand zu halten bzw. müssen die Eltern das Verhalten des Kindes jederzeit steuern können. In einem vom Oberlandesgericht Düsseldorf entschiedenen Fall war ein Kind in diesem Alter unvermittelt auf die Straße gelaufen. Dadurch war ein herzkranker Pkw-Fahrer zum Bremsen gezwungen worden und erlitt einen tödlichen Infarkt.

Was gilt für andere Aufsichtspersonen?

Die Aufsichtspflicht gilt natürlich nicht nur für Eltern. Dieselbe Pflicht trifft alle aufsichtspflichtigen Personen wie zum Beispiel **Kindermädchen, Erzieher, Lehrer** etc., die die Betreuung Ihres Kindes übernommen haben. Das können übrigens auch andere Eltern sein, bei denen sich Ihr Kind aufhält.

» **Beispiel:** Ein Elternpaar, das zum Kindergeburtstag eingeladen hatte, machte sich wegen eines Aufsichtsverschuldens haftbar. Eines der eingeladenen Kinder warf einen Tennisball so, dass ein auf dem Tisch stehendes Glas zersprang. Unglücklicherweise kam es dabei zu einer Augenverletzung eines anderen Kindes durch einen Glassplitter. Die einladenden Eltern hätten nach Ansicht des entscheidenden Gerichtes den Unfall verhindern müssen.

Wie können sich Eltern und andere Aufsichtspersonen entlasten?

Am besten legen Sie konkret dar, was Sie alles zur Pflichterfüllung getan haben. Selbstverständlich müssen Sie das beweisen. Gelingt Ihnen dies nicht, haften Sie. Dasselbe gilt für jede andere aufsichtspflichtige Person. Da es aber nicht immer ganz einfach ist, die erteilten Mahnungen, Belehrungen und durchgeführten Kontrollen nachzuweisen, sollten Sie sich in einem eventuellen Prozess als Partei vernehmen lassen. Dadurch erhält Ihre Aussage so viel Gewicht wie eine Zeugenaussage. Damit schaffen Sie sich ein probates Beweismittel.

! Bedenken Sie, dass es Fälle gibt, in denen es von Vorteil ist, sich zu einem Aufsichtsverschulden zu bekennen. Denn gerade wenn Ihr Kind zum Beispiel altersbedingt nicht haftet, tritt die Privathaftpflichtversicherung in der Regel nicht ein.

Trifft Sie als Eltern aber ein Aufsichtsverschulden, zahlt die Versicherung zwar nicht für Ihr Kind, aber für Ihr Fehlverhalten.

2.3 Wenn nicht nur die Eltern ein Verschulden trifft

Eltern und Kinder haften gemeinsam

Kann man sowohl Ihnen als auch Ihrem über 7-jährigen Kind ein Verschulden an dem Schaden anlasten, haften Sie zusammen mit Ihrem Kind als Gesamtschuldner (§ 840 BGB). Sie und Ihr Kind können jeder für sich auf den vollen Schadensersatz in Anspruch genommen werden. Klar ist, dass sich der Geschädigte lieber an die Eltern hält. Das kann unter Umständen sogar für alle Beteiligten von Vorteil sein, wenn zum Beispiel kein Privathaftpflichtversicherungsschutz besteht, aber bei den Eltern die Kfz-Haftpflicht für den Schaden aufkommen muss.

» **Beispiel:** Eine Autofahrerin hielt am linken Rand einer Einbahnstraße. Die 11-jährige Tochter öffnete unachtsam die rechte Beifahrertür und beschädigte so ein von hinten kommendes Fahrzeug. Das Kind hätte es in seinem Alter schon besser wissen müssen, andererseits hätte die Mutter nachdrücklich auf die Gefahrensituation hinweisen müssen.

Folge: Der Geschädigte kann sich an die Mutter bzw. an deren Kfz-Haftpflichtversicherung wegen seines Gesamtschadens halten.

Dabei gilt im Verhältnis zu den eigenen Kindern, dass die Eltern theoretisch den von ihnen beglichenen Schaden voll von ihren Kindern zurückverlangen können (§ 840 Abs. 2 BGB).

Den Geschädigten trifft ein Mitverschulden

In diesem Fall wird der Schadensersatzanspruch in der Regel gemindert (§ 254 BGB). Die Verursachungsbeiträge der Eltern, des Kindes und des Geschädigten – also ihr jeweiliger Anteil am Geschehen – werden einander gegenübergestellt. Besonders häufig kommt das bei Unfällen im Straßenverkehr vor. Zum einen müssen bei Kindern Autofahrer besonders aufmerksam fahren, weshalb ein Mitverschulden in der Regel vorliegt. Zum anderen haften Autofahrer aus der sogenannten Betriebsgefahr ihres Fahrzeugs.

2.4 Die private Haftpflichtversicherung – für Eltern sinnvoll

Weil die eigenen Kinder Schäden in nicht unbeträchtlicher Höhe verursachen können, ist eine Privathaftpflichtversicherung für Eltern unbedingt anzuraten.

Aber: Auch wenn Sie eine Privathaftpflicht haben, **versprechen Sie dem Geschädigten nicht zu viel** – jedenfalls nicht, bevor Ihre Versicherung ihre Zahlungsbereitschaft zugesagt hat. Ist nämlich Ihr Kind noch keine sieben Jahre alt, muss die Versicherung an sich nicht zahlen. Kinder unter sieben Jahren können nicht haftbar gemacht werden. Und wer nicht persönlich haftet, für den zahlt die Versicherung grundsätzlich auch nicht.

Vermeiden Sie deshalb **Vorauszahlungen auf den vermeintlichen von der Versicherung erwarteten Schadensersatz.** Das Geld bekommen Sie oft nicht zurück. Sinnvoll ist es dagegen, bei Kindern dieser Altersklasse das eigene Aufsichtsverschulden nicht zu unterschlagen. Schließlich zahlt Ihre Versicherung dann für Ihr Verschulden.

Es gibt allerdings inzwischen Privathaftpflichtversicherungen, die aus Kulanz auch bei Kindern unter sieben Jahren ohne Aufsichtsverschulden zahlen. Dies sollte zumindest bei einem Neuabschluss, wenn man Kinder in diesem Alter hat, abgeklärt werden. Selbstverständlich zahlt die Versicherung nicht, wenn der Schaden vom Kind oder von Ihnen vorsätzlich herbeigeführt worden ist.

2.5 Wie sieht die Haftung in Kindergarten und Schule aus?

Im Kindergarten

Hier haften Kinder nicht für Schäden, die sie anderen zufügen. Während der Besuchszeit eines Kindergartens besteht jedoch eine **gesetzliche Unfallversicherung** (§ 105 SGB VII). Diese Unfallversicherung kommt **für alle Personenschäden** auf, die Kinder in diesen Einrichtungen verursacht haben. Versichert sind hierdurch alle Tätigkeiten, die sich in diesem Rahmen abspielen, also im Gebäude, auf dem Gelände des Kindergartens, aber auch außerhalb, zum Beispiel auf öffentlichen Spielplätzen, in Badeanstalten, beim Zoobesuch oder bei Ausflügen und Wanderungen.

Erfasst werden ebenfalls die Wege von und zum Kindergarten. Träger, Erzieher und Kinder haften dagegen weder untereinander noch gegeneinander für die Personenschäden. Der Verletzte muss sich an den zuständigen Träger der gesetzlichen Unfallversicherung wenden.

Sind die Erzieher im kirchlichen oder öffentlichen Dienst, kann der Geschädigte sich auch an den Dienstherrn wenden, der dann im Wege der sogenannten Amtshaftung für den Schaden aufkommt.

Es kommt auf alle Fälle darauf an, dass den Betreuer ein Aufsichtsverschulden trifft. Das gilt übrigens auch für Sachschäden, die Kinder im Kindergarten verursachen. In beiden Fällen hat es der Geschädigte also nicht leicht, seinen Schaden ersetzt zu bekommen.

» **Beispiel:** Kinder auf einem umzäunten Kindergartengelände müssen nicht rund um die Uhr bewacht werden – jedenfalls dann nicht, wenn es sich um normal entwickelte Kinder handelt. Folge: Werfen Kinder zum Beispiel von dort aus Steine auf Fahrzeuge, bekommt der Geschädigte nichts.

In der Schule

Dasselbe wie für Kindergartenkinder gilt auch für alle Schüler der allgemeinbildenden und berufsbildenden Schulen. Sie sind ebenfalls nach dem § 105 SGB VII gesetzlich versichert. Versichert sind **alle Unfälle,** die Schüler bei Tätigkeiten verursachen oder erleiden, die mit dem Schulbesuch in Zusammenhang stehen. Dazu zählen Unfälle auf dem Schulweg oder bei schulischen Veranstaltungen ebenso wie Verletzungen, die sich Schüler bei Raufereien im Schulbereich zufügen.

Auch hier kann der Anspruch des Geschädigten gegenüber dem Schädiger normalerweise nur gegen den zuständigen Träger der Unfallversicherung gerichtet werden. Eine persönliche Haftung ist ausgeschlossen. Das hat zur Folge, dass zwar die üblichen Personenschäden wie zum Beispiel Heilbehandlungskosten bezahlt werden.

Ausgeschlossen ist dagegen ein **Schmerzensgeldanspruch.** Das gilt auch, wenn der Schädiger eine private Haftpflichtversicherung im Hintergrund hat.

Schmerzensgeld gibt es nur, wenn dem Schädiger Vorsatz nachgewiesen werden kann. Dabei muss der Vorsatz auch die schweren Folgen umfassen.

» **Beispiel:** Ein 16-jähriger Schüler schoss im Klassenzimmer Kügelchen aus Aluminiumfolie mit einer Eisensäge durch das Klassenzimmer. Dabei verwendete er die Säge wie einen Tennisschläger. Das Sägeblatt löste sich und traf einen Mitschüler im Augenbereich. Dieser verlor sein Sehvermögen auf dem rechten Auge und den Teil eines Zahns. Das Gericht lehnte eine persönliche Haftung des Schädigers ab. Diese schweren Folgen hatte er sicherlich nicht vorausgesehen.

Die Haftungsbeschränkung durch die gesetzliche Unfallversicherung besteht aber nicht für Verletzungen, die sich Schüler auf dem Heimweg zufügen – selbst wenn schon in der Schule aufgestaute Aggressionen die Ursache dafür waren.

Grund: Einer **Rauferei auf dem Heimweg** von der Schule fehle es an der räumlichen Nähe zur Schule. Das hatte im entschiedenen Fall zur Folge, dass der Schädiger unter anderem für ein erhebliches Schmerzensgeld aufkommen musste. Voraussetzung ist allerdings auch hier, dass der Schädiger bei der konkreten Körperverletzung **vorsätzlich oder fahrlässig gehandelt** hat.

! **Wenn es bei reinen Sachschäden geblieben ist:** In diesem Fall zahlt die gesetzliche Unfallversicherung nicht, weil sie nur für reine Personenschäden zuständig ist. Deshalb gelten hierfür die **allgemeinen haftungsrechtlichen Grundsätze.** Konkret: Von der leichten Fahrlässigkeit bis zum Vorsatz muss der Schädiger für das Ergebnis der Rauferei aufkommen. Ist zum Beispiel die Armbanduhr eines Mitschülers beschädigt worden, muss er selbst beziehungsweise die private Haftpflichtversicherung der Eltern bezahlen.

B2 Nicht eheliche Lebensgemeinschaft und nicht eheliche Kinder

1 Unterschiede zur Ehe bleiben

Gerade im Vermögensbereich bestehen große Unterschiede für unverheiratete Paare im Vergleich zu Ehepaaren. Wer sich entscheidet, mit seinem Partner in eine gemeinsame Wohnung zu ziehen, den Haushalt und die anfallenden Kosten mit ihm gemeinsam zu tragen, ohne in absehbarer Zeit heiraten zu wollen, sollte sich über die wirtschaftlichen und rechtlichen Konsequenzen im Klaren sein. Partner, die sich gegen eine Ehe entscheiden, tun dies aus Sicht der Gerichte bewusst. Sie bilden **keine wirtschaftliche Rechtsgemeinschaft.** Allerdings sieht der Bundesgerichtshof die Unterschiede zwischen ehelichem und nicht ehelichem Zusammenleben immer mehr schwinden.

Es gibt aber Lösungswege: In einem Partnerschaftsvertrag lassen sich zumindest **schwerwiegende wirtschaftliche Nachteile** zulasten des finanziell schwächeren Partners ausschließen.

Ansonsten gilt: Solange keine gemeinsamen Kinder zu versorgen sind, gibt es

- **keine Unterhaltsansprüche,**
- **keinen Ausgleich bei den Altersversorgungsansprüchen,**
- **keinen Zugewinnausgleich** und
- **kein gesetzliches Erbrecht.**

Übrigens: Dieses Kapitel betrifft auch **gleichgeschlechtliche Partnerschaften,** soweit es keine »eingetragenen Partnerschaften« sind.

2 Vermögen und Schulden

2.1 Was gilt für den Hausrat?

Wenn noch »eitel Sonnenschein« herrscht

Zum Hausrat gehören nicht nur Möbel, Teppiche und Geschirr, sondern auch Bücher und CDs, die Stereoanlage etc. sowie der gemeinsam genutzte Pkw. Die dem persönlichen Gebrauch dienenden Gegenstände wie Kleider und Schmuck fallen nicht hierunter.

Grundsätzlich gilt: Alles, was Sie beim Einzug mitgebracht haben, bleibt in Ihrem **Alleineigentum,** auch wenn Ihr Partner die Sachen mitbenutzt oder sogar sämtliche Reparaturen, zum Beispiel an Ihrem Pkw, bezahlt hat.

Ob Sie Alleineigentümer werden oder Ihr Partner Miteigentum erwirbt, wenn später Gegenstände angeschafft werden, hängt davon ab, was beide Partner gewollt haben. Oft ist das im Streitfall ohne Weiteres nicht mehr festzustellen. Wichtige Anhaltspunkte sind, wer den Gegenstand ausgesucht, gekauft und bezahlt hat.

Haben Sie den **Gegenstand gemeinsam ausgesucht** und aus der gemeinsamen Kasse bezahlt, sind Sie dagegen beide Miteigentümer geworden. Dabei muss der Begriff »gemeinsame Kasse« nicht wörtlich genommen werden. Bestand zum Beispiel Einigkeit darüber, dass einer von Ihnen den gemeinsamen Urlaub bezahlt, der andere als Ausgleich dafür die neuen Esszimmermöbel, haben Sie ebenfalls gemeinsames Eigentum erworben.
Sie können selbstverständlich jederzeit im gegenseitigen Einverständnis ausdrücklich (am besten schriftlich) vereinbaren, dass eine bestimmte Sache nur einem Partner allein und eine andere beiden gemeinsam gehören soll.

Beim **Erwerb eines Pkw** kommt es zudem noch darauf an, wer als Eigentümer im Kaufvertrag, im Kfz-Brief und im Kfz-Schein eingetragen ist, wozu und von wem der Pkw regelmäßig genutzt wurde und wer für den laufenden Unterhalt gesorgt hat.

! Um späteren Streitigkeiten aus dem Weg zu gehen, sollten Sie zumindest bei Dingen, die Ihnen wichtig sind, Quittungen und sonstige Nachweise (z. B. Überweisungsbelege) aufheben. Damit können Sie am ehesten nachweisen, wer den Gegenstand gekauft und bezahlt hat. Wollen Sie ganz sichergehen, empfiehlt es sich, eine Inventarliste anzufertigen.

Mit derartigen Belegen können Sie auch Gläubigern Ihres Partners gegenüber nachweisen, dass Sie Eigentümer sind. Damit verhindern Sie im Ernstfall, dass Ihnen gehörende Gegenstände in die **Zwangsvollstreckung** kommen.

Wenn es zur Trennung kommt

Eigentum bleibt Eigentum

Im Gesetz gibt es **keine ausdrückliche Regelung** für die Aufteilung des Hausrats, wenn sich eine nicht eheliche Lebensgemeinschaft trennt. Deshalb gilt **grundsätzlich:** Gegenstände, die sich in Ihrem Alleineigentum befinden, können Sie problemlos mitnehmen. In der Regel dürfen Sie sie auch dann **ohne Entschädigungszahlung** mitnehmen, wenn Ihr Partner sie ganz oder zum Teil finanziert hat – immer vorausgesetzt, Sie sollten das Alleineigentum daran erwerben.

Für alles, woran Sie und Ihr Partner **Miteigentum** erworben haben, sollten Sie möglichst eine **einvernehmliche Lösung** finden. Denn können Sie sich nicht einigen, bleibt nur noch ein meist verlustreicher Verkauf der entsprechenden Sachen. Haben Sie nichts anderes vereinbart, bekommt dann jeder Partner die Hälfte, unabhängig davon, wer die einzelnen Gegenstände ursprünglich in welchem Umfang finanziert hat (§ 731 BGB).

Bei größeren gemeinschaftlichen Anschaffungen empfiehlt es sich, eine **schriftliche Ausgleichsvereinbarung** zu treffen, indem sich zum Beispiel derjenige, der einen gemeinsamen Gegenstand behält, verpflichtet, dem anderen 50 % des Schätzwertes zu bezahlen.

Grundsätzlich keine Entschädigungszahlungen

Trennt man sich nach einer längeren Beziehung, ohne Ausgleichsvereinbarungen getroffen zu haben, bleibt der Streit, ob ein Partner den anderen für dessen finanzielle Beiträge zur Haushaltsführung sowie für teurere Anschaffungen, wie zum Beispiel einen Pkw, zu entschädigen hat, meist nicht aus.

Einen **finanziellen Ausgleich** gibt es hier **nur in seltenen Ausnahmefällen.** Grundsätzlich soll es dabei bleiben, dass jeder mitnehmen kann, was ihm gehört, und gemeinsame Gegenstände geteilt werden.

» **Beispiel:** Jahrelang sind Sie allein für die Miete und sonstige Lebenshaltungskosten aufgekommen, während Ihr Partner erst einmal seine Altschulden aus früherer Zeit beglichen hat. Nach Ihrer Trennung verlangen Sie von ihm für jeden Monat den hälftigen Anteil an den Miet- und Lebenshaltungskosten zurück. Haben Sie mit Ihrem Partner diesbezüglich nichts vereinbart, werden Sie hier das Nachsehen haben.

Beim **Autokauf** gilt, dass Sie das Fahrzeug entschädigungslos wieder mitnehmen dürfen, wenn Sie es in die Beziehung mitgebracht haben. Das gilt auch dann, wenn Ihr Partner während des Bestehens der Lebensgemeinschaft laufend für Wartung und werterhaltende Reparaturen aufgekommen ist.

Ein finanzieller Ausgleich zwischen den Partnern erfolgt lediglich, wenn der während der Partnerschaft angeschaffte Pkw im Alleineigentum eines der Partner steht und auch nur von diesem genutzt wurde, der andere Partner den Kauf jedoch mitfinanziert hat. Allerdings kommt ein Ausgleich auch hier nur in Betracht, wenn noch Zahlungen erbracht werden müssen, die **nach der Trennung fällig** werden.

2.2 Was gilt für Immobilien?

Grundsätzlich kein Ausgleichsanspruch

Hier gilt im Prinzip **das Gleiche wie beim Hausrat:** Jeder kann für sich das beanspruchen, was ihm gehört, ohne dass er dem anderen für dessen finanziellen Beitrag zu der Immobilie einen Ausgleich schuldet. Allerdings lassen die Gerichte **hier eher Ausgleichsansprüche** zu, wenn ein Partner nicht Eigentümer ist, die Immobilie aber mitfinanziert hat (s. u.).

! Wollen beide Partner dieselben Rechte haben, sollten sie sich auch beide als Eigentümer in das Grundbuch eintragen lassen. Ist beabsichtigt, später zu heiraten, kann der Miteigentumsanteil auch unter der Bedingung der späteren Heirat übertragen werden. Das spart Steuern – bei Grundstücksübertragungen unter Nichtverheirateten wird Grunderwerbsteuer fällig – und bei einer Trennung die Kosten der Rückübertragung.

Wann es doch einen Ausgleich gibt

Ausnahmsweise muss der Alleineigentümer an den anderen eine **Ausgleichszahlung** leisten, wenn dieser **erhebliche Eigenleistungen** erbracht hat, mit denen ein **gemeinsamer Vermögenswert geschaffen** werden sollte. In nicht eindeutigen Fällen **nehmen die Gerichte eine Gesamtwürdigung vor.**

So ist zunächst entscheidend, ob es sich um Vermögenswerte von erheblicher wirtschaftlicher Bedeutung handelt. Bisher haben die Gerichte finanzielle Ausgleichsansprüche bei **Zuwendungen eines Partners von mehr als € 20 000,–** für möglich gehalten. Außerdem kommt es darauf an, dass die Partner einen **gemeinsamen Wert** schaffen wollten, der ihnen auch gemeinsam gehören sollte.

» **Beispiel:**

- Während der 18 Jahre bestehenden nicht ehelichen Lebensgemeinschaft renovierte der Mann ein Haus seiner Partnerin. Er hat dabei sämtliche Arbeiten organisiert, durchgeführt und mit ca. € 100 000,– allein finanziert. Das Haus wurde vermietet, deshalb ging der Bundesgerichtshof hier davon aus, dass der Mann wesentliche Beiträge zu einer gemeinsamen Wertschöpfung geleistet hat.

- Die nicht eheliche Lebensgemeinschaft bestand zehn Jahre. Die Frau kaufte ein Baugrundstück, der Mann investierte ca. 1 000 Arbeitsstunden und ca. € 80 000,– in den Neubau. Bei dem Geld handelte es sich um die Altersversorgung des Mannes. Ihm sollte ein lebenslanges Wohnrecht zustehen. Als die Beziehung in die Brüche ging, verlangte er sein Geld zurück und war dabei in letzter Instanz erfolgreich.

Um unnötige Auseinandersetzungen hier zu vermeiden, sollten Sie eine **ausdrückliche Ausgleichsvereinbarung** über die Höhe Ihres finanziellen Beitrags schriftlich formulieren und durch eine Grundschuld sichern.

2.3 Was gilt für sonstige Vermögenswerte?

Wenn es um Wertsachen geht

Wertvolle Bilder, Teppiche, Antiquitäten etc. bieten allemal einen Grund sich zu streiten, wenn eine Beziehung auseinandergeht. Auch hier ist grundsätzlich ausschlaggebend, wem der Gegenstand gehört (→ Abschn. 2.1). Im Übrigen gilt Ähnliches wie bei den Immobilien (→ Abschn. 2.2). Aus diesem Grunde empfiehlt sich, eine Inventarliste anzufertigen, um späteren Streitereien aus dem Wege zu gehen.

Allerdings lassen die Gerichte nur **in seltenen Fällen Ausgleichsansprüche** zu. Voraussetzung ist, dass es sich um Vermögensgegenstände handelt, deren Wert über € 20 000,– liegt und die nur einem Partner gehören, obwohl der andere **erhebliche Aufwendungen** dafür hatte und beide einen **gemeinsamen Vermögenswert** schaffen wollten. Unter Umständen können auch weniger wertvolle Gegenstände davon erfasst werden, wenn beispielsweise andernfalls die Existenz eines Partners bedroht wäre. Der Anspruch ist ein **reiner Geldanspruch.**

Wertpapierdepots, Konten und Sparbücher

Guthaben gehören immer dem Kontoinhaber, der allein darüber verfügen darf. Bloß bei einem gemeinsamen Konto, das heißt, wenn Sie beide Kontoinhaber sind, gehört Ihnen das Guthaben gemeinsam.

Bei einem Gemeinschaftskonto, das als sogenanntes »Oder-Konto« (beide können jeweils allein – ohne den anderen – darauf zugreifen) geführt wird, müssen Sie im Fall einer Trennung berücksichtigen, dass Ihr Partner das gesamte Geld abheben oder sogar das Konto auflösen kann. Hier nützt Ihnen Ihr Ausgleichsanspruch unter Umständen wenig.

In der Regel beschränken sich die meisten nicht verheirateten Paare auf die reine **Kontovollmacht.** Dann dürfen sie über das Konto des Partners verfügen, solange und insoweit die Vollmacht besteht. Sie sind aber nicht Kontoinhaber. Und im Streitfall kann der Kontoinhaber die **Vollmacht umgehend widerrufen.**

Bedenken Sie also Folgendes: Zahlen Sie während des Zusammenlebens größere Beträge auf das Konto des Partners, müssen Sie im Fall der Trennung oder Todes Ihres Partners damit rechnen, dass das ganze Geld weg ist.

Möchten Sie eine klare Trennung der Vermögen auch während der Lebensgemeinschaft beibehalten, sollten Sie **besser auf einem eigenen Konto sparen.** Ein anderer Weg ist Ihnen allerdings **dringend** anzuraten, **wenn Sie keine eigenen Einkünfte haben** und stattdessen durch die Haushaltsführung / Kindererziehung Ihren Beitrag zur Lebensgemeinschaft leisten.

! In diesem Fall sollten Sie unbedingt darauf achten, dass **Ersparnisse auf ein gemeinsames Konto** kommen – und zwar in Form eines sogenannten »Und-Kontos« (beide können nur gemeinsam zugreifen). Dann können Sie nämlich nach der Trennung oder dem Tod Ihres Partners auch bei nur einseitigen oder unterschiedlich hohen Einzahlungen die Hälfte des Guthabens beanspruchen. Sollen die Ersparnisse in einem anderen Verhältnis geteilt werden, muss dies – am besten schriftlich – zwischen den Partnern ausdrücklich vereinbart werden.

2.4 Was gilt für Schulden?

Wenn Kredite nur auf einen Partner laufen

Hier haftet nur der Partner, der im Vertrag als Kreditnehmer geführt wird. Es gibt **grundsätzlich keinen Ausgleich im Fall der Trennung.**

Ausnahmen lassen die Gerichte nur für Raten zu, die nach der Trennung noch bezahlt werden müssen. Entscheidend ist dann, wem das Darlehen zugutekam. War der Kredit für die gemeinsame Lebensführung gedacht, gibt es keinen Ausgleich. Haben Sie das **Darlehen im Interesse Ihres Partners** aufgenommen, steht Ihnen für die Ratenzahlungen, die nach der Trennung fällig werden, ein Ausgleichs- bzw. Freistellungsanspruch gegen Ihren Partner zu.

» **Beispiel:** Sie haben einen Pkw, der ausschließlich dem anderen Partner gehört, finanziert, weil Sie kreditwürdiger waren. Hier müssen zwar die Raten, die noch während der bestehenden Lebensgemeinschaft gezahlt wurden, nicht erstattet werden, wohl aber die nach der Trennung noch zu leistenden Raten.

Wenn der Kredit gemeinsam aufgenommen wurde

In diesem Fall oder wenn das gemeinsame Konto überzogen worden ist, darf die Bank von jedem von Ihnen die Rückzahlung des gesamten Betrages verlangen (§ 421 BGB). Gegenüber der Bank sind beide Partner in diesen Fällen **Gesamtschuldner.** Die Bank wird sich hier an den zahlungskräftigeren Partner halten.

Ein Ausgleich nach Beendigung der Partnerschaft kommt nur für die noch fälligen Raten infrage. Dabei kommt es darauf an, zu wessen Gunsten das Darlehen aufgenommen wurde. Haben beide Partner von dem Geld profitiert, sind die nach der Trennung anfallenden Raten hälftig zu teilen. Kam der Kredit ausschließlich dem anderen Partner zugute bzw. verbleibt ein auf Raten gekaufter Gegenstand nach Beendigung der Lebensgemeinschaft bei einem der Partner, muss dieser nach der Trennung die anfallenden Raten vollständig übernehmen.

» **Beispiel:** Die Partner hatten gemeinschaftlich einen Ratenkaufvertrag für ihre neue Einbauküche abgeschlossen. Nach dem Scheitern der Beziehung blieb der eine Partner in der Wohnung und behielt auch die Einbauküche. Der ausziehende Partner hat in diesem Fall, auch wenn er die Raten bislang allein gezahlt hat, einen Anspruch darauf, von dem anderen von der Restschuld befreit zu werden.

2.5 Geschenke und andere Zuwendungen

Wenn sich die Partner gegenseitig beschenken

Selbstverständlich dürfen Sie Ihre Weihnachts- und Geburtstagsgeschenke auch dann behalten, wenn die Beziehung scheitert. **Ausnahme:** Im Zusammenhang mit einer Verlobung gemachte Geschenke dürfen Verlobte auch heute noch nach § 1301 BGB wieder zurückfordern. Darüber hinaus gelten die allgemeinen Bestimmungen des Bürgerlichen Gesetzbuches, nach denen man nur in extrem seltenen Fällen **Schenkungen wieder rückgängig machen** kann.

Problematisch ist in den meisten Fällen allerdings nicht die Frage, ob Sie ein Geschenk zurückgeben müssen, sondern, ob es sich überhaupt um ein Geschenk handelt. Das wäre nämlich nur dann der Fall, wenn der fragliche Gegenstand oder Geldbetrag wirklich ohne Gegenleistung und auf Dauer in das

Eigentum des anderen übergehen sollte. Gerichte sehen in bedeutenden Zuwendungen nur selten eine Schenkung.

In der Regel gehen sie bei finanziellen Beiträgen für den Lebensunterhalt des anderen von einem auf Gegenseitigkeit beruhenden Beitrag zum Zusammenleben aus. In diesem Fall ist nichts auszugleichen.

Anders sieht es dagegen aus, wenn es sich um ein **zinsloses Darlehen** handelt, das im Fall der Trennung zurückgezahlt werden soll. Das Darlehen muss selbstverständlich zurückgezahlt werden.

! Vereinbaren Sie ein **Darlehen aus Beweisgründen immer schriftlich** und vermerken Sie auch, ob das Darlehen unter bestimmten Umständen zur Rückzahlung fällig wird, wie zum Beispiel im Fall einer Trennung.

Aber auch eine weit über das übliche Maß hinausgehende Zuwendung kann wegen Wegfalls der Geschäftsgrundlage erfolgreich zurückverlangt werden.

Geschenke von Dritten, wie zum Beispiel den Eltern

Wenn Eltern oder andere Verwandte den »Kindern« etwas zuwenden, ohne dass ausdrücklich nur das eigene Kind bedacht worden ist, lassen die Gerichte ähnliche **Grundsätze wie bei einer gescheiterten Ehe** der Kinder gelten. Ein Ausgleichsanspruch besteht nach § 313 BGB demnach dann, wenn »allein die Rückgewähr der Zuwendung geeignet erscheint, einen untragbaren, mit den Grundsätzen von **Treu und Glauben** unvereinbaren Zustand, zu vermeiden«. Es kommt also sehr auf den Einzelfall an.

! Bei Geschenken von den Eltern an nicht eheliche Partner sollte – jedenfalls bei größeren Sachwerten – schriftlich festgelegt werden, dass nur das eigene Kind und nicht der Partner Eigentum erwerben soll. So kann im Fall der Trennung Streit vermieden werden. Eine solche Erklärung können Sie auch noch nach erfolgter Übergabe des Gegenstandes oder Geldbetrages abfassen.

3 Was gilt, wenn einer der Partner stirbt?

3.1 Das Erbrecht des überlebenden Partners

Ohne ausdrückliche Regelung erben Sie beim Tod Ihres Lebenspartners gar nichts. Ihnen steht lediglich der sogenannte »Dreißigste« zu, wenn Sie zum Todeszeitpunkt im selben Haushalt gelebt haben. Hiernach dürfen Sie auch bei einer nicht ehelichen Partnerschaft 30 Tage nach dem Tod des Lebensgefährten in der Wohnung wohnen bleiben und die Haushaltsgegenstände benutzen. Haben Sie vom Verstorbenen Unterhalt bezogen, müssen Erben Ihnen für diesen Zeitraum den gleichen Unterhalt gewähren.

Um eine **Absicherung** des überlebenden Partners zu erreichen, sollten beide eine **letztwillige Verfügung (Testament oder Erbvertrag)** abschließen.

Partner einer nicht ehelichen Lebensgemeinschaft können allerdings kein gemeinschaftliches Testament errichten. Es kann also **nur ein Einzeltestament** verfasst werden. Das hat im Vergleich zu einer erbvertraglichen Regelung den **Vorteil,** dass es **jederzeit frei widerrufen** werden kann.

! Sollten Sie sich für einen notariellen Erbvertrag entscheiden, was bei größeren Vermögenswerten üblich ist, vergessen Sie nicht, für den Fall des Scheiterns der Beziehung einen **Rücktrittsvorbehalt** oder eine **auflösende Bedingung** zu vereinbaren. Da das Ganze ohnehin nicht ohne Notar geht, lassen Sie sich von ihm ausführlich beraten.

Neben einem Testament oder Erbvertrag haben Sie die Möglichkeit, mit Ihrer Bank einen sogenannten **Vertrag zugunsten Dritter** abzuschließen. Dann geht das entsprechende Vermögen im Todesfall direkt auf Ihren Partner über, ohne erst Teil der Erbmasse zu werden. Um das zu erreichen, müssen Sie lediglich mit Ihrer Bank einen Vertrag abschließen, wonach diese im Todesfall sofort an Ihren Partner überweist.

3.2 Vollmachten bieten Sicherheit und Handlungsfähigkeit

Da Sie mit dem Lebenspartner weder verwandt noch verschwägert sind, sollten Sie sich gegenseitig durch Vollmachten (Vorsorgevollmacht, Generalvollmacht, Einzelvollmacht und Postvollmacht) sowohl für den Krankheits- wie für den Todesfall vorbereiten. Denn nur so können Sie weiterhin in finanziellen Angelegenheiten, die sie beide betreffen, handeln, ohne dass Ihnen eventuelle Erben einen Strich durch die Rechnung machen oder Sie vor Behörden erst gar nicht handlungsfähig sind.

Musterformulierungen hierfür finden Sie auf Ihrer Rechtstipps-CD.

---

4 Nicht eheliche Kinder

Nicht eheliche Kinder sind den ehelich geborenen rechtlich weitgehend gleichgestellt. Das gilt vor allen Dingen beim Unterhalt (→ Kapitel B 5).

4.1 Wer sind die Eltern rein rechtlich betrachtet?

Mutter des Kindes ist immer die Frau, die das Kind geboren hat (§ 1591 BGB). Hingegen ist oft fraglich, wer (rechtlich) der Vater ist.

Wenn die Eltern bei der Geburt nicht verheiratet sind

Selbst wenn Sie schon seit Jahren mit Ihrer nicht ehelichen Partnerin zusammenleben, begründet dies bei der Geburt eines gemeinsamen Kindes **keine automatische Verwandtschaft** im Sinne einer rechtlichen Beziehung zum Kind. Die Vaterschaft – und somit auch die Verwandtschaft des Vaters mit dem Kind – muss ausdrücklich festgestellt werden.

Wenn die Mutter bei der Geburt noch verheiratet ist

In diesem Fall gilt der Ehemann als rechtlicher Vater (§ 1592 BGB) und das Kind gilt als sein eheliches Kind – egal wer der biologische Vater ist. Es handelt sich dabei um eine sogenannte gesetzliche Vermutung. Allein die spätere Scheidung ändert daran nichts.

Ist der Ehemann also nur der **Scheinvater,** dürfen er, die Mutter und das Kind die **Ehelichkeit anfechten. Selbst der biologische Vater hat das Recht dazu. In diesem Fall wird gleichzeitig mit dem Anfechtungsurteil dessen Vaterschaft festgestellt.**

Wenn die Mutter dem Ehemann ein Kind »unterschiebt«: Hier besteht **keine Aufklärungspflicht** der Mutter gegenüber dem Ehemann. Es können aber Schadensersatzansprüche bestehen, wenn die Mutter auf Frage des Ehemannes den Kontakt mit anderen Männern leugnet.

Wenn der Ehemann zum Zeitpunkt der Geburt tot ist

Der verstorbene Ehemann ist von Gesetzes wegen der eheliche Vater, wenn das Kind **innerhalb von 300 Tagen nach seinem Tod geboren** wird. Das gilt selbst dann, wenn sicher ist, dass der Verstorbene nicht der leibliche Vater ist. **Heira-**

tet die Witwe den leiblichen Vater und wird das Kind nach der Eheschließung geboren, gilt der neue Ehemann rechtlich als Vater (§ 1593 Satz 3 BGB).

Wenn die Mutter sich scheiden lässt

Wird das Kind während des Scheidungsverfahrens geboren, ist es grundsätzlich ein ehelich geborenes Kind. Soll es vom leiblichen Vater anerkannt werden, muss aber jetzt nicht mehr die Anfechtung der Vaterschaft durch den Ehemann abgewartet werden (§ 1599 Abs. 2 BGB). Es reicht aus, wenn der Vater die Vaterschaft innerhalb eines Jahres nach der Scheidung der Ehe anerkennt. Wenn er will, kann er das schon vor der Geburt gemäß § 1594 BGB machen.

Wird das Kind nach Rechtskraft der Scheidung geboren, ist es nicht ehelich – selbst wenn es kurz nach der Scheidung zur Welt kommt und der Ex-Mann tatsächlich der biologische Vater ist. Es ist rechtlich betrachtet vaterlos.

Möchte allerdings der geschiedene Ehemann die Vaterschaft anerkennen, so darf er dies selbstverständlich gemäß § 1592 Nr. 2 BGB. Die Mutter muss hier jedoch zustimmen. Stimmt sie nicht zu oder wollen weder der geschiedene noch der leibliche Vater die Vaterschaft anerkennen, bleibt nur die gerichtliche Feststellung der Abstammung.

4.2 Wie wird die Vaterschaft festgestellt?

Vaterschaftsfeststellung durch Anerkennung

Bekennt sich der Vater zu seinem Kind, wird er die Vaterschaft freiwillig anerkennen. Dies erfolgt durch eine **Erklärung gegenüber dem Standesbeamten, dem Rechtspfleger, dem Notar oder dem Jugendamt** (§ 1594 BGB). Die Mutter muss zustimmen (§ 1595 BGB). Verweigert sie die Zustimmung, bleibt diesem nur der Weg über das Vaterschaftsfeststellungsverfahren gemäß § 1600 d BGB.

Das **Kind muss nicht zustimmen.** Ausnahme: Die Mutter ist nicht sorgeberechtigt, weil ihr das Sorgerecht zum Beispiel wegen Vernachlässigung des Kindes entzogen worden ist. Die Zustimmung wird dann durch den Vertreter – in der Regel das Jugendamt als Beistand – erteilt.

Vaterschaftsfeststellung durch Klage

Hat der vermeintliche **Vater Zweifel an seiner Vaterschaft** und erkennt sie deshalb nicht an, bleibt nur die gerichtliche Feststellung (§§ 1592 Nr. 3, 1600 d ff. BGB). Klagen dürfen hier das Kind – gleich ob minder- oder volljährig – oder die Mutter.

Wenn umgekehrt der leibliche Vater ein Interesse an seiner Vaterschaftsfeststellung hat und ihm die Mutter die Anerkennung verwehrt, besteht ebenfalls die Möglichkeit der Vaterschaftsfeststellung durch das Gericht (§ 1600 d Abs. 1 BGB). Die Abstammung selbst ermittelt das Gericht durch ein sogenanntes Kompaktgutachten. Bei Werten von 99,73 % geht man von einer nachgewiesenen Vaterschaft aus. Die Kosten für den Test trägt derjenige, der verliert.

Fristen gelten für die Vaterschaftsfeststellungsklage nicht. Sie kann jederzeit eingereicht werden. Sollten sich Ansprüche aus der Vaterschaft ergeben, wie zum Beispiel Unterhaltsansprüche, werden diese erst nach der tatsächlichen Feststellung zugesprochen. Dann aber rückwirkend von der Geburt des Kindes an (§ 1613 Abs. 2 Nr. 2 a BGB).

Unzulässig ist die Vaterschaftsklage, wenn ein anderer die Vaterschaft anerkannt hat. Denkbar ist auch, dass zwar das Kind, jedoch nicht die Mutter ein Interesse an der Vaterschaftsfeststellung hat. Hier ist die Mutter verpflichtet, den Namen des Vaters preiszugeben, damit das Kind zum Beispiel Erbansprüche gegen den Vater geltend machen kann. Dieses Recht ist stärker als das Recht der Mutter auf »Intimsphäre«.

Seit 1. 4. 2008 besteht für den Scheinvater die Möglichkeit, die Vaterschaft klären zu lassen. Eine Anfechtung der Vaterschaft ist nicht zwangsläufig damit verbunden (§ 1598 a BGB). So wird verhindert, dass unnötig Porzellan zerschlagen wird. Schließlich will nicht jeder Scheinvater gleich die ganze Beziehung abbrechen lassen.

Auf eine Frist kommt es nicht an. Unabhängig davon bleibt dem Scheinvater das Recht, die Vaterschaft anzufechten. Welche Folgen das hat, zeigt Ihnen der nachfolgende Punkt 3.

4.3 Wie wird die Vaterschaft angefochten?

Gleich, ob die Vaterschaft durch Anerkennung begründet worden oder durch die Ehe mit der Mutter zustande gekommen ist: Der »Scheinvater« hat das Recht, den Schein – also seine rechtliche, aber nicht biologische Vaterschaft – durch gerichtliche Anfechtung der Vaterschaft zu beseitigen. Aber auch die Mutter und das Kind dürfen die Vaterschaft anfechten.

Voraussetzung für eine erfolgreiche Vaterschaftsanfechtungsklage ist ein sogenannter **Anfangsverdacht.** Dieser muss glaubhaft gemacht werden. **Geheime Gentests** sind hierfür ein untaugliches Mittel und werden vom Gericht nicht verwertet. Denn laut höchstrichterlicher Rechtsprechung verletzen diese Tests das Recht des Kindes auf informationelle Selbstbestimmung.

Ausnahme: Es ist trotz des Verwertungsverbotes ein Abstammungsgutachten vom Gericht eingeholt worden. Dann darf eine Anfechtung auf das unzulässigerweise eingeholte Gutachten gestützt werden.

Ist die Vaterschaft schon in einem »Klärungsverfahren« festgestellt worden, kann diese dennoch vom Scheinvater angefochten werden.

Wenn der Scheinvater zu Unrecht Unterhalt gezahlt hat: In diesem Fall kann der Vater den Unterhalt sogar für die Vergangenheit vom biologischen Vater zurückverlangen, allerdings nur in der Höhe, die den Einkommensverhältnissen des wahren Vaters entspricht. Hier kann die Vaterschaft sogar direkt im Schadensersatzprozess gegen den biologischen Vater geklärt werden.

Gemäß § 1600 b Abs. 1 BGB muss die Klage innerhalb von zwei Jahren erhoben werden, nachdem der Anfechtende von den Umständen erfahren hat, die gegen die Vaterschaft sprechen. Die Anfechtungsfrist beginnt jedoch nicht vor der Geburt des Kindes und sie läuft nicht ab, wenn ein Klärungsverfahren läuft.

Bei einem minderjährigen Kind kommt es nicht auf dessen Kenntnis, sondern auf die des gesetzlichen Vertreters an – meist also auf die Mutter. Wird das Kind volljährig, darf es die Vaterschaft selbst anfechten.

In diesem Fall beginnt die oben genannte Zwei-Jahres-Frist nicht vor dem Eintritt der Volljährigkeit und nicht vor dem Zeitpunkt, zu dem das Kind von den Umständen erfährt, die es an der Vaterschaft zweifeln lassen (§ 1600 b Abs. 3 BGB) bzw. die die Folgen der Vaterschaft unzumutbar erscheinen lassen (§ 1600 b Abs. 6 BGB). Das ist zum Beispiel der Fall, wenn der Vater wegen einer schweren Straftat verfolgt wird und das Kind nichts damit zu tun haben will.

4.4 Welchen Namen trägt das Kind?

Der Familienname des Kindes richtet sich nach dem Sorgerecht. Haben sich die Eltern für das **gemeinsame Sorgerecht** entschieden, steht ihnen ein **Wahlrecht** zu.

Hat dagegen die Mutter das **Alleinsorgerecht,** erhält das Kind mit der Geburt automatisch den Namen der Mutter (§ 1617 a Abs. 1 BGB). Sie hat aber auch die Möglichkeit, nach Vollendung des fünften Lebensjahrs des Kindes beim Standesamt zu erklären, dass das Kind den Namen des Kindsvaters annehmen soll. Dieser muss hier allerdings zustimmen (§ 1617 a Abs. 2 BGB).

Wird die gemeinsame Sorge erst später begründet, haben die Eltern die Möglichkeit, den Namen des Kindes binnen drei Monaten nach der gemeinsamen Sorgerechtserklärung zu wählen (§ 1617 b BGB). Dasselbe gilt, wenn die Eltern die gemeinsame Sorge durch Heirat begründen.
Heiratet ein Elternteil des Kindes einen anderen Partner, kann das Kind nun grundsätzlich den Namen aus der neuen Ehe erhalten bzw. diesen dem bisherigen Kindsnamen voranstellen oder anfügen, wenn diesem Elternteil die alleinige Sorge zusteht (§ 1618 BGB).
Trägt dagegen das Kind den Namen des anderen Elternteils, muss dieser jetzt der Namensanpassung zustimmen. Verweigert der zustimmungspflichtige Elternteil dies, kann die Zustimmung vom Familiengericht ersetzt werden. Voraussetzung: Die Namensänderung ist für das Kindeswohl erforderlich.

Weitere Informationen zur »Namensgestaltung« finden Sie auf Ihrer Rechtstipps-CD.

---

5 Sorge- und Umgangsrecht

5.1 Wie ist das Sorgerecht geregelt?

Alleinsorgerecht der Mutter oder gemeinsame Sorge

Mit der Geburt steht der Mutter das **alleinige** Sorgerecht zu (§ 1626 a Abs. 3 BGB), wenn die Eltern nicht erklären, dass sie die Sorge gemeinsam übernehmen wollen (sogenannte Sorgeerklärungen). Die **Sorgeerklärungen** können die Eltern schon vor der Geburt entweder vor einem Notar oder dem Jugendamt abgeben. Die Erklärung vor dem Jugendamt ist **kostenlos.**

Nicht eheliche Väter können das gemeinsame Sorgerecht auch **allein beantragen.** Ist die Mutter damit nicht einverstanden, kann der Vater versuchen, über das Jugendamt doch noch eine Einigung mit der Mutter zu erzielen. Geht er nicht davon aus, dass die Mutter ihre Zustimmung zur gemeinsamen Sorge erteilt, kann er den Sorgerechtsantrag auch direkt beim Familiengericht stellen.

Im Gerichtsverfahren kann die Mutter zu dem Antrag des Vaters innerhalb einer bestimmten Frist **Stellung nehmen.** Äußert sie sich nicht und sind dem Gericht auch sonst keine Gründe bekannt, die eineme gemeinsamen Sorgerecht entgegenstehen, soll das Gericht in einem **schriftlichen** Verfahren dem Antrag zustimmen. Dem Vater kann die gemeinsame Sorge nur verwehrt werden, wenn schwerwiegende Gründe dagegen sprechen. Entscheidend ist hier allein das **Kindeswohl.**

Gleiches gilt für **Alleinsorge.** Wenn ein gemeinsames Sorgerecht nicht in Betracht kommt, kann jetzt auch der Vater die alleinige Sorge erhalten, wenn das Kindeswohl nicht dagegen spricht.

Das Jugendamt als Beistand

Damit die alleinerziehende Mutter nicht ganz allein dasteht, hat sie die Möglichkeit, das **Jugendamt als Beistand** einzuschalten. Hierzu muss sie beim Jugendamt einen Antrag stellen. Dann wird man ihr bei der Vaterschaftsermittlung und der Unterhaltssicherung helfen. Die Beistandschaft kann von der Mutter jederzeit beendet werden. Sie endet automatisch, wenn

- das Kind volljährig wird,
- die gemeinsame elterliche Sorge eintritt oder
- bei Adoption des Kindes durch eine dritte Person, wie zum Beispiel den Stiefvater.

Die Einrichtung der freiwilligen Beistandschaft wird der Mutter auf alle Fälle angeboten. Wird nämlich ein nicht eheliches Kind geboren, hat der Standesbeamte eine **Mitteilungspflicht** gegenüber dem Jugendamt (§ 21 b Personenstandsgesetz).

Bei Trennung der Eltern

Selbst wenn die Mutter bislang das alleinige Sorgerecht hatte, kann das Sorgerecht auf den Vater übertragen werden. Das setzt voraus, dass die Mutter zustimmt und die Übertragung auf den Vater dem Kindeswohl dient. Auch hier darf auf die Zustimmung der Mutter in extremen Einzelfällen verzichtet werden, wenn zum Beispiel das Kind vernachlässigt wird. Das muss allerdings gerichtlich festgestellt werden.

Wenn die Eltern das Sorgerecht bislang gemeinsam ausgeübt haben, gelten dieselben Regeln wie bei der Trennung oder Scheidung der Ehegatten (§ 1671 BGB). Leben die Eltern nicht nur vorübergehend getrennt, kann also jeder beantragen, dass ihm die bisher gemeinsam ausgeübte elterliche Sorge übertragen wird.

Beim Tod eines sorgeberechtigten Elternteils

War ein Elternteil bislang allein sorgeberechtigt, überträgt das Familiengericht das Sorgerecht auf den anderen Elternteil, wenn dies dem Kindeswohl entspricht (§ 1680 Abs. 2 Satz 2 BGB).

War der verstorbene Elternteil aufgrund einer **gerichtlichen Entscheidung** allein sorgeberechtigt, erhält der überlebende Elternteil das Sorgerecht vom Familiengericht nur, falls dies dem Kindeswohl nicht widerspricht (§ 1680 Abs. 2 Satz 1 BGB). So dürfen dem Kind durch die Rückübertragung **keine Nachteile** entstehen. **Konkret:** Ein Nachteil besteht nicht darin, dass mit dem Sorgerecht des Vaters ein Ortswechsel verbunden ist. Es muss allerdings gewährleistet sein, dass sich der Vater um sein Kind kümmert.

Kommt der Vater nicht als Sorgeberechtigter infrage, kann das Familiengericht zum Beispiel auch den Lebensgefährten der Mutter, den Stiefvater oder unter Umständen auch die ältere Schwester einsetzen.

Wenn beide Eltern bislang gemeinsam sorgeberechtigt waren, erhält der überlebende Elternteil automatisch das alleinige Sorgerecht (§ 1680 Abs. 1 BGB).

Der sorgeberechtigte Elternteil kann Vorkehrungen für den Todesfall treffen und testamentarisch einen Vormund für sein minderjähriges Kind bestimmen.

! Ist der sorgeberechtigte Elternteil der Ansicht, dass der andere Elternteil nicht die Sorgeübertragung bekommen soll, empfiehlt es sich, dies im Testament oder Erbvertrag genau zu begründen. Denn der nicht sorgeberechtigte Elternteil kann durch Einschaltung des Familiengerichtes trotzdem die Alleinsorge erhalten, wenn dies dem Kindeswohl nicht widerspricht.

5.2 Wie ist das Umgangsrecht geregelt?

Trennen sich die Eltern oder haben sie nie zusammengelebt, wird der Vater hin und wieder sein Kind sehen wollen. Das sieht das Gesetz auch so vor (§ 1684 Abs. 1 BGB). **Ausnahme:** Hat der Vater sich praktisch nie um das Kind gekümmert, sodass zwischen ihm und dem Kind keine Beziehung entstanden ist, kann das Umgangsrecht abgelehnt werden.

Neben den Eltern haben auch andere Bezugspersonen ein Umgangsrecht (§ 1685 BGB). Das sind zum Beispiel die Großeltern, Geschwister, Stief- und Pflegeeltern, wenn sie mit dem Kind längere Zeit in häuslicher Gemeinschaft gelebt haben – immer vorausgesetzt, der Umgang dient dem Kindeswohl. **Kein Umgangsrecht** steht allerdings einem nicht ehelichen Partner der Mutter nach der Trennung zu, der nicht biologischer Vater des Kindes ist.

6 Welche Unterhaltsansprüche bestehen?

6.1 Wenn es um den Unterhaltsanspruch des Kindes geht

Seit 1998 gelten für eheliche und nicht eheliche Kinder dieselben Vorschriften, was den Kindesunterhalt anbetrifft (→ Kapitel B 5). Sollte sich nachträglich herausstellen, dass der Vater nur ein »Scheinvater« war und zu Unrecht Unterhalt gezahlt hat, steht ihm gegen den biologischen Vater ein Regressanspruch zu (→ Abschn. 4).

6.2 Wenn es um den Unterhaltsanspruch der Mutter geht

Der Vater hat der Mutter sechs Wochen vor und nach der Geburt des Kindes Unterhalt zu gewähren. Dazu gehören auch die Kosten, die durch die Schwangerschaft und Entbindung außerhalb dieses Zeitraumes entstehen, wie zum Beispiel Umstandskleidung.

Anspruchsgrund

Wenn die Mutter wegen der Schwangerschaft, einer durch die Schwangerschaft oder Entbindung verursachten Krankheit oder der Pflege oder Erziehung des Kindes nicht erwerbstätig sein kann, hat der Kindsvater ebenfalls Unterhalt zu leisten. Diese Verpflichtung beginnt frühestens vier Wochen vor der Geburt und endet **drei Jahre nach der Geburt** des Kindes.

Seit dem 1. 1. 2008 besteht unter Umständen noch länger ein Unterhaltsanspruch. Nicht eheliche Mütter werden nämlich jetzt wie eheliche behandelt (→ Kapitel B 4).

Anspruchshöhe

Die **Höhe hängt vom Einzelfall** ab. Entscheidend ist die **Lebensstellung der Mutter.** Die Unterhaltshöhe richtet sich also grundsätzlich nach dem Einkommen, das die Mutter vor der Geburt des Kindes hatte. War die Mutter vor der Geburt des Kindes erwerbstätig, bestimmt demnach ihr früheres Einkommen ihren Geldbedarf. Er soll ihrem Verdienstausfall entsprechen. Eine Anrechnung vom **Elterngeld** findet nicht statt.

Aber: Die junge Mutter kann nicht mehr beanspruchen, als ihr zustünde, wenn sie mit dem Vater verheiratet wäre. Das heißt, ihr Anspruch ist begrenzt auf die Hälfte des Einkommens des Vaters nach Abzug des Kindesunterhaltes.

Wegen der konkreten Berechnung können Sie sich an der Berechnung des Ehegattenunterhalts im Scheidungsfall orientieren (→ Kapitel B 4). Beachten Sie dabei, dass ein **Anspruch auf Alters- und Krankheitsvorsorge** nicht besteht.

! Lassen Sie sich beim Jugendamt beraten, auch wenn Sie keine Beistandschaft beantragt haben. Das Jugendamt ist dazu verpflichtet.

7 Was gilt, wenn Sie das Stiefkind adoptieren wollen?

Wenn die Mutter eines nicht ehelichen Kindes heiratet, der Ehemann aber nicht der Vater des Kindes ist, besteht häufig der Wunsch, durch Adoption des Kindes zu einer »richtigen Familie« zu werden. Durch die sogenannte Stiefkindadoption erhält das Kind automatisch den **Status eines gemeinschaftlichen Kindes.**

Einer solchen Adoption muss aber gemäß § 1747 Abs. 1 Satz 1 BGB der rechtliche Vater zustimmen. Hat er **kein Sorgerecht,** kann seine Zustimmung durch das Vormundschaftsgericht ersetzt werden. Aber auch das geht nur in Ausnahmefällen. Denn Voraussetzung ist, dass andernfalls ein unverhältnismäßiger Nachteil für das Kind entsteht. Das bedeutet umgekehrt, dass mit der Adoption ein erheblicher Vorteil für das Kind verbunden sein muss.

Das Kind selbst muss ebenfalls zustimmen – bis zum 14. Lebensjahr allerdings vertreten durch den sorgeberechtigten Elternteil. Danach muss es die Zustimmung selbst erklären, aber bis zur Volljährigkeit mit Zustimmung des gesetzlichen Vertreters, hier die Mutter.

Durch die Adoption **erlischt das Verwandtschaftsverhältnis** zum ersten Vater und dessen Angehörigen. **Ausnahme:** Der erste Vater ist verstorben und war sorgeberechtigt (§ 1756 Abs. 2 BGB).

Weitere Informationen zum Thema »Adoption« finden Sie auf Ihrer Rechtstipps-CD.

B3 Einverständliche oder streitige Scheidung – Sie können das Verfahren beeinflussen

1 Der Entschluss zur Scheidung ist gefallen

1.1 Welche Möglichkeiten, sich scheiden zu lassen, gibt es?

Wie die meisten scheidungswilligen Ehegatten werden Sie eine **rasche Durchführung des Scheidungsverfahrens** wollen. Hierzu müssen Sie wissen, dass es **verschiedene Möglichkeiten der Scheidung** gibt:

- die einvernehmliche nach einem Jahr Trennungszeit,
- die streitige ebenfalls nach einem Jahr Trennungszeit,
- die Scheidung nach drei Jahren Trennung und
- die Scheidung nach weniger als einem Jahr Trennungszeit (Härtefall).

Nach dem Scheidungstyp richten sich das Vorgehen und der zeitliche Ablauf. So ist zum Beispiel klar, dass die **einvernehmliche Scheidung** schneller vonstattengeht als die **streitige Scheidung.**

1.2 Der Weg zum Anwalt ist unerlässlich

Ein Anwalt für beide ist das Minimum

Ohne **Anwalt** kann sich ein Ehepaar nicht scheiden lassen. Es besteht **Anwaltszwang.** Lassen Sie sich auf jeden Fall von einem Fachanwalt für Familienrecht vertreten. Sie können aber bei **Einvernehmlichkeit untereinander** die Scheidung mit nur **einem Anwalt** durchführen, der für beide Seiten tätig wird.

Eine weitere Möglichkeit besteht darin, die Vereinbarung bei Gericht im Scheidungstermin protokollieren zu lassen. Dazu ist ein weiterer Anwalt hinzuzuziehen, der hierfür ein geringes Pauschalhonorar von etwa € 190,– zzgl. Mehrwertsteuer erhält.

! Wenn die Scheidungsvereinbarung durch den Anwalt nur eines Ehegatten erarbeitet worden ist, ist dem anderen Ehegatten dringend zu empfehlen, sich von einem anderen Anwalt zumindest **einmal beraten** zu lassen.

Daneben gibt es auch die Möglichkeit, dass beide Ehegatten **gemeinsam einen Anwalt oder Notar beauftragen,** mit ihnen eine Scheidungsvereinbarung zu erarbeiten. Dieser Anwalt ist dann **im Interesse beider tätig** und kann später im Scheidungsverfahren – wenn es doch zum Streit kommt – nicht einen Ehegatten gegen den anderen vertreten!

Kommt ein Mediationsverfahren für Sie infrage?

Das **Mediationsverfahren** bei Trennung und Scheidung ist ein Verfahren, in dem Sie Vereinbarungen einvernehmlich am runden Tisch aushandeln. »Mediation« (aus dem Lateinischen) bedeutet »Vermittlung«. Der Vermittler heißt dann »Mediator«.

In diesem Verfahren haben Sie die Möglichkeit, alle in Ihrem Fall regelungsbedürftigen Scheidungsfolgen mithilfe eines Mediators zu regeln. Am besten geeignet ist hier ein auf familienrechtliche Mediation spezialisierter Anwalt, der Sie gegebenenfalls auch vor Gericht vertreten kann. Auf jeden Fall soll der Mediator ein **neutraler Vermittler** sein, der trotz des Streits die verbliebenen Gemeinsamkeiten herausfindet und eine Einigung erzielt.

Was müssen Sie zum ersten Anwaltstermin mitbringen?

Auf alle Fälle braucht Ihr Anwalt

- Ihre **Heiratsurkunde,**
- die **Geburtsurkunden** der gemeinsamen Kinder, soweit vorhanden,
- einen **Staatsangehörigkeitsnachweis** bei Ausländern,
- einen **Reisepass oder Personalausweis** und
- gegebenenfalls Ihren **Ehevertrag.**

Auch **Verdienstbescheinigungen** von Ihnen und Ihrem Ehepartner, **Urkunden,** aus denen sich die Vermögenslage ergibt, insbesondere Grundbuchauszüge und Darlehensverträge, Versicherungspolicen, eventuell der **Mietvertrag** usw. sind in aller Regel jetzt schon gefragt. Erkundigen Sie sich vorab, welche Unterlagen Sie mitbringen sollen.

1.3 Was Ihr Anwalt vorab mit Ihnen klärt

Ihr Anwalt wird nun mit Ihnen besprechen, welche **Art der Scheidung für Sie** infrage kommt,

- die **einvernehmliche mit Vereinbarung,**

- die **streitige,**
- die **nach mehr als dreijähriger Trennung (ohne Vereinbarung)** oder
- ausnahmsweise die **Härtefallscheidung** nach weniger als einem Jahr Trennung.

Ist das weitgehend geklärt, stellt Ihr Anwalt den entsprechenden Antrag.

! **Dinge, die Ihnen persönlich wichtig sind,** die Ihr Anwalt aber so nicht wissen kann, sollten Sie jetzt erörtern. Ist Ihnen zum Beispiel wichtig, dass keinerlei Angaben zu den Scheidungsgründen gemacht werden, sagen Sie dies unbedingt Ihrem Anwalt. Haben Sie sich schon mit Ihrem Noch-Ehepartner über die Scheidungsfolgen geeinigt, teilen Sie dies ebenfalls Ihrem Anwalt mit.

2 Ihr Anwalt leitet die Scheidung in die Wege

2.1 Die einvernehmliche Scheidung

Auch wenn es bei Scheidungen viel Streit gibt, ist die einvernehmliche Scheidung der **Normalfall.** Es gibt aber drei Mindestvoraussetzungen:

- Die **Ehegatten leben seit einem Jahr getrennt.**
- Beide **Ehegatten sind mit der Scheidung einverstanden.**
- Eine Vereinbarung über die sogenannten **»Scheidungsfolgesachen«,** wie bis zum 1. 9. 2009 erforderlich, muss nicht mehr vorgelegt werden. Aber: Beide Ehepartner müssen eine Erklärung abgeben, ob sie sich über die Scheidungsfolgesachen geeinigt haben.

Liegen diese Voraussetzungen vor, gilt die **Ehe nach § 1566 Abs. 1 BGB unwiderlegbar als gescheitert.** Der Scheidungsrichter hört die Ehepartner dann nur zum Getrenntleben an, alles andere sollte ihn eigentlich nicht interessieren.

Was bedeutet das einjährige Getrenntleben?

Von einem Getrenntleben im Sinne des Scheidungsrechts spricht man, wenn die **häusliche Gemeinschaft nicht mehr besteht und einer der Ehegatten sie auch nicht mehr herstellen will:**

- Es bestehen **keine intimen Beziehungen** mehr;
- die Ehegatten erbringen einander **keine Haushalts- und Versorgungsleistungen** mehr und
- die **Mahlzeiten werden nicht mehr gemeinsam eingenommen** (gelegentliche Ausnahmen ändern daran nichts).

Eindeutig ist der Fall, wenn die Ehegatten in **verschiedenen Wohnungen** leben. Ein **Getrenntleben** ist nach § 1567 Abs. 1 Satz 2 BGB aber auch innerhalb einer Wohnung oder einem Haus möglich.

! Verständigen Sie sich mit Ihrem Ehegatten darüber, beim Einreichen des Scheidungsantrags sowie bei Gericht übereinstimmende Angaben zum Getrenntleben zu machen.

Ein **Versöhnungsversuch,** also ein Zusammenleben über kürzere Zeit (bis vier Wochen, unter Umständen auch länger), unterbricht die Trennungszeit nicht. **Grund:** Es soll keiner aus Angst vor Unterbrechung des Fristablaufs vom Versöhnungsversuch abgehalten werden.

! **Steuerrechtlich** unterbricht ein **Versöhnungsversuch** das Getrenntleben. Hier reichen bereits einige Tage. Dann können Sie **in dem betreffenden Jahr noch die gemeinsame Veranlagung** wählen.

Zustimmung des anderen Ehepartners

Es muss sicher sein, dass der andere Ehepartner die Bedeutung seiner Erklärung versteht und sie auch nicht unter Zwang abgegeben hat. Die Erklärung muss ausdrücklich erfolgen. Die Zustimmung des anderen Ehepartners kann zu Protokoll der Geschäftsstelle abgegeben werden oder im Scheidungstermin.

Achtung: Die Zustimmung kann bis zum Schluss der mündlichen Verhandlung zurückgezogen werden. Dann wird die Scheidung vom Gericht als »streitige Scheidung« behandelt.

Wenn die ursprünglich einvernehmliche Scheidung streitig wird

Kommt die ursprünglich beabsichtigte Einigung nicht einmal im Termin zustande, wird die Scheidung vom Gericht als streitig behandelt (siehe unten).

2.2 Die »streitige Scheidung« nach einjähriger Trennung

Zerrüttung der Ehe muss nachgewiesen werden

Eine Ehe kann auch **ohne Vereinbarung bzw. Zustimmung des anderen Ehegatten** nach geschieden werden, wenn

- die Eheleute ein Jahr getrennt leben und
- der Richter aufgrund eines entsprechenden Vortrags des Antragstellers und der Anhörung der Parteien davon überzeugt ist, dass die Ehe zerrüttet ist.

Das ist in der Regel der Fall, **wenn nach einem Jahr Trennung nur einer der Partner die Scheidung will.** Bei dieser sogenannten »streitigen« Scheidung tragen Sie als derjenige, der die **Scheidung will, vor, dass die Lebensgemeinschaft zwischen Ihnen und dem anderen Ehegatten nicht mehr besteht.** Sie müssen die Trennung darlegen und beweisen. Das ist bei einer Trennung durch Auszug in der Regel kein Problem. Eine Trennung innerhalb der Wohnung lässt sich dagegen schwer nachweisen, wenn der andere nicht mitzieht.

Außerdem muss der Antrag die Erklärung enthalten, dass die **eheliche Gemeinschaft nicht wiederhergestellt** werden wird (§ 1565 Abs. 1 Satz 2 BGB). Das heißt, **konkrete Fakten** gehören in den Antrag. Es genügt in der Regel, wenn sich das Gericht in der mündlichen Verhandlung davon überzeugt, dass der Antragsteller den festen Entschluss gefasst hat, die Scheidung zu wollen. Manche Gerichte wollen dagegen sehr genau wissen, woran die Ehe gescheitert ist, und verlangen einen »**substanziierten**« (mit Beispielen und Beweisen ergänzten) Vortrag. Besprechen Sie am besten mit Ihrem Anwalt, wie weit Sie hier mit den »Szenen einer Ehe« gehen müssen.

Bei zwischenzeitlicher Versöhnung: Hier gilt dasselbe wie bei der einvernehmlichen Scheidung. Bei kurzfristigen Versöhnungen wird das Trennungsjahr nicht unterbrochen.

Scheidungsfolgenvereinbarung nicht erforderlich

Im Unterschied zur einvernehmlichen Scheidung können sich die Parteien oft nicht über die Folgesachen einigen. Typischerweise wird deshalb über diese Fragen gestritten und das Gericht muss darüber entscheiden. Voraussetzung ist ein entsprechender **Antrag.** Dies geschieht normalerweise im sogenannten **Verbundverfahren** (→ Abschn. 3.6).

2.3 Scheidung nach dreijährigem Getrenntleben

Leben Sie und Ihr Ehepartner seit drei Jahren getrennt, wird nach § 1566 Abs. 2 BGB **unwiderlegbar die Zerrüttung der Ehe vermutet.** Die **Zustimmung des anderen Ehegatten spielt keine Rolle.** Es genügt in diesen Fällen, dem Gericht das dreijährige Getrenntleben vorzutragen. Hierbei können Sie dieselben Angaben machen wie bei der einvernehmlichen Scheidung (siehe oben).

Mit den sogenannten **Folgesachen** – wie Unterhalt, Zugewinnausgleich, Wohnungszuteilung usw. – **beschäftigt sich das Gericht nur,** wenn dafür ein Antrag gestellt ist (→ Abschn. 3.6). Ausnahme: der Versorgungsausgleich; über den wird von Gesetzes wegen entschieden, wenn keine anderweitige Regelung vorgeht.

2.4 Wenn das Trennungsjahr zu lang erscheint

Im Einzelfall kann es unzumutbar sein, das Trennungsjahr abzuwarten. Dieser Fall wird in der gerichtlichen Praxis allerdings nur selten anerkannt.

» **Beispiel:**

- Erwartet die Ehefrau aus einem ehebrecherischen Verhältnis ein Kind, kann dem Ehemann schon allein wegen der Möglichkeit der gesetzlichen Vaterschaftsvermutung das Abwarten des Trennungsjahres nicht zugemutet werden.
- Körperliche Gewalt gegen den anderen Ehepartner reicht auch. **Aber:** Anders sieht es bei einer nur einmaligen Misshandlung aus. Das reicht nicht.

Vermeiden Sie es auf alle Fälle, »schmutzige Wäsche« zu waschen. Das ist nicht nur im Verhältnis zum Expartner taktisch unklug, wenn man in allen anderen Dingen eine schnelle Einigung erzielen möchte. Auch Richter reagieren hier wenig wohlwollend.

! In Extremfällen bietet das »Gewaltschutzgesetz« die Möglichkeit, durch einen Antrag beim Familiengericht dem Ex verbieten zu lassen, die gemeinsame Wohnung zu betreten oder sich im Umkreis der Wohnung aufzuhalten.

3 Wie läuft das Verfahren bei Gericht ab?

3.1 Der Scheidungsantrag wird eingereicht

Für den Antrag reicht es aus, wenn einer der Ehegatten ihn stellt. Da das Ehescheidungsverfahren nach dem Gesetz eine sogenannte Ehesache ist, müssen sich beide beim Scheidungstermin anwaltlich vertreten lassen (§ 78 Abs. 2 Nr. 1 ZPO). Es ist also grundsätzlich erforderlich, dass jeder Ehegatte einen eigenen Anwalt beauftragt. Der Antragsgegner kann allerdings auf einen **eigenen Anwalt verzichten.**

3.2 Gericht und Anwalt wollen Geld sehen

Mit welchen Kosten ist zu rechnen?

Damit das Verfahren bei Gericht in Gang kommt, ist ein Gerichtskostenvorschuss fällig. Dieser kann sehr unterschiedlich ausfallen. Maximal verlangen die Gerichte einen Vorschuss in Höhe von zwei vollen Gerichtsgebühren bezogen auf den voraussichtlichen Streitwert der Scheidung (die Summe von drei Nettomonatsgehältern beider Ehegatten abzgl. € 250,– je minderjährigem Kind, jedoch nicht unter € 2 000,–). Monatliche Kreditraten können ebenfalls vom Nettoeinkommen abgezogen werden, sofern sie nicht für Grundbesitz gezahlt werden. Sozialleistungen zählen hier nicht zum Einkommen.

Die einzuzahlenden Gerichtskosten wird Ihr Anwalt bei Ihnen anfordern. Wegen seiner eigenen Kosten wird er darüber hinaus einen Kostenvorschuss verlangen, der sich ebenfalls am Streitwert orientiert.

! Einen Scheidungskostenrechner finden Sie im Internet zum Beispiel vom Deutschen Anwaltverein unter www.familienanwaelte-dav.de.

Beachten Sie dabei: In manchen Regionen nehmen die Gerichte einen Abschlag auf den Streitwert des Scheidungsverfahrens vor, wenn es sich um eine einvernehmliche Scheidung handelt, wenn also beide Ehegatten die Scheidung wollen. Dieser Abschlag beläuft sich– wenn er denn gewährt wird – auf ca. 25 %.

Bei Bedarf gibt es Prozesskostenhilfe

Es besteht die Möglichkeit, Prozesskostenhilfe (kurz: PKH) zu beantragen. Hierfür muss der Ehegatte, der einen Scheidungsantrag stellt, auf einem Formular eine Erklärung über seine persönlichen und wirtschaftlichen Verhältnisse abgeben. Diese Erklärung reicht der Rechtsanwalt zusammen mit den Unterlagen über die Einkommenssituation an das Gericht weiter. Das Gericht entscheidet in diesen Fällen vorab durch Beschluss, ob die Prozesskostenhilfe mit oder ohne Ratenzahlung gewährt wird. Auch der Antragsgegner darf Prozesskostenhilfe beantragen.

Prozesskostenhilfe gibt es aber erst nach dem **Trennungsjahr.** Dabei gibt es noch eine **Besonderheit** zu beachten: Derjenige Ehegatte, der vom anderen Unterhalt verlangen kann, hat gegen diesen auch einen Anspruch auf **Prozesskostenvorschuss.** Das heißt, der unterhaltspflichtige Ehegatte muss dem anderen dessen Gerichts- und Anwaltskosten vorschießen, wenn er dazu wirtschaftlich in der Lage ist.

! Normalerweise fallen auch für den Antrag auf Prozesskostenhilfe Extra-Anwaltsgebühren an. Diese müssten Sie dann auf jeden Fall selbst tragen. Die meisten Anwälte stellen diese Gebühren aber nicht in Rechnung. Fragen Sie am besten Ihren Anwalt vorher, ob er diese Gebühren berechnen will.

3.3 Der Scheidungsantrag wird dem Antragsgegner zugestellt

Das Familiengericht stellt den Antrag des scheidungswilligen Ehepartners dem anderen zu. Haben Sie als Antragsgegner noch keinen Anwalt beauftragt, wird Ihnen der Scheidungsantrag persönlich zugestellt. Haben Sie als Antragsgegner schon einen Anwalt, weil Sie zum Beispiel schon im Vorfeld der Scheidung einen hinzugezogen haben, wird diesem der Antrag zugestellt.

Das Zustellungsdatum hat erhebliche rechtliche Auswirkungen:

- **Versorgungsausgleich**

  Wenn eine Ehe geschieden wird, kommt es normalerweise von Amts wegen zum Versorgungsausgleich. Hier geht es um die gerechte Aufteilung der in der Ehezeit erworbenen Rentenanwartschaften.

  Um den Versorgungsausgleich durchführen zu können, **verschickt das Gericht** die hierfür erforderlichen **Formulare.** Beide Ehegatten sind verpflichtet, diese auszufüllen, andernfalls droht Zwangsgeld. Solange die Formulare nicht ausgefüllt worden sind, geht das Verfahren nicht weiter.

- **Zugewinnausgleich**

  Maßgebender Zeitpunkt für **die Beendigung des Güterstandes ist der Tag der Zustellung des Scheidungsantrags** beim Scheidungsgegner. Das bedeutet, dass die Vermögensverhältnisse beider Ehegatten an diesem Tag festgeschrieben werden. Man spricht hier vom **Stichtagsprinzip.** Falls Sie von einer **Vermögensverschlechterung** beim Antragsteller ausgehen, sollten Sie als Antragsgegner selbst einen Scheidungsantrag stellen! Nur dann bleibt Ihnen der Stichtag sicher erhalten. Nimmt nämlich der andere den Scheidungsantrag zurück, fällt der durch den Antrag bewirkte Stichtag für das Endvermögen weg.

  Sind **illoyale Vermögensverschiebungen zu erwarten,** gilt der Grundsatz: Dem anderen den Scheidungsentschluss nicht vorab mitteilen! »Illoyal« bedeutet hier, dass der andere zu Ihren Ungunsten Werte beiseiteschaffen will.

- **Ehegattenerbrecht**

  Nach § 1933 Abs. 1 BGB ist das Ehegattenerbrecht – sowohl das gesetzliche wie auch das durch letztwillige Verfügung begründete – ausgeschlossen, wenn zum Zeitpunkt des Todes die Voraussetzungen für eine Ehescheidung gegeben waren. Das ist dann der Fall, wenn der Erblasser die Scheidung beantragt oder ihr zugestimmt hatte.

- **Ehegattenunterhalt**

  Auch unterhaltsrechtlich spielt die Zustellung des Scheidungsantrags eine Rolle – und zwar für die »**Ehedauer**«. Bei einer relativ kurzen Ehe (Dauer bis etwa drei Jahre) ist der nacheheliche Ehegattenunterhalt in der Regel begrenzt.

Hat das Gericht den **Versorgungsausgleich mit den zuständigen Rentenversicherungsträgern abgeklärt,** bestimmt es den **Termin zur mündlichen Verhandlung.**

3.4 Was passiert im Scheidungstermin?

Auf jeden Fall müssen Sie persönlich erscheinen. Bringen Sie mit:

- die Ihnen zugestellte Ladung des Gerichts,
- einen gültigen Personalausweis und
- die Heiratsurkunde (im Original!) und
- ggf. die Geburtsurkunden der ehelichen Kinder (im Original!)

Handelt es sich um eine einvernehmliche Scheidung, wird im Gerichtstermin nur noch eine Erklärung abgegeben, ob sich die Beteiligten über die Folgesachen wie zum Beispiel den Unterhalt geeinigt haben.

Gibt es keine einvernehmliche Scheidung, bedeutet dies, dass bei ein- bis dreijährigem Getrenntleben das Gericht dann feststellen muss, dass die Ehe zerrüttet ist. Wollen die Parteien Folgesachen mithilfe des Gerichts geklärt haben, wird ein weiterer Termin festgesetzt, in dem dann über die Folgesachen entschieden werden kann. Vorsichtshalber sollten die Folgesachen spätestens im Scheidungstermin anhängig gemacht werden, das heißt entsprechende Anträge bei Gericht gestellt werden.

3.5 Wirksamwerden der Scheidung

Der Scheidungsrichter erlässt im Termin einen **Beschluss.** Der Scheidungsausspruch wird dann wirksam, wenn **Rechtskraft** eingetreten ist. Sie tritt ein, wenn

- die einmonatige Rechtsmittelfrist ungenutzt abgelaufen ist;
- ein wirksamer Rechtsmittelverzicht im Termin erklärt wurde.

3.6 Das Verbundverfahren

Was bedeutet Verbundverfahren?

Das Scheidungsrecht sieht vor, dass die Scheidung erst dann ausgesprochen werden soll, wenn gleichzeitig über die wichtigsten Folgesachen entschieden wird. Außerdem ist der **Verbund die kostengünstigste Lösung, um die Folgesachen einer Scheidung zu regeln.**

Deshalb wird Ihr Anwalt prüfen, ob ein Verbund sinnvoll ist. Besteht begründete Aussicht auf eine außergerichtliche Regelung, wird in der Regel vom Verbundverfahren abgesehen. Der **Verbund entsteht von Amts wegen nur für den Versorgungsausgleich.**

Eine **Ausnahme** besteht nur für Ehen von kurzer Dauer, also Ehen bis zu drei Jahren. Hier wird nur auf Antrag einer der Ehepartner über den Versorgungsausgleich entschieden.

Im Übrigen muss ein **Antrag** auch gestellt werden beim:

- Kindesunterhalt,
- nachehelichen Unterhalt,
- Zugewinnausgleich,
- Benutzung der Ehewohnung,
- Hausrat,
- Übertragung der elterlichen Sorge für das gemeinschaftliche Kind auf einen Elternteil (hier muss zuvor ein Antrag auf Übertragung der elterlichen Sorge nach § 1671 BGB gestellt werden) und
- Umgang eines Ehegatten mit dem Kind.

Nicht in den Verbund gehören:

- der Getrenntlebensunterhalt und
- der Umgang mit den gemeinschaftlichen Kindern während des Getrenntlebens.

Ist eine Vorabentscheidung über den Scheidungsantrag möglich?

Auch wenn ein Verbundverfahren besteht, heißt das nicht, dass daran unbedingt festgehalten werden muss. Die Parteien können Folgesachen, über die nur auf Antrag zu entscheiden ist, durch Antragsrücknahme aus dem Verbund herauslösen.

Aber gemäß § 140 Abs. 2 Satz 1 FamFG kann auch vorab über den Scheidungsantrag entschieden werden, wenn die gleichzeitige Entscheidung über die Folgesachen den Scheidungsausspruch so außergewöhnlich verzögern würde, dass der Aufschub eine **unzumutbare Härte** wäre. Dies spielt insbesondere beim Versorgungsausgleich eine Rolle.

3.7 Welche Fragen können vorläufig entschieden werden?

Oft zieht sich selbst ein normales Scheidungsverfahren lange hin. Deshalb gibt es die Möglichkeit, im Wege des vorläufigen Rechtsschutzes bestimmte Dinge vorab zu regeln. Dazu zählt eine schnelle Regelung für den Unterhalt, für den Umgang und für die Zuweisung der Ehewohnung. Dieses Verfahren – es wird eine einstweilige Anordnung beantragt – kann aber nur im Rahmen einer Ehesache, also einer bereits eingereichten Scheidung, geltend gemacht werden.

Die einstweilige Anordnung setzt deshalb voraus, dass

- eine Ehesache (Scheidung) anhängig ist oder
- ein Antrag auf Bewilligung der Prozesskostenhilfe für die Ehesache bereits eingereicht ist (§ 620 a Abs. 2 Satz 1 ZPO).

Ab Rechtskraft der Scheidung bzw. nach Rücknahme des Scheidungsantrags kann eine einstweilige Anordnung im Hinblick auf Unterhalt beantragt werden, wenn eine Hauptsacheklage auf Unterhalt anhängig ist.

Der Vorteil besteht darin, dass innerhalb weniger Wochen eine gerichtliche Entscheidung vorliegt, während ein Hauptsacheverfahren Monate oder Jahre dauern kann.

3.8 Kann man die Scheidung hinauszögern?

Wenn ein Härtefall vorliegt

Die Scheidung unterbleibt laut Gesetz (§ 1568 Abs. 1 BGB) ausnahmsweise wegen Vorliegen eines Härtefalls, obwohl die Ehe gescheitert ist.

In der Praxis spielt diese Härteklausel allerdings kaum eine Rolle. Zum Zuge kommt diese Vorschrift allenfalls dann, wenn der Antragsgegner nachweisbar schwer suizidgefährdet ist.

Wenn taktische Überlegungen die Verzögerung sinnvoll machen

Das häufigste Motiv für eine Verzögerung ist, dass ein **Ehegatte hohen Trennungsunterhalt vom anderen Ehegatten** erhält, es nach der Scheidung aber keineswegs sicher ist, ob dann auch nachehelicher Unterhalt in dieser Höhe gezahlt werden wird.

Ehegatten von Beamten verlieren außerdem mit der Rechtskraft der Scheidung ihre **Beihilfeberechtigung** und müssen dann für die private Krankenversicherung hohe Beiträge zahlen. Ehegatten von gesetzlich Krankenversicherten verlieren mit Rechtskraft der Ehescheidung die Möglichkeit, kostenlos in der **gesetzlichen Krankenversicherung** im Rahmen der Familienhilfe mitversichert zu sein. Sie müssen nach der Scheidung die Krankenversicherungsbeiträge selbst bezahlen.

Mit Rechtskraft der Scheidung wird der **Zugewinnausgleichsanspruch** fällig und ist von diesem Zeitpunkt an zu **verzinsen!** Also je später die Rechtskraft der Scheidung, desto weniger Zinsen für denjenigen, der den Ausgleich verlangen kann. Die **Zinshöhe** kann hier schon ganz schön zu Buche schlagen. Spätestens 30 Tage nach Fälligkeit liegen die Zinsen 5 % über dem **Basiszinssatz der Bundesbank.**

Möglichkeiten der Verzögerung

Aus welchen Gründen auch immer Sie ein Interesse daran haben, die Scheidung hinauszuzögern – **folgende Möglichkeiten gibt es:**

- Im Scheidungstermin stellt eine Partei einen Auskunftsantrag in den Folgesachen zu Unterhalt oder Zugewinnausgleich.
- Der Ehegatte, der zur Auskunft verpflichtet ist, verzögert die Auskunft, lässt sich verurteilen und legt gegen das Auskunftsurteil eventuell sogar Berufung ein.
- Formulare zum Versorgungsausgleich bzw. die diversen Rückfragen des Versicherungsträgers werden zögerlich bearbeitet.
- Der Ehegatte erscheint nicht zum Scheidungstermin, sondern lässt sich wegen Krankheit entschuldigen. Dies kann mehrfach wiederholt werden!
- Im Zugewinnausgleichsverfahren werden Sachverständigengutachten zur Ermittlung des Wertes bestimmter Vermögenswerte eingeholt.
- Durch die Einlegung einer Berufung gegen den Scheidungsbeschluss oder die Folgesachen verzögert sich ebenfalls die Rechtskraft der Scheidung.

B4 Ehegattenunterhalt bei Trennung und Scheidung

1 Wann muss gezahlt werden?

1.1 Wenn die Ehepartner in Trennung leben

Während der Trennungsphase braucht es **im ersten Jahr** noch keinen besonderen Grund für die Unterhaltspflicht (§ 1361 BGB). Von der unterhaltsberechtigten (also der weniger oder gar nichts verdienenden) Person kann jetzt noch nicht verlangt werden, dass sie sich eine Arbeit sucht. Deshalb sprechen Juristen hier vom sogenannten **Sofajahr.**

Eine Pflicht zur Erwerbstätigkeit kommt erst nach Ablauf des ersten Trennungsjahres infrage. Dabei kann von ihm bzw. ihr **nicht mehr verlangt werden als beim Scheidungsunterhalt.** Sollte es also einen Grund geben, weshalb der Betroffene nicht arbeiten gehen kann, muss er es auch nicht. **Typischer Fall:** Die getrennt lebende Mutter betreut ein Kind unter drei Jahren.

! Wird der Trennungsunterhalt freiwillig vom Unterhaltsschuldner nicht oder nicht so schnell bezahlt, wie er gebraucht wird, hilft eine sogenannte **einstweilige Anordnung,** die beim Familiengericht beantragt werden muss. Notfalls können Sie sich auch an das Sozialamt wenden.

1.2 Wenn die Ehepartner rechtskräftig geschieden sind

Jeder Ehepartner ist nach der Scheidung für seinen Lebensunterhalt selbst verantwortlich. Ein Unterhaltsanspruch besteht nur, wenn einer der folgenden **sieben Unterhaltstatbestände** gegeben ist:

- Kindesbetreuung,
- Alter,
- Krankheit oder Gebrechen,
- Ausbildung, Fortbildung oder Umschulung,
- Arbeitslosigkeit,
- Aufstockungsunterhalt bei nicht ausreichenden eigenen Erwerbseinkünften,
- und / oder sonstige schwerwiegende Gründe (Billigkeitsunterhalt).

Oft kommt es vor, dass zunächst der eine Grund (wie z. B. die Kindesbetreuung) vorliegt und im Anschluss daran der Unterhaltsanspruch wegen Arbeitslosigkeit gegeben ist. Möglicherweise schließt sich unmittelbar daran noch ein **weiterer Unterhaltsgrund** an, etwa Krankheit oder Alter. Dann geht es mit der Zahlungspflicht weiter. Es darf dabei aber **keine zeitliche Lücke** zwischen den Unterhaltsgründen entstehen.

Anders sieht es natürlich aus, wenn Vermögen vorhanden ist. Dann muss dies zuerst verwertet werden.

1.3 Die Unterhaltstatbestände im Einzelnen

Unterhalt wegen Kindesbetreuung nach § 1570 BGB

In den **ersten drei Lebensjahren des Kindes** hat der kindesbetreuende Elternteil auf jeden Fall einen Unterhaltsanspruch, soweit er bedürftig und der andere Ehegatte leistungsfähig ist (sog. Basisunterhalt). Dieser **Basisunterhalt ist aus zwei Gründen verlängerbar,** und zwar

- aus **allgemeinen Billigkeitsgründen,** die im Interesse des Kindes liegen (§ 1570 Abs. 1 Satz 2 und 3 BGB).
  Konkret: Der kindesbetreuende Ehegatte muss im Streitfall vortragen, ob und warum eine **Fremdbetreuung nicht möglich oder unzumutbar** ist (z. B. wegen Krankheit oder Entwicklungsrückständen des Kindes).
- aus **besonderen ehebedingten Gründen** (§ 1570 Abs. 2 BGB).
  Konkret: Hier kann Bedeutung erlangen, was die Eltern vor der Scheidung vereinbart haben. Ob sie sich beispielsweise schon in der intakten Ehe einig waren, dass der kindesbetreuende Elternteil möglichst bald in das Berufsleben zurückkehrt oder sich längere Zeit ausschließlich dem Haushalt und der Kindesbetreuung widmet. Auch die Dauer der Ehe spielt eine Rolle.

Unterhalt wegen Alters nach § 1571 BGB

Wer altersbedingt nicht mehr arbeiten kann, braucht es nicht. **Aber:** Das Unterhaltsrecht kennt **keine bestimmten Altersgrenzen.** Entscheidend ist normalerweise die Regelaltersgrenze der gesetzlichen Rentenversicherung. Das gilt auch für Selbstständige.

Unterhalt gibt es aber auch dann, wenn der Ehegatte, der während der Ehe längere Zeit nicht gearbeitet hat, wegen seines vorgerückten Alters keine Arbeit mehr findet. Es spielt keine Rolle, ob die Ehe erst im hohen Alter geschlossen worden ist, solange es keine besonders kurze Ehe war. Für die ist der Unterhaltsanspruch in aller Regel ausgeschlossen.

Unterhalt wegen Krankheit nach § 1572 BGB

Dieser Unterhaltsanspruch besteht, wenn der geschiedene Ehegatte bei **Rechtskraft der Scheidung** oder **im Anschluss** an die anderen Unterhaltstatbestände **aus gesundheitlichen Gründen nicht mehr arbeiten** kann. Die Krankheit muss so schwer sein, dass **keine reale Beschäftigungsmöglichkeit** mehr besteht.

! Wer sich auf diesen Unterhaltstatbestand beruft, sollte seinen Anspruch durch **ärztliche Atteste** belegen. Damit hilft er dem Gericht, von Anfang an den richtigen fachärztlichen Sachverständigen für das ohnehin notwendige Gutachten zu bestimmen.

Auf ein Verschulden kommt es hier nicht an. Selbst **erhebliches Übergewicht** mit Krankheitswert oder andere Krankheiten, die mit der eigenen Lebensführung zusammenhängen, schaden dem Unterhaltsberechtigten bei seinem Anspruch nicht. **Alkoholsucht** und **Medikamentenabhängigkeit** werden ebenfalls als Krankheit anerkannt. Ein Unterhaltsanspruch besteht auch dann, wenn die gesundheitliche Beeinträchtigung bereits bei der Eheschließung bestand.

Unterhalt wegen Ausbildung, Fortbildung oder Umschulung

Hat der Anspruchsteller wegen der Eheschließung oder während der Ehe eine Ausbildung nicht aufgenommen oder abgebrochen, kann er Unterhalt verlangen, wenn er jetzt weitermacht bzw. anfängt (§ 1575 BGB). Vorausgesetzt, es ist mit dem **erfolgreichen Abschluss der Ausbildung** zu rechnen. Und: Es muss schon **vor der Eheschließung ein fester Plan** bestanden haben, einen bestimmten Beruf zu ergreifen. Auch konkrete Maßnahmen in diese Richtung müssen schon in die Wege geleitet worden sein. Bloße Behauptungen reichen nicht aus.

Aber: Ist eine Ausbildung wegen mangelhafter Leistung abgebrochen worden, braucht die Fortsetzung vom anderen Ehepartner nicht finanziert zu werden. Anders sieht es dagegen aus, wenn die Ausbildung wegen Krankheit unterbrochen wurde. Das schadet dem Unterhaltsanspruch nicht.

Auch eine Umschulung oder Fortbildung, die dazu dient, in einem früher ausgeübten Beruf wieder auf dem Laufenden zu sein, begründet den Unterhaltsanspruch (z. B. Fortbildung am Computer).

Wichtig: Eine unterlassene oder abgebrochene Ausbildung muss nach der Scheidung so bald wie möglich aufgenommen werden.

Unterhalt wegen Arbeitslosigkeit nach § 1573 Abs. 1 BGB

Wer nach der Scheidung, nach Ende der Kindesbetreuung, nach Auslaufen des Unterhaltsanspruchs wegen Krankheit oder nach einer Ausbildung keine angemessene Arbeit findet, ist ebenfalls unterhaltsberechtigt.

Angemessene Arbeit heißt, sie muss der Ausbildung der unterhaltsberechtigten Person, ihren Fähigkeiten, ihrer früheren Erwerbstätigkeit, dem Lebensalter und dem Gesundheitszustand entsprechen (§ 1574 Abs. 2 BGB). Die bisherigen Lebensverhältnisse spielen eine wichtige Rolle, insbesondere die Dauer der Ehe und die Erziehung der gemeinschaftlichen Kinder.

Angemessene Erwerbstätigkeit heißt insbesondere, dass eine **»objektiv angemessene« Tätigkeit** verlangt werden kann. Das heißt, dass die Erwerbstätigkeit in einem bereits früher ausgeübten Beruf immer als angemessen anzusehen ist. Das gilt auch dann, wenn der jetzt Unterhalt beanspruchende Ehegatte früher eine Tätigkeit ausgeübt hat, die unter seiner beruflichen Qualifikation lag.

» **Beispiel:** Eine gelernte Diplom-Kauffrau arbeitet in der Zahnarztpraxis ihres Mannes als Sprechstundenhilfe. In diesem Fall ist es ihr zumutbar, auch nach der Scheidung als Sprechstundenhilfe oder in einem ähnlichen Beruf zu arbeiten. Sie kann sich nicht auf ihren Akademikerstatus berufen.

Der Anspruch besteht nur, wenn sich der arbeitslose Expartner **ernstlich bemüht,** einen Arbeitsplatz zu finden. Die Meldung bei der Arbeitsagentur reicht allein nicht aus. Bewerbungen auf Stellenanzeigen in Zeitungen – auch außerhalb des unmittelbaren Wohnbereichs – und Eigeninserate sind hier gefragt.

! Wenn Sie als Anspruchsteller nicht vermittelbar sind, sollten Sie sich eine entsprechende **Bestätigung von der Arbeitsagentur** geben lassen oder den zuständigen Sachbearbeiter als Zeugen für das Unterhaltsverfahren benennen. Im Übrigen sollten Sie auf alle Fälle Ihre Bemühungen ausführlich dokumentieren, indem Sie zum Beispiel die einzelnen Bewerbungsschreiben und die darauf ergangenen Absagen aufbewahren.

Ein **Ortswechsel** kann nicht immer verlangt werden. Familiäre oder sonstige persönliche Bindungen können dem entgegenstehen. Das kann zum Beispiel vorkommen, wenn sich eine unterhaltsbedürftige Ehefrau schon seit Jahren um ihre betagten und pflegebedürftigen Eltern gekümmert hat.

Findet sich ein Arbeitsplatz, erlischt oder reduziert sich der Unterhaltsanspruch. Der Unterhaltsanspruch lebt aber wieder auf, wenn das Arbeitsverhältnis nach kurzer Zeit wieder endet – zum Beispiel nach der Probezeit oder wegen zeitlicher Befristung. Hier ist der Lebensunterhalt noch nicht »nachhaltig gesichert«. Anders sieht es dagegen aus, wenn die Arbeitslosigkeit erst nach längerer Zeit wieder eintritt.

Wenn die Einkünfte nicht ausreichen nach § 1573 Abs. 2 BGB

Wenn beide Ehepartner nach der Scheidung berufstätig sind, steht demjenigen, der jetzt trotz »Ausschöpfung seiner Arbeitskraft« wirtschaftlich schlechter dasteht, der **Aufstockungsunterhalt** zu. Damit soll der in der Ehe erreichte Lebensstandard wenigstens annähernd erhalten bleiben.

Dieser Anspruch steht meistens den Frauen zu, da sie in der Regel weniger verdienen als die Männer, selbst wenn sie ganztägig arbeiten. Er besteht entweder direkt nach der Scheidung oder als Anschlussunterhalt wegen Kindesbetreuung, nach Auslaufen des Unterhaltsanspruchs wegen Krankheit oder nach einer Ausbildung.

» **Beispiel:** Die geschiedene Ehefrau eines gut verdienenden Rechtsanwalts, die zunächst Unterhalt für eine Ausbildung als Rechtsanwaltsgehilfin bekommen hat und nun durch eine Ganztagstätigkeit selbst Geld verdient, darf Aufstockungsunterhalt verlangen.

Unterhalt aus Billigkeitsgründen nach § 1576 BGB

Wenn alle oben aufgeführten Unterhaltstatbestände ausscheiden, bleibt der sogenannte **Billigkeitsunterhalt.** Hierbei handelt es sich um eine **Ausnahme,** die in der Praxis keine große Rolle spielt.

2 Wann gibt es weniger, kürzer oder gar keinen Unterhalt?

2.1 Wenn die Unterhaltspflicht »unbillig« wäre

Alle Ansprüche auf nichtehelichen Unterhalt können der Höhe nach begrenzt oder zeitlich befristet werden, wenn eine (volle) Unterhaltspflicht »unbillig« wäre (§ 1578 b BGB). »Unbillig« bedeutet, dass eine Unterhaltspflicht dem natürlichen Empfinden für Gerechtigkeit widersprechen würde.

Billigkeitskriterien gibt es viele, wobei das Gesetz die »ehebedingten Nachteile« sowie seit dem 1. 3. 2013 auch die »Ehedauer« besonders hervorhebt. **»Ehebe-**

dingte Nachteile« liegen vor, wenn der unterhaltsbedürftige Ehegatte durch die Ehe in seinen Möglichkeiten beeinträchtigt wurde, für seinen Lebensunterhalt selbst aufzukommen. Solche Nachteile können sich vor allem aus der **Rollenverteilung während der Ehe** ergeben. **Typischer Fall:** Die Frau erzieht die gemeinsamen Kinder und bleibt deswegen zu Hause.

Sind die Kinder schon groß und führt die Frau weitgehend den Haushalt allein, gibt es ebenfalls keine Befristung (BGH, Urteil vom 6. 10. 2010, XII ZR 202/08). Dasselbe gilt für eine Frau, die sich zum Beispiel um die Schwiegereltern kümmert und deshalb keiner Erwerbstätigkeit nachgeht. Kümmert sie sich allerdings um die eigenen Eltern, liegt darin kein ehebedingter Nachteil.

Wichtig: Liegen die Voraussetzungen vor, **muss** das Familiengericht den Unterhalt herabsetzen und / oder zeitlich begrenzen. Einen Ermessensspielraum gibt es nicht. Die Begrenzung erfolgt aber **nicht automatisch.**

Wer sich auf die Unbilligkeit beruft, also den Unterhaltsanspruch zeitlich begrenzen lassen will, muss dies im Streitfall darlegen und beweisen. Hat der Unterhaltspflichtige die Umstände vorgetragen, die für eine Begrenzung des Unterhaltsanspruchs sprechen, muss die unterhaltsberechtigte Person alles vortragen, was dagegen spricht.

2.2 Wenn die Zahlungspflicht unzumutbar wäre

Ein **Unterhaltsanspruch** ist außerdem zu versagen (also abzulehnen), herabzusetzen oder zeitlich zu begrenzen, wenn der Anspruchsteller (§ 1579 BGB)

- nur kurz mit dem anderen verheiratet war,
- in einer verfestigten Lebensgemeinschaft lebt,
- sich eines schweren Verbrechens oder eines schweren vorsätzlichen Vergehens gegen den Unterhaltspflichtigen oder einen nahen Angehörigen des Unterhaltspflichtigen schuldig gemacht hat,
- seine Bedürftigkeit mutwillig herbeigeführt hat,
- sich über schwerwiegende Vermögensinteressen des Unterhaltspflichtigen mutwillig hinweggesetzt hat,
- vor der Trennung längere Zeit hindurch seine Pflicht, zum Familienunterhalt beizutragen, gröblich verletzt hat,
- ein offensichtlich schwerwiegendes, eindeutig bei ihm liegendes Fehlverhalten gegen den Verpflichtenden zu verantworten hat, oder
- ein anderer Grund vorliegt, der ebenso schwer wiegt wie die zuvor genannten Gründe.

Mit einem oder mehreren dieser Gründe kann der Unterhaltsanspruch »verwirkt« sein; das bedeutet, man hat keinen Anspruch mehr auf Unterhalt. Doch selbst wenn einer der Unzumutbarkeitsgründe vorliegt, gehen die **Belange gemeinschaftlicher Kinder** vor. Das heißt, Kinder dürfen nicht unter dem Fehlverhalten des betreuenden Elternteils leiden.

Im Einzelfall wird, auch wenn einer der oben genannten Gründe vorliegt, der Unterhaltsanspruch beschränkt – und zwar auf das Existenzminimum in Höhe von derzeit € 770,– für einen nicht erwerbstätigen Ehegatten bzw. von € 900,– für einen erwerbstätigen Ehegatten.

Wenn ein Unterhaltspflichtiger dem Ehepartner das **Fehlverhalten verziehen** hat, sind ihm die Zahlungen zumutbar.

2.3 Die Verwirkungsgründe im Einzelnen

Kurze Ehedauer (§ 1579 Nr. 1 BGB)

Als kurz gilt normalerweise eine **Ehedauer bis ca. zwei Jahre.** Eine Ehe über drei Jahre gilt in der Regel nicht mehr als kurz. Gerechnet wird vom Zeitpunkt der Eheschließung an bis zur Zustellung des Scheidungsantrages durch das Gericht.

Wenn **aus der Ehe Kinder hervorgegangen** sind, ist zusätzlich die Zeit zu berücksichtigen, in der der unterhaltsberechtigte Ehegatte Unterhalt wegen Kindesbetreuung verlangen kann. Dabei darf aber nicht die Kindererziehungszeit der Ehe einfach hinzugerechnet werden.

Verfestigte Lebensgemeinschaft (§ 1579 Nr. 2 BGB)

Auch die »verfestigte Lebensgemeinschaft«ist eigenständiger Härtegrund (§ 1579 BGB), mit dem Ansprüche »verwirkt« werden. Es muss sich um eine dauerhafte feste Beziehung handeln. Dies gilt insbesondere, wenn der geschiedene Ehegatte nun mit dem neuen Partner gemeinsam wirtschaftet, also eine Unterhaltsgemeinschaft vorliegt. Hierfür genügt ein Zeitraum von zwei bis drei Jahren. Es reicht aus, wenn sich der neue Partner überwiegend in der Wohnung des geschiedenen Ehegatten aufhält, dort übernachtet, die Freizeit im Wesentlichen gemeinsam gestaltet und in der Öffentlichkeit den Eindruck einer verfestigten Gemeinschaft erweckt wird.

Anders sieht es aus, wenn **gemeinsame Kinder** zu versorgen sind. Dann kommt es normalerweise nicht zu einer völligen Verwirkung des Anspruchs.

Straftaten gegen den Unterhaltspflichtigen oder dessen Angehörige

Es muss nicht gleich Mord und Totschlag sein, damit Unterhaltsansprüche verwirkt sind. Typischer Anwendungsfall für § 1579 Nr. 3 BGB ist unter anderem **Betrug, um Unterhaltsleistungen zu erlangen.** Darunter fallen zum Beispiel das Verschweigen eines Studienabbruchs oder die **Aufnahme einer Erwerbstätigkeit.** Dasselbe gilt für falsche Auskünfte über eigene Einnahmen. Hier besteht sogar eine **Pflicht zur Mitteilung** ohne vorhergehende Aufforderung.

Auch wer bewusst verschweigt, dass er mit einem neuen Partner zusammenlebt, verwirkt unter Umständen seinen Anspruch und macht sich möglicherweise sogar schadensersatzpflichtig wegen zu viel gezahlten Unterhalts in der Vergangenheit.

Der Unterhaltsberechtigte muss sich darüber hinaus **schuldhaft verhalten** haben. Es kommt aber nicht darauf an, ob das Verhalten des Unterhaltsberechtigten strafbar ist.

Mutwillig herbeigeführte Bedürftigkeit (§ 1579 Nr. 4 BGB)

Hierunter fallen

- Vermögensverschwendung,
- unterlassene Heilbehandlung,
- Aufgabe der Berufstätigkeit,
- Verzicht auf Arbeitslosen- und Krankengeld und so weiter.

Problematisch ist hier, dem anderen die Mutwilligkeit nachzuweisen.

Vermögensschädigung (§ 1579 Nr. 5 BGB)

Hier genügt es, wenn der Unterhaltsbedürftige durch sein Verhalten das Einkommen des anderen Ehegatten mindert oder gefährdet.

» **Beispiel:**

- Der Unterhaltsberechtigte schwärzt seinen Expartner beim Arbeitgeber oder beim Geschäftspartner an, um dessen Kündigung zu erreichen.
- Leichtfertige Strafanzeigen, insbesondere wegen Steuerhinterziehung.

Unterhaltspflichtverletzung (§ 1579 Nr. 6 BGB)

Hier geht es um ein Fehlverhalten, das schon vor der Trennung der Ehepartner häufig stattgefunden haben muss. Denkbar sind zum Beispiel die Fälle, in denen der Ehepartner, der später Unterhalt verlangt,

- Haushalt oder Sorge für die Kinder während der Ehe vernachlässigt hat,
- ohne triftigen Grund keiner Arbeit nachgegangen, ist oder
- kein Haushaltsgeld abgegeben hat.

Das Ganze muss dann auch noch über einen längeren Zeitraum stattgefunden haben. Deshalb spielt dieser Verwirkungsgrund in der Praxis kaum eine Rolle.

Schwerwiegendes Fehlverhalten (§ 1579 Nr. 7 BGB)

Der Hauptanwendungsfall ist hier das einseitige Ausbrechen aus einer »harmonisch verlaufenden Ehe«, indem sich der Anspruchsteller einem neuen Partner zuwendet.

» **Beispiel:** Eine Ehefrau hat über Jahre hinweg ein intimes Verhältnis mit einem Freund der Familie unterhalten. Ein Teil des Sportklubs, in dem das Ehepaar und der Freund Mitglied sind, weiß Bescheid.

Sonstige schwere Gründe (§ 1579 Nr. 8 BGB)

Der Hauptanwendungsfall dieses Ausschlussgrundes war bisher eine neue Partnerschaft des Unterhaltsberechtigten nach der Scheidung. Dieser Fall ist seit dem 1. 1. 2008 in § 1579 Nr. 2 BGB geregelt. Was also noch darunter fallen könnte, wird die Rechtsprechung im Einzelfall entscheiden müssen.

3 Wie wird der Unterhalt berechnet?

3.1 Wenn es um den normalen Lebensbedarf geht

Ausgangspunkt sind die ehelichen Lebensverhältnisse

Der unterhaltsberechtigte Ehegatte soll so gestellt werden **wie zu Zeiten der »intakten« Ehe.** Das ist natürlich in der Praxis nicht realistisch. Jede Trennung bzw. Scheidung bringt auf beiden Seiten allein durch die doppelte Haushaltsführung erhöhte Kosten mit sich. Im Ergebnis kann daher das vorhandene Geld nach bestimmten Grundsätzen geteilt werden – in krassen Fällen spricht man von der »Aufteilung des Mangels«.

Maßgeblich für den Anspruch ist das **bereinigte Nettoeinkommen** beider Ehegatten in den letzten zwölf Monaten vor der Trennung bzw. Scheidung.

Dafür werden alle möglichen Beträge vom Einkommen des Unterhaltspflichtigen und Unterhaltsberechtigten abgezogen oder hinzugerechnet, um ein bestimmtes Nettoeinkommen als Berechnungsgrundlage zu erhalten. Im Einzelfall muss aber auch immer festgestellt werden, ob dieses Einkommen tatsächlich die **ehelichen Lebensverhältnisse geprägt** hat.

Die Unterhaltsberechnung erfolgt nach Quoten

Die Familiengerichte teilen nun das zuvor ermittelte Nettoeinkommen des Unterhaltspflichtigen bzw. die Einkommensdifferenz bei Berufstätigkeit beider Ehegatten nach einem bestimmten Schlüssel auf. Dabei gibt es Unterschiede zwischen den einzelnen Oberlandesgerichten.

Der unterhaltspflichtige Ehegatte darf von seinem Einkommen immer ein bisschen mehr behalten als der unterhaltsbedürftige Ehepartner. Durch diesen sogenannten **Erwerbstätigenbonus** soll die Arbeitsfreude erhalten bleiben.

Die bekannteste Quotelung (d. h. Aufteilung des verfügbaren Einkommens pro Monat) ist die des Oberlandesgerichts Düsseldorf. Hier wird im Verhältnis $^{4}/_{7}$ zu $^{3}/_{7}$ zugunsten des Unterhaltsschuldners aufgeteilt.

» **Beispiel:** Der Mann verfügt über ein monatliches Nettoeinkommen von € 2 800,– Hiervon darf er $^{4}/_{7}$ behalten, also € 1 600,–.

Die Süddeutschen Leitlinien gehen dagegen vom Halbteilungsgrundsatz aus. Das heißt, dass das Einkommen 50 : 50 geteilt wird. Allerdings werden hier nur 90 % der Einkünfte berücksichtigt. Das heißt, hier beträgt der Erwerbstätigenbonus zur Erhaltung der Schaffensfreude (also das, was der Verdiener mehr behalten darf) $^{1}/_{10}$ vom bereinigten Nettoeinkommen.

Sind der geschiedene Ehegatte und der neue Ehepartner unterhaltsrechtlich gleichgestellt, weil zum Beispiel auf der einen Seite eine lange Ehe mit gemeinsamen Kindern bestanden hat und auf der anderen Seite noch Kleinkinder zu berücksichtigen sind, wird anders geteilt. In diesem Fall wird das Einkommen des Mannes gedrittelt – allerdings erst nach dem Abzug des Erwerbstätigenbonus von $^{1}/_{7}$ bzw. $^{1}/_{10}$ zugunsten des Mannes.

Wenn der Unterhaltsschuldner ein sehr hohes Einkommen hat: In diesem Fall setzen die Gerichte keine Quote fest. Es reicht vielmehr, wenn der unterhaltsberechtigte Ehegatte seinen **konkreten monatlichen Bedarf** darlegt und begründet. Dazu zählen auch all die Dinge, die während der Ehe das Leben schön gemacht haben – angefangen von teuren Kosmetika bis hin zu Golfstunden. Ausnahme: Es sind mit dem Scheitern der Ehe zum Beispiel repräsentative Aufgaben weggefallen, sodass der tägliche Friseurbesuch nicht mehr erforderlich ist.

Die Berechnungsmethode hängt davon ab, ob der Unterhaltsberechtigte selbst Einkommen hat. Wenn nur der Verpflichtete Einkommen hat, bestimmen nur die Einkünfte des unterhaltspflichtigen Ehegatten die ehelichen Lebensverhältnisse und damit auch die Höhe des nachehelichen Unterhalts. Bei einem oder mehreren **Kindern** ist der jeweilige Unterhaltsbetrag für die Kinder – auch für volljährige Kinder – zunächst vom Einkommen abzuziehen (sog. Vorwegabzug).

» **Beispiel:** Der Mann hat ein monatliches Nettoeinkommen von € 3 000,–. Für seine unterhaltsberechtigten Kinder muss er monatlich insgesamt € 690,– aufbringen (Kindesunterhalt lt. Düsseldorfer Tabelle abzgl. hälftigem Kindergeld für zwei Kinder in der Altersgruppe sechs bis elf Jahre). Das heißt, der verbleibende Restbetrag in Höhe von € 2 310,– wird im Verhältnis $^4/_7$ zu $^3/_7$ geteilt. Dem Mann verbleiben deshalb € 1 320,–. Der Rest steht der Ehefrau als Unterhalt zu.

Etwas anderes gilt dann, wenn der Unterhaltsberechtigte sich nicht ausreichend um Arbeit bemüht, obwohl von ihm verlangt werden kann, dass er arbeitet. Dann wird ihm ein **fiktives Einkommen angerechnet.** Bei der Höhe werden Alter, Ausbildung, Berufserfahrung und Gesundheitszustand berücksichtigt, ebenso ein Erwerbstätigenbonus. Das Ganze ist natürlich nur begrenzt möglich. Schließlich kann niemand von fingierten Einkünften leben. Die Alternative, den Anspruchsteller auf Sozialleistungen zu verweisen, wird von den Familiengerichten in der Regel nicht praktiziert.

Haben dagegen **beide ein Einkommen,** richten sich die ehelichen Lebensverhältnisse normalerweise nach der **Summe beider Einkünfte.** Häufig sind diese aber **verschieden hoch.** Deshalb wird in diesen Fällen nach der sogenannten **Differenzmethode** gerechnet. Das heißt, das für die Berechnung maßgebliche Einkommen des Unterhaltsberechtigten wird von dem Einkommen des Unterhaltspflichtigen abgezogen. Aus der **Differenz beider Einkommen** wird dann mit der jeweils üblichen Quote der Unterhaltsanspruch ermittelt.

» **Beispiel:** Der Mann verfügt über ein monatliches Nettoeinkommen von € 3 000,–. Die Ehefrau verdient € 1 500,– monatlich netto. Ihr Erwerbstätigenbonus in Höhe von $^1/_7$ ist schon herausgerechnet worden. Verteilt wird dann die Differenz in Höhe von € 1 500,– nach der Quotelung $^4/_7$ zu $^3/_7$ auf beide Ehegatten. Dadurch ergibt sich für die Ehefrau ein Unterhaltsanspruch in Höhe von € 643,–.

Wichtig: Auch bei der Differenzmethode kommt es zum **Vorwegabzug des Kindesunterhalts,** soweit unterhaltsberechtigte Kinder vorhanden sind. Abgezogen wird dieser normalerweise vom Einkommen desjenigen Elternteils, der das Kind nicht betreut, sondern barunterhaltspflichtig ist (→ Kapitel B 5).

Wenn die unterhaltsberechtigte Person Einkünfte aus unzumutbarer Tätigkeit hat: Arbeitet die Mutter eines Kleinkindes, ist ihr dies ja eigentlich nicht zumutbar. **Folge:** Die Differenzmethode darf hier nicht angewendet werden. Das heißt, das Einkommen der Mutter bleibt außer Betracht.

Aber: Übersteigt das Einkommen aus dieser unzumutbaren Tätigkeit den Unterhaltsanspruch, den die Frau hätte, wenn nur das Einkommen des unterhaltspflichtigen Mannes berücksichtigt würde, rechnen die Gerichte häufig den darüber hinausschießenden Betrag zur Hälfte an.

3.2 Unterhalt für die soziale Absicherung gibt es zusätzlich

Vorsorgeunterhalt für die Alterssicherung (§ 1578 Abs. 2 BGB)

Der Unterhaltsanspruch, der sich aus der Quotelung der Einkünfte ergibt, ist nur der **Elementarunterhalt.** Er dient der normalen Lebensführung. Aufwendungen zur **Altersvorsorge** fallen nicht darunter. Dem Unterhaltsberechtigten steht dafür ein zusätzlicher Betrag zu – und zwar ab dem Monat der Rechtshängigkeit des Scheidungsantrags. Es reicht der allgemeine Antrag auf Unterhalt.

Vorsorgeunterhalt gibt es auch dann, wenn die unterhaltsberechtigte Person selbst rentenversichert ist. In diesem Fall kommen zusätzliche private Vorsorgemöglichkeiten infrage.

! Der Vorsorgeunterhalt wird nicht automatisch zugesprochen. Er muss vielmehr ausdrücklich vom Anwalt beantragt und beziffert werden. Reicht aber das Einkommen des Unterhaltspflichtigen schon nicht aus, um den Elementarunterhalt abzudecken, gibt es keinen Altersvorsorgeunterhalt.

Beachten Sie außerdem, dass der Elementarunterhalt aufgrund der Berechnungsmethode durch den Vorsorgeunterhalt verringert wird. Überlegen Sie sich deshalb gut, was Ihnen lieber ist.

Vorsorgeunterhalt für den Krankheitsfall

Ist eine Ehe noch nicht geschieden, bleibt eine **Mitversicherung** erhalten. Diese Versicherung erlischt aber mit Rechtskraft der Scheidung. So muss sich zum Beispiel die bislang in einer örtlichen Krankenkasse versicherte Hausfrau jetzt **freiwillig versichern.** Dafür hat sie **drei Monate** nach Rechtskraft der Scheidung Zeit. Der Beitragssatz hängt von der jeweiligen Krankenkasse ab. Berechnungsbasis ist der zuvor ermittelte Elementarunterhalt. Eventuell vorhandene **Kinder bleiben beim Vater mitversichert.**

Wer bislang **privat versichert** war, darf grundsätzlich weiter privat versichert bleiben. Es sollte jedoch die günstigste Möglichkeit gesucht werden. Da sich an der Höhe des Beitrags aber grundsätzlich nichts ändert, entspricht der Krankenvorsorgeunterhalt hier dem Beitragssatz.

Bei der **Beamtenehe** verliert der nicht beamtete unterhaltsberechtigte Ehegatte seinen Anspruch auf Beihilfe. In diesem Fall kann unter Umständen auf eine freiwillige Versicherung in der gesetzlichen Kasse zurückgegriffen oder die private Krankenversicherung aufgestockt werden.

Der Krankenvorsorgeunterhalt wird genauso wie der Altersvorsorgeunterhalt beim Elementarunterhalt berücksichtigt.

3.3 Wenn der Unterhaltsberechtigte einen Sonderbedarf hat

Unter Sonderbedarf versteht man einen unregelmäßig anfallenden außergewöhnlich hohen Bedarf. Unregelmäßig ist der Bedarf, wenn er nicht vorhersehbar und deshalb nicht beim Unterhalt berücksichtigt werden konnte. Typisches Beispiel sind **Krankheitskosten,** die nicht von der Krankenkasse oder -versicherung übernommen werden. Liegen die Voraussetzungen vor, muss der Unterhaltspflichtige zahlen – vorausgesetzt, er ist dazu finanziell in der Lage.

3.4 Was gilt bei einer gemeinsamen Immobilie?

Wenn Eheleute in einem Eigenheim leben, müssen sie keine Miete zahlen, aber in der Regel Zins, Tilgung und allgemeine Grundstückskosten. Das beeinflusst den Unterhaltsanspruch, weil der Elementarunterhalt einen bestimmten Mietanteil vorsieht, der durch den »**Vorteil des mietfreien Wohnens**« entfällt. Das setzt allerdings voraus, dass Eigenheimbewohner überhaupt einen finanziellen Vorteil gegenüber einer Mietzahlung haben, was angesichts der hohen Kosten für die Eigenheimfinanzierung eher selten ist. Wenn nicht, wird auch kein Wohnvorteil berücksichtigt.

Ein Wohnvorteil ist dann am ehesten gegeben, wenn die unterhaltsberechtigte Person zum Beispiel in einer schuldenfreien Immobilie wohnt, die sie zum Beispiel von den Eltern geschenkt bekommen hat.
Es bleibt also bei dem zuvor ermittelten Unterhaltsanspruch. Ein Mietwert wird nicht abgezogen. **Aber:** Solange die Ehe noch nicht endgültig gescheitert ist – zumindest in den ersten zwei bis drei Jahren – sind die ehelichen Verhältnisse durch die Annuitäten geprägt worden. Folge: Sie werden bei demjenigen einkommensmindernd berücksichtigt, der für die Kosten aufkommt. Beachten Sie dabei die nachfolgenden **Fallkonstellationen.**

Berücksichtigung des Wohnvorteils während der Trennungszeit

Wenn der unterhaltsbedürftige Ehepartner in der gemeinsamen Wohnung zurückbleibt, trägt der unterhaltspflichtige Ehepartner normalerweise die Zins- und Tilgungsleistungen, weil der andere Ehepartner sie ohnehin nicht aufbringen kann. **Folge:** Die Hausbelastungen vermindern sein Einkommen. Vorab sind von dem Einkommen jedoch staatliche Fördermittel nach dem Eigenheimzulagengesetz abzuziehen.

Gleichzeitig vermindert sich der Unterhaltsbedarf des im Haus verbliebenen Ehegatten, weil er mietfrei wohnt. **Grund:** Der Elementarunterhaltsanspruch beinhaltet einen Mietkostenanteil, der hier entfällt. Der Abschlag vom Unterhaltsanspruch richtet sich, solange die Eheleute getrennt leben, in der Regel danach, was der Unterhaltsberechtigte auf dem örtlichen Wohnungsmarkt für eine dem ehelichen Lebensstandard entsprechende kleinere Wohnung zahlen müsste. Das ist zum Beispiel bei einer 100 m² großen Ehewohnung eine Zweieinhalbzimmerwohnung für ihn allein.

Der volle Wohnwert der Immobilie, also die auf dem Markt erzielbare Miete, die unter Umständen mehr als das Doppelte ausmachen kann, darf nicht zulasten des zurückgebliebenen Ehegatten gehen. Hier bleibt es zunächst bei der sogenannten »**angemessenen Wohnvorteilberechnung**«.

In der Praxis wird aber nicht nach »Schema F« gerechnet, sondern ergebnisorientiert. Das heißt, der **Wohnvorteil,** der schließlich nicht so weit gehen darf, dass der Unterhaltsberechtigte vom »Wohnen« leben soll, wird ca. mit einem Fünftel oder – wenn es hoch kommt – mit einem Viertel des Unterhaltsanspruchs angesetzt.

Wenn noch **gemeinsame Kinder beim unterhaltsbedürftigen Ehegatten in der ehemaligen gemeinsamen Familienwohnung** mitleben, erhöht sich unter Umständen der Wohnwert zu seinen Lasten um ca. 15 % / 20 % des Kindesunterhaltsanspruchs. Dieser ergibt sich wiederum aus den Unterhaltstabellen.

Bleibt der unterhaltspflichtige Ehepartner in der Wohnung und trägt wegen seines höheren Einkommens die Hauslasten alleine, wird dies einkommensmindernd berücksichtigt. Gleichzeitig muss er sich aber das mietfreie Wohnen anrechnen lassen. Auch hier **wird nur der Wert für eine angemessene Wohnung** zugrunde gelegt.

Nach der Scheidung

Spätestens nach der Scheidung wird anders gerechnet, wenn einer der Ex-Partner in der ehemaligen Ehewohnung wohnen bleiben will. Denn gerade bei unverhältnismäßig hohen Belastungen muss eine **andere Lösung** gefunden werden. In den meisten Fällen heißt das: **Verkaufen.**

Ist ein Wohnvorteil, der aus dem mietfreien Wohnen im eigenen Haus anfällt, wegen des Verkaufs des Eigenheims nicht mehr vorhanden, so setzt sich dieser Vorteil in dem erzielten oder erzielbaren Ertrag fort. Dieser Ertrag kann sowohl der Nutzungsvorteil einer neuen Wohnung sein, die mit dem Verkaufserlös erworben wurde, als auch der Zins des angelegten oder anzulegenden Verkaufserlöses.

Trotzdem kommt es vor, dass einer der Partner im ehemaligen gemeinsamen Haus bzw. der gemeinsamen Wohnung zurückbleibt. Das wirkt sich auf die **Unterhaltsberechnung** aus. Zahlt der Unterhaltspflichtige nach wie vor die verbrauchsunabhängigen Kosten wie Zins, Tilgung und sonstige Hauslasten, werden bei ihm nur noch die Zinsen einkommensmindernd berücksichtigt. Unabhängig davon sind die Ex-Partner natürlich nicht daran gehindert, hier eine **einvernehmliche Lösung** zu treffen.

! Scheidungswillige Paare sollten in dieser Situation mithilfe eines auf familienrechtliche Mediation spezialisierten Anwaltes die Scheidungsvereinbarungen miteinander am runden Tisch aushandeln, statt um jeden Cent Unterhalt vor Gericht zu streiten.

Hat derjenige, der im Haus zurückgeblieben ist, einen Wohnvorteil, weil er günstiger wohnt, als er vergleichsweise an Miete zahlen müsste, wird ihm dieser Vorteil nun als Einkommen angelastet – und zwar in Höhe des objektiven vollen Mietwertes. Davon darf er dann aber die Miete für eine angemessene Wohnung abziehen.

» **Beispiel:** Einer der geschiedenen Partner bleibt im ehemals gemeinsamen Familienheim wohnen. Für das Haus ließe sich auf dem Wohnungsmarkt eine Miete von € 1 000,– erzielen. Für eine dem Wohnbedarf angemessene Wohnung müsste der Mann aber nur € 650,– bezahlen. Folge: Sein Einkommen erhöht sich um den Vorteil von € 350,–.

3.5 Wenn der Unterhaltspflichtige nicht genug verdient

Solange der Unterhaltspflichtige so viel verdient, dass er allen gerecht wird, die Unterhaltsansprüche an ihn stellen, gibt es keine Schwierigkeiten, jedenfalls keine finanziellen. Wer aber einen geschiedenen ersten Ehegatten, einen neuen Ehegatten und mehrere Kinder aus erster und zweiter Ehe zu versorgen hat, kann häufig den Geldbedarf aller nicht mehr voll aufbringen. Familienrichter sprechen hier von einem **Mangelfall.** Wie hier gerechnet wird, können Sie dem **Berechnungsbeispiel** aus den Erläuterungen zur Düsseldorfer Tabelle entnehmen.

Eine Beispielsberechnung für diesen Fall finden Sie in der Düsseldorfer Tabelle, die Ihnen auf der Rechtstipps-CD zur Verfügung steht.

Auf jeden Fall sollten Sie sich darüber im Klaren sein, dass die **Kinder** – egal ob aus der ersten oder zweiten Ehe, ehelich oder nicht ehelich – **absoluten Vorrang vor dem unterhaltsberechtigten Ehepartner** haben. Auch im Verhältnis der jeweiligen Partner untereinander gibt es jetzt die Besonderheit, dass die kindererziehende Person vorrangig vor dem nicht kindererziehenden Partner zu versorgen ist.

Ausnahme: Ehepartner, die nach langen Ehejahren besonders schutzwürdig sind. Diese Personen werden mit kinderbetreuenden Unterhaltsberechtigten gleichgesetzt. In diesem Fall wird das Einkommen des beiden gleichermaßen verpflichteten Mannes gedrittelt.

B5 Unterhaltsansprüche ehelicher und nicht ehelicher Kinder

1 Wann sind Eltern unterhaltspflichtig?

Grundsätzlich immer!

Beide Elternteile müssen für den Unterhalt ihrer minderjährigen Kinder aufkommen. Dabei ist es gleich, ob die Eltern verheiratet sind oder nicht. Es gibt beim Kindesunterhalt **keinen Unterschied mehr zwischen ehelichen und nicht ehelichen Kindern.** Minderjährige Kinder haben vor allen anderen Unterhaltsberechtigten absoluten Vorrang. So haben auch Kinder aus nicht ehelichen Beziehungen Vorrang vor dem Ex-Ehepartner.

Konkret: Derjenige Elternteil, bei dem das Kind normalerweise lebt, kommt seiner Unterhaltspflicht nach, indem er es betreut und erzieht. Außer diesem **»Betreuungsunterhalt«** muss normalerweise kein weiterer Unterhalt geleistet werden. Den sogenannten **»Barunterhalt«** in Form einer monatlichen Geldrente hat dagegen der nicht betreuende Elternteil zu leisten.

Von dieser Regel – eine Seite trägt den Barunterhalt – gibt es **Ausnahmen:**

- Wenn das Kind von dritten Personen, wie zum Beispiel **Großeltern, Tanten, Onkeln** etc., betreut wird oder in einem **Heim** oder **Internat** untergebracht ist. Hier schulden **beide Elternteile** ausschließlich **Barunterhalt** – und zwar anteilig nach ihren Erwerbs- und Vermögensverhältnissen.
- Wenn ein Elternteil, zum Beispiel aufgrund einer Vereinbarung (sog. Wechselmodell), das Kind oder die Kinder **teilweise betreut,** ist in Ausnahmefällen eine Herabsetzung des Barunterhalts möglich. Voraussetzung: Die Dauer der Betreuung macht **ungefähr die Hälfte der Gesamtbetreuungszeit** aus. Entscheidet sich ein unterhaltsberechtigtes Kind, den **betreuenden Elternteil zu wechseln,** führt dies dagegen nicht automatisch zur Änderung bei der Barunterhaltspflicht.
- Bei einem **gut verdienenden betreuenden Elternteil** und einem weniger gut verdienenden barunterhaltspflichtigen Elternteil kann zulasten des Besserverdieners eine teilweise Barunterhaltspflicht eintreten.
- Ist der unterhaltspflichtige Elternteil finanziell nicht in der Lage, für den Unterhalt des Kindes zu sorgen, müssen unter Umständen auch die **Großeltern,** also seine Eltern, zahlen. Das gilt natürlich nur, wenn auch beim anderen Elternteil nichts zu holen ist und die Großeltern »leistungsfähig« sind.

Müssen Eltern trotz Streits mit dem volljährigen Kind zahlen?

Der **Unterhaltsanspruch kann teilweise oder ganz ausgeschlossen** sein, wenn das Kind schwere Verfehlungen gegenüber dem Unterhaltspflichtigen begangen hat. Allerdings kommt dies **nur in extremen Fällen** in Betracht. Dazu zählen zum Beispiel schwerwiegende Beleidigungen des Unterhaltspflichtigen, die auf eine vorsätzliche Kränkung angelegt sind. Die bloße Ablehnung des Kontakts reicht in der Regel nicht aus.

Allerdings verliert ein volljähriges Kind seinen Unterhaltsanspruch, wenn es anrechnungsfähige Einkünfte verschweigt (z. B. Einkünfte aus einer Praktikumstätigkeit). Eigene Einkünfte muss es den unterhaltspflichtigen Eltern mitteilen.

Müssen Eltern ewig zahlen?

Wenn **Kinder volljährig** werden, ist heute **noch lange nicht Schluss.** Geht Ihr Kind noch zu einer allgemeinbildenden Schule wie zum Beispiel einem Gymnasium, wird Ihnen das selbstverständlich sein. Als Eltern müssen Sie aber auch eine **»angemessene Berufsausbildung«** finanziell ermöglichen.

2 Ermittlung der monatlichen Unterhaltszahlungen

2.1 Kindesalter und Elterneinkommen sind entscheidend

Grundlage für den Kindesunterhalt ist bundesweit die sogenannte Düsseldorfer Tabelle. Sie unterscheidet nach Altersstufen der anspruchsberechtigten Kinder und Einkommensstufen der unterhaltspflichtigen Eltern.

Unterhalt müssen Sie nur von Ihrem **»bereinigten« Nettoeinkommen** zahlen. Gemeint ist nicht das Einkommen, das auf Ihrer Gehaltsabrechnung als Nettoeinkommen genannt wird, sondern der Betrag, um den sich dieses Einkommen durch besondere Ausgaben vermindert.

Düsseldorfer Tabelle zum Kindesunterhalt (Stand 1. 1. 2016)

Nettoeinkommen des Barunterhaltspflichtigen in Euro	**1. Altersstufe 0 – 5 Jahre** (Geburt bis 6. Geburtstag	**2. Altersstufe 6 – 11 Jahre** (6. bis 12. Geburtstag)	**3. Altersstufe 12 – 17 Jahre** (12. bis 18. Geburtstag)
bis € 1 500,–	€ 335,–	€ 384,–	€ 450,–
€ 1 501,– bis € 1 900,–	€ 352,–	€ 404,–	€ 473,–
€ 1 901,– bis € 2 300,–	€ 369,–	€ 423,–	€ 495,–
€ 2 301,– bis € 2 700,–	€ 386,–	€ 442,–	€ 518,–
€ 2 701,– bis € 3 100,–	€ 402,–	€ 461,–	€ 540,–
€ 3 101,– bis € 3 500,–	€ 429,–	€ 492,–	€ 576,–
€ 3 501,– bis € 3 900,–	€ 456,–	€ 523,–	€ 612,–
€ 3 901,– bis € 4 300,–	€ 483,–	€ 553,–	€ 648,–
€ 4 301,– bis € 4 700,–	€ 510,–	€ 584,–	€ 684,–
€ 4 701,– bis € 5 100,–	€ 536,–	€ 615,–	€ 720,–

Anmerkungen zur Tabelle:

- Die Tabelle hat keine Gesetzeskraft, sondern stellt eine Richtlinie dar. Sie weist den monatlichen Unterhaltsbedarf aus, bezogen auf zwei Unterhaltsberechtigte, ohne Rücksicht auf den Rang. Der Bedarf ist nicht identisch mit dem Zahlbetrag; dieser ergibt sich unter Berücksichtigung der nachfolgenden Anmerkungen.

  Bei einer größeren / geringeren Anzahl Unterhaltsberechtigter können **Ab- oder Zuschläge** durch Einstufung in niedrigere / höhere Gruppen vorgenommen werden. Reicht das verfügbare Einkommen auch dann nicht aus, haben die minderjährigen Kinder absoluten Vorrang.
- Berufsbedingte Aufwendungen, die sich von den privaten Lebenshaltungskosten eindeutig abgrenzen lassen, sind vom Einkommen abzuziehen.
- Berücksichtigungsfähige Schulden sind vom Einkommen abzusetzen.
- Der notwendige Selbstbehalt beträgt seit dem 1. 1. 2015
  - gegenüber minderjährigen unverheirateten Kindern,
  - gegenüber volljährigen unverheirateten Kindern bis zur Vollendung des 21. Lebensjahres, die im Haushalt der Eltern oder eines Elternteils leben und sich in der allgemeinen Schulausbildung befinden,
  - in der Regel beim nicht erwerbstätigen Unterhaltspflichtigen monatlich € 880,–, beim erwerbstätigen Unterhaltspflichtigen monatlich € 1 080,–. Hierin sind bis € 380,– für Unterkunft einschließlich umlagefähiger Nebenkosten und Heizung (Warmmiete) enthalten. Der Selbstbehalt soll erhöht werden, wenn die Wohnkosten (Warmmiete) den ausgewiesenen Betrag überschreiten und nicht unangemessen sind.

- Die Vergütung, die ein Kind in der Berufsausbildung erhält, während es noch im Haushalt der Eltern oder eines Elternteils wohnt, wird angerechnet. In der Regel wird die Vergütung aber um einen ausbildungsbedingten Mehrbedarf von monatlich € 90,– gekürzt.
- In den Unterhaltsbeträgen sind Beiträge zu Kranken- und Pflegeversicherung sowie Studiengebühren nicht enthalten.
- Das auf das jeweilige Kind entfallende Kindergeld ist nach § 1612 b BGB auf den Tabellenunterhalt (Bedarf) anzurechnen.

Die Originaltabellen mit weiteren Erläuterungen einschließlich Zahlbetragsübersichten, die das jeweilige Kindergeld berücksichtigen, finden Sie unter www.olg-duesseldorf.nrw.de / infos / Duesseldorfer_tabelle.

Fällt der unterhaltspflichtige Elternteil aus, weil er nicht zahlen kann oder will, haben betroffene Kinder bis zur Vollendung des zwölften Lebensjahres Anspruch auf **Unterhaltszahlungen nach dem Unterhaltsvorschussgesetz** in Höhe der Basisbeträge der Düsseldorfer Tabelle. Das Geld gibt es beim zuständigen Jugendamt, das dann versucht, beim Unterhaltsschuldner zurückzuholen, was geht.

! Da Jugendämter zur Beratung in Sachen Kindesunterhalt verpflichtet sind, sollten Sie von dieser Möglichkeit auch dann Gebrauch machen, wenn es nicht nur um Unterhaltsvorschuss geht. Häufig können Sie sich dadurch den Besuch beim Rechtsanwalt ersparen.

Unterhaltsrechtliche Leitlinien der Oberlandesgerichte

Die verschiedenen Oberlandesgerichte der einzelnen Bundesländer haben teilweise abweichende Regelungen zu Einzelheiten bei der Unterhaltsberechnung.

! Die Leitlinien können Sie im Internet auf den Seiten des jeweiligen Oberlandesgerichts herunterladen oder direkt bei den Gerichten anfordern.

Bedarf bei Volljährigen, die noch im Elternhaus leben

In diesem Fall bemisst sich der Barunterhalt **bei zusammenlebenden Eltern** nach einem angemessenen Taschengeld, also ca. **€ 60,– bis € 100,– monatlich,** und dem Geld für notwendige Sachaufwendungen zur Ausbildung.

Volljährige Kinder **dauernd getrennt lebender** oder **geschiedener Eltern** bekommen **Barunterhalt nach der Düsseldorfer Tabelle** (s. o.), und zwar nach der vierten Altersgruppe. Anders als bei minderjährigen Kindern sind **nun beide Elternteile barunterhaltspflichtig.** Ausgangsbetrag für das Elterneinkommen sind beide zusammengerechneten Nettoeinkommen.

Konkret: Der Elternteil, bei dem das Kind nicht wohnt, muss jetzt nur noch teilweise für den Unterhaltsbedarf aufkommen, der sich aus der Tabelle ergibt. Er braucht nur noch in der Höhe zu zahlen, die seinem Nettoeinkommen im Verhältnis zum Einkommen des anderen Elternteils entspricht. Ob der andere Elternteil sich in dieser Situation weiterhin um das leibliche Wohl des Sprösslings kümmert, ist unerheblich. Dies geschieht freiwillig und kann allenfalls auf den Barunterhaltsanspruch gegen diesen Elternteil angerechnet werden.

Außerdem wird das **Kindergeld** jetzt anders berücksichtigt. Es wird nun in vollem Umfang vorweg von dem Bedarf abgezogen, der sich aus der Düsseldorfer Tabelle ergibt – immer vorausgesetzt, das Kindergeld wird an das Kind ausgezahlt. Der Restbetrag wird mit der Quote aufgeteilt, mit der jeder Elternteil zum Barunterhalt beiträgt.

» **Beispiel:** Verdient der nicht betreuende Vater doppelt so viel wie die betreuende Mutter, muss er vom gesamten Bedarfsbetrag zwei Drittel und die Mutter ein Drittel übernehmen. Verfügen beide Elternteile über ein Gesamtnettoeinkommen von € 4 000,–, beträgt der Gesamtbedarf des Kindes laut Düsseldorfer Tabelle € 744,–. Das heißt, der Vater muss davon 2 / 3, also € 496,– zahlen. Davon abgezogen werden € 126,–, also 2 / 3 des Kindergeldanspruchs (vgl. nächster Absatz).

Hat zum Beispiel die Mutter kein eigenes Einkommen, muss sie unter Umständen eine Nebentätigkeit aufnehmen, um ihrer anteiligen Unterhaltspflicht nachzukommen.

Hier wird anders gerechnet als bei Minderjährigen. Das Kindergeld wird hier in vollem Umfang vorweg von dem Bedarf abgezogen, der sich aus der Düsseldorfer Tabelle ergibt – immer vorausgesetzt, das Kindergeld wird an das Kind ausgezahlt. Der Restbetrag wird mit der Quote aufgeteilt, mit der jeder Elternteil zum Barunterhalt beiträgt.

Wie hoch ist der Bedarf, wenn Ihr Kind nicht mehr zuhause wohnt?

Generell steht studierenden oder anderen erwachsenen Kindern mit eigenem Haushalt in der Ausbildungszeit ein Betrag von **€ 735,– monatlich** zu. Dieser Betrag gilt unabhängig davon, in welchem Bundesland das Kind wohnt und ob die Eltern getrennt leben oder nicht.

Leben die **Eltern getrennt oder sind geschieden,** wird genauso wie im obigen Beispiel ermittelt, wie hoch der jeweilige Elternanteil ist. Beide Elternteile bezahlen ihren Anteil in bar aus, es sei denn, die Beteiligten treffen eine andere Vereinbarung.

Bei einem **Auslandsstudium** kann der Bedarf allerdings erheblich höher werden. Erfüllt Ihr Sprössling zum Beispiel die Voraussetzungen einer Hochbegabtenförderung und kann dadurch in den USA studieren, sind Sie verpflichtet, sich an den Kosten zu beteiligen – immer vorausgesetzt, Ihre wirtschaftlichen Verhältnisse lassen das zu.

2.2 Eigene Einkünfte vermindern den Unterhaltsbedarf

Wenn es um staatliche Zuwendungen geht

Kindergeld

Kindergeld ist gemäß § 1612 b BGB unmittelbar zur Deckung des Barbedarfs des Kindes zu verwenden, und zwar

- zur Hälfte, wenn ein Elternteil seine Unterhaltspflicht durch Betreuung des Kindes erfüllt,
- in allen anderen Fällen in voller Höhe.

» **Beispiel:** Ein Vater mit einem bereinigten Nettoeinkommen von € 3 100,– ist seinen vier Kindern gegenüber barunterhaltspflichtig. Das Kindergeld (Stand 1. 1. 2016), das die Mutter bezieht, beträgt für die ersten beiden Kinder je € 190,–, für das dritte € 196,– und für das vierte Kind € 221,–. Das Kindergeld wird in den unterschiedlichen Altersstufen wie folgt berücksichtigt:

Erstes Kind:	€ 401,– abzüglich € 95,–	= **€ 306,–**
Zweites Kind:	€ 461,– abzüglich € 95,–	= **€ 366,–**
Drittes Kind:	€ 461,– abzüglich € 98,–	= **€ 363,–**
Viertes Kind:	€ 538,– abzüglich € 110,50	= **€ 427,50**

Nicht gemeinsame Kinder werden nicht mitgerechnet. Der sogenannte Zählkindervorteil spielt keine Rolle (§ 1612 b Abs. 2 BGB).

Familienzuschlag

Beim Familienzuschlag im öffentlichen Dienst handelt es sich um eine staatliche Leistung wegen des Kindes, aber nicht um ein »Einkommen« des Kindes. Der Zuschlag wirkt sich deshalb nur aufseiten des Barunterhaltspflichtigen aus – und zwar **einkommenserhöhend.**

Waisenrente

Hierdurch vermindert sich der Unterhaltsbedarf des Kindes. Eine Halbwaisenrente wird allerdings nur zur Hälfte gegenüber dem nicht betreuenden Elternteil **auf den Unterhaltsbedarf angerechnet,** wenn zum Beispiel der Stiefvater das Kind versorgt.

Kinderzuschüsse zur Rente

Hier wird gerechnet wie beim Kindergeld, soweit dieses dadurch ersetzt wird (§ 1612 c BGB). Der darüber hinausgehende Betrag **erhöht das Einkommen** des barunterhaltspflichtigen Elternteils und wirkt sich deshalb indirekt auf die Höhe des kindlichen Unterhaltsanspruchs aus.

Pflegegeld

Pflegegeld für behinderte Kinder (nach den Landespflegegesetzen) ist auf den Mehrbedarf anzurechnen, der durch die Behinderung entsteht. Eine Anrechnung auf den Tabellenunterhalt – also den eigentlichen Unterhalt – kommt nicht infrage.

Sozialleistungen

Staatliche Leistungen zu Unterhaltszwecken werden grundsätzlich **nicht bedarfsmindernd** angerechnet.

Ausbildungsvergütung wird teilweise angerechnet

Die Ausbildungsvergütung wird auf den Unterhaltsanspruch des volljährigen Kindes angerechnet, aber **nicht in voller Höhe.** Sie vermindert sich um einen Pauschalbetrag in Höhe von € 90,– laut Düsseldorfer Tabelle.

Ausbildungsversicherung wird angerechnet

Haben Eltern für Ihr Kind eine Ausbildungsversicherung abgeschlossen, muss sich das Kind die Versicherungssumme in voller Höhe auf den Unterhaltsanspruch anrechnen lassen.

BAföG wird unter Umständen angerechnet

Erhält Ihr Kind »**Vorausleistungen**« nach § 36 BAföG (also eine staatliche Ausbildungsförderung), obwohl Sie als Eltern Unterhalt leisten könnten, aber nicht wollen, geht der Anspruch Ihres Kindes auf das Land über (§ 37 Abs. 1 BAföG). In diesem Fall liegt **kein anrechenbares Einkommen** bei Ihrem Kind vor. Die geleisteten Beträge werden durch das Land von Ihnen zurückgefordert.

Liegen Sie als **Eltern unterhalb der Einkommensgrenzen des BAföG,** gelten grundsätzlich die BAföG-Leistungen beim volljährigen Kind als Einkommen und **mindern den Anspruch.** Es spielt keine Rolle, ob das BAföG als Darlehen oder ohne Rückzahlungsverpflichtung gezahlt wird. Da der Höchstförderungssatz praktisch identisch ist mit dem Tabellenbedarf von € 735,–, müssen Sie eventuell noch für einen Differenzbetrag aufkommen, wenn nicht der Höchstsatz gezahlt wird. Diese Fallkonstellation kommt aber selten vor.

Einkünfte aus Ferienarbeit werden in der Regel nicht angerechnet

Gymnasiasten und Studenten müssen **grundsätzlich nicht während der Schul- oder Semesterferien arbeiten.** Nichtsdestotrotz haben junge Erwachsene oft **Nebeneinkünfte** durch »überobligatorische« Arbeit. Dieses Geld dürfen sie grundsätzlich wie ein Taschengeld nach Belieben ausgeben, ohne dass es angerechnet würde. Ausnahmsweise wäre es **bei geringen Einkünften der Eltern** oder auch bei **vielen Geschwistern** denkbar, das Taschengeld zu kürzen.

» **Beispiel:** Eine Schülerin hat samstags einen festen Job in einem Bekleidungsgeschäft. Hier muss sie damit rechnen, dass man ihr einen Teil auf den Unterhaltsbedarf anrechnet.

Vermögen und Zinseinkünfte

beim minderjährigen Kind

Das Kind darf nicht auf ein vorhandenes Vermögen verwiesen werden, wenn es um seinen Unterhalt geht (§ 1602 Abs. 2 Satz 2 BGB). **Ausnahme:** Sie müssten als Eltern neben Ihrem reichen Kind darben – ein Fall, der zwar nicht oft vorkommt, aber theoretisch denkbar ist.

Deshalb sind Sie hier erst dann unterhaltspflichtig, wenn Sie mehr als Ihren angemessenen Unterhalt für sich zur Verfügung haben. Und der beträgt zurzeit monatlich € 1 300,–. Anders sieht es grundsätzlich bei Erträgen aus Vermögen aus. Diese – z. B. Zinsen – werden als Einkünfte behandelt, also auf den Anspruch angerechnet.

beim volljährigen Kind

Im Gegensatz zu Minderjährigen muss das volljährige Kind **den Stamm seines Vermögens antasten,** soweit dies nicht unwirtschaftlich ist. Selbst ein **Notgroschen** wird nur begrenzt zugestanden.

» **Beispiel:** Eine volljährige Studentin verfügte über geerbte Pfandbriefe im Nennwert von ca. € 5 000,– und drei Krügerrandmünzen im Wert von ca. € 850,–. Der Bundesgerichtshof meinte hier, das sei für einen »Notgroschen« zu viel. Selbst bei einem hohen Elterneinkommen hält das Gericht einen nicht antastpflichtigen Notgroschen von ca. € 2 500,– für ausreichend.

Hat sich das unterhaltsberechtigte Kind von vorhandenem Vermögen aber zum Beispiel einen **Gebrauchtwagen** gekauft, muss es diesen nicht wieder zu Geld machen. Schließlich gehört zumindest für einen erwerbstätigen Erwachsenen ein Fahrzeug zum üblichen Lebensstandard. Und das soll auch für 18-jährige Auszubildende gelten, wenn die Eltern in überdurchschnittlichen Einkommensverhältnissen leben.

Zu den anrechnungspflichtigen **Vermögenserträgen** zählen Zinsen aller Art, Gewinnanteile aus Beteiligungen und Kapitalgesellschaften, Dividenden, Einkünfte aus stiller Gesellschaft und sonstigen Wertpapieren. Grundsätzlich ist Vermögen so ertragreich wie möglich anzulegen. Die Einnahmen mindern den monatlichen Bedarf.

2.3 Werden Zuwendungen von dritter Seite angerechnet?

Lassen zum Beispiel großzügige Tanten, Onkel oder Großenkel dem Kind etwas zukommen, wird dies nicht zugunsten des zahlenden Elternteils berücksichtigt. Eine Ausnahme wird nur dann gemacht, wenn es bei den Geschenken darum geht, den unterhaltspflichtigen Elternteil dadurch zu entlasten.

2.4 Was gilt bei außergewöhnlich hohem Elterneinkommen?

In diesem Fall gibt es **keine Obergrenze** für den Unterhaltsanspruch. Ist Ihr Kind an teure Musik- oder Reitstunden gewöhnt, gehört dies zu seinem Lebensbedarf und muss deshalb auch bei der Unterhaltsbemessung berücksichtigt werden, wenn Sie sich als Eltern trennen. Auch wenn Sie ihm zum Beispiel ein Auto oder Urlaubsreisen finanziert haben, können Sie es nicht plötzlich mit nur noch € 735,– abspeisen. **Aber:** Eltern brauchen **kein Luxusleben** zu ermöglichen. Mehr als der **konkrete Bedarf** muss nicht gedeckt werden.

Es besteht insbesondere keine Verpflichtung, junge Erwachsene vollständig am elterlichen Wohlstand teilhaben zu lassen. Schließlich befinden sich die Kinder in dieser Altersklasse auf dem Weg in die wirtschaftliche Selbstständigkeit.

2.5 Was gilt, wenn das Einkommen nicht reicht?

Ist ein **barunterhaltspflichtiger** Elternteil mehrfachen gleichrangigen Unterhaltsansprüchen ausgesetzt (z. B. wenn Kinder aus erster und zweiter Ehe zu versorgen sind), sind die jeweiligen Bedarfssätze zusammengerechnet oft so hoch, dass das Einkommen beim besten Willen nicht reicht. Der notwendige Selbstbehalt des Unterhaltspflichtigen darf dabei nicht unterschritten werden.

In solchen Fällen wird der Bedarfsbetrag des einzelnen Kindes durch eine Herabstufung in eine niedrigere Einkommensgruppe ermittelt. Unter Umständen muss sogar eine sogenannte **Mangelbedarfsrechnung** angestellt werden. Auf jeden Fall gilt: Gegenüber minderjährigen Kindern muss der barunterhaltspflichtige Elternteil alles bis auf den **»notwendigen Selbstbehalt«** abgeben.

Dieser notwendige Selbstbehalt beträgt monatlich beim nicht erwerbstätigen Unterhaltspflichtigen € 880,–, beim erwerbstätigen Unterhaltspflichtigen monatlich € 1 080,–. Diese Beträge gelten auch in den neuen Bundesländern.

Wenn der Unterhaltspflichtige wieder verheiratet ist, vermindern die Gerichte unter Umständen den Selbstbehalt. Das ist dann der Fall, wenn der **zweite Ehepartner** über angemessene Einkünfte verfügt. Dasselbe ist auch für das nicht eheliche **Zusammenleben mit einem neuen Partner** entschieden worden.

Der Selbstbehalt beinhaltet eine Pauschale von € 380,– für Unterkunft einschließlich Nebenkosten. Er kann aber angemessen erhöht werden, wenn dieser Betrag im Einzelfall erheblich überschritten wird, weil es zum Beispiel keine günstigere Wohnung gibt.

Wenn der Unterhaltspflichtige **Krankengeldbezieher** oder **Umschüler** ist, steht ihm ebenfalls nur ein verringerter Selbstbehalt zu. Hier kommt es stets auf den Einzelfall an.

Der über den Selbstbehalt hinausgehende Teil des bereinigten Nettoeinkommens wird nun nach einem bestimmten Verteilungsmaßstab auf die unterhaltsberechtigten Kinder verteilt. Für derartige Mangelfälle liefert die Düsseldorfer Tabelle ein Berechnungsbeispiel.

Die Originaltabelle mit einem Mangelfallberechnungsbeispiel finden Sie unter www.olg-duesseldorf.nrw.de / infos / Duesseldorfer_tabelle.

Was gilt bei volljährigen Kindern?

Hat das volljährige Kind noch jüngere Geschwister unter 18 Jahren, werden deren Unterhaltsansprüche vom Einkommen der Eltern bzw. des zahlungspflichtigen Elternteils **vorweg abgezogen.** Dasselbe gilt für unterhaltsberechtigte Ehepartner, unter Umständen auch aus mehreren Ehen. Unterhaltsansprüche ebenfalls volljähriger Geschwister werden dagegen nicht vorweg abgezogen. Denn diese stehen gleichrangig nebeneinander.

Außerdem muss Eltern ein angemessener **Eigenbedarf** bleiben. Dieser beträgt pro Elternteil monatlich mindestens € 1 300,–. Darin ist eine Warmmiete von € 480,– enthalten. Der Eigenbedarf kann also höher sein, wenn nachweislich eine erheblich höhere Miete erforderlich ist. Leben **beide Elternteile zusammen,** wird der jeweilige Eigenbedarf allerdings oft um 20 % gekürzt, weil in der gemeinsamen Haushaltsführung eine gewisse Ersparnis liegt. Reicht das elterliche Einkommen nicht, muss das volljährige Kind den Restbedarf anderweitig decken (z. B. mit BAföG oder einem Stipendium).

Zur Sicherung des Mindestbedarfs müssen Sie fast alles tun

Als Eltern dürfen Sie sich keineswegs auf den Standpunkt stellen, »wenns nicht reicht, dann reichts eben nicht«. Es zählt nicht nur das tatsächliche Einkommen, sondern auch das, was Sie bei »gutem Willen« erzielen könnten. **Konkret:** Gegenüber minderjährigen Kindern und volljährigen Kindern bis zum 21. Lebensjahr besteht, solange Letztere eine allgemeinbildende Schule besuchen und bei einem Elternteil oder den Eltern leben, die sogenannte **gesteigerte Unterhaltspflicht.** Sie verlangt von den Eltern, **alle finanziellen Möglichkeiten**

auszuschöpfen, um der Unterhaltspflicht optimal gerecht zu werden (§ 1603 Abs. 2 BGB). Wer sich seiner gesetzlichen Unterhaltspflicht entzieht, macht sich unter Umständen sogar **nach § 170 StGB strafbar.**

Natürlich kann niemand den Unterhaltspflichtigen zur Arbeit zwingen. Deshalb helfen sich die Gerichte damit, dem Unterhaltspflichtigen **fiktive Einkünfte zu unterstellen.** Das kann zum Beispiel so aussehen, dass der Unterhaltsschuldner in der Düsseldorfer Tabelle einkommensmäßig höhergestuft wird.

Grundsätzlich ist auch der Vermögensstamm für die Erfüllung der Unterhaltspflicht zu verwenden. Es darf allerdings kein wirtschaftlich unvertretbarer und unzumutbarer Nachteil damit einhergehen. Dasselbe gilt, wenn Sie Vermögensrücklagen bilden müssen, um Ihren Lebensbedarf zu sichern. So wurde von einem Gericht auf die Verwertung eines größeren Schmerzensgeldbetrages verzichtet, weil der Unterhaltspflichtige auf Einkünfte daraus angewiesen war.

2.6 Wann kommt noch Sonderbedarf bzw. Mehrbedarf dazu?

Außer dem laufenden Unterhalt kann Ihr Kind in bestimmten Fällen zusätzliche Unterhaltszahlungen beanspruchen, den sogenannten »Sonderbedarf«. Das ist ein **unregelmäßiger, außergewöhnlicher hoher Bedarf** (§ 1613 Abs. 2 Nr. 1 BGB). »Unregelmäßig« bedeutet hierbei, dass der Bedarf nicht vorhersehbar war und deshalb bei der Bemessung des laufenden Unterhalts nicht berücksichtigt werden konnte. Letztlich ist das Ganze immer eine Sache des Einzelfalls, wie die nachfolgende **Übersicht** zeigt:

Fälle, in denen die Rechtsprechung Sonderbedarf bejaht

- **Krankheitskosten,** soweit sie nicht von der Krankenkasse ersetzt werden, in Ausnahmefällen auch eine privatärztliche Behandlung. Anerkannt wird auch der Sonderbedarf bei Kosten für eine kieferorthopädische Behandlung, soweit sie nicht von der Krankenkasse abgedeckt sind.
- Die sogenannte **Säuglingserstausstattung.**
- Kosten für **Klassenfahrten,** wenn von den normalen Unterhaltszahlungen keine Rücklagen gebildet werden können.
- Die Anschaffung eines **Musikinstrumentes.**
- Neues **Bettzeug** wegen einer Staubmilbenallergie.

- Kosten für **Nachhilfeunterricht,** soweit pädagogisch erforderlich. Dasselbe gilt für den Besuch einer Privatschule, wenn diese Maßnahme von einem Gutachter empfohlen wird.
- Selbst **Telefonkosten** können im Extremfall als Sonderbedarf geltend gemacht werden. Verursacht zum Beispiel ein Halbwüchsiger, der bei seiner Mutter lebt, extrem hohe Telefonkosten (hier € 500,–) über Servicenummern, kann diese die Hälfte der Kosten von ihrem getrennt lebenden Ehemann als Sonderbedarf verlangen.

Fälle, in denen die Rechtsprechung Sonderbedarf verneint

- **Kindergartenbesuch** und Kindertagesstättenbesuch. Allerdings zählen die Kosten für den Kindergarten zum Mehrbedarf des Kindes. Das heißt, beide Eltern müssen sich daran beteiligen. Ausnahme: Der Besuch der Kindertagesstätte ist aus Gründen, die beim Kind liegen, erforderlich – wie z. B. geistige Behinderung, Lernschwäche oder Schwererziehbarkeit; sowie die Mehrkosten für den Ganztagskindergarten.
- **Brillenkauf.**
- Auslagen für den **Urlaub.**
- **Austauschschülerkosten.**
- Neue **Einrichtung** eines Kinder- oder Jugendzimmers, wenn zum Beispiel das bisherige Kinderbett zu klein geworden ist.
- **Kommunion und Konfirmation** – die Kosten hierfür sind spätestens mit Beginn des Kommunions- bzw. Konfirmandenunterrichts absehbar und deswegen nicht überraschend.

Der **Computer** zur Anwendung von Lernprogrammen muss gegebenenfalls als Sonderbedarf vom unterhaltspflichtigen Elternteil finanziert werden. Das gilt zumindest bei Lernschwierigkeiten des Kindes, die damit möglicherweise beseitigt werden können. Hier kommt es darauf an, ob von den normalen Unterhaltszahlungen entsprechende Rücklagen hätten gebildet werden können.

Sind die Kriterien des Sonderbedarfs nicht erfüllt, steht dem Kind aber unter Umständen ein **Mehrbedarf** zu wie zum Beispiel bei den Kindergartenkosten (ganztags und halbtags) oder Hortkosten. Auch Studiengebühren zählen ebenso dazu wie Krankenversicherungskosten / Pflegeversicherungskosten, soweit das Kind nicht bei einem Elternteil mitversichert ist.

Wichtig: Die Kosten für den Mehrbedarf müssen sich **beide Elternteile** entsprechend ihren Einkommensverhältnissen teilen.

3 Was heißt Ausbildungsfinanzierung?

3.1 Eltern haben kein Mitbestimmungsrecht bei der Berufswahl

Als Eltern schulden Sie Ihrem Kind eine **angemessene Berufsausbildung** (§ 1610 Abs. 2 BGB) – das heißt eine **Ausbildung, die der Begabung, den Fähigkeiten, dem Leistungswillen und den beachtenswerten Neigungen Ihres Kindes** entspricht. Der Beruf der Eltern und deren gesellschaftliche Stellung spielen keine Rolle. Selbst ein wenig aussichtsreicher Beruf darf nicht aus grundsätzlichen Überlegungen verwehrt werden.

» **Beispiel:** Will der Sohn eines Arztehepaares partout Schauspieler statt Praxisnachfolger werden und bewirbt sich erfolgreich an einer anerkannten Schauspielschule, haben seine Eltern keine Chance, dem jungen Mann diese Laufbahn finanziell zu verwehren.

Aber auch die **Kinder müssen aktiv eine Berufsausbildung anstreben.** Wer allzu lange beruflich orientierungslos bleibt, kann nicht eines Tages Ausbildungsunterhalt von seinen Eltern fordern.

» **Beispiel:** In einer Entscheidung des Bundesgerichtshofes hatte ein Student nach zahlreichen schulischen Misserfolgen das Gymnasium zunächst ohne Abschluss verlassen. Zwischenzeitlich hatte er eineinhalb Jahre gejobbt, anschließend eineinhalb Jahre Zivildienst geleistet, wieder gejobbt und erst danach am Abendgymnasium das Abitur nachgemacht. Zu Beginn des Studiums war er 27 Jahre alt. Hierfür gab es kein Geld mehr. Eltern müssen sich darauf einstellen können, dass irgendwann einmal mit der Unterhaltslast Schluss ist – so der BGH. Das gilt insbesondere dann, wenn durch das Alter des Kindes steuerliche Erleichterungen und andere geldwerte Vorteile wie Kindergeld entfallen.

3.2 Mehr als eine Ausbildung nur ausnahmsweise

Wann müssen Eltern eine Zweitausbildung finanzieren?

Will zum Beispiel eine gelernte Kosmetikerin nach abgeschlossener Ausbildung Apothekenhelferin werden, brauchen Eltern dies nicht zu unterstützen – jedenfalls nicht finanziell. Das gilt selbst dann, wenn **die Ausbildungskosten der Erstausbildung nicht besonders hoch** waren.

Zahlen müssen Eltern dagegen für eine Zweitausbildung, wenn **die Erstausbildung auf einer »deutlichen Fehleinschätzung der Ausbildungsfähigkeit des Kindes«** beruhte und sich bis zum Ende der ersten Ausbildung schon eine wesentlich höhere Ausbildungsfähigkeit zeigte.

» **Beispiel:** Eine Abiturientin mit einem Notendurchschnitt von »nur« 2,5 hatte zunächst eine Ausbildung als medizinisch-technische Assistentin erfolgreich abgeschlossen. Ihr Interesse galt jedoch der Biologie, zumal sie in der Schule in Biologie und Chemie gute Noten hatte. Nachdem sie entgegen dem elterlichen Willen das Biologiestudium aufgenommen hatte, erzielte sie dort sogar die Note »gut« und einen »Bachelor«-Abschluss. Grund genug also, die Eltern an der Finanzierung des Studiums zu beteiligen.

Wenn eine **Ausbildung aus gesundheitlichen Gründen abgebrochen** wird, müssen Eltern ebenfalls für die Kosten einer Zweitausbildung aufkommen.

Wann müssen Eltern eine Weiterbildung finanzieren?

Wenn es um die Promotion geht

Will Ihre Tochter bzw. Ihr Sohn zum Beispiel im direkten Anschluss an ein Hochschulstudium promovieren, müssen Sie sich unter Umständen an den Kosten beteiligen. Das gilt aber nur dann, wenn Nichtpromovierte in dem jeweiligen Beruf Nachteile gegenüber Promovierten haben, wie das zum Beispiel bei Ärzten denkbar ist. Es besteht allerdings eine **Pflicht zum Nebenverdienst.**

Stellt der Doktortitel allerdings »nur« einen akademischen Grad dar, brauchen Eltern selbst bei **überdurchschnittlicher Begabung** ihres Sprösslings die Promotion nicht zu finanzieren.

Wenn das Studium auf Abitur und Lehre folgen soll

Hier besteht grundsätzlich eine Unterhaltspflicht, wenn

- das Ganze ein **einheitlicher Ausbildungsvorgang** ist,
- zwischen den einzelnen Ausbildungsabschnitten **ein enger zeitlicher Zusammenhang** besteht und
- den Eltern die **Finanzierung zumutbar** ist.

Typischer Fall ist hier die Banklehre und das anschließende Betriebswirtschaftsstudium. Allerdings ist die **Abgrenzung häufig nicht ganz einfach.** Das zeigen nachfolgende

» **Beispiel:**

- Ein Student hatte nach einer abgeschlossenen Lehre zum Industriemechaniker die mittlere Reife über eine Berufsaufbauschule gemacht. Danach hatte er ein berufliches Gymnasium mit Wirtschaftsabitur absolviert und anschließend Maschinenbau studiert. Hier sah das Oberlandesgericht Frankfurt keinen engen sachlichen Zusammenhang und lehnte die Unterhaltsverpflichtung der Eltern ab.
- Pech hatte auch eine Europasekretärin, die nach ihrer Ausbildung ein Studium der Volkswirtschaftslehre angefangen hatte.
- Unterhaltspflichtig sind dagegen Eltern, wenn der erfolgreiche Abschluss einer Lehre in Verbindung mit dem zuvor erworbenen Abschlusszeugnis einer zweijährigen höheren Handelsschule zur Fachhochschulreife führt. Wenn dann ein Kind studieren will, kommt es auf den sachlichen Zusammenhang gar nicht an. Denn die Lehre wird als eine sinnvoll sachliche Vorbereitung des Studiums gesehen.

3.3 Wann ist Schluss mit dem Ausbildungsunterhalt?

Die übliche Ausbildungsdauer ist entscheidend

Die elterliche Zahlungspflicht erlischt nach der üblichen Ausbildungsdauer. Bei Studiengängen wird deshalb die sogenannte **Höchstförderungsdauer nach dem Bundesausbildungsförderungsgesetz** (kurz: BAföG) zugrunde gelegt. Diese wiederum orientiert sich an den Regelstudienzeiten der einzelnen Studiengänge. Eine Ausnahme kann nur dann gemacht werden, wenn die Verzögerung des Studiums nicht ausschließlich am Kind liegt, wenn zum Beispiel eine Krankheit dazwischengekommen ist.

Eine **Verzögerung** des Studiums durch ein sinnvolles Auslandsstudium müssen Eltern hinnehmen, wenn es ihnen wirtschaftlich zumutbar ist. Anders sieht es aus, wenn die Verzögerung mit einem Engagement im AStA einherging.

Außerdem gilt: Wer **seine Ausbildung ohne triftigen Grund abbricht oder verlängert,** verliert seinen Unterhaltsanspruch. Wird das volljährige Kind aus **gesundheitlichen Gründen** oder wegen eines einverständlich vorgenommenen **Studienortswechsels** in seiner Ausbildung zurückgeworfen, müssen Sie als Eltern aber die damit verbundenen Verzögerungen um ein bis zwei Semester hinnehmen.

Ein einmaliges **Prüfungsversagen** lässt die Zahlungspflicht nicht entfallen. Selbst zweimaliges Versagen lässt den Unterhaltsanspruch nicht automatisch entfallen. Es kommt wie immer auf den Einzelfall an.

Auf jeden Fall haben Eltern einen Anspruch darauf, dass ihr Sprössling seine Studienfortschritte durch **Leistungsnachweise** belegt. Andernfalls dürfen sie den Geldhahn zudrehen, wie zum Beispiel die Eltern einer Sozialpädagogikstudentin, die nach neun Semestern immer noch kein Vordiplom in der Tasche hatte.

Während der Jobsuche muss noch gezahlt werden

Eine **dreimonatige Arbeitsplatzsuche** nach Ausbildungsende müssen Sie Ihrer Tochter oder Ihrem Sohn zugestehen.

Danach heißt es, sich mit einfachen Jobs über Wasser zu halten, bis eine angemessene Arbeitsstelle gefunden ist. Hier werden ähnliche Maßstäbe angesetzt wie bei unterhaltspflichtigen Eltern gegenüber ihren minderjährigen Kindern. **Konkret:** Vom Zeitungsaustragen bis zur Küchenhilfe ist alles drin.

Wenn der Ausbildungsplatz verloren gegangen ist

In diesem Fall müssen sich Ihre Tochter bzw. Ihr Sohn ernsthaft um einen neuen Ausbildungsplatz bemühen. Andernfalls geht der Unterhaltsanspruch nach Ablauf einer gewissen Zeit verloren.

Wenn die Ausbildung wegen Schwangerschaft unterbrochen wird

In diesem Fall müssen Eltern weiter zahlen. Der Unterhaltsanspruch soll nur dann entfallen, wenn man dem unterhaltsberechtigten Kind vorwerfen kann, seine Ausbildung schuldhaft unterbrochen zu haben. Dies ist bei einer Schwangerschaft, unabhängig davon, ob ein Kinderwunsch bestanden hat, normalerweise nicht der Fall. Eine Schwangerschaft wird unterhaltsrechtlich wie eine Krankheit behandelt.

3.4 Wie hoch ist der Ausbildungsunterhalt?

Billiger ist es allemal, wenn Ihre Tochter oder Ihr Sohn **zu Hause wohnen.** Deshalb ist es Ihr gutes **Elternrecht,** wenn Sie **Naturalunterhalt** in Form von Wohnung, Mahlzeiten und Wäschewaschen etc. anbieten. Zwar können Sie flügge gewordene Kinder nicht daran hindern, das elterliche Nest zu verlassen, zahlen müssen Sie aber nicht in jedem Fall.

Möchten Sie Ihrem Kind außer einem angemessenen Taschengeld keinen weiteren Barunterhalt, sondern lieber **Kost und Logis anbieten,** sollten Sie dies allerdings **ausdrücklich** tun. Ist Ihr Sprössling nämlich schon mit Ihrem mehr oder weniger ausdrücklichen Einverständnis ausgezogen, gibt es kein Zurück mehr. Jetzt bleibt es bei dem Barunterhaltsanspruch, auch wenn Sie Naturalunterhalt anbieten.

Beim **Auswärtsstudium** ist normalerweise der volle Barunterhalt fällig (zurzeit € 735,–). Das gilt zumindest dann, wenn der Studienort nicht frei bestimmt werden kann. Aber auch wenn ein Studienort durch tägliche Hin- und Rückfahrt erreicht werden kann, gibt es hier Zumutbarkeitsgrenzen. So ist zum Beispiel eine tägliche Fahrtzeit von zweimal 90 Minuten unzumutbar.

Darüber hinaus ist zu beachten, dass **Ansprüche von Geschwistern und (Ex-)Ehepartnern** vorgehen. Hat das volljährige Kind zum Beispiel noch jüngere Geschwister unter 18 Jahren oder Geschwister zwischen 18 und 21 Jahren, die sich noch in einer allgemeinen Schulausbildung befinden, werden deren Unterhaltsansprüche vom Einkommen der Eltern bzw. des zahlungspflichtigen Elternteils vorweg abgezogen. Dasselbe gilt für vorrangig unterhaltsberechtigte Ehepartner, unter Umständen auch aus mehreren Ehen. Unterhaltsansprüche ebenfalls volljähriger Geschwister werden dagegen nicht **vorweg abgezogen.** Diese stehen gleichrangig nebeneinander.

Außerdem muss Eltern ein angemessener **Eigenbedarf** bleiben. Dieser beträgt pro Elternteil monatlich mindestens € 1 300,– (Düsseldorfer Tabelle: Stand 1. 1. 2016). Darin ist eine Warmmiete von € 480,– enthalten. Der Eigenbedarf kann also höher sein, wenn nachweislich eine erheblich höhere Miete gezahlt wird.

Leben **beide Elternteile zusammen,** wird der jeweilige Eigenbedarf allerdings oft gekürzt (in der Regel um 20 %), weil in der gemeinsamen Haushaltsführung eine gewisse Ersparnis liegt, wie das Beispiel unten zeigt.

Steht der konkrete Unterhaltsbedarf Ihres erwachsenen Sprösslings fest und haben Sie ermittelt, was von Ihrem Einkommen überhaupt noch übrig bleibt, geht es an die Haftungsverteilung.

Leben die **Eltern zusammen,** wird in der Regel aus einem Topf gewirtschaftet. Wie sie sich diese gemeinsame Unterhaltspflicht teilen, ist ihnen überlassen.

» **Beispiel:** Ein zusammenlebendes Ehepaar, das über ein gemeinsames Nettoeinkommen von € 4 500,– verfügt, hat eine 20-jährige Tochter und einen 17-jährigen Sohn, der noch zur Schule geht. Der Unterhaltsbedarf des minderjährigen Sohnes beträgt laut Düsseldorfer Tabelle monatlich € 684,–. Dieser Betrag wird zuerst abgezogen. Die Eltern können für sich selbst einen Eigenbedarf in Höhe von € 2 080,– beanspruchen (2 × € 1 300,– ./. 20 % Ersparnis für die gemeinsame Haushaltsführung). Es bleibt also ein Restbetrag von € 1 736,–. Aus diesem müssen die Eltern den Unterhaltsanspruch der Tochter in Höhe von € 735,– abzgl. Kindergeld bestreiten.

Leben dagegen die Eltern getrennt, wird das jeweils den Selbstbehalt von € 1 300,– übersteigende Einkommen zugrunde gelegt. Die übersteigenden Beträge werden ins Verhältnis gesetzt. Das heißt, hat der Mann das Doppelte wie die Frau, zahlt er $^2/_3$ und sie $^1/_3$ des Unterhaltsbedarfs.

Kümmert sich der andere Elternteil in dieser Situation aber auch weiterhin um das leibliche Wohl des Sprösslings, spielt dies grundsätzlich keine Rolle. Das ist freiwillig und kann allenfalls auf den Barunterhaltsanspruch gegen diesen Elternteil angerechnet werden.

» **Beispiel:** Die Eltern leben getrennt und wollen sich den Unterhalt für den gemeinsamen Sohn, der als Student nicht mehr zu Hause wohnt, entsprechend ihren Einkommensverhältnissen teilen. Der Mann verdient € 3 000,– monatlich netto, die Frau € 1 500,–.

Unterhaltsbedarf des Volljährigen ohne Berücksichtigung des Kindergeldes	€ 735, –
Einkommen des Vaters	€ 3 000, –
Einkommen der Mutter	€ 1 500, –

Damit liegt der Vater mit seinem anrechenbaren Nettoeinkommen um € 1 700,– höher als sein Selbstbehalt. Das anrechenbare Einkommen der Mutter beträgt nur € 200,– mehr als der Selbstbehalt. Die anteilige Haftung wird demnach wie folgt ermittelt:

Beide anrechenbare Einkommensanteile betragen € 1 900,– (€ 1 700,– + € 200,–). Der Vater haftet in Höhe von € 735,– : € 1 900,– × € 1 700,– = € 657,–. Den Restbedarf in Höhe von € 78,– hat die Mutter zu tragen.

Soweit der Volljährige noch Kindergeld bezieht, vermindert dies seinen Bedarf. Das heißt, das Kindergeld in Höhe von € 190,– wird von den € 735,– abgezogen, immer vorausgesetzt, das Kind erhält das Geld vorab.

Reicht das elterliche Einkommen nicht, bleibt dem volljährigen Kind nichts anderes übrig, als den Restbedarf anderweitig zu decken (z. B. mit BAföG, einem Studienkredit oder einem Stipendium).

4 Müssen Eltern auch ohne Ausbildung zahlen?

4.1 Wenn Ihre Tochter ein Kind, aber kein Einkommen hat

Hat Ihre volljährige, unverheiratete Tochter ein nicht eheliches Kind zu versorgen und kann deshalb keiner Arbeit nachgehen, steht ihr nach dem **Schwangerenfamilienhilfegesetz vorrangig ein Unterhaltsanspruch gegen den Vater des Kindes** zu (§ 1615 l Abs. 1 BGB).

Nur wenn sich hier nichts holen lässt, kommt **ein Unterhaltsanspruch gegen die Eltern** infrage. Hierzu müsste sich allerdings die Tochter zumindest um eine Teilzeitbeschäftigung oder Nebentätigkeit bemühen und das Kind in einer Kinderkrippe, Kindergarten oder Ähnlichem unterbringen.

4.2 Wenn Ihr Kind Bundesfreiwilligendienst leistet oder ein freiwilliges soziales Jahr ableistet

Hier bleibt der Unterhaltsanspruch bestehen, wenn sie sich nach Erreichen des Schulabschlusses nicht unmittelbar um eine Ausbildungsstelle bewerben, sondern zunächst unverzüglich im Anschluss an den Schulabschluss ein freiwilliges soziales Jahr ableisten.

Beide Wege sind Ausbildungsschritte, die die Bildungsfähigkeit von Jugendlichen verbessern und ihre Chancen auf dem Arbeitsmarkt später erhöhen. Dies gilt auch dann, wenn nicht sicher ist, ob das Kind später tatsächlich im sozialen Bereich eine Ausbildung machen und arbeiten will.

4.3 Wenn Ihr Kind gesundheitliche Probleme hat

Was gilt bei Behinderung?

Leistet das Sozialamt bei volljährigen behinderten oder pflegebedürftigen Kindern Eingliederungshilfe für Behinderte oder Hilfe zur Pflege, dann zahlen die Eltern einen **pauschalen Unterhaltsbeitrag von maximal € 26,–** monatlich – und das ohne Überprüfung ihres Einkommens und Vermögens. Erhält das Kind zudem Hilfe zum Lebensunterhalt, dann zahlen die Eltern einen **pauschalen Unterhaltsbeitrag von maximal € 20,–** monatlich – ebenfalls ohne Überprüfung ihres Einkommens und Vermögens.

Treffen beide Pauschalen zusammen, wird insgesamt ein monatlicher Pauschalbetrag von maximal € 46,– von den Eltern als Beitrag zum Unterhalt verlangt. Dabei bleibt es, selbst wenn die Eltern für das behinderte oder pflegebedürftige Kind Kindergeld erhalten.

Was gilt bei Alkoholismus und Drogensucht?

Hier können Sie sich als Eltern nicht ohne Weiteres Ihrer Unterhaltspflicht entziehen. Werden Sie in einer derartigen Fallkonstellation vom Sozialamt in Anspruch genommen, stehen Sie unterhaltsrechtlich allerdings besser da als gegenüber einem volljährigen Kind, das noch in der Ausbildung ist.

Das heißt, die **Freibeträge sind erheblich höher,** weil hier wie beim sonstigen **Verwandtenunterhalt** gerechnet wird. So stehen Ihnen als Eltern zurzeit jeweils € 1 800,– (Stand 1. 1. 2016) zu.

Im Fall einer Suchterkrankung dürfen Sie sich auf **Verwirkung** des Unterhaltsanspruchs berufen, wenn die drogenabhängige oder alkoholabhängige Person trotz von den Eltern finanzierter Ausbildung und Therapiemaßnahmen immer wieder rückfällig wurde. Im Einzelfall können Sie aber doch zur Zahlung verpflichtet werden, wenn Ihre wirtschaftliche Situation dies zulässt.

Was gilt bei anderen Erkrankungen, wie zum Beispiel Aids?

Hier können Sie sich als Eltern nicht ohne Weiteres Ihrer Unterhaltspflicht entziehen. So verurteilte zum Beispiel ein Gericht einen Vater zum Barunterhalt für seinen 37 Jahre alten, an Aids erkrankten Sohn.

Sie werden in diesen Fällen **unterhaltsrechtlich allerdings besser behandelt als gegenüber einem volljährigen Kind, das noch in der Ausbildung ist.** Das heißt, die Freibeträge sind hier ebenfalls erheblich höher.

B6 Elternunterhalt: Wie müssen sich erwachsene Kinder bei Heimunterbringung beteiligen?

1 Hohe Heimkosten lassen Eltern arm aussehen

Wenn Eltern ihren Lebensabend im Pflegeheim verbringen, reicht die Altersversorgung häufig für die Unterkunft und Verpflegung nicht aus. Die Kosten für ein Pflegeheim betragen im Bundesdurchschnitt knapp € 3 300,– pro Monat.

Selbst die Leistungen aus der Pflegeversicherung reichen oft nicht aus, die Kosten zu decken. In diesem Fall müssen die erwachsenen Kinder **im Rahmen ihrer finanziellen Leistungskraft** einspringen. Das Sozialamt übernimmt dann **zunächst** die ungedeckten Kosten und zahlt den fehlenden Betrag an das Heim. Erst danach wendet sich das Amt an die Kinder und ermittelt, in welchem Umfang sie sich an den Heimkosten beteiligen müssen.

2 Wie geht das Sozialamt vor?

2.1 Zunächst wird der Unterhaltsbedarf festgestellt

Wie hoch der konkrete Unterhaltsbedarf eines im Heim untergebrachten Elternteils ist, richtet sich nach den dort anfallenden Kosten. Die bestehen aus

- den Unterbringungskosten,
- einem angemessenen Taschengeld und
- sogenannten einmaligen Beihilfen zum Beispiel für Kleidung.

Hier kann es allerdings Unterschiede geben, denn Heimkosten sind nicht gleich Heimkosten. Es gibt nicht nur regionale Unterschiede, es gibt auch teure und weniger teure Heime. Grundsätzlich kann keine Unterbringung im Luxusheim verlangt werden, wenn die bisherigen Lebensumstände ebenfalls nicht luxuriös waren. **Aber:** Es besteht keine Verpflichtung, das kostengünstigste Heim zu wählen.

! Lassen Sie sich bei der Auswahl am Pflegestützpunkt in Ihrer Region beraten. Auch das Online-Portal »Weiße Liste« bietet unter www.weisse-liste.de / pflegeheim einen guten Überblick.

Ihnen kann man jedenfalls nicht die Mehrkosten für ein besonders teures Heim anlasten. Sie brauchen sich nur an Heimkosten zu beteiligen, die einer durchschnittlichen Unterbringung entsprechen.

2.2 Eltern müssen ihre finanziellen Möglichkeiten ausschöpfen

Renten, Pensionen und andere Einkünfte stehen an erster Stelle

Alles, was Ihren Eltern an Einkünften und Vermögen zur Verfügung steht, muss verwendet werden, um den Heimaufenthalt zu finanzieren. Das sind in erster Linie Renteneinkünfte oder Pensionen, aber auch Zinseinkünfte und Ähnliches.

Möglicherweise hat Ihr Vater bzw. Ihre Mutter auch Anspruch auf Leistungen nach dem **Grundsicherungsgesetz.** Diese Möglichkeit muss auf jeden Fall zuerst genutzt werden. Hier werden die Ämter von sich aus aktiv. Verfügen Sie allerdings über ein Jahreseinkommen über € 100 000,–, gibt es keine Grundsicherung für die Eltern.

Leistungen der Pflegeversicherung kommen hinzu

Unabhängig vom Einkommen zahlt die Pflegeversicherung **Pauschalen** für die pflegebedingten Aufwendungen der Eltern. Es kommt nur darauf an, wie der Gutachter der Krankenkasse oder Krankenversicherung des betroffenen Elternteils die Pflegebedürftigkeit einstuft. Nach welchen Kriterien sich das richtet, zeigt die nachfolgende Übersicht (Stand: 1. 1. 2015):

- **€ 1 064,– in der Pflegestufe I**
  Hierfür wird ein Pflegebedarf von mindestens einmal täglich für mindestens zwei Verrichtungen und einem Zeitaufwand von insgesamt 1,5 Stunden pro Tag im Bereich der Körperpflege, Ernährung und / oder Mobilität zugrunde gelegt.
- **€ 1 330,– in der Pflegestufe II**
  Hier wird ein Pflegebedarf von dreimal täglicher Hilfe zu verschiedenen Tageszeiten mit einem Zeitaufwand von drei Stunden pro Tag im Bereich der Körperpflege, Ernährung und / oder Mobilität zugrunde gelegt.
- **€ 1 612,– in Pflegestufe III**
  Hier wird eine Hilfe im 24-Stunden-Dienst mit einem Zeitaufwand von fünf Stunden und mehr pro Tag zugrunde gelegt.
- **€ 1 995,– in Härtefällen**
  Hier besteht ein außergewöhnlich hoher und intensiver Pflegeaufwand, der über das übliche Maß der Pflegestufe III weit hinausgeht.

Wichtig: Zusätzliche Leistungen, die es für Personen mit eingeschränkter Alltagskompetenz (z. B. Demenz) bei häuslicher Pflege gibt, entfallen bei einer Heimunterbringung.

! Sind Sie mit der Einstufung nicht einverstanden, können Sie dagegen Widerspruch und gegebenenfalls Klage vor dem Sozialgericht erheben. Verschaffen Sie sich Akteneinsicht – und zwar bei der zuständigen Pflegekasse, nicht beim Medizinischen Dienst. Dann können Sie sehen, weshalb der Antrag abgelehnt worden ist, und entsprechend reagieren. Lassen Sie sich gegebenenfalls von einem unabhängigen Pflegesachverständigen beraten.

Bedenken Sie, dass mit einer **Erhöhung der Pflegestufe** zwar ein höheres Pflegegeld erzielt wird, die Heimunterbringungskosten aber überproportional steigen. **Folge:** Die ungedeckten Heimkosten wachsen letztendlich trotz des höheren Pflegegeldes.

Pflegewohngeld in manchen Bundesländern möglich

In einigen Bundesländern (z. B. in Mecklenburg-Vorpommern) wird zur Deckung der vom Heim erhobenen Investitionskosten ein sogenanntes Pflegewohngeld gezahlt. Den **Antrag** stellt das Pflegeheim. Nähere Auskünfte, ob ein solcher Anspruch besteht, geben die Pflegeheime.

Bedarfsdeckung aus bestehendem Vermögen

Neben dem Einkommen haben Ihre Eltern auch ihr Vermögen zur Deckung der Heimkosten einzusetzen. Beim **Barvermögen** darf allerdings ein **Notgroschen** von derzeit € 2 600,– für eine Einzelperson zurückbehalten werden. Bei Verheirateten erhöht sich der geschützte Betrag um € 614,– auf gemeinsame € 3 214,–.

Sind Immobilien vorhanden, ist danach zu unterscheiden, ob noch beide Elternteile leben. Lebt nur noch ein Elternteil, der in einem Pflegeheim untergebracht werden muss, besteht grundsätzlich die Verpflichtung, vorhandenes Immobilienvermögen zu verwerten. Leben dagegen noch beide Elternteile und ist nur ein Elternteil im Heim untergebracht, während der andere im Haus oder der Eigentumswohnung zurückbleibt, verlangen die Sozialämter in der Regel nicht den Verkauf der Immobilie.

Selbst wenn die Wohnung sozialhilferechtlich betrachtet für eine einzelne Person eigentlich zu groß ist, gewährt die Behörde in diesem Fall die **Kostenübernahme als Darlehen** und lässt sich zur Absicherung des Darlehens eine entsprechende Grundschuld eintragen.

Haben die Eltern Vermögen verschenkt, besteht ein **Rückforderungsanspruch** wegen Verarmung des Schenkers. Das heißt, wenn Ihre Eltern die Heimkosten nicht aus ihrem eigenen Einkommen oder Vermögen decken können, dürfen bzw. müssen sie Schenkungen, die sie in den vergangenen **zehn Jahren** getätigt haben, zurückfordern, und zwar immer die letzte Schenkung zuerst.

Selbst wenn noch eine Rückgabepflicht besteht, haben unterhaltspflichtige Kinder die Möglichkeit, die Rückgabe zu verhindern, indem sie den ungedeckten monatlichen Unterhaltsbedarf des Schenkers aus anderen Mitteln aufbringen. Auch bei schon länger zurückliegenden **Immobilienübertragungen** versucht das Sozialamt unter Umständen, an dieses Vermögen mit dem Argument »Sittenwidrigkeit« heranzukommen. Das ist allerdings nur selten erfolgreich.

Sogenannte **Anstandsschenkungen** (z. B. Geburtstags-, Hochzeits- und Jubiläumsgeschenke) brauchen nicht zurückgegeben zu werden. Geschenke über € 500,– sind aber mehr, als der Anstand verlangt.

Wichtig: Ist der Beschenkte nicht willens oder in der Lage, das Geschenk zurückzugeben, kann man einen Heimbewohner nicht ohne Weiteres zwingen, das Geschenk zurückzufordern. Das gilt zumindest, wenn eine Klage gegen den Beschenkten wegen der engen persönlichen Beziehung **unzumutbar** ist.

! Übertragen Eltern ihr Haus an die Kinder, sollte bei entsprechenden Gegenleistungen im **Notarvertrag** darauf hingewiesen werden, dass die Übertragung nicht oder nicht vollständig als Schenkung erfolgt ist. Die Gegenleistungen sollten ebenso wie der Verkehrswert der Immobilie in den Vertrag aufgenommen werden. Machen Sie gegebenenfalls den Notar auf die Problematik aufmerksam.

Was gilt, wenn ein Wohnrecht besteht?

Haben Ihre Eltern ihr Haus auf Sie übertragen und als Gegenleistung dafür mit Ihnen ein **lebenslanges Wohnrecht** vereinbart, erlischt dieses nicht automatisch mit dem Umzug ins Heim. Ein lebenslanges Wohnrecht ist vielmehr Teil der Altersversorgung. Aus diesem Grund sind Mieteinnahmen aus der nun anderweitig genutzten Wohnung zugunsten des Elternteils zu verwenden. **Aber:** Sie sind rechtlich nicht unbedingt verpflichtet, die Wohnung an Fremde zu vermieten, da es sich um ein höchstpersönliches Recht handelt.

3 Was verlangt das Sozialamt?

3.1 Die Kosten werden zunächst vollständig übernommen

Reicht das Geld der Eltern nicht und kann auch keine Vermögensschenkung rückgängig gemacht werden, wird in einem weiteren Schritt geprüft, ob bei den unterhaltspflichtigen Angehörigen etwas zu holen ist.

Denn Verwandte in gerader Linie sind grundsätzlich einander zum Unterhalt verpflichtet. Allerdings können nur die Kinder, nicht die Enkelkinder und auch nicht die Geschwister in Anspruch genommen werden.

Infrage kommende unterhaltspflichtige Kinder erhalten dann die sogenannte **Überleitungs- oder Rechtswahrungsanzeige.** Diese bewirkt, dass der Unterhaltsanspruch des Heimbewohners auf die Behörde übergeleitet wird. Dadurch ist das Sozialamt rechtlich in der Lage, die Unterhaltsansprüche selbst geltend zu machen.

3.2 Unterhaltspflichtige müssen Auskunft erteilen

Verbunden mit der Überleitungsanzeige erfolgt die Aufforderung, **Auskunft über Einkünfte und Vermögen** zu erteilen. Beigefügt ist meist auch ein Formblatt, das vom Arbeitgeber auszufüllen ist.

Außerdem wird der Ehegatte sowie der (eingetragene) Lebenspartner des Unterhaltspflichtigen zur Auskunftserteilung aufgefordert. Selbst das ist zulässig. Ehe- oder Lebenspartner sind zwar selbst nicht unterhaltspflichtig, ihr Einkommen fließt aber in die Unterhaltsberechnung mit ein. Auch die **Geschwister** und gegebenenfalls der **andere noch lebende Elternteil** bekommen diese Aufforderung.

Wenn Sie die Auskunft nicht oder nicht rechtzeitig erteilen, laufen Sie Gefahr, dass das Sozialamt Vollstreckungsmaßnahmen gegen Sie ergreift. Dies geht, ohne dass vorher ein gerichtliches Verfahren eingeleitet worden ist. Dabei darf das Sozialamt sogar an Ihren Arbeitgeber herantreten. Ebenso besteht ein Auskunftsanspruch gegenüber dem **Finanzamt** (§ 21 Abs. 4 SGB X).

! Nachdem Sie die Auskünfte erteilt haben, geschieht oft längere Zeit nichts. Bearbeitet das Sozialamt Ihren Fall **länger als ein Jahr** nicht, können Sie sich unter Umständen auf die **Verwirkung** berufen. Fragen Sie daher besser nicht nach dem Stand der Dinge. Stellen Sie sich dennoch darauf ein, zahlen zu müssen und legen Sie hierfür Monat für Monat einen bestimmten Betrag zurück.

3.3 Das Sozialamt ermittelt Ihre »Leistungsfähigkeit«

Das unterhaltsrechtlich relevante Einkommen wird berechnet

Grundlage ist Ihr **Nettoeinkommen,** bei Verheirateten das Einkommen der Ehegatten (Familieneinkommen). Vom Nettoeinkommen sind Steuern und die üblichen Sozialabgaben schon abgezogen. Außerdem werden Ihre berufsbedingten Aufwendungen abgezogen (z. B. Fahrtkosten, Gewerkschaftsbeiträge). Selbst wenn Sie kein Einkommen aus einer Erwerbstätigkeit beziehen, gelten Sie unterhaltsrechtlich nicht als einkommenslos. Einkünfte aus Vermietung und Kapitalvermögen werden ebenfalls berücksichtigt.

Was das Einkommen mindert

Was darüber hinaus **einkommensmindernd** wirkt, ist umstritten. Auf jeden Fall sollten Sie bei bestehenden Verbindlichkeiten (z. B. Hausfinanzierung, Anschaffungskredit) und Altersvorsorgemaßnahmen wissen, wie diese zu berücksichtigen sind. Die Sozialhilfeträger helfen Ihnen hier nicht weiter.

Kreditraten aus **Schuldverpflichtungen,** die Sie **vor Eintritt der Unterhaltsbedürftigkeit** Ihrer Eltern eingegangen sind, werden auf jeden Fall einkommensmindernd berücksichtigt.

Anders sieht es dagegen aus, wenn Sie Schulden nach Bekanntwerden der Unterhaltsverpflichtung aufgenommen haben. Eine **Ausnahme** bilden hier Kredite für **unaufschiebbare Anschaffungen** wie zum Beispiel für ein beruflich benötigtes Auto.

Eine Besonderheit gilt für Verbindlichkeiten im Zusammenhang mit einer **selbst genutzten Wohnimmobilie.** Hier werden Zins und Tilgung sowie die verbrauchsunabhängigen Kosten berücksichtigt (z. B. Grundsteuer).

Im Gegenzug müssen Sie sich den sogenannten **Wohnvorteil** einkommenserhöhend anrechnen lassen. Dieser Vorteil richtet sich grundsätzlich nach dem monatlichen Betrag, den Sie, wenn Sie nicht Eigentümer des Hauses oder der Wohnung wären, an Miete zahlen müssten. Der Wohnvorteil wird Ihrem Einkommen hinzugerechnet. Die Gerichte begrenzen den Wohnvorteil auf € 450,– für Sie und € 350,– für Ihren Ehegatten.

Auch Aufwendungen für die **zusätzliche private Altersvorsorge** (z. B. Riester-Rente) werden anerkannt – und zwar bis zu einer Höhe von 5 % des sozialversicherungspflichtigen Bruttoeinkommens (BGH, Urteil vom 12. 12. 2012, XII ZR 43/11, NJW 2013 S. 686). Es kommt nicht auf die Art der Altersvorsorge an, auch Investitionen in Immobilien werden hier anerkannt.

Unterliegen Sie nicht der gesetzlichen Rentenversicherung oder anderen Versicherungssystemen, weil Sie zum Beispiel selbstständig sind, werden angemessene Beiträge zur freiwilligen Krankenversicherung und zu einer Lebensversicherung bis zu 25 % des Bruttoeinkommens anerkannt (BGH, Urteil vom a. a. O.).

Der Umstand, dass Sie schon selbst **in Rente oder Pensionär** sind, schließt übrigens nicht aus, dass Sie auch noch Vorsorgeaufwendungen betreiben dürfen. Diese müssen ebenfalls anerkannt werden.

! Scheuen Sie sich auf keinen Fall, alle Kosten, die Ihr Einkommen tatsächlich mindern, gegenüber dem Sozialamt anzuführen. Das gilt insbesondere für Versicherungsprämien. Diese werden in der Regel anerkannt. Aber auch andere Kosten wie zum Beispiel Fahrtkosten zum Pflegeheim sind schon einkommensmindernd berücksichtigt worden.

Selbst einkommenslose unterhaltspflichtige Kinder müssen zahlen, wenn ihr **Taschengeldanspruch** gegen den Ehe- oder (eingetragenen) Lebenspartner groß genug ist, um etwas für die Eltern abzuzweigen. Der Taschengeldanspruch als solcher wird in diesem Fall mit fünf Prozent des Nettofamilieneinkommens angesetzt (vgl. unten).

Davon wird der (Familien-)Selbstbehalt abgezogen

Selbstverständlich ist bei der Ermittlung Ihrer Leistungsfähigkeit zu berücksichtigen, ob und in welcher Höhe Sie **Ihren Kindern Unterhalt** zahlen müssen.

Für unterhaltsberechtigte Kinder werden, egal, ob diese noch minderjährig oder schon volljährig sind, die Bedarfssätze der Düsseldorfer Tabelle vom Einkommen abgezogen.

Das Kindergeld wird hier berücksichtigt, indem es bei Minderjährigen auf den Tabellenunterhalt zur Hälfte und bei Volljährigen ganz angerechnet wird. Das heißt, um diesen Betrag vermindert sich der jeweilige Unterhaltsanspruch.

Wichtig: Verfügen beide Elternteile über Einkommen, wird der Tabellenbetrag zugunsten des Unterhaltspflichtigen nur in der Höhe berücksichtigt, wie er zum Kindesunterhalt beiträgt. Verdient der seinen Eltern zum Unterhalt verpflichtete Mann zum Beispiel doppelt so viel wie seine Frau, wird der Kindesunterhalt nur in Höhe von 66 % berücksichtigt.

Selbstverständlich muss auch Ihnen noch etwas zum Leben bleiben – der sogenannte **Selbstbehalt.** Dieser beträgt zurzeit nach der Düsseldorfer Tabelle mindestens € 1 800,–, für Ihren nicht unterhaltspflichtigen Ehegatten € 1 440,–.

Wichtig: In dem Selbstbehalt von € 1 800,– ist für Sie eine Warmmiete von € 480,– berücksichtigt, im Selbstbehalt von € 1 440,– für Ihren Ehegatten ist eine

Warmmiete von € 380,– enthalten. Sollten Ihre Unterkunftskosten einschließlich Heizung diesen Wohnkostenanteil übersteigen, erhöht sich Ihr Selbstbehalt.

Das verbleibende Einkommen wird anschließend um in der Regel 10 % vermindert, das heißt, der Familienbedarf erhöht sich um diesen Betrag. Hierbei handelt es sich um die sogenannte **Haushaltsersparnis.**

Wenn feststeht, was Ihnen, Ihrem Ehepartner und Ihren Kindern zusteht, ermittelt das Sozialamt Ihre am Einkommen orientierte **Leistungsfähigkeit**. Das heißt, **die Hälfte** des sich nach allen Abzügen ergebenden Restbetrags wird dem Familienselbstbehalt hinzugerechnet. Die Summe ergibt den **individuellen Familienbedarf.**

Erst jetzt ermittelt das Sozialamt Ihre endgültige Leistungsfähigkeit

Zum Schluss wird festgestellt, in welchem Umfang die unterhaltspflichtige Person mit ihrem Einkommen für den individuellen Familienbedarf sorgt. Das richtet sich danach, in welchem **Verhältnis** die unterhaltspflichtige Person zum Familieneinkommen beiträgt.

Denn für den Elternunterhalt steht **nur die Differenz** zwischen dem Einkommen der den Eltern gegenüber unterhaltspflichtigen Person und ihrem Anteil am Familienunterhalt zur Verfügung.

Liegen die Einkünfte unter dem Selbstbehalt, entfällt somit jeglicher Unterhaltsanspruch der Eltern. Liegen sie darüber, zeigen Ihnen die folgenden Fallbeispiele, wie Sie Ihre Unterhaltspflicht ermitteln können.

3.4 Berechnungsbeispiele je nach Familienkonstellation

- **Unverheirateter Vollberufstätiger, der niemandem außer seiner Mutter zum Unterhalt verpflichtet ist**

  Ein unterhaltspflichtiger Sohn ohne Geschwister verfügt über ein Nettoeinkommen von € 2 800,–. Seine Warmmiete beträgt € 680,–. Der Selbstbehalt macht hier € 1 800,– + € 200,– aus, da die Düsseldorfer Tabelle nur einen Warmmietenanteil von € 480,– im Verhältnis zu unterhaltsberechtigten Eltern berücksichtigt.

  Von den verbleibenden € 800,– stehen ihm weitere 50 % für seinen Selbstbehalt zu. Ergebnis: Es stehen für den Elternunterhalt somit € 400,– monatlich zur Verfügung.

- **Verheirateter Alleinverdiener ohne unterhaltsberechtigte Kinder**

  Ein unterhaltspflichtiger Sohn verfügt über ein bereinigtes Nettoeinkommen von € 3 360,–. Hiervon wird der Familienselbstbehalt abgezogen. Dieser beträgt zurzeit für das Ehepaar € 3 240,– (€ 1 800,–plus € 1 440,–). Von den verbleibenden € 120,– ist die Haushaltsersparnis für das gemeinsame günstigere Wirtschaften in Höhe von 10 % abzuziehen. Das macht monatlich € 108,–. Die Hälfte hiervon, also € 54,– zuzüglich des Familienselbstbehalts in Höhe von € 3 240,– ergibt den individuellen Familienbedarf in Höhe von € 3 294,–. Der individuelle Familienbedarf ist vom Einkommen des Unterhaltspflichtigen abzuziehen, es verbleiben also € 66,– für den Elternunterhalt.

- **Verheirateter Alleinverdiener mit unterhaltsberechtigtem Kind**

  Ein unterhaltspflichtiger Sohn hat ein Nettoeinkommen von € 4 360,–. Seine Ehefrau ist einkommenslos und im Haushalt lebt ein Kind im Alter von 19 Jahren (noch Schüler eines Gymnasiums).

  Von den € 4 360,– zunächst das 19-jährige Kind € 595,– unter Berücksichtigung des vollen Kindergeldes abgezogen. Es verbleibt für die Eheleute ein Einkommen von € 3 765,–. Hiervon wird der Familienselbstbehalt in Höhe von € 3 240,–(€ 1 800,–plus € 1 440,–) abgezogen. Von den verbleibenden € 525,– ist die Haushaltsersparnis für das gemeinsame günstigere Wirtschaften in Höhe von 10 %, also 52,50 abzuziehen. Das macht monatlich € 472,50. Die Hälfte hiervon, also € 236,25 zuzüglich des Familienselbstbehalts in Höhe von € 3 240,– ergibt den individuellen Familienbedarf in Höhe von € 3 476,25. Der individuelle Familienbedarf ist vom Einkommen des Unterhaltspflichtigen abzuziehen. Es verbleiben € 288,75 (€ 3 765,– minus € 3 476,25) für den Elternunterhalt.

- **Wenn der nicht unterhaltspflichtige Ehepartner auch Einkommen hat**

  Ein unterhaltspflichtiger Sohn hat ein bereinigtes Nettoeinkommen von € 3 360,–. Die Ehefrau hat aufgrund einer Halbtagstätigkeit ein bereinigtes Nettoeinkommen von € 1 500,–. Das Ehepaar wohnt im eigenen Heim und zahlt monatlich für Zins und Tilgung € 900,–. Hier ist zunächst das bereinigte Familieneinkommen zu berechnen. Dazu werden beide Einkommen zusammengezählt, der Wohnwert in Höhe von € 800,– wird ebenfalls addiert, die Zins- und Tilgungslasten in Höhe von € 900,– sind dagegen in Abzug zu bringen. Es ergibt sich ein Betrag von € 4 760,– als Familieneinkommen. Hiervon wird der Familienselbstbehalt in Höhe von € 3 240,– (€ 1 800,–plus € 1 440,–) abgezogen. Von den verbleibenden € 1 520,– ist die Haushaltsersparnis für das gemeinsame günstigere Wirtschaften in Höhe von 10 %, also

€ 152,– abzuziehen. Das macht monatlich € 1 368,–. Die Hälfte hiervon, also € 684,– zuzüglich des Familienselbstbehalts in Höhe von € 3 240,– ergibt den individuellen Familienbedarf in Höhe von € 3 924,–. Hieraus berechnet sich der Anteil des Unterhaltspflichtigen (69 %) in Höhe von € 2 708,–, der vom Einkommen des Unterhaltspflichtigen abzuziehen ist. Somit verbleiben € 652,– für den Elternunterhalt.

Wichtig: Soweit noch unterhaltspflichtige Kinder zu versorgen sind, wird der Kindesunterhalt entsprechend den Sätzen der Düsseldorfer Tabelle (vgl. voriges Beispiel) vorab aus dem Einkommen herausgerechnet. Das gilt für verheiratete wie für unverheiratete Unterhaltspflichtige. Bei Unverheirateten können unter Umständen auch Unterhaltspflichten gegenüber dem nicht ehelichen Lebenspartner berücksichtigt werden.

- **Wenn nur der nicht unterhaltspflichtige Ehepartner Einkommen hat**

  In diesem Fall müssen Sie Ihren **Taschengeldanspruch** gegenüber Ihrem Ehepartner unter Umständen nutzen, um Elternunterhalt zu leisten. Gerechnet wird dann wie folgt:

  Der Selbstbehalt eines Unterhaltspflichtigen gegenüber der Inanspruchnahme auf Elternunterhalt beträgt zurzeit € 1 800,–. Das darin enthaltene Taschengeld beträgt 5 bis 7 %. Das macht einen monatlichen Betrag von € 90,– bis € 126,– aus.

  Der über den Sockelbetrag hinausgehende Teil des Taschengeldanspruchs gegen den unterhaltspflichtigen Ehepartner, 5 % seines Nettoeinkommens, steht für den Elternunterhalt hälftig zur Verfügung. Hat zum Beispiel die einkommenslose, aber unterhaltspflichtige Ehefrau einen Taschengeldanspruch gegen ihren Mann in Höhe von € 200,–, muss sie € 55,– monatlich an Elternunterhalt abzweigen.

Anmerkung zu den Beispielen: Ob der jeweils ermittelte Betrag in voller Höhe gebraucht wird, hängt vom konkreten Bedarf des unterhaltsbedürftigen Elternteils ab.

3.5 Vermögensverwertung nicht ausgeschlossen

Verfügen Sie über Vermögen, müssen Sie dies theoretisch ebenfalls für Ihre Eltern verwerten. Auf jeden Fall ist Ihnen aber eine **Kapitalreserve** zu belassen, die in den meisten Fällen so hoch ist, dass eine Vermögensverwertung nicht infrage kommt.

Was gilt für selbst genutztes Immobilienvermögen?

Am besten geschützt ist das Vermögen, das in einer selbst genutzten Immobilie steckt. Denn Sie können nicht gezwungen werden, Ihr Haus oder Ihre Eigentumswohnung zu verwerten, wenn Ihr Wohnraum »angemessen« ist. Darüber hinaus muss man Ihnen Rücklagen für Sanierungs- und Modernisierungsarbeiten zugestehen, soweit sie sinnvoll sind.

Hier gibt es keine bestimmte Obergrenze. Seien Sie deshalb nicht zurückhaltend, wenn es um derartige Rücklagen geht.

Was gilt für Rücklagen zur zusätzlichen Altersversorgung?

Dieses Vermögen darf ebenfalls nicht dem Elternunterhalt zum Opfer fallen. Sichern Sie zum Beispiel Ihren eigenen Altersunterhalt durch Sparvermögen oder ähnliche Kapitalanlagen, muss Ihnen ein bestimmter Betrag verbleiben – und zwar der, der sich aus der Anlage einer unterhaltsrechtlich zuzubilligenden zusätzlichen Altersvorsorge (bis zu 5 % des Bruttoeinkommens) bis zum Renteneintritt bei einer Rendite von 4 % ergibt.

Wie hoch der Freibetrag dann sein kann, zeigt das folgende Beispiel:

» **Beispiel:** Sie verfügen über ein Bruttojahreseinkommen von € 60 000,–. 5 % davon ergeben € 3 000,–. Das macht bei einer jährlichen Verzinsung von 4 % auf 20 noch zu absolvierende Berufsjahre einen Freibetrag von € 131 467,– aus.

Es spielt keine Rolle, wie Sie dieses Vermögen anlegen. Alles, was der Altersvorsorge dient, wie etwa Lebensversicherungen oder Wertpapiere, zählt zum Schonvermögen. Selbst eine vermietete Immobilie zählt dazu, wenn die Mieteinkünfte daraus fester Bestandteil Ihrer Altersversorgung sind.

Was gilt für Rücklagen für ein neues Auto?

Wenn Sie auf ein Fahrzeug angewiesen sind, dürfen Sie auch Rücklagen für Reparaturen und die Neuanschaffung eines Fahrzeugs als Schonvermögen geltend machen.

4 Mehrere Angehörige sind unterhaltspflichtig

4.1 Der unterhaltsbedürftige Elternteil ist verheiratet

In diesem Fall haftet der Ehepartner vorrangig für die ungedeckten Kosten des im Heim lebenden Elternteils. Denn wenn nur ein Elternteil im Pflegeheim untergebracht ist und der andere Elternteil in der bisherigen Wohnung verbleibt, gelten beide sozialhilferechtlich immer noch als **Bedarfsgemeinschaft.**

Das heißt, das Sozialamt ermittelt den Gesamtbedarf für beide Ehegatten und stellt diesen Bedarf dem Gesamteinkommen bzw. Vermögen gegenüber. Dabei spielt es keine Rolle, ob das Einkommen desjenigen Ehepartners, der im Heim lebt, ausreichen würde, seinen konkreten Bedarf zu decken.

! Hier können Sie als Kinder gegenüber dem Sozialamt einwenden, dass der im Heim lebende Elternteil nicht bedürftig ist. Denn im zivilrechtlichen Unterhalt gilt der Grundsatz, dass **eigenes Einkommen** zunächst auch auf den **eigenen Bedarf** anzurechnen ist und nicht für den Ehegatten verwendet werden muss.

Auch wenn Ihre Eltern geschieden sind oder getrennt leben, muss das Sozialamt zunächst versuchen, den anderen Ehegatten heranzuziehen. Nur wenn die Kosten immer noch nicht gedeckt werden können, ist es an Ihnen, für den Elternunterhalt im Rahmen Ihrer finanziellen Möglichkeiten aufzukommen.

4.2 Sie haben Geschwister

In diesem Fall haften Sie gemeinsam mit Ihren Geschwistern **anteilig nach Ihren jeweiligen Einkommens- und Vermögensverhältnissen.** Selbst wenn Sie allein in der Lage wären, die offenen Heimkosten Ihrer Eltern zu tragen, darf das Sozialamt nicht ausschließlich Sie in Anspruch nehmen.

Hier wird sowohl für Sie als auch Ihre Geschwister eine **eigenständige Berechnung** durchgeführt. Wenn der Unterhalt, den Sie und Ihre Geschwister zu zahlen in der Lage sind, die offenen Heimkosten übersteigt, teilt das Sozialamt die Unterhaltsverpflichtung entsprechend auf.

» **Beispiel:** Die Berechnung hat ergeben, dass Sie in der Lage wären, € 600,– zu zahlen, Ihr Bruder lediglich € 300,–. Es bestehen offene Heimkosten in Höhe von € 300,–. Dementsprechend müssen Sie, der doppelt so viel leisten kann wie der Bruder, € 200,– zahlen, der Bruder kommt mit € 100,– davon.

Sie brauchen erst zu zahlen, wenn man Ihnen gegenüber die Einkommens- und Vermögensverhältnisse Ihrer Eltern und Geschwister offengelegt hat. Andernfalls können Sie nicht überprüfen, wie das Sozialamt gerechnet hat.

5 Wann entfällt trotz Leistungsfähigkeit die Unterhaltspflicht?

Bei »Verwirkung« des Anspruchs

Im Unterhaltsrecht gibt es verschiedene Verwirkungsgründe, die eine Zahlungsverpflichtung entfallen lassen. Verwirkung liegt vor, wenn

- Eltern ein **eigenes Verschulden** an der Misere trifft. Das ist zum Beispiel der Fall, wenn Ihre Mutter oder Ihr Vater durch Spiel-, Trunk- oder Drogensucht bedürftig geworden sind. Hier ist allerdings zu berücksichtigen, ob dieses Verhalten Krankheitswert hat. Dann ist die Erkrankung selbst Ihren Eltern in der Regel nicht anzulasten.
- Ihre Eltern selbst die eigene **Unterhaltspflicht Ihnen gegenüber vernachlässigt** haben, also Ihnen trotz entsprechender Verpflichtung keinen Unterhalt bezahlt haben. Dies gilt auch dann, wenn Sie den Unterhalt immer erst gerichtlich durchsetzen mussten.
- die Eltern **keine eigene Altersvorsorge aufgebaut** haben, obwohl sie dazu in der Lage gewesen wären.
- Ihre Eltern Ihnen oder Ihren nahen Angehörigen gegenüber eine **vorsätzliche schwere Verfehlung** begangen haben. Dies muss den Charakter eines üblichen Familienstreits jedoch deutlich übersteigen (z. B. Missbrauch). Bei dem Vorliegen einer Verfehlung bleibt es auch dann, wenn der bedürftige Elternteil seine gesetzlichen Verpflichtungen stets beachtet hat.

Eine die Unterhaltspflicht ausschließende **Verfehlung liegt dagegen nicht vor,** wenn der bedürftige Elternteil sich zwar äußerst schäbig benommen hat, aber seine gesetzlichen Verpflichtungen und Rechte stets beachtet hat.

Ebenfalls **keine Verwirkung** liegt vor, wenn der betroffene Elternteil zum Beispiel aufgrund einer **schweren psychischen Erkrankung** seine Kinder vernachlässigt hat. **Ausnahme:** Beruht die psychische Erkrankung zum Beispiel auf einer Tätigkeit für das Gemeinwohl, wie es bei einer Kriegsteilnahme vorkommen kann, ist die Kostenübernahme für den Elternunterhalt nicht zumutbar.

Bei Vorliegen einer »unbilligen Härte«

Eine Besonderheit liegt vor, wenn Sie Ihre Eltern umfangreicher gepflegt haben, als das üblicherweise von Ihnen als Kind erwartet wird.

» **Beispiel:** Sie haben Ihre eigene Erwerbstätigkeit aufgegeben, um Ihre Eltern zu pflegen. In einem solchen Fall ist eine spätere finanzielle Inanspruchnahme nicht gerechtfertigt.

6 Wie gehen Sie gegen das Sozialamt vor?

Dadurch, dass das Sozialamt den Unterhalt Ihrer Eltern fordert, ändert sich am Anspruch selbst nichts. Das heißt, Sie können alle Einwendungen, die Sie gegen Ihre Eltern haben, auch dem Sozialamt entgegenhalten. Aus dem Unterhaltsanspruch wird **kein öffentlich-rechtlicher Anspruch.** Sie brauchen deshalb gegen eine Zahlungsaufforderung des Sozialamtes auch keinen Widerspruch einzulegen. Wenn keine Einigung erzielt werden kann, muss das Sozialamt den Unterhalt vor dem Familiengericht einklagen.

! Es kann dabei durchaus sinnvoll sein, sich verklagen zu lassen. Viele Unterhaltsberechnungen durch die Sozialämter sind falsch. Lassen Sie sich aber in diesem Fall von einem auf Elternunterhalt spezialisierten Anwalt beraten und vertreten.

Selbst wenn Sie sich nach der Überleitungsanzeige darauf einstellen sollten, rückwirkend in Anspruch genommen zu werden, gibt es auch für das Sozialamt hier **Grenzen.** Das Amt darf nämlich nichts mehr verlangen, wenn es seine **Ansprüche nicht »zeitnah«** durchsetzt. Dadurch soll verhindert werden, dass Ihre Unterhaltspflicht zu einer »erdrückenden Schuldenlast« anwächst. Ein Zeitraum von über einem Jahr ist nicht mehr zeitnah.

Das heißt, in allen Fällen, in denen trotz Rechtswahrungsanzeige mehr als ein Jahr vergangen ist, dürfen Sie sich auf die Verwirkung der Ansprüche seitens des Sozialamtes berufen.

C1 Ehegatten, Kinder und andere Verwandte: Was erben sie, wenn der Erblasser ohne letztwillige Verfügung stirbt?

1 Wann kommt es zur gesetzlichen Erbfolge?

Die gesetzliche Erbfolge tritt ein, wenn der Erblasser (die verstorbene Person) **kein Testament und keinen Erbvertrag** hinterlassen hat bzw. eine letztwillige Verfügung vorliegt, die aber unwirksam ist.

» **Beispiel:**

- Der Erblasser hat **ohne konkrete namentliche Nennung** denjenigen zu seinem Erben bestimmt, der eine **bestimmte Handlung nach seinem Tode vollzieht:** »Mein Erbe soll derjenige werden, der bereit ist, ...« Eine solche Verfügung ist unwirksam.
- Das Testament ist **formunwirksam** (→ Kapitel C 3), weil zum Beispiel der Text nur ein Entwurf ohne Unterschrift ist. Aber: **Behinderte,** die etwa durch einen Schlaganfall sprech- und schreibunfähig, jedoch geistig und körperlich zur Testamentserrichtung in der Lage sind, müssen die Möglichkeit haben, mit notarieller Hilfe ihren »Letzten Willen« zu äußern.
- Ungültig ist ein Testament, in dem ein Bewohner eines Alten- oder Pflegeheims den Träger des Heims oder das Pflegepersonal zu Erben bestimmt.
- Der **eingesetzte Erbe hat die Erbschaft ausgeschlagen,** oder das **Testament ist wirksam angefochten und ungültig** geworden.
- Der eingesetzte **Erbe ist vor dem Erblasser gestorben, und** der Erblasser hat für diesen Fall **keine Ersatzlösung** vorgesehen (sogenannter »Ersatzerbe«). Oder der eingesetzte Erbe ist gleichzeitig mit dem Erblasser zum Beispiel bei einem Unfall ums Leben gekommen.

2 Wer erbt was und in welcher Reihenfolge?

Das Vermögen soll in der Familie bleiben. Deshalb sind **alle Verwandten grundsätzlich zu gesetzlichen Erben berufen. Ehegatten** sind zwar nicht miteinander verwandt, trotzdem darf die Rechnung natürlich nicht ohne sie gemacht werden. **Der überlebende Ehepartner zählt selbstverständlich auch zu den gesetzlichen Erben.**

Verwandte in gerader Linie sind Personen, die voneinander abstammen – zum Beispiel Großvater – Vater – Sohn – Enkel. **Verwandte in der Seitenlinie** sind Personen, die von einer dritten Person abstammen, wie zum Beispiel Geschwister, Onkel, Tanten, Nichten, Neffen. **Aber:** Es kommt nicht auf die biologische Verwandtschaft an. Wenn es ums Erben geht, zählt **nur die rechtliche Verwandtschaft.** Dieser Unterschied spielt insbesondere **bei nicht ehelichen und adoptierten Kindern** eine Rolle.

2.1 In welcher Reihenfolge erben Kinder und Verwandte?

Die gesetzliche Erbfolge innerhalb der Nachkommenschaft und weiteren Verwandtschaft richtet sich nach sogenannten **Ordnungen:**

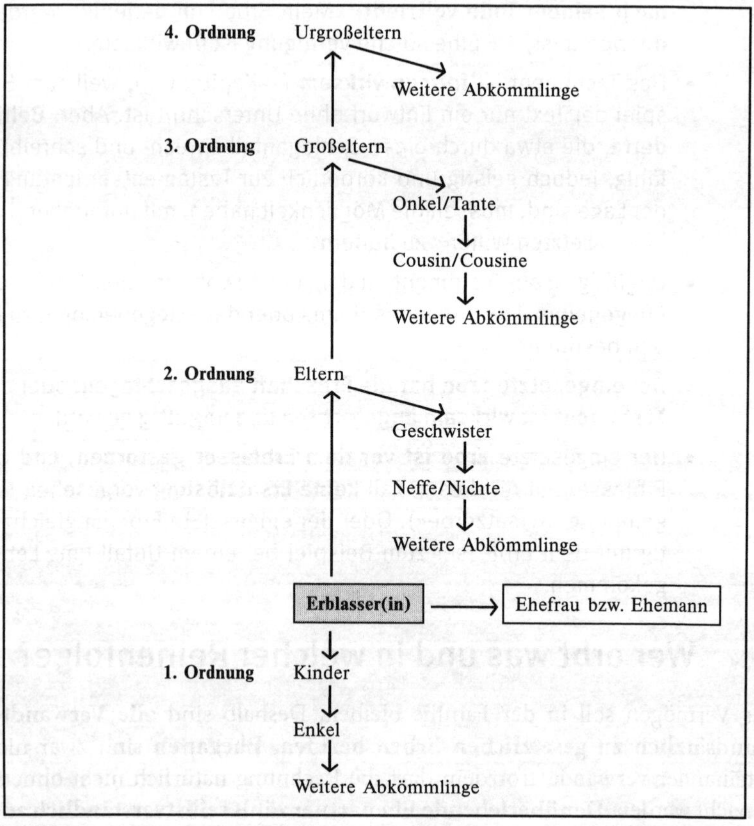

- Der **ersten Ordnung gehören die Abkömmlinge des Erblassers,** also Kinder, Enkel, Urenkel etc., an (§ 1924 Abs. 1 BGB).
- Der **zweiten Ordnung gehören die Eltern des Erblassers und deren Abkömmlinge** an, also Geschwister, Nichten und Neffen (§ 1925 Abs. 1 BGB).
- Der **dritten Ordnung gehören die Großeltern des Erblassers und deren Abkömmlinge** an (§ 1926 Abs. 1 BGB).
- Der **vierten Ordnung gehören die Urgroßeltern des Erblassers und deren Abkömmlinge** an (§ 1928 Abs. 1 BGB).

Verwandte der ersten Ordnung schließen Verwandte der zweiten Ordnung, Verwandte der zweiten Ordnung schließen Verwandte der dritten Ordnung usw. von der Erbschaft aus.

Solange auch **nur ein Verwandter der ersten Ordnung** vorhanden ist, sind **alle anderen also ausgeschlossen.** Lebt beispielsweise beim Erbfall noch ein Urenkel, wird dieser Alleinerbe, während die übrigen Verwandten – zum Beispiel Geschwister – nichts erben.

» **Beispiel:** Beim Tod des Erblassers leben der Vater und ein Enkelkind des Erblassers. Der eigene Sohn ist schon vor dem Erblasser verstorben. Hier wird nur das Enkelkind gesetzlicher Erbe, weil es zur ersten Erbenordnung gehört. Der Vater erbt nichts, da er zur zweiten Erbenordnung gehört. Auf die Verwandtschaftsnähe kommt es nicht an! Obwohl nur im zweiten Grad mit dem Erblasser verwandt, erbt das Enkelkind alles. Grund: Der Nachlass soll der jüngeren Generation zufallen.

Ein und dieselbe Ordnung kann mehrere Generationen umfassen, zum Beispiel Kinder, Enkel, Urenkel. Es werden aber nicht alle gleichzeitig zu Erben.

In der ersten, zweiten und dritten Erbenordnung kommt es vielmehr auf den **Verwandtschaftsgrad** an. **Der nähere Verwandte erbt vor dem entfernteren** – das eigene Kind vor dem Enkel, der Enkel vor dem Urenkel. Der beim Erbfall noch lebende Sohn schließt zum Beispiel seine eigenen Kinder aus (§ 1924 Abs. 2 BGB).

Aber: Ist ein Kind des Erblassers zuvor verstorben (»vorverstorben«), erben seine Kinder neben den noch lebenden Kindern des Erblassers.

Ab der vierten Ordnung zählt die Nähe der Verwandtschaft. Hier erbt derjenige, der mit dem Erblasser dem Grade nach am nächsten verwandt war (§ 1928 Abs. 3 BGB; § 1929 Abs. 2 BGB). Die **Zahl der eine Verwandtschaft vermittelnden Geburten gibt den Verwandtschaftsgrad an** (§ 1589 Satz 3 BGB). Zur Verdeutlichung hilft eine Abstammungs-Skizze, bei der man die **Anzahl der senkrechten Striche zählen** muss. Diese gibt den Grad der Verwandtschaft an.

» **Beispiel:** Ein kinderloser Erblasser hat keine Eltern, Großeltern und Urgroßeltern mehr. Es leben nur noch ein Großonkel (Abkömmling 1) und dessen Sohn (Abkömmling 2).

In dieser Fallkonstellation bekommt Abkömmling 1 alles, Abkömmling 2 nichts. Hätte Abkömmling 1 noch lebende Geschwister gehabt, hätte er teilen müssen. Die Anzahl der senkrechten Striche beträgt beim Abkömmling 1 vier, beim Abkömmling 2 fünf.

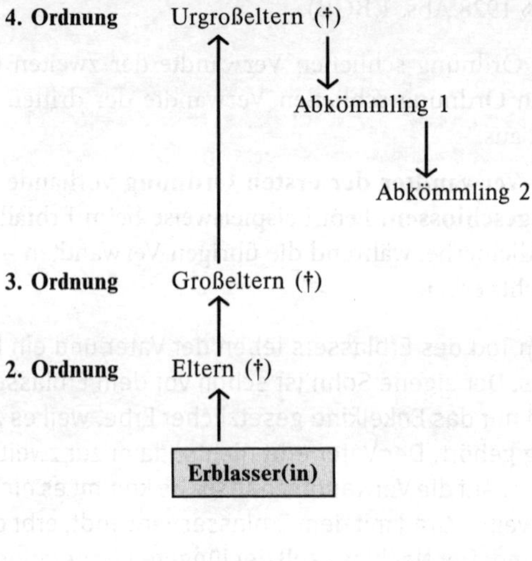

2.2 Was erben nichteheliche Kinder?

In den alten Bundesländern

Mit dem Inkrafttreten des zweiten **Gesetzes zur erbrechtlichen Gleichstellung nichtehelicher Kinder** am 16. 4. 2011 rückwirkend zum 29. 5. 2009 erben nunmehr uneingeschränkt alle nichtehelichen Kinder genauso wie eheliche, wenn die Vaterschaft feststeht.

Damit steht ihnen auch ein Recht auf den Pflichtteil zu, falls der Vater seine Erben durch Testament oder Erbvertrag bestimmt und das nichteheliche Kind dabei nicht ausreichend berücksichtigt hat.

Durch dieses Gesetz ist die Vorgabe des Europäischen Gerichtshofes erfüllt worden, die in der Gesellschaft längst erfolgte Gleichstellung von ehelichen und nichtehelichen Kindern auch im Erbrecht umzusetzen. Nach der bisherigen Rechtslage standen immer noch einige nichteheliche Kinder schlechter als eheliche. Wer vor Juli 1949 als Kind nicht miteinander verheirateter Eltern geboren wurde, dem stand bis heute in bestimmten Fällen im Verhältnis zu seinem Vater kein gesetzliches Erbrecht zu. Diese Ausnahme ist beseitigt worden.

Die Neuregelung gilt aber nur für alle die **Erbfälle, die sich seit dem 29. 5. 2009 ereignet haben**. Sie soll einen gerechten Ausgleich schaffen zwischen dem Ziel der Gleichstellung nichtehelicher Kinder und dem schutzwürdigen Vertrauen derer, die nach der alten Rechtslage bereits Erben geworden sind.

Bisher geltende Rechtslage

Im Erbrecht sind nichteheliche und eheliche Kinder grundsätzlich gleichgestellt. Nach wie vor hat jedoch eine **Ausnahme** Bestand, die das Gesetz über die rechtliche Stellung der nichtehelichen Kinder vom 19. 8. 1969 vorsah. Diese Sonderregelung führte dazu, dass alle vor dem 1. 7. 1949 geborenen nichtehelichen Kinder im Verhältnis zu Ihren Vätern kein gesetzliches Erbrecht hatten, wenn diese am 2. 10. 1990 in der damaligen Bundesrepublik gelebt haben.

Entscheidung des Europäischen Gerichtshofs für Menschenrechte

Der Europäische Gerichtshof für Menschenrechte (EGMR) hat am 28. 5. 2009 festgestellt, dass die bisher im deutschen Erbrecht vorgesehene Ungleichbehandlung von ehelichen und nichtehelichen Kindern, die vor dem 1. 7. 1949 geboren wurden, im **Widerspruch zur Europäischen Menschenrechtskonvention** steht.

Neuregelung rückwirkend zum 29. 5. 2009

Das Gesetz sieht vor, dass alle vor dem 1. 7. 1949 geborenen nichtehelichen Kinder **künftig gesetzliche Erben ihrer Väter** werden.

» **Beispiel:** Der heute 65-jährige A wurde im Jahr 1946 als nichteheliches Kind geboren. Wenn sein Vater V nach dem Verkünden der Neuregelung stirbt, wird A zum gesetzlichen Erben, genauso wie ein eheliches Kind.

Besonderheiten gelten für Erbfälle, die sich bereits vor dem Verkünden der Neuregelung ereignet haben. Da das Vermögen des Verstorbenen bereits auf die nach alter Rechtslage berufenen Erben übergegangen ist, kann diesen die Erbschaft nur in sehr engen verfassungsrechtlichen Grenzen wieder entzogen oder geschmälert werden.

- Die Neuregelung ist auf **Todesfälle** erweitert worden, die sich **nach der Entscheidung des EGMR am 28. 5. 2009** ereignet haben. Denn seit der Entscheidung können die nach altem Recht berufenen Erben nicht mehr auf ihre Rechtstellung und damit auf ihr erlangtes Erbe vertrauen. Das Gesetz tritt deshalb **rückwirkend** zum 29. 5. 2009 in Kraft.

  Beispiel: Wenn im Beispiel oben der Vater V bereits im Dezember 2009 verstorben ist, wird sein nichteheliches Kind A mit dem neuen Gesetz rückwirkend zum gesetzlichen Erben.

- Lag der **Erbfall bereits vor dem 29. 5. 2009**, muss es wegen des verfassungsrechtlich verankerten Rückwirkungsverbots grundsätzlich bei der früheren Rechtslage bleiben. Eine Ausnahme gilt für Fälle, bei denen der Staat selbst zum Erben geworden ist. Zum Beispiel weil es weder Verwandte noch Ehegatten bzw. Lebenspartner gab oder weil die Erbschaft ausgeschlagen wurde. In solchen Konstellationen soll der Staat den Wert des von ihm ererbten Vermögens an die betroffenen nichtehelichen Kinder auszahlen.

  Beispiel: Wenn im Beispiel oben der Vater V bereits im Jahr 1998 verstorben ist, kann die bereits damals eingetretene Erbfolge nicht mehr nachträglich »neu geordnet« werden. Eine Ausnahme gilt aber, wenn der Vater V bei seinem Tod keine anderen Verwandten mehr hatte und auch kein Testament gemacht hat, so dass sein Vermögen an den Staat ging. Dann soll der Staat den Wert des ererbten Vermögens ersetzen.

In den neuen Bundesländern

In der ehemaligen DDR waren eheliche und nicht eheliche Kinder schon seit dem 1. 1. 1976 erbrechtlich gleichgestellt (§ 365 ZGB; § 367 ZGB). Diese Regelung galt bis zur Wiedervereinigung, also für alle Erbfälle, die bis zum 2. 10. 1990 eingetreten sind. **Von der Wiedervereinigung bis zum 31. 3. 1998** (einschließlich) kam es auf den Geburtstag der Kinder an. Seit 1. 4. 1998 haben nicht eheliche Kinder das volle Erbrecht nach den Vorschriften des BGB wie eheliche Kinder.

Wichtig für nicht eheliche Kinder, die vor dem 1. 7. 1949 geboren worden sind: Diese Kinder haben schon immer dasselbe volle Erbrecht an ihrem Vater wie alle anderen Kinder auch.

Unterschiedliche Regelungen in den neuen und alten Bundesländern

Angesichts der unterschiedlichen Regelungen in den alten und neuen Bundesländern kann es Fälle geben, in denen nicht ganz klar ist, wonach sich nun das Erbrecht des (nicht ehelichen) Kindes oder gegebenenfalls des Vaters richtet. Hier gilt:

Der frühere Aufenthaltsort des Erblassers ist entscheidend

Überwiegend wird die vom Oberlandesgericht Brandenburg vertretene Auffassung geteilt: Danach sei entscheidend, ob der Vater des vor dem 3. 10. 1990 geborenen nicht ehelichen Kindes im Zeitpunkt der Wiedervereinigung seinen gewöhnlichen Aufenthalt im Gebiet der ehemaligen DDR hatte, auch wenn er später in die alten Bundesländer gezogen ist, und unabhängig davon, wo das Kind geboren ist oder lebt. Anderer Ansicht ist das Landgericht Berlin, das auf den Geburts- und Aufenthaltsort des Kindes abstellt.

» **Beispiel:**

- Am 1. 1. 1947 wurde ein nicht eheliches Kind in Leipzig geboren. Sein Vater hatte am 3. 10. 1990 (Tag der Wiedervereinigung) seinen gewöhnlichen Aufenthalt in Dresden. Er starb am 1. 6. 2008 in Hamburg. Nach OLG Brandenburg (a. a. O.) hat das Kind volles Erbrecht nach § 1924 BGB, gleichgültig, wo es zum Zeitpunkt des Todes seines Vaters gelebt hat.
- Am 1. 1. 1946 wurde ein nicht eheliches Kind in München geboren. Sein Vater hatte am 3. 10. 1990 seinen gewöhnlichen Aufenthalt in Leipzig. Er starb am 1. 6. 2008 in Hannover. Auch in diesem Fall soll das Kind voll erbberechtigt sein, unabhängig davon, ob es im Zeitpunkt des Todes seines Vaters den gewöhnlichen Aufenthalt in den alten oder neuen Bundesländern hatte.

Sonderfall: Grundbesitz des Erblassers in der ehemaligen DDR

In diesem Fall kann das **Erbrecht der ehemaligen DDR und das der alten Bundesländer nebeneinander** gelten. Bei dieser sogenannten »**Nachlassspaltung**« vererbt sich das DDR-Grundstück nach DDR-Recht, das übrige Vermögen nach BRD-Recht.

Praktische Anwendung findet die Nachlassspaltung auch heute noch, vor allem wenn Grundvermögen, das in den neuen Bundesländern liegt, an die in den alten Bundesländern wohnenden Eigentümer zurückgegeben werden muss. Diese Rückgabeansprüche haben sich auch vererbt.

» **Beispiel:** Am 1. 4. 1948 wurde in Hamburg ein nicht eheliches Kind geboren, dessen Vater ebenfalls in Hamburg lebte. Beide blieben in Hamburg. Der Vater erbte von seinen in der DDR lebenden Eltern 1985 ein Grundstück in Brandenburg. Er selbst ist am 1. 7. 2008 gestorben. Der Vater wurde nach dem Recht der alten Bundesländer beerbt, also nach BGB. Danach hatte das vor dem 1. 7. 1949 geborene nicht eheliche Kind keinerlei Erbanspruch (siehe oben). Für das Grundstück in Brandenburg war aber DDR-Erbrecht anzuwenden, sodass das Kind für dieses Grundstück ein volles gesetzliches Erbrecht an seinem Vater hatte.

Ältere Testamente sind unter Umständen anfechtbar

Wegen des am 1. 4. 1998 in Kraft getretenen **Erbrechtsgleichstellungsgesetzes** sollten betroffene Väter ihr **Testament (oder Erbvertrag) prüfen,** ob es noch aktuell ist. Denn wenn ein nicht eheliches Kind in der letztwilligen Verfügung des Vaters (oder der väterlichen Großeltern) nicht erwähnt ist, also weder bedacht noch von der Erbfolge ausgeschlossen wird, kann es nun das Testament nach dem Tod des Vaters (bzw. der väterlichen Großeltern) anfechten. Dieses Anfechtungsrecht kann innerhalb eines Jahres nach dem Tod des Erblassers ausgeübt werden (§ 2082 BGB). **Mögliche Folge:** mindestens **teilweise Ungültigkeit des Testaments.**

Ausnahme: Die Erben können beweisen, dass der Erblasser auf keinen Fall anders gehandelt hätte.

» **Beispiel:** Der Erblasser kannte die Neuregelung und hatte sich deswegen nachweislich bei einem Rechtsanwalt erkundigt, ob eine Möglichkeit bestünde, den Pflichtteilsanspruch des nicht ehelichen Sohnes auszuschließen.

Am ehesten müssen Sie sich bei letztwilligen **Verfügungen, die aus der Zeit vor 1969 / 1970 stammen und bei denen der Erblasser in Westdeutschland gelebt** hat, auf eine Anfechtung einstellen, bzw. eine Anfechtung ist dann wohl am ehesten erfolgreich. Denn hier hat der Erblasser wohl kaum damit gerechnet, dass ein nicht eheliches Kind in Zukunft an seinem Vater und dessen Verwandten erbberechtigt und damit auch pflichtteilsberechtigt werden würde.

2.3 Erbrecht adoptierter Kinder

Aufgrund verschiedener Änderungen im Adoptionsrecht in den vergangenen Jahrzehnten **spielt hier der Zeitpunkt der Adoption die entscheidende Rolle.**

Für die bis zum 31. 12. 1976 angenommenen Kinder gilt:

Die Annahme (Adoption) des Kindes hat das **Verwandtschaftsband zu den natürlichen Eltern und Verwandten nicht aufgelöst.** Das heißt, das Adoptivkind behält alle Erb- und Pflichtteilsrechte gegenüber den Blutsverwandten (§ 1764 BGB in der bis 31. 12. 1976 geltenden Fassung).

Durch die Adoption erwarb das Kind aber **zusätzlich Erb- und Pflichtteilsrecht am Annehmenden** (also Adoptivvater und/oder -mutter), soweit dies nicht im Adoptionsvertrag ausgeschlossen war. Kein Erb- und Pflichtteilsrecht erwarb es dagegen gegenüber den Verwandten (beispielsweise Eltern und Großeltern) des Annehmenden.

Für Adoptionen seit dem 1. 1. 1977 gilt:

Minderjährigenadoption

Die **Minderjährigenadoption führt heute zur Volladoption.** Das heißt, das **Verwandtschaftsband zu den leiblichen Eltern und deren Verwandten erlischt. Das Kind verliert Erb- und Pflichtteilsansprüche gegen die natürliche Familie** (§ 1755 BGB). In die Familie des Annehmenden wird es dagegen vollständig mit allen rechtlichen Konsequenzen eingegliedert. Das Adoptivkind wird mit dem/den Annehmenden und seinen Verwandten rechtlich verwandt. Folge: Es erhält gegenüber der annehmenden Person und deren Verwandtschaft ein gesetzliches Erb- und Pflichtteilsrecht.

Bei Adoption durch Verwandte – wie Großeltern, Onkel, Tante, Stiefmutter bzw. Stiefvater – erlischt das Verwandtschaftsband nur zu den leiblichen Eltern und nicht zu den übrigen Verwandten.

Aber: Trotz der weiterhin bestehenden Verwandtschaft zu diesen Verwandten der natürlichen Eltern gehört das Adoptivkind nicht zu den Erben der zweiten Ordnung im Verhältnis zu den blutsmäßigen Verwandten (§ 1925 BGB). So soll ein doppeltes Erbrecht an der Familie des Annehmenden unter Blutsverwandten verhindert werden.

Das Gleiche gilt, wenn jemand das eheliche Kind seines Ehegatten adoptiert, dessen frühere Ehe durch Tod aufgelöst worden war (§ 1756 Abs. 2 BGB; § 1925 Abs. 4 BGB).

Volljährigenadoption

Hier wird die **Verwandtschaft zu den Blutsverwandten grundsätzlich nicht zerschnitten** (§ 1770 Abs. 2 BGB). Das Erb- und Pflichtteilsrecht bleibt erhalten. Verwandtschaftliche Beziehungen werden nur gegenüber den / der annehmenden Person(en) begründet, nicht auch gegenüber deren Verwandten (z. B. Eltern und Großeltern des Annehmenden). **Geerbt werden kann hier also nur vom Annehmenden.**

Auf Antrag der Beteiligten kann allerdings das **Familiengericht** (Amtsgericht) der **Volljährigenadoption die rechtliche Wirkung einer Minderjährigenadoption** zusprechen. Erbrechtlich sieht das Ganze dann so wie bei der Adoption eines Minderjährigen aus.

Adoption kann letztwillige Verfügungen anfechtbar machen

Mit dem Adoptivkind ist ein weiterer Pflichtteilsberechtigter hinzugekommen (§ 2079 BGB; § 2303 BGB). Das Anfechtungsrecht beruht auf demselben Prinzip wie bei nicht ehelichen Kindern (→ Abschn. 2.2).

! Lassen Sie sich, wenn ein Kind in Ihrer Verwandtschaft adoptiert wurde, so bald wie möglich durch einen Notar oder Rechtsanwalt beraten.

Stirbt der Annehmende **zwischen Antragstellung und Ausspruch der Adoption,** kann ein Erbe den (unerwünschten) neuen Miterben aber nicht mehr »ausbooten«, indem er als Erbe den **Antrag zurücknimmt.** Dieses höchst persönliche Recht hätte nur der Antragsteller wahrnehmen können.

2.4 Erbrecht von Stiefkindern bzw. Stiefeltern

Stiefkinder sind **keine leiblichen Kinder des Erblassers** und gehören daher nicht zu dessen gesetzlichen Erben. Sie erben deshalb nur von ihrem leiblichen Elternteil. Anders sieht es aus, wenn der **Stiefvater das Stiefkind adoptiert.** Dann erbt das Kind als Adoptivkind (→ Abschn. 2.3).

3 So ermitteln Sie die jeweiligen Erbteile

3.1 Wenn der Erblasser verheiratet war

Bevor Sie anfangen zu rechnen, müssen Sie **bei verheirateten Erblassern immer den Erbteil des Ehegatten herausrechnen.** Nur was vom Nachlass übrig bleibt, wird dann unter den anderen gesetzlichen Erben verteilt.

Die Höhe des Ehegattenerbteils bestimmt sich danach, mit welchen Verwandten der Ehegatte gemeinsam Erbe wird, und in welchem Güterstand die Ehegatten gelebt haben.

Folgende Güterstände kommen hier infrage:

- die **Zugewinngemeinschaft,**
- die **Gütertrennung** und
- die **Gütergemeinschaft.**

- **Neue Bundesländer**
  Mit der Wiedervereinigung **am 3. 10. 1990** ist in allen Ehen, in denen die Eigentums- und Vermögensgemeinschaft (nach DDR-Recht) gegolten hatte, der **gesetzliche Güterstand der Zugewinngemeinschaft in Kraft** getreten, ohne dass die Ehegatten irgendetwas veranlassen mussten. Sollten Sie von Ihrem Wahlrecht, den gesetzlichen Güterstand der DDR beibehalten zu können, Gebrauch gemacht haben (das war möglich bis zum 2. 10. 1992), gilt für Sie weiterhin der gesetzliche Güterstand der Eigentums- und Vermögensgemeinschaft. Sollten Sie sich nicht sicher sein, was seinerzeit vereinbart worden ist, hilft eine **Anfrage beim zuständigen Amtsgericht** (früher Kreisgericht).

- Ehen mit Auslandsberührung
  Sind Ehegatten oder einer von ihnen nicht deutsche Staatsangehörige bzw. waren sie im Zeitpunkt der Eheschließung nicht deutsche Staatsangehörige, kann ein **ausländischer Güterstand** gelten. Dabei bleibt es auch, wenn die Eheleute später die deutsche Staatsangehörigkeit annehmen. Unproblematisch ist es, wenn sie in einem Ehevertrag von vornherein ausdrücklich deutsches Güterrecht vereinbart haben.
  Wenn der Erblasser **keine deutsche Staatsangehörigkeit** besaß, gilt **kein deutsches Erbrecht.** Was dann gilt, ist unterschiedlich. Hier hilft **nur fachkundige Beratung.**

Schnellübersicht über das gesetzliche Erbrecht des Ehepartners:

Güterstand des Erblassers mit hinterbliebenem Ehepartner	neben Erben 1. Ordnung = Kinder, Enkel	neben Erben 2. Ordnung[1)] = Eltern, Geschwister	neben Erben 3. Ordnung[2)] = Großeltern
Zugewinngemeinschaft	(1) / (2)	(3) / (4)	(3) / (4)
Gütertrennung	(1) / (2) bei einem Kind (1) / (3) bei zwei Kindern (1) / (4) bei drei und mehr Kindern	(1) / (2)	(1) / (2)[2)]
Gütergemeinschaft	(1) / (4)	(1) / (2)	(1) / (2)[2)]
Eigentums- u. Vermögensgemeinschaft der früheren DDR[3)]	(1) / (4)	(1) / (2)	(1) / (2)[2)]

1) Die Erben nachfolgender Ordnungen kommen nur zum Zuge, wenn keine Erben vorrangiger Ordnungen vorhanden sind.

2) Ist ein Großelternteil verstorben, erbt der überlebende Ehegatte auch dessen Anteil.

3) Gilt nur für Bürger der früheren DDR, die vor dem 3. 10. 1992 für diesen Güterstand votiert haben, und nur für Erbfälle nach dem 2. 10. 1990.

... neben Kindern und Verwandten der ersten Ordnung

... bei Zugewinngemeinschaft zwischen den Eheleuten

Wird der überlebende Ehegatte Erbe neben Verwandten der ersten Ordnung (also neben Kindern, Enkeln, Urenkeln etc.), beträgt sein Erbteil **ein Viertel des Nachlasses** (§ 1931 Abs. 1 BGB).

Zusätzlich zu diesem Viertel erhält der überlebende Ehegatte bei bestehender Zugewinngemeinschaft **ein weiteres Viertel** (§ 1371 Abs. 1 BGB), **zusammen also die Hälfte des Nachlasses.** Dieses **pauschale Zusatzviertel** ist die sogenannte **»Zugewinnpauschale«**. Sie ersetzt den Zugewinnausgleich. Dieser Anspruch steht dem überlebenden Ehegatten auch zu, wenn die Ehepartner schon sehr lange getrennt gelebt haben.

Den Rest bekommen die Verwandten nach erster Ordnung, also die Abkömmlinge – und zwar zu gleichen Teilen (§ 1924 Abs. 4 BGB).

» **Beispiel:**

- Ein Ehepaar, das in Zugewinngemeinschaft lebt, hat drei Kinder. Eine letztwillige Verfügung ist nicht vorhanden. Hier gilt: Der überlebende Ehegatte erbt ein Viertel. Dieses Erbteil wird nach Zugewinnausgleichsrecht um ein Viertel erhöht. Insgesamt erhält er die Hälfte des Nachlasses. Die verbleibende Hälfte geht an die drei Kinder zu gleichen Teilen. Vom gesamten Nachlass erhalten die Kinder also je ein Sechstel.
- Ein in Zugewinngemeinschaft lebendes Ehepaar hat eine Tochter; ein Sohn ist bereits verstorben. Dieser Sohn hinterließ eine Ehefrau und zwei Kinder, also Schwiegertochter und zwei Enkel. Eine letztwillige Verfügung hat das Ehepaar nicht gemacht.

  Beim Tod des ersten Ehegatten wird der überlebende Ehegatte Erbe neben den Verwandten der ersten Erbfolgeordnung, zu der auch die Enkelkinder zählen. Sie treten an die Stelle ihres vorverstorbenen Vaters als gesetzliche Ersatzerben. Die Schwiegertochter gehört dagegen nicht zu den Ersatzerben. Deshalb bekommt hier der überlebende Ehegatte (wie oben) die Hälfte des Nachlasses. Die andere Hälfte geht zu einem Viertel an die Tochter. Die beiden Enkel erben zu gleichen Teilen das, was ihr Vater geerbt hätte, wenn er noch leben würde. Das ist zusammen ein Viertel, je Kind ein Achtel.

Wenn **Stiefkinder** zum Beispiel aus einer früheren Ehe vorhanden sind, verringert sich durch den Zugewinnausgleich automatisch der gesetzliche Erbteil der Kinder. Hier muss der überlebende Ehegatte seinem **Stiefkind aus den Mitteln des zusätzlichen Viertel-Erbteils eine angemessene Ausbildung gewähren** (§ 1371 Abs. 4 BGB). Der Anspruch ist auf dieses Viertel begrenzt. Wählt der überlebende Ehegatte den scheidungsrechtlichen Zugewinnausgleich, gibt es trotzdem nicht mehr. Gar nichts gibt es, wenn die Kinder die Ausbildung von ihrem Erbteil oder sonstigen Vermögen finanzieren können. Wer das als Erblasser nicht will, weil er dadurch seine leiblichen Kinder beeinträchtigt sieht, sollte seinen Nachlass testamentarisch oder erbvertraglich regeln.

Hat der **Erblasser einseitig ein größeres Vermögen erwirtschaftet,** indem er zum Beispiel im Laufe der Ehe eine gut gehende Arztpraxis aufgebaut hat, fährt der überlebende Ehegatte mit dem pauschalen Zugewinn **(erbrechtliche Lösung)** unter Umständen erheblich schlechter als mit dem konkret berechneten Zugewinnausgleich, wie er im Scheidungsfall gewährt wird **(güterrechtliche Lösung).** Den berechneten Ausgleich kann der überlebende Ehegatte nämlich **alternativ wählen.**

Dazu muss allerdings die Erbschaft binnen sechs Wochen nach Kenntnis vom Tod des Ehegatten ausgeschlagen werden (§ 1944 BGB). In diesem Fall kann noch der Pflichtteil zum Zugewinnausgleich dazuverlangt werden. Außerdem entfällt bei eventuell vorhandenen Stiefkindern die Ausbildungsfinanzierung und die Haftung für Nachlassverbindlichkeiten.

» **Beispiel:** Herr und Frau Meier hatten zu Beginn ihrer Ehe kein nennenswertes Vermögen. Herr Meier hat als Arzt eine Praxis aufgebaut, die einen Wert von € 400 000,– hat, als er plötzlich stirbt. Frau Meier hat als Hausfrau kein eigenes Vermögen erwirtschaften können. Aus der Ehe ist ein Kind hervorgegangen.

Mit der Pauschal-Methode würde Frau Meier 2 × ¼ des Nachlasses als gesetzlichen Erbteil plus 2 × ¼ als Zugewinnausgleich = € 200 000,– erhalten. Bei der konkreten Zugewinnausgleichsberechnung bekäme sie ebenfalls die Hälfte des Praxiswertes (= € 200 000,–), aber zusätzlich ihren Pflichtteilsanspruch in Höhe der Hälfte ihres gesetzlichen Erbteils, also 2 × ¼ des Nachlasses (= € 50 000,–), = € 250 000,– insgesamt.

Fazit: Wenn Sie in Zugewinngemeinschaft gelebt haben, sollten Sie möglichst bald nach dem Todesfall ermitteln, was günstiger für Sie ist: **Annahme des gesetzlichen Erbteils** oder **Ausschlagung.** Als Faustregel können Sie sich aber jetzt schon an die sogenannte **Niedersche Formel** halten, nach der sich die güterrechtliche Lösung dann lohnt, wenn der Zugewinn neben Verwandten der ersten Ordnung $^6/_7$ oder 85,71 % des Nachlasses ausmacht.

Noch sinnvoller wäre es natürlich, wenn die Ehepartner bei einseitiger Vermögensbildung zu Lebzeiten eine **Lösung** fänden und diese **per Testament oder Erbvertrag** festhielten.

... bei Gütertrennung zwischen den Eheleuten

Der Erbteil richtet sich nach der Anzahl der **miterbenden Kinder:**

- Hinterlässt der Erblasser ein Kind, erbt der überlebende Ehegatte die Hälfte, das Kind die andere Hälfte (§ 1931 Abs. 4 BGB).
- Hinterlässt der Erblasser zwei Kinder, erbt der überlebende Ehegatte ein Drittel und die beiden Kinder auch je ein Drittel.
- Hinterlässt der Erblasser drei oder mehr Kinder, erbt der Ehegatte ein Viertel, die Kinder die restlichen drei Viertel zu gleichen Teilen (§ 1931 Abs. 1 BGB).

- Hinterlässt der Erblasser andere Erben erster Ordnung (z. B. Enkelkinder), treten diese an die Stelle ihres vorverstorbenen Elternteils (§ 1931 Abs. 4 BGB, § 1924 Abs. 3 BGB).

» **Beispiel:** Ein Ehepaar, das in Gütertrennung lebt, hatte zwei Kinder, A und B, die beide verstorben sind. A hat seinerseits zwei Kinder hinterlassen, B drei Kinder. Beim Tod eines Ehepartners tritt folgende gesetzliche Erbfolge ein: Der überlebende Ehepartner erbt ein Drittel, die beiden Enkelkinder, deren Elternteil A bereits verstorben ist, erben zusammen ein Drittel, also je ein Sechstel. Die drei Enkelkinder, deren Elternteil B vorverstorben ist, erben zusammen ein Drittel, also je ein Neuntel des Nachlasses.

Einen **Zugewinnausgleich gibt es hier nicht.** Dadurch entfällt der hierfür vorgesehene erbschaftsteuerfreie Betrag am Nachlass, was bei größeren Vermögen von **Nachteil** sein kann.

... bei Gütergemeinschaft zwischen den Eheleuten

Bestand in der Ehe der seltene Fall der **ehevertraglich** vereinbarten Gütergemeinschaft, so bleibt es bei der allgemeinen erbrechtlichen Regel des § 1931 Abs. 1 BGB. Danach erhält der überlebende Ehegatte neben Verwandten der ersten Ordnung ein Viertel des Nachlasses, die übrigen Erben zusammen drei Viertel. Auf die Anzahl der Kinder kommt es hier nicht an, und einen Zugewinnausgleich wie bei der Zugewinngemeinschaft gibt es nicht.

» **Beispiel:** Ein Ehepaar lebt in Gütergemeinschaft, es hat zwei Kinder. Beim Tod des Ehepartners erbt der überlebende Ehegatte ein Viertel, die Kinder erben zusammen die verbleibenden drei Viertel, also je drei Achtel.

Der Nachlass besteht hier aber nicht nur aus dem Vorbehaltsgut, an dem der Verstorbene alleiniges Eigentum hatte, sondern auch aus seinem hälftigen Anteil am Gesamtgut. **Problem hier:** Am Gesamtgut, also auch am Anteil des überlebenden Ehegatten, sind alle Erben Miteigentümer geworden. Die Aufteilung muss separat erfolgen.

... bei Weitergeltung des ehemaligen DDR-Güterstandes

Hier erbt nach § 1 BGB der überlebende Ehegatte ein Viertel, die anderen Verwandten der ersten Ordnung bekommen zusammen drei Viertel. Die Aufteilung sieht dann genauso aus **wie bei der Gütergemeinschaft.** Die dort aufgeführten Beispiele gelten deshalb auch hier.

... bei ausländischem Güterstand zwischen den Eheleuten

Besteht zwar ein ausländischer Güterstand, gilt aber deutsches Erbrecht, weil der Erblasser deutscher Staatsangehöriger war, bleibt es auch hier bei der erbrechtlichen Regel des § 1931 Abs. 1 BGB. Danach bekommt der überlebende Ehegatte ein Viertel und die anderen Verwandten der ersten Ordnung zusammen drei Viertel.

... neben Verwandten der zweiten Ordnung

... bei Zugewinngemeinschaft zwischen den Eheleuten

Wird der überlebende Ehegatte gesetzlicher Erbe neben Verwandten der zweiten Ordnung, also neben Eltern und/oder Geschwistern des Erblassers, beträgt sein Erbteil **zunächst die Hälfte** des Nachlasses (§ 1931 Abs. 1 BGB). Zusätzlich wird der Erbteil durch die Zugewinnpauschale um ein Viertel erhöht (→ Abschn. 3.1). Der Anspruch beträgt somit drei Viertel des gesamten Nachlasses. Das restliche Viertel erben die Verwandten der zweiten Ordnung.

! Wenn Sie **kinderlos verheiratet** sind, sollten Sie ein Testament machen und den Überlebenden (zunächst) zum Alleinerben einsetzen. So können Sie ausschließen, dass beim Tod des Erstversterbenden neben dem überlebenden Ehegatten Eltern oder Geschwister des Erblassers Erben werden. Allerdings haben Eltern (nicht auch Geschwister) ein Pflichtteilsrecht (§ 2303 BGB).

Wer was nach dem Tod des Längerlebenden bekommen soll, sollte ebenfalls bedacht werden, wenn man es nicht dem Zufall überlassen möchte, wer gesetzlicher Erbe wird – zum Beispiel die Nichten und Neffen des einen oder anderen.

... bei den übrigen Güterständen

Bei Gütertrennung, Gütergemeinschaft, Eigentums- und Vermögensgemeinschaft (DDR-Güterstand) oder bei ausländischem Güterstand zwischen den Eheleuten erbt der überlebende Ehegatte **neben Verwandten der zweiten Ordnung die Hälfte des Nachlasses** (§ 1931 Abs. 1 Satz 1 BGB). Die andere Hälfte geht an die Verwandten dieser Ordnung. Eine Zugewinnpauschale gibt es nicht.

» **Beispiel:** Der Erblasser hinterlässt eine Ehefrau. Sein Vater lebt noch, die Mutter nicht mehr. Außerdem hat er zwei Brüder. Hier fällt die Hälfte des Nachlasses an die Frau des Erblassers. Die andere Hälfte fällt nach den Regeln des Verwandtenerbrechts zu einem Viertel an den Vater und zu einem Viertel (also je einem Achtel) an die beiden Brüder, und zwar als Ersatzerben für die Mutter des Erblassers.

... neben Verwandten der dritten Ordnung

... bei Zugewinngemeinschaft zwischen den Eheleuten

Hier wird unterschieden zwischen den Großeltern und deren Abkömmlingen. So erbt der überlebende Ehegatte neben den Großeltern die Hälfte des Nachlasses. Außerdem erhöht sich der Erbteil um ein Viertel als Zugewinnausgleich.

Ist **ein Großelternteil oder sind mehrere Großeltern vor dem Erblasser verstorben,** erben nicht die Abkömmlinge der Großeltern an deren Stelle, vielmehr geht dieser Anteil an den überlebenden Ehegatten.

... bei den übrigen Güterständen

Hier gilt die Grundregel, dass der überlebende Ehegatte neben den Großeltern die Hälfte erbt. Ist ein Großelternteil verstorben, bekommt der überlebende Ehegatte auch dessen Teil (§ 1931 Abs. 1 Satz 2 und Abs. 2 BGB).

Der »Voraus« erhält dem Ehegatten den Hausrat

Was ist der Voraus?

Damit der überlebende Ehegatte sein Leben in der bisherigen Umgebung und im gewohnten Stil fortführen kann, hat er als gesetzlicher Erbe **Anspruch auf die Haushaltsgegenstände und Hochzeitsgeschenke, soweit sie dem Erblasser gehört haben** (§ 1932 BGB). Dieser Anspruch steht dem Überlebenden zusätzlich zu seinem gesetzlichen Erbteil zu. Das heißt, er erhält die Gegenstände vorweg, bevor der übrige Nachlass unter den Erben aufgeteilt wird. Das kann bei beschränkten wirtschaftlichen Verhältnissen so weit gehen, dass für weitere Erben nicht mehr viel übrig bleibt.

Was gehört im Einzelnen zum Voraus?

Der Voraus umfasst **Gegenstände des Hausrats** – wie Möbel, Hausgeräte, sonstige Einrichtungsgegenstände –, Haushalts- und Bettwäsche, Teppiche, Phonogeräte, Bilder (sofern nicht Kunstsammlung), aber auch den Familien-Pkw, sofern er nicht überwiegend dem Erblasser zu beruflichen Zwecken gedient hat.

Zum Voraus gehören auch **Haushaltsgegenstände,** für die ein Teilzahlungsvertrag noch läuft. Der überlebende Ehegatte hat dann die restlichen Zahlungsverpflichtungen für diese Gegenstände zu erfüllen. **Aber:** Zum Voraus gehören nicht die **Gegenstände, die dem persönlichen Gebrauch des Verstorbenen dienten,** wie etwa Schmuck und Kleider.

Außerdem kommt es darauf an, mit welchen Verwandten zusammen der überlebende Ehegatte Erbe wird. **Neben Verwandten der ersten Ordnung,** insbesondere neben Kindern, beschränkt sich der Anspruch auf den Hausrat, soweit die Gegenstände zur Führung eines **angemessenen Haushaltes** benötigt werden. So kann zum Beispiel die repräsentative Großlimousine für die alleinstehende hinterbliebene Ehefrau überdimensioniert sein. Es kommt wie immer auf den Einzelfall an. Wird der Überlebende gesetzlicher Erbe **neben Verwandten der zweiten Ordnung** oder neben Großeltern, steht ihm dagegen der Hausrat **uneingeschränkt** zu.

Wie wird der Ehegatte Eigentümer des Voraus?

Der überlebende Ehegatte wird aber nicht automatisch zum Eigentümer des Hausrats. Vielmehr handelt es sich hierbei um einen **Vermächtnisanspruch,** der von vornherein vom Nachlass abgezogen wird.

Achtung: Nur für Ehegatten als gesetzliche Erben gibt es den Voraus!

Wenn der überlebende Ehepartner durch letztwillige Verfügung neben anderen zum Erben eingesetzt worden ist, steht ihm der Voraus nicht von Gesetzes wegen zu. In diesem Fall müssen ihm die Gegenstände dann ausdrücklich als Vermächtnis zugewandt werden. Deshalb unser

! Wenn Sie schon eine letztwillige Verfügung errichtet haben, sollten Sie noch einmal überprüfen, ob die **Hausratsfrage** darin **geklärt** ist. Wenn nicht, sollten Sie die Verfügung dahin gehend ergänzen, dass dem überlebenden Ehegatten der Hausrat im Umfang des gesetzlichen Voraus als Vermächtnis zugewandt wird.

Ist der Überlebende zum Alleinerben eingesetzt – wie zum Beispiel in einem »Berliner Testament« (→ Rechtstipps-CD) –, ist ein zusätzliches Hausratsvermächtnis nicht erforderlich.

3.2 Wenn der Erblasser nicht verheiratet war

Was bekommen Erben der ersten Ordnung?

Grundsätzlich erben die **Kinder zu gleichen Teilen** (§ 1924 Abs. 4 BGB).

Solange die Kinder des Erblassers noch leben, schließen sie die Enkel und Urenkel vom Erbe aus. Anders sieht es aus, wenn eines der Kinder zum Zeitpunkt des Erbfalls nicht mehr lebt bzw. durch Erbverzicht oder Erbunwürdigkeit ausgeschlossen ist. Dann treten dessen Abkömmlinge an seine Stelle.

Was bekommen Erben der zweiten Ordnung?

Die Eltern des Erblassers bzw. dessen Geschwister und deren Abkömmlinge kommen nur zum Zuge, soweit keine Erben der ersten Ordnung da sind. Erst dann kommen zuerst die Eltern, die zu gleichen Teilen erben. Sie schließen wiederum ihre eigenen Kinder und weitere Abkömmlinge aus.

Was bekommen Erben der dritten Ordnung?

Leben nur noch die Großeltern, erben sie allein und zu gleichen Teilen, also theoretisch bei vier Großeltern zu je einem Viertel. Häufiger ist allerdings der Fall, dass nicht mehr alle Großeltern leben. Hier treten an die Stelle eines verstorbenen Großelternteils seine Abkömmlinge, also Onkel, Tanten und wiederum deren Abkömmlinge, Vettern und Cousinen des Erblassers.

» **Beispiel:** Ein Erblasser, der seine Eltern schon früh verloren hat, hat zwei Großmütter, aber keinen Großvater mehr. An die Stelle des Großvaters treten dessen noch lebende Kinder, soweit vorhanden. Auf ihren Stamm entfällt das jeweilige Großvater-Viertel.

Was bekommen Erben ab der vierten Ordnung?

Ab den Urgroßeltern als infrage kommende gesetzliche Erben wird nur noch nach Verwandtschaftsgrad – und zwar zu gleichen Teilen – geerbt. Lebt also nur noch ein Urgroßelternteil, wird dieser Alleinerbe, und seine Kinder bekommen nichts. Diese erben erst, wenn die Urgroßeltern nicht mehr leben.

4 Sind Zuwendungen des Erblassers anzurechnen?

Häufig lassen Eltern ihren Kindern oder Großeltern ihren Enkeln schon zu Lebzeiten etwas zukommen. Das Erbrecht will aber Gleichbehandlung, wie § 1924 Abs. 4 BGB zeigt: **»Kinder erben zu gleichen Teilen«.** Deshalb sind grundsätzlich **Schenkungen und andere Zuwendungen an Abkömmlinge** (Kinder, Enkel, Urenkel; Stiefkinder scheiden aus) im Erbfall auszugleichen.

Das gilt aber nur für den Fall, dass **keine letztwillige Verfügung vorhanden** ist (Testament oder Erbvertrag). Anders ist es nur, wenn Testament oder Erbvertrag genau das zusprechen, was den gesetzlichen Erbteilen entspricht. Dann wird der Fall so behandelt, als sei die gesetzliche Erbfolge eingetreten. Es kommt ebenfalls unter den nachfolgenden Voraussetzungen zur Anrechnung.

Laut § 2050 BGB sind nur folgende Zuwendungen auszugleichen:

Ausstattungen

Dazu zählen Zuwendungen anlässlich der Heirat oder im Hinblick auf eine selbstständige Lebensstellung, wie zum Beispiel die Finanzierung einer Wohnung oder auch das, was der Gesetzgeber früher als »Aussteuer« bezeichnete.

Zuschüsse zum Lebensbedarf

Hierzu zählen regelmäßige Beträge, die dem Lebensunterhalt dienen sollen, ohne dass eine Unterhaltsverpflichtung besteht, soweit sie die **Vermögensverhältnisse des Erblassers überstiegen** haben.

» **Beispiel:** Die verheiratete Tochter bekommt von ihren Eltern, die dafür selber kräftig sparen müssen, monatlich einen Betrag von € 500,–, um sie und ihre Familie zu unterstützen. Ihr Bruder bekommt von seinen Eltern nichts, weil er nach Ansicht der Eltern genug verdient.

Einmalige Zuwendungen wie zum Beispiel die Finanzierung einer Ferienreise oder ein Betrag zur »Kontosanierung« fallen normalerweise nicht darunter.

Ausbildungskosten

Hierzu zählen grundsätzlich Studien- und Promotionskosten, nicht aber die allgemeinen Schulbildungskosten. **Aber:** Es spielt keine Rolle, ob zum Beispiel die Ausbildung des einen Kindes teurer war als die des anderen. Unangemessen sind solche Zuwendungen auch nicht, solange sie noch im Rahmen der finanziellen Leistungsfähigkeit des Erblassers liegen.

» **Beispiel:** Der Erblasser und seine Frau haben jahrelang unter Entbehrungen eine Privatschule für den Sohn finanziert, weil dieser wegen Lernschwierigkeiten in staatlichen Schulen nicht zurechtkam. Hier könnte die Schwester, die derartige Kosten nicht verursacht hat, einen Ausgleich verlangen.

Fazit: Zuwendungen, die keine Ausstattung sind und auch nicht zum Lebensbedarf oder der Berufsbildung dienen, brauchen nicht ausgeglichen zu werden. Im Prinzip soll jeder mit seinem Geld machen dürfen, was er will – gegebenenfalls auch einen der **Abkömmlinge einseitig bevorzugen.** Schenken also Eltern einem der Kinder schon zu Lebzeiten Vermögen, wird diese Schenkung später »von Rechts wegen« nicht auf dessen Erbteil angerechnet.

Die **Abgrenzung,** ob eine Zuwendung Ausstattung, übermäßiger Zuschuss zum Lebensunterhalt bzw. Berufsausbildung oder eine Schenkung ist, ist jedoch nicht immer ganz einfach. Deshalb empfiehlt es sich für die Beteiligten, eine entsprechende **vertragliche Vereinbarung zu treffen.** Das können Sie **auch noch nachträglich** machen. Stellen Sie als Erblasser wie auch als Empfänger klar, ob die unentgeltliche Zuwendung ausgleichspflichtig sein soll oder nicht.

Wenn nicht klar ist, ob und in welcher Höhe ausgleichungspflichtige Werte geflossen sind, haben die benachteiligten Geschwister das Recht, Auskunft darüber zu verlangen (§ 2057 BGB).

Für den Wert kommt es auf den **Zeitpunkt der Zuwendung** an. **Wertsteigerungen oder -minderungen oder Erträge** werden nicht berücksichtigt, der Kaufkraftschwund allerdings schon. Dieser ergibt sich aus den entsprechenden Übersichten des **Statistischen Bundesamtes,** Gustav-Stresemann-Ring 11, 65180 Wiesbaden. Hier kann man Ihnen unter der **Service-Nummer** 0611 – 754777 sagen, wie hoch der **Verbrauchsindex** zum Zeitpunkt der Zuwendung und zum Zeitpunkt des Erbfalls war.

Rechnen Sie dann anhand einer **bestimmten Formel,** wie hoch der Wert der Zuwendung jetzt noch unter Berücksichtigung des Kaufkraftschwundes ist (→ Kapitel C 2).

5 Ausgleich für Leistungen eines der Abkömmlinge

5.1 Bei Mitarbeit

Hat ein **Abkömmling** (Kinder oder Enkel) für den Erblasser besondere Leistungen erbracht, **beispielsweise durch Mitarbeit im elterlichen Haushalt oder durch Pflege des Erblassers,** kann er von den anderen Abkömmlingen, die mit ihm Erben werden, einen Ausgleich verlangen – vorausgesetzt, er hat nicht schon vorher ein angemessenes Entgelt dafür erhalten (§ 2057 a BGB).

Gemeint sind hier **Mitarbeit im Haushalt, Beruf oder Geschäft,** vor allem auch **im landwirtschaftlichen Betrieb während längerer Zeit.** Aber auch erhebliche Geldleistungen oder andere Leistungen an den Erblasser können einen Ausgleichsanspruch begründen. Für die **Bemessung** kommt es auf **Dauer und Umfang der Leistung,** aber auch auf den Wert des Nachlasses an. Im Streitfall setzt das Gericht durch Schätzung den Betrag fest.

! Schließen Sie als künftiger Erblasser mit dem Abkömmling, der Ihnen die genannten Leistungen erbringt, einen Vertrag, in dem der Ausgleichsbetrag festgelegt wird. Oder Sie wenden ihm in einer letztwilligen Verfügung ein Vermächtnis zu, das er vor den anderen Abkömmlingen als Abgeltung für seine Leistungen erhalten soll (sog. »Pflegevergütungsvermächtnis«).

Gerechnet wird dann so: Vom Nachlass für die Abkömmlinge wird der Ausgleichsbetrag zunächst abgezogen; was übrig bleibt, wird zu gleichen Teilen aufgeteilt. Der Ausgleichsbetrag wird beim Berechtigten zum Erbteil hinzugerechnet.

5.2 Bei Pflegeleistungen

Seit 1. 1. 2010 können Abkömmlinge einen Ausgleich für Pflegeleistungen erhalten – und zwar unabhängig davon, ob sie für die Pflegeleistung auf ihr eigenes berufliches Fortkommen verzichtet haben oder nicht. Die Bewertung der Leistung orientiert sich an der gesetzlichen Pflegeversicherung.

» **Beispiel:** Ein Erblasser wird von seiner nicht berufstätigen Tochter gepflegt. Der Bruder kümmert sich nicht. Der Erblasser stirbt, ohne ein Testament hinterlassen zu haben. Der Nachlass beträgt € 100 000,–. Die Pflegeleistungen sind mit € 20 000,– zu bewerten. Hier kann die Tochter einen Ausgleich für ihre Pflegeleistungen verlangen. Der Nachlass wird zugunsten der Tochter um € 20 000,– gekürzt. Von den verbliebenen € 80 000,– bekommt jeder € 40 000,–.

6 Was gilt bei einer Scheidung?

Grundsätzlich kein Ehegattenerbrecht mehr

Die Ehe muss beim Erbfall (zum Zeitpunkt des Todes) bestanden haben, sonst gibt es nichts zu erben. Deshalb ist **die Rechtskraft des Scheidungs- oder Aufhebungsurteils maßgeblich.**

Das gesetzliche Ehegattenerbrecht entfällt aber **auch schon vor Abschluss des Scheidungsverfahrens, wenn beim Erbfall die Scheidung zwar noch nicht ausgesprochen war, aber bereits vom Erblasser beantragt war.** Dazu muss der Antrag vom Familiengericht dem anderen Partner **zugestellt worden sein.** Oder: Der andere – jetzt überlebende – Ehegatte hat dem **Scheidungsantrag zugestimmt.** Solange dies nicht geschehen ist, bleibt das volle Erbrecht des überlebenden Ehegatten bestehen, als hätte die Ehe weiter bestanden.

Mit dem Wegfall des Ehegattenerbrechts im Scheidungsfall entfallen auch das **Pflichtteilsrecht** und der Anspruch auf den **Voraus.**

Bei Unterhaltsansprüchen des Ex-Gatten gegen den Erblasser:

Diese Ansprüche bleiben weiter bestehen, aber nur bis zur Höhe dessen, was der Überlebende als Pflichtteil erhalten hätte, wenn die Ehe nicht geschieden gewesen wäre (§ 1586 b BGB). Voraussetzung ist allerdings, dass der unterhaltsberechtigte Ehegatte noch unterhaltsbedürftig ist.

Unter Umständen kann der geschiedene Ehegatte eine Kapitalabfindung verlangen (§ 1585 Abs. 2 BGB). Wird er bzw. sie nicht abgefunden, zahlen die Erben die monatlichen Unterhaltsbeträge so lange, bis sie in der Summe den angenommenen Pflichtteil erreichen.

Wenn der geschiedene Ehepartner die gemeinsamen Kinder beerbt

Viele geschiedene Erblasser bedenken nicht, dass der geschiedene Ehepartner als Elternteil der gemeinsamen Kinder letztlich doch in der Reihe der gesetzlichen Erben steht. In dieser Fallkonstellation sind die Mutter oder der Vater des Kindes gesetzliche Erben zweiter Ordnung. Die **Scheidung beeinflusst das gesetzliche Erbrecht in dieser Richtung nicht!**

» **Beispiel:** Kurz nach seiner Scheidung stirbt V. Sein einziger Sohn aus der geschiedenen Ehe mit M kommt kurze Zeit später bei einem Verkehrsunfall ums Leben. Hier erbt die geschiedene M als Mutter das Vermögen des verstorbenen Kindes, das dieses zuvor von seinem Vater geerbt hatte.

Wenn Sie das als Erblasser nicht wollen, müssen Sie eine letztwillige Verfügung treffen, in der Sie Ihre Kinder zu Vorerben und Ihre Enkelkinder oder andere Mitglieder Ihrer Familie zu Nacherben einsetzen.

Was viele Eltern nach einer Scheidung ebenfalls nicht bedenken, ist das **Vermögenssorgerecht für das gemeinsame minderjährige Kind.** Auch hier haben Sie die Möglichkeit, den geschiedenen Ehegatten durch eine letztwillige Verfügung ausdrücklich von der Verwaltung Ihres Nachlasses auszuschließen.

7 Was es sonst noch zu erben gibt

7.1 Der Dreißigste – Unterhalt für die ersten 30 Tage

Wer mit dem Verstorbenen bis zu dessen Tod in einem gemeinsamen Haushalt gelebt und von ihm Unterhalt bezogen hat – in der Regel der Ehegatte und die gemeinsamen Kinder –, kann für die ersten 30 Tage nach dem Todesfall von den Erben weiter Unterhalt verlangen. Er kann außerdem in dieser Zeit in der Wohnung bleiben und alle Haushaltsgegenstände weiter benutzen (§ 1969 BGB).

Als Erblasser können Sie diese Regelung natürlich auch durch Testament ändern, indem Sie zum Beispiel die **Frist verlängern.**

7.2 Was wird aus dem Mietverhältnis?

Der überlebende Ehegatte tritt automatisch in das Mietverhältnis ein. Dasselbe Recht haben auch Familienangehörige, die mit der oder dem Verstorbenen in einer Mietwohnung zusammengelebt haben. Das Recht, das Mietverhältnis fortzusetzen, hat auch der überlebende Partner einer eheähnlichen Lebensgemeinschaft.

Wenn der Erblasser die Wohnung allein bewohnt hatte: In diesem Fall treten die Erben in das Mietverhältnis ein. Sie können das Mietverhältnis **zum ersten zulässigen Termin unter Einhaltung der gesetzlichen Kündigungsfrist kündigen.** Dasselbe gilt für den Vermieter.

C2 Enterbung total – fast nicht möglich: Wer hat Anrecht auf den Pflichtteil und in welcher Höhe?

1 Wer darf den Pflichtteil fordern?

Ein Erblasser darf im Grundsatz mit seinem Hab und Gut machen, was er will. **Ausnahme:** Ein bestimmter Kreis naher Angehöriger behält einen Mindestanspruch an dem Nachlass (**»Pflichtteil«**). Pflichtteilsberechtigt sind:

- die Abkömmlinge des Erblassers (Kinder, Enkel, Urenkel etc. einschließlich nicht ehelicher Kinder, soweit die verwandtschaftliche Beziehung durch Vaterschaftsanerkennung oder Feststellungsklage sicher ist, und Adoptivkinder bzw. deren Abkömmlinge),
- der Ehegatte des Erblassers, soweit die Ehe zum Todeszeitpunkt noch bestanden hat, und
- die Eltern des Erblassers, wenn keine Abkömmlinge vorhanden sind.

Geschwister sind nicht pflichtteilsberechtigt. Enkel bekommen nur etwas, wenn deren Mutter oder Vater, also Tochter oder Sohn des Erblassers,

- vorverstorben ist,
- die Erbschaft ausgeschlagen hat (§ 1953 BGB),
- für erbunwürdig erklärt wurde,
- den Pflichtteil wirksam entzogen bekommen hat oder
- einen Erb- und Pflichtteilsverzicht für sich, nicht aber für weitere Abkömmlinge wie zum Beispiel für die Enkel erklärt hat.

2 Was muss ein Pflichtteilsberechtigter wissen?

2.1 Wenn eine Enterbung im Raum steht

Jeder Erblasser darf ohne Angabe von Gründen seine gesetzlichen Erben durch Testament oder Erbvertrag enterben (§ 1938 BGB). Die Enterbung muss auch nicht ausdrücklich erfolgen. Häufig besteht sie schlicht darin, dass eine bestimmte Person einseitig bevorzugt wird.

» **Beispiel:**

- Eltern machen ein »Berliner Testament«, wonach sie sich gegenseitig zu Alleinerben und ihre beiden gemeinsamen Kinder je hälftig zu Erben des Überlebenden einsetzen. Gesetzliche Erben wären in diesem Fall der überlebende Elternteil und die beiden Kinder. Jedes Kind könnte nach dem Tod des erstversterbenden Elternteils gegen den überlebenden Elternteil Pflichtteilsansprüche geltend machen.
- Erblasser E ist verwitwet. Er hinterlässt zwei eheliche Kinder und ein (nach dem 1. 7. 1949 geborenes) nicht eheliches Kind. In einem gültigen Testament hat er die beiden ehelichen Kinder je hälftig zu seinen Erben eingesetzt. Damit ist das nicht eheliche Kind enterbt. Nach den Regeln des gesetzlichen Erbrechts wären alle drei Kinder zu je einem Drittel gesetzliche Erben (§ 1924 BGB). Anstelle des gesetzlichen Erbrechts bekommt das nicht eheliche Kind einen Pflichtteilsanspruch gegen die beiden ehelichen Kinder.
- Der unverheiratete und kinderlose Erblasser E, dessen Eltern noch leben, setzt seine Lebensgefährtin zur testamentarischen Alleinerbin ein. Nach dem Gesetz wären beide Eltern gesetzliche Erben (§ 1925 BGB). Sie haben somit Pflichtteilsansprüche gegen die Lebensgefährtin (§ 2303 BGB).

2.2 Wenn Sie die Erbschaft ausschlagen

weil die Erbschaft beschränkt ist

Wer Erbe geworden ist, die Erbschaft aber ausschlägt, hat normalerweise keinen Pflichtteilsanspruch. Anders sieht es aus, wenn die **Erbschaft beschränkt oder beschwert** war. Typische Fälle sind die Beschwerung eines pflichtteilsberechtigten Erben mit Vermächtnissen oder die Beschränkung mit einer Testamentsvollstreckung oder **Auflagen.** In einem solchen Fall kann der pflichtteilsberechtigte Erbe die Erbschaft innerhalb der Ausschlagungsfrist ausschlagen und den Pflichtteil verlangen (§ 2306 BGB).

» **Beispiel:**

- Erblasser E vererbt seinen beiden Söhnen als sein einziges Vermögen das gemeinsame Elternhaus mit der Auflage, es nicht zu verkaufen. Bruder A bevorzugt Bargeld, schlägt die Erbschaft aus und verlangt von Bruder B nun zu Recht seinen Pflichtteil. Den Pflichtteil hat derjenige zu zahlen, der anstelle des A Erbe wird.

Weiter zählen zu den Belastungen die testamentarische oder erbvertragliche Einsetzung des pflichtteilsberechtigten Erben als Vor- oder Nacherbe und Teilungsanordnungen, bei denen der Erblasser vorgibt, wie der Nachlass aufgeteilt werden soll. Wer trotz des belasteten Erbteils die Erbschaft nicht innerhalb der für ihn geltenden Frist ausschlägt, **muss alle Belastungen hinnehmen.** Wer laut letztwilliger Verfügung mit einem Erbteil oder Vermächtnis bedacht wurde, das geringer ist als der ihm an sich zustehende Pflichtteil, sollte die Erbschaft bzw. das Vermächtnis annehmen und dann den sogenannten **Restpflichtteil** von den Haupterben verlangen.

bei Eheleuten in der Zugewinngemeinschaft

Wenn Eheleute im gesetzlichen Güterstand der Zugewinngemeinschaft gelebt haben, kann der überlebende Ehepartner den Pflichtteil verlangen, wenn er die Erbschaft ausschlägt. Vorausgesetzt, er ist **gesetzlicher** Erbe geworden.

3 Wie hoch ist der Pflichtteil?

Der Pflichtteilsanspruch ist immer ein **reiner Geldanspruch,** unabhängig davon, ob zum Beispiel auch ein Hausgrundstück zum Nachlass gehört.

3.1 So ermitteln Sie die Quote

Für Abkömmlinge und Eltern des Erblassers

Zunächst muss der **gesetzliche Erbanspruch** der pflichtteilsberechtigten Person ermittelt werden. Dabei schließt der nähere Verwandte die entfernteren Verwandten aus. Steht die gesetzliche Erbquote fest, wird diese **durch zwei geteilt.** Das ergibt die Pflichtteilsquote. Auch Abkömmlinge, die im Zeitpunkt des Erbfalls zwar gezeugt, aber noch nicht geboren waren, haben einen Pflichtteilsanspruch (§ 1923 Abs. 2 BGB).

Für den Ehegatten des Erblassers

Entscheidend ist hier der jeweilige Güterstand der Ehegatten. Die Pflichtteilsquote erhalten Sie, indem Sie den gesetzlichen Erbteil halbieren. Im **Güterstand der Zugewinngemeinschaft** gilt allerdings eine **Besonderheit:** Ab dem Tod des Ehegatten wird der Zugewinn in der Regel pauschal ausgeglichen. Das heißt, der gesetzliche Erbteil des überlebenden Ehegatten wird noch einmal um ein Viertel erhöht (»**großer Pflichtteil**«). Berechnet man den Pflichtteilsanspruch ohne das Erhöhungsviertel, spricht man vom »**kleinen Pflichtteil**«. Den großen Pflichtteil gibt es, wenn der Erblasser den überlebenden Ehegatten nicht ganz ausgeschlossen hat, das Zugewendete aber wertmäßig unter dem bleibt, was er als Pflichtteil sonst beanspruchen könnte.

» **Beispiel:** Erblasser E hinterlässt Frau und zwei Kinder. Der Nachlasswert beträgt € 100 000,–. Nach dem Testament des Erblassers sollen seine Witwe € 10 000,– und seine Kinder den Rest erben. Der gesetzliche Erbteil der überlebenden Ehefrau hätte die Hälfte der Erbschaft betragen (¼ als gesetzlicher Erbteil + ¼ als pauschalierter Zugewinnausgleich). Der Pflichtteil beträgt also ¼ des Erbes. Vom Nachlass in Höhe von € 100 000,– stünden ihr somit € 25 000,– zu. Davon muss sie sich allerdings aufgrund des Testamentes € 10 000,– abziehen lassen. Ihr Pflichtteilsanspruch gegen die Kinder beträgt somit nur € 15 000,– (§ 2305 BGB).

Wäre die Witwe überhaupt nicht bedacht worden, stünde ihr nur der kleine Pflichtteil zu. Die Witwe hätte dann nur einen Anspruch auf ein Achtel der Erbschaft, also auf € 12 500,– (§ 1371 Abs. 2 BGB).

Wenn dem überlebenden Ehegatten nur der kleine Pflichtteil zusteht, kann der konkret errechnete »Zugewinnausgleich« ergänzend dazu verlangt werden. Das ist die sogenannte **güterrechtliche Lösung.**

3.2 So ermitteln Sie den Wert des Erbes

Als Pflichtteilsberechtigter dürfen Sie Auskunft verlangen

Um den konkreten Pflichtteilsanspruch beziffern zu können, müssen Sie den genauen Wert des Nachlasses kennen. Deshalb gibt das Gesetz dem Pflichtteilsberechtigten einen Auskunftsanspruch gegen den oder die Erben (§ 2314 BGB).

Erteilt wird die Auskunft durch ein Verzeichnis über die Nachlassgegenstände und die Nachlassschulden. Auch Schenkungen des Verstorbenen während der letzten zehn Jahre und alle Schenkungen an den Ehegatten gehören dazu, ebenso alle ausgleichungs- und anrechnungspflichtigen Zuwendungen an andere Pflichtteilsberechtigte.

Der Pflichtteilsberechtigte kann verlangen, an der Aufstellung des Verzeichnisses beteiligt zu werden – unter Umständen unter Hinzuziehung einer Amtsperson wie zum Beispiel eines Notars. Bei Zweifeln an der Richtigkeit kann eine **eidesstattliche Versicherung des Erben** gefordert werden.

Welche Nachlassgegenstände werden berücksichtigt?

Alle aktiven Vermögensposten und alle Verbindlichkeiten, die den Nachlass betreffen, müssen auf den **Stand am Todestag** des Erblassers festgestellt werden **(Stichtagsprinzip).** Hierzu werden alle geldwerten Nachlassgegenstände berücksichtigt.

Abgezogen werden:

- der Voraus des überlebenden Ehegatten,
- Schulden (z. B. Kontoüberziehung, Darlehensschuld oder nicht bezahlte Einkommensteuer),
- die Zugewinnausgleichsforderung, soweit sie geltend gemacht wird,
- Kosten, die mit dem Erbfall zusammenhängen (z. B. Beerdigungskosten).

Nicht abgezogen werden:

- der sogenannte Dreißigste,
- Vermächtnisse und Auflagen, Pflichtteilsansprüche,
- Pflichtteilsansprüche von anderen Pflichtteilsberechtigten und
- Erbschaftsteuern.

Ebenfalls nicht in den Nachlass fallen **Lebensversicherungen** und **Bausparverträge,** für die eine **bezugsberechtigte Person** benannt ist. Bei kreditsichernden Lebensversicherungen (z. B. zur Hausfinanzierung) dagegen wird der darlehensdeckende Teil Bestandteil des Nachlasses.

Wie wird der Wert der einzelnen Nachlassgegenstände errechnet

Normalerweise werden die einzelnen Nachlassgegenstände mit ihrem Verkehrswert zum Todestag des Erblassers angesetzt **(Stichtagsprinzip).** Das bedeutet im Einzelnen:

- Bei Immobilien ist der Verkehrswert durch Schätzung (Sachverständigengutachten) zu ermitteln. Wird ein Grundstück zeitnah zum Erbfall veräußert, zählt unter Umständen der Verkaufserlös und nicht der Schätzwert.
- Bewegliche Sachen, wie etwa Schmuck oder wertvolle Bilder, werden mit ihrem Marktwert (Verkaufswert) angesetzt.
- Bei Wertpapieren ist der mittlere Tageskurs am Todestag maßgeblich.
- Bei Geldforderung gilt der Nominalbetrag zum Todestag.

- Handelsunternehmen, Gesellschaftsbeteiligungen und Praxen von Freiberuflern werden mit ihrem wirklichen Wert unter Anwendung betriebswirtschaftlicher Bewertungsmethoden angesetzt.

3.3 Wenn der Erblasser sein Vermögen verschenkt hat

Schenkungen an den Pflichtteilsberechtigten

Schenkungen werden **nicht automatisch** angerechnet. Wendet der Erblasser schon zu Lebzeiten dem Pflichtteilsberechtigten Vermögenswerte zu, kann das dessen Pflichtteilsanspruch schmälern (§ 2315 BGB). Der Erblasser muss die Anrechnung aber bestimmt haben – und zwar entweder vor der Zuwendung oder bei der Zuwendung. **Ausnahme:** Der Pflichtteilsberechtigte stimmt in einem notariellen Vertrag einer nachträglichen Anrechnung zu. Da solche Vermögensverschiebungen in der Praxis häufig formlos vollzogen werden, ist man hier als Erbe schnell in Beweisschwierigkeiten.

! Halten Sie als Erblasser schriftlich fest, wenn die Zuwendung auf den Pflichtteil angerechnet werden soll. Die Anrechnungsbestimmung muss dem Pflichtteilsberechtigten bekannt gemacht werden. Andernfalls gibt es keine Anrechnung. Eine **Gegenzeichnung** ist hier am sichersten. Handelt es sich um ein Grundstück, das zugewendet werden soll, ist es erforderlich, die Anrechnungsbestimmung in den Notarvertrag mit aufzunehmen.

Für Zuwendungen, die ohne Notar sofort vollzogen werden können (z. B. Geld- und Aktienschenkungen, Erlass einer Darlehensschuld), gilt der Verkehrswert der Zuwendung zum Zeitpunkt der Übertragung. Ist der Wert nicht ohne Weiteres feststellbar, sollten Sie ihn in den Zuwendungsvertrag aufnehmen. Der Kaufkraftschwund wird nach folgender Formel berücksichtigt:

$$\text{Wert zum Zeitpunkt der Zuwendung} \times \text{Index zum Zeitpunkt des Erbfalls} : \text{Index zum Zeitpunkt der Zuwendung} = \text{anzurechnender Wert}$$

Maßgeblich ist der Verbraucherindex für Deutschland (vgl. www.destatis.de).

Die Anrechung wird folgendermaßen durchgeführt: Der indexierte Wert der Zuwendung wird zum Nachlass hinzugerechnet. Von dem so erhöhten Nachlasswert wird der Pflichtteil entsprechend der Quote errechnet und der zuvor dem Nachlass hinzuaddierte Betrag vom Pflichtteil wieder abgezogen.

Nach § 2315 Abs. 3 BGB kommt es sogar zur Anrechnung des Vorausempfangs, wenn ein Pflichtteilsberechtigter anstelle eines weggefallenen unmittelbaren Abkömmlings tritt (z. B. der Enkel des Erblassers anstelle seines Vaters).

Schenkungen an Abkömmlinge zulasten des Pflichtteilsberechtigten

Haben Abkömmlinge zu Lebzeiten vom Erblasser bereits Zuwendungen erhalten, die aufgrund einer Vereinbarung auszugleichen sind, müssen sie sich diese bei der Erbauseinandersetzung auf ihr gesetzliches Erbteil anrechnen lassen. Da solche **Vorausempfänge** auch die Höhe des Pflichtteilsanspruchs beeinflussen, müssen diese bei der Berechnung ebenfalls berücksichtigt werden. Dabei werden alle ausgleichungspflichtigen Zuwendungen dem Nachlass hinzugerechnet, soweit er unter den Abkömmlingen aufgeteilt wird. Maßgebend ist der Wert zum Zeitpunkt der Zuwendung (§ 2055 Abs. 1 Satz 2 BGB). Aber auch hier wird der Kaufkraftschwund berücksichtigt).

Da die Ausgleichung nur unter Abkömmlingen erfolgt, ist der **Ehegattenerbteil vorher abzuziehen.** Die Anteile werden dann entsprechend den gesetzlichen Erbquoten errechnet, der Wert der Zuwendung beim Betreffenden abgezogen und der Rest halbiert.

» **Beispiel:** Erblasser E hinterlässt bei seinem Tod eine Witwe W, einen Sohn S und eine Tochter T. Seine Frau W hat er zur Alleinerbin eingesetzt. Damit sind beide Kinder – konkludent – enterbt. Mit W hat E im gesetzlichen Güterstand der Zugewinngemeinschaft gelebt. Der reine Nachlasswert beträgt € 100 000,–. Als ausgleichungspflichtige Schenkungen haben erhalten: S 25 Jahre vor dem Erbfall Aktien im Nominalwert von € 32 500,–; T 20 Jahre vor dem Erbfall ein Grundstück im Wert von € 20 000,–. Vor der Pflichtteilsberechnung der Kinder ist der Nachlass um den gesetzlichen Erbteil der Witwe W zu vermindern. So sieht dann die Rechnung aus (aus Gründen der Vereinfachung ohne Kaufkraftanpassung (s. o.)):

Reinnachlass	€ 100 000, –
abzüglich gesetzlicher Erbteil W ¼ + ¼ = ½	€ 50 000, –
unter den Abkömmlingen bei gesetzlicher Erbfolge	
aufzuteilender Nachlass	€ 50 000, –
zuzüglich Schenkung an S	€ 32 500, –
zuzüglich Schenkung an T	€ 20 000, –
rechnerische Teilungsmasse	€ 102 500, –
Pflichtteilsberechnung für S:	
vom rechnerischen Restnachlass entfällt auf S als	
gesetzlicher Erbteil (½)	€ 51 250, –
abzüglich Schenkung an S	€ 32 500, –
	€ 18 750, –
Pflichtteil ½ des gesetzlichen Erbteils	€ 9 375, –
Pflichtteilsberechnung für T:	
gesetzlicher Erbteil ½ wie bei S	€ 51 250, –
abzüglich Schenkung an T	€ 20 000, –
	€ 31 250, –
Pflichtteil ½ des gesetzlichen Erbteils	€ 15 625, –

Schenkungen an Dritte oder Miterben

Wenn der Erblasser die Ansprüche einer pflichtteilsberechtigten Person schmälern möchte, bietet es sich an, **den Nachlass schon zu Lebzeiten** zu verringern – und zwar durch Schenkung an andere Personen.

In diesem Fall sichern die Vorschriften über den **Ergänzungspflichtteil** den Anspruch der indirekt enterbten Personen (§§ 2325 ff. BGB). Dieser Anspruch steht auch pflichtteilsberechtigten Erben zu, die nicht enterbt worden sind. Das kann sogar so weit gehen, dass ein Alleinerbe Pflichtteilsergänzung geltend machen kann, wenn sich der Erblasser zuvor »arm geschenkt« hat (§ 2326 BGB).

Die pflichtteilsberechtigte Person muss beweisen, dass die Zuwendung auch wirklich eine Schenkung war. Dabei kann durchaus ein Angehöriger wie zum Beispiel der begünstigte Ehepartner des Erblassers als Zeuge benannt werden.

Unentgeltlichkeit und somit eine Schenkung liegen auch dann vor, wenn der Erblasser Teile seines Nachlasses besonders »günstig« verkauft. Bei einem auffallend **groben Missverhältnis** spricht man hier von einer gemischten Schenkung. Nur der unentgeltliche Teil wird dann als Schenkung behandelt.

Kein grobes Missverhältnis liegt vor, wenn zum Beispiel ein Erblasser seiner Ehefrau Immobilien und sonstiges Vermögen als Entlohnung ihrer langjährigen Tätigkeit als Sprechstundenhilfe in seiner Arztpraxis überträgt und dadurch den Nachlass zulasten seines Sohnes aus erster Ehe verringert. Dasselbe gilt, wenn Vermögen an Dritte als Gegenleistung für Pflege- und Versorgungsdienste übertragen wird. **Pflicht- und Anstandsschenkungen** (z. B. maßvolle Hochzeits- und Weihnachtsgeschenke) begründen ebenfalls keinen Pflichtteilsergänzungsanspruch.

Schenkungen werden nur angerechnet, wenn sie **innerhalb der letzten zehn Jahre** vor dem Erbfall vorgenommen worden sind (§ 2325 Abs. 3 BGB).

In Erbfällen, die seit dem 1. 1. 2010 eingetreten sind, wird die **Schenkung Jahr für Jahr wertmäßig abgebaut** – und zwar pro Jahr um ein Zehntel (sogenannte »Abschmelzung«). Dies gilt auch für Schenkungen, die vor Inkrafttreten dieser »Pro-Rata-Lösung« erfolgt sind, sofern der Erbfall seit dem 1. 1. 2010 eingetreten ist.

Bei Schenkungen an den Ehegatten **beginnt die Frist erst mit der Auflösung der Ehe** durch Scheidung oder Tod (vor dem Erbfall).

Auch eine sogenannte **»unbenannte ehebedingte Zuwendung«** wird ohne Abschmelzung in die Pflichtteilsberechnung einbezogen. Gemeint sind die Fälle, in denen ein Ehegatte dem anderen einfach so etwas zuwendet, weil man miteinander verheiratet ist und davon ausgeht, dass man weiterhin verheiratet bleibt. Das hat für den überlebenden Ehepartner häufig einschneidende wirtschaftliche Folgen.

» **Beispiel:** Eheleute bauen ein Haus und werden im Grundbuch je zur Hälfte als Eigentümer eingetragen. Die Finanzierung ist ausschließlich über Darlehen erfolgt. Die Ehefrau ist als Hausfrau tätig, sodass nur der Ehemann mit seinem Verdienst die Kosten für die Kredite trägt.

Die einzige Tochter verlangt nach dem Tod des Vaters von der alleinerbenden Mutter den Pflichtteil. Da dem Vater nur die Hälfte des Hauses gehörte, wäre normalerweise auch der Pflichtteil nur aus dem halben Wert zu berechnen. Da der Vater auch die Schulden seiner Frau mitbezahlt hat, werden die Zahlungen wie eine Schenkung dem Nachlass hinzugerechnet. Deshalb berechnet sich der Pflichtteil nicht nur aus dem halben Wert des Hauses, sondern auch aus der Summe der Zahlungen.

Um den Pflichtteilsanspruch gegen den überlebenden Ehegatten nicht unnötig in die Höhe zu treiben, sollten die Partner daher unbedingt **schriftlich** vereinbaren, dass die Zuwendung als Unterhalt oder zur Alterssicherung erfolgt.

Beachten Sie: Die Zehnjahresfrist verstreicht auch nicht, wenn der Erblasser sich den uneingeschränkten **lebenslänglichen Nießbrauch trotz Eigentumsumschreibung** vorbehalten hat. Die Frist beginnt erst mit der Beendigung des Nießbrauchs, das heißt in der Regel mit dem Tod des Schenkers. In einem solchen Fall gibt es auch keine »Abschmelzung«, weil die Zehnjahresfrist gar nicht zu laufen begonnen hat.

Anders sieht es dagegen aus, wenn der Schenker die Sache so übergibt, dass er sie **praktisch nicht mehr besitzt.** Das ist beim **Wohnungsrecht** zum Beispiel der Fall, wenn der Schenker nur einen Teil des Hauses bewohnt, aber ansonsten nicht mehr »Herr im Haus« ist.

Zu einer Pflichtteilsergänzung kommt es auch dann, wenn die pflichtteilsberechtigte Person **zum Zeitpunkt der Zuwendung noch nicht pflichtteilsberechtigt** war.

Berechnet wird der Pflichtteilsergänzungsanspruch, indem der Wert des verschenkten Gegenstandes am Tag der Schenkung zum Nachlass hinzugezählt wird (bei einer Schenkung unter Nießbrauchsvorbehalt mit Kaufkraftanpassung). Anschließend wird der Pflichtteil quotenmäßig ermittelt und dann ohne den Wert der Schenkung berechnet. Die Differenz zwischen den beiden so ermittelten Pflichtteilsbeträgen ist dann der Pflichtteilsergänzungsbetrag.

4 Wann verjährt der Pflichtteilsanspruch?

Der Pflichtteilsanspruch verjährt innerhalb von **drei Jahren** seit Ende des Jahres, in dem der Pflichtteilsberechtigte Kenntnis vom Tod des Erblassers und der ihn beeinträchtigenden letztwilligen Verfügung erlangt hat (§ 2332 BGB). Bei Minderjährigen beginnt die Frist erst ab Eintritt der Volljährigkeit zu laufen (§ 204 Abs. 4 Satz 2 BGB).

Weiß der Pflichtteilsberechtigte allerdings nichts von seinem Anspruch, verjährt der Anspruch erst innerhalb von 30 Jahren. Der Pflichtteils**ergänzungs**anspruch verjährt ebenfalls in drei Jahren nach dem Todesfall bzw. mit der Kenntnis der beeinträchtigenden Schenkung.

5 Der Pflichtteil soll entzogen oder beschränkt werden

5.1 Es muss ein Grund zur Pflichtteilsentziehung bestehen

Nur in absoluten Ausnahmefällen!

Als künftiger Erblasser können Sie in bestimmten Fällen verfügen, dass ein bestehender Pflichtteilsanspruch entzogen werden soll. Die im Gesetz genannten Entziehungsgründe sind abschließend, eine Ausdehnung ist grundsätzlich nicht zulässig (§§ 2333 ff. BGB).

Hierbei wird nach den drei Gruppen von Pflichtteilsberechtigten unterschieden – den Abkömmlingen, den Eltern und den Ehegatten bzw. eingetragenen Lebenspartnern. Voraussetzung ist immer Verschulden und Zurechnungsfähigkeit.

- **Kindern, Enkeln und anderen Abkömmlingen sowie dem Ehegatten und den Eltern** kann der Pflichtteil nach § 2333 BGB (Erbfall ab dem 1. 1. 2010) entzogen werden, wenn der betreffende Pflichtteilsberechtigte
  - dem Erblasser, dem Ehegatten des Erblassers, einem anderen Abkömmling oder einer dem Erblasser ähnlich nahestehenden Person nach dem Leben trachtet,
  - sich eines Verbrechens oder eines schweren vorsätzlichen Vergehens gegen eine der in Nummer 1 bezeichneten Personen schuldig macht,
  - die ihm dem Erblasser gegenüber gesetzlich obliegende Unterhaltspflicht böswillig verletzt oder
  - wegen einer vorsätzlichen Straftat zu einer Freiheitsstrafe von mindestens einem Jahr ohne Bewährung rechtskräftig verurteilt und die Teilhabe des Abkömmlings am Nachlass deshalb für den Erblasser unzumutbar ist. Gleiches gilt, wenn die Unterbringung des Abkömmlings in einem psychiatrischen Krankenhaus wegen einer ähnlich schwerwiegenden vorsätzlichen Tat rechtskräftig angeordnet wurde.
- Gleiches gilt für **eingetragene Lebenspartner** (§ 10 Abs. 6 Satz 2 LPartG).

Beachten Sie: Selbst wenn dem Ehegatten der Pflichtteil entzogen werden kann, bleibt der Anspruch auf **Zugewinnausgleich** bestehen.

Wie wird der Pflichtteil entzogen?

Die Pflichtteilsentziehung muss der Erblasser förmlich durch Verfügung von Todes wegen anordnen. Der Entziehungsgrund ist dabei in dieser Verfügung ausdrücklich anzugeben (§ 2336 BGB). Andernfalls ist die Entziehung ungültig.

Trotzdem kommt es immer wieder auf den Einzelfall an. Verfehlungen gegen das Eigentum oder Vermögen des Erblassers berechtigen nämlich nur dann zur Entziehung des Pflichtteils, wenn hierin eine grobe Missachtung des Eltern-Kind-Verhältnisses zum Ausdruck kommt.

Ist eine Pflichtteilsentziehung nicht ausdrücklich als solche bezeichnet worden, ist dies nicht schädlich, solange die Gründe dafür eindeutig benannt wurden. Kann der Erblasser die Pflichtteilsentziehung nicht mehr selbst anordnen, besteht die Möglichkeit, dass die Erben den Pflichtteilsberechtigten durch Klage noch für »pflichtteilsunwürdig« erklären lassen (§ 2339 BGB).

Wenn der Erblasser den »Fehltritt« verzeiht

Eine Pflichtteilsentziehung ist nicht mehr möglich oder eine bereits verfügte wird hinfällig, wenn der Grund dafür verziehen worden ist (§ 2337 BGB). Dies geht auch ohne schriftliche Erklärung. Ein schlüssiges Verhalten reicht aus, muss aber deutlich erkennbar sein:

Allerdings ist die pflichtteilsberechtigte Person gegenüber den Erben beweispflichtig, dass ihm verziehen worden ist. Sicherer ist deshalb eine entsprechende **schriftliche Erklärung.**

5.2 Wenn die pflichtteilsberechtigte Person überschuldet ist

Ist ein Kind, Enkel oder ein anderer Abkömmling überschuldet, oder neigt er zur Verschwendung, darf ein Erblasser den Pflichtteilsanspruch durch Testament oder Erbvertrag beschränken – vorausgesetzt, sein späterer Erwerb ist dadurch erheblich gefährdet (sogenannte Pflichtteilsbeschränkung in guter Absicht, § 2338 BGB). So kann der Pflichtteil zum Beispiel durch die Anordnung einer Verwaltungstestamentsvollstreckung beschränkt werden (§ 2209 BGB). Dann haben weder der beschränkte Pflichtteilsberechtigte noch dessen Gläubiger Zugriff auf die »Erbschaft« (§ 2214 BGB).

Denkbar ist auch, dass der Pflichtteilsberechtigte nur Vorerbe wird und seine gesetzlichen Erben Nacherben. Auf jeden Fall muss die Pflichtteilsbeschränkung in guter Absicht ausdrücklich begründet werden. Sie kann wegfallen, wenn der Grund zur Zeit des Erbfalls nicht mehr besteht.

6 Wie können Sie sich gegen Pflichtteilsansprüche wehren?

6.1 Solange der Erblasser noch lebt

Nicht immer ist es selbstverständlich, dass Kinder beim Tod eines Elternteils freiwillig auf ihren Pflichtteil verzichten. Wer dem vorbeugen will, dass seine Kinder ihren Pflichtteil verlangen, wenn der überlebende Elternteil zum Alleinerben eingesetzt wurde (z. B. in einem Berliner Testament), sollte im Rahmen einer letztwilligen Verfügung eine sogenannte **Pflichtteilsklausel** aufnehmen.

Hiermit kann ein Anreiz dafür gegeben werden, den Pflichtteil nicht zu verlangen. Durch die Pflichtteilsklausel wird der Pflichtteilsberechtigte, der beim Tod des erstversterbenden Elternteils seinen Pflichtteil verlangt, beim Tod des Zweitversterbenden auf den Pflichtteil gesetzt.

Die Voraussetzungen für die Enterbung auf den Tod des Überlebenden müssen exakt angegeben werden. Eine weitere Möglichkeit ist der **Pflichtteilsverzicht** zu Lebzeiten des Erblassers als **notarieller** Vertrag zwischen diesem und dem Pflichtteilsberechtigten gegen eine entsprechende Abfindung.

6.2 Wenn der Erblasser bereits verstorben ist

Insbesondere wenn der Nachlass im Wesentlichen aus einer selbst genutzten Immobilie besteht, können Pflichtteilsansprüche zum Beispiel von Kindern den überlebenden Elternteil zum Verkauf zwingen. Hier hilft die **Stundung** des Pflichtteilsanspruchs weiter (§ 2331 a BGB).

Dieser Anspruch steht seit dem **1. 1. 2010** aber nicht nur Erben zu, die selbst pflichtteilsberechtigt sind, sondern jedem Erben – vorausgesetzt, die Erfüllung des Pflichtteilsanspruchs stellt eine »**unbillige Härte**« für ihn dar. Die Stundung muss beim zuständigen Nachlassgericht beantragt werden. Das Gericht entscheidet dann unter Abwägung der beiderseitigen Interessen, ob die vom Gesetz geforderte Härte vorliegt. Das ist zum Beispiel der Fall, wenn die Familienwohnung aufgegeben werden müsste.

7 Wenn die Erbschaft geringer ist als der Pflichtteil

Wer als Pflichtteilsberechtigter durch letztwillige Verfügung des Erblassers nur mit einem **Erbteil oder Vermächtnis bedacht wurde, das weniger »wert«** ist, als es der **Pflichtteil** wäre, kann einen sogenannten **Restpflichtteil** vom Haupterben verlangen (§ 2305 BGB). Es empfiehlt sich hier, die Erbschaft anzunehmen und den Rest als **Ausgleich** zu verlangen.

Bei einem Vermächtnis besteht nach § 2307 BGB auch die Möglichkeit, diese Zuwendung auszuschlagen und den vollen Pflichtteil zu verlangen.

C3 Wie Sie ein Testament errichten, ändern und widerrufen

1 Eine höchst persönliche Angelegenheit

1.1 Vertretung ausgeschlossen

Ihr Testament können Sie **nur höchstpersönlich errichten.** Jegliche **Vertretung** ist **ausgeschlossen.** Weder ein Bevollmächtigter – auch nicht, wenn er eine General- oder Vorsorgevollmacht hat – darf dies für Sie erledigen, noch dürfen dies Eltern für ihre minderjährigen Kinder übernehmen.

1.2 Ohne Testierfähigkeit kein wirksames Testament

Wann selbst Minderjährige testieren dürfen

Ab **16 Jahren** ist man berechtigt, eine letztwillige Verfügung zu errichten – aber nicht eigenhändig, sondern notariell. Die Eltern müssen als gesetzliche Vertreter nicht um Erlaubnis gefragt werden.

Geistige Gesundheit immer vorausgesetzt

Testierfähig ist ansonsten jeder, der **geistig gesund** ist. Personen, die geisteskrank sind oder unter Geistesschwäche oder Bewusstseinsstörungen leiden, sind oft nicht mehr testierfähig. **Aber:** Im Streitfall muss derjenige, der behauptet, der Erblasser sei testierunfähig gewesen, dies beweisen. Das ist nachträglich nicht einfach.

! Bei Zweifeln an der Testierfähigkeit ist es sinnvoll, von vornherein einen **Arzt** (möglichst einen Facharzt für Psychiatrie oder Neurologie) zu **beauftragen,** die **Testierfähigkeit festzustellen.** So kann sich zum Beispiel der zu begünstigende Testamentserbe vor einer Anfechtungsklage gegen die Gültigkeit eines Testaments schützen. Bei einem notariellen Testament überzeugen sich die Notare von der Testierfähigkeit des Erblassers. Allerdings sind sie keine Mediziner. Ein Irrtum ist daher nicht ausgeschlossen.

Es gibt aber auch eindeutige Fälle. Im Fall einer **vollständigen Erblindung** zum Zeitpunkt der Testamentserrichtung liegt Leseunfähigkeit vor und somit auch Testierunfähigkeit, was das eigenhändige Testament angeht. Ein notarielles Testament kann natürlich abgefasst werden.

Bei sogenannter **Schreib- und Sprechunfähigkeit** zum Beispiel infolge eines Schlaganfalls gilt im Prinzip dasselbe. Denn dieser Personenkreis ist grundsätzlich testierfähig, soweit er geistig und körperlich dazu in der Lage ist. Aber auch hier geht es nicht ohne notarielle Hilfe.

Selbst bei einer **gesetzlichen Betreuung** bestehen keine prinzipiellen Bedenken gegen die Testierfähigkeit. Es müssen vielmehr begründete Zweifel an der Testierfähigkeit bestehen. Diese können beispielsweise auf fachärztliche Gutachten gestützt werden.

1.3 Ohne Testierwillen kein gültiges Testament

Eine **bloße Absichtserklärung,** ein Testament errichten zu wollen – gleich in welcher Form –, reicht nicht. Das gilt auch dann, wenn der »Letzte Wille« an sich formwirksam erklärt worden ist, aber die Gesamtumstände trotzdem einen Testierwillen – das heißt die Absicht, das Vermächtnis verbindlich festzulegen – zweifelhaft erscheinen lassen.

» **Beispiel:** Eine Mutter verspricht in Form einer handschriftlichen Vollmacht einem ihrer Söhne, ihn zum Erben zu machen. Es ist aber bekannt, dass sie das Ganze noch notariell beurkunden lassen will. Kommt es nicht mehr dazu, liegt mangels eines abschließend umgesetzten Testierwillens kein formgültiges Testament vor.

2 Handschriftliches oder notarielles Testament?

2.1 Wie macht man ein handschriftliches Testament?

Der Text muss eigenhändig verfasst sein

Beim handschriftlichen Testament sind Sie gezwungen, den vollständigen **Text selbst von Hand zu schreiben.** Maschinenschrift oder Computerschrift führt unweigerlich zur totalen Ungültigkeit des Testaments! Selbst wenn eine andere Person den Text von Hand geschrieben hat, ist Ungültigkeit vorprogrammiert. **Ausnahme:** das gemeinschaftliche Testament (siehe unten).

Ebenso wenig ist es zulässig, einem Erblasser beim Abfassen seines Letzten Willens die **Hand zu führen.** Maximal **ein wenig Hilfestellung** beim Schreiben ist erlaubt. So darf zum Beispiel der Arm abgestützt werden, wenn die Hand zu stark zittert.

Unterschrift ist zwingend

Verwenden Sie am besten **keinerlei Abkürzungen** von Vornamen und Familiennamen. Unterschreiben Sie möglichst mit vollem **Vor- und Zunamen**. Setzen Sie Ihre Unterschrift **unter den Text,** also nicht seitlich und nicht über den Text.

Kein Problem ist es dagegen, wenn Sie sich mit der Unterschrift Zeit lassen. Selbst eine **erst ein Jahr später erfolgte** Unterschrift macht aus einem bis dahin unwirksamen Testament ein wirksames.

Angabe von Ort und Datum sollten nicht fehlen

Versehen Sie Ihr Testament mit **Ort und Datum,** auch wenn dies nicht zwingend vorgeschrieben ist. So kommen erst gar keine Zweifel auf, wenn Sie zum Beispiel ein weiteres Testament abfassen.

Es spielt keine Rolle, wenn Sie das **Testament nicht am Stück verfasst** haben, sondern zwischen einzelnen Abschnitten unter Umständen ein längerer Zeitraum liegt.

Aufgepasst bei nachträglichen Ergänzungen

Nachträge müssen ebenfalls von der Unterschrift gedeckt sein. Denkbar ist, dass Sie hierfür zwischen Text und Unterschrift von vornherein genügend Platz lassen oder den Nachtrag separat unterschreiben. Selbstverständlich müssen auch diese **Nachträge handschriftlich verfasst** sein.

Sollte Ihr **Testament mehrere Seiten** umfassen, **nummerieren** Sie diese am besten. Sie können – müssen aber nicht – jede Seite unterschreiben. Wichtig ist die **Unterschrift am Schluss** des Textes.

Auf Schönheit kommt es nicht an. Vom edlen Büttenpapier bis hin zum Schmierzettel ist alles erlaubt. Hauptsache, die Form stimmt. Allerdings sollten Sie den Eindruck vermeiden, dass es sich nur um einen unverbindlichen Entwurf handelt. Die Form stimmt aber nicht, wenn der **Text unleserlich** ist. In derartigen Fällen werden zwar **Schriftsachverständige** bemüht, aber das hilft nicht immer. Wenn **nur ein Teil leserlich** ist, muss versucht werden, diesen Teil für sich allein als »Letzten Willen« umzusetzen.

Der Aufbewahrungsort ist beliebig

Wo Sie Ihr eigenhändiges Testament aufbewahren, bleibt Ihnen überlassen. Sinnvoll ist auf jeden Fall ein Ort, an dem es für Hinterbliebene leicht zu finden ist. Grundsätzlich ist es natürlich auch sinnvoll, die Hinterbliebenen oder eine andere Vertrauensperson über den konkreten Aufbewahrungsort zu Lebzeiten zu informieren.

Müssen Sie befürchten, dass Ihr Testament verschwindet, oder wollen Sie einfach nur auf Nummer sicher gehen, dass es nicht durch Zufall untergeht, empfiehlt sich die **amtliche Verwahrung.**

Hierzu hinterlegen Sie es bei einem **Amtsgericht Ihrer Wahl** und erhalten dafür einen Hinterlegungsschein. Diesen sollten Sie ebenfalls an einem sicheren Ort aufbewahren. Aber selbst, wenn er später nicht auffindbar ist, ist das Testament in jedem Fall existent.

Bei der Bundesnotarkammer gibt es ein **Zentrales Testamentsregister.** Dieses wird vom Standesamt des Sterbeortes direkt benachrichtigt und benachrichtigt nun seinerseits das zuständige Nachlassgericht über sämtliche verwahrten Testamente und Erbverträge. Das betrifft allerdings nur Testamente, die notariell beurkundet oder in die amtliche Verwahrung gegeben wurden.

2.2 Besonderheiten beim gemeinschaftlichen Testament

Eheleute können ein **handschriftliches gemeinsames Testament** so errichten, dass einer von ihnen den ganzen Testamentstext niederschreibt, diesen mit Ort und Datum versieht, ihn unterschreibt und der andere Ehegatte danach ebenfalls unterschreibt. Dasselbe gilt für eingetragene »Lebenspartner«.

Ein gemeinschaftliches Testament, das der andere Ehegatte nicht unterschrieben hat, kann in ein **formgültiges Einzeltestament** umgedeutet werden.

Lassen Sie es nicht darauf ankommen. Denn als Einzeltestament kann die Verfügung nur dann wirksam sein, wenn sie nicht **wechselbezüglich** ist. Von Wechselbezüglichkeit spricht man, wenn zwischen den gegenseitigen Verfügungen eine innere Abhängigkeit besteht und die eine Verfügung mit der anderen stehen und fallen soll.

Typischer Fall: Eheleute setzen sich gegenseitig zu Alleinerben ein, die gemeinsamen Kinder sollen den Längstlebenden beerben.

! Der mit unterschreibende Ehegatte sollte aus Beweisgründen nicht nur seine Unterschrift daruntersetzen, sondern auch noch einen kurzen Text anfügen, diesen mit Ort und Datum versehen und erst dann unterschreiben. Hierzu reicht es zum Beispiel aus, wenn er schreibt: »Dieses Testament ist auch mein Testament.«

Im **Scheidungsfall** wird **das gemeinsame Testament** samt und sonders **unwirksam!** Das gilt auch, wenn die Scheidung erst beantragt ist, der andere aber schon zugestimmt hat. **Ausnahme:** Die Verfügung wäre auch so getroffen worden. Das kann zum Beispiel der Fall sein, wenn ein Kind als Erbe des länger lebenden Ehegatten eingesetzt worden ist, was wiederum Auswirkungen auf die Gültigkeit späterer Testamente haben könnte.

Unverheiratete Paare oder Verwandte können **kein gemeinschaftliches** Testament machen. Sie können nur einen Erbvertrag schließen.

Eine **Umdeutung in ein wirksames Einzeltestament** scheitert meist daran, dass die Verfügung wechselbezüglich war. Anders sieht es aus, wenn die **Verfügung nicht wechselbezüglich** ist, sondern der eine den anderen auf jeden Fall zum Erben eingesetzt hätte.

! Wollen Sie sich als nicht eheliche Partner gegenseitig testamentarisch begünstigen oder beerben, machen Sie deshalb jeder für sich ein Testament nach den oben aufgeführten Formvorschriften.

2.3 Wie errichtet man ein notarielles Testament?

Hierfür gehen Sie zu einem **Notar Ihrer Wahl.** In der Regel erklären Sie dann dem Notar mündlich, was Sie testamentarisch geregelt haben möchten. Der Notar fasst das Ganze dann in juristisch wirksame Worte. Anschließend liest er Ihnen die Niederschrift vor, die dann von Ihnen und dem Notar unterschrieben wird.

Das Testament wird an das Amtsgericht zur besonderen **amtlichen Verwahrung** gegeben. In Baden-Württemberg ist für die Testamentsverwahrung das staatliche Notariat zuständig. Außerdem wird es im Zentralen Testamentsregister erfasst.

Sonderfall: Sie können auch ein **schon fertiges Testament dem Notar offen oder verschlossen übergeben.** Das muss dann ebenfalls nicht handschriftlich verfasst und unterschrieben sein. Nachteil: Sie haben hier keine Beratung, müssen aber trotzdem die Notargebühren zahlen.

3 Das Testament in Eil- und Notfällen

Ist ein Erblasser aus gesundheitlichen Gründen (z. B. durch eine Unfallverletzung oder eine schwere Erkrankung) nicht mehr in der Lage, seinen Letzten Willen eigenhändig niederzuschreiben, gibt es dennoch verschiedene Möglichkeiten, seinem Letzten Willen gerecht zu werden – entweder durch notarielles Testament oder durch das sogenannte »**Nottestament**«.

Gegen eine erhöhte Gebühr kann der **Notar auch außerhalb seiner Diensträume** und üblichen Dienstzeiten zur Niederschrift bestellt werden.

Sollte es nicht gelingen, einen Notar rechtzeitig zu erreichen, kann der Erblasser seinen Letzten Willen gegenüber **dem Bürgermeister sowie zwei Zeugen** erklären. Man spricht hier vom sogenannten **Bürgermeistertestament.** Diese Möglichkeit besteht auch, wenn der Erblasser zum Beispiel durch eine Naturkatastrophe von der Außenwelt abgeschnitten ist und ein notarielles Testament nur unter erheblichen Schwierigkeiten errichtet werden könnte (§ 2250 BGB). Mit anderen Worten: Dieser Fall wird wohl eher selten vorkommen.

Im **äußersten Notfall bei Todesgefahr** genügt die mündliche Erklärung vor drei beliebigen Zeugen (§ 2250 BGB). Dieses sogenannte **3-Zeugen-Testament** kommt infrage, wenn zum Beispiel ein Mitglied einer Seilschaft am Berg in akute Lebensgefahr gerät.

Auf jeden Fall muss beim Nottestament so früh wie möglich nach der mündlichen Erklärung des Erblassers von den Zeugen eine Niederschrift darüber angefertigt werden, was der Erblasser als Letzten Willen geäußert hat. Diese **Niederschrift** muss dann unbedingt wörtlich vorgelesen und **von allen drei Zeugen unterschrieben** werden.

Nach Möglichkeit muss auch der Erblasser selbst die Unterschrift leisten, was allerdings nur geht, wenn er dazu körperlich in der Lage ist. Die Niederschrift muss grundsätzlich angefertigt werden, **solange der Erblasser noch lebt.** Sonst ist das Testament unwirksam.

Wichtig: Als Zeuge darf nicht mitwirken, wer durch das Testament selbst bedacht werden soll oder als Testamentsvollstrecker vorgesehen ist.

Überlebt der Erblasser, bleibt das Nottestament zunächst gültig. **Nach Ablauf von drei Monaten** nach der Errichtung des Nottestamentes wird es kraft Gesetzes **unwirksam** – vorausgesetzt, der Erblasser liegt nicht im Koma und ist imstande, zwischenzeitlich ein formal korrektes Testament zu errichten.

4 Das Testament mit Auslandsbezug

4.1 Der »gewöhnliche Aufenthalt« ist entscheidend

Bisher unterlag die »Rechtsnachfolge von Todes wegen« (gesetzliche Erbfolge, Testament oder Erbvertrag) in Deutschland dem Recht des Staates, dem der Erblasser zum Zeitpunkt seines Todes angehörte (sog. Staatsangehörigenprinzip). Dies hat sich durch die EU-Erbrechtsverordnung geändert. Seit dem 17. 8. 2015 gilt für sämtliche Erbfälle grundsätzlich das Recht des Staates, in dem der Erblasser zum Zeitpunkt seines Todes seinen »gewöhnlichen Aufenthalt« hatte.

» **Beispiel:** Für einen Deutschen, der bis zu seinem Tod seinen gewöhnlichen Aufenthalt in Spanien hatte, gilt spanisches Erbrecht.

Geltung hat diese Regelung zunächst für alle EU-Staatsbürger, die ihren **gewöhnlichen Aufenthalt in einem anderen Land der EU** haben. Den gewöhnlichen Aufenthalt hat jemand dort, wo er nicht nur vorübergehend verweilt. Entscheidend sind dabei die tatsächlichen Verhältnisse. Es kommt darauf an, wo der Schwerpunkt der sozialen Kontakte liegt (insbes. in familiärer und beruflicher Hinsicht).

So kann ein gewöhnlicher Aufenthalt im Ausland bestehen, obwohl man noch in Deutschland einen Wohnsitz unterhält und auch einen Wohnsitz angemeldet hat. Als »nicht vorübergehend« gilt ein von Beginn an beabsichtigter zeitlich zusammenhängender Aufenthalt von mehr als sechs Monaten Dauer. Kurzfristige Unterbrechungen bleiben dabei unberücksichtigt.

Wichtig: Die Verordnung gilt nicht überall. **Dänemark, Irland und Großbritannien** haben die Verordnung nicht umgesetzt, sodass es dort bei deren derzeitigen Regelungen bleibt.

4.2 Treffen Sie eine Rechtswahl

Wenn Sie Ihren gewöhnlichen Aufenthalt im Ausland (z. B. in Spanien) haben, aber dennoch wollen, dass im Fall Ihres Todes deutsches Erbrecht angewendet wird, müssen Sie eine entsprechende Rechtswahl treffen. Das kann auch das Recht eines Drittstaates sein, also eines Landes, in dem die Verordnung nicht gilt.

Damit die Rechtswahl gültig ist, müssen die Formvorschriften wie bei einem eigenhändigen Testament eingehalten werden. Das heißt, es bedarf einer eigenhändig ge- und unterschriebenen Erklärung, in der bestimmte Daten anzugeben sind. Selbstverständlich können Sie die Erklärung auch notariell beurkunden lassen bzw. in einem notariellen Testament treffen.

! Wenn Sie unsicher sind, wo beispielsweise Ihr gewöhnlicher Aufenthalt ist, was die Neuregelung für Sie ganz konkret bedeutet, oder wenn Sie sonstige Fragen in Bezug auf die Regelung Ihres Nachlasses haben, lassen Sie sich unbedingt von einem Fachanwalt für Erbrecht oder einem Notar beraten!

5 Widerruf, Änderung und Ergänzung

5.1 Der Letzte Wille muss nicht das letzte Wort sein

Wenn Sie ein Testament **allein** errichtet haben, können Sie dieses jederzeit ganz oder zum Teil widerrufen, ändern oder ergänzen (§ 2253 BGB). Eine Verpflichtung, testamentarische Anordnungen nicht zu widerrufen, ist nichtig (§ 2302 BGB).

Ein einmal wirksam errichtetes Testament bleibt selbst dann gültig, wenn sich die Umstände erheblich geändert haben. **Achtung:** Es kann aber unter Umständen anfechtbar werden.

! Überprüfen Sie regelmäßig Ihr Testament, ob es tatsächlich noch Ihrem »letzten Willen« entspricht bzw. ob sich die Rechtslage inzwischen geändert hat. Möglicherweise müssen Sie Ihr Testament ändern, um Ihren letzten Willen wiederherzustellen.

5.2 Auf was Sie bei nachträglichen Änderungen unbedingt achten müssen

Der Widerruf – nur formvollendet gültig

In jedem Fall muss der Erblasser die **volle Testierfähigkeit** haben (→ Abschn. 1). Denn der Widerruf kann nur – wie die Testamentserrichtung – **höchstpersönlich** vorgenommen werden.

Beachten Sie außerdem, dass Sie ein **wechselbezügliches Ehegattentestament nicht allein widerrufen** können – auch nicht nach dem Tod Ihres Partners! Ehepartner können nur zusammen ihr gemeinsames Testament widerrufen, ändern oder ergänzen. **Ausnahme:** Sie erklären den Widerruf gegenüber einem Notar, der dann die Erklärung dem anderen zustellt. **Folge:** Die gesamte wechselbezügliche Verfügung beider wird unwirksam.

Wenn Sie sich von Ihrem Ehepartner trennen, bleibt das den anderen begünstigende Einzeltestament und auch das gemeinschaftliche Testament zunächst gültig. Erst mit Zustellung des Scheidungsantrages an den Partner oder bei dessen Zustimmung zum Scheidungsantrag wird das Testament ungültig. Wollen Sie schon vorher von dem Testament loskommen, müssen Sie **über einen Notar den Widerruf veranlassen.**

Das Gesetz bietet verschiedene Widerrufsmöglichkeiten

Sie können Ihr Testament – gleichgültig, ob Sie es eigenhändig geschrieben haben oder es notariell haben beurkunden lassen – durch ein neues sogenanntes »**Widerrufstestament**« nach § 2254 BGB aus der Welt schaffen. Sie können ein notarielles Testament auch durch ein eigenhändig geschriebenes Testament widerrufen und umgekehrt.

» **Beispiel:** »Mein Testament vom ... widerrufe ich hierdurch in seinem gesamten Inhalt.« oder: »Das in meinem Testament vom ... angeordnete Vermächtnis zugunsten meiner Nichte ... über € ... widerrufe ich hiermit. Der übrige Inhalt des Testamentes bleibt bestehen.«

Sie können Ihr Testament gemäß § 2255 BGB auch einfach **zerreißen, zerschneiden oder verbrennen. Aber:** Das mit Ihrem Ehegatten zusammen errichtete Testament dürfen Sie nur mit ihm zusammen vernichten. Würden Sie dies ohne sein Wissen tun, bliebe es wirksam, auch wenn es als Urkunde nicht mehr vorhanden wäre. In solchen Fällen muss dann der Inhalt, wenn es zum Prozess kommt, durch Zeugenaussagen festgestellt werden.

Wenn Sie ein **vor einem Notar** beurkundetes Testament **aus der Verwahrung des Amtsgerichts** (in Baden-Württemberg des staatlichen Notariats) zurücknehmen, was jederzeit möglich ist, liegt darin automatisch der Widerruf des Testaments (§ 2256 BGB). Dies gilt allerdings nicht, wenn Sie Ihr hinterlegtes **handschriftliches Testament aus der Verwahrung nehmen.** Dieses bleibt gültig!

Wenn Sie ein völlig neues Testament machen, ohne das erste ausdrücklich zu widerrufen, der Inhalt des zweiten sich aber **mit dem Inhalt des ersten nicht vereinbaren lässt,** gilt das erste Testament nach § 2258 BGB als widerrufen.

! Nehmen Sie zur Rechtsklarheit in Ihr Testament den Satz auf: »Vorsorglich widerrufe ich hiermit alle früher errichteten Verfügungen von Todes wegen.« Das machen auch Notare zur Sicherheit, um eindeutig festzulegen, dass nur das jetzige Testament gelten soll.

Wenn Sie Ihr Testament **nur ändern** wollen, indem Sie Teile durchstreichen, mit Ungültigkeitsvermerken versehen oder anders unkenntlich machen, dann ist auch dieser Teil widerrufen. Allerdings ist hier ein Rechtsstreit oft vorprogrammiert. Wer durch die Änderung benachteiligt ist, wird unter Umständen behaupten, dass die Änderungen nicht vom Erblasser stammen. Das Gleiche gilt auch, wenn Sie Einzelseiten austauschen oder hinzufügen.

! Schreiben Sie in beiden Fällen das Testament neu oder fassen Sie die Änderungen in einem separaten Nachtrag zusammen, der natürlich dann separat mit Ort und Datum versehen und unterschrieben werden muss.

Wenn Sie den Widerruf widerrufen wollen

Auch das ist zulässig, soweit Sie sich an die obigen Spielregeln halten. In diesem Fall wird dann **das erste Testament wieder wirksam** (§ 2257 BGB). Es wird so behandelt, als sei es nicht widerrufen worden. Die **gesetzliche Erbfolge tritt dadurch jedenfalls nicht ein.**

6 Wie Sie Ihr Testament individuell formulieren

6.1 Ohne Vorüberlegung geht es nicht

Wer soll Erbe werden?

Die **Bestimmung des oder der Erben ist der Kernpunkt** jedes Testaments. Wenn Sie die gesetzliche Erbfolge ausschließen und testamentarisch über Ihr gesamtes Vermögen verfügen wollen, müssen Sie einen oder mehrere Erben bestimmen. Der Erbe erwirbt **dann Ihr Vermögen als Ganzes,** also alle Vermögenswerte und auch die Schulden mit dem Zeitpunkt Ihres Todes (§ 1922 BGB, § 1967 BGB). Der Erbe wird automatisch Eigentümer aller Vermögenswerte, ohne dass sie einzeln aufgeführt werden müssten. Diesen Vorgang nennt man »**Gesamtrechtsnachfolge**«.

Achten Sie deshalb darauf, nur diejenigen als Erben zu bezeichnen, die wirklich Ihre Rechtsnachfolger werden sollen. Wer nur einen bestimmten, nicht das wesentliche Vermögen ausmachenden Gegenstand bekommen soll, ist **nicht Erbe, sondern Vermächtnisnehmer.**

Ein **Erbe muss hinreichend bestimmt** sein, andernfalls tritt die gesetzliche Erbfolge ein. In diesem Fall hatte eine Erblasserin ein nicht existentes, noch zu gründendes Heim als Erben bezeichnet. Ergebnis der unzulässigen Erbeinsetzung: Es kam zur gesetzlichen Erbfolge, die ja eigentlich nicht gewollt war.

Dasselbe passiert, wenn man zum Beispiel **seinen Hund zum Erben** machen will. Auch Haustieren fehlt es an der »Rechtsfähigkeit«.

Welche Vermögensaufteilung ist in Ihrem Fall sinnvoll?

Machen Sie sich klar, wessen Versorgung gesichert werden muss. **Schreiben Sie die infrage kommenden Personen auf einen Notizzettel,** den Sie bei der Zusammenstellung Ihres Testamentes bzw. des Testamentsentwurfs verwenden.

Die **Palette der Möglichkeiten** ist breit gestreut: Von der Eigentumsübertragung über Nutzungs- und Wohnrechte, Lebensversicherung bis hin zur Zuwendung zu Lebzeiten ist alles möglich. Wichtig ist dabei unter anderem die Überlegung, ob bestimmte Vermögensbestandteile in der Familie bleiben sollen, aus der sie kommen.

Aber auch erbschaftsteuerliche Überlegungen sollten nicht außer Acht gelassen werden.

Beziehen Sie am besten die betroffenen Familienangehörigen mit in die Planung ein. Wenn Sie deren Vorstellungen kennen, fällt Ihnen die Abfassung des Testaments eventuell leichter. Das hilft außerdem Streit zu vermeiden.

Besonders hilfreich ist hierbei der **Grundsatz: Gleichbehandlung der Kinder.** Wer sich nicht daran hält, wird in der Regel heftigen Streit auslösen. Pflegt allerdings ein Kind einen kranken Elternteil oder erbringt sonstige Dienste und Leistungen, sollte ihm zur Abgeltung seiner besonderen Leistungen auch eine besondere Zuwendung gemacht werden.

Haben Sie **Kinder aus einer früheren Ehe oder Beziehung,** zu denen Sie keinen Kontakt pflegen, bedenken Sie, dass diese mit großer Wahrscheinlichkeit ihre Ansprüche, zumindest was den Pflichtteil anbetrifft, einfordern werden. Kalkulieren Sie das bei der Vermögensverteilung unter Ihren Wunscherben mit ein.

Benennen Sie wenn möglich **nur einen Erben.** Erbengemeinschaften geraten bei Auseinandersetzungen meistens in Streit. In den meisten Fällen reichen zum Beispiel Vermächtnisse aus, die der Erbe aus dem Nachlass erfüllen muss.

Bei mehreren Kindern lässt sich die Erbengemeinschaft allerdings kaum vermeiden. Auf alle Fälle sollten Sie aber **klare Teilungsanweisungen** geben und jeden einzelnen Erben mit seiner **Quote** aufführen. Andernfalls laufen Sie Gefahr, dass Ihr Wille richterlich ermittelt werden muss.

Verwenden Sie für Ihren Entwurf die nachfolgenden Formulierungsbeispiele je nach individueller Familienkonstellation.

6.2 Musterformulierungen

Wenn Sie alleinstehend sind oder aus anderen Gründen allein testieren wollen

In einem Einzeltestament können **nicht nur Alleinstehende testieren.** Auch Ehegatten beziehungsweise Lebenspartner einer eingetragenen Lebenspartnergemeinschaft haben die Möglichkeit, so ihre letztwilligen Verfügungen zu treffen.

Das Einzeltestament kommt bei Ehegatten und Lebenspartnern insbesondere dann infrage, wenn nur einer von ihnen testieren möchte oder beide je für sich getrennt eine Verfügung von Todes wegen treffen wollen.

Weitere Gründe können sein, dass **Spannungen unter den Partnern** bestehen oder über das Vermögen des einen unabhängig vom Vermögen des anderen testiert werden soll. Das ist zum Beispiel bei **Unternehmern** häufig wichtig, wenn das Schicksal des Unternehmens in einem einseitigen Testament besser zu regeln ist.

Unabhängig davon können Ehegatten und Lebenspartner ihre Einzeltestamente aufeinander abstimmen. Sie können sie zum Beispiel unter die Bedingung stellen, dass die Erbeinsetzung des jeweils anderen nur gelten soll, wenn dieser den Testierenden selbst zu seinem Erben bestimmt. Dasselbe gilt selbstverständlich auch für die Partner einer nicht ehelichen Lebensgemeinschaft. Dabei sollten Sie aber unbedingt beachten, dass im Gegensatz zum gemeinschaftlichen Testament oder Erbvertrag mit dem Einzeltestament keine Bindungswirkung eintritt. Deshalb sollten sich Ehegatten und eingetragene Lebenspartner genau überlegen, ob das Einzeltestament für sie infrage kommt.

Mannheim, den 8. 2. 2014

Mein Letzter Wille

Ich, Günther Neuhaus, setze zu meinen Erben meine Söhne Wolfgang und Peter ein. Mein Sohn Klaus erhält nur seinen Pflichtteil.

....
Günther Neuhaus

Wenn Ehepartner Vorerbe und die Kinder Nacherben werden sollen

Normalerweise kann der Erbe frei über das ererbte Vermögen verfügen und auch nach eigenem Ermessen weitervererben. Nicht selten will aber der Erblasser, dass der Nachlass nicht »in die falschen Hände« gerät und sinnvoll verwaltet sowie weitervererbt wird.

» **Beispiel:** Ein Familienvater möchte zwar seine Ehefrau als Erbin einsetzen, hat aber den Wunsch, dass seine Kinder nach dem Tod der Ehefrau den verbliebenen Nachlass erhalten. So soll verhindert werden, dass das Familienvermögen an familienfremde Personen verschenkt oder vererbt wird. Letzteres ist bei einer Wiederverheiratung zu erwarten.

Das Problem können Sie als Erblasser umgehen, indem Sie die **Vor- und Nacherbschaft** anordnen. Das heißt, der Erblasser bestimmt, dass sein Vermögen zunächst dem Vorerben zustehen soll, dass aber später, nämlich in dem sogenannten Nacherbfall, ein anderer oder mehrere von ihm bestimmte Personen erben sollen.

Folge: Der Vorerbe kann die Nacherben nicht dadurch benachteiligen, dass er den Nachlass noch vor dem Nacherbfall verschenkt oder verschleudert. Ihm sind nämlich bestimmte **Verfügungsbeschränkungen** auferlegt. Insbesondere darf er ohne Einwilligung der Nacherben

- keine Nachlassgegenstände verschenken (soweit es sich nicht um die üblichen Anstandsschenkungen handelt),
- kein zum Nachlass gehörendes Grundstück veräußern oder belasten.

Bis zum Nacherbfall stehen dem Nacherben keine eigentlichen Rechte an dem Nachlass zu, insbesondere keine Eigentumsrechte beziehungsweise Besitzrechte. Erst mit dem Nacherbfall erwirbt der Nacherbe den Nachlass. Das heißt, erst jetzt kann er auch alle Rechte daran ausüben. Von diesem Augenblick an kann er über die Nachlassgegenstände verfügen.

Mannheim, den 8. 2. 2014

Mein Letzter Wille

Ich, Günther Neuhaus, setze meine Ehefrau Ursula als alleinige Vorerbin ein. Nacherben nach ihrem Tod oder für den Fall ihrer Wiederverheiratung sind meine Kinder Thomas und Friederike.

....

Günther Neuhaus

Das gemeinschaftliche Testament für Ehegatten

Eine besondere Form des Testaments, das gemeinschaftliche Testament, kann **nur von Ehegatten** und **eingetragenen Lebenspartnern** erstellt werden.

Die häufigste Form ist das sogenannte **Berliner Testament.** Mit ihm setzen sich die Eheleute wechselseitig zu Erben ein. Gleichzeitig bestimmen sie dabei, dass nach dem Tod des Überlebenden der beiderseitige Nachlass an einen anderen, zumeist die gemeinschaftlichen Kinder, fallen soll.

Bei einem solchen Testament ist in der Regel beabsichtigt, dass nach dem Tod des einen Ehegatten der andere unbeschränkter Erbe (nicht Vorerbe) wird und dass die gemeinschaftlichen Kinder erst nach dem Tode des überlebenden Ehegatten Erben des letzteren werden. Demzufolge kann der überlebende Ehegatte bis zu seinem eigenen Tod **über den Nachlass frei verfügen,** beispielsweise indem er Grundstücke verkauft.

Die Kinder sind hier nicht Nacherben, sondern sogenannte **Schlusserben.** Sie erhalten das verbliebene elterliche Vermögen nur als Erben **des zuletzt verstorbenen Elternteils.**

Mannheim, den 8. 2. 2014

Unser Testament

Wir, die Eheleute Günther und Ursula Neuhaus, regeln unseren letzten Willen wie folgt:
1. Wir setzen uns gegenseitig zu Erben ein.
2. Erben des Überlebenden sind unsere gemeinsamen Kinder.

....
Ursula Neuhaus
....
Günther Neuhaus

Auch hier gilt: Wenn Sie nicht wollen, dass durch eine Wiederheirat des überlebenden Ehegatten das Vermögen möglicherweise in andere Hände gerät, lässt sich dies durch die Anordnung von Vor- und Nacherbschaft verhindern.

Dies kann zum Beispiel durch die sogenannte **Wiederverheiratungsklausel** geschehen. Das heißt, mit der Wiederverheiratung des überlebenden Ehegatten werden die Kinder nunmehr Erben des Verstorbenen und können die Herausgabe des Nachlasses verlangen.

Mannheim, den 8. 2. 2014

Unser Testament

Wir, die Eheleute Günther und Ursula Neuhaus, regeln unseren letzten Willen wie folgt:
1. Wir setzen uns gegenseitig zu Erben ein.
2. Sollte der Überlebende wieder heiraten, so soll der Nachlass unseren Kindern Thomas und Friederike zufallen.

....
Ursula Neuhaus
....
Günther Neuhaus

Da es zahlreiche weitere Varianten der Testamentsgestaltung gibt (z. B. Vermächtnisse, Auflagen etc.), empfehlen wir Ihnen, sich anhand unserer **Formulierungsvorschläge,** die Sie auf Ihrer Rechtstipps-CD finden, zu informieren.

7 Das zentrale Testamentsregister

Im zentralen Testamentsregister wird für das **gesamte Bundesgebiet** erfasst, wenn Testamente oder Erbverträge bei Amtsgerichten und Notaren hinterlegt werden. So wird das **Auffinden** von notariell beurkundeten und amtlich verwahrten erbfolgerelevanten Urkunden gesichert. Das Register wird in jedem Sterbefall von Amts wegen auf vorhandene Testamente und andere für die Erbfolge entscheidende Urkunden geprüft.

Jeder Sterbefall wird im Zentralen Testamentsregister gesondert behandelt. Deshalb ist für jeden Erblasser eine **gesonderte Registrierung** notwendig. Diese bekommt eine eindeutige Registernummer und eine sogenannte ZTR-Verwahrnummer.

Die Übermittlung der Angaben erfolgt **elektronisch durch den Notar oder das Gericht.** Sie als Erblasser erhalten eine **Registrierungsbestätigung** ausgehändigt. Diese müssen Sie auf Richtigkeit und Vollständigkeit überprüfen. Fehlerhafte Angaben können zur Unauffindbarkeit der Urkunde im Sterbefall führen. Das können Sie durch genaue Prüfung verhindern.

Auf Antrag erhalten Sie als Erblasser auch einen **vollständigen Testamentsregisterauszug**, der nicht nur die aktuelle Registrierung enthält, sondern auch sämtliche früheren. Auch diesen Testamentsregisterauszug sollten Sie genau überprüfen, insbesondere mit Blick auf fehlende Registrierungen.

Die Bundesnotarkammer erhebt für Eintragungen in das Zentrale Testamentsregister Gebühren in Höhe von **€ 15,– je Registrierung.** Die Registrierungsgebühr wird einmalig erhoben. Sie deckt sämtliche Kosten der Registrierung, eventueller Berichtigungen, Ergänzungen und Folgeregistrierungen sowie der Benachrichtigungen im Sterbefall ab.

Bezahlen müssen Sie als Erblasser. Die Gebühr für die Bundesnotarkammer wird von demjenigen kassiert, der gemeldet hat, also entweder der Notar oder das Gericht. Sofern ein Melder die Gebühren nicht für die Bundesnotarkammer entgegennimmt, rechnet die Bundesnotarkammer unmittelbar ab. In diesem Fall wird es mit € 18,– je Registrierung teurer.

C4 Wann ist der Erbvertrag eine Alternative zum Testament?

1 Wann ist ein Erbvertrag sinnvoll?

Sie können Ihren Nachlass auch durch einen Erbvertrag anstelle eines Testaments regeln. Anders als das Testament ist **der notarielle Erbvertrag keine einseitige Erklärung** des Erblassers, sondern **eine verbindliche Vereinbarung mit einem oder mehreren anderen,** zumeist dem, den man als Erben einsetzen möchte. Ein Erbvertrag ist dann sinnvoll, wenn Sie auch für Ihre Erben **bindende Vereinbarungen für die Zukunft** wollen – eventuell verbunden mit einem Pflichtteilsvertrag, um so auch diese Ansprüche zu regeln. Hier die **Vor- und Nachteile des Erbvertrags im Vergleich zum Testament:**

Vorteile eines Erbvertrags

- Besondere Bedeutung hat der Erbvertrag für **nicht eheliche Lebenspartner,** weil sie kein gemeinschaftliches Testament errichten können.
- Durch die starke Bindung des Vertrages ist der Vertragserbe mit seinen **Ansprüchen auch wirklich gesichert.** Das ist wichtig, wenn zum Beispiel eines von mehreren Kindern die Pflege der Eltern übernimmt und dafür einen größeren Nachlassanteil versprochen bekommt.
- Wenn Sie bei **behinderten Kindern** oder **Sozialhilfeempfängern in der Familie** sicherstellen wollen, dass das Erbe nicht an den Staat fällt, kann ein Erbvertrag mit einer dritten Person hilfreich sein. Eine Regelung, nach der ein Vertragserbe sich verpflichtet, den Sozialhilfeempfänger im Gegenzug zur Erbschaft finanziell zu unterstützen, ist zulässig.
- Sie können mit einem **Pflichtteilsverzichtsvertrag** sicherstellen, dass keine unerwünschten Pflichtteilsansprüche gestellt werden, z. B. wenn ein nicht eheliches Kind vorab »ausgezahlt« werden möchte.
- Sie können mit dem Erbvertrag einen **Ehevertrag** verbinden, ohne dass zusätzliche Gebühren entstehen.

Nachteile eines Erbvertrags

- Sie sind als Erblasser normalerweise an den Vertrag gebunden und können ihn **nicht mehr allein ändern oder widerrufen.** Ein Testamentswiderruf ist dagegen bis zuletzt möglich.
- Sie müssen strenge **notarielle Formvorschriften** beachten.
- Der Erbvertrag ist **doppelt so teuer** wie ein einseitiges notarielles Testament. Aber er kostet nicht mehr als ein gemeinschaftliches Testament.

! Informieren Sie sich gründlich über das, was mit einem Erbvertrag auf Sie zukommt. Lassen Sie sich auch von dem beurkundenden Notar, ohne den es nicht geht, ausführlich beraten und lassen Sie sich vor der Beurkundung einen Entwurf geben; dies verursacht keine zusätzlichen Kosten.

2 Was können Sie mit einem Erbvertrag regeln?

2.1 Wenn Sie nur Ihren persönlichen Nachlass regeln wollen

Trifft Ihr Vertragspartner keine eigenen Verfügungen, spricht man von einem **einseitigen Erbvertrag.** Ihr Vertragspartner wird hier von Ihnen normalerweise anderweitig in die Pflicht genommen.

» **Beispiel:** Sie sind alleinstehend, wohnen in Ihrem eigenen Haus und werden pflegebedürftig. Sie wollen aber nicht in ein Pflegeheim, weil Sie bisher schon von einer Person betreut wurden, die Sie auch weiterhin pflegen würde. Weil Ihr laufendes Einkommen nicht reicht, eine Vollpflege bezahlen zu können, vereinbaren Sie mit der Pflegeperson, dass sie jetzt keine Entlohnung erhält. Sie schließen deshalb mit ihr einen Erbvertrag. Darin verpflichtet sich die Pflegeperson, Sie auf Lebenszeit zu pflegen, als Gegenleistung setzen Sie sie zu Ihrer Alleinerbin ein.

2.2 Wenn mehrere Personen ihren Nachlass regeln wollen

Dann kommt ein **zwei- oder mehrseitiger Erbvertrag** infrage.

» **Beispiel:**

- Die Ehepartner setzen sich in einem Erbvertrag gegenseitig zu Alleinerben ein. Der Überlebende setzt schon jetzt die gemeinsamen Kinder vertraglich zu (späteren) Erben ein.
- Partner einer nicht ehelichen Lebensgemeinschaft – gleich, ob heterosexuell oder homosexuell – setzen sich erbvertraglich gegenseitig zu Alleinerben ein. Der Überlebende setzt eine dritte Person, die beiden nahesteht, zum Alleinerben ein.

- Drei unverheiratete Geschwister setzen sich in der Weise zu Erben ein, dass Erben des Erstversterbenden die zwei Überlebenden, Alleinerbe des Zweitversterbenden der letzte Überlebende und Erben des Letztversterbenden eine oder mehrere Personen oder eine gemeinnützige Einrichtung werden.

2.3 Die Regelungen im Einzelnen

Im Prinzip kann der Erbvertrag alles enthalten, was auch Inhalt eines Testaments sein kann. Aber nicht alle erbrechtlichen Regelungen können **mit vertraglicher Bindung** vereinbart werden. Das geht **nur bei drei Arten von Anordnungen:**

- die **Erbeinsetzung,** wenn zum Beispiel die Tochter für ihre Pflegeleistung als alleinige Erbin eingesetzt wird, obwohl weitere Geschwister vorhanden sind,
- die **Vermächtnisanordnung,** wenn zum Beispiel der Bruder zwar nicht erben soll, aber ein bestimmtes Grundstück bekommen soll, und
- die **Auflagenanordnung,** wenn zum Beispiel der gesunde Bruder Alleinerbe werden soll, aber sich gleichzeitig verpflichten soll, die kranke Schwester zeitlebens finanziell zu unterstützen.

Die vertragliche Bindung kann sich auf folgende Punkte **nicht** erstrecken (§ 2278 BGB): auf die **Einsetzung eines Testamentsvollstreckers, die Entziehung des Pflichtteils,** die Vorgaben über die **Aufteilung des Nachlasses (Teilungsanordnung)** und die **Benennung eines Vormunds oder Pflegers.**

Das heißt, Sie können einen **Teil der Anordnungen mit vertraglicher Bindung** gestalten, die dann nicht widerruflich sind, und einen **Teil als testamentarische Anordnung,** die jederzeit wie ein Einzeltestament oder wie ein gemeinschaftliches Testament widerrufen werden kann (§ 2299 BGB). Deshalb besteht beim Erbvertrag **die Gefahr, dass im Nachhinein unklar ist, wie etwas gemeint war.**

! Machen Sie bei einem Erbvertrag im Vertrag selbst deutlich, ob Sie sich mit den einzelnen Verfügungen vertraglich binden oder sich die Widerrufbarkeit vorbehalten wollen.

3 Können Sie noch über Ihr Vermögen verfügen?

3.1 Grundsatz: Die Verfügungsberechtigung bleibt

Obwohl die vertraglichen Anordnungen eines Erbvertrags mit Vertragsschluss bindend werden, wirken sie sich erst mit dem Tod des Erblassers aus. Vertragliche Bindung bedeutet hier lediglich, dass ein Vertragsteil nicht mehr ohne den anderen den Erbvertrag ändern oder aufheben kann. Deshalb ist in § 2286 BGB ausdrücklich klargestellt, dass der Erblasser zu seinen Lebzeiten **jederzeit über sein Vermögen verfügen** kann, auch wenn dies im Widerspruch zum Erbvertrag steht.

Er darf vor allem noch einzelne **Vermögensstücke verkaufen.** Dann tritt an die Stelle des Gegenstandes der Verkaufserlös. In dem Beispielsfall mit der Pflegeverpflichtung könnte der Vertragspartner den Erbvertrag aber auch anfechten oder den Rücktritt erklären, wenn der Erblasser entgegen der vertraglichen Absprache das Haus noch zu Lebzeiten verkaufen oder verschenken würde.

3.2 Ausnahme von dem freien Verfügungsrecht

Schenkungen, die den Vertragserben oder Vertragsvermächtnisnehmer, also die Begünstigten des Vertrages, beeinträchtigen, kann der Erblasser zwar noch vornehmen. Er löst damit aber unter Umständen Ersatzansprüche des vertraglichen Erben bzw. Vermächtnisnehmers gegen den Beschenkten aus – vorausgesetzt, der Erblasser hat seine Verfügungsfreiheit missbraucht.

Dann muss der Beschenkte den Gegenstand auch noch nach dem Tod des Erblassers wieder herausgeben (§ 2287 BGB; § 2288 BGB).

» **Beispiel:** Die Eheleute M und F haben vor einem Notar einen Erbvertrag geschlossen, wonach sie sich gegenseitig zu Alleinerben und auf den Tod des Überlebenden die gemeinschaftlichen Kinder zu Schlusserben eingesetzt haben. Nach dem Tod des Erstversterbenden heiratet der Überlebende wieder und die Kinder haben im Vertrauen auf ihre Erbeinsetzung auf den Tod des Überlebenden den Pflichtteil nicht verlangt.

Nach der Wiederverheiratung der Frau kommt es zu erheblichen Missstimmungen zwischen ihr und den Kindern. Um die Kinder zu ärgern, verschenkt F an ihren zweiten Ehepartner einen wertvollen Nachlassgegenstand, obwohl der diesen überhaupt nicht benötigt. In einem solchen Fall können die Kinder den verschenkten Gegenstand nach dem Tod des Erblassers wieder zurückverlangen. Ist der Gegenstand nicht mehr vorhanden, können sie Geldersatz verlangen. Im Streitfall müssen die Kinder die Schenkung und die missbräuchliche Handlungsweise des Erblassers aber beweisen.

Es kommt also darauf an, dass der Erblasser seine **Verfügungsmacht nicht missbraucht.** Das heißt, der Erblasser muss ein lebzeitiges Eigeninteresse an der Schenkung haben.

» **Beispiel:** Ein Mann ließ sich mehrere Jahre von seiner Tochter pflegen und vergütete ihr das mit € 10 000,–, obwohl zwischen ihm und seinem Sohn ein Erbvertrag bestand. Hier muss der Sohn die Verfügung akzeptieren, da das Eigeninteresse des Erblassers nachvollziehbar ist.

Wichtig: Der Beschenkte muss dem / den Vertragserben auf Verlangen Auskunft über das erhaltene Geschenk nach Eintritt des Erbfalls geben (§ 2287 BGB; § 2288 BGB).

4 Welche Formvorschriften müssen Sie beachten?

4.1 Beim Abschluss des Erbvertrages

Ein Erbvertrag kann **nur vor einem Notar** geschlossen werden. Selbstverständlich müssen der oder die Erblasser **dieselben persönlichen Voraussetzungen** mitbringen, wie jemand, der ein formgültiges Testament abfassen will (→ Kapitel C 3).

Der Erbvertrag wird bei **gleichzeitiger Anwesenheit aller Vertragspartner** vor einem Notar abgeschlossen. Persönlich anwesend muss aber nur der Erblasser sein. Derjenige, der keine erbrechtliche Verfügung trifft, kann sich durch einen Bevollmächtigten vertreten lassen. Der Notar veranlasst anschließend die **amtliche Verwahrung** des Erbvertrages. **Ausnahme:** Die Vertragsschließenden wollen keine amtliche Verwahrung und geben darüber eine Erklärung ab. Bei Hinterlegung erhalten die Parteien aber auf jeden Fall einen Hinterlegungsschein.

Wenn einer der Vertragspartner Ausländer ist: Dann sollten Sie zunächst klären, ob nach dem Recht des anderen Staates ein Erbvertrag überhaupt zulässig ist. Denn wegen der rechtlichen Komplexität ist in vielen Staaten – wie zum Beispiel Italien, Spanien, Frankreich – ein Erbvertrag gar nicht zulässig.

Hinweis: Auch im Rahmen eines **Scheidungsverfahrens** können Sie einen Erbvertrag schließen, weil das gerichtliche Protokoll, mit dem ein Scheidungsvergleich festgehalten wird, einer notariellen Beurkundung gleichgestellt ist. Hier kommt es nicht selten vor, dass den Kindern das gemeinsame Haus durch eine erbvertragliche Vermächtniszuwendung gesichert werden soll.

4.2 Was gilt, wenn andere letztwillige Verfügungen bestehen?

Wenn diese vor dem Erbvertrag errichtet worden sind

Ein von Ihnen bereits errichtetes Testament wird ungültig, wenn dadurch der erbvertraglich Bedachte beeinträchtigt wird (§ 2289 BGB).

Wird ein neuer Erbvertrag errichtet, der dem schon bestehenden widerspricht, ohne den alten ausdrücklich aufzuheben, liegt darin eine schlüssige Aufhebung der widersprüchlichen Verfügung. Das gilt auch, wenn Dritte durch die erste Verfügung bedacht worden sind.

Stirbt aber der durch den Vertrag Bedachte vor dem Erblasser, kann eine frühere Verfügung von Todes wegen (also ein Testament oder Erbvertrag) wieder aufleben. Wenn Sie das nicht wollen, müssen Sie das ausdrücklich bei Abschluss des aktuellen Vertrages so bestimmen. Machen Sie den Notar unbedingt darauf aufmerksam!

Wenn später noch letztwillige Verfügungen getroffen worden sind

An sich darf der Erblasser keine anderslautende Verfügung treffen. Macht er es trotzdem, werden ein zeitlich nach dem Erbvertrag errichtetes Testament (wie auch ein späterer Erbvertrag) insoweit ungültig, als der zuerst erbvertraglich Bedachte im Zeitpunkt des Todestages durch die nachfolgende letztwillige Verfügung beeinträchtigt wird (§ 2289 BGB). Das bedeutet: Der vertragliche Erbe darf durch die späteren Erklärungen nicht benachteiligt werden.

Ausnahme: Der im ersten Erbvertrag Bedachte stimmt dem späteren Erbvertrag zu (§ 2291 BGB). Die Zustimmung muss allerdings notariell beurkundet sein. Wenn der erbvertraglich **Bedachte »in guter Absicht« durch ein späteres Testament beschränkt** werden soll, ist dies nach § 2289 BGB zulässig. Insofern kann der Erbvertrag geändert werden (→ Kapitel C 2). Auch bei **Ehegatten-Erbverträgen** gilt eine **Besonderheit** (s. u.).

5 Wie kommen Sie vom Erbvertrag wieder los?

5.1 Durch einverständliche Vertragsaufhebung

Ein Erbvertrag zwischen denselben Vertragspartnern kann normalerweise **nur durch einen notariellen Vertrag wieder aufgehoben** werden.

Wichtig für Ehepaare: Haben Sie einen Erbvertrag geschlossen, können Sie diesen sogar durch ein Testament – auch durch ein eigenhändig geschriebenes, also ohne Notar – wieder aufheben (§ 2292 BGB). Das Testament muss dann allerdings ein gemeinschaftliches Testament sein.

5.2 Durch Rücktritt vom Vertrag

Sowohl Sie als auch Ihr Vertragspartner können vom Erbvertrag zurücktreten, wenn der **Rücktritt im Vertrag ausdrücklich vorbehalten** wurde. Mit dem Rücktritt eines Vertragsteils wird der Erbvertrag ungültig.

Ein Rücktritt ist aber nur so lange möglich, wie beide Partner noch leben. Danach kann der Überlebende nur noch die »Erbschaft« ausschlagen. Dann kann er bei zweiseitigen Verträgen wieder über seinen Nachlass verfügen, wie er will.

Ausnahme: Bei einem Ehegatten-Erbvertrag mit Wiederverheiratungsklausel kann der überlebende Ehegatte bei Wiederheirat vom Vertrag zurücktreten.

Es können aber auch **unvorhergesehene Umstände** eintreten. Macht sich zum Beispiel der im Erbvertrag Bedachte einer **Verfehlung** schuldig, kann der Erblasser vom Erbvertrag zurücktreten. Die Verfehlung muss aber so schwer sein, dass sie den Erblasser berechtigen würde, den Pflichtteil zu entziehen (→ Kapitel C 2).

Erfüllt Ihr Vertragspartner nicht die Leistungen, zu denen er sich Ihnen gegenüber verpflichtet hat, indem er zum Beispiel nicht die lebenslange Pflege erbringt, haben Sie das Recht, zurückzutreten. Bereits erbrachte Leistungen kann Ihr Vertragspartner dann aber zurückverlangen. Geht das nicht, steht ihm ein Anspruch in Geld zu.

Die Rücktrittserklärung muss vor einem Notar beurkundet und dem Vertragspartner förmlich zugestellt werden, damit er auch nachweislich Kenntnis davon erhält.

5.3 Durch Anfechtung des Erbvertrags

Da der Erbvertrag die Parteien bindet, können sowohl Sie als auch Ihr Vertragspartner bei einem Irrtum den Erbvertrag anfechten. Voraussetzung ist, dass Sie sich bei Vertragsabschluss über Inhalt und Bedeutung irrten oder durch Drohung zum Abschluss gezwungen worden sind oder nach Abschluss des Erbvertrags ein neuer Pflichtteilsberechtigter hinzugekommen ist.

» **Beispiel:** Sie sind kinderlos und setzen in einem Erbvertrag Ihren Neffen zum Alleinerben ein. Nach Abschluss des Vertrages adoptieren Sie ein Kind. Jetzt können Sie den Erbvertrag innerhalb eines Jahres nach der Adoption anfechten, weil Sie zum Zeitpunkt des Vertragsschlusses noch nicht wussten, dass Sie noch einmal Vater bzw. Mutter werden (§ 2281 BGB; § 2079 BGB). Danach ist die Anfechtung für Sie und das Adoptivkind ausgeschlossen.

Selbst wenn das **Vertrauensverhältnis zwischen Erblasser und Vertragserben zerstört** wird, kann dies zur Anfechtung berechtigen – unabhängig davon, wer Schuld daran hat. Es reicht aus, dass der Erblasser in seinen Erwartungen enttäuscht worden ist.

Die Anfechtungserklärung muss von einem **Notar** beurkundet werden (§ 2281 BGB). Anfechten können Sie aber nur **binnen eines Jahres,** nachdem für Sie der Anfechtungsgrund weggefallen ist.

Nach dem Tod des Erblassers dürfen auch **andere Personen** den Erbvertrag anfechten, wenn der Irrtum erst dann entdeckt wird und der Erblasser nicht sein Anfechtungsrecht verloren hatte (§ 2285 BGB). Dafür gelten dieselben Grundsätze wie beim Testament.

5.4 Was gilt bei Trennung oder Scheidung?

Haben Verlobte oder Eheleute einen Erbvertrag geschlossen, wird **er bei Trennung bzw. rechtskräftiger Scheidung unwirksam.** Stirbt der Verlobte vor der Heirat, wird der Vertrag dagegen nicht unwirksam, wenn sich aus dem Vertrag nichts anderes ergibt.

Bei einem noch **laufenden Scheidungsverfahren** wird der Vertrag nur unwirksam, wenn der Erblasser den Scheidungsantrag eingereicht hat oder ihm zugestimmt hat. Ansonsten bleibt es während der **Trennungsphase** beim bisherigen Vertrag. Dasselbe gilt für nicht eheliche Lebensgemeinschaften. Diese sollten sich deshalb unbedingt für den Fall der Trennung ein Rücktrittsrecht vorbehalten.

C5 Vermögensübertragung durch Schenkung – Alternative zum Vererben?

1 Schenken oder vererben?

Wer Vermögen hat, überlegt sich in der Regel, ob er es schon zu Lebzeiten oder erst nach seinem Tode auf seine Erben übertragen will. Die **Hauptgründe** für die sogenannte **vorweggenommene Erbfolge** sind der Wunsch,

- die eigenen **Kinder** anlässlich ihrer **Eheschließung bzw. Familiengründung zum Beispiel beim Hauskauf oder -bau** zu unterstützen. Oder es geht darum, dass das Kind **wirtschaftlich selbstständig wird,** indem man z. B. das Startkapital für ein Geschäft zur Verfügung stellt;
- den **nicht ehelichen Lebenspartner / die Lebenspartnerin** vor dem Tod zu versorgen und so künftigen Streit mit den Verwandten zu vermeiden;
- **Schenkung- und Erbschaftsteuer zu sparen,** indem man die Freibeträge in 10-Jahres-Abständen ausschöpft, oder **Einkommensteuer zu sparen** durch Verteilung des Vermögens und somit der steuerpflichtigen Erträge.
- Manchmal geht es darum, sich frühzeitig »arm zu schenken«, wenn man zum Beispiel **Pflichtteilsansprüche vermeiden** möchte, die nicht eheliche Kinder oder Kinder aus einer anderen Ehe geltend machen könnten.
- Aber auch, wenn es darum geht, **Streit unter den künftigen Erben** zu vermeiden, kann eine Verteilung des Nachlasses zu Lebzeiten sinnvoll sein.
- Denkbar ist auch der Fall, dass zum Beispiel ein **Hauseigentümer die Lasten nicht mehr tragen** oder eine erforderliche große Reparatur nicht finanzieren kann. Auch hier kann eine Schenkung, z. B. mit einem lebenslangen Wohnrecht verbunden, die Lösung sein.

Aber: Je nach Motiv kommen **unterschiedliche Arten der Zuwendung** infrage. Eine **Schenkung im rechtlichen Sinne** setzt voraus, dass für den übertragenen Gegenstand keinerlei Gegenleistung gewährt wird. In der Praxis sind die reinen Schenkungen ohne jede Gegenleistung aber die Ausnahme.

Verbreitet ist dagegen die sogenannte **gemischte Schenkung,** wenn der **Wert des geschenkten Gegenstandes höher ist als die Gegenleistung.**

» **Beispiel:** Ein Vater überträgt auf seinen Sohn ein Wohnhaus zu einem »Preis« von 50 % des wirklichen Wertes, weil der Vater den Geldbetrag zur Einzahlung in eine Lebensversicherung (für seine eigene Altersversorgung) braucht. Diese Übertragung ist zum Teil eine Schenkung und zum Teil ein Kauf, eben eine gemischte Schenkung.

Geschenkt ist hier nur das halbe Haus. Zum anderen ist **auch nicht jede unentgeltliche Vermögenszuwendung eine Schenkung** im rechtlichen Sinne, sodass ganz unterschiedliche Rechtsfolgen ausgelöst werden können. Es kommt also sehr auf Ihre **individuelle Situation** an, wenn Sie Vermögen zu Lebzeiten übertragen wollen.

! Lassen Sie sich bei größeren Vermögenswerten auf jeden Fall **beraten,** zumal Sie bei Grundstücksübertragungen ohnehin einen Notar hinzuziehen müssen. Machen Sie dabei Ihre **persönlichen Motive** deutlich. So kann zum Beispiel eine Rückübertragungsklausel vereinbart werden, für den Fall, dass sich der Beschenkte als undankbar erweist. Ein Notar ist aber nicht verpflichtet, Sie von sich aus darüber aufzuklären.

2 Welche Arten der Schenkung gibt es?

2.1 Die ganz normale Schenkung

Sie wollen einfach jemandem etwas Gutes tun oder Sie wollen bestimmte Vermögenswerte, die Ihnen besonders am Herzen liegen, zu Lebzeiten einer bestimmten Person zukommen lassen, um sie aus der Erbauseinandersetzung herauszuhalten. Das heißt, der Schenker und der Beschenkte einigen sich darüber, dass ein bestimmter **Vermögenswert unentgeltlich** den Eigentümer wechselt.

Die Schenkung wird im Alltag vollzogen, indem die Sache vom Eigentümer an den Empfänger übergeben wird – immer vorausgesetzt, der Empfänger will die Sache auch. Es handelt sich hier um eine sogenannte **»Handschenkung«**, die **formlos durch tatsächlichen Vollzug vonstattengeht.**

Wichtig: Besteht die **Gefahr, dass der Schenker verstirbt,** bevor die Übergabe stattfindet, sollte man eine andere Art der Schenkung wählen (s. u.).

Wenn Sie Immobilien übertragen wollen: Hier ist der **Weg zum Notar unerlässlich.** Das gilt für alle Grundstücksgeschäfte.

Man kann auch etwas verschenken und sich trotzdem gewisse Rechte vorbehalten. So können Sie sich zum Beispiel an einem verschenkten Mietshaus den **Nießbrauch grundbuchrechtlich eintragen lassen,** und zwar entweder bezüglich aller Erträge oder nur eines Teils (sogenannter Quoten-Nießbrauch).

Das bedeutet, dass Sie sich zu Lebzeiten beispielsweise die Mieteinnahmen weiterhin auf Ihr Konto überweisen lassen.

Wenn Erben durch die Schenkung benachteiligt werden

Unter **Abkömmlingen des Schenkers,** also insbesondere unter dessen verschwisterten Kindern, besteht **ausnahmsweise eine Ausgleichungspflicht,** wenn der Schenker dies bei der Schenkung so bestimmt hat. Dann muss diese Zuwendung später auf den Erbteil des Beschenkten nach dem Tod des Schenkers angerechnet werden. Je nachdem, was gewollt ist, sollten Sie eine **entsprechende Erklärung abgeben** – aus Beweisgründen am besten schriftlich.

Dasselbe gilt für die **Anrechnung auf den Pflichtteil** (§ 2315 BGB). Stirbt der Schenker innerhalb von 10 Jahren nach der Schenkung, können diejenigen, die nur einen Pflichtteilsanspruch haben, zusätzlich einen sogenannten **»Ergänzungs-Pflichtteilsanspruch«** verlangen. Das heißt, der Pflichtteil wird nicht nur aus dem hinterlassenen Nachlass berechnet, sondern aus dem Nachlass plus dem Wert des verschenkten Gegenstandes (§ 2325 BGB). Beachten Sie dabei aber, dass die Anrechnung der Schenkung graduell erfolgt. Je länger sie zurückliegt, desto geringer ist der Anrechnungsbetrag (→ Kapitel C 2). Bei Schenkungen unter Ehegatten beginnt die 10-Jahres-Frist erst mit der Auflösung der Ehe zu laufen (§ 2325 Abs. 3 BGB). Aber auch wenn nichts auszugleichen ist, könnte die Schenkung wegen »Missbrauchs« unter Umständen rückgängig gemacht werden → Abschn. 3).

Wenn sich Eheleute etwas zuwenden

Zahlt zum Beispiel der Ehemann als Alleinverdiener die Annuitäten für das gemeinsame Haus, schenkt er seiner haushaltsführenden Ehefrau nichts. Hierin liegt vielmehr in den meisten Fällen eine sogenannte **ehebedingte Zuwendung,** die die wirtschaftliche Situation der Frau verbessern hilft. Dasselbe gilt für alle anderen Vermögenszuwendungen, die dazu dienen, aufseiten des wirtschaftlich schwächeren Ehepartners einen Ausgleich zu schaffen.

Rechtlich treten hier nicht die typischen Schenkungsfolgen auf. So gibt es zum Beispiel auch keine Rückforderung wegen Undanks. **Ausnahme:** Sieht sich der »beschenkte« Ehepartner später Pflichtteilsansprüchen ausgesetzt, wird die ehebedingte Zuwendung rechtlich doch wie eine Schenkung beurteilt.

! Um den Pflichtteilsanspruch gegen den überlebenden Ehegatten nicht unnötig in die Höhe zu treiben, sollten die Partner hier unbedingt ausdrücklich – und zwar am besten schriftlich – vereinbaren, dass die Zuwendung als Unterhalt oder zur Alterssicherung erfolgt.

Wenn die Vermögensübertragung eine Art »Starthilfe« ist

Wer seinen Kindern Vermögen überträgt, muss sich darüber im Klaren sein, welche Absicht er verfolgt. Wollen Sie anlässlich der Heirat Ihrer Tochter ihr eine sogenannte **Ausstattung** zukommen lassen (z. B. einen größeren Geldbetrag zum Erwerb einer Immobilie), besteht grundsätzlich eine **Ausgleichungspflicht** unter den Abkömmlingen nach § 2050 Abs. 1 BGB. **Ausnahme:** Sie haben die Ausgleichungspflicht ausdrücklich ausgeschlossen.

! Informieren Sie sich am besten darüber, was die normale Schenkung von der Ausstattung unterscheidet. Bedenken Sie, dass bei der Ausstattung keine Verpflichtung besteht, selbst bei Notbedarf des Schenkers (s. u.), die Sache zurückzugeben. Wenn Sie befürchten müssen, möglicherweise durch das Sozialamt eines Tages gezwungen zu werden, Ihr verschenktes Vermögen zurückzufordern, sollten Sie die Zuwendung schriftlich zu einer »Ausstattung« erklären.

2.2 Schenkung auf den Todesfall

Wenn Sie etwas verschenken möchten, also aus dem Nachlass herausnehmen wollen, aber bis zu Ihrem Tode in Ihrem Besitz behalten möchten, wählen Sie am besten die sogenannte Schenkung auf den Todesfall.

Entweder Sie geben ein **Schenkungsversprechen** ab, das genauso **formal abgefasst** werden muss **wie ein Testament** → Kapitel C 3). Oder Sie vollziehen **die Schenkung schon zu Lebzeiten,** indem Sie sich mit dem Bedachten über den Eigentumsübergang einigen – aus Beweisgründen am besten schriftlich.

Da es sich in der zweiten Variante jetzt um fremdes Eigentum handelt, macht sich der Schenker unter Umständen sogar schadensersatzpflichtig, wenn die Sache zum Beispiel durch sein Verschulden beschädigt wird. Dem kann man allerdings vorbeugen, indem man jegliche Haftung schriftlich ausschließt.

Bei **Grundstücken** muss die Schenkung notariell beurkundet und ins Grundbuch eingetragen werden.

Da die **Schenkung hier nicht in den Nachlass fällt,** hat der Beschenkte einen direkten Herausgabeanspruch gegen die Erben. Er kann sofort darüber verfügen und hat mit der Erbteilung nichts zu tun.

Wenn der Empfänger vor dem Schenker sterben sollte, können seine Erben den geschenkten Gegenstand beim Tod des Schenkers herausverlangen, wenn der Schenker dies nicht ausgeschlossen hat.

Aber: Auch die Schenkung auf den Todesfall unterliegt den Einschränkungen des **Pflichtteilsrechts.** Das heißt, wer Anspruch auf einen Pflichtteil hat, kann hier ebenfalls eine Pflichtteilsergänzung beanspruchen.

2.3 Schenkung durch Vertrag zugunsten Dritter

Wenn Sie **bis zuletzt die Verfügungsmöglichkeit** behalten wollen, kommt ein sogenannter »**Vertrag zugunsten Dritter**« (§ 328 Abs. 1 BGB) infrage. Man denke zum Beispiel an eine Lebensversicherung, bei der jemand als Bezugsberechtigter im Todesfall benannt wird.

Bei dieser Art kommt **der Schenkungsvertrag** erst **nach dem Tod des Schenkers** zustande. Das läuft so ab: Der Schenkungsvertrag wird erst mit Zugang an den Beschenkten wirksam. Das kann sogar noch nach dem Tod des Schenkers geschehen, wenn er einer anderen Person **Vollmacht** erteilt hat. Der Bevollmächtigte kann die Annahmeerklärung des Beschenkten jetzt noch annehmen.

Diese Vorgehensweise durch **Vertrag zugunsten Dritter** empfiehlt sich, wenn Sie sich als Schenker vorbehalten wollen, die beabsichtigte Zuwendung bis zuletzt ohne großen Aufwand rückgängig zu machen. **Denn Vollmachten lassen sich jederzeit widerrufen.**

Typische Fälle sind nicht nur der **Lebensversicherungsvertrag,** sondern auch die Vereinbarung mit der eigenen Bank, ein Guthaben nach seinem Tode an eine bestimmte Person auszahlen zu lassen. Bausparverträge können ebenfalls mit der Klausel versehen werden, dass das Guthaben beim Tode des Bausparers einer bestimmten Person zukommen soll.

Wenn sich Ihre persönlichen Verhältnisse geändert haben, sollten Sie keinesfalls vergessen, einen solchen Vertrag zu ändern. Ohne schriftlichen Widerruf der Begünstigung bekommt der einstmals benannte Empfänger die Leistung ausbezahlt.

Diese Schenkung fällt ebenfalls nicht in den Nachlass, sie birgt aber für den Beschenkten ein **Risiko.** Der Erbe kann nämlich die **Schenkung widerrufen,** solange sie nicht von dem Beschenkten angenommen worden ist. Dieser Fall ist denkbar, wenn der Beschenkte nichts von seinem Glück weiß bzw. erst später nach dem Widerruf davon erfährt.

! Wollen Sie das verhindern, weisen Sie Ihre Versicherung oder Ihr Kreditinstitut an, den Betrag **direkt an den Beschenkten** auszuzahlen, und verzichten Sie gleichzeitig darauf, diese Anweisung widerrufen zu können. Die Kreditinstitute haben hierfür **Formulare.**

3 Eine Rückforderung ist möglich

Wenn der Schenker in Not gerät

Eine Rückforderung ist immer dann möglich, **wenn der Schenker nicht mehr für seinen eigenen Unterhalt sorgen oder gesetzliche Unterhaltsansprüche gegenüber Verwandten oder seinem Ehegatten nicht erfüllen kann** (§ 528 BGB). Häufig erfolgt diese Rückforderung über den Umweg über das Sozialamt, z. B. bei älteren Menschen, deren Altersversorgung für die hohen Kosten eines Pflegeheims nicht ausreicht. Die Rückforderung erfolgt selbst dann, wenn **der Schenker inzwischen verstorben ist.** Sind allerdings zwischen der Schenkung und dem Eintritt der Bedürftigkeit 10 Jahre verstrichen, besteht nach § 529 Abs. 1 BGB kein Anspruch mehr.

! Treffen Sie – am besten schriftlich – eine Vereinbarung, nach der die Vermögensübertragung nicht »unentgeltlich« erfolgt. Vereinbaren Sie zum Beispiel als Gegenleistung eine Pflegeverpflichtung, ein eingeräumtes Wohnrecht oder eine Rentenzahlung. Dann haben Sie nichts verschenkt, was (z. B. vom Sozialamt) zurückgefordert werden könnte.

Sollte der Fall aber schon eingetreten sein, dass das verschenkte Vermögen wegen Notbedarfs zurückverlangt wird, brauchen die Beschenkten nicht unbedingt den **Vermögensgegenstand als solchen zurückzugeben.** Es reicht, wenn der Unterhaltsbedarf des Schenkers zum Beispiel mittels einer angemessenen Unterhaltsrente abgedeckt wird – natürlich nur bis zum Wert der Schenkung.

Wenn der Beschenkte sich als undankbar erweist

Eine Schenkung können Sie **widerrufen,** wenn der Beschenkte sich Ihnen oder einem nahen Angehörigen gegenüber als »**grob undankbar**« erwiesen hat (§ 530 BGB).

Wenn Sie sich Ärger ersparen wollen, vereinbaren Sie von vornherein vertraglich ein **Rückforderungsrecht für bestimmte Fälle wie zum Beispiel:**

- Der Erwerber veräußert den geschenkten Gegenstand ohne vorherige Zustimmung des Schenkers,
- der Erwerber gerät in Vermögensverfall (Insolvenz),
- bei Zuwendung an den Ehegatten im Scheidungsfall,
- beim Tod des Erwerbers vor dem Veräußerer.

Bei Immobilien kann das Rückforderungsrecht sogar im Grundbuch durch eine **Vormerkung** gesichert werden.

Wenn ein Testaments- oder Vertragserbe benachteiligt wird

Wer sich schon **durch einen Erbvertrag oder ein gemeinschaftliches Testament über sein Vermögen für den Todesfall gebunden** hat, kann zwar über sein Vermögen verfügen, darf aber Vermögensteile nur in Grenzen verschenken. Denn wer als künftiger Erblasser **in »missbräuchlicher Absicht« schenkt,** muss damit rechnen, dass der Beschenkte nach dem Todesfall das Geschenk an den (Vertrags-)Erben herausgeben muss (§ 2287 BGB).

! Vereinbaren Sie mit dem Beschenkten am besten **schriftlich,** dass Sie ein **persönliches Interesse** an der Schenkung hatten. Zum Beispiel ließe sich vereinbaren, dass die Schenkung ein Dankeschön für die Pflege- und Betreuungsleistung sein solle.

Wenn Gläubiger benachteiligt werden

Wenn der Schenker seine **Gläubiger benachteiligen** will, steht diesen nach dem Anfechtungsgesetz ein **Anfechtungsrecht** zu. Dieses Recht ist aber im Regelfall auf eine Zeitdauer von vier Jahren seit der Zuwendung begrenzt.

Wenn der Beschenkte sich als undankbar erweist

Eine Schenkung können Sie widerrufen, wenn der Beschenkte sich Ihnen oder einem nahen Angehörigen gegenüber als grob undankbar erwiesen hat (§ 530 BGB).

Wenn Sie sich [illegible] ersparen wollen, vereinbaren Sie von vornherein vertraglich ein Rückforderungsrecht für bestimmte Fälle wie zum Beispiel:

- Der Erwerber veräußert den geschenkten Gegenstand ohne vorherige Zustimmung des Schenkers.
- Der Erwerber gerät in Vermögensverfall (Insolvenz).
- bei Zuwiderhandlung gegen die Auflagen im Schenkungsvertrag
- bei dem Tod des Erwerbers vor dem Schenker

[illegible] Fällen kann das Rückforderungsrecht [illegible] durch eine Vormerkung gesichert werden.

Wenn [illegible]

[illegible]

- [illegible]

Wenn Gläubiger benachteiligt werden

[illegible]

C6 Wenn es ans Erben geht – Nachlassgericht und Erbengemeinschaft

1 Was macht das Nachlassgericht?

Das Nachlassgericht ist eine spezielle **Abteilung bei den Amtsgerichten** für Nachlasssachen. Das Gericht ist zuständig für:

- die **Erbenfeststellung,**
- die **Testamentseröffnung,**
- die **Nachlasssicherung,**
- die **Erbscheinerteilung** und
- die Entgegennahme einer **Erbschaftsausschlagung.**

Außerdem meldet das Nachlassgericht den Erbfall dem **Finanzamt,** das für die gegebenenfalls anfallende **Erbschaftssteuer** zuständig ist. Und wenn Grundstücke in den Nachlass fallen, wird das zuständige **Grundbuchamt** benachrichtigt.

Wenn der Erblasser zuletzt in Baden-Württemberg gewohnt hat, ist es ein bisschen anders. Hier sind die **staatlichen Notariate die Nachlassgerichte** – nicht zu verwechseln mit dem freiberuflichen Notar.

Örtlich zuständig ist im Normalfall das Gericht am letzten Wohnsitz des Erblassers. Hatte ein deutscher Staatsangehöriger seinen letzten Wohnsitz oder Aufenthalt nicht in Deutschland, ist das Amtsgericht Schöneberg in Berlin-Schöneberg zuständig (§ 73 Abs. 2 FGG).

! Um die Zeit zu überbrücken, bis das Nachlassgericht vom Tod des Erblassers erfahren hat, sollte zu Lebzeiten eine **vertrauenswürdige Person** mit der **Sicherung des Nachlasses bevollmächtigt** werden (um z. B. wertvolle Gegenstände aus der Wohnung in Verwahrung zu nehmen). Ist eine bestimmte Person als Testamentsvollstrecker vorgesehen, ist es empfehlenswert, ein und dieselbe Person dafür zu nehmen, weil sie dem Erben zur Rechenschaft verpflichtet ist (§ 666 BGB).

Wenn ein Sterbefall bekannt geworden ist

Lediglich in **Baden-Württemberg** und **Bayern** werden die **Erben vom Nachlassgericht von Amts wegen ermittelt.** In den **anderen Bundesländern** ermittelt das Nachlassgericht bei Meldung eines Todesfalles die Erben nur, wenn ein entsprechender **Antrag** gestellt worden ist. Befindet sich aber eine **letztwillige Verfügung** (d. h. ein Testament oder ein Erbvertrag) in amtlicher Verwahrung oder ist eine privatschriftliche letztwillige Verfügung beim Nachlassgericht abgeliefert worden, werden alle Gerichte von sich aus tätig.

Testamente sind unbedingt abzugeben! Letztwillige Verfügungen müssen dem Nachlassgericht vorgelegt werden (§ 2259 BGB). Jedes Schriftstück, das dem äußeren Anschein nach ein Testament sein kann, ist abzuliefern, unabhängig davon, ob man es selbst für wirksam hält oder nicht. Testamente verschwinden zu lassen ist ein strafbarer Fall von **Urkundenunterdrückung** (§ 274 StGB).

Wenn ein Testament oder ein Erbvertrag vorliegt

Das Nachlassgericht ist verpflichtet, das Testament oder den Erbvertrag zu »eröffnen« (§§ 2260 – 2264 ff. BGB). Das bedeutet **theoretisch:** Es wird ein Termin zur Eröffnung bestimmt, zu dem die gesetzlichen Erben und die sonstigen Beteiligten – soweit bekannt – geladen werden.

In der **Praxis** unterbleibt die Ladung der Erben und sonstigen Beteiligten fast immer. Das Nachlassgericht beschränkt sich vielmehr darauf, das Testament oder den Erbvertrag zu eröffnen, indem es dies auf dem Schriftstück vermerkt und darüber ein Protokoll anfertigt. Anschließend wird den Beteiligten eine Abschrift des Protokolls und der eröffneten Schriftstücke zugeschickt. Für die Testamentseröffnung fällt einmalig eine pauschale Gebühr in Höhe von € 100,– an (Nr. 12101 KV zum GNotKG).

Wenn es sich um ein gemeinschaftliches Testament handelt, wird der Inhalt der letztwilligen Verfügung nur insoweit bekannt gegeben, als er für den vorliegenden Todesfall von Bedeutung ist. Beispielsweise bleiben Regelungen des noch lebenden Ehegatten **bei der Testamentseröffnung unerwähnt oder werden unkenntlich gemacht,** es sei denn, einzelne Passagen können nicht unerwähnt bleiben, ohne den restlichen Inhalt unverständlich zu machen.

Wenn kein Testament vorhanden ist

In diesem Fall tritt die **gesetzliche Erbfolge** ein(→ Kapitel C 1). Nur in Baden-Württemberg und Bayern werden die gesetzlichen Erben, soweit bekannt, angeschrieben. Stellt sich heraus, dass Sie gesetzlicher Erbe geworden sind, können Sie nun die Erbschaft annehmen oder ausschlagen. Macht Ihnen ein Dritter Ihr Erbrecht streitig, indem er zum Beispiel ein Testament zu seinen Gunsten vorlegt, müssen Sie beim Nachlassgericht einen **Erbschein beantragen.** Dasselbe gilt, wenn Sie Ihr Erbrecht zum Beispiel gegenüber Banken und Versicherungen beweisen müssen (→ Abschn. 2).

Wenn die gesetzlichen Erben nicht bekannt sind

Hier muss das Nachlassgericht nachforschen, wer die gesetzlichen Erben sind. Das muss es auch, wenn zwar ein Testament vorgelegt worden ist, die darin genannten Erben aber nicht oder nicht ausschließlich die gesetzlichen Erben sind. Wenn die Ermittlung schwierig ist, kann das Nachlassgericht einen Nachlasspfleger beauftragen, **auf Kosten des Nachlasses die gesetzlichen Erben zu ermitteln.** Dies kann der Erblasser auch nicht per Testament verbieten.

Wenn rechtlich unklar ist, wer die (gesetzlichen) Erben sind

Wenn ein Testament oder ein Erbvertrag vorgelegt wird, aber Zweifel an der rechtlichen Wirksamkeit bestehen, muss das Nachlassgericht ebenfalls handeln. Das kommt zum Beispiel vor, wenn **Zweifel an der Testierfähigkeit** des Erblassers bestehen.

2 Braucht jeder Erbe einen Erbschein?

Ein Erbschein dient dem Nachweis

Mit einem Erbschein können Sie bei einer Behörde, Versicherung oder einer Bank nachweisen, dass Sie Erbe und damit neuer Rechtsinhaber geworden sind. Sie können das aber auch mit einer anderen Urkunde tun, die Sie als legitimen Rechtsnachfolger ausweist. Gerade gegenüber Banken genügt es zum Beispiel, wenn Sie ein notarielles Testament oder einen Erbvertrag zusammen mit dem Eröffnungsprotokoll des Nachlassgerichts vorlegen. Auch das Grundbuchamt kann ausnahmsweise mit einer beglaubigten Abschrift des Testaments und einer beglaubigten Abschrift über die Eröffnung des Testaments

(§ 35 Grundbuchordnung) das Grundbuch umschreiben, wenn der Erblasser ein notarielles Testament hinterlassen hat, das die Erben genau benennt.

Wer ist antragsberechtigt?

Den Erbschein müssen Sie beim zuständigen Nachlassgericht **beantragen.** **Achtung:** Ein Antrag auf Erbscheinerteilung bedeutet **gleichzeitig die Annahme der Erbschaft.** Antragsberechtigte Personen sind

- der Alleinerbe,
- jeder Miterbe; in beiden Fällen aber erst nach Annahme der Erbschaft,
- der Ersatzerbe nach Anfall der Erbschaft an ihn,
- der Vorerbe bis zum Eintritt des Nacherbfalls,
- der Nacherbe nach Eintritt des Nacherbfalls,
- der Testamentsvollstrecker (§ 2197 BGB),
- der Erbe des Erben, wenn Letzterer schon verstorben sein sollte,
- der Erbschaftserwerber – falls die Erbschaft oder ein Erbteil veräußert worden sein sollte,
- der Nachlassverwalter (§ 1985 BGB),
- der Nachlassinsolvenzverwalter,
- der Nachlassgläubiger, der im Besitz eines endgültig vollstreckbaren Vollstreckungstitels gegen den Erblasser oder gegen den / die Erben ist.

Nicht antragsberechtigt sind dagegen **Vermächtnisnehmer** und **Pflichtteilsberechtigte.** Sie haben »nur« einen Anspruch auf Geld gegen den oder die Erben – ausgenommen, sie haben einen Vollstreckungstitel gegen den oder die Erben.

Welche Unterlagen müssen Sie vorlegen?

Zusammen mit dem Erbscheinantrag müssen Sie dem Nachlassgericht **standesamtliche Urkunden** über die verwandtschaftlichen Verhältnisse, die das Erbrecht begründen, vorlegen (z. B. das Familienstammbuch). Ist ein **Testament** vorhanden, ist auch dieses im Original vorzulegen.

Mit dem Erbscheinantrag ist gleichzeitig eine **eidesstattliche Versicherung** vorzulegen. Damit erklären Sie, dass kein Testament bzw. kein weiteres vorhanden ist. Außerdem müssen Sie erklären, dass keine weiteren Personen als die im Antrag genannten als Erben in Betracht kommen und dass der Erblasser keinen Ehevertrag – außer einem eventuell vorgelegten – hinterlassen hat. Diese eidesstattliche Versicherung wird entweder vor einem Notar oder dem Nachlassgericht abgegeben (§ 2356 Abs. 2 BGB). Es muss auch an Eides statt versichert werden, dass keine **weiteren Abkömmlinge des Erblassers** (auch keine nicht ehelichen) vorhanden sind oder vorhanden waren.

Was kostet der Erbschein?

Die **Gebühren** für einen Erbschein richten sich nach dem Wert des Nachlasses unter Abzug der Schulden; sie betragen eine volle Gebühr. Hinzu kommen noch die Gebühren für die abzugebende eidesstattliche Versicherung. Für diese wird ebenfalls je nach Nachlasswert eine volle Gebühr fällig. Wie hoch die Gebühren im Einzelnen sind, zeigt Ihnen folgende Tabelle:

Wert des Nachlasses bis	Zwei volle Gebühren	Wert des Nachlasses bis	Zwei volle Gebühren
€ 5 000,–	€ 90,–	€ 320 000,–	€ 1 270,–
€ 22 000,–	€ 214,–	€ 410 000,–	€ 1 570,–
€ 35 000,–	€ 270,–	€ 500 000,–	€ 1 870,–
€ 50 000,–	€ 330,–	€ 600 000,–	€ 2 190,–
€ 110 000,–	€ 546,–	€ 700 000,–	€ 2 510,–
€ 155 000,–	€ 708,–	€ 800 000,–	€ 2 830,–
€ 200 000,–	€ 870,–	€ 900 000,–	€ 3 150,–
€ 260 000,–	€ 1 070,–	€ 1 000 000,–	€ 3 470,–

Welche rechtlichen Wirkungen hat der Erbschein?

Wer von einem Erben, der über einen Erschein verfügt, etwas erwirbt, hat **gutgläubig erworben** und muss den Gegenstand nicht mehr herausgeben. Das gilt auch, wenn sich nachträglich herausstellt, dass der Erbschein zu Unrecht erteilt worden ist. Voraussetzung ist allerdings, dass der andere tatsächlich »gutgläubig« war.

3 Ein Erbe kommt selten allein

3.1 Mehr als ein Erbe ist eine Erbengemeinschaft

Hinterlässt ein Verstorbener mehrere Erben, bilden diese zwangsläufig eine **Erbengemeinschaft.** Eine Erbengemeinschaft besteht dagegen nicht zwischen einer zum Erben bestimmten Person und sogenannten **Vermächtnisnehmern.** Denn diese haben laut Testament oder Erbvertrag »nur« einen Anspruch auf einen bestimmten Teil des Nachlasses, zum Beispiel ein wertvolles Gemälde. Selbst der Pflichtteilsberechtigte ist kein Erbe geworden und kann deshalb nicht Teil der Erbengemeinschaft sein. In beiden Fällen besteht nur ein Anspruch auf Erfüllung gegen den Erben.

3.2 Alle Erben sind Miteigentümer

Erbengemeinschaft heißt, alle Erben treten die **Rechtsnachfolge** zusammen an. Der Nachlass ist **gemeinschaftliches Vermögen** geworden. Alles gehört allen zusammen. Alle Erben sind **Miteigentümer** geworden.

Folge: Alle können **nur gemeinsam verfügen,** indem sie zum Beispiel das geerbte Sparguthaben gemeinsam auflösen oder die geerbte Eigentumswohnung gemeinsam verkaufen.

3.3 Der Nachlass will verwaltet sein

Bis zur Auseinandersetzung – so bezeichnet man die Aufteilung des Erbes – müssen sich die Miterben gemeinsam um das Erbe kümmern. **Ausnahme:** Es ist testamentarisch ein **Testamentsvollstrecker** beauftragt worden.

Wann reicht eine mehrheitliche Einigung?

Soll zum Beispiel das geerbte Haus renoviert, dem Mieter der Eigentumswohnung gekündigt oder sollen Gelder aus dem Nachlass anders angelegt werden, müssen Sie sich mit Ihren Miterben einigen. Andernfalls entscheidet hier die **Stimmenmehrheit.** Sie richtet sich ausschließlich **nach den Erbteilen.**

» **Beispiel:** Die Ehefrau des Erblassers hat die Hälfte des Nachlasses geerbt, die beiden Kinder je ein Viertel. Hier können die Frau und eines der Kinder das andere Kind mit einer Dreiviertelmehrheit überstimmen.

Ein derartiger Mehrheitsbeschluss bindet den überstimmten Erben aber nur dann, wenn die beschlossene Maßnahme sinnvoll ist, das heißt als »ordnungsgemäße Verwaltung« durchgeht. Wenn sich der widersprechende Miterbe zum Beispiel gegen eine Luxussanierung wehrt, kann kein Auftrag mit seinem Namen erteilt werden. Die anderen Erben müssen ihn zur Not auf Zustimmung verklagen.

Wann muss Einstimmigkeit herrschen?

Bei außergewöhnlichen **Vorgängen mit erheblicher wirtschaftlicher Bedeutung** muss Einstimmigkeit unter den Erben bestehen (§ 2038 Abs. 1 Satz 1 BGB). Das ist in der Regel der Fall, wenn es um Verfügungen über den **gesamten** Nachlass geht. Wer hier die Zustimmung verweigert, läuft Gefahr, sich dem Miterben gegenüber schadensersatzpflichtig zu machen, wenn dadurch zum Beispiel eine günstige Verkaufsgelegenheit verloren geht.

Was gilt, wenn es eilig ist?

In diesem Fall kann jeder Erbe alleine entscheiden. Hierzu ist er zumindest bei notwendigen **Sicherungsmaßnahmen** (z. B. Einsturzgefahr) sogar verpflichtet.

Wer kommt für die Kosten auf?

Ist eine Verwaltungsmaßnahme mehrheitlich oder einstimmig beschlossen worden oder war eine Eilmaßnahme nötig, darf der Erbe, der sich um die Sache kümmert, von den Miterben einen **Vorschuss** verlangen bzw. nachträglich **Aufwendungsersatz** fordern. Typischer Fall: Fahrtkosten. Die entstandenen Kosten und Lasten der Verwaltung werden dann nach dem Verhältnis der Erbteile aufgeteilt.

! Treffen Sie mit den Miterben eine Vergütungsvereinbarung, wenn Sie für die Gemeinschaft umfangreich tätig werden (z. B. 3 % des Nachlasses).

Was gilt für »Früchte« aus dem Nachlass?

Erträge wie zum Beispiel **Mieteinnahmen** werden ebenfalls nach der Erbquote verteilt – allerdings erst im Rahmen der Auseinandersetzung. Zwischenzeitliche Abschlagszahlungen gibt es ausnahmsweise, wenn **alle** Miterben einverstanden sind. Eine mehrheitliche Entscheidung genügt hier nicht. Hat der Erblasser die Auseinandersetzung der Erbengemeinschaft testamentarisch ausgeschlossen (→ Abschn. 4), darf jeder Miterbe am Jahresschluss die Aufteilung und Auszahlung des Reinertrages verlangen (§ 2038 Abs. 2 Satz 2 BGB).

Wer hat Einblick in den Nachlass?

Alle Miterben haben grundsätzlich einen Anspruch auf Sichtung des Nachlasses bzw. Einblick in die Unterlagen. Eine allgemeine Auskunftspflicht der Miterben untereinander über den Nachlass ist zwar gesetzlich nicht geregelt, kann sich aber im Einzelfall aus dem Grundsatz von »Treu und Glauben« ergeben. Haben die Miterben einen von ihnen beauftragt, eine bestimmte Angelegenheit zu regeln, muss der Bevollmächtigte zum Beispiel über den Stand der Dinge Auskunft erteilen und Rechenschaft ablegen (§ 666 BGB).

Wie handelt die Erbengemeinschaft anderen gegenüber?

Hat die Erbengemeinschaft mehrheitlich beschlossen, eine bestimmte **Verwaltungsmaßnahme** zu ergreifen (z. B. die Dachsanierung eines geerbten Mietshauses), brauchen nicht alle Miterben den Auftrag zu unterzeichnen. Es reicht, wenn die Unterschriften der Mehrheit der Erben vorliegen oder ein von ihnen bevollmächtigter Miterbe unterschreibt.

Geht es um **Forderungen,** die zum Nachlass gehören, kann der Schuldner nur an alle Erben gemeinschaftlich leisten (§ 2039 Satz 1 BGB). Das schließt allerdings nicht aus, dass jeder Miterbe vom Schuldner die Zahlung verlangen kann. Er darf sie sogar allein einklagen, aber nur auf Leistung an die Erbengemeinschaft. Geht es um **einzelne Nachlassgegenstände,** müssen Sie sich darüber im Klaren sein, dass Sie als Miterbe nicht allein darüber verfügen dürfen. Allerdings können die Miterben die Verfügung nachträglich genehmigen.

3.4 Welche Rechte haben Sie als Miterbe?

Der Erblasser hat eine bestimmte Nachlassaufteilung gewünscht

Eine sogenannte **Teilungsanordnung** (→ Abschn. 4) dient dazu, den Nachlass entsprechend den Wünschen des Verstorbenen aufzuteilen. Das heißt nicht, dass es automatisch zu dieser Aufteilung kommt, also durch die Anordnung der jeweils Begünstigte Eigentümer der Sache wird. Vielmehr besteht nur ein Anspruch darauf, dass die Teilungsanordnung eingehalten wird. Die Miterben können aber auch einverständlich eine **andere Aufteilung** vereinbaren.

Wenn einer der Erben über seinen Erbteil verfügen will

Als Miterbe dürfen Sie Ihren Anteil **verschenken.** Der Beschenkte tritt dann an Ihre Stelle als Miterbe. Er hat, was Verwaltung, Verfügung, Schuldenhaftung usw. anbetrifft, dieselben Rechte wie die anderen. **Aber:** Der einzelne Miterbe kann nur über seinen **Erbteil insgesamt** verfügen, nicht über einzelne Bestandteile.

Wenn ein Miterbe seinen Erbanteil an eine dritte Person **verkaufen** will, haben die Miterben ein gesetzliches **Vorkaufsrecht.** Weil nicht unbedingt alle Erben von dem Vorkaufsrecht Gebrauch machen, dürfen die vorkaufswilligen Miteigentümer dieses Recht auch allein nutzen. Das Vorkaufsrecht muss **binnen zwei Monaten** ausgeübt werden. Die Frist dafür beginnt in dem Augenblick, in dem Sie die Mitteilung erhalten, dass einer der Miterben einen Vertrag mit einem Dritten geschlossen hat. Zu dieser Benachrichtigung ist der verkaufende Miterbe verpflichtet. Das Vorkaufsrecht wird gegenüber dem verkaufenden Miterben erklärt. Das geht auch formlos.

Jeder Miterbe kann die Auseinandersetzung verlangen

Jeder Miterbe kann die **Auseinandersetzung des Nachlasses** verlangen (§ 2042 Abs. 1 BGB). Dann wird das Erbe **entsprechend den Erbquoten aufgeteilt.**

Ausnahmen von diesem Recht gibt es, wenn

- **Testamentsvollstreckung** angeordnet worden ist (§ 2204 BGB),
- der Erblasser die **Auseinandersetzung ausgeschlossen** hat (§ 2044 BGB),
- die **Erbquoten noch nicht feststehen,** weil zum Beispiel ein Miterbe noch nicht geboren worden ist (§ 2043 BGB),
- ein **Gläubigeraufgebot noch nicht abgeschlossen** ist (§ 2045 BGB), wie dies bei einer eventuellen Überschuldung des Nachlasses üblich ist, oder
- die **Auseinandersetzung rechtsmissbräuchlich** wäre, weil zum Beispiel der überlebende Ehegatte andernfalls sein Eigenheim verlieren würde.

Eine Auseinandersetzung kann auch nicht verlangt werden, wenn es nur um Teile des Nachlasses geht, wie zum Beispiel ein Bankguthaben. **Ausnahme:** Alle Miterben sind einverstanden. Dagegen kann ein Miterbe die Auseinandersetzung verlangen, selbst wenn sie ganz oder für eine bestimmte Zeit oder bezüglich bestimmter Nachlassgegenstände ausgeschlossen ist, wenn er dafür einen **wichtigen Grund** hat (§ 749 Abs. 2 BGB).

» **Beispiel:** Die Erben sind so verfeindet, dass der Nachlass nicht mehr gemeinsam verwaltet werden kann. Auch wenn ein Miterbe auf das Geld dringend angewiesen ist, liegt darin ein wichtiger Grund.

3.5 So läuft das Auseinandersetzungsverfahren ab

Wenn sich die Miterben untereinander einig sind

In diesem Fall können die Miterben den **Nachlass nach Belieben** aufteilen, indem sie eine formlose Vereinbarung treffen – am besten schriftlich als sogenannte **Auseinandersetzungsvereinbarung.** Selbst Teilungsanordnungen und Auseinandersetzungsverbote des Verstorbenen dürfen bei allseitigem Einverständnis übergangen werden.
Ist ein Testamentsvollstrecker testamentarisch bestimmt worden, ist es seine Aufgabe, den Nachlass unter den Erben aufzuteilen. Dieser wird jedoch Einschränkungen durch den Erblasser in aller Regel berücksichtigen.

Wenn **Grundstücke** zum Auseinandersetzungsvertrag gehören, bedarf es selbstverständlich der notariellen Beurkundung und Eintragung ins Grundbuch. Sie können Notarkosten sparen, wenn Sie den Auseinandersetzungsvertrag auf das Grundstück beschränken und sich wegen der anderen Nachlassgegenstände ohne Notar einigen.

Wenn sich die Miterben nicht einig sind

In diesem Fall haben die einzelnen Miterben die Möglichkeit, beim **Nachlassgericht** einen Antrag auf **Vermittlung** zu stellen. Allerdings trifft das Gericht hier keine Entscheidung. Es soll vielmehr eine gütliche Einigung herbeigeführt werden. Je nach Landesrecht kann diese Aufgabe auch von einem Notar wahrgenommen werden (z. B. in Bayern, Hessen, Niedersachsen).

Eine weitere Möglichkeit besteht darin, dass die Miterben einen sogenannten **Schiedsvertrag** schließen. Das heißt, es wird ein Schiedsrichter (z. B. ein Notar) berufen und diesem die Auseinandersetzung übertragen (§ 1025 ZPO). Dies ist allerdings eine recht teure Lösung. Ein Schiedsgericht anrufen müssen Sie dagegen, wenn es der Verstorbene in einer sogenannten **Schiedsklausel** testamentarisch festgelegt hat (→ Abschn. 4).

Wenn es nicht ohne Klage geht

Kommt keine Einigung innerhalb der Erbengemeinschaft zustande, kann jeder einzelne Miterbe auf Auseinandersetzung klagen. Das Gericht überprüft dann, ob die Anordnung des Verstorbenen und die gesetzlichen Auseinandersetzungs- und Teilungsregelungen beachtet worden sind (§ 750 BGB, §§ 2042 ff. BGB). Es darf den Teilungsplan von sich aus nicht ändern. Die Klage kann nur abgewiesen werden oder erfolgreich im Sinne des Klägers ausgehen. Das Gericht darf aber auch einen **Vergleich** vorschlagen.

Aufteilung von Haus- und Grundbesitz oder Eigentumswohnungen

In diesem Fall darf jeder Erbe die **Teilungsversteigerung** beantragen. Das heißt, es wird die **Zwangsversteigerung** angeordnet – und zwar über die gesamte Immobilie. Wenn es so weit gekommen ist, kann jeder Erbe oder jede beliebige andere Person mitsteigern. Da meistens nicht der Verkehrswert des Grundstücks bei der Versteigerung erzielt wird, können Miterben das Grundstück jetzt selbst oder über eine dritte Person **günstig ersteigern.**

Wer das als Miterbe verhindern will, muss entweder selbst mitsteigern oder einen Antrag beim Gericht stellen, dass die **Versteigerung eingestellt** wird. Die Einstellung wird **nur für die Dauer von sechs Monaten** gewährt. Der Antrag ist aber nur dann erfolgreich, wenn konkrete Pläne für eine bessere Verwertung des Grundstücks vorgelegt werden. Sind die sechs Monate abgelaufen, darf das Gericht auf Antrag die Einstellung noch mal für sechs weitere Monate verlängern. Auch hierfür brauchen Sie gute Gründe. Nach Ende der Zwangsversteigerung tritt der Erlös an die Stelle der Immobilie. Das heißt, dieser Betrag fällt in den Nachlass, sodass sich die Erben hier über die Verteilung der Barschaft einigen müssen.

3.6 Die Aufteilung des Nachlasses erfolgt nach Erbquoten

Zunächst sind aus dem Nachlass **alle Nachlassverbindlichkeiten zu erfüllen** (§ 2046 BGB). Der Rest wird dann auf die Miterben je nach Erbquote verteilt. Dabei erfolgt die **Teilung »in Natur«** (§ 752 BGB). Das heißt, **teilbare Sachen** werden auseinanderdividiert – vom Silberbesteck bis hin zu Bankguthaben.

Unteilbare, bewegliche Sachen werden, wenn Sie sich mit Ihren Miterben nicht einigen können, notfalls durch eine öffentliche Versteigerung aufgeteilt (§ 1235 BGB). Mit dieser Aufgabe kann ein **Gerichtsvollzieher** beauftragt werden. Sie können den Gegenstand aber auch in ein privates **Leihhaus** geben. **Grundstücke** und andere Immobilien werden frei verkauft oder versteigert. Dies läuft genauso ab wie die unter Abschnitt 3.6 beschriebene Teilungsversteigerung. Der Erlös wird entsprechend den Erbquoten verteilt.

Sonderfall: Schriftstücke wie zum Beispiel das Familienstammbuch, die mit den persönlichen Verhältnissen des Verstorbenen, dessen Familie oder mit dem Nachlass zu tun haben, bleiben gemeinschaftliches Eigentum (§ 2047 Abs. 2 BGB). Die einzelnen Miterben haben keinen Anspruch auf Teilung, können aber selbstverständlich bei allseitigem Einverständnis Papiere unter sich aufteilen. Familienfotos fallen nicht unter diese Vorschrift. Hier besteht ein Anspruch auf Aufteilung.

3.7 Ausgleichsansprüche müssen berücksichtigt werden

Sind Abkömmlinge, also Kinder, gesetzliche Erben des Verstorbenen geworden, müssen sogenannte **Vorausempfänge** im Rahmen der Auseinandersetzung **ausgeglichen** werden (→ Kapitel C 1). Diese Ausgleichsansprüche bestehen auch, wenn der Erblasser zwar ein Testament gemacht hat, die Abkömmlinge aber im Prinzip so eingesetzt hat, als wären sie gesetzliche Erben geworden, also zu gleichen Teilen (§ 2052 BGB).

Wenn **ein Abkömmling** dem Verstorbenen gegenüber **besondere Leistungen** erbracht hat (z.B. eines der Kinder hat ohne angemessenes Entgelt jahrelang die Pflege des Verstorbenen übernommen), ist diese **Leistung** im Rahmen der Nachlassteilung auszugleichen (→ Kapitel C 1).

4 Wie kann ein Erblasser vorab Streit verhindern?

Sie haben die Möglichkeit, durch bestimmte Anordnungen Ihre Erben im Sinne einer friedlichen Einigung zu bewegen (s.u.). Musterformulierungen hierzu finden Sie auf Ihrer Rechtstipps-CD.

Anordnung einer Testamentsvollstreckung

Wollen Sie, dass Ihr Letzter Wille zügig und ohne Streitereien abgewickelt wird, ist es am besten, einen Testamentsvollstrecker zu benennen. Diese Person sollte vertrauenswürdig und fachlich kompetent sein. Darüber hinaus sollten Sie festlegen, in welchem Umfang der Nachlass so abgewickelt werden soll. Denn grundsätzlich hat der Testamentsvollstrecker freie Hand. Er ist nicht an die Zustimmung der Erben gebunden, sondern nur dem Letzten Willen des Verstorbenen unterworfen. Was der Testamentsvollstrecker anordnet, muss der Erbe akzeptieren. Denken Sie aber auch an die Kosten. Regeln Sie die Vergütung am besten gleich mit der Anordnung zusammen.

Ausschluss der Auseinandersetzung

Als Erblasser können Sie für den gesamten Nachlass oder bezüglich einzelner Gegenstände die Auseinandersetzung ausschließen (§ 2044 BGB). Diese Anordnung wird aber spätestens **30 Jahre nach** Ihrem Tode hinfällig. Außerdem können sich die Miterben, wenn sie sich einig sind, über den Teilungsausschluss hinwegsetzen. Das lässt sich nur verhindern, indem Sie als Erblasser eine Testamentsvollstreckung anordnen.

Teilungsanordnung

Als Erblasser haben Sie die Möglichkeit, im Rahmen eines Testamentes konkrete Teilungsanordnungen zu treffen. Zunächst legen Sie die Erben und deren Erbquoten fest. Dann verteilen Sie einzelne Nachlassgegenstände. Hier wird zwar der einzelne Erbe nicht Alleineigentümer, aber Ihre Teilungsanordnung ist grundsätzlich von den Miterben zu berücksichtigen, soweit sie sich nicht anderweitig einigen. Der Testamentsvollstrecker muss sie dagegen beachten.

Anordnung eines Schiedsverfahrens

Als Erblasser dürfen Sie in Ihrer letztwilligen Verfügung bestimmen, dass erbrechtliche Streitigkeiten durch ein Schiedsgericht entschieden werden sollen – vorausgesetzt, die Erben können sich nicht friedlich einigen. Das heißt, die Auseinandersetzung soll nicht von einem staatlichen Gericht, sondern von einem **privaten Schiedsgericht** entschieden werden.

Vorteil: Das Verfahren ist schneller beendet und wird in der Regel von den Beteiligten besser akzeptiert.

C7 Damit die Erbschaft nicht zur Belastung wird – so schließen Sie Ihre Haftung aus

1 Erbschaft gemacht – was nun?

1.1 Informieren Sie sich über den Umfang der Erbschaft

Zuerst kommen die positiven Vermögenswerte

Alles, was ein Erblasser sein Eigen nennen durfte, zählt zum Nachlass und geht somit auf die Erben über. Das sind zum einen die **positiven Vermögenswerte.** Dazu zählen

- alle Gegenstände wie Möbel, Hausrat, Auto etc.;
- Grundstücke, Häuser, Eigentumswohnungen;
- Forderungen aller Art, wie beispielsweise Ansprüche auf Geldzahlung, entweder aus der Vergabe eines Darlehens, als Kontoinhaber bei einer Bank oder als Aktionär auf Zahlung der Dividende.

Nicht in den Nachlass fallen **höchst persönliche Ansprüche** wie zum Beispiel Rentenansprüche gegen die Deutsche Rentenversicherung, Pensionen, Unterhaltsansprüche oder ein Nießbrauch (wenn dem Erblasser ein Wohnrecht zustand).

Bei **Schmerzensgeldansprüchen** – eigentlich ein typisch höchst persönlicher Anspruch – gilt dagegen, dass der Anspruch auf die Erben übergeht.

Lebensversicherungen gehören nur dann zum Nachlass, wenn keine bezugsberechtigte Person im Vertrag genannt ist. Ist eine benannt, erhält diese die Leistung aus dem Lebensversicherungsvertrag, ohne dass eine Anrechnung auf den Erbteil erfolgt.

Ein Musterformular für eine Nachlassaufstellung finden Sie auf Ihrer Rechtstipps-CD.

Dann kommen die negativen Vermögenswerte

Bekanntlich erbt man nicht nur die positiven, sondern auch die negativen Vermögenswerte. Bevor Sie sich also entscheiden, eine Erbschaft anzunehmen, sollten Sie sich genau über die Nachlassverbindlichkeiten informieren.

Zu den **Nachlassverbindlichkeiten** zählen

- die Schulden und andere Verpflichtungen, die der Erblasser zu Lebzeiten eingegangen ist, zum Beispiel Hausfinanzierung, Kredite, Kontoüberziehungen, Privatdarlehen,
- Erbfallschulden, die erst mit dem Eintritt des Todesfalles entstehen (z. B. im Testament ausgesetzte Vermächtnisse und Auflagen oder zu erfüllende Pflichtteilsansprüche),
- Verwaltungskosten (z. B. Erbschaftssteuer oder die Gebühren der Testamentseröffnung) sowie
- die Kosten einer standesgemäßen Beerdigung des Erblassers (§ 1968 BGB).

Für Unterhaltsverpflichtungen gelten ein paar Besonderheiten

Unterhaltsverpflichtungen erlöschen mit dem Tod des Erblassers. Hier gilt jedoch eine **Ausnahme für Ansprüche des geschiedenen unterhaltsberechtigten Ehepartners** (§ 1586 b BGB). Dieser behält seinen Unterhaltsanspruch, das heißt, der Anspruch richtet sich nun als Nachlassverbindlichkeit gegen die Erben. Er ist in der Höhe auf den Betrag beschränkt, den der geschiedene Ehepartner als »kleinen Pflichtteil« erhalten würde, wenn die Ehe nicht geschieden worden wäre.

Maßgeblich für die Berechnung des kleinen Pflichtteils ist das Vermögen zum Zeitpunkt des Todes. Pflichtteils- oder Erbansprüche einer dritten Person (z. B. eines neuen Ehepartners) dürfen dabei nicht vom Nachlass abgezogen werden. Der Anspruch auf Unterhalt entfällt nur, wenn der geschiedene Ehepartner nach dem Tod des Erblassers anderweitig, zum Beispiel durch erneute Heirat oder Rentenansprüche, angemessen versorgt ist.

Selbstverständlich werden hier auch Schenkungen, mit denen der Erblasser womöglich seinen Nachlass zulasten des geschiedenen Ehepartners verkleinern wollte, berücksichtigt. Lesen Sie hierzu die Ausführungen zum Pflichtteilsergänzungsanspruch in Kapitel C 2.

! Als Erbe sollten Sie diese finanzielle Verpflichtung so lange im Auge behalten, bis der maximal forderbare Betrag (also der kleine Pflichtteil) erschöpft ist. Eventuell bietet sich auch eine Abfindungsvereinbarung mit dem geschiedenen Partner an.

2 Jetzt kommt es zum Schwur – Erbschaft annehmen oder ausschlagen?

2.1 Wenn Sie die Erbschaft annehmen wollen

Hat sich herausgestellt, dass das Vermögen des Erblassers größer ist als die Schulden, werden Sie sich in der Regel entschließen, das Erbe endgültig anzutreten. Das geschieht, indem Sie die Erbschaft annehmen.

Die **Annahme erfolgt durch**

- ausdrückliche Erklärung,
- schlüssiges Verhalten oder
- Verstreichenlassen der Ausschlagungsfrist.

Die **ausdrückliche Erklärung erfolgt formlos,** indem Sie sie gegenüber Miterben, dem Nachlassgericht oder einem Nachlassgläubiger erklären. Im Normalfall ergibt sich die Annahme der Erbschaft dadurch, dass Sie einen Erbschein beantragen (vgl. Kapitel C 6).

Nehmen Sie Nachlassgegenstände dagegen an sich, liegt darin noch keine schlüssige Annahme der Erbschaft. Wenn Sie zum Beispiel die Wohnung des Erblassers auflösen, nehmen Sie unter Umständen Wertgegenstände in Ihre Verwahrung, ohne dass Sie sich damit zum Erben machen wollen.

Aber: Automatisch zum Erben werden Sie, wenn Sie die **Erbschaft innerhalb der gesetzlichen Frist von sechs Wochen nicht ausschlagen** (§ 1943 BGB). Seien Sie deshalb bei der Fristeinhaltung nicht nachlässig! Die Annahme der Erbschaft kann erhebliche Folgen haben. Denn auch wenn Sie die Erbenhaftung auf den Nachlass beschränken, ersparen Sie sich zumindest viel Aufwand, wie Sie unter Abschnitt 3 nachlesen sollten. Beachten Sie vor allen Dingen auch den Fristbeginn.

2.2 Wenn Sie die Erbschaft ausschlagen wollen

Wie wird ausgeschlagen?

Wollen Sie Ihr Erbe – warum auch immer – nicht antreten, müssen Sie **aktiv werden.** Klassischer Grund ist natürlich die **Überschuldung des Nachlasses.** Beachten Sie dabei, dass die **Erbschaft form- und fristgerecht ausgeschlagen** werden muss. Das heißt, Sie müssen die Ausschlagung

- innerhalb der (in der Regel) **6-wöchigen Frist**
- **gegenüber dem Nachlassgericht erklären** und
- Ihre **Unterschrift** beglaubigen lassen.

Zuständig für diese Erklärung ist das Nachlassgericht (Amtsgericht bzw. in Baden-Württemberg das Staatliche Notariat) am letzten Wohnsitz des Erblassers. Die Beglaubigung der Unterschrift muss von einem Notar vorgenommen werden. Die Ausschlagung selbst kann aber auch zu Protokoll des Nachlassgerichtes erklärt werden. Eine anwaltliche Erklärung genügt dagegen nicht (LG München I, Urteil vom 12. 7. 1999, 16 T 9048/99).

Wichtig ist natürlich der genaue **Fristbeginn.** Hier kommt es auf die **konkrete Kenntnis** des Erben **vom Erbfall** an (§ 1944 Abs. 2 BGB). Kenntnis vom Tod des Erblassers allein setzt die Frist noch nicht in Gang. Woher die Kenntnis stammt, ist bei der gesetzlichen Erbfolge aber gleichgültig. Für den Erben nicht überprüfbare private Mitteilungen genügen jedoch nicht.

Liegt eine **letztwillige Verfügung** vor, **beginnt die Frist** nicht vor der Testamentseröffnung (vgl. Kapitel C 6).

Wie wirkt sich die Ausschlagung aus?

Das Gesetz behandelt Sie jetzt so, als wären Sie überhaupt **nie Erbe geworden** (§ 1953 Abs. 1 BGB). **Folge:** Die Erbschaft fällt dem nächstberufenen Erben zu, und zwar mit Rückwirkung auf den Zeitpunkt des Erbfalls. Dieser wird dann vom Nachlassgericht von seiner Erbschaft unterrichtet (§ 1953 Abs. 3 BGB). Das setzt die Ausschlagungsfrist erneut in Gang.

Nächstberufen können sein

- **bei gesetzlicher Erbfolge** in aller Regel die Kinder des Ausschlagenden (vgl. Kapitel C 1) oder
- **bei testamentarischer Erbfolge** die Ersatzerben, die der Erblasser für den Fall des Vorversterbens des Erben bereits im Testament benannt hat (§ 2069 BGB).

Natürlich können auch die Nächstberufenen ihrerseits die Erbschaft ausschlagen (§ 1942 Abs. 2 BGB).

» **Beispiel:** Der Erblasser E hat einen Sohn. Mit seinem Tode tritt die gesetzliche Erbfolge ein, weil er keine letztwillige Verfügung getroffen hat. Der Sohn, der seinerseits zwei Kinder hat, schlägt die ihm angefallene gesetzliche Erbschaft wirksam aus, weil er weiß, dass sein Vater zuletzt hoch verschuldet war. Mit der Ausschlagung treten seine beiden Kinder an seine Stelle. Wollen auch diese die ihnen angefallene Erbschaft ausschlagen, müssen sie jetzt die Ausschlagung erklären.

Kann man die Erbschaft schon vor dem Todesfall ausschlagen?

Selbst wenn sich schon zu Lebzeiten des Erblassers herausstellt, dass außer Schulden nichts zu erben ist, oder weil man jemand anderes zum Zuge kommen lassen möchte, können Sie die Erbschaft erst nach dem Eintritt des Erbfalls ausschlagen (§ 1946 BGB).

Kann man die Erbschaft unter Vorbehalt oder nur teilweise ausschlagen?

Nein, weder eine Bedingung (z. B. Ausschlagung nur bei Überschuldung des Nachlasses) noch Sonderwünsche (»nur das wertvolle Meißener Porzellan«) sind zulässig.

Welche Besonderheiten gelten bei der Ausschlagung durch Minderjährige?

Weil auch minderjährige Personen hin und wieder erben, müssen diese auch die Erbschaft ausschlagen können. Dies geschieht durch ihre **gesetzlichen Vertreter,** üblicherweise die Eltern. Hierbei müssen Eltern aber gemeinsam handeln, wenn nicht nur ein Elternteil das Sorgerecht hat. Unter Umständen brauchen Sie als Eltern sogar die **Genehmigung des Familiengerichts** (§ 1643 Abs. 2 BGB). Das ist dann der Fall, wenn durch die Ausschlagung das Erbe an Sie selbst fallen würde.

» **Beispiel:** Ein Großvater übergeht seinen Sohn und setzt seinen minderjährigen Enkel zum Alleinerben ein. Wenn hier der Vater die Erbschaft als gesetzlicher Vertreter seines Sohnes ausschlagen dürfte, wäre der Interessenkonflikt vorprogrammiert.

War jedoch der gesetzliche Vertreter zunächst selbst zum Erben berufen und fällt erst aufgrund seiner Ausschlagungserklärung das Erbe an seine minderjährigen Kinder, bedarf es keiner gerichtlichen Genehmigung (§ 1643 Abs. 2 Satz 2 BGB).

! Vor allen Dingen sollten Sie nicht vergessen, die Erbschaft für Ihre minderjährigen Kinder auszuschlagen, wenn klar ist, dass diese nur einen überschuldeten Nachlass erben können.

Darf der Erbe ausschlagen, wenn er Sozialhilfeempfänger ist?

Nein, wenn das Ziel der Ausschlagung ist, das Familienvermögen zu schonen.

» **Beispiel:** Ein Erblasser hinterlässt zwei Kinder, von denen eines schon seit Jahren Sozialhilfeleistungen erhält. Im Fall der Erbschaft muss der Sozialhilfeträger auf das geerbte Vermögen zurückgreifen können.

Was kostet die Ausschlagung?

Die Gebühren orientieren sich am Wert des Nachlasses bzw. Ihrem Anteil. Die einzelne Gebühr beträgt 50 % der vollen Gebühr, mindestens aber € 30,– (Nr. 21201 KV zum GNotKG, vgl. Kapitel C 6). Die Ausschlagung einer überschuldeten Erbschaft kostet demnach € 30,–.

2.3 Können Sie die Annahme oder die Ausschlagung nachträglich rückgängig machen oder anfechten?

Grundsätzlich ist die Erklärung jeweils **unwiderruflich.** Haben Sie sich aber geirrt oder sind Sie zum Beispiel zur Ausschlagung mit massiven Drohungen gezwungen worden, kann dies von Bedeutung sein.

Stellt sich zum Beispiel nachträglich heraus, dass der Nachlass überschuldet ist, dann ist der Wunsch, die **Annahme anzufechten,** naheliegend und rechtfertigt die Anfechtung. Aber nur, wenn der Erbe aufgrund der Gesamtumstände nicht mit den Schulden rechnen musste.

» **Beispiel:** Allem Anschein nach verfügte der Erblasser über ein Barvermögen von € 10 000,–. Sein Sohn nahm daher die Erbschaft an. Erst im Nachhinein stellte sich heraus, dass der Verstorbene bei einem Freund ein Darlehen in Höhe von € 20 000,– aufgenommen hatte, um sich noch »ein paar schöne Tage« zu machen.

Nicht anfechtungsberechtigt ist der Erbe, wenn sich nachträglich herausstellt, dass der Nachlass mit **Steuerschulden** belastet ist oder sich der geerbte Gegenstand im Nachhinein als weniger wertvoll erweist als erhofft, wenn zum Beispiel vermeintliches Bauland nur Ackerland ist.

Hat der Erbe auf sein Erbe verzichtet, weil er irrtümlich annahm, eine Geldentschädigung zu bekommen, handelt es sich ebenfalls um einen unbeachtlichen Irrtum. Es bleibt bei der wirksamen Ausschlagungserklärung.

Es kann aber auch umgekehrt kommen, wenn sich zum Beispiel herausstellt, dass es wider Erwarten doch etwas zu erben gibt. Hier kann man zwar grundsätzlich die Ausschlagung anfechten. Das geht aber nicht, wenn es dem Erben ohne Weiteres möglich gewesen wäre, den wahren Wert des Nachlasses beizeiten festzustellen.

Auf jeden Fall muss **für die Anfechtung eine 6-wöchige Erklärungsfrist** ab Kenntnis der zur Anfechtung berechtigenden Umstände eingehalten werden. Ist der Erbe bedroht worden und hat er deshalb die Ausschlagung erklärt, läuft die Frist natürlich erst ab Ende der Zwangslage (§ 1954 Abs. 2 BGB).

Aber selbst wenn Sie Ihre Annahmeerklärung nicht mehr erfolgreich anfechten können und sich der Nachlass als überschuldet herausstellt, muss das Kind noch nicht in den Brunnen gefallen sein. Schließlich haben Sie vorher die Möglichkeit, Ihre **Haftung als Erbe auf den Nachlass zu beschränken** (vgl. Abschn. 3). So weit sollten Sie es allerdings nur kommen lassen, wenn Sie sich wirklich nicht sicher sind, ob es nicht doch besser ist, gleich auf die »ungeliebte Erbschaft« zu verzichten.

3 Was können Sie als Erbe tun, wenn der Nachlass (möglicherweise) überschuldet ist?

3.1 Beschränken Sie Ihre Haftung

Sind Sie und gegebenenfalls Ihre Miterben bei der Durchsicht des Nachlasses zum Ergebnis gekommen,

- dass der Nachlass möglicherweise überschuldet ist, oder
- haben Sie die Erbschaft schon angenommen und merken erst jetzt, dass der Nachlass überschuldet ist,

werden Sie nicht dafür aufkommen wollen. Sie haben deshalb die Möglichkeit, die Schuldenhaftung auf die Nachlassmasse zu beschränken (§ 1975 BGB). Die Instrumente dafür sind:

- die **Nachlassverwaltung** und
- der **Nachlasskonkurs.**

Die Nachlassverwaltung

Dieses Verfahren kommt infrage, wenn Sie und gegebenenfalls Ihre Miterben sich angesichts eines unübersichtlichen Nachlasses mit der Abwicklung überfordert fühlen. Sie können den **Antrag selbst noch zwei Jahre ab Annahme der Erbschaft** beim Nachlassgericht stellen.

Das Verfahren wird aber nur dann durchgeführt, wenn sicher ist, dass wenigstens die Kosten für die Nachlassverwaltung gedeckt sind. Ist dies der Fall, bestellt das Gericht einen **Nachlassverwalter.** Der nimmt dann den Nachlass in Besitz, verwaltet ihn und veräußert die Gegenstände, soweit das Ganze Sinn macht. Als Erbe brauchen Sie jetzt nichts mehr zu tun. Der Nachlassverwalter begleicht alle Verbindlichkeiten. Wenn etwas übrig bleibt, erhalten Sie als Erbe den Rest und die Nachlassverwaltung wird aufgehoben. In der Regel werden persönliche Gegenstände wie Schmuck als Letztes verwertet.

Stellt dagegen der Nachlassverwalter fest, dass der **Nachlass überschuldet** ist, wird er von sich aus das **Nachlasskonkursverfahren** beantragen (s. u.). Sollte sich erst im Laufe des Nachlassverfahrens zeigen, dass nicht einmal die Verwaltungskosten gedeckt sind, wird ebenfalls die Nachlassverwaltung aufgehoben. Zu einem Nachlasskonkursverfahren kommt es dann natürlich nicht. Hier bleiben die Gläubiger auf ihren Forderungen sitzen.

Das Nachlasskonkursverfahren

Ist klar, dass der **Nachlass überschuldet** ist, kommt nur noch dieses Verfahren infrage. Wenn Sie nicht schon von Anfang an wegen der Überschuldung die Erbschaft ausgeschlagen haben, Sie also Erbe geworden sind, sollten Sie jetzt einen entsprechenden **Antrag beim Nachlassgericht** stellen.

Den Antrag stellen Sie schriftlich oder zu Protokoll der Geschäftsstelle in der Konkursabteilung des Amtsgerichts. Fügen Sie eine Aufstellung über die Vermögenswerte und die Nachlassverbindlichkeiten bei. Andernfalls haften Sie den Nachlassgläubigern für dadurch entstandene Schäden.

Das Gericht prüft dann, ob die Nachlassmasse wenigstens reicht, um die Verfahrenskosten des Nachlasskonkurses zu decken. Falls dies nicht der Fall ist, wird der Antrag »mangels Masse« abgelehnt. In diesem Fall können Sie und gegebenenfalls Ihre Miterben gegenüber den Erbschaftsgläubigern die sogenannte **Einrede der Dürftigkeit des Nachlasses** (§ 1990 BGB) erheben und brauchen nur das Vermögen, das Ihnen aus der Erbschaft zugeflossen ist, herauszugeben.

Wird das Konkursverfahren eröffnet, bestellt das Konkursgericht einen Konkursverwalter. Dieser befriedigt die beim Konkursgericht angemeldeten Ansprüche. Als Erbe haben Sie dann mit der Abwicklung nichts mehr zu tun.

Wenn von Ihnen verlangt wird, ein Nachlassinventar zu errichten

Unter Umständen bekommen Sie aber als Erbe vom Nachlassgericht eine Aufforderung, ein Nachlassinventar über Ihre Erbschaft aufzustellen. Das wird verlangt, wenn ein Nachlassgläubiger dies beim Gericht beantragt hat. In diesem Fall bekommen Sie eine Frist gesetzt, innerhalb derer Sie eine **genaue Aufstellung der Bestandteile der Erbmasse** zusammenstellen müssen. Hier sind alle Nachlassgegenstände zu nennen, und deren Wert ist im Einzelnen anzugeben. Es sind außerdem die Außenstände des Erblassers und die Nachlassverbindlichkeiten aufzuführen (§ 2001 BGB). Hierzu müssen Sie das Nachlassgericht oder einen Notar hinzuziehen.

Um sicher sein zu können, dass Sie nichts verschwiegen haben, kann jeder Nachlassgläubiger von Ihnen die Abgabe einer entsprechenden **eidesstattlichen Versicherung** verlangen (§ 2006 BGB). Einen konkreten Verdacht auf falsche Angaben muss es hierfür nicht geben.

Wenn Sie **Vermögenswerte verschweigen oder wissentlich falsche oder unvollständige Angaben machen**, haften Sie jetzt unbeschränkt. Das gilt auch, wenn Sie Auskünfte verweigern oder verzögern. Bei unabsichtlichen Fehlern dürfen Sie aber noch korrigieren.

Die unbeschränkte Haftung trifft Sie auch dann, wenn Sie sich weigern, die beantragte eidesstattliche Versicherung über die Richtigkeit des Nachlasses abzugeben.

3.2 Wenn ein Nachlassgläubiger schon vor der Haftungsbeschränkung gegen Sie vorgehen will

Beschränken Sie Ihre Haftung zumindest vorübergehend

Erheben Sie die 3-Monats-Einrede

Wenn Sie nach Annahme der Erbschaft noch Zeit brauchen, um abzuklären, welche haftungsbeschränkenden Maßnahmen (also Nachlassverwaltung oder -konkurs) Sie ergreifen wollen, steht Ihnen nach § 2014 BGB die sogenannte 3-Monats-Einrede zu.

Danach dürfen Sie Nachlassgläubigern gegenüber, die Sie verklagen oder gegen Sie aus einem schon vorhandenen Vollstreckungstitel vorgehen wollen, die **Zahlung der Forderung in den ersten drei Monaten verweigern.** Diese Zeit müssen Sie nutzen, Unterlagen zu sichten, Bankauskünfte einzuholen und andere Nachforschungen zu betreiben. Zinsen laufen während dieser Zeit aber auf und die Verjährung wird nicht unterbrochen.

Verwenden Sie bei Bedarf nachfolgenden Musterbrief:

Absender   Ort, Datum

Inkasso GmbH

Nachlasssache ...

Rechnungsnummer ...

Sehr geehrte Damen und Herren,

mit obiger Rechnung haben Sie eine Forderung gegen den Nachlass des Verstorbenen ... angemeldet. Diese Forderung werde ich als Erbe jedoch nicht sofort begleichen, da ich die 3-Monats-Einrede gemäß § 2014 BGB erhebe.

Nach Dursicht des gesamten Nachlasses oder gegebenenfalls nach Erstellung eines Nachlassverzeichnisses werde ich unaufgefordert auf die Angelegenheit zurückkommen.

Mit freundlichen Grüßen

____

Ihre Unterschrift

Sollten Sie trotz der Einrede verklagt werden, was zulässig ist, erfolgt die Verurteilung dann unter dem Vorbehalt, dass Sie haftungsbeschränkende Maßnahmen, wie unter Abschnitt 3.1 beschrieben, ergreifen.

Wenn Sie ein Nachlassinventar errichten müssen, kann die 3-Monats-Frist schon vorher enden – und zwar dann, wenn Sie damit schon vorher fertig waren und das Nachlassinventar beim Nachlassgericht eingereicht haben.

Erheben Sie die Einrede des ungeteilten Nachlasses

Eine weitere Besonderheit gibt es, wenn **mehrere Erben vorhanden** sind. Diese haften gemeinsam für die Nachlassverbindlichkeiten (§ 2058 BGB). Das bedeutet: Jeder einzelne Erbe kann vom Gläubiger des Erblassers in Höhe der gesamten Forderungen in Anspruch genommen werden. In diesem Fall ist es dem Miterben überlassen, sich das Geld bei den anderen Erben zu besorgen.

Um den Miterben aber nicht ganz schutzlos zu lassen, bietet § 2059 BGB Hilfe mit der sogenannten **Einrede des ungeteilten Nachlasses.** Danach kann der einzelne Miterbe, solange der Nachlass noch nicht oder nur teilweise aufgeteilt worden ist, die Gläubiger, wenn diese die Zwangsvollstreckung betreiben, in die Schranken weisen. Hier kann nämlich nur in die Gegenstände des Nachlasses und nicht in das Privatvermögen des Miterben vollstreckt werden.

Der Nachlassgläubiger ist gezwungen, die umständliche Verwertung von Nachlassgegenständen zu betreiben, um so seine Forderung zu befriedigen. Erst wenn die Nachlassmasse erschöpft ist, können sich die einzelnen Erben nicht mehr auf die Einrede des ungeteilten Nachlasses berufen. Dann haften sie auch mit ihrem Privatvermögen, soweit sie nicht die Erbenhaftung anderweitig beschränkt haben (durch Nachlassverwaltung oder -konkurs, Abschn. 3.2).

Dasselbe gilt, wenn die Miterben ihren Nachlass schon untereinander aufgeteilt haben. Dann müssen sie ebenfalls die weiteren Maßnahmen der Erbenhaftung ergreifen, um den Zugriff auf ihr Privatvermögen zu verhindern.

Beantragen Sie ein Vorbehaltsurteil

Werden Sie als Erbe verklagt, sollten Sie auf alle Fälle von der Möglichkeit Gebrauch machen, sich Maßnahmen zur Haftungsbeschränkung vorzubehalten (§ 780 Abs. 1 ZPO). Welche das sind, können Sie den vorangehenden Ausführungen unter Punkt 1 entnehmen. Machen Sie gegebenenfalls Ihren Anwalt auf diese Möglichkeit aufmerksam.

Das hat für Sie den **Vorteil**, dass Sie nicht unbeschränkt verurteilt werden können, sondern das Recht behalten, später noch den Nachlasskonkurs oder die Nachlassverwaltung zu beantragen. Auch mit dieser Maßnahme können Sie also verhindern, dass in Ihr Privatvermögen vollstreckt wird.

Beachten Sie aber unbedingt, dass Sie das **Recht auf die Haftungsbeschränkung verlieren,** indem Sie zum Beispiel der Aufforderung, ein Nachlassinventar zu errichten, nicht oder nur teilweise nachkommen. Lesen Sie hierzu ebenfalls den vorangehenden Punkt 1.

3.3 Wenn Sie unbekannte Gläubiger ausschließen wollen

Hier kommt das sogenannte **Aufgebotsverfahren** infrage. Das gibt Ihnen die Möglichkeit, **unbekannte Gläubiger auszuschließen.** Sie müssen hierfür einen **Antrag** innerhalb eines Jahres nach Annahme der Erbschaft beim Nachlassgericht stellen (§ 2015 BGB). Das Gericht wird Sie dann auffordern, eine Liste der Ihnen bisher bekannten Nachlassschulden einzureichen.

Anschließend werden durch öffentliche Bekanntmachung alle übrigen Personen aufgefordert, die Forderungen gegen den Nachlass haben, ihre Ansprüche beim Nachlassgericht anzumelden und zu beweisen (§ 1970 BGB). Dafür haben die Gläubiger eine vom Gericht gesetzte Frist einzuhalten. Die Frist beträgt zwischen sechs Wochen und sechs Monaten. Die zu diesem Zeitpunkt vervollständigte Liste von Gläubigern heißt Aufgebotsliste.

Während das Verfahren läuft, brauchen Sie als Erbe die Nachlassgläubiger, die sich bei Ihnen melden, nicht zu befriedigen. Nach Ablauf der Frist verkündet das Nachlassgericht ein sogenanntes **Ausschlussurteil** (§ 952 ZPO). Dadurch werden alle nicht in der Aufgebotsliste eingetragenen – also den Erben unbekannt gebliebene – Nachlassgläubiger mit ihrer Forderung zunächst einmal ausgeschlossen. Das heißt, sie müssen die eingetragenen Forderungen rangmäßig vorgehen lassen. Außerdem haben diese Gläubiger nicht mehr das Recht, von Ihnen aus Ihrem Privatvermögen Befriedigung zu verlangen. Sie müssen sich vielmehr mit dem begnügen, was noch übrig bleibt (§ 1973 BGB).

D1 Der Arbeitsvertrag als Grundlage der Zusammenarbeit

1 Wie wird ein Arbeitsvertrag abgeschlossen?

1.1 Schriftlich oder mündlich?

Der Abschluss eines Arbeitsvertrags unterliegt **keinen Formvorschriften.** Ein Arbeitsvertrag kann deshalb auch mündlich wirksam geschlossen werden (z. B. am Telefon) oder per »Handschlag«.

Ausnahme: Der Arbeitsvertrag oder ein Tarifvertrag, der auf Ihr Arbeitsverhältnis Anwendung findet, enthält eine »konstitutive Schriftformklausel«. Danach sind Abschluss oder Änderung Ihres Arbeitsvertrags nur gültig, wenn sie zwingend schriftlich erfolgen. Soll die Schriftform in erster Linie aus Beweisgründen eingehalten werden (sogenannte »deklaratorische Schriftform«), ist auch ein mündlicher Vertragsschluss wirksam. Sie haben aber dann einen Anspruch auf einen schriftlichen Vertrag.

! Aus Beweisgründen empfiehlt sich der Abschluss eines schriftlichen Vertrages (z. B. kommt es im laufenden Arbeitsverhältnis zum Streit über die vereinbarte Vergütung).

Im schriftlichen Arbeitsvertrag sollten alle Punkte aufgeführt sein, über die Sie sich mit Ihrem Arbeitgeber im Rahmen des Einstellungsgesprächs geeinigt haben. Nimmt der schriftliche Arbeitsvertrag auf andere Dokumente Bezug (z. B. Tarifvertrag, Betriebs- oder Dienstvereinbarung), sollten Sie sich hiervon ein Exemplar aushändigen lassen.

Haben Sie sich mit Ihrem Arbeitgeber nur mündlich über den Inhalt Ihres Arbeitsverhältnisses geeinigt, können Sie gemäß § 2 Nachweisgesetz verlangen, dass er Ihnen spätestens **einen Monat** nach dem vereinbarten Beginn des Arbeitsverhältnisses eine Niederschrift über die wesentlichen Vertragsbedingungen erteilt. Die Niederschrift muss von Ihrem Arbeitgeber unterzeichnet sein und Ihnen ausgehändigt werden.

Einen **Anspruch** auf Aushändigung einer schriftlichen Niederschrift der wesentlichen Vertragsbedingungen haben grundsätzlich alle Arbeitnehmer, also auch Teilzeit- oder befristet Beschäftigte. **Ausnahme:** Sie sind kurzfristig zur Aushilfe für weniger als einen Monat beschäftigt.

Händigt Ihr Arbeitgeber Ihnen keinen entsprechenden Nachweis aus, wirkt sich das aber nicht auf den Bestand Ihres Arbeitsverhältnisses aus: Das Arbeitsverhältnis besteht trotzdem zu den vereinbarten Bedingungen. Erwachsen Ihnen aus diesem Versäumnis Ihres Arbeitgebers Nachteile, macht er sich schadensersatzpflichtig.

» **Beispiel:** Sie haben keine Kenntnis von der tariflichen, 3-monatigen Ausschlussfrist, innerhalb derer Sie Ihre Ansprüche schriftlich geltend machen müssen. Versäumen Sie es deshalb beispielsweise, einen Anspruch auf ausstehendes Urlaubsgeld rechtzeitig zu beanspruchen, muss Ihr Arbeitgeber diesen Betrag gleichwohl bezahlen.

1.2 Vorformuliert oder individuell ausgehandelt?

Was sind Allgemeine Geschäftsbedingungen?

Arbeitgeber setzen häufig nicht für jedes Arbeitsverhältnis neue Arbeitsverträge auf, sondern verwenden **vorformulierte Verträge,** um Arbeitsverhältnisse hinsichtlich der Arbeitsbedingungen gleich zu behandeln.

Hier stellt das Gesetz zu Ihrem Schutz hohe Anforderungen an die Wirksamkeit der Allgemeinen Geschäftsbedingungen (AGB) und unterzieht sie einer Inhaltskontrolle. Beachten Sie aber, dass nur AGB in Arbeitsverträgen kontrolliert werden. Regelungen in Betriebsvereinbarungen und Tarifverträgen unterliegen nicht der Kontrolle (§ 310 Abs. 4 Satz 1 BGB).

Da die Vertragsbedingungen bei Verwendung von AGB typischerweise von Ihrem Arbeitgeber **einseitig vorgegeben** werden, müssen diese den Anforderungen der §§ 305 ff. BGB entsprechen. Hierbei gilt:

- Vorformuliert sind Vertragsbedingungen, wenn sie für die mehrfache Verwendung bestimmt und fixiert sind. Auch Klauseln, die bisher nur einmal verwendet wurden, können AGB sein. Voraussetzung ist allerdings, dass ihre mehrfache Verwendung beabsichtigt ist. Dann unterliegt auch der »erste« Fall der AGB-Kontrolle.
- AGB müssen »gestellt« sein, was bedeutet, dass Ihr Arbeitgeber die Vertragsbedingung einseitig vorgibt und Sie keinen Einfluss auf die inhaltliche Ausgestaltung der AGB haben. Haben Sie die Bedingungen des Arbeitsvertrags mit Ihrem Arbeitgeber frei ausgehandelt, liegt hingegen eine **Individualvereinbarung** vor. **Folge:** Der Schutz des BGB entfällt. »Aushandeln« bedeutet dabei aber mehr als bloßes Verhandeln. Erforderlich ist, dass die Vertragsbedingungen tatsächlich zur Disposition standen und Sie diese mitbestimmen konnten.

Wie werden die Klauseln wirksam Vertragsbestandteil?

AGB in einem Arbeitsvertrag werden nach **allgemeinen Grundsätzen des Vertragsrechts** Vertragsbestandteil, also beispielsweise, wenn Sie einen von Ihrem zukünftigen Arbeitgeber bereits unterzeichneten Vertragsentwurf Ihrerseits unterschreiben. Anders als bei den Verbraucherverträgen muss der Arbeitgeber Sie nicht ausdrücklich auf die AGB hinweisen oder Ihnen die Möglichkeit verschaffen, von ihrem Inhalt Kenntnis zu nehmen (§ 310 Abs. 4 Satz 2 BGB). Die Nachweispflicht nach § 2 NachwG reicht insofern aus.

AGB werden ferner nur dann wirksam in den Vertrag einbezogen, wenn sie der **Inhaltskontrolle** nach § 305 BGB genügen.

» **Beispiel:** Bestimmungen in AGB, die insbesondere nach ihrem äußeren Erscheinungsbild so ungewöhnlich sind, dass Sie mit ihnen nicht zu rechnen brauchen, werden nicht Vertragsbestandteil (z. B. findet sich eine Regelung zur Ausschlussfrist unter dem Punkt »Verschiedenes«, ohne drucktechnisch hervorgehoben zu sein).

Was folgt aus einem Verstoß?

Im Falle des Verstoßes einer Vertragsklausel gegen die AGB-Inhaltskontrolle bleibt zwar der Arbeitsvertrag als solcher bestehen, die Klausel oder ein ganzer Paragraf des Arbeitsvertrages ist dagegen **unwirksam.** Eine Reduktion der Klausel auf den gesetzlich zulässigen Inhalt ist nicht möglich. **Seltene Ausnahme:** Die Klausel enthält sprachlich und inhaltlich abtrennbare Teile, die rechtlich unbedenklich sind.

Wie reagieren Sie auf eine unwirksame Klausel?

Sollten Sie mit einer Klausel von vornherein nicht einverstanden sein, lassen Sie sich am besten gar nicht erst auf den Vertrag ein. Kommen Sie aber nicht umhin, bleibt für Sie der Vorteil: Eine unwirksame Klausel wird nicht Vertragsbestandteil. Sie müssen diese also **nicht beachten.**

! Bei einem Streit über eine Klausel – ob vor Beginn oder im Laufe eines bestehenden Arbeitsverhältnisses – sollten Sie sich auch wegen der Besonderheiten im Arbeitsrecht (§ 310 Abs. 4 BGB) durch einen Fachanwalt für Arbeitsrecht beraten lassen.

1.3 Befristet oder unbefristet?

Viele Arbeitgeber möchten neue Mitarbeiter zunächst nur auf Zeit einstellen. Vorteil für den Chef: Ein befristetes Arbeitsverhältnis endet automatisch mit Ablauf der Zeit, für die es eingegangen wurde, also ohne dass es einer Kündigung bedarf. Um den Arbeitnehmer in dieser Situation zu schützen, knüpft das Gesetz den Abschluss **befristeter Arbeitsverhältnisse an bestimmte Voraussetzungen:**

- Die Befristung eines Arbeitsverhältnisses muss **zwingend schriftlich** vereinbart werden (§ 14 Abs. 4 Teilzeit- und Befristungsgesetz (TzBfG)). Dieses Schriftformerfordernis gilt aber nur für die Befristungsabrede. Fehlt die Schriftform, kommt ein unbefristetes Arbeitsverhältnis mit dem verabredeten Inhalt zustande.
- Es ist zum einen möglich, die Dauer des Arbeitsverhältnisses **zeitlich** festzulegen (z. B. für einen bestimmten Zeitraum). Zum anderen kann der **Zweck** die Dauer bestimmen (z. B. Krankheitsvertretung).
- Es gibt zwei Arten von befristeten Arbeitsverhältnissen: Die Befristung eines Arbeitsverhältnisses ist möglich, wenn hierfür ein **sachlicher Grund** gegeben ist (z. B. zur Erprobung). Ausnahmsweise ist die Befristung auch **ohne Sachgrund** möglich , beispielsweise für die Höchstdauer von zwei Jahren. Innerhalb dieser Höchstdauer darf eine Befristung höchstens 3-mal verlängert werden. Besonderheiten gelten für die Beschäftigung in einem neu gegründeten Unternehmen.
- Ein befristeter Arbeitsvertrag ist während seines Bestands **nicht ordentlich kündbar;** es sei denn, Sie haben dies mit Ihrem Arbeitgeber ausdrücklich vereinbart. Bei schweren schuldhaften Arbeitsvertragsverletzungen ist aber eine außerordentliche Kündigung möglich, ebenso der Abschluss eines Aufhebungsvertrags.

1.4 Probezeit oder Probearbeitsverhältnis?

Probezeit-Arbeitsverhältnisse sind in der Praxis weit verbreitet, müssen aber **immer explizit vereinbart** werden. Sie sind in **zwei Formen** möglich.

Sie vereinbaren ein **unbefristetes Arbeitsverhältnis mit einer Probezeit.** Einigen sich die Arbeitsvertragsparteien darauf, beträgt die Kündigungsfrist während der vereinbarten, **höchstens 6-monatigen Probezeit** grundsätzlich zwei Wochen (§ 622 Abs. 3 BGB). Viele Tarifverträge sehen eine kürzere Probezeitkündigungsfrist vor (z. B. in der Zeitarbeitsbranche). Eine zunächst für kürzere Zeit vereinbarte Probezeit kann nachträglich auf bis zu sechs Monate verlängert werden.

Während der Probezeit kann das Arbeitsverhältnis von beiden Seiten – ohne dass dies einer Begründung bedürfte – gekündigt werden. **Nach Ablauf** der Probezeit liegt ein unbefristetes Arbeitsverhältnis vor, dessen Kündigung der sozialen Rechtfertigung nach dem KSchG bedarf.

Oder Sie vereinbaren ein **befristetes Probearbeitsverhältnis.** Dies ist grundsätzlich zulässig, denn die Einstellung zur Probe ist ein **sachlicher Grund** für die Befristung (§ 14 Abs. 1 Satz 2 Nr. 5 TzBfG). Die Befristungsabrede muss schriftlich erfolgen, anderenfalls ist sie unwirksam. Die **Dauer der Befristung** muss in einem angemessenen Verhältnis zum Erprobungszweck stehen. In der Regel reichen sechs Monate Erprobungszeit.

Ein befristetes Probearbeitsverhältnis kann nicht vor Befristungsablauf gekündigt werden; es sei denn, die ordentliche Kündbarkeit wurde vereinbart. Das befristete Probearbeitsverhältnis endet automatisch mit Befristungsablauf.

2 Das müssen Sie beim Abschluss beachten

2.1 Die Vertragsfreiheit kennt Grenzen

Achten Sie auf das Günstigkeitsprinzip

Grundsätzlich sind Sie frei darin, was Sie in welchem Umfang im Arbeitsvertrag regeln. Allerdings muss der Inhalt Ihres Arbeitsvertrags mit **zwingendem Gesetzesrecht** in Einklang stehen (z. B. darf der gesetzliche Mindesturlaub von 24 Werktagen nicht unterschritten werden).

Von sonstigen **gesetzlichen Regelungen** darf ausnahmsweise durch Tarifverträge abgewichen werden – sowohl zu Ihren Gunsten als auch zu Ihren Ungunsten.

Für den Fall, dass ein Sachverhalt in **mehreren Rechtsquellen unterschiedlich** geregelt ist, gilt das arbeitsrechtliche **Günstigkeitsprinzip.** Es ordnet an, dass die für den Arbeitnehmer günstigere Regelung anzuwenden ist und die ungünstigere verdrängt. **Ausnahme:** Die **höherrangige Norm** lässt eine ungünstigere Regelung ausdrücklich zu.

» **Beispiel:** Gemäß § 7 und § 12 TzBfG kann in Tarifverträgen von den gesetzlichen Vorgaben bezüglich der zulässigen täglichen Arbeitszeit und der Zulässigkeit von Sonntag- und Feiertagsarbeit zuungunsten des Arbeitnehmers abgewichen werden.

Das Günstigkeitsprinzip erlaubt es den Arbeitsvertragsparteien, von zwingenden Normen eines Tarifvertrags **zugunsten des Arbeitnehmers** abzuweichen (§ 4 Abs. 3 TVG).

» **Beispiel:** Laut Tarifvertrag stehen Ihnen 26 Tage Urlaub zu. In Ihrem Arbeitsvertrag werden Ihnen 28 Tage gewährt. Die arbeitsvertragliche Regelung ist günstiger für Sie, deshalb setzt sie sich durch.

Beim Günstigkeitsvergleich ist auf das Interesse des einzelnen Arbeitnehmers, nicht der Belegschaft insgesamt, abzustellen und nach objektiven Kriterien zu bewerten.

Diskriminierungsverbot ist zu beachten

Das Allgemeine Gleichbehandlungsgesetz (AGG) verbietet Benachteiligungen aus Gründen der Rasse oder wegen der ethnischen Herkunft, des Geschlechts, der Religion oder Weltanschauung, einer Behinderung, des Alters oder der sexuellen Identität. Der Arbeitgeber darf bei der Einstellung eines Mitarbeiters aber auf eines der genannten Merkmale abstellen, sofern mit Bezug auf die zu besetzende Stelle ein **sachlicher Grund** besteht (z. B. weibliche Sprechstundenhilfe in einer gynäkologischen Praxis).

2.2 Wahren Sie Ihre rechtlichen Interessen

Es ist nicht Aufgabe Ihres Arbeitgebers, Sie vor Abschluss eines Vertrags über die Vor- oder Nachteile bestimmter Regelungen aufzuklären oder gar für eine umfassende Rechtsberatung zu sorgen. Unterschreiben Sie deshalb niemals vorschnell einen Ihnen vorgelegten Vertrag, ohne diesen durchgelesen und geprüft zu haben. Denn mit Ihrer Unterschrift binden Sie sich!

Erteilt Ihr Arbeitgeber Ihnen aber – obwohl er hierzu nicht verpflichtet ist – Auskünfte, müssen diese richtig und vollständig sein. Ist die Rechtsauskunft falsch oder täuscht er Sie gar bewusst, macht er sich gegebenenfalls schadensersatzpflichtig.

! Lassen Sie sich nach dem Einstellungsgespräch einen Vertragsentwurf aushändigen, um die Vertragsbedingungen zu prüfen. Sollten Sie unsicher sein, holen Sie fachkundigen Rat ein (z. B. bei den Rechtsberatungsstellen der Gewerkschaften oder einem Fachanwalt für Arbeitsrecht).

2.3 Achten Sie auf das »richtige« Datum

Stellen Sie sicher, dass in den Vertrag das korrekte Datum Ihrer Arbeitsaufnahme aufgenommen wird. Dieses ist für eine Vielzahl von Fristberechnungen wichtig (z. B. für Kündigungsfristen). Außerdem haben Sie bestimmte Ansprüche erst, wenn Ihr Arbeitsverhältnis eine gewisse Zeit besteht, beispielsweise entsteht der Anspruch auf Entgeltfortzahlung im Krankheitsfall gegen Ihren Arbeitgeber erst nach 4-wöchiger ununterbrochener Dauer Ihres Arbeitsverhältnisses.

2.4 Mit Vertragsschluss binden Sie sich grundsätzlich

Ändert sich zwischen dem Zeitpunkt des Vertragsschlusses und dem vereinbarten Datum der Arbeitsaufnahme Ihre berufliche oder familiäre Situation derart, dass Sie die neue Stelle nicht antreten können oder wollen, besteht die Möglichkeit einer **Kündigung vor Dienstantritt.** Außer Sie haben dies ausdrücklich im Arbeitsvertrag ausgeschlossen.

Eine solche Regelung ist zulässig, während das Recht zur außerordentlichen Kündigung aus wichtigem Grund nicht im Voraus ausgeschlossen werden darf. Dabei gilt jedoch ein besseres Jobangebot nicht als wichtiger Grund.

Auch eine Kündigung vor Dienstantritt muss **stets schriftlich** erfolgen. Kann vor Dienstantritt wirksam gekündigt werden, ist durch **Auslegung** Ihres Arbeitsvertrags zu ermitteln, ob die Kündigungsfrist mit dem Tage des Kündigungszugangs oder mit dem Tage zu laufen beginnt, an dem die Arbeit vertragsgemäß aufzunehmen war. Im Zweifel beginnt die Frist mit dem Zugang der Kündigung.

Ihr Arbeitgeber kann von Ihnen unter bestimmten Umständen den Schaden ersetzt verlangen, der ihm durch den unterlassenen Dienstantritt entstanden ist. Prüfen Sie deshalb unbedingt, ob Ihr Arbeitsvertrag für den Fall der Kündigung vor Dienstantritt eine **Vertragsstrafenregelung** enthält!

3 Ihre Rechte und Pflichten im Arbeitsverhältnis

3.1 Wenn es um den Arbeitsort geht

An welchem Ort Sie Ihre Arbeitsleistung erbringen müssen, richtet sich nach Ihrem **Arbeitsvertrag:** Ist der Arbeitsort vertraglich detailliert festgelegt (z. B. mit Angabe einer bestimmten Filiale), darf Ihr Arbeitgeber Sie grundsätzlich auch nur dort einsetzen. Ist Ihre Tätigkeit typischerweise mit wechselnden Arbeitsorten verbunden (z. B. Außendienstmitarbeiter, Monteure), trifft der

Vertrag in der Regel keine Aussage zum Arbeitsort. Ist der Arbeitsort nicht im Einzelnen festgelegt, erfolgt die Zuweisung des konkreten Einsatzorts auf Grundlage des **Direktionsrechts** durch den Arbeitgeber.

Bei der Ausübung des Direktionsrechts ist Ihr Arbeitgeber nicht völlig frei. Er hat es nach **»billigem Ermessen«** auszuüben (§ 106 GewO). Das heißt, er muss alle Umstände des **Einzelfalls** berücksichtigen und auch auf Ihre persönlichen Umstände Rücksicht nehmen (z. B. Kinderbetreuung, Wohnort), sofern diesen nicht gewichtige betriebliche Gründe oder gleichermaßen schutzwürdige Belange anderer Arbeitnehmer entgegenstehen.

Das **Direktionsrecht** des Arbeitgebers kann im Arbeitsvertrag auch durch eine sogenannte »Versetzungsklausel« **ausgestaltet** und sogar **erweitert** sein (z. B. sollen Sie an einem anderen Standort eingesetzt werden). Die Ausübung des Direktionsrechts im Einzelfall muss der Billigkeit entsprechen. Besteht in Ihrem Betrieb ein Betriebsrat, muss der Arbeitgeber zudem das Mitbestimmungsrecht des Betriebsrats beachten (§ 99 BetrAVG).

Soweit diese Klausel vom Arbeitgeber **vorformuliert** wurde, muss sie der Inhaltskontrolle nach § 305 BGB genügen, also klar formuliert und angemessen sein. So darf beispielsweise durch eine Versetzung nicht der Kündigungsschutz unterlaufen werden.

Versetzungen an einen anderen Arbeitsort auf Grundlage des Direktionsrechts sind grundsätzlich auf das Gebiet der Bundesrepublik Deutschland beschränkt. Eine Arbeitstätigkeit im Ausland (z. B. bei international agierenden Unternehmen) erfolgt regelmäßig auf Grundlage eines sogenannten **»Entsendevertrags«**, der besonderen Anforderungen genügen muss. Hierzu sollten Sie sich unbedingt fachkundig beraten lassen.

3.2 Wenn es um Ihre Arbeitsleistung geht

Welche Bedeutung kommt der Tätigkeitsbeschreibung zu?

Was Sie zu leisten haben, ergibt sich aus dem Arbeitsvertrag. Grundsätzlich genügt eine allgemeine Tätigkeitsbeschreibung den rechtlichen Erfordernissen.

Ist die Tätigkeit im Arbeitsvertrag **genau festgelegt**, darf Ihr Arbeitgeber Ihnen einseitig keine zusätzlichen oder anderen Aufgaben aufbürden.

Beinhaltet Ihr Arbeitsvertrag **keine detaillierte Tätigkeitsbeschreibung** oder enthält Ihr Arbeitsvertrag eine wirksame Versetzungsklausel, darf Ihr Arbeitgeber Ihnen im Rahmen billigen Ermessens per Direktionsrecht einseitig immer wieder neue Aufgaben übertragen. Besteht ein Betriebsrat, muss dieser beteiligt werden.

Was Sie beachten müssen, wenn es um eine Nebentätigkeit geht

Die Ausübung einer Nebentätigkeit in der Privatwirtschaft **ist grundsätzlich genehmigungsfrei.** Sie sind allerdings verpflichtet, Ihrem Arbeitgeber eine geplante Nebentätigkeit **anzuzeigen,** wenn diese seine Interessen tangiert.

» **Beispiel:** Sie möchten als »Minijobber« einen weiteren 450-Euro-Job aufnehmen, dadurch wird die Grenze der Geringfügigkeit überschritten. Folge: Es fallen Beiträge zu allen Zweigen der Sozialversicherung an – mit Ausnahme der Arbeitslosenversicherung –, und Sie sind nicht mehr pauschal versichert.

Unterlassen Sie die Nebentätigkeitsanzeige oder **vernachlässigen** Sie Ihre Arbeitspflicht im Hauptarbeitsverhältnis wegen der Nebentätigkeit, riskieren Sie zunächst eine Abmahnung. Im Wiederholungsfall droht eine verhaltensbedingte Kündigung durch Ihren Arbeitgeber.

» **Beispiel:** Sie erledigen während der Arbeitszeit im Hauptarbeitsverhältnis Tätigkeiten aus dem Nebenjob und nutzen dafür die Arbeitsmittel des Hauptarbeitgebers (z. B. PC, Werkzeug), oder Sie haben sich im Hauptarbeitsverhältnis krankgemeldet, nutzen die freie Zeit aber für die Erledigung von Aufgaben aus der Nebentätigkeit.

Vorformulierte Klauseln im Arbeitsvertrag zur Regelung der Nebentätigkeit sind grundsätzlich zulässig, soweit der Arbeitgeber sich auf ein berechtigtes Interesse berufen kann (z. B. wird durch die Nebentätigkeit die vertraglich geschuldete Leistung beeinträchtigt). Ein generelles Nebentätigkeitsverbot ist allerdings unwirksam.

3.3 Wenn es um Ihre Vergütung geht

Die **Höhe Ihrer Vergütung** ergibt sich aus dem Arbeits- oder Tarifvertrag. Achten Sie darauf, dass insbesondere folgende Punkte geregelt sind:

- die Höhe des Bruttomonatsgehalts;
- zusätzliche Leistungen (z. B. Weihnachts- oder Urlaubsgeld, Beihilfen, Spesen, vermögenswirksame Leistungen, Versorgungszusagen, Dienstwagen) sowie die Berechnungsgrundlage für variable Entgeltbestandteile (z. B. Zuschläge, Prämien, Sonderzahlungen);
- die Fälligkeit der Vergütung, das heißt, wann Ihre Vergütung jeweils an Sie auszuzahlen ist.

Auch die Frage der **Gehaltserhöhung** sollten Sie ebenfalls ausdrücklich in Ihrem Arbeitsvertrag regeln, sofern Sie nicht unter einen Tarifvertrag fallen und somit Ihr Gehalt nicht automatisch erhöht wird. Vereinbaren Sie dazu mit Ihrem Arbeitgeber eine sogenannte »Anpassungsklausel«, wonach Ihr Arbeitgeber zur vertraglichen Gehaltsanpassung verpflichtet wird.

Provisionen erhalten Sie nur, wenn dies ausdrücklich in Ihrem Arbeitsvertrag vereinbart wurde. Achten Sie darauf, dass Ihnen ein monatlicher Mindestverdienst garantiert wird. Von Ihrem Arbeitgeber können Sie eine monatliche Abrechnung verlangen.

Als leitender Angestellter können Sie auch eine Gewinnbeteiligung am Geschäftsergebnis Ihres Arbeitgebers vereinbaren (sog. **Tantieme**). Dies muss ausdrücklich erfolgen. Ihr Arbeitgeber muss Ihnen dann sämtliche Informationen offenlegen, die Sie benötigen, um die Tantiemenzahlung berechnen zu können.

Vermögenswirksame Leistungen erhalten Sie nur bei ausdrücklicher Vereinbarung in Ihrem Arbeitsvertrag. Jedoch können Sie von Ihrem Arbeitgeber verlangen, dass er einen Teil Ihres normalen Gehalts vermögenswirksam für Sie anlegt (z. B. Bausparvertrag, Lebensversicherung), auch wenn er nichts dazuzahlt.

Das **13. Monatsgehalt** muss ausdrücklich vereinbart werden. Aus der Vereinbarung sollte deutlich werden, dass Ihnen das 13. Gehalt als zusätzlicher Lohn für erbrachte Arbeitsleistungen gezahlt wird.

Mit Sonderzuwendungen wie Weihnachts- oder Urlaubsgeld oder Jubiläumszuwendungen wird in der Regel Ihre Betriebstreue belohnt (sog. **Gratifikation**). Der Anspruch auf eine Gratifikation kann entweder einzelvertraglich vereinbart werden, sich aus einem Tarifvertrag ergeben oder aus betrieblicher Übung entstehen. Hierzu ist es erforderlich, dass Ihnen Ihr Arbeitgeber wiederholt und gleichförmig (mindestens drei Mal hintereinander und in der gleichen Höhe) vorbehaltlos die Leistung gewährt.

Sofern Ihr Arbeitgeber anderen Mitarbeitern im Betrieb oder Unternehmen die Gratifikation zahlt, darf er Sie ohne sachlichen Grund nicht von der Leistung ausschließen. Als Teilzeitarbeitnehmer erhalten Sie diese Leistung anteilig.

Aus wichtigen Gründen darf Ihr Arbeitgeber die Zahlung der Gratifikation verweigern, wenn Sie dies ausdrücklich vereinbart haben (z. B. ruht Ihr Arbeitsverhältnis während der Elternzeit).

3.4 Wenn es um die Arbeitszeit geht

Gesetzliche Höchstgrenzen sind einzuhalten

Dauer und Lage Ihrer Arbeitszeit werden meist im Arbeitsvertrag oder im auf Ihr Arbeitsverhältnis anwendbaren Tarifvertrag geregelt. Findet sich dort ausnahmsweise keine Regelung, gelten die im Betrieb üblichen Zeiten. Die Grenzen der Arbeitszeit regelt das **Arbeitszeitgesetz** (ArbZG).

Danach dürfen Sie in der Regel nicht mehr als acht Stunden pro Werktag arbeiten. Die maximale Wochenarbeitszeit beträgt 48 Stunden. An Sonn- und Feiertagen müssen Sie grundsätzlich nicht arbeiten. Ausnahmen bestehen für bestimmte Arbeitnehmergruppen (z. B. Ärzte, Krankenschwestern, Hotelangestellte) oder in Notfällen (z. B. Naturkatastrophen, Ausfall wichtiger Maschinen).

Eine Erhöhung auf zehn Stunden täglich ist auch ohne sachlichen Grund möglich, wenn innerhalb von sechs Kalendermonaten oder innerhalb von 24 Wochen im Durchschnitt die 8-Stunden-Grenze eingehalten wird. Sie müssen also an anderen Tagen entsprechend weniger arbeiten.

Werden diese Zeiten überschritten, ist die Vereinbarung unwirksam. Beachten Sie aber, dass Tarifverträge häufig abweichende, für Sie als Arbeitnehmer ungünstigere Regelungen der Arbeitszeit enthalten können.

Was zählt zur Arbeitszeit?

Die Zeit von Beginn bis zum Ende der Arbeit – unabhängig davon, ob Sie tatsächlich gearbeitet haben oder nicht (z. B. haben Sie aus technischen Gründen keinen Zugriff auf Ihren Rechner). Zur Arbeitszeit zählen auch Zeiten der **Arbeitsbereitschaft und Bereitschaftsdienste.**

Davon zu unterscheiden ist die **»Rufbereitschaft«.** Hier müssen Sie sich an einem Ort Ihrer Wahl – das kann auch Ihr Zuhause sein – bereithalten und werden nur bei Bedarf tätig. In diesem Fall zählt nur die tatsächliche Inanspruchnahme als Arbeitszeit.

Auch **Dienstreisen** und sonstige Wegezeiten, die Sie aufwenden, um an einen auswärtigen Arbeitsort zu gelangen, gelten jedenfalls während der regulären Arbeitszeit als Arbeitszeit. Für Reisezeiten außerhalb der regulären Arbeitszeit (z. B. Beginn der Reise am Sonntag) sollten Sie mit Ihrem Arbeitgeber eine ausdrückliche Regelung treffen.

Der **Weg zur Arbeit, Pausen sowie Umkleide- und Waschzeiten** gehören in der Regel nicht zur Arbeitszeit im Sinne des ArbZG.

Was gilt für Überstunden?

Sie leisten **Mehrarbeit,** wenn Sie über die nach dem Arbeitsvertrag vereinbarte oder im Tarifvertrag geregelte Arbeitszeit hinaus Arbeitsleistungen erbringen. Dazu sind Sie nicht ohne Weiteres verpflichtet. Überstunden können von Ihnen nur verlangt werden, soweit die gesetzlichen Höchstarbeitszeiten nach dem ArbZG eingehalten werden. Gibt es in Ihrem Betrieb einen Betriebsrat, muss dieser der Anordnung von Überstunden zustimmen.

Eine Pflicht zur Erbringung von Überstunden besteht immer dann, wenn Sie dies in Ihrem **Arbeitsvertrag zugesagt** haben oder für die Mehrarbeit **betriebliche Gründe** und **Notfälle** bestehen (z. B. muss ein wichtiger Auftrag termingerecht fertiggestellt werden, weil andernfalls dem Betrieb hohe Schadensersatzzahlungen drohen).

Wenn Ihnen die Arbeitsleistung über die vereinbarte Zeit hinaus unzumutbar ist (z. B. weil Sie keine Betreuungsmöglichkeit für Ihr Kleinkind haben), dürfen Sie die Überstunden ablehnen.

Die **Überstundenvergütung** richtet sich nach der Regelung Ihres Arbeits- oder Tarifvertrages. Bei außertariflich Angestellten ist eine bestimmte Zahl von Überstunden häufig bereits mit dem Gehalt abgegolten.

Eine **vorformulierte Klausel** zur Überstundenvergütung im Arbeitsvertrag verstößt gegen das Transparenzgebot, wenn sich der Umfang der danach ohne zusätzliche Vergütung zu leistenden Überstunden nicht deutlich aus dem Arbeitsvertrag ergibt, und ist deshalb unwirksam.

! Im Streit um die Anordnung und Bezahlung von Überstunden trifft Sie als Arbeitnehmer eine besondere Dokumentationspflicht. Protokollieren Sie deshalb für jeden Arbeitstag die Überstunden nach Datum, Tageszeit und Inhalt der erledigten Tätigkeit und halten Sie fest, wer die Überstunden angeordnet hat.

3.5 Wenn es um die betriebliche Altersversorgung geht

Ihr Arbeitgeber ist grundsätzlich nicht verpflichtet, Ihnen eine sogenannte »**Versorgungszusage**« zu gewähren, auf deren Grundlage Sie im Versorgungsfall Ansprüche auf betriebliche Altersvorsorge erwerben. Sie können aber eine solche frei vereinbaren. Es steht ihm auch frei, zu bestimmen, in welcher Versorgungsform er Ihnen diese zusätzliche Leistung zukommen lässt (z. B. Direktversicherung, Pensionsfonds, »Riester«-Rentenvertrag).

Allerdings muss er dabei den **Gleichbehandlungsgrundsatz** beachten. Gewährt er seinen Arbeitnehmern im Betrieb regelmäßig eine bestimmte Zusage, kann er Ihnen diese nicht ohne sachlichen Grund vorenthalten.

Wurde Ihnen eine Versorgungszusage erteilt, sollten Sie nach dem Eintritt des Versorgungsfalls in regelmäßigen Zeitabständen von Ihrem Arbeitgeber die Überprüfung einer **Anpassung** der laufenden Leistungen Ihres Versorgungsanspruchs verlangen.

3.6 Wenn es um Ihren Urlaub geht

Wie viele bezahlte Urlaubstage Sie pro Kalenderjahr beanspruchen können, ergibt sich aus Ihrem Arbeitsvertrag oder einem Tarifvertrag. Nach dem Bundesurlaubsgesetz (BUrlG) stehen Ihnen jedoch **mindestens 24 Werktage** zu, wobei das Gesetz von einer 6-Tage-Woche ausgeht; dies entspricht bei einer 5-Tage-Woche 20 Tagen.

Dabei handelt es sich aber nur um den **gesetzlichen Mindesturlaub.** In der Praxis sehen viele Arbeitsverträge einen zusätzlichen Anspruch vor (häufig: 30 Tage). Der gesetzliche Mindesturlaub ist unabdingbar und unverzichtbar. Regelungen in Ihrem Arbeitsvertrag, die den gesetzlichen Mindesturlaubsanspruch beschneiden wollen, sind deshalb stets unwirksam.

3.7 Wenn es um Feiertage geht

An **gesetzlichen Feiertagen** müssen Sie nicht arbeiten, erhalten aber trotzdem Ihre Vergütung (§ 2 Entgeltfortzahlungsgesetz (EFZG)). **Ausnahme:** Sie hätten an diesem Tag ohnehin nicht gearbeitet (z. B. haben Sie an dem fraglichen Wochentag immer frei oder hätten nach Ihrem Dienstplan nicht arbeiten müssen).

Maßgebend sind die Feiertage, die sich aus den Sonn- und Feiertagsgesetzen der Bundesländer ergeben. Für kirchliche Feiertage oder »Brauchtumstage« gilt das Gesetz jedoch nicht.

Die **Höhe der Feiertagsvergütung** richtet sich nach dem Entgelt, das Sie erhalten hätten, wenn Sie tatsächlich gearbeitet hätten. Überstunden einschließlich möglicher Zuschläge werden berücksichtigt, wenn sie an diesem Tag normalerweise geleistet worden wären.

3.8 Wenn es um die Kündigung geht

Das müssen Sie zu den Kündigungsfristen wissen

Welche Kündigungsfrist in Ihrem Fall einzuhalten ist, ergibt sich aus Ihrem Arbeitsvertrag oder einem Tarifvertrag. Die Kündigungsfrist orientiert sich entweder an der gesetzlichen Grundfrist des § 622 BGB (z. B. vier Wochen zum 15. des Folgemonats oder zum Monatsende), an gesetzlichen Sonderkündigungsfristen (z. B. für Auszubildende) oder Sie treffen eine einzelvertragliche Regelung. Beachten Sie dabei, dass:

- die **gesetzlichen Kündigungsfristen nur ausnahmsweise verkürzt** werden können. Beispielsweise gilt während der Probezeit innerhalb der ersten sechs Monate eine Frist von zwei Wochen (§ 622 Abs. 3 BGB). Eine weitere Verkürzung der Probezeitkündigungsfrist ist nur durch Tarifvertrag und – im Falle nicht tarifgebundener Arbeitgeber und Arbeitnehmer – durch einzelvertragliche Bezugnahme auf einen Tarifvertrag möglich (§ 622 Abs. 4 BGB).
- **längere Fristen** stets vereinbart werden können, etwa eine Verlängerung der Kündigungsfrist auf drei Monate zum Quartalsende oder weiter reichende Kündigungstermine (z. B. ein Jahr zum Jahresende). Grundsätzlich darf die Kündigungsfrist für Sie als Arbeitnehmer nicht länger sein als die Ihres Arbeitgebers (§ 622 Abs. 6 BGB).

Das müssen Sie zum Kündigungsschutz wissen

Als Arbeitnehmer genießen Sie in bestimmten Situationen **gesetzlichen (Sonder-)Kündigungsschutz.** In diesen Fällen ist die Kündigung entweder generell ausgeschlossen oder sie hängt von der Zustimmung bestimmter Behörden ab. Oder Sie können sich auf den allgemeinen Schutz des Kündigungsschutzgesetzes berufen.

» **Beispiel:**

- Gegenüber einer schwangeren Mitarbeiterin besteht ein Kündigungsverbot. Ausnahme: Die zuständige Arbeitsschutzbehörde erklärt die Kündigung auf Antrag des Arbeitgebers für zulässig (§ 9 MuSchG).
- Erfüllen Sie die gesetzlichen Voraussetzungen des Kündigungsschutzgesetzes (§§ 1, 23 KSchG), können Sie gerichtlich überprüfen lassen, ob die Kündigung Ihres Arbeitsverhältnisses »sozial gerechtfertigt« ist.

3.9 Wenn es um den Dienstwagen geht

Kommen Sie beispielsweise als Außendienstmitarbeiter oder als leitender Angestellter in den Genuss eines Dienstwagens, sollten Sie bereits in der »**Dienstwagenregelung**« des Arbeitsvertrages darauf achten, dass zumindest folgende Fragen ausdrücklich geregelt werden:

- Was für ein Pkw (z. B. Fabrikat, Typ, Ausstattung, Preislimit) steht Ihnen zu und wer nimmt die Auswahl vor?
- Dürfen Sie den Pkw zu Privatfahrten nutzen? Wird zur Frage der Privatnutzung **nichts vereinbart,** dürfen Sie den Pkw ausschließlich für Dienstfahrten nutzen. Ist die Privatnutzung hingegen **erlaubt,** gilt dies grundsätzlich auch für Zeiten der Arbeitsabwesenheit, sofern Sie hierfür auch Ihre Vergütung weiterbezahlt bekommen (z. B. Urlaub oder Entgeltfortzahlung im Krankheitsfall in den ersten sechs Wochen).

  Hat Ihr Arbeitgeber Ihnen die private Nutzung erlaubt, kann er diese Zusage grundsätzlich **nicht einseitig widerrufen.** Es ist aber möglich, im Arbeitsvertrag bereits bestimmte **Widerrufsgründe** zu vereinbaren. Erfolgt diese Vereinbarung in einem Formulararbeitsvertrag, müssen die Widerrufsgründe im Vertrag selbst aufgeführt und sachlich gerechtfertigt sein. Möglich bleibt außerdem eine Änderungskündigung.
- Wie sehen die Rückgabemodalitäten genau aus (z. B.: Wann und an wen ist der Pkw zurückzugeben?)? Bei der **Beendigung des Arbeitsverhältnisses** müssen Sie den Pkw herausgeben. Ist die Privatnutzung **nicht gestattet,** kann Ihr Arbeitgeber den Pkw mit dem Ablauf der Kündigungsfrist jederzeit von Ihnen zurückverlangen.

  Ist die Privatnutzung **erlaubt,** haben Sie – auch bei einer Freistellung von der Arbeitspflicht – bis zum Ablauf der Kündigungsfrist einen Anspruch darauf, diesen weiter privat zu benutzen, Ihr Arbeitgeber muss auch die Unterhaltungs- und Reparaturkosten weiter bezahlen.

3.10 Wenn ein Fall der Arbeitsverhinderung vorliegt

Wenn Sie unverschuldet für kurze Zeit an der Erbringung Ihrer Arbeitsleistung verhindert sind, behalten Sie Ihren Vergütungsanspruch (§ 616 BGB).

» **Beispiel:** Die Verhinderungsgründe stammen aus Ihrer **persönlichen Sphäre,** etwa familiäre Ereignisse wie Eheschließung, Niederkunft der Ehefrau, Begräbnis im engsten Familienkreis, Umzug, ein plötzlich auftretender Unglücksfall (z. B. Einbruch ins Eigenheim, unverschuldeter Verkehrsunfall). Wie lange und wie häufig Sie verhindert sein dürfen, ist eine Frage des Einzelfalls und hängt unter anderem von der Dauer Ihrer Betriebszugehörigkeit ab. Erkundigen Sie sich auf dem Personalbüro.

Objektive Verhinderungsgründe (z. B. Glatteis, Straßensperrung, Verspätung öffentlicher Verkehrsmittel) werden in der Praxis zwar oft kulant gehandhabt. An sich gibt es für diese Fehlzeiten aber keine Vergütung. Bei notorischem Zuspätkommen drohen Ihnen zudem arbeitsrechtliche Konsequenzen (z. B. Abmahnung, Kündigung).

Planbare Verhinderungsfälle (z. B. Arztbesuch) sollten Sie in Ihre Freizeit legen. Hier besteht grundsätzlich kein Anspruch auf eine bezahlte Freistellung von der Arbeitspflicht.

! Bestehen Zweifel, ob Sie einen Anspruch auf bezahlte Arbeitsfreistellung haben, prüfen Sie auch den auf Ihr Arbeitsverhältnis anwendbaren Tarifvertrag. Häufig sind dort zusätzliche Freistellungstatbestände geregelt.

Daneben haben Sie einen Anspruch auf unbezahlte Freistellung von Ihrer Arbeitspflicht, wenn Sie Ihr eigenes **krankes Kind betreuen** müssen. Der Anspruch ist beschränkt auf 10 Arbeitstage pro Kalenderjahr, bei Alleinerziehenden auf 20 Arbeitstage. Vorausgesetzt ein Kinderarzt bescheinigt, dass das Kind häuslicher Pflege bedarf, es das 12. Lebensjahr nicht vollendet hat oder behindert ist und eine anderweitige Betreuungsmöglichkeit nicht vorhanden ist (§ 45 SGB V).

3.11 Wenn Sie krank sind oder in Kur gehen

Wann und wie Sie sich »richtig« arbeitsunfähig melden

Sind Sie wegen einer Krankheit unverschuldet **arbeitsunfähig erkrankt,** müssen Sie das Ihrem Arbeitgeber (z. B. Personalabteilung) unverzüglich mitteilen, also am ersten Tag der Erkrankung vor dem normalen Arbeitsbeginn – am besten per Telefon, E-Mail oder Fax. Es genügt nicht, mit der Krankmeldung bis zum Nachmittag zu warten, nachdem Sie mit Ihrem Arzt gesprochen haben. Mitgeteilt werden muss auch die voraussichtliche Dauer der Krankheit, soweit dies abschätzbar ist. Die Krankmeldung können auch Angehörige oder Arbeitskollegen für Sie erledigen.

Dabei führt nicht jede Krankheit zur Arbeitsunfähigkeit. Maßgeblich ist die Art der geschuldeten Arbeitsleistung (z. B. bei einer Beinverletzung sind Sie arbeitsunfähig, wenn Sie Ihre Arbeit im Stehen ausüben – anders bei sitzender Tätigkeit).

Eine **ärztliche Arbeitsunfähigkeitsbescheinigung** müssen Sie vorlegen, wenn die Krankheit länger als drei Kalendertage dauert (§ 5 EFZG). Der »gelbe Zettel« muss im Original spätestens am vierten Tag der Arbeitsunfähigkeit bei Ihrem Arbeitgeber vorliegen.

Manche Arbeits- oder Tarifverträge sehen zulässigerweise **kürzere Fristen** für die Vorlage der Bescheinigung vor. Der Arbeitgeber kann auch ohne weitere Begründung darauf bestehen, dass Sie bereits **am ersten Tag** Ihrer Arbeitsunfähigkeit eine ärztliche Arbeitsunfähigkeitsbescheinigung vorlegen.

Erkranken Sie **im Ausland,** müssen Sie **schnellstmöglich handeln.** Sie müssen sowohl Ihren Arbeitgeber als auch Ihre gesetzliche Krankenkasse sofort darüber informieren, dass und wie lange Sie voraussichtlich arbeitsunfähig erkrankt sind und wo Sie sich gerade aufhalten.

Auch im Ausland sollten Sie einen **Arzt aufsuchen** und sich eine Arbeitsunfähigkeitsbescheinigung ausstellen lassen. Achten Sie darauf, dass die Bescheinigung des ausländischen Arztes erkennen lässt, dass ihm die im deutschen Arbeitsrecht bedeutsame Unterscheidung zwischen Erkrankung und Arbeitsunfähigkeit bekannt ist.

Hat der Arbeitgeber berechtigte Zweifel an Ihrer Arbeitsunfähigkeit (z. B. melden Sie sich wiederholt an einem »Brückentag« krank), kann er dies Ihrer Krankenkasse mitteilen. Diese darf die krankheitsbedingte Arbeitsunfähigkeit von ihrem **Medizinischen Dienst** durch einen unabhängigen Arzt prüfen lassen. Verweigern Sie eine Untersuchung beim Medizinischen Dienst, spricht das in der Regel gegen die Richtigkeit des Attests.

Einen »Kontrollbesuch« Ihres Arbeitgebers selbst müssen Sie nicht dulden. Ihren Chef müssen Sie weder in Ihre Wohnung lassen noch ihm oder dem Betriebsarzt Auskunft über Ihren Gesundheitszustand geben.

Auch im Krankheitsfall gibt es Geld

Besteht Ihr Arbeitsverhältnis seit mehr als vier Wochen, sind Sie unverschuldet krankheitsbedingt arbeitsunfähig und haben Sie dies ordnungsgemäß durch ein ärztliches Attest nachgewiesen, muss Ihnen Ihr Arbeitgeber für die Dauer von sechs Wochen Ihr Gehalt weiterzahlen (§ 3 EFZG). Entgeltfortzahlung erhalten alle Arbeitnehmer – auch Teilzeit- oder geringfügig Beschäftigte. Die Anspruchsdauer kann vertraglich verlängert werden. Eine Verschlechterung gegenüber den gesetzlichen Mindestbedingungen ist unzulässig.

Erkranken Sie **während der 4-wöchigen Wartezeit** des § 3 Abs. 3 EFZG, bekommen Sie Leistungen von Ihrer Krankenkasse. Das gilt auch, wenn Sie länger als sechs Wochen arbeitsunfähig sind. In diesen Fällen beziehen Sie 70 % Ihres regelmäßigen Bruttogehalts bzw. 80 % bei einem Arbeitsunfall.

Wann entfällt die Entgeltfortzahlungspflicht?

Bei **selbst verschuldeter Arbeitsunfähigkeit** muss Ihr Arbeitgeber nicht zahlen. Dabei kommt es darauf an, ob man Ihnen ein persönliches Verschulden vorwerfen kann, das heißt, Sie müssen grob fahrlässig oder vorsätzlich gehandelt haben. Weiter muss Ihr Verhalten die Arbeitsunfähigkeit herbeigeführt oder verlängert haben.

» **Beispiel:** Sie haben die Arbeitsunfähigkeit verschuldet, wenn Sie durch Ihr grob unvernünftiges Verhalten Ihre Genesung verzögern (z. B. treiben Sie trotz einer schweren Bronchitis Sport).

Sportunfälle gelten grundsätzlich nicht als selbst verschuldet. Anders jedoch bei gefährlichen Extremsportarten (z. B. Motorradrennen, Kickboxen). Diese sind besonders gefahrträchtig, sodass auch durchtrainierte, sich regelkonform verhaltende Sportler Verletzungen nicht verhindern können. Deshalb verneinen einige Gerichte den Entgeltfortzahlungsanspruch, weil in diesen Fällen die Arbeitsunfähigkeit nicht unverschuldet ist.

Was gilt, wenn Sie in Kur oder in Reha gehen?

Hier gelten grundsätzlich dieselben Grundsätze wie für die Entgeltfortzahlung wegen Krankheit (§ 9 EFZG). Dies gilt sowohl für **stationär** als auch für **ambulant** durchgeführte Maßnahmen. Voraussetzung ist allerdings, dass Ihr Sozialversicherungsträger die medizinische Maßnahme bewilligt hat und sie in einer anerkannten Einrichtung durchgeführt wird. Sind Sie nicht gesetzlich kranken- oder rentenversichert, brauchen Sie eine besondere ärztliche Verordnung.

3.12 Wenn es um die Konkurrenz geht

Sie sind zur Verschwiegenheit verpflichtet

Als Arbeitnehmer müssen Sie auf die geschäftlichen Interessen Ihres Arbeitgebers Rücksicht nehmen und haben über **Betriebsinterna Stillschweigen** zu bewahren – und zwar auch ohne ausdrückliche Vereinbarung in Ihrem Arbeitsvertrag.

Die vertragliche Verschwiegenheitspflicht wird ergänzt durch die gesetzliche Pflicht zur Wahrung von **Geschäfts- und Betriebsgeheimnissen** (§§ 1, 17 UWG). Geheim zu halten sind Tatsachen wie Kundenlisten, Umsatzzahlen, besondere Produktionsmethoden sowie berechtigte wirtschaftliche Interessen des Arbeitgebers (z. B. Kreditwürdigkeit).

Die Schweigepflicht darf einzelvertraglich **erweitert** werden (z. B. mit Bezug auf persönliche Lohn- oder Gehaltsdaten). Unzulässig ist aber eine Klausel in einem **Formulararbeitsvertrag,** wonach sich der Arbeitnehmer pauschal zur Geheimhaltung aller ihm bekannt gewordenen geschäftlichen oder betrieblichen Tatsachen verpflichtet.

Die Verschwiegenheitspflicht **endet nicht mit der Beendigung des Arbeitsverhältnisses.** Sie bleiben auch nach Ihrem Ausscheiden zur Verschwiegenheit verpflichtet.

Verletzen Sie die Verschwiegenheitspflicht, drohen arbeitsrechtliche Konsequenzen wie Abmahnung und Kündigung. Daneben machen Sie sich schadensersatzpflichtig. Außerdem kann der Verstoß strafrechtliche Folgen haben.

Es besteht ein Wettbewerbsverbot

Während des Arbeitsverhältnisses dürfen Sie Ihrem Arbeitgeber auch ohne ausdrückliche Regelung in Ihrem Arbeitsvertrag keine Konkurrenz machen. Das heißt, Sie dürfen weder bei einem Wettbewerber einen Nebenjob ausüben noch selbstständig zu Ihrem Arbeitgeber in Konkurrenz treten.

Mit dem **Ende Ihres Arbeitsverhältnisses** endet grundsätzlich Ihre Pflicht zur Wettbewerbsenthaltung. Gegen eine Konkurrenztätigkeit kann Ihr Arbeitgeber sich bis zu einer Höchstdauer von zwei Jahren durch die Vereinbarung eines nachvertraglichen Wettbewerbsverbots absichern (§ 74 HGB). Vorausgesetzt, er kann sich hierfür auf ein berechtigtes geschäftliches Interesse berufen (z. B. Schutz von Kundenbeziehungen).

Dieses Wettbewerbsverbot muss **schriftlich** vereinbart werden. Beide Vertragsparteien müssen unterschreiben. Als Arbeitnehmer bekommen Sie ein Originalexemplar des Vertrages ausgehändigt.

Das Wettbewerbsverbot muss **klar formuliert** sein und – sofern es als Klausel in einem Formulararbeitsvertrag vorliegt – der AGB-Kontrolle genügen.

» **Beispiel:** Unwirksam sind Klauseln, mit denen das Wettbewerbsverbot an eine Bedingung geknüpft wird (z. B. für den Fall, dass der Arbeitnehmer eine fristlose Kündigung verschuldet).

Als Gegenleistung für das Wettbewerbsverbot hat Ihr Arbeitgeber Ihnen eine **Entschädigung** zu zahlen (sogenannte »Karenzentschädigung«). Diese muss mindestens für jedes Jahr des Verbots die Hälfte der zuletzt von Ihnen bezogenen Bruttovergütung erreichen. Ein fixer Geldbetrag ist nicht anzugeben, doch die Berechnungsgrundlage muss so eindeutig sein, dass kein Zweifel über die Höhe der zu leistenden Zahlung besteht.
Wurde das Wettbewerbsverbot nicht schriftlich vereinbart, Ihnen keine oder eine zu geringe Entschädigung (d. h. niedriger als die Hälfte der zuletzt von Ihnen bezogenen Vergütung) angeboten, ist es **unwirksam** und Sie müssen es nicht beachten. Wird das Wettbewerbsverbot auf eine längere Zeit als zwei Jahre abgeschlossen, sind Sie dennoch nur zwei Jahre gebunden.

Verstoßen Sie gegen ein wirksam vereinbartes Wettbewerbsverbot, braucht Ihr Arbeitgeber Ihnen für die Dauer Ihrer Konkurrenztätigkeit die Karenzentschädigung nicht zu zahlen und Sie müssen bereits erhaltene Zahlungen zurückerstatten. Zudem machen Sie sich schadensersatzpflichtig und riskieren – sofern wie üblich vereinbart – eine Vertragsstrafe.

3.13 Wenn es um Rückzahlungsklauseln geht

Müssen Sie Sonderzuwendungen zurückzahlen?

Ja, sofern ein entsprechender **Rückzahlungsvorbehalt** ausdrücklich und wirksam in Ihrem Arbeitsvertrag vereinbart wurde. Dabei gilt, dass Sonderzuwendungen, die **reinen Entgeltcharakter** haben, Vergütungsbestandteil sind. Diese können nicht zurückverlangt werden.

Sonderzuwendungen, mit denen Ihr Arbeitgeber hingegen Ihre **Betriebstreue belohnen** will (z. B. Weihnachtsgeld, Jubiläumszuwendungen), können unter bestimmten Voraussetzungen mit einem Rückzahlungsvorbehalt versehen werden. Hier gilt:

- Eine Gratifikation von weniger als € 100,– kann nicht zurückgefordert werden.
- Beträgt die Gratifikation zwischen € 100,– und einem Monatslohn, dürfen Sie bis zum 31. 3. des Folgejahres an den Betrieb gebunden werden.
- Beläuft sich die Gratifikation auf einen Monatslohn, knüpft die maximal zulässige Bindungsfrist an die nächste Kündigungsmöglichkeit nach dem 31. 3. an. Bei gesetzlicher Kündigungsfrist ist dies der 30. 4. Der Arbeitgeber kann also nicht verhindern, dass Sie frist- und termingerecht innerhalb des zweiten Quartals des Folgejahres kündigen.
- Eine Bindung über den 30. 6. hinaus ist in der Regel auch bei einer Gratifikation in Höhe von mehr als einem Monatslohn nicht möglich.

Erfolgt die Regelung einer Rückzahlungsklausel mit einer Stichtagsklausel in einem **Formulararbeitsvertrag,** darf sie nicht an einer unerwarteten Stelle unter anderer Überschrift im Arbeitsvertrag »versteckt« werden. Zudem ist zumindest Beginn und Dauer der Bindungsfrist und der zu zahlende Betrag eindeutig zu bestimmen.

Ist eine zu lange Bindungsdauer vereinbart, führt dies zur Unwirksamkeit der gesamten Rückzahlungsklausel und Sie müssen in der Regel nichts zurückbezahlen.

Haben Sie Ausbildungskosten zu erstatten?

Bezahlt Ihr Arbeitgeber Ihnen eine Aus- oder Fortbildungsmaßnahme, wird er auf die Vereinbarung einer Rückzahlungsklausel für die Schulungskosten bestehen (z. B. für Meisterkurse oder EDV-Schulungen). Denn er möchte die erworbene Qualifikation im eigenen Unternehmen halten und Sie zumindest (anteilig) an den Kosten beteiligen, sofern Sie nach Abschluss der Bildungsmaßnahme die Arbeitsstelle nicht antreten oder vorzeitig aufgeben.

Im Berufsausbildungsverhältnis sind Rückzahlungsklauseln generell unzulässig (§ 12 Abs. 2 BBiG; § 26 BBiG); im Arbeitsverhältnis kann die Rückzahlung von Schulungskosten **nur vor Beginn** der Bildungsmaßnahme vereinbart werden.

Ob eine Rückzahlungsklausel in einem **Formulararbeitsvertrag** zulässig ist, hängt von den Umständen des Einzelfalls ab:

- Der Arbeitgeber darf sich die Rückforderung von Aus- bzw. Fortbildungskosten nicht unabhängig vom Grund der Beendigung des Arbeitsverhältnisses **vorbehalten.** Die Klausel muss danach differenzieren, in wessen Verantwortungsbereich die Beendigung des Arbeitsverhältnisses fällt.

- Sie müssen durch die Aus- oder Fortbildung einen **geldwerten Vorteil** erlangen. Das heißt, Sie erwerben Kenntnisse und Fähigkeiten, die Sie auch außerhalb des Betriebes auf dem Arbeitsmarkt gewinnbringend einsetzen könnten. Kosten für innerbetriebliche Schulungen (z. B. neue Software), die Ihre Kenntnisse an betriebliche Erfordernisse anpassen, müssen Sie nicht zurückzahlen.
- Ausbildungsdauer, Höhe der Kosten, Freistellung des Arbeitnehmers und die Bindungsdauer der Klausel müssen in einem angemessenen Verhältnis stehen. Das bedeutet: Je länger, je teurer und je qualifizierter die Maßnahme ist, desto länger darf die **Bindungsfrist** sein – jedoch nicht über fünf Jahre (§ 624 BGB):
  - Ausbildungsdauer bis zu einem Monat: Bindungsfrist maximal sechs Monate;
  - Ausbildungsdauer bis zu zwei Monaten: Bindungsfrist bis zu einem Jahr;
  - Ausbildungsdauer drei Monate bis vier Monate: Bindungsfrist bis 24 Monate;
  - Fortbildungsdauer sechs Monate bis ein Jahr: Bindungsfrist maximal drei Jahre;
  - Fortbildungsdauer über zwei Jahre: Bindungsfrist maximal fünf Jahre. Ist eine zu lange Bindungsdauer vereinbart, führt dies zur Unwirksamkeit der gesamten Rückzahlungsklausel. Folge: Es besteht in der Regel überhaupt keine Rückzahlungspflicht.

3.14 Wenn es um eine Vertragsstrafe geht

Häufig sehen Arbeitsverträge für den Fall eines Vertragsbruchs durch den Arbeitnehmer eine Vertragsstrafenklausel vor. Für den Arbeitgeber hat eine solche Vereinbarung den Vorteil, dass er von seinem Mitarbeiter bei Vertragsverletzungen eine Strafzahlung verlangen kann, ohne einen Schaden nachweisen zu müssen.

Wird eine Vertragsstrafe in einem **Formulararbeitsvertrag** vereinbart, muss die Regelung klar verständlich sein, und es muss eindeutig festgelegt sein, welches Fehlverhalten die Strafzahlung auslöst. Unzulässig ist es beispielsweise, wenn die Klausel alle denkbaren schuldhaften Vertragsverletzungen des Arbeitnehmers erfasst, die den Arbeitgeber zur fristlosen Kündigung berechtigen.

Die Strafe muss der Höhe nach eindeutig festgelegt und bestimmt sein. Allerdings darf sie nicht zu einer Übersicherung des Arbeitgebers führen. Unzulässig wäre etwa eine Klausel, die für jeden Fall eines Vertragsverstoßes eine Vertragsstrafe in Höhe des 1- bis 3-fachen Monatsgehalts vorsieht.

Eine unangemessene Vertragsstrafenklausel ist **unwirksam** und wird auch nicht auf einen gerade noch zulässigen Zahlbetrag zurückgeführt.

4 Wie setzen Sie Ihre Rechte durch?

Sie treten die Arbeit unter Vorbehalt an

Sind Sie mit einer Weisung Ihres Arbeitgebers nicht einverstanden (z. B. weist er Ihnen eine andere als die vertraglich vereinbarte Aufgabe zu), sollten Sie die Arbeit nicht einfach verweigern. Sonst riskieren Sie eine Abmahnung oder gar eine Kündigung.

Treten Sie stattdessen Ihre Arbeit »unter Vorbehalt« an und verlangen Sie zugleich die Rückgängigmachung der Arbeitsanweisung – aus Beweisgründen am besten schriftlich.

Achten Sie auf Ausschluss- bzw. Verfallsfristen!

Sind Sie sich Ihrer Rechte und Pflichten im Arbeitsrecht sicher, können Sie sie gegenüber Ihrem Arbeitgeber einfordern und nötigenfalls auch vor dem Arbeitsgericht einklagen. Beachten Sie, dass Sie arbeitsvertrag- oder tarifliche Ansprüche häufig innerhalb einer bestimmten Frist verlangen müssen (in der Regel drei bis sechs Monate).

Versäumen Sie diese Frist, können Sie den Anspruch nicht mehr mit Erfolg durchsetzen – auch wenn Ihnen der Anspruch an sich zugestanden hätte. Zudem sind die Ansprüche schriftlich gegenüber dem Arbeitgeber oder gerichtlich geltend zu machen.

Die **arbeitsvertragliche Ausschlussfrist** muss mindestens drei Monate für die erstmalige Geltendmachung vertraglicher Ansprüche betragen, um Sie als Arbeitnehmer nicht unangemessen zu benachteiligen. Ist die Frist zu kurz, ist die Klausel unwirksam und fällt ersatzlos weg. Sie können Ihre Ansprüche in diesem Fall bis zum Ablauf der Verjährungsfrist geltend machen. Tarifverträge können kürzere Fristen vorsehen.

! Auf eine arbeitsvertragliche Ausschlussfrist müssen Sie ausdrücklich hingewiesen werden oder sie muss im Vertrag drucktechnisch hervorgehoben werden. Sonst wird sie nicht Vertragsbestandteil, und Sie brauchen die Fristen nicht zu beachten. Anders bei tariflichen Ausschlussfristen: Diese laufen auch ohne Ihre Kenntnis. Erkundigen Sie sich deshalb im eigenen Interesse nach dem Inhalt des Tarifvertrags.

Achten Sie auch auf die Verjährung!

Neben Ausschluss- / Verfallsfristen müssen Sie auch für Ansprüche aus Ihrem Arbeitsverhältnis die Verjährungsvorschriften beachten (z. B. fordern Sie rückständiges Gehalt ein). Diese Ansprüche verjähren regelmäßig in drei Jahren (§ 195 BGB). Die Verjährung beginnt mit dem Ende des Kalenderjahres, in dem die Forderung entstanden ist (§ 199 BGB).

5 Was gilt für nachträgliche Vertragsänderungen?

Einvernehmliche Änderungen sind jederzeit möglich, Sie können beispielsweise mit Ihrem Arbeitgeber über zusätzliche Urlaubstage verhandeln. Achten Sie bei Änderungen aus Beweisgründen auch immer darauf, dass diese schriftlich fixiert werden.

Misslingt eine Einigung, können Sie sich in bestimmten Fällen auf einen **gesetzlichen Anspruch** berufen, um eine Vertragsänderung durchzusetzen (z. B. Wechsel von Voll- auf Teilzeitarbeit).

Möglich ist auch, dass im Arbeitsvertrag sich eine Seite die **einseitige Änderung** einzelner Vertragsklauseln **vorbehält,** etwa durch einen Änderungs-, Freiwilligkeits- oder Widerrufsvorbehalt. Dieser Vorbehalt ist nur zulässig, wenn die Änderung dem anderen Vertragspartner zumutbar ist. Das erfordert einen sachlichen Grund, der beispielsweise in betrieblichen oder wirtschaftlichen Erfordernissen liegen kann.

Ihr Arbeitsvertrag regelt typischerweise nur die Rahmenbedingungen Ihres Arbeitsverhältnisses. Inhalt, Ort und Zeit Ihrer Arbeitsleistung konkretisiert der Arbeitgeber durch **Weisungen.** Dabei muss er die Grenzen des Arbeitsvertrages, des Tarifvertrages, von Betriebsvereinbarungen und der Gesetze beachten. Den Weisungen Ihres Arbeitgebers müssen Sie Folge leisten. Es sei denn, sie sind gesetzes-, vertrags- oder sittenwidrig. Überschreitet er die Grenzen seines Weisungsrechts, sollten Sie Ihre Arbeit unter Vorbehalt antreten.

D2 Teilzeitarbeit: Keine Nachteile aufgrund geringerer Arbeitszeit

1 Teilzeitkräfte dürfen nicht benachteiligt werden

Sie sind kein Arbeitnehmer »zweiter Klasse«

Jeder Arbeitnehmer kann im Laufe seines Arbeitslebens in eine Situation kommen, die ihn dazu veranlasst, über eine Reduzierung seiner Arbeitszeit nachzudenken, beispielsweise wenn er ein Kind betreuen oder einen nahen Angehörigen pflegen muss oder wenn er sich nebenberuflich weiterbilden möchte. Dies gilt auch für Teilzeitarbeitnehmer, die ihre Arbeitszeit weiter verringern wollen.

In dieser Situation sollten Sie über Ihre Rechte und Pflichten Bescheid wissen. Dabei gilt im Grundsatz: Als Teilzeitarbeitnehmer haben Sie die gleichen Rechte und Pflichten wie Vollzeitarbeitnehmer. Sie sind **nicht weniger schutzwürdig, nur weil Sie weniger arbeiten.**

Das **Verbot der Ungleichbehandlung** von Vollzeit- und Teilzeitarbeitnehmern folgt bereits aus Art. 3 des Grundgesetzes. Daneben verbietet § 4 Teilzeit- und Befristungsgesetz (TzBfG) jede unterschiedliche Behandlung von teilzeitbeschäftigten Arbeitnehmern gegenüber vollzeitbeschäftigten Arbeitnehmern wegen der Teilzeitarbeit. Es sei denn, diese ist ausnahmsweise durch sachliche Gründe gerechtfertigt (z.B. unterschiedliche Qualifikation, Berufserfahrung oder die Anforderungen des konkreten Arbeitsplatzes).

Die gesetzliche Regelung untersagt aber nicht jede Ungleichbehandlung, sondern nur eine, die **wegen** der Teilzeitarbeit erfolgt.

» **Beispiel:** Ihr Arbeitgeber darf Teilzeitarbeitnehmer bei der Gewährung von Weihnachtsgratifikationen, Jubiläumszuwendungen und anderen Sondervergütungen grundsätzlich nicht ausschließen.

Sie profitieren aus einem Verstoß gegen Schutzvorschriften

Das Verbot der Schlechterstellung von Teilzeitarbeitnehmern gilt nicht nur für den Vertragsschluss, sondern betrifft das gesamte rechtserhebliche Handeln Ihres Arbeitgebers. Auch einzelne Arbeitsanweisungen müssen sich am Benachteiligungsverbot messen lassen.

» **Beispiel:** Der Arbeitgeber darf nicht bevorzugt Teilzeitkräfte zu den in der Belegschaft unbeliebten Wochenenddiensten einteilen.

§ 4 TzBfG ist zwingend, kann also auch nicht im Arbeitsvertrag ausgeschlossen werden. Verstößt Ihr Arbeitgeber dagegen, ist die Maßnahme **unwirksam,** und Ihr Arbeitgeber kann sich im Einzelfall **schadensersatzpflichtig** machen.

» **Beispiel:** Vollzeitbeschäftigte erhalten laut Arbeitsvertrag ein Weihnachtsgeld in Höhe eines Bruttomonatsgehalts. Bei Teilzeitkräften fehlt eine entsprechende Regelung. Trotzdem haben sie Anspruch auf die vorenthaltene (anteilige) Auszahlung des Weihnachtsgeldes.

2 Wann gelten Sie als Teilzeitkraft?

2.1 Sie arbeiten dauerhaft weniger als normal

Teilzeitarbeitnehmer sind Sie, wenn Ihre **regelmäßige wöchentliche Arbeitszeit kürzer** als die vergleichbarer vollzeitbeschäftigter Arbeitnehmer ist (§ 2 Abs. 1 TzBfG). Dabei gilt:

Zunächst ist die durchschnittliche im Betrieb gearbeitete Wochenarbeitszeit zu ermitteln und mit Ihrer wöchentlichen Arbeitszeit zu vergleichen. Diese steht üblicherweise in Ihrem Arbeitsvertrag (z. B. wird im Betrieb üblicherweise 40 Wochenstunden gearbeitet, Sie selbst arbeiten laut Vertrag aber nur 29 Stunden pro Woche).

Wurde vertraglich keine bestimmte Wochenarbeitszeit vereinbart, liegt Teilzeitarbeit vor, wenn Ihre regelmäßige Arbeitszeit in einem Beschäftigungszeitraum von bis zu einem Jahr unter der eines vergleichbaren Arbeitnehmers liegt, zum Beispiel arbeiten Ihre Kollegen fünf Tage die Woche in einem Restaurant, Sie kellnern dort nur am Wochenende.

Entscheidend ist allein, dass Ihre **Arbeitszeit dauerhaft verkürzt** ist, und zwar unabhängig davon, ob Sie befristet oder unbefristet beschäftigt sind. Unerheblich ist dabei, ob Ihre Arbeitszeit nach Tagen, Wochen oder längeren Zeiträumen bestimmt ist oder ob ein Arbeitsplatz unter mehreren Arbeitnehmern aufgeteilt wird.

Beachten Sie: Da die Verkürzung der Arbeitszeit gerade nicht auf Dauer angelegt ist, liegt bei Kurzarbeit, einer kurzfristigen Beschäftigung wie einem Ferienjob oder einer nur vorübergehenden Freistellung von der Arbeitspflicht kein Teilzeitarbeitsverhältnis vor.

2.2 Sie sind geringfügig beschäftigt

Auch eine geringfügige Beschäftigung (sogenannter »Minijob«) stellt ein Teilzeitarbeitsverhältnis dar. Sie haben im Rahmen einer geringfügigen Beschäftigung grundsätzlich die gleichen Rechte und Pflichten wie Vollzeitarbeitskräfte.

» **Beispiel:** Sie haben entsprechend Ihrem Beschäftigungsumfang Anspruch auf Erholungsurlaub, Anspruch auf Entgeltfortzahlung bei krankheitsbedingter Arbeitsunfähigkeit und Anspruch auf Urlaubs- und Weihnachtsgeld.

Sie sind geringfügig beschäftigt, wenn Sie regelmäßig **nicht mehr als € 450,– monatlich verdienen,** inklusive anteiligem Urlaubs- und Weihnachtsgeld (§ 2 Abs. 2 TzBfG i. V. m. § 8 Abs. 1 Nr. 1 SGB IV). Auf die wöchentlich gearbeitete Stundenzahl kommt es nicht an. Ausführliche Informationen zur geringfügigen Beschäftigung erhalten Sie bei der:

Minijob-Zentrale
der Deutschen Rentenversicherung Knappschaft Bahn See

Info-Telefon: 0355 / 2902 – 70799
(Montag bis Freitag, jeweils 7:00 Uhr bis 19:00 Uhr)

www.minijob-zentrale.de

---

3 Sie haben ein Recht auf Teilzeitarbeit

3.1 Die gesetzlichen Vorgaben sind strikt, doch schützen sie zugleich

Der Wechsel ist kein Kündigungsgrund

Es ist ausdrücklich gesetzlich geregelt, dass die Weigerung eines Arbeitnehmers, von einem Vollzeit- in ein Teilzeitarbeitsverhältnis oder umgekehrt zu wechseln, als solche keinen Kündigungsgrund darstellt (§ 11 Satz 1 TzBfG). **Folge:** Eine alleine aus diesem Grunde ausgesprochene (Änderungs- oder Beendigungs-)Kündigung ist **unwirksam** (→ Abschn. IV 10).

Dies gilt unabhängig davon, ob Sie sich auf den Schutz des Kündigungsschutzgesetzes berufen können – also auch während der ersten sechs Monate eines Arbeitsverhältnisses und in Kleinbetrieben, in denen nicht mehr als zehn in Vollzeit beschäftigte Arbeitnehmer tätig sind.

Eine **Kündigung aus anderen Gründen** bleibt aber möglich (§ 11 Satz 2 TzBfG).

» **Beispiel:** Der Arbeitgeber kann eine betriebsbedingte Änderungskündigung wegen des Rückgangs der Arbeitsmenge aussprechen und dadurch versuchen, eine Reduzierung der Arbeitszeit durchzusetzen.

Das muss im Einzelnen erfüllt sein

§ 8 TzBfG regelt die Voraussetzungen, unter denen Sie gegen Ihren Arbeitgeber einen Anspruch auf Reduzierung und Neuverteilung Ihrer Arbeitszeit haben. Auch bereits Teilzeitbeschäftigte können – soweit diese Voraussetzungen vorliegen – eine weitere Reduzierung ihrer Arbeitszeit verlangen:

- Einen Anspruch auf Reduzierung der Arbeitszeit haben **nur Arbeitnehmer,** und zwar unabhängig von deren Stellung im Betrieb. So können auch **leitende Angestellte** Teilzeit beanspruchen (§ 6 TzBfG).
- Ihr Arbeitsverhältnis muss **ununterbrochen länger als sechs Monate** bestehen. Erst mit Ablauf dieser **Wartezeit** dürfen Sie einen Teilzeitantrag stellen. Maßgeblich ist dabei der rechtliche Bestand des Arbeitsverhältnisses und nicht etwa, ob tatsächlich gearbeitet wurde oder nicht (z. B. im Falle einer Erkrankung).
- Außerdem muss der Arbeitgeber **regelmäßig mehr als 15 Arbeitnehmer** beschäftigen. Gezählt wird nach Köpfen. Hierbei zählt jeder Arbeitnehmer – unabhängig davon, ob er in Vollzeit, Teilzeit oder auch nur geringfügig beschäftigt wird. Ausnahme: Auszubildende zählen nicht mit.

3.2 Stellen Sie Ihren Antrag form- und fristgerecht

Erfüllen Sie die genannten Voraussetzungen (→ Abschn. III) und haben Sie sich für ein Teilzeitverlangen entschieden, müssen Sie die Reduzierung der Arbeitszeit beim Arbeitgeber **beantragen.** Beachten Sie dabei, dass es Ihnen um eine **dauerhafte Reduzierung** gehen muss. Eine nur vorübergehende Teilzeitbeschäftigung kann nicht verlangt werden.

Sie müssen Ihren Anspruch auf Verringerung der Arbeitszeit und den gewünschten Umfang der Verringerung **mindestens drei Monate** vor deren Beginn geltend machen.

» **Beispiel:** Wollen Sie ab dem 1. 4. weniger arbeiten, müssen Sie Ihren Antrag spätestens am 31. 12. des Vorjahres beim Arbeitgeber oder einer empfangsberechtigten Stelle (z. B. in der Personalabteilung) abgeben.

Versäumen Sie diese **Frist,** hat der Antrag trotzdem Bestand. Doch **verschiebt sich der Beginn** der verkürzten Arbeitszeit um die fehlenden Tage.

Haben Sie bereits einmal die Reduzierung Ihrer Arbeitszeit verlangt, können Sie einen **neuen Antrag** erst **nach Ablauf von zwei Jahren** stellen, nachdem der Arbeitgeber einer Verringerung zugestimmt oder sie berechtigt abgelehnt hat (§ 8 Abs. 6 TzBfG).

Das Gesetz verlangt für das Teilzeitverlangen **keine besondere Form.** So ist grundsätzlich auch ein mündlicher Antrag wirksam. Um insbesondere die Einhaltung der Fristen im Streitfall nachweisen zu können, empfiehlt sich aber ein **schriftlicher Antrag.** Dieser sollte Folgendes beinhalten:

- Sie müssen den **Zeitpunkt** nennen, ab dem die geänderte Arbeitszeit gelten soll. Geben Sie ein genaues Datum an. Angaben wie »zum nächstmöglichen Zeitpunkt« führen zur Unwirksamkeit des Teilzeitgesuchs.
- Sie müssen außerdem den **Umfang der gewünschten Arbeitszeitreduzierung** angeben. Eine gesetzlich festgeschriebene zeitliche Ober- oder Untergrenze gibt es nicht. Sie kann aber ausnahmsweise in einem Tarifvertrag geregelt sein. Ihr Teilzeitwunsch muss so **genau und klar formuliert** sein, dass er mit einem einfachen »Ja« angenommen werden kann. Geben Sie nur einen ungefähren Rahmen vor (z. B. »20 bis 25 Wochenstunden«), ist Ihr Änderungsverlangen zu unbestimmt und damit unwirksam.
- Außerdem sollten Sie die gewünschte **Verteilung der Arbeitszeit** angeben (§ 8 Satz 2 TzBfG). Diese Angabe ist nicht zwingend. Doch es ist ratsam, Ihrem Arbeitgeber mitzuteilen, an welchen Wochentagen Sie wie viele Stunden arbeiten möchten.

  Sie dürfen ein Teilzeitverlangen auch nur mit dem Ziel der Reduzierung der Stundenzahl verfolgen, wenn es Ihnen auf die Verteilung der Stunden auf die Wochentage nicht ankommt. **Beachten Sie:** In diesem Fall darf der Arbeitgeber aber aufgrund seines Weisungsrechts die Stunden auf die Wochentage verteilen.

Verlangen Sie gleichzeitig eine Reduzierung der Arbeitszeit und eine Neuverteilung auf die Wochentage, sind beide Anträge grundsätzlich voneinander unabhängig zu betrachten. So kann der Arbeitgeber – und im Streitfall das Gericht – auch nur einem der beiden Anträge stattgeben. Sie können sich aber auch dazu entscheiden, Ihr Teilzeitverlangen unter der Bedingung zu stellen, dass Ihr Arbeitgeber auch der gewünschten Verteilung zustimmt. Letzteres muss dann unmissverständlich erklärt werden.

! Sie sind nicht verpflichtet, Ihren Teilzeitwunsch dem Arbeitgeber gegenüber zu begründen. Begründen Sie aber Ihren Teilzeitwunsch, dürfte sich damit häufig die Akzeptanz Ihres Arbeitgebers erhöhen.

3.3 Ohne das O.K. des Arbeitgebers geht es nicht

Einvernehmlichkeit aufgrund eines Gesprächs

Erfüllt Ihr Teilzeitverlangen die gesetzlichen Voraussetzungen, findet ein sogenannter »**Erörterungstermin**« statt. Ziel ist es, eine **Verhandlungslösung** für das Teilzeitverlangen zu finden, mit der Sie und Ihr Arbeitgeber sich einverstanden erklären können. Dabei hat Ihr Arbeitgeber schließlich das letzte Wort.

Ihr Arbeitgeber entspricht Ihrem Teilzeitwunsch

Einigen Sie sich mit Ihrem Arbeitgeber auf eine Änderung der Arbeitszeit, sollten Sie die Reduzierung und gegebenenfalls die Neuverteilung der Arbeitszeit **schriftlich festhalten.** Damit können zukünftige Streitigkeiten vermieden werden.

Vom vereinbarten Zeitpunkt an schulden Sie grundsätzlich nur noch die reduzierte Arbeitszeit. Allerdings darf der Arbeitgeber die **Verteilung der Arbeitszeit** auf die Wochentage **nachträglich einseitig** auch wieder **ändern,** sofern dies durch später aufgetretene überwiegende betriebliche Interessen im Einzelfall gerechtfertigt ist. Eine entsprechende Änderung muss er Ihnen mindestens einen Monat vorher ankündigen (§ 8 Abs. 5 Satz 4 TzBfG). **Beachten Sie:** Eine Änderung der Arbeitszeitreduzierung als solche ist aber nur noch durch einen Änderungsvertrag oder eine Änderungskündigung möglich.

Ihr Arbeitgeber lehnt Ihren Antrag ab

Ihr Arbeitgeber muss Ihnen spätestens einen Monat vor dem gewünschten Beginn seine Entscheidung über die Verringerung der Arbeitszeit und ihre Verteilung schriftlich mitteilen. Dabei sind folgende **Entscheidungsvarianten** denkbar.

» **Beispiel:**

- Lehnt Ihr Arbeitgeber die Reduzierung der Arbeitszeit ab, ist damit immer auch die gewünschte Neuverteilung der Arbeitszeit abgelehnt.
- Stimmt er nur der Reduzierung der Arbeitszeit zu, nicht aber der Neuverteilung der Arbeitszeit, können Sie Letztere nur durch Klageerhebung am Arbeitsgericht erstreiten.
- Haben Sie Ihr Teilzeitverlangen unter der Bedingung gestellt, dass auch der Neuverteilung der Arbeitszeit zugestimmt wird, darf der Arbeitgeber diesen Antrag auch nur insgesamt annehmen oder ablehnen.

Der Arbeitgeber darf Ihr Teilzeitverlangen nur aus **betrieblichen Gründen** ablehnen (§ 8 Abs. 4 TzBfG). Diese müssen nachvollziehbar und plausibel sein. Dabei kommt es auf den Einzelfall an.

» **Beispiel:** Ein anerkannter betrieblicher Grund, der gegen ein Teilzeitbegehren spricht, liegt vor, wenn das pädagogische Konzept einer Kindertagesstätte eine kontinuierliche Betreuung durch dieselbe Bezugsperson gewährleisten möchte.

Der Arbeitgeber muss die Ablehnung **nicht begründen.** Ein reines »Nein« reicht zunächst aus. Teilt der Arbeitgeber Ihnen trotzdem seine Gründe für die Ablehnung mit, ist er an diese in einem späteren Prozess nicht gebunden. Er kann grundsätzlich später auch völlig neue Gründe anführen.

Ihr Arbeitgeber kümmert sich nicht (richtig) um Ihr Anliegen

Versäumt es Ihr Arbeitgeber, Ihren Teilzeitantrag **rechtzeitig** (das heißt, nicht spätestens einen Monat vor Beginn) und **formgerecht** (das heißt, nur mündlich statt schriftlich) abzulehnen, treten die von Ihnen gewünschten Änderungen – Reduzierung und / oder Neuverteilung der Arbeitszeit – ein, sofern Ihr Antrag die gesetzlichen Voraussetzungen des § 8 TzBfG erfüllt.

Ignoriert Ihr Arbeitgeber Ihr Teilzeitverlangen oder lehnt er es ab, bleibt die bisherige Regelung Ihrer Arbeitszeit zunächst für Sie bindend. Sie sollten Ihre Arbeitszeit auf keinen Fall eigenmächtig ändern, um Ihr Arbeitsverhältnis nicht zu gefährden (z. B. riskieren Sie eine Abmahnung oder eine Kündigung).

! Kommen Sie zunächst unbedingt der bisherigen Arbeitszeitregelung nach. Bevor Sie weitere rechtliche Schritte einleiten (z. B. eine Klage beim Arbeitsgericht), sollten Sie sich fachlichen Rat einholen.

3.4 So wehren Sie sich gegen die Ablehnung

Lehnt Ihr Arbeitgeber Ihren Antrag auf Reduzierung Ihrer Arbeitszeit ab, können Sie Klage beim zuständigen Arbeitsgericht erheben. Eine Klagefrist sieht das Gesetz nicht vor. Allerdings ist eine **zügige Klageerhebung** empfehlenswert. Reichen Sie Ihre Klage möglichst innerhalb von drei Wochen nach Erhalt der Ablehnung ein. Denn reagieren Sie zu lange nicht auf die Ablehnung Ihres Teilzeitantrags, riskieren Sie, Ihre Rechte zu verwirken.

! Lassen Sie sich dabei anwaltlich beraten und vertreten (z. B. durch einen Fachanwalt für Arbeitsrecht oder durch die Rechtsberatungsstellen der Gewerkschaften).

3.5 Wann Sie zur Vollzeitarbeit zurückkehren können

Wollen Sie als Teilzeitkraft wieder Vollzeit arbeiten oder im Rahmen der Teilzeitbeschäftigung Ihre Stundenzahl erhöhen, können Sie sich mit Ihrem Arbeitgeber **jederzeit** darauf **einigen.** Einen **gesetzlichen Anspruch auf Erhöhung** Ihrer Arbeitszeit haben Sie aber **nicht.**

Dennoch empfiehlt es sich, Ihrem Arbeitgeber **anzuzeigen,** dass Sie an einer Verlängerung Ihrer regelmäßigen Arbeitszeit interessiert sind. In diesem Fall profitieren Sie vom **sogenannten »Berücksichtigungsgebot«** (§ 9 TzBfG).

Danach muss ein Arbeitgeber einen Teilzeitbeschäftigten, der ihm den Wunsch nach einer Verlängerung seiner Arbeitszeit angezeigt hat, bei der Besetzung eines freien Arbeitsplatzes mit längerer Arbeitszeit, um den mehrere gleich geeignete Bewerber konkurrieren, **bevorzugt berücksichtigen.** Vorausgesetzt, der Arbeitgeber hat einen solchen Arbeitsplatz mit höherer Stundenzahl bereits eingerichtet, dieser ist frei und der Arbeitnehmer ist für diesen Arbeitsplatz nach Ausbildung, Erfahrung und Qualifikation auch tatsächlich geeignet.

4 Ihre Rechte als Teilzeitarbeitnehmer

4.1 Darauf sollten Sie bei Vertragsschluss achten

Grundsätzlich unterliegt ein Teilzeitarbeitsvertrag – wie jeder Arbeitsvertrag – keinem Formzwang, weshalb er auch mündlich wirksam abgeschlossen werden kann. Um späteren Konflikten vorzubeugen, sollten Sie darauf bestehen, dass die wesentlichen Vertragsbedingungen in einem **schriftlichen** Arbeitsvertrag geregelt werden.

Eine Checkliste und Formulierungshilfen zum Arbeitsvertrag finden Sie auf Ihrer Rechtstipps-CD.

Wenn Sie von Ihrem bisherigen Vollzeitarbeitsverhältnis in ein Teilzeitarbeitsverhältnis wechseln, ist es wichtig, dass Sie sich Ihre **erworbenen Rechte sichern** (z. B. Leistungen, die an eine bestimmte Dauer der Betriebszugehörigkeit anknüpfen oder Leistungen im Bereich der betrieblichen Altersversorgung), indem diese schriftlich festgehalten werden.

4.2 Wenn es um die Arbeitszeit geht

Es gelten die Regelungen des Arbeitszeitgesetzes

Hinsichtlich der Dauer und Lage Ihrer Arbeitszeit ist grundsätzlich die Vereinbarung maßgeblich, die Sie mit Ihrem Arbeitgeber getroffen haben. Daneben sind die Schutzvorschriften des **Arbeitszeitgesetzes** zu beachten, etwa zu Gesundheitsschutz und Ruhezeiten sowie zur Nacht-, Sonntags-, Feiertags- und Schichtarbeit.

Wird in Ihrem Betrieb **Gleitzeit** gearbeitet, muss diese so gestaltet sein, dass auch Sie als Teilzeitarbeitnehmer daran teilhaben können.

Müssen Sie als Teilzeitkraft Überstunden leisten?

Als Teilzeitarbeitnehmer leisten Sie Überstunden, wenn Sie über die einzelvertraglich vereinbarte oder im Tarifvertrag vorgesehene Arbeitszeit hinaus Arbeitsleistung erbringen. Dazu sind Sie grundsätzlich **nicht verpflichtet. Ausnahme:** Es bestehen betriebliche Gründe oder es liegt ein Notfall vor.

» **Beispiel:** Ein wichtiger Auftrag muss termingerecht fertiggestellt werden, andernfalls drohen dem Betrieb Schadensersatzforderungen.

Ausnahme von der Ausnahme: Ist Ihnen die Arbeitsleistung über die vereinbarte Zeit hinaus **unzumutbar** (z. B. haben Sie keine Betreuungsmöglichkeit für Ihr Kleinkind), dürfen Sie die Leistung der Überstunden ablehnen.

Häufig enthalten Arbeits- oder Tarifverträge Überstundenregelungen. Darin wird festgelegt, wann und in welchem Umfang Sie Überstunden erbringen müssen und ob und wie diese vergütet werden (z. B. in Geld oder durch Freistellung von der Arbeitspflicht zu einem späteren Zeitpunkt).

4.3 Wenn es um die Vergütung geht

Eine Arbeitszeitverkürzung wirkt sich auf Ihren Vergütungsanspruch aus. Als Teilzeitarbeitnehmer steht Ihnen aufgrund des **Gleichbehandlungsgrundsatzes** grundsätzlich die gleiche Vergütung wie Vollzeitarbeitnehmern zu. Eine schlechtere Bezahlung nur wegen der Teilzeitbeschäftigung stellt somit eine unzulässige Benachteiligung dar. Doch darf aufgrund der geringeren Arbeitszeit Ihre Vergütung **anteilig gekürzt** werden.

Haben Sie Zweifel an der Höhe einer Entgeltleistung oder Lohnnebenleistung, können Sie sich anhand der nachfolgenden Übersicht darüber informieren, ob eine Kürzung zulässig ist:

Es geht um	Das sollten Sie beachten
Beihilfe	Beihilfeleistungen dürfen entsprechend dem Umfang der Arbeitszeit **gekürzt** werden. Das **gilt nicht,** wenn sich der Leistungszweck am Bedarf des Arbeitnehmers orientiert, der unabhängig von der Arbeitszeit zu sehen ist.
Essensgeldzuschuss	Sie dürfen vom Essensgeldzuschuss nicht ausgenommen werden. Eine **proportionale Kürzung** ist jedoch **zulässig** (z. B. erhalten Sie den Zuschuss nur für Tage, an denen Sie tatsächlich arbeiten).
Familienzuschuss	Zuschüsse etwa für Hochzeiten, Geburten, Todesfälle müssen Ihnen **zumindest anteilig** gewährt werden.
Feiertagsvergütung / Feiertagszuschlag	→ Abschn. IV 7
Gehaltserhöhung	Sie dürfen von allgemeinen Gehaltserhöhungen nicht ausgeschlossen werden: Ihr Gehalt muss **anteilig erhöht** werden.
Gratifikationen	Gratifikationen wie Urlaubs- oder Weihnachtsgeld erhalten Sie **anteilig,** sofern diese an die Vollzeitkräfte in Ihrem Betrieb gezahlt werden.
Spät- / Nachtarbeitszuschlag	Sie dürfen nicht von Zuschlägen für bestimmte Arbeitszeiten (z. B. Zuschlag von 20 % für jede Arbeitsstunde zwischen 19:00 Uhr und 6:00 Uhr) ausgenommen werden. Zuschläge, die während dieser Zeit anfallen, erhalten Sie in voller Höhe.
Stundenlohn	Als Teilzeitarbeitnehmer steht Ihnen **derselbe Stundenlohn** wie Ihren vollzeitbeschäftigten Kollegen mit gleicher Qualifikation oder gleichwertiger Tätigkeit zu (z. B. dürfen Sie nicht schlechter bezahlt werden, nur weil Sie nebenberuflich tätig sind und einen Hauptberuf ausüben). Die Vergütung wird **anteilig** im Verhältnis zur erbrachten Arbeitszeit oder Leistung bezahlt (§ 4 Abs. 1 Satz 2 TzBfG).
Tarifliche Jubiläumszulagen	Tarifliche Jubiläumszulagen als Belohnung für Betriebstreue dürfen **nicht gekürzt** werden; es sei denn, sie knüpfen auch an den **Umfang der Tätigkeit** während der Betriebszugehörigkeit an.

Es geht um	Das sollten Sie beachten
Überstundenvergütung	Eine Überstundenvergütung erhalten Sie entsprechend Ihrer **vertraglichen Vereinbarung.** Die Grundvergütung für Arbeitsstunden, die Sie über die vertraglich vereinbarte Stundenzahl hinaus erbringen, entspricht der anteiligen Vergütung eines Vollzeitbeschäftigten.
Überstundenzuschlag	Ein Überstundenzuschlag steht Ihnen erst bei **Überschreiten** der **gesetzlichen bzw. betrieblichen** Arbeitszeit zu, nicht schon bei Überschreiten Ihrer individuellen Teilarbeitszeit. Das heißt: Zuschläge gibt es für Teilzeitarbeitnehmer erst, wenn sie auch Vollzeitkräfte bekommen. Dieser Grundsatz gilt auch für Teilzeitbeschäftigte des **öffentlichen Dienstes.**
Urlaubsentgelt	Wie hoch Ihr **Urlaubsentgelt** (also die Bezahlung während Ihres Urlaubs) ist, bestimmt sich nach dem durchschnittlichen Einkommen der letzten 13 Wochen vor Urlaubsbeginn (§ 11 BUrlG), wenn Ihre Arbeitszeit gleichmäßig verkürzt ist. Überstunden werden dabei nicht berücksichtigt. Arbeiten Sie unregelmäßig als Teilzeitarbeitskraft, ist darauf abzustellen, was Sie üblicherweise verdienen, wenn Sie gearbeitet hätten.
Urlaubsgeld	Erhalten Ihre vollzeitbeschäftigten Kollegen **Urlaubsgeld,** so steht Ihnen diese Leistung auch als Teilzeitarbeitnehmer zu. Dies gilt auch dann, wenn in Ihrem Arbeitsvertrag hierzu nichts steht oder es sogar ausgeschlossen sein sollte. Sie erhalten das Urlaubsgeld **anteilig.** Gekürzt wird im Verhältnis Ihrer individuellen zur betrieblichen Arbeitszeit. Als Teilzeitarbeitnehmer haben Sie **während der Elternzeit** Anspruch auf das tarifliche Urlaubsgeld.
Wechselschichtzulage	Bei Wechselschichtzulagen ist zu differenzieren: Teilzeitbeschäftigte Arbeitnehmer, die ständig Schichtarbeiten leisten, erhalten die Zulagen **anteilig.** Die Kürzung ist **zulässig,** sofern es sich bei der Zulage um einen Vergütungsbestandteil handelt, der leistungsabhängig bezahlt wird. **Unzulässig** ist hingegen die Kürzung, wenn mit der Zulage besondere Erschwernisse wie auch Kälte, Nässe oder Schmutz abgegolten werden sollen).
Weihnachtsgeld	→ oben Gratifikationen
Zuschlag / Zulage	Wird ein monatlicher Zuschlag zur Anerkennung der Unternehmenszugehörigkeit gewährt, darf dieser anteilig gekürzt werden.

4.4 Wenn es um die betriebliche Altersversorgung geht

Teilzeitbeschäftigte dürfen **nicht** von der betrieblichen Altersversorgung **ausgenommen** werden, sondern erhalten die jeweilige **Leistung anteilig.** Dies gilt auch dann, wenn Sie weniger als 50 % eines Vollzeitbeschäftigten arbeiten. **Ausnahme:** Geringfügig Beschäftigte dürfen ausgeschlossen werden (→ Abschn. II 2).

Hat Ihr Arbeitgeber Ihnen als Teilzeitarbeitnehmer die Leistungen der betrieblichen Altersversorgung bislang vorenthalten, haben Sie einen Anspruch darauf, rückwirkend gleichgestellt zu werden (z. B. durch eine Nachversicherung).

4.5 Wenn Sie verhindert sind, zur Arbeit zu kommen

Sind Sie als Teilzeitarbeitnehmer aus persönlichen Gründen für kurze Zeit unverschuldet an der Erbringung Ihrer Arbeitsleistung verhindert, haben Sie weiterhin Anspruch auf Ihre Vergütung (§ 616 BGB). Die Verhinderungsgründe müssen allerdings in Ihrer **persönlichen Sphäre** liegen, beispielsweise familiäre Ereignisse wie Eheschließung, Niederkunft der Ehefrau, Begräbnisse im engsten Familienkreis oder ein Unglücksfall wie ein unverschuldeter Verkehrsunfall.

Bei **planbaren Verhinderungsfällen** wie notwendigen Arztbesuchen oder Behördengängen sollten Sie unbedingt darauf achten, diese in Ihre Freizeit zu legen. Denn hier besteht grundsätzlich kein Anspruch auf eine bezahlte Freistellung von der Arbeitspflicht.

4.6 Was gilt im Fall einer Krankheit oder bei einem Pflegeeinsatz?

Krankheit des Arbeitnehmers

Sind Sie arbeitsunfähig erkrankt, haben Sie auch als Teilzeitbeschäftigter grundsätzlich für die Dauer von sechs Wochen einen Anspruch auf Entgeltfortzahlung im Krankheitsfall gegen Ihren Arbeitgeber (§ 3 EFZG). Voraussetzung ist, dass Ihr Arbeitsverhältnis bereits mehr als vier Wochen besteht.

Dabei gilt das **Lohnausfallprinzip.** Sie erhalten die Vergütung weitergezahlt, die Ihnen bei der für Sie maßgebenden Arbeitszeit zusteht. Das bedeutet, dass Sie für Zeiten, in denen Sie ohnehin nicht gearbeitet hätten, auch keine Entgeltfortzahlung beanspruchen können. Überstunden, die eventuell angefallen wären, werden nicht berücksichtigt (§ 4 EFZG).

Krankheit eines Kindes

Als Teilzeitarbeitnehmer – auch als geringfügig Beschäftigter – haben Sie gegen Ihren Arbeitnehmer einen Anspruch auf **unbezahlte Freistellung** von Ihrer Arbeitspflicht, wenn Sie Ihr krankes Kind betreuen müssen (§ 45 Abs. 3 SGB V).

Sind Sie in der gesetzlichen Krankenversicherung pflichtversichert, haben Sie gegen Ihre Krankenkasse einen Anspruch auf **Krankengeld.**

Pflege naher Angehöriger

Unvorhergesehene kurzfristige Erkrankungen naher Angehöriger, die Ihrer häuslichen Pflege bedürfen, gelten als persönliche Leistungshindernisse im Sinne des § 616 BGB (→ Abschn. IV 5). Sie behalten daher für die Zeit, in der Sie den nahen Angehörigen pflegen, Ihren **Vergütungsanspruch** gegen Ihren Arbeitgeber.

4.7 Wenn es um Ihren Urlaub geht

Als Teilzeitarbeitnehmer haben Sie Anspruch auf bezahlten Urlaub – ebenso wie Ihre vollzeitbeschäftigten Kollegen. Dies gilt auch für geringfügig Beschäftigte.

Enthält Ihr **Arbeitsvertrag keine Urlaubsregelung** oder **fehlen vergleichbare Kollegen** in Ihrer Firma, so steht Ihnen der **gesetzliche Mindesturlaub** von 24 Tagen anteilig zu. Der Urlaubsanspruch wird **im Vergleich** zu dem der Vollzeitbeschäftigten **anteilig berechnet.**

- **Ausgangsfall:** Ihr vollzeitbeschäftigter Kollege hat Anspruch auf 30 Tage Urlaub pro Jahr. Bei einer 5-Tage-Woche entspricht das einem Jahresurlaub von sechs Wochen.
- **Arbeiten Sie durchgängig an fünf Tagen pro Woche Teilzeit** (z. B. als Halbtagskraft oder sechs Stunden täglich), stehen Ihnen ebenfalls 30 Tage Urlaub (= sechs Wochen) jährlich zu. Es gilt die gleiche Berechnung wie bei Vollzeitkräften.
- **Arbeiten Sie an einzelnen Tagen pro Woche / Monat Vollzeit** (z. B. Montag bis Donnerstag ganztags) **oder regelmäßig verkürzt Teilzeit** (z. B. zwei Tage die Woche je fünf Stunden oder fünf Tage pro Woche mit geringerer als der betriebsüblichen täglichen Stundenzahl), muss Ihr Urlaubsanspruch wie folgt umgerechnet werden:

$$\frac{\text{Urlaubsanspruch des Vollzeitarbeitnehmers} \times \text{tatsächliche Arbeitstage des Teilzeitarbeitnehmers pro Woche oder Monat}}{\text{5 bzw. 6 Werktage in der Woche oder 26 Werktage im Monat}}$$

Sind Sie geringfügig beschäftigt (z. B. arbeiten Sie als Lohnbuchhalterin zwei Mal wöchentlich drei Stunden in einer Steuerberatungskanzlei), steht Ihnen wenigstens der gesetzliche Mindesturlaub zu. Gerechnet wird wie folgt: Gesamtdauer des Urlaubs (24 Tage) durch die Zahl der Werktage (6 Tage) × maßgebliche Arbeitstage (2 Tage). Somit können Sie im Ergebnis acht Tage bezahlten Urlaub verlangen.

Als Teilzeitarbeitnehmer sind Sie nicht nur **bei der Urlaubsdauer,** sondern auch bei den **sonstigen Urlaubsbedingungen gleich zu behandeln.**

» **Beispiel:**

- Ihnen steht demnach ein **zusammenhängender** Urlaub zu – auch wenn Sie nicht an allen Tagen einer Woche tätig sind (§ 7 Abs. 2 BUrlG).
- **Urlaubsentgelt** ist für Voll- und Teilzeitbeschäftigte einheitlich zu berechnen.

Sind Sie in **zwei Teilzeitarbeitsverhältnissen** beschäftigt, haben Sie **jeweils** Ihren gegenüber Vollzeitbeschäftigten **anteiligen** Urlaubsanspruch (z. B. steht Ihnen aus einer Halbtagsbeschäftigung vormittags ein Urlaubsanspruch von 24 Tagen zu, aus Ihrer tageweisen Kellnertätigkeit am Abend stehen Ihnen acht Tage Urlaub zu).
Wichtig: Treten Sie Ihren Urlaub keinesfalls eigenmächtig an, da Sie ansonsten mit einer Abmahnung oder sogar einer Kündigung rechnen müssen.

Feiertage

Auch als Teilzeitarbeitnehmer haben Sie Anspruch auf Feiertagsvergütung, wenn Ihre vereinbarte Arbeitszeit auf einen **gesetzlichen Feiertag** fällt (§ 2 EFZG). Die ausgefallene Arbeitszeit müssen Sie weder vor- noch nacharbeiten. Sieht das Gesetz oder ein einschlägiger Tarifvertrag **Feiertagszuschläge** vor, können Sie diese auch als Teilzeitarbeitnehmer verlangen. **Aber:** Gibt es laut Tarifvertrag Zuschläge für Arbeit an gesetzlichen Feiertagen, haben Sie keinen Anspruch auf den Zuschlag für Ostersonntag, wenn dieser Tag landesrechtlich kein gesetzlicher Feiertag ist. Prüfen Sie dazu die Sonn- und Feiertagsgesetze der Länder.

4.8 Wenn es um eine Nebentätigkeit geht

Wollen Sie zusätzlich zu Ihrem Teilzeitarbeitsverhältnis eine Nebentätigkeit aufnehmen, gelten für diese die allgemeinen arbeitsrechtlichen Grundsätze:

Sie müssen die Nebentätigkeit Ihrem Arbeitgeber **anzeigen** und – sofern dies gesetzlich, einzel- oder tarifvertraglich vorgeschrieben ist – sich von Ihrem Arbeitgeber **genehmigen** lassen. Die Genehmigung darf er nur verweigern, wenn das Hauptarbeitsverhältnis durch die Nebentätigkeit beeinträchtigt wird. Das ist der Fall bei einer Nebentätigkeit bei der direkten Konkurrenz (z. B. Tätigkeiten als Briefzusteller und Zeitungsausträger).

4.9 Wenn es um die Kündigung geht

Ihr Arbeitgeber kündigt

Ihr Arbeitgeber darf Ihnen **nicht alleine deshalb kündigen,** weil Sie teilzeitbeschäftigt sind. Eine alleine aus diesem Grunde ausgesprochene Kündigung ist **unwirksam.**

Eine Arbeitgeberkündigung muss die notwendigen **Formalien** und **Fristen** beachten. Die Kündigung muss – wie in einem Vollzeitarbeitsverhältnis – nach dem Kündigungsschutzgesetz sozial gerechtfertigt sein, sofern die gesetzlichen Voraussetzungen für dessen Anwendbarkeit erfüllt sind (§§ 1, 23 KSchG). Auch auf den besonderen Kündigungsschutz können sich Teilzeitarbeitnehmer berufen, wenn Sie die jeweiligen gesetzlichen Voraussetzungen erfüllen (z. B. Schwangere oder Schwerbehinderte).

Sie wollen selbst kündigen

Wollen Sie aus dem Teilzeitarbeitsverhältnis ganz ausscheiden, können Sie grundsätzlich jederzeit kündigen. Es gelten hier keine rechtlichen Besonderheiten gegenüber einer Eigenkündigung eines Vollzeitbeschäftigten. Beachten Sie die für Sie maßgebliche Kündigungsfrist. Außerdem ist die Kündigung stets schriftlich zu formulieren und eigenhändig zu unterschreiben (§ 623 BGB). Eine Begründung für die Kündigung müssen Sie nicht angeben.

5 Wie setzen Sie Ihre Rechte als Teilzeitkraft durch?

Verletzt Ihr Arbeitgeber durch eine **unwirksame Arbeitsanweisung** Ihre Rechte, müssen Sie dieser nicht Folge leisten (z. B. verlangt er von Ihnen, eine andere als die bisherige Tätigkeit auszuüben). Bevor Sie die Arbeit aber verweigern, sollten Sie durch einen Rechtsanwalt prüfen lassen, ob der Arbeitgeber zu Recht von seinem Weisungsrecht Gebrauch gemacht hat.

Beachten Sie: Bei einer **beharrlichen Arbeitsverweigerung** riskieren Sie erhebliche arbeitsrechtliche Konsequenzen bis hin zur fristlosen Kündigung, sofern die Weisung rechtmäßig ist.

Sind Sie mit einer Weisung zwar nicht einverstanden, wollen aber den Fortbestand Ihres Arbeitsverhältnisses nicht gefährden, sollten Sie der Weisung **unter Vorbehalt** Folge leisten. Damit bringen Sie zum Ausdruck, dass Sie die Weisung nicht akzeptieren und ggfs. auch noch gerichtlich überprüfen lassen möchten. Den Vorbehalt sollten Sie zu Beweiszwecken unbedingt schriftlich formulieren.

Kommt es zu Meinungsverschiedenheiten über Ihre Rechte und Pflichten am Arbeitsplatz, sollten Sie zunächst im Gespräch mit Ihrem Arbeitgeber eine einvernehmliche Lösung suchen. Weigert sich Ihr Arbeitgeber nach wie vor, die Ihnen zustehenden Rechte zu beachten, bleibt Ihnen nur der Weg zum Arbeitsgericht – gegebenenfalls auch im Verfahren des einstweiligen Rechtsschutzes.

D3 Der Arbeitgeber kündigt: Typische Fehler bei Form und Frist

1 Profitieren Sie von formalen Fehlern

Eine Arbeitgeberkündigung beendet das Arbeitsverhältnis einseitig und in der Regel gegen Ihren Willen. Dabei sind Formalien und Fristen einzuhalten und gegebenenfalls bestimmte Gremien zu beteiligen (z. B. muss ein bestehender Betriebsrat angehört werden). Werden diese **Formalien nicht beachtet,** hat das rechtliche Konsequenzen. Davon können Sie als Arbeitnehmer profitieren, wenn Sie innerhalb von drei Wochen nach Zugang Kündigungsschutzklage beim Arbeitsgericht erheben (→ Abschn. 6).

Gehen Sie deshalb die nachfolgenden Abschnitte Punkt für Punkt durch, um zu prüfen, ob die Kündigung möglicherweise unwirksam ist und wie Sie auf einen Form- oder Fristfehler am besten reagieren.

Wollen Sie selbst Ihr Arbeitsverhältnis beenden, müssen auch Sie als Arbeitnehmer die Formalien und Fristen einer Kündigung einhalten. Ein Fehler kann nämlich auch für Sie Folgen haben. Alles Wissenswerte zur **Arbeitnehmerkündigung** finden Sie auf Ihrer Rechtstipps-CD.

2 Es kommt auf die Art der Kündigung an

Je nach Art der Kündigung haben Sie als betroffener Arbeitnehmer verschiedene Formalien zu prüfen. Lassen Sie sich im Zweifel von einem Fachanwalt für Arbeitsrecht oder den Rechtsberatungsstellen der Gewerkschaften beraten.

2.1 Der Normalfall – die ordentliche Kündigung

Bei der ordentlichen Kündigung ist neben den Formalien zwischen dem Zugang der Kündigungserklärung und dem Ende des Arbeitsverhältnisses die **Kündigungsfrist** einzuhalten. Außerdem unterliegt die ordentliche Kündigung den Beschränkungen des allgemeinen und des besonderen Kündigungsschutzes.

» **Beispiel:** Fehlt es an der Zustimmung der zuständigen Behörde (z. B. bei Kündigung einer Schwangeren) oder werden die einzubeziehenden Gremien (z. B. Betriebsrat) nicht richtig beteiligt, ist die Kündigung unwirksam. Sie kann aber gegebenenfalls wiederholt werden. Wollen Sie sich auf die Unwirksamkeit der Kündigung berufen, müssen Sie rechtzeitig Kündigungsschutzklage erheben (→ Abschn. 6).

2.2 Die Ausnahme – die außerordentliche Kündigung

Die **außerordentliche** Kündigung kann ausgesprochen werden, wenn ein **wichtiger Grund** vorliegt, der einer Vertragspartei die Einhaltung der ordentlichen Kündigungsfrist unzumutbar macht (z. B. nach Straftaten) oder wenn eine ordentliche Kündigung überhaupt ausgeschlossen ist (z. B. durch Arbeits- / Tarifvertrag). Die außerordentliche Kündigung kann nur innerhalb von **zwei Wochen ab Kenntnis** des Kündigungsgrundes ausgesprochen werden.

» **Beispiel:** Fehlt die Zustimmung der zuständigen Behörde (z. B. bei Kündigung eines Schwerbehinderten), ist die Kündigung unwirksam. Sie kann als außerordentliche Kündigung meistens nicht wiederholt werden, weil die Zwei-Wochen-Frist ab Kenntnis des Kündigungsgrundes nicht eingehalten werden kann. Trotzdem müssen Sie Kündigungsschutzklage erheben (→ Abschn. 6).

2.3 Die Kündigung eines befristeten Arbeitsvertrages

Grundsätzlich endet ein befristetes Arbeitsverhältnis mit Ablauf der vereinbarten Zeit oder mit Erreichen des Zwecks. Es kann – vor Ablauf der Frist – nur **ordentlich gekündigt** werden, wenn dies einzelvertraglich oder im anwendbaren Tarifvertrag vereinbart ist. Fehlt also eine entsprechende Vereinbarung, ist die ordentliche Kündigung unwirksam. Sie kann auch nicht wirksam wiederholt werden. Auch in diesem Fall ist Kündigungsschutzklage zu erheben.

Die **außerordentliche Kündigung** eines befristeten Arbeitsverhältnisses ist unter den Voraussetzungen des § 626 BGB jederzeit möglich.

2.4 Die Änderungskündigung

Bei der Änderungskündigung wird der Arbeitsvertrag insgesamt gekündigt und Ihnen gleichzeitig die Fortsetzung des Arbeitsverhältnisses zu geänderten Bedingungen angeboten.

Mehr zu den rechtlichen Voraussetzungen der Änderungskündigung finden Sie auf Ihrer Rechtstipps-CD.

---

3 Welche Fehlerquellen stecken in den Formalien?

3.1 Nur der »Richtige« darf kündigen

Kündigungsberechtigt sind nur die jeweiligen Vertragspartner

Das heißt, dass nur die Firma oder die Person kündigen darf, mit der Sie den Arbeitsvertrag geschlossen haben.

Ob der »Richtige« gekündigt hat, hängt weiter von der **Rechtsform** des Arbeitgebers ab (z. B. Personengesellschaft, Aktiengesellschaft, GmbH). Die Personen, die die Gesellschaft im Rechtsverkehr vertreten dürfen, sind auch zur Kündigung berechtigt, häufig auch mehrere Personen gemeinsam (sogenannte Gesamtvertretung).

Hat der »**Falsche**« gekündigt, kann die Kündigung das Arbeitsverhältnis nicht beenden – sie geht »ins Leere«. Allerdings kann der Berechtigte die Kündigung **nachträglich genehmigen.**

Wird die Kündigung vom Berechtigten **genehmigt,** beginnt die Klagefrist nach § 4 KSchG erst mit Zugang der Genehmigung.

! Wenn Sie die fehlende Kündigungsberechtigung unmittelbar nach Erhalt der Kündigung beanstanden, ist eine Genehmigung nicht mehr möglich. Die Kündigung muss dann vom Berechtigten wiederholt werden.

Die Kündigung durch bevollmächtigte Dritte

Der Inhaber, Geschäftsführer oder Vorstand kann Dritte auch formlos bevollmächtigen, die Kündigung auszusprechen. Häufig ist diese Berechtigung von einer **umfassenden Vollmacht** gedeckt (z. B. Prokura, Generalvollmacht, Handlungsvollmacht). Auch hier ist die Gesamtvertretung üblich.

Unterscheiden Sie folgende möglichen **Fehlerquellen:**

- Liegt **keine Vollmacht** vor, gelten die Regeln wie bei der Kündigung durch einen Nichtberechtigten.
- Wird – trotz bestehender Vollmacht – **keine Vollmachtsurkunde im Original** vorgelegt (z. B. nur eine Kopie oder ein Telefax), können Sie die Kündigung mit der Begründung, eine Vollmachtsurkunde sei nicht vorgelegt worden, **unverzüglich zurückweisen.** Hierfür haben Sie ca. eine Woche Zeit.

Bei rechtzeitiger Zurückweisung ist die Kündigung unwirksam und muss wiederholt werden. Sie dürfen die Kündigung allerdings nicht zurückweisen, wenn Ihnen die Bevollmächtigung bekannt ist (z. B. kündigt der Personalabteilungsleiter).

3.2 Kündigung immer nur schriftlich

Schriftform ist für die Kündigung aller Arbeitsverhältnisse, für alle Kündigungsarten und für beide Vertragspartner **gesetzlich vorgeschrieben** (§ 626 BGB). Das heißt, dass die Kündigung hand- oder maschinenschriftlich abgefasst **und** mit der eigenhändigen Namensunterschrift des Kündigungsberechtigten versehen sein muss.

» **Beispiel:** Die elektronische Form ist ausdrücklich ausgeschlossen, das heißt, Kündigungen per Telegramm, Telefax, E-Mail oder SMS sind nichtig. Unzureichend sind Unterschriften mittels Schreibmaschine, Stempel, Faksimile oder eine eingescannte Unterschrift.

Wird die Schriftform **nicht eingehalten,** ist die Kündigung unwirksam.

3.3 Inhaltliche Tücken des Kündigungsschreibens

Der Begriff »Kündigung« muss nicht verwendet werden

Es muss aber **unmissverständlich** der Wille zum Ausdruck kommen, das Arbeitsverhältnis **einseitig** für die Zukunft beenden zu wollen. Der Arbeitgeber erklärt beispielsweise schriftlich, dass er eine zuvor von Ihnen mündlich ausgesprochene Kündigung akzeptiere. Hier fehlt es an einer Arbeitgeberkündigung.

! Hier besteht für Sie bis zur Grenze der Verwirkung kein Handlungsbedarf. Im Zweifel sollten Sie dennoch besser innerhalb von drei Wochen Kündigungsschutzklage beim Arbeitsgericht erheben (→ Abschn. 6).

Ein Kündigungstermin muss nicht angegeben werden

Ein Beendigungsdatum muss das Kündigungsschreiben nicht enthalten. Die Kündigung zum »nächstzulässigen Termin« ist möglich. Lässt sich nicht erkennen, ob eine fristlose oder eine fristgemäße Kündigung gemeint ist, geht diese Unklarheit zulasten des Kündigenden. Im Zweifel wirkt die Kündigung als ordentliche.

Kündigungsgründe brauchen nicht angegeben zu werden

Grundsätzlich besteht kein Anspruch darauf, die Kündigungsgründe im Kündigungsschreiben zu erfahren. Hiervon gibt es **gesetzliche Ausnahmen:**

- Die Kündigung eines Auszubildenden nach der Probezeit muss schriftlich unter Angabe der Kündigungsgründe erfolgen.
- Nach § 9 Abs. 3 MuSchG muss die ausnahmsweise für zulässig erklärte Kündigung einer Schwangeren den zulässigen Kündigungsgrund angeben.

Wird in diesen Fällen der Kündigungsgrund nur mündlich mitgeteilt, ist die Kündigung unwirksam. Sie müssen Kündigungsschutzklage erheben (→ Abschn. 6).

Falls es zu einem Kündigungsschutzprozess nach § 4 KSchG kommt, muss der Arbeitgeber spätestens hier die Kündigungsgründe darlegen, damit das Gericht die soziale Rechtfertigung überprüfen kann.

3.4 Ohne Zugang keine Kündigung

Der Zeitpunkt des Kündigungszugangs ist entscheidend

Die Kündigung wird frühestens mit ihrem Zugang wirksam. Eine Kündigung kann das Arbeitsverhältnis also nicht rückwirkend beenden. Der Zeitpunkt des Zugangs der Kündigung ist **Anknüpfungspunkt für weitere Rechtsfolgen,** beispielsweise den Beginn der Kündigungsfrist oder der Klagefrist nach § 4 KSchG.

Wer muss den Zugang der Kündigung im Prozess beweisen?

Die Beweislast für den Zeitpunkt des Zugangs der Kündigung trägt der **Absender.** Häufig wird ein Bote eingesetzt, der die Übergabe der Kündigung bzw. deren Einwurf in den Briefkasten später bezeugen kann. Als verhältnismäßig sicher gelten auch die Beförderung per Einschreiben mit Rückschein und per Einwurf-Einschreiben. Man kann eine Kündigung auch durch den **Gerichtsvollzieher** zustellen lassen.

Welche Probleme treten beim Zugang der Kündigung auf?

Wird die Kündigung erst zu einer Tageszeit in den **Hausbriefkasten** eingeworfen, zu der üblicherweise eine Leerung nicht mehr erwartet werden kann, geht die Kündigung erst am **Folgetag** zu.

Auch während einer **Urlaubsabwesenheit,** während eines **Kur- oder Krankenhausaufenthalts** oder während der Verbüßung einer **Haftstrafe** geht die Kündigung mit Einwurf in den Hausbriefkasten zu. Das gilt auch, wenn der Arbeitgeber Ihren Aufenthaltsort kennt.

> **!** Verpassen Sie die dreiwöchige Klagefrist für die Kündigungsschutzklage infolge der Ortsabwesenheit, können Sie die nachträgliche Zulassung der Kündigungsschutzklage beantragen (→ Abschn. 6).

Die **Kündigung per Einwurf-Einschreiben** geht zu, wenn sie in den Hausbriefkasten oder das Postfach des Empfängers eingelegt wird.

Die **Kündigung per Übergabe-Einschreiben** geht erst zu, wenn sie dem Empfänger oder einer nach der Verkehrsauffassung empfangsberechtigten Person ausgehändigt wird. Dazu zählen Familienangehörige, Lebensgefährten, Vermieter und Hausangestellte, nicht jedoch ein Nachbar.

Hat der Sender die »**eigenhändige Übergabe an den Adressaten**« gewählt, muss das Einschreiben dem Empfänger selbst oder einer Person mit besonderer Postvollmacht übergeben werden.

Verhindert der Empfänger bewusst, dass ihm die Kündigung zugeht (sogenannte **Zugangsvereitelung**), wird er so behandelt, als ob ihm die Kündigung zugegangen wäre.

> » **Beispiel:** Der Empfänger verweigert die Annahme des Kündigungsschreibens grundlos. Die Kündigung gilt trotzdem als zugegangen, außer es lag ein triftiger Grund für die Verweigerung vor (z. B. hätte der Empfänger für den unterfrankierten Brief Nachporto zahlen müssen).

Ein in deutscher Sprache abgefasstes Kündigungsschreiben geht nach allgemeinen Grundsätzen zu, auch wenn der **Empfänger der deutschen Sprache nicht mächtig** oder **Analphabet** ist. Dem Empfänger wird keine angemessene Frist zur Übersetzung oder Kenntnisnahme gewährt.

4 Die Kündigungsfrist ist einzuhalten

Während die **ordentliche** Kündigung frühestens mit dem Zugang der Kündigungserklärung wirksam wird, endet das Arbeitsverhältnis tatsächlich erst mit **Ablauf der Kündigungsfrist.** Welche Kündigungsfrist einzuhalten ist, ergibt sich aus dem Arbeitsvertrag, einem einschlägigen Tarifvertrag oder dem Gesetz.

Die **außerordentliche** Kündigung beendet das Arbeitsverhältnis sofort (fristlos) oder ausnahmsweise erst nach Ablauf einer Auslauffrist.

4.1 Wenn die gesetzlichen Kündigungsfristen gelten

Wird in Ihrem Arbeitsvertrag oder dem für Sie einschlägigen Tarifvertrag auf die **gesetzlichen Kündigungsfristen verwiesen,** sind damit die Kündigungsfristen des BGB gemeint. Diese gelten auch, wenn vertraglich nichts zur Frage der Kündigungsfrist vereinbart wurde und kein einschlägiger Tarifvertrag die Kündigungsfristen regelt. Beachten Sie dabei Folgendes:

Das Arbeitsverhältnis eines Arbeitnehmers kann **von beiden Seiten** mit einer Frist von **vier Wochen** zum 15. des Folgemonats oder zum Monatsende gekündigt werden (sogenannte Grundkündigungsfrist; § 622 Abs. 1 BGB).

Arbeitgeber müssen – abhängig von der Dauer der Betriebs- oder Unternehmenszugehörigkeit des Arbeitnehmers – verlängerte Kündigungsfristen einhalten (§ 622 BGB).

Gestaffelte gesetzliche Kündigungsfristen nach Unternehmenszugehörigkeitsdauer							
Unternehmenszugehörigkeitsdauer (Jahre)	2	5	8	10	12	15	20
Kündigungsfrist (Monate zum Monatsende)	1	2	3	4	5	6	7

Dabei gilt: Die Vorschrift § 622 Abs. 2 Satz 2 BGB, wonach bei der Berechnung der Beschäftigungsdauer Zeiten nicht berücksichtigt werden, die vor Vollendung des 25. Lebensjahres des Arbeitnehmers liegen, darf nicht mehr angewandt werden.

4.2 Wenn andere als die gesetzlichen Fristen vereinbart sind

Die gesetzliche Kündigungsfrist wird verkürzt

Die gesetzlichen Kündigungsfristen und -termine dürfen durch **Tarifvertrag** unterschritten werden und das gilt auch zwischen nicht tarifgebundenen Arbeitgebern und Arbeitnehmern, wenn die Anwendung der Tarifvorschriften zwischen ihnen vertraglich vereinbart ist (§ 622 Abs. 4 BGB).

Einzelvertraglich können kürzere als die gesetzlichen Kündigungsfristen nur in folgenden **Ausnahmefällen** vereinbart werden (§ 622 Abs. 5 BGB):

- In **Kleinunternehmen** mit bis zu 20 Arbeitnehmern kann die Grundkündigungsfrist (§ 622 Abs. 1 BGB), nicht aber die verlängerte Kündigungsfrist (§ 622 Abs. 2 BGB) auf vier Wochen verkürzt werden.

- Bei einer vorübergehenden Einstellung zur **Aushilfe** bis zu drei Monaten kann die Grundkündigungsfrist ebenfalls abgekürzt werden. In diesem Fall gibt es keine »Mindestkündigungsfrist«.
- Ist eine **Probezeit** vertraglich vereinbart, gilt für die ersten sechs Monate eine Kündigungsfrist von zwei Wochen (§ 622 Abs. 3 BGB).

Die gesetzliche Kündigungsfrist wird verlängert

Längere Kündigungsfristen und abweichende Kündigungstermine (z. B. zum Jahresende) können sowohl in **Arbeitsverträgen** (§ 622 Abs. 5 Satz 3 BGB) als auch in **Tarifverträgen** (§ 622 Abs. 4 BGB) vereinbart werden. Hierbei gelten folgende **Einschränkungen:**

- Längere Kündigungsfristen für den Arbeitnehmer sind **nur zulässig,** wenn für die Kündigung durch den Arbeitnehmer keine längere Frist vereinbart ist als für die Kündigung durch den Arbeitgeber (§ 622 Abs. 6 BGB).
- Ist das Arbeitsverhältnis **für längere Zeit als fünf Jahre** ohne Kündigungsmöglichkeit eingegangen, kann der Arbeitnehmer nach Ablauf von fünf Jahren mit einer Frist von sechs Monaten kündigen (§ 624 BGB).
- Gilt für beide Seiten eine Kündigungsfrist, **die wesentlich länger ist als die gesetzlichen Fristen,** ist zu prüfen, ob der Arbeitnehmer unangemessen in seiner beruflichen und wirtschaftlichen Bewegungsfreiheit eingeschränkt wird. Es kommt aber auf den **Einzelfall** an.

Können Sie sich auf eine für Sie günstigere Kündigungsfrist berufen?

Kündigt Ihnen Ihr **Arbeitgeber** unzulässigerweise mit zu kurzer Frist, können Sie sich auf die für Sie günstigere, **längere Kündigungsfrist,** berufen. Allerdings dürfen im Geltungsbereich eines Tarifvertrages die gesetzlichen Kündigungsfristen unterschritten werden.

» **Beispiel:**

- Sie haben vertraglich eine Kündigungsfrist von sechs Wochen zum Quartalsende vereinbart; die gesetzliche oder die tarifliche Kündigungsfrist für den Arbeitgeber beträgt aufgrund Ihrer langen Betriebszugehörigkeit sieben Monate zum Monatsende (§ 622 Abs. 2 BGB). Die gesetzliche bzw. die tarifliche Kündigungsfrist hat Vorrang vor der vertraglichen Vereinbarung.

- Sie haben vertraglich eine Kündigungsfrist von sechs Wochen zum Quartalsende vereinbart. Die gesetzliche Kündigungsfrist beträgt jedoch nur vier Wochen zum 15. bzw. zum Monatsende. Hier hat die vertragliche Regelung Vorrang.
- Die gesetzliche Kündigungsfrist während einer vereinbarten Probezeit beträgt zwei Wochen. Der auf das Arbeitsverhältnis anwendbare Tarifvertrag erlaubt die Kündigung während der Probezeit mit einer Frist von drei Tagen zum Ende eines Werktages. Trotz der günstigeren gesetzlichen Regelung gilt der Tarifvertrag (§ 622 Abs. 4 BGB).

4.3 So wird die Kündigungsfrist berechnet

Die Kündigungsfrist **beginnt** mit dem Zugang der Kündigungserklärung (→ Abschn. 3.4). Sie **endet** mit Ablauf des letzten Tages der Frist. Sowohl Beginn als auch Ende der Kündigungsfrist können auf ein Wochenende oder einen Feiertag fallen. Vergleichen Sie dazu die nachfolgende Übersicht:

Bei einer Kündigungsfrist ...	**Spätester Tag, an dem die Kündigung zugegangen sein muss:**
von vier Wochen zum 15. des Folgemonats (§ 622 Abs. 1 BGB)	– in Monaten mit 31 Tagen der 18. des Vormonats – in Monaten mit 30 Tagen der 17. des Vormonats – im Februar der 15. (im Schaltjahr der 16.) des Vormonats
von vier Wochen zum Monatsende (§ 622 Abs. 1 BGB)	– in Monaten mit 31 Tagen der 3. – in Monaten mit 30 Tagen der 2. – zum 28. Februar der 31. Januar – zum 29. Februar der 1. Februar
bei verlängerter Kündigungsfrist (§ 622 Abs. 2 BGB)	jeweils der letzte Tag des Monats (28., 29., 30., 31.), welcher der ein- bis siebenmonatigen Kündigungsfrist vorausgeht
von zwei Wochen während der Probezeit (§ 622 Abs. 3 BGB)	Jeweils der 15. Tag vor dem angestrebten letzten Tag des Arbeitsverhältnisses, dieser mitgerechnet. **Beispiel:** Die Kündigung geht an einem Mittwoch zu. Das Arbeitsverhältnis endet mittwochs zwei Wochen später. Dabei genügt es, wenn die Kündigung am letzten Tag der Probezeit zugeht. Das Arbeitsverhältnis endet dann zwei Wochen später, dauert also über die Probezeit hinaus.

5 Der Betriebsrat ist zu beteiligen

Der Betriebsrat muss vor jeder Kündigung angehört werden

In Betrieben, die einen Betriebsrat haben, darf der Arbeitgeber die Kündigung erst aussprechen, wenn das **Beteiligungsverfahren ordnungsgemäß abgeschlossen** ist. Auch in Eilfällen hat er keine Möglichkeit, den Betriebsrat erst nachträglich zu beteiligen.

Wird der Betriebsrat vor der Kündigung **nicht beteiligt,** ist die Kündigung unwirksam – selbst wenn der Arbeitgeber berechtigte Kündigungsgründe hat. Sie müssen allerdings Kündigungsschutzklage erheben (→ Abschn. 6). Die Kündigung kann normalerweise aber nach der Beteiligung des Betriebsrats wiederholt werden.

Der Betriebsrat muss umfassend informiert werden

Der Arbeitgeber hat den Betriebsrat zu unterrichten über die Person des Arbeitnehmers einschließlich der grundlegenden Sozialdaten wie Betriebszugehörigkeit, Familienstand und Unterhaltspflichten, die beabsichtigte Art der Kündigung, gegebenenfalls die anwendbare Kündigungsfrist und die genauen Kündigungsgründe.

Wird der Betriebsrat **nicht hinreichend oder falsch unterrichtet,** ist die Kündigung unwirksam. Sie müssen auch hier Kündigungsschutzklage erheben (→ Abschn. 6). Die Kündigung kann normalerweise aber nach Beteiligung des Betriebsrats wiederholt werden.

Schriftform ist für die Betriebsratsanhörung nicht gesetzlich vorgeschrieben, die mündliche Anhörung ist folglich zulässig.

Der Betriebsrat stimmt der Kündigung ausdrücklich zu

Der Arbeitgeber darf kündigen, sobald er von der Zustimmung des Betriebsrats in Kenntnis gesetzt wird.

Der Betriebsrat äußert sich nicht

Äußert sich der Betriebsrat zur Kündigung **nicht, gilt** seine **Zustimmung** bei einer beabsichtigten ordentlichen Kündigung nach einer Woche, bei einer beabsichtigten außerordentlichen Kündigung nach Ablauf von drei Tagen, **als erteilt.** Der Arbeitgeber kann nach Ablauf dieser Frist kündigen.

Bei der **Berechnung dieser Frist** zählt der Tag der Anhörung durch den Arbeitgeber nicht mit. Bei Fristablauf an einem Samstag, Sonntag oder Feiertag endet die Frist mit Ablauf des nächsten Werktages.

Kündigt der Arbeitgeber vor Ablauf der Stellungnahmefrist, ist die Kündigung unwirksam. Sie muss – nach erneuter Anhörung des Betriebsrats – wiederholt werden.

Der Betriebsrat äußert Bedenken gegen die geplante Kündigung

Hat der Betriebsrat **Bedenken** gegen die Kündigung (z.B. hält er eine Abmahnung für die angemessenere Reaktion), muss er diese dem Arbeitgeber unter Angabe der Gründe bei einer **ordentlichen** Kündigung spätestens innerhalb von **einer Woche,** bei einer **außerordentlichen** Kündigung spätestens innerhalb von **drei Tagen schriftlich** mitteilen. Der Arbeitgeber darf dennoch kündigen, sobald der Betriebsrat **abschließend Stellung** genommen hat, spätestens jedoch nach Ablauf der Frist.

Äußert der Betriebsrat sich **nicht innerhalb der Fristen** oder **nicht schriftlich,** gilt die Zustimmung nach Ablauf der Frist als erteilt.

Der Betriebsrat widerspricht der Kündigung

Der Betriebsrat kann der Kündigung auch innerhalb einer Frist von einer Woche bei der ordentlichen Kündigung bzw. innerhalb von drei Tagen bei der außerordentlichen Kündigung **schriftlich widersprechen.**

Der Widerspruch kann die **Kündigung** aber **nicht verhindern.** Der Arbeitgeber kann die Kündigung aussprechen, sobald der Betriebsrat abschließend Stellung genommen hat, also auch schon vor Ablauf der Wochen- bzw. Drei-Tage-Frist.

Ob der Betriebsrat der Kündigung widersprochen hat, sollten Sie mit der Kündigung erfahren. Denn eine **Abschrift des Widerspruchs** ist der Kündigung beizufügen, damit Sie Ihre Chancen im Kündigungsschutzprozess besser einschätzen können.

Liegt der Widerspruch des Betriebsrats der Kündigung nicht bei, führt das zwar nicht zur Unwirksamkeit der Kündigung. Der Arbeitgeber macht sich aber unter Umständen schadensersatzpflichtig.

6 Wenn Sie sich gegen eine fehlerhafte Arbeitgeberkündigung wehren wollen

6.1 Im Zweifel sollten Sie rechtzeitig Klage erheben

Haben Sie **keine Anschlussbeschäftigung,** lohnt es sich immer, sich auf den Formfehler zu berufen. Das wird von den Arbeitsagenturen unter Umständen sogar von Ihnen verlangt.

Wird **nicht fristgemäß** gekündigt, können Sie verlangen, bis zum Ablauf der korrekten Kündigungsfrist beschäftigt und bezahlt zu werden.

Ist die Kündigung wegen **sonstiger Formfehler** unwirksam, wird das Arbeitsverhältnis überhaupt nicht beendet. Die Kündigung muss also **wiederholt** werden. Diese Kündigung wirkt dann erst ab dem Tag ihres Zugangs (→ Abschn. 3.4) und muss selbstverständlich ebenfalls formell in Ordnung sein.

Formfehler des Arbeitgebers können »Joker« beim **Aushandeln einer Abfindung** wegen der Beendigung des Arbeitsverhältnisses sein. Der Arbeitgeber zahlt lieber eine erhöhte Abfindung anstatt noch einmal zu kündigen. Beachten Sie jedoch, dass der Anspruch auf Arbeitslosengeld ruht, wenn Sie eine Abfindung erhalten und das Arbeitsverhältnis vor Ablauf einer der ordentlichen Kündigungsfrist entsprechenden Frist beendet wird.

Bei einem **offensichtlichen Formverstoß** (z. B. wurde Ihnen nur mündlich gekündigt) müssen Sie damit rechnen, dass das Arbeitsamt beim Bezug von Arbeitslosengeld eine Sperrfrist wegen Arbeitsaufgabe verhängt, wenn Sie keinen wichtigen Grund für Ihr Verhalten haben und die Kündigung nicht angreifen.

6.2 Beachten Sie unbedingt die dreiwöchige Klagefrist!

Auch bei Formfehlern müssen Sie **innerhalb von drei Wochen** ab Zugang der Kündigung **Klage beim Arbeitsgericht** erheben, um die Rechtsunwirksamkeit der Kündigung feststellen zu lassen (§ 4 KSchG). Andernfalls wird die Kündigung trotz des Formmangels wirksam (§ 7 KSchG). Dies gilt unabhängig davon, ob Sie unter den Schutz des Kündigungsschutzgesetzes fallen oder nicht (§ 23 Abs. 1 Satz 2 KSchG; vgl. Kapitel D 4).

Ausnahmen: Wurde Ihnen **nur mündlich** gekündigt, genügt es, wenn Sie dem Arbeitgeber Ihre Arbeitskraft unter Hinweis auf die unwirksame Kündigung anbieten. Dann erhalten Sie Ihr Entgelt auch über den Ablauf der Kündigungsfrist hinaus.

Wenn eine **Behörde** der Kündigung **zustimmen** muss (z. B. bei schwerbehinderten Menschen), beginnt die Klagefrist erst mit der Bekanntgabe der Entscheidung der Behörde an den Arbeitnehmer (§ 4 Abs. 4 KSchG). Das gilt allerdings nur, wenn der Arbeitgeber den Sonderkündigungsschutz auch kennt.

6.3 Was gilt, wenn Sie die Klagefrist versäumt haben?

Waren Sie trotz aller zumutbarer Sorgfalt **verhindert,** die Klage innerhalb von drei Wochen nach Zugang der schriftlichen Kündigung zu erheben, müssen Sie innerhalb von zwei Wochen nach Behebung des Hindernisses beim Arbeitsgericht einen **Antrag auf nachträgliche Zulassung** der Klage stellen (§ 5 KSchG). Beachten Sie dazu:

- Sie sind auf einer **Urlaubsreise** und die Kündigung geht Ihnen zu Hause zu. Erhalten Sie erst nach Rückkehr und nach Ablauf der dreiwöchigen Frist davon Kenntnis, ist die Klage nachträglich zuzulassen. **Beachten Sie:** Ohne besonderen Grund brauchen Sie **keine Vorsorge** zu treffen, dass die **Post** Ihnen **nachgesandt** wird.

  Aber: Erreicht Sie die Kündigung im Ausland, weil Sie beispielsweise einen Nachsendeantrag gestellt haben oder der Arbeitgeber Ihre Urlaubsanschrift kennt, müssen Sie sich moderner Kommunikationsmittel bedienen, um die Klage rechtzeitig zu erheben. Bis zur Rückkehr aus dem Urlaub dürfen Sie in diesem Fall nicht warten. **Kehren** Sie noch **innerhalb der Klagefrist aus dem Urlaub zurück,** müssen Sie sich unverzüglich beraten lassen und Klage erheben. Eine Überlegungsfrist von je nach Fallgestaltung bis zu einer Woche wird Ihnen dabei eingeräumt.

- **Krankheit** allein rechtfertigt die nachträgliche Zulassung der Klage nicht. Anders, wenn Sie infolge der Krankheit außerstande waren, das Haus zu verlassen und deshalb weder selbst noch durch eine beauftragte Person Rechtsrat einholen bzw. Klage erheben konnten. Konkret hängt dies davon ab, wie Sie Ihre übrigen Angelegenheiten organisiert haben.

  Dieser Grundsatz gilt auch, wenn Sie im **Krankenhaus** liegen und deshalb die Klagefrist versäumt haben. Haben Sie jemanden damit beauftragt, Ihnen die Post zu bringen und gegebenenfalls auch Ihre Bankgeschäfte zu erledigen, ist es Ihnen auch zuzumuten, rechtzeitig Rechtsrat einzuholen und jemanden mit der Klageerhebung zu beauftragen.

- Sie können sich nicht darauf berufen, die **Klagefrist nicht gekannt** oder den **Erfolg der Klage falsch eingeschätzt** zu haben. Auch schwebende Vergleichsverhandlungen mit dem Arbeitgeber rechtfertigen die nachträgliche Klagezulassung nicht.

- **Versäumt** Ihr **Prozessbevollmächtigter** die **Klagefrist schuldhaft** (z. B. trägt er die Frist fehlerhaft in den Fristenkalender ein), wird Ihnen das zugerechnet. Eine nachträgliche Zulassung der Kündigungsschutzklage ist nicht möglich. Sie müssen Ihren Anwalt gegebenenfalls auf Schadensersatz in Anspruch nehmen.
- Auf **regelmäßige Postbeförderungszeiten** dürfen Sie sich – außer im Falle eines bekannten Poststreiks – verlassen (d. h., ein am Vortag rechtzeitig zur Post gegebener Standardbrief geht in der Regel am Folgetag zu). Geht Ihre Klageschrift trotz rechtzeitiger Absendung verspätet bei Gericht ein, hat Ihr Antrag auf nachträgliche Zulassung Erfolg.
- Einen **Sonderfall** regelt zudem § 5 Abs. 1 Satz 2 KSchG: Die Klage ist nachträglich zuzulassen, wenn Sie erst nach Ablauf der Klagefrist erfahren, dass Sie **schwanger** sind und auch vorher keine Veranlassung hatten, dies anzunehmen.

Endgültig ausgeschlossen ist die nachträgliche Zulassung der Klage nach Ablauf von sechs Monaten ab dem Ende der versäumten Frist (§ 5 Abs. 3 Satz 2 KSchG).

7 Was tun, wenn der Arbeitgeber es sich anders überlegt?

Eine Kündigungserklärung ist als einseitige, gestaltende Willenserklärung mit ihrem Zugang bindend. Sie kann deshalb rechtlich betrachtet **nicht zurückgenommen** werden. Erklärt der Arbeitgeber vor oder nach Erhebung der Kündigungsschutzklage die »Rücknahme« der Kündigung, führt dies deshalb nicht automatisch zum Fortbestand des Arbeitsverhältnisses. Allerdings liegt darin regelmäßig ein **Angebot zur Fortsetzung des Arbeitsverhältnisses** zu den bisherigen Bedingungen.

! Sie können das Angebot annehmen, indem Sie beispielsweise die Arbeit wieder aufnehmen. Der Arbeitgeber hat dann rückwirkend die vereinbarten Bezüge zu bezahlen, ohne dass geprüft wird, ob die Kündigung wirksam war oder nicht.

D4 Wann und wie hilft Ihnen das Kündigungsschutzgesetz?

1 Was bedeutet der Kündigungsschutz für Sie?

Wenn Sie die gesetzlichen Voraussetzungen des Kündigungsschutzgesetzes erfüllen, können Sie gerichtlich überprüfen lassen, ob die Kündigung Ihres Arbeitsverhältnisses »sozial gerechtfertigt« ist (§§ 1, 23 KSchG). Das Arbeitsgericht stellt fest, ob ein **Kündigungsgrund** vorliegt, und entscheidet darüber, ob auch bei Vorliegen eines Kündigungsgrundes das **Interesse** Ihres Arbeitgebers an der Beendigung des Arbeitsverhältnisses oder Ihr Interesse an dessen Fortbestand **überwiegt.** Dabei wird auch geprüft, ob Ihr Arbeitgeber nicht weniger einschneidende Mittel als die Kündigung hätte wählen können.

» **Beispiel:** Sie können eine bestimmte Art von Tätigkeit krankheitsbedingt nicht mehr verrichten. Auch hier muss der Arbeitgeber zunächst versuchen, für Sie eine »leidensgerechte« Tätigkeit zu finden. Ist eine solche nur zu geänderten Bedingungen möglich, hat er eine **Änderungskündigung** auszusprechen.

Selbst wenn Sie die **Voraussetzungen des KSchG nicht erfüllen,** sind Sie nicht völlig schutzlos gestellt. Auch hier muss der Arbeitgeber die Formalien einhalten, und gegebenenfalls können Sie sich auch auf einen besonderen Kündigungsschutz berufen. Außerdem muss der Arbeitgeber auch im Kleinbetrieb ein Mindestmaß an **sozialer Rücksichtnahme** walten lassen.

» **Beispiel:** Auch im Kleinbetrieb ist deshalb unter Umständen eine Sozialauswahl bei betriebsbedingter Kündigung zu treffen.

2 Die Voraussetzungen des Kündigungsschutzgesetzes

Nur als **Arbeitnehmer** genießen Sie Kündigungsschutz nach dem KSchG. Dazu zählen auch geringfügig Beschäftigte, also beispielsweise 450-Euro-Kräfte. Auf das Kündigungsschutzgesetz können Sie sich hingegen nicht berufen, wenn Sie als Selbstständiger für das Unternehmen tätig sind – beispielsweise als Handelsvertreter, freier Mitarbeiter oder Heimarbeiter.

Zusammen mit Ihnen müssen in der Regel mehr als zehn Arbeitnehmer im Betrieb beschäftigt sein (§ 23 Abs. 1 KSchG). Dieser sogenannte »**Schwellenwert**« wird wie folgt bestimmt: Teilzeitbeschäftigte werden nach dem Umfang ihrer

Arbeitsleistung anteilig berücksichtigt. Bei einer vereinbarten regelmäßigen wöchentlichen Arbeitszeit von nicht mehr als 20 Stunden gilt der Faktor 0,5, bis einschließlich 30 Stunden der Faktor 0,75. Als Gekündigter zählen Sie auch dann mit, wenn der Arbeitgeber den Arbeitsplatz nicht mehr besetzen will.

Haben Sie Ihr **Arbeitsverhältnis bereits vor dem 1. 1. 2004 begonnen,** genießen Sie weiterhin nach der bis zum 31. 12. 2003 geltenden Rechtslage allgemeinen Kündigungsschutz. Das heißt, am 31. 12. 2003 müssen mehr als fünf Arbeitnehmer im Betrieb beschäftigt gewesen sein, die auch im Zeitpunkt der Kündigung noch beschäftigt werden (§ 23 Abs. 1 Satz 2 und 3 KSchG). Ersatzeinstellungen für ausgeschiedene »Alt-Arbeitnehmer« zählen also nicht.

Ihr Arbeitsverhältnis im Unternehmen muss bei Zugang der Kündigung ununterbrochen **länger als sechs Monate bestanden** haben (§ 1 Abs. 1 KSchG). Ob Sie tatsächlich gearbeitet haben, ist unerheblich. Diese gesetzliche »Probezeit« kann auch nicht um Ausfallzeiten durch Krankheit oder Urlaub verlängert werden.

Kurze Unterbrechungen schaden nicht, wenn zwischen den Arbeitsverhältnissen ein enger, sachlicher Zusammenhang besteht (z. B. Beschäftigung auf demselben Arbeitsplatz nach nur zwei Wochen Unterbrechung). Das hängt unter anderem vom Anlass und der Dauer der Unterbrechung sowie von der Art der Weiterbeschäftigung ab.

Wenn Sie geltend machen wollen, dass die Kündigung sozial ungerechtfertigt oder aus anderen Gründen unwirksam ist, müssen Sie grundsätzlich innerhalb von **drei Wochen nach Zugang** der schriftlichen Kündigung Klage beim Arbeitsgericht erheben (§ 4 KSchG). **Ausnahmen:** Die Kündigung wurde nur mündlich ausgesprochen oder die Kündigung ist nicht unterschrieben (§ 126 BGB).

Haben Sie innerhalb der 3-Wochen-Frist Kündigungsschutzklage erhoben, können bzw. müssen Sie weitere, in der fristgerecht eingereichten Klage nicht benannte **Unwirksamkeitsgründe** bis zum Schluss der mündlichen Verhandlung vor dem Arbeitsgericht geltend machen. Hierauf soll das Arbeitsgericht Sie hinweisen (§ 6 KSchG).

Erhalten Sie **mehrere Kündigungen** gleichzeitig oder hintereinander, müssen Sie jede einzelne Kündigung innerhalb von drei Wochen gerichtlich angreifen.

Haben Sie die Unwirksamkeit der Kündigung nicht rechtzeitig geltend gemacht, gilt die Kündigung als von Anfang an wirksam (§ 7 KSchG). Nur wenn Sie die **Klagefrist schuldlos versäumt** haben, können Sie unter bestimmten Voraussetzungen die nachträgliche Zulassung der Klage beantragen (→ Kapitel D 3). Ein Verschulden Ihres Rechtsanwalts wird Ihnen zugerechnet.

3 Die personenbedingte Kündigung

Sie sind aufgrund persönlicher Einschränkungen, Eigenschaften oder nicht vorwerfbarer Einstellungen nicht (mehr) in der Lage, Ihre vertraglich geschuldete Arbeitsleistung zu erbringen? In diesen Fällen kann das Arbeitsverhältnis aus Gründen in Ihrer Person gekündigt werden, wenn sich das auch künftig im Betrieb unzumutbar auswirkt (z. B. weil Ihr Einsatz nicht mehr planbar ist). Auf **Ihr Verschulden kommt** es dabei **nicht an.** Der Arbeitgeber muss aber prüfen, ob statt einer Kündigung nicht die zumutbare Weiterbeschäftigung auf einem anderen freien Arbeitsplatz – gegebenenfalls auch nach einer Umschulungs- oder Fortbildungsmaßnahme – möglich ist. **Typische Gründe** sind:

- fehlende Arbeitserlaubnis;
- Eignungsmängel oder fehlende Qualifikation;
- der Verlust der Fahrerlaubnis bei Kraftfahrern oder der Fluglizenz bei Piloten;
- der Arbeitnehmer begeht eine Straftat, die Zweifel an seiner Eignung begründen (z. B. Betrugsdelikt bei Bankangestellten), oder er verbüßt eine längere Freiheitsstrafe;
- erhebliche und dauerhafte Leistungsminderung durch Alter oder Krankheit;
- eine Gewissensentscheidung verbietet die Ausübung einer bestimmten Tätigkeit.

4 Die krankheitsbedingte Kündigung

Krankheit als solche ist kein Kündigungsgrund

Sie muss sich vielmehr störend auf das Arbeitsverhältnis auswirken. Dann darf auch während einer Krankheitsphase gekündigt werden. Auch wenn Sie krankheitsbedingt nicht mehr voll leistungsfähig sind, gelten die Grundsätze zur personenbedingten Kündigung.

Eine Kündigung ist möglich, wenn der Arbeitgeber wegen der krankheitsbedingten Ausfälle oder Einschränkungen mit weiteren, nicht mehr zumutbaren betrieblichen Störungen rechnen muss und eine **Weiterbeschäftigungsmöglichkeit auf einem »leidensgerechten« Arbeitsplatz** im Unternehmen fehlt.

Darlegungs- und beweispflichtig für die fehlende Weiterbeschäftigungsmöglichkeit ist zwar grundsätzlich der Arbeitgeber. Als Arbeitnehmer müssen Sie jedoch Arbeitsplätze benennen, auf denen Sie beschäftigt werden können. Hierbei können Betriebsrat und Schwerbehindertenvertretung behilflich sein.

Sind Sie länger als sechs Wochen im Jahr arbeitsunfähig erkrankt, sieht das Gesetz vor, dass der Arbeitgeber ein sogenanntes »**betriebliches Eingliederungsmanagement**« (kurz: BEM) durchführt (§ 84 Abs. 2 SGB IX). Dies gilt sowohl für den Fall häufiger Kurzerkrankungen als auch bei länger andauernder Arbeitsunfähigkeit. Allerdings erfolgt das BEM nur, wenn Sie dem Verfahren zustimmen.

Das **Verfahren ist nicht formalisiert.** Es basiert auf persönlichen Gesprächen, in denen Beschäftigungsmöglichkeiten und Unterstützungsleistungen (z. B. Umgestaltung des Arbeitsplatzes, Qualifikationen) ausgelotet werden, um möglichst individuell eine Entlassung zu verhindern.

Die Durchführung des BEM ist keine formelle Wirksamkeitsvoraussetzung für eine Kündigung. **Kündigt** der Arbeitgeber also, **ohne** zuvor ein **BEM** versucht zu haben, ist die Kündigung **nicht** schon deshalb **unwirksam.** Den Arbeitgeber trifft dann allerdings eine **verschärfte Darlegungslast** in Bezug auf (fehlende) Weiterbeschäftigungsmöglichkeiten.

Sie sind auf Dauer leistungsunfähig

Wenn Sie krankheitsbedingt auf Dauer Ihre arbeitsvertraglichen Pflichten nicht (mehr) erbringen können, darf Ihr Arbeitgeber Ihnen grundsätzlich ordentlich kündigen.

» **Beispiel:** Ein Außendienstmitarbeiter darf infolge einer Augenerkrankung nicht mehr Auto fahren, oder ein Bauhelfer kann wegen eines Bandscheibenleidens keine schweren Lasten mehr tragen oder heben.

Gleiches gilt, wenn die **Wiederherstellung der Arbeitsfähigkeit völlig ungewiss** ist. Nach der Rechtsprechung ist dies dann der Fall, wenn – ausgehend vom Zeitpunkt des Zugangs der Kündigung – in den nächsten zwei Jahren mit der Wiederherstellung der Arbeitsfähigkeit nicht gerechnet werden kann.

Einer dauernden Leistungsunfähigkeit wird der Fall gleichgestellt, dass der Arbeitnehmer im Zeitpunkt der Kündigung ca. **1½ Jahre arbeitsunfähig war** und ein **Ende** der Arbeitsunfähigkeit **nicht abzusehen** ist. Auf weitere betriebliche Auswirkungen kommt es hier nicht an.

Sie sind lang andauernd erkrankt

Sind Sie im Zeitpunkt des Zugangs der Kündigung arbeitsunfähig erkrankt und werden es auch noch für eine bestimmte oder unbestimmte Zeit sein, kann Ihnen gekündigt werden, wenn dem Arbeitgeber (weitere) Überbrückungsmaßnahmen nicht zugemutet werden können. Im Rahmen der Interessenabwägung wird insbesondere abgestellt auf:

- die **Dauer der Ausfallzeit** bis zum Ausspruch der Kündigung und deren voraussichtliche weitere Dauer;
- die dem Arbeitgeber möglichen **Überbrückungsmaßnahmen** (z. B. Einstellung von Aushilfskräften, Umorganisation) und deren **Kosten.** Soweit der Entgeltanspruch des erkrankten Arbeitnehmers entfällt, ist dies zu berücksichtigen;
- die **Dauer der Betriebszugehörigkeit:** Je länger das Arbeitsverhältnis ohne wesentliche Störungen bestanden hat, desto längere Überbrückungsmaßnahmen muss der Arbeitgeber organisieren und finanzieren;
- die **Ursache der Erkrankung:** Hat die Krankheit ihren Ursprung in betrieblichen Umständen (z. B. Arbeitsunfall, Umgang mit allergenen Stoffen), steigt die Zumutbarkeitsgrenze für den Arbeitgeber. Sie müssen diesen Ursachenzusammenhang allerdings konkret und plausibel darlegen. Ein Indiz können die Fehlzeiten vergleichbarer Arbeitnehmer sein. Dann muss der Arbeitgeber gegebenenfalls beweisen, dass ein solcher Ursachenzusammenhang nicht besteht.

Sie erkranken häufig kurzzeitig

Eine Kündigung wegen »häufiger Kurzerkrankungen« ist möglich, wenn dem Arbeitgeber die betrieblichen Auswirkungen der künftig zu erwartenden, immer wiederkehrenden Fehlzeiten nicht mehr zugemutet werden können. Das **Bundesarbeitsgericht prüft in drei Stufen.**

Stufe 1: Negative Fehlzeitenprognose

Ausgehend vom Zeitpunkt der Kündigung muss auch **in Zukunft mit Fehlzeiten wegen Arbeitsunfähigkeit zu rechnen** sein. Der Arbeitgeber, dem die jeweiligen Diagnosen nicht bekannt sind, kann sich vor Gericht zunächst darauf beschränken, die Häufigkeit und Dauer der Fehlzeiten in der Vergangenheit aufzuzählen.

Der Verlauf der letzten zwei bis drei Jahre erlaubt dann einen vorläufigen Schluss auf die künftigen Fehlzeiten. Sie können diese **Indizwirkung erschüttern,** indem Sie darlegen, dass sich die Fehlzeiten voraussichtlich nicht wiederholen werden.

» **Beispiel:**

- Fehlzeiten, die auf ausgeheilten Erkrankungen beruhen (z. B. ein operierter Bandscheibenvorfall oder inzwischen medikamentös eingestellte Krankheiten);
- Fehlzeiten, die durch eine Weiterbeschäftigung auf einem leidensgerechten Arbeitsplatz nicht mehr auftreten würden.

Nach **Zugang der Kündigung** neu eintretende Umstände, welche die negative Prognose ändern, dürfen dabei allerdings nicht mehr berücksichtigt werden.

» **Beispiel:**

- Die Durchführung einer bislang abgelehnten Operation / Therapie.
- Eine geänderte Lebensführung.

Damit die Prognose überprüft werden kann, müssen Sie gegebenenfalls Ihre **Ärzte von der Schweigepflicht entbinden.** Sie haben sich auch der Untersuchung durch einen unabhängigen Gutachter zu unterziehen, wenn das Gericht dies für erforderlich hält.

Stufe 2: Erhebliche betriebliche Auswirkungen

Hier wird geprüft, ob die auf der ersten Stufe prognostizierten Fehlzeiten auch **künftig zu erheblichen wirtschaftlichen** oder sonstigen **betrieblichen Beeinträchtigungen** führen werden.

» **Beispiel:** Störungen im Produktionsablauf durch ständig einzuarbeitende Aushilfen, Vertragsstrafen durch nicht termingerechte Lieferung oder Entgeltfortzahlungskosten.

Diese Störungen muss der Arbeitgeber darlegen und gegebenenfalls beweisen. Da der **Nachweis** konkreter betrieblicher Auswirkungen in der Praxis schwierig ist und größere Betriebe Fehlzeiten in der Regel durch eine Personalreserve auffangen können, wird die krankheitsbedingte Kündigung meistens mit den wirtschaftlichen Belastungen durch die Entgeltfortzahlungskosten begründet. Die zu erwartende finanzielle Belastung ermittelt das Gericht aus den Entgeltfortzahlungskosten in der Vergangenheit. Die Entgeltfortzahlung bis zur Dauer von sechs Wochen im Jahr ist dem Arbeitgeber in jedem Fall zumutbar.

Fehlzeiten, die bei der negativen Prognose nicht zu berücksichtigen sind – also solche aufgrund ausgeheilter oder einmaliger Erkrankungen – werden dabei **herausgerechnet.** Dasselbe gilt für Fehlzeiten, für die keine Entgeltfortzahlung geleistet wurde.

Stufe 3: Interessenabwägung

Die Belastungen des Arbeitgebers durch künftige Fehlzeiten sind mit den Interessen des Arbeitnehmers am Erhalt des Arbeitsplatzes abzuwägen. Bei dieser Interessenabwägung fallen besonders ins Gewicht:

- der **Umfang** der über den Zeitraum von sechs Wochen hinausgehenden **Entgeltfortzahlungsverpflichtung;**
- die **Dauer der Betriebszugehörigkeit** – je länger das Arbeitsverhältnis ohne wesentliche Störungen bestanden hat, desto längere Überbrückungsmaßnahmen muss der Arbeitgeber organisieren und finanzieren;
- die **Ursache der Erkrankung.**

Sonderfall: Alkohol- oder Drogenprobleme

Alkohol- und Drogenmissbrauch während der Arbeitszeit kann ein verhaltensbedingter Kündigungsgrund sein. Hingegen wird Alkohol- und Drogenabhängigkeit – also bei Vorliegen einer **Suchterkrankung** – nach den Grundsätzen der krankheitsbedingten Kündigung behandelt.

» **Beispiel:** Bei einem therapiebereiten Arbeitnehmer ist vor der Kündigung das Ergebnis einer Entziehungskur abzuwarten. Hat die Entziehungskur keinen Erfolg bzw. wird der Arbeitnehmer rückfällig, kann dies für eine negative Prognose sprechen. Allerdings genügt bei weiter vorhandener Therapiebereitschaft ein Rückfall unter Umständen nicht. Die erst nachträglich erklärte Therapiebereitschaft ändert an der Prognose zum Zeitpunkt des Zugangs der Kündigung nichts.

5 Die verhaltensbedingte Kündigung

Grundsätze

Mit der verhaltensbedingten Kündigung reagiert der Arbeitgeber auf eine an sich vermeidbare Verletzung einer vertraglichen Haupt- oder Nebenpflicht. Bei der Interessenabwägung wird festgestellt, ob dem Arbeitgeber trotzdem das Festhalten am Vertrag zumutbar ist. Hier kommt es darauf an, wie stark die Pflichtverletzung das künftige Arbeitsverhältnis belastet. Von einer künftigen Beeinträchtigung ist regelmäßig auszugehen, wenn der Arbeitnehmer ein- oder sogar mehrmals **erfolglos abgemahnt** wurde.

Andererseits ist zu prüfen, ob eine – auch wiederholte »letzte« – **Abmahnung** nicht ausgereicht hätte, den Arbeitnehmer künftig zur Einhaltung seiner Pflichten anzuhalten (→ Kapitel D 5). Die künftige Beeinträchtigung kann auch durch die Beschäftigung auf einem anderen freien Arbeitsplatz entfallen.

Typische Gründe für verhaltensbedingte Kündigungen sind:

- **Alkohol- und Drogenkonsum.** Beachten Sie: Ist ein Arbeitnehmer jedoch alkoholkrank, kommt nur eine krankheitsbedingte Kündigung in Betracht;
- **Arbeitsverweigerung** oder **Arbeitsbummelei;**
- **außerdienstliches Verhalten,** das sich auf die Pflichten aus dem Arbeitsverhältnis negativ auswirkt (z. B. Beschädigung des Ansehens des Arbeitgebers bei einer öffentlichen Veranstaltung);
- **grobe Beleidigung** des Vorgesetzten oder Arbeitgebers;
- **Pflichtverletzungen bei Krankheit** (z. B. täuschen Sie Ihre Arbeitsunfähigkeit vor);
- **Pflichtverletzungen bei der Arbeitszeiterfassung** (z. B. Gleitzeitmanipulation);
- **Konkurrenz- oder Nebentätigkeit;**
- **Schlecht- und Minderleistung** (z. B. arbeiten Sie deutlich weniger als Ihre Kollegen oder machen überdurchschnittlich viele Fehler). Beachten Sie: Hier kann im Einzelfall auch eine personenbedingte Kündigung in Betracht kommen, wenn Sie nicht besser arbeiten können;
- **sexuelle Belästigung** am Arbeitsplatz;
- **Selbstbeurlaubung,** das heißt, Sie nehmen »eigenmächtig« Urlaub;
- **Straftaten** gegen das Eigentum oder das Vermögen des Arbeitgebers (z. B. Diebstahl, Unterschlagung) oder **Tätlichkeiten** gegenüber Arbeitskollegen oder Vorgesetzten.

Sonderfall: die Verdachtskündigung

Ausnahmsweise kann schon der schwerwiegende Verdacht einer strafbaren Handlung oder einer sonstigen schweren Verfehlung die verhaltensbedingte Kündigung rechtfertigen. Sie kommt in Betracht, wenn gerade der Verdacht das für die Fortsetzung des Arbeitsverhältnisses notwendige Vertrauen in die Loyalität des Arbeitnehmers zerstört hat.

Da der Arbeitnehmer unschuldig in Verdacht geraten sein kann, stellt die Rechtsprechung **strenge Anforderungen:**

- Es müssen gegebenenfalls vom Arbeitgeber zu **beweisende objektive Tatsachen** für starke Verdachtsmomente vorliegen (z. B. nur der gekündigte Arbeitnehmer hatte Zugang zum Tresor).
- Diese Verdachtsmomente müssen geeignet sein, das für die Fortsetzung des Arbeitsverhältnisses erforderliche **Vertrauen zu zerstören** (z. B. aus dem Tresor sind geheime Firmenunterlagen verschwunden).
- Der Arbeitgeber muss alle ihm zumutbaren Anstrengungen zur **Aufklärung des Sachverhalts** unternommen haben. Eine ohne vorherige Anhörung des Arbeitnehmers ausgesprochene Verdachtskündigung ist unwirksam.
- Dem **Betriebsrat** gegenüber muss ausdrücklich der Verdacht als Kündigungsgrund genannt werden.
- Die den Verdacht stärkenden oder entkräftenden Tatsachen sind im Prozess bis zur letzten mündlichen Verhandlung in der Berufungsinstanz zu berücksichtigen, wenn sie – auch unerkannt – bereits vor Zugang der Kündigung vorlagen.
- Stellt sich später die **Unschuld** des Arbeitnehmers heraus, kommt ein Anspruch auf Wiedereinstellung in Betracht.

6 Die betriebsbedingte Kündigung

Anlass zu einer betriebsbedingten Kündigung sind betriebsbezogene Vorgänge und Umstände, die von der Person des betroffenen Arbeitnehmers unabhängig sind. **Typische Gründe** für betriebsbedingte Kündigungen sind eine Betriebs(teil)stilllegung, Rationalisierung oder Outsourcing. Geprüft wird die soziale Rechtfertigung der betriebsbedingten Kündigung **in drei Schritten.**

Der bisherige Arbeitsplatz fällt weg

Und zwar durch eine vom Arbeitgeber im Vorfeld der Kündigung getroffene Entscheidung.

» **Beispiel:**

- Rationalisierungsmaßnahmen wie zum Beispiel die Ersetzung der Arbeitskräfte durch Fertigungsroboter oder die Streichung einer Hierarchieebene durch Abschaffung der »Abteilungsleiter«;
- Betriebsstilllegung wegen Unrentabilität;
- Übertragung der Arbeitsaufgaben auf selbstständige Subunternehmer.

Da der **Unternehmer das wirtschaftliche Risiko trägt,** wird von den Arbeitsgerichten nicht geprüft, ob die Unternehmerentscheidung, die zum Wegfall der Beschäftigungsmöglichkeit führt, notwendig oder gar zweckmäßig ist. Auch Fehlentscheidungen müssen gegebenenfalls hingenommen werden.

Die Unternehmerentscheidung darf allerdings nicht gegen gesetzliche oder tarifvertragliche Verpflichtungen verstoßen. Sie darf insbesondere **nicht** offensichtlich unsachlich oder willkürlich, also **rechtsmissbräuchlich** sein.

» **Beispiel:** Ein Arbeitgeber kann seinen dem KSchG unterliegenden Betrieb nicht in separate, betriebliche Organisationseinheiten aufspalten (mit je weniger als zehn Arbeitnehmern), um dem Kündigungsschutz zu entgehen.

Überprüft wird von den Arbeitsgerichten, ob sich die Unternehmerentscheidung auch tatsächlich konkret auf den **Wegfall der Beschäftigungsmöglichkeit** des gekündigten Arbeitnehmers auswirkt. Das wiederum hat der Arbeitgeber darzulegen und zu beweisen.

» **Beispiel:** Ein Umsatzrückgang besagt ebenso wenig über die zu bewältigende Arbeitsmenge wie ein abstrakter Auftragsrückgang. Erst die Darlegung, dass infolge des rückläufigen Auftragsvolumens der Arbeitnehmer auf nicht absehbare Dauer nicht mehr am bisherigen Arbeitsplatz beschäftigt werden kann, erlaubt eine betriebsbedingte Kündigung. Als betroffener Arbeitnehmer müssen Sie die Darlegungen Ihres Arbeitgebers, soweit Ihnen das möglich ist, konkret bestreiten (z. B. wissen Sie, dass die Firma noch vor Ausspruch der Kündigung einen Großauftrag hereinbekommen hat).

Es besteht keine Weiterbeschäftigungsmöglichkeit im Unternehmen

Dies bezieht sich auf einen **anderen freien Arbeitsplatz** sowie auf bis zum Ablauf der Kündigungsfrist frei werdende Arbeitsplätze. Sie müssen darlegen, wo und wie Sie sich, unter Umständen auch zu schlechteren Bedingungen, eine Weiterbeschäftigung vorstellen.

Der Arbeitgeber hat dann zu beweisen, dass eine solche Weiterbeschäftigungsmöglichkeit nicht besteht oder nicht zumutbar ist (z. B. weil die Einarbeitungszeit zu lange dauert). Zu den freien Arbeitsplätzen zählen auch die mit Leiharbeitnehmern besetzten Dauerarbeitsplätze, nicht dagegen diejenigen Tätigkeiten, die dauerhaft von Subunternehmern wahrgenommen werden. Ein Anspruch auf

Beförderung besteht allerdings ebenso wenig wie ein Anspruch darauf, dass der Arbeitgeber durch Umorganisation einen freien Arbeitsplatz schafft.

Die Regeln der Sozialauswahl werden beachtet

Ist die Weiterbeschäftigung auf einem freien Arbeitsplatz nicht möglich, hat der Arbeitgeber bei der Auswahl des zu kündigenden Arbeitnehmers in der Gruppe vergleichbarer Arbeitnehmer die Betriebszugehörigkeit, das Lebensalter, die Unterhaltsverpflichtungen und die Schwerbehinderung ausreichend zu berücksichtigen (sog. »**Sozialauswahl**«; § 1 Abs. 3 KSchG), und denjenigen zu kündigen, den es am wenigsten hart trifft. Dass dies nicht der Fall ist, haben Sie darzulegen und zu beweisen.

! Verlangen Sie von Ihrem Arbeitgeber schon in der Klageschrift die Mitteilung der Gründe, die zu der getroffenen Sozialauswahl geführt haben (§ 1 Abs. 3 Satz 1 KSchG). Die Fehlerhaftigkeit der Sozialauswahl wird nämlich vermutet, wenn der Arbeitgeber keine oder nur eine unvollständige Auskunft über seine Auswahlkriterien erteilt.

Dem Arbeitgeber wird bei der Sozialauswahl ein **Wertungsspielraum** eingeräumt. **Keines der Kriterien hat absoluten Vorrang.** Eine Kündigung ist wirksam, selbst wenn ein nicht gekündigter vergleichbarer Arbeitnehmer geringfügig besser gestellt ist. Beachten Sie dazu folgende **Grundsätze:**

- Die soziale Auswahl bezieht sich auf alle **vergleichbaren,** das heißt austauschbaren Arbeitnehmer des gesamten Betriebes. Vergleichbar sind Sie nur mit denjenigen Arbeitnehmern, mit deren Aufgaben Sie kraft Weisungsrecht des Arbeitgebers beschäftigt werden können. Ist dagegen eine Änderung Ihres Arbeitsvertrages nötig, ist eine Vergleichbarkeit nicht gegeben. Eine wechselseitige Austauschbarkeit ist nicht erforderlich.
- Die zu berücksichtigenden Sozialdaten sind grundsätzlich auf die folgenden **vier Merkmale** beschränkt: **Dauer der Betriebszugehörigkeit, Lebensalter, Unterhaltspflichten** und **Schwerbehinderung** (§ 1 Abs. 3 Satz 1 KSchG). Weitere Gesichtspunkte können berücksichtigt werden, wenn sie einen Bezug zu den gesetzlich genannten Merkmalen haben (z.B. Unterhaltspflichten, Vermittelbarkeit auf dem Arbeitsmarkt).
- In die soziale Auswahl nicht einzubeziehen sind diejenigen Arbeitnehmer, die einen besonderen Kündigungsschutz in Anspruch nehmen können.
- Außerdem kann der Arbeitgeber diejenigen Arbeitnehmer ausnehmen, deren Weiterbeschäftigung im berechtigten betrieblichen Interesse liegt (§ 1 Abs. 3

Satz 2 KSchG), beispielsweise wegen ihrer Kenntnisse, Fähigkeiten und Leistungen, aber auch zur Sicherung einer ausgewogenen Personalstruktur.

- Ist in einem **Tarifvertrag** oder in einer **Betriebsvereinbarung** festgelegt, wie die sozialen Gesichtspunkte im Verhältnis zueinander zu bewerten sind, kann diese Bewertung vom Gericht nur auf grobe Fehlerhaftigkeit überprüft werden (§ 1 Abs. 4 KSchG).

  Dasselbe gilt, wenn bei einer Betriebsänderung (§ 111 BetrVG 1952) Arbeitgeber und Betriebsrat im **Interessenausgleich** die zu kündigenden Arbeitnehmer namentlich bezeichnet haben. Hier wird zusätzlich sogar vermutet, dass die Kündigung durch dringende betriebliche Erfordernisse bedingt ist. Sie müssen als Arbeitnehmer hier das Gegenteil beweisen (§ 1 Abs. 5 KSchG).

7 Die Änderungskündigung

Die Änderungskündigung ist gegenüber der Beendigungskündigung die weniger einschneidende Maßnahme. Sie hat deshalb **Vorrang,** wenn die Interessen des Arbeitgebers durch die Änderung der Arbeitsbedingungen hinreichend gewahrt werden.

Mehr zu den rechtlichen Voraussetzungen der Änderungskündigung finden Sie auf Ihrer Rechtstipps-CD.

8 Weiterbeschäftigung und Wiedereinstellung

Ist die **Kündigungsfrist noch nicht abgelaufen,** arbeiten Sie weiter bis zum Ablauf der Kündigungsfrist und erhalten dafür Ihre Vergütung. Der Arbeitgeber kann Ihren restlichen Urlaubsanspruch in die Kündigungsfrist legen. Dann muss er den Urlaub bei Beendigung des Arbeitsverhältnisses nicht abgelten (§ 7 Abs. 4 BUrlG). Auch eine Freistellung unter Anrechnung des Resturlaubsanspruchs ist möglich.

Sofern die **arbeitsgerichtliche Entscheidung noch aussteht,** gilt:

In der ersten Instanz

Mit Ablauf der Kündigungsfrist scheiden Sie aus dem Betrieb aus. Wenn Sie eine Kündigungsschutzklage erheben, können Sie zugleich einen **Antrag auf Weiterbeschäftigung** zu den bisherigen Bedingungen stellen. Kommt das Arbeitsgericht zu dem Ergebnis, dass die Kündigung das Arbeitsverhältnis nicht beendet hat, wird der Arbeitgeber in aller Regel verurteilt, Sie weiter zu beschäftigen.

In der zweiten Instanz

Mit einem **Weiterbeschäftigungstitel** ist Ihre Beschäftigung jedenfalls vorübergehend gesichert. Selbst wenn das Urteil in zweiter Instanz abgeändert wird, steht Ihnen für die Zeit der tatsächlichen Beschäftigung ein Entgeltanspruch zu.

Haben Sie **keine Weiterbeschäftigung verlangt,** gibt es nach einer Klageabweisung in zweiter Instanz kein Geld mehr, weil Sie nach Ablauf der Kündigungsfrist nicht gearbeitet haben. Gewinnen Sie dagegen den Kündigungsschutzprozess rechtskräftig, ist der Arbeitgeber normalerweise verpflichtet, den Lohn für die gesamte Zeit seit Ende der Kündigungsfrist nachzuzahlen.

Allerdings müssen Sie sich **den Verdienst anrechnen** lassen, den Sie in der Zwischenzeit anderweitig erzielt haben. Dazu zählen auch Arbeitslosengeld I und II sowie Sozialhilfe. Auch böswilliges Unterlassen anderweitigen Erwerbs führt zum Wegfall des Vergütungsanspruchs (§ 615 Satz 2 BGB).

Um das **Risiko des Annahmeverzugs** auszuschließen, bieten manche Arbeitgeber bei ungewissem Prozessausgang eine Weiterbeschäftigung bis zum rechtskräftigen Abschluss des Kündigungsschutzverfahrens an. Diese auflösend bedingte Weiterbeschäftigung muss – im Gegensatz zu der aufgrund eines Urteils erreichten »Prozessbeschäftigung« – schriftlich vereinbart werden (§§ 21, 14 Abs. 4 TzBfG). Ist sie nur mündlich vereinbart, kommt gemäß § 16 Abs. 2 TzBfG ein Arbeitsverhältnis auf unbestimmte Zeit zustande. Die Fortsetzung des Kündigungsschutzprozesses kann sich dadurch erledigen.

! Ist Ihnen die Beschäftigung bis zum Abschluss des Kündigungsrechtsstreits zumutbar – in der Regel bei krankheits- oder betriebsbedingter Kündigung oder wenn Sie gerichtlich die Weiterbeschäftigung verlangt haben –, sollten Sie dieser Aufforderung nachkommen. Das gilt auch bei Ausspruch einer Änderungskündigung. Hier müssen Sie unter Umständen bis zur Entscheidung über deren Wirksamkeit sogar zu einem geringeren Gehalt weiterarbeiten. Werden Sie trotz einer betriebsbedingten Kündigung vorläufig weiter beschäftigt, kann das ein Argument gegen die fehlende Weiterbeschäftigungsmöglichkeit sein.

Sie wollen wieder eingestellt werden

Selbst wenn die Kündigung wirksam war, bejaht die Rechtsprechung einen Wiedereinstellungsanspruch in folgenden **Ausnahmefällen:**

- Erweist sich die Prognose bei einer **betriebsbedingten Kündigung** als falsch (z. B. geht ein neuer Auftrag ein), kann der Arbeitnehmer die Fortsetzung des Arbeitsverhältnisses verlangen. Dies gilt jedoch nicht, wenn sich – auch bei noch andauerndem Kündigungsschutzprozess – die Beschäftigungsmöglichkeit erst nach Ablauf der Kündigungsfrist ergibt.

  Kommt es während der Kündigungsfrist wider Erwarten doch noch zu einem **Betriebsübergang,** steht den wirksam wegen beabsichtigter Betriebsstilllegung gekündigten Arbeitnehmern ein Wiedereinstellungsanspruch gegen den Betriebserwerber zu. **Beachten Sie:** Ab Kenntnis vom Betriebsübergang haben Sie längstens einen Monat Zeit, gegenüber dem Betriebserwerber das Fortsetzungsverlangen geltend zu machen.

- Bei der **Verdachtskündigung** kommt ein Wiedereinstellungsanspruch in Betracht, wenn sich später die Unschuld des Arbeitnehmers herausstellt oder zumindest nachträglich Umstände bekannt werden, die den bestehenden Verdacht beseitigen. Die bloße Einstellung des Ermittlungsverfahrens genügt nicht.

9 Wann gibt es eine Abfindung?

Schon vor Ausspruch einer Kündigung oder auch danach können Sie mit dem Arbeitgeber einen **Aufhebungsvertrag** abschließen und sich auf die Beendigung des Arbeitsverhältnisses gegen Zahlung einer Abfindung einigen. Häufig kommt es auch erst im Rahmen eines arbeitsgerichtlichen Verfahrens zum **Vergleich.** Was Sie dabei jeweils beachten müssen, lesen Sie bitte in den Kapiteln D 6 und D 7.

D5 Die Abmahnung als Kündigungsvoraussetzung

1 Eine Abmahnung sollten Sie ernst nehmen

Die Abmahnung ist die »Gelbe Karte« im Arbeitsrecht. Denn eine berechtigte Abmahnung ist die Vorstufe zu einer verhaltensbedingten Kündigung.

Ihr Arbeitgeber zeigt Ihnen damit, dass er mit Ihrer Arbeitsleistung oder Ihrem Verhalten nicht zufrieden ist (sogenannte **»Rügefunktion«**). Anlass dafür kann beispielsweise sein, dass Sie eine Arbeitsanweisung nicht befolgt oder sich während der Arbeitszeit privat im Internet getummelt haben.

Gleichzeitig mit der Beanstandung droht der Arbeitgeber arbeitsrechtliche Konsequenzen für den Fall an, dass Sie Ihr Verhalten nicht ändern – in der Regel eine ordentliche oder sogar außerordentliche Kündigung (sogenannte **»Warnfunktion«**).

2 Verhaltensbedingte Kündigung grundsätzlich nur bei wiederholtem Pflichtverstoß

Nicht jedes Fehlverhalten berechtigt zur Kündigung

Will der Arbeitgeber das Arbeitsverhältnis wegen einer Vertragsverletzung kündigen, muss er den Arbeitnehmer in der Regel zuvor abgemahnt haben. Das folgt aus dem Grundsatz der **Verhältnismäßigkeit:** Schon die Androhung einer Kündigung wird in den meisten Fällen nämlich künftig ein vertragsgemäßes Verhalten zur Folge haben. Eine erfolglose Abmahnung zeigt andererseits, dass der Arbeitnehmer nicht bereit ist, sein Verhalten zu ändern. Erst auf der Grundlage dieser **»negativen Prognose«** kann man entscheiden, ob die Fortsetzung des Arbeitsverhältnisses noch zumutbar bzw. eine Kündigung berechtigt ist.

» **Beispiel:**

- Bei Verletzungen im Bereich der **Verhaltens- und Leistungspflichten** (z. B. Unpünktlichkeit) oder bei **Störung der Betriebsordnung** (z. B. Beleidigung von Kollegen) muss einer Kündigung grundsätzlich eine Abmahnung vorausgehen.
- Bei Pflichtverletzungen im **Vertrauensbereich** (z. B. Diebstahl, sexuelle Belästigung von Mitarbeitern) kann eine Abmahnung vor der Kündigung erforderlich sein, wenn die Kündigung im Einzelfall eine unverhältnismäßig harte Reaktion darstellen würde.

Ohne einschlägige Abmahnung keine verhaltensbedingte Kündigung

Damit eine Abmahnung ihre Funktion erfüllen kann, muss sie »einschlägig« sein. Das heißt, das abgemahnte und das der Kündigung zugrunde liegende Fehlverhalten müssen in einem inneren Zusammenhang stehen, also **»gleichartig«** sein (z. B. ständiges Zuspätkommen oder verspätete Krankmeldungen).

3 Ausnahmsweise ohne Abmahnung

Die Abmahnung hat eine Verhaltensänderung zum Ziel, damit das Arbeitsverhältnis zumutbar fortgesetzt werden kann. Es gibt aber auch Fälle, in denen auf eine Abmahnung verzichtet werden kann, weil sie entweder sinnlos wäre oder von vornherein nicht erwartet werden kann.

Ohne vorherige Abmahnung kann deshalb gekündigt werden,

- wenn Besserung trotz Abmahnung nicht in Sicht ist (z. B. bei einer beharrlichen Arbeitsverweigerung);
- wenn eine Hinnahme des Verhaltens seitens des Arbeitgebers nicht zu erwarten oder unzumutbar ist (z. B. Manipulation der Zeiterfassung);
- wenn eine ordentliche Kündigung uneingeschränkt möglich ist (z. B. findet das Kündigungsschutzgesetz keine Anwendung und besteht auch kein besonderer Kündigungsschutz etwa gegenüber Schwangeren oder schwerbehinderten Menschen). Aber: Will der Arbeitgeber in diesem Fall außerordentlich (fristlos) kündigen, muss grundsätzlich zuvor abgemahnt worden sein;
- wenn der Arbeitgeber schon »vorsorglich« abgemahnt hat. Bei besonders schwerwiegenden Verstößen kann dem Arbeitnehmer entgegengehalten werden, dass er nicht erwarten konnte, der Arbeitgeber werde sein Verhalten dulden – wenn also ein Fall vorliegt, in dem auch ohne vorherige Abmahnung gekündigt werden kann (z. B. nach eigenmächtiger Urlaubsnahme).

4 Darauf kommt es bei einer wirksamen Abmahnung an

4.1 Der Inhalt ist entscheidend

Die genaue Bezeichnung ist nebensächlich

Eine Abmahnung liegt immer schon dann vor, wenn sie die Rüge- und Warnfunktion erfüllt. Auch wenn sich nirgends die Bezeichnung »Abmahnung« findet, kann es sich um eine handeln.

Der abgemahnte Sachverhalt muss klar und unmissverständlich beschrieben sein

Allgemeine Vorwürfe taugen nicht für eine Abmahnung. Sie müssen zweifelsfrei erkennen können, was Ihnen vorgeworfen wird. Um die sogenannte »Rügefunktion« zu erfüllen, muss also möglichst präzise beschrieben werden, was Sie falsch gemacht haben.

» **Beispiel:** »Sie erschienen am 7. 1. 2015 unentschuldigt eine halbe Stunde zu spät zur Arbeit und konnten Ihre Tätigkeit erst um 7:30 Uhr aufnehmen.«

Der Hinweis auf Konsequenzen für Inhalt oder Bestand des Arbeitsverhältnisses im Wiederholungsfall ist unverzichtbar

Schon die Androhung »arbeitsrechtlicher Konsequenzen« kann eine hinreichende Warnung sein, wenn Sie erkennen können, der Arbeitgeber werde im Wiederholungsfall möglicherweise auch mit einer Kündigung reagieren. Eine ausdrückliche Kündigungsandrohung ist für die Erfüllung der »Warnfunktion« nicht erforderlich.

Fehlt eine solche Androhung für den Wiederholungsfall, liegt rechtlich betrachtet keine die Kündigung vorbereitende Maßnahme vor. Hierbei kann es sich aber um eine Ermahnung oder einen Verweis handeln. Diese darf der Arbeitgeber zwar zur Personalakte nehmen. Sie sind kündigungsrechtlich jedoch nicht relevant.

4.2 Die Formalien sind einzuhalten

Der »Abmahnungsberechtigte« muss die Abmahnung aussprechen

Abmahnen kann **jeder Weisungsbefugte.** Neben dem Arbeitgeber bzw. dessen gesetzlichen Vertretern (d. h. Vorstand, Geschäftsführer) kann das auch der disziplinarisch oder fachlich Vorgesetzte sein (z. B. Abteilungsleiter, Meister). In größeren Firmen übernimmt diese Aufgabe auch die Personalabteilung oder ein Rechtsanwalt.

Die Abmahnung muss zugehen

Eine Abmahnung wird – wie die Kündigung – erst wirksam, wenn sie zugeht. Als Beweis für den Zugang verlangt der Arbeitgeber häufig eine Unterschrift, mit der Sie den Empfang der Abmahnung bestätigen sollen.

! Sie sind aber nicht verpflichtet, die Abmahnung **gegenzuzeichnen.** Achten Sie darauf, dass Sie **mit Ihrer Unterschrift nur den Empfang der Abmahnung bestätigen!** Weiter gehende Formulierungen (z. B. haben Sie gegen den Inhalt der Abmahnung in tatsächlicher Hinsicht keine Einwendungen) sollten Sie durchstreichen, ehe Sie unterschreiben. Lassen Sie sich eine Kopie der Empfangsbestätigung aushändigen.

Sie können die Unterschrift also **verweigern.** Dann muss der Arbeitgeber den Zugang im Streitfall anders beweisen (z. B. durch Zeugen, Einschreiben mit Rückschein). Dagegen nützt es Ihnen nichts, wenn Sie die Annahme der Abmahnung verweigern.

Schriftform ist nicht erforderlich

Eine Abmahnung kann auch mündlich ausgesprochen werden, es sei denn, in einem Tarifvertrag ist etwas anderes vorgesehen. Aus Beweisgründen wird eine Abmahnung in der Regel aber schriftlich ergehen.

Als Betroffener müssen Sie vorher nicht angehört werden

Der Arbeitgeber muss Sie vor Ausspruch einer Abmahnung nicht anhören. Ist in einem Tarifvertrag jedoch geregelt, dass Sie anzuhören sind, bevor die **Abmahnung zur Personalakte genommen** wird, können Sie die Entfernung der Abmahnung aus der Personalakte verlangen, wenn die Anhörung unterblieben ist.

Allerdings kann der Arbeitgeber die Anhörung **nachholen** und die Abmahnung wieder zur Personalakte nehmen. Außerdem verliert auch eine solche formell unwirksame Abmahnung nicht ihre Warnfunktion und reicht deshalb zur Vorbereitung einer Kündigung aus.

Auch der **Betriebsrat** ist vor Erteilung einer Abmahnung nicht zu beteiligen. Wird der Betriebsrat später vor Ausspruch der Kündigung angehört, sind ihm jedoch die Abmahnungen vorzulegen, wenn der Arbeitgeber sich zur Rechtfertigung der Kündigung darauf berufen will.

4.3 Weitere »Stolpersteine« für den Arbeitgeber

Eine Abmahnung »verbraucht« das Kündigungsrecht für den abgemahnten Vorfall

Hat der Arbeitgeber einen Pflichtverstoß abschließend abgemahnt, verzichtet er damit auf eine Kündigung wegen desselben Vorfalls. **Konsequenz:** Eine Kündigung kann deshalb nicht auf Sachverhalte gestützt werden, deretwegen Sie bereits abgemahnt wurden. Erst ein weiterer »einschlägiger« Verstoß – auch ein erst später bekannt gewordener – kann eine Kündigung auslösen.

Das Recht zur Abmahnung kann verwirken

Es gibt zwar **keine Fristen,** innerhalb derer eine Abmahnung zwingend ausgesprochen werden muss. Insbesondere müssen schwerwiegende Vertragsverletzungen nicht innerhalb der für die außerordentliche Kündigung geltenden 2-Wochen-Frist abgemahnt werden.

Allerdings unterliegt das Recht zur Abmahnung der Verwirkung, wenn der Arbeitgeber **über längere Zeit nicht reagiert** hat und der Arbeitnehmer aufgrund zusätzlicher Umstände davon ausgehen darf, dass die Sache erledigt ist (z. B. sind Sie inzwischen trotz eines abmahnungswürdigen Vorfalls befördert worden). Maßgeblich sind hier immer die Umstände des Einzelfalles (z. B. Art und Schwere der Verfehlung).

Zu viele Abmahnungen schwächen die Warnfunktion

Reagiert der Arbeitgeber auf wiederholte Pflichtverstöße stets nur mit einer weiteren Abmahnung, ohne sonstige Konsequenzen folgen zu lassen, schwächt das die Warnfunktion der Abmahnungen. Der Arbeitgeber muss dann noch eine **besonders eindringliche** Abmahnung aussprechen (z. B. mit der Überschrift »letzte Abmahnung«), bevor er kündigt. Bei leichteren Pflichtverstößen sind drei Abmahnungen aber noch durchaus im Rahmen.

Zeitablauf reduziert die Wirkung einer Abmahnung

Je länger eine Abmahnung zurückliegt, desto eher kann man davon ausgehen, dass der Arbeitnehmer sich nun **vertragstreu verhält.** Vor einer Kündigung muss deshalb gegebenenfalls erneut abgemahnt werden. Eine bestimmte Frist, nach deren Ablauf die Abmahnung ihre Wirkung verliert, gibt es aber nicht.

Die Vorwürfe müssen nachweisbar sein

Eine Abmahnung ist unwirksam, wenn der erhobene Vorwurf nicht stimmt, weil Sie sich vertragsgemäß verhalten haben, oder der Arbeitgeber den Vorwurf im Streitfall nicht beweisen kann. Das gilt auch dann, wenn nur einer von mehreren in einer Abmahnung erhobenen Vorwürfen nicht zutrifft oder nicht bewiesen ist (sogenannte »Sammelabmahnung«). Die Abmahnung ist dann insgesamt aus der Personalakte zu entfernen.

Die Abmahnung selbst muss verhältnismäßig sein

Sie muss also eine angemessene Reaktion des Arbeitgebers auf das Fehlverhalten des Arbeitnehmers darstellen. Insbesondere bei einzelnen **Bagatellverstößen** kann eine Abmahnung unangemessen sein, wenn sie über das Ziel hinausschießt. Dass sich das abgemahnte Verhalten im Wiederholungsfall für eine Kündigung eignet, ist dagegen nicht erforderlich. Auch eine Häufung von geringen Fehlleistungen kann die Fortsetzung des Arbeitsverhältnisses unzumutbar machen.

5 So wehren Sie sich gegen eine Abmahnung

5.1 Wenn die Abmahnung unberechtigt ist

Sie können verlangen, dass Ihr Arbeitgeber eine ungerechtfertigte Abmahnung **widerruft** und **aus der Personalakte entfernt.** Das ist allerdings nur ratsam, wenn Sie sicher sind, dass der Arbeitgeber Ihnen das gerügte Fehlverhalten nicht nachweisen kann. In allen anderen Fällen kann der Arbeitgeber nämlich »nachbessern« (z. B. enthält die Abmahnung pauschale Vorhaltungen oder wurde sie von einer unzuständigen Person verfasst).

Statt einer Klage, die das Arbeitsverhältnis unnötig belasten dürfte, können Sie auch eine **(schriftliche) Gegendarstellung** verfassen, aus der hervorgeht, wie sich der abgemahnte Vorfall aus Ihrer Sicht darstellt. Auch diesen Weg sollten Sie nur wählen, wenn Sie sicher im Recht sind. Sonst laufen Sie Gefahr, dass der Arbeitgeber noch in zeitlicher Nähe zu dem Vorfall Beweise sammelt, um sie im späteren Kündigungsschutzprozess verwerten zu können.

Zudem kann jeder Arbeitnehmer bei den zuständigen Beschwerdestellen des Betriebs (z. B. Geschäftsleitung, Personalchef, Vorgesetzter) reklamieren, wenn er sich vom Arbeitgeber ungerecht behandelt fühlt. Erwarten Sie aber nicht zu viel von Ihrem **Beschwerderecht!** Das Instrument hat praktisch keine Relevanz, weil es den Arbeitgeber nicht zwingt, die Abmahnung aus der Welt zu schaffen, wenn er weiterhin der Auffassung ist, dass sie zu Recht erfolgte. Vielmehr bewirkt es nur, dass der Arbeitgeber auch Ihre Darstellung zur Kenntnis nimmt.

In den meisten Fällen ist es allerdings ratsam, gegen die Abmahnung zunächst einmal gar nichts zu unternehmen. Das bedeutet nicht, dass Sie die Abmahnung akzeptieren. Vielmehr können Sie sie auch noch in einem **späteren Kündigungsschutzprozess bestreiten und überprüfen lassen,** ob die abgemahnten Vorwürfe richtig sind. Der Arbeitgeber bleibt beweispflichtig für die abgemahnten Vorwürfe. Der Zeitablauf verbessert daher eher Ihre Prozesschancen.

5.2 Wenn die Abmahnung berechtigt ist

Bei einer berechtigten Abmahnung kann eine **Gegendarstellung** sinnvoll sein, wenn Ihre Version den Vorwurf relativiert (z. B. haben Sie zwar Ihrem Kollegen einen Schlag vor die Brust versetzt, dieser hat Sie jedoch zuvor gehänselt, was aus der Abmahnung nicht hervorgeht).

Auch eine berechtigte Abmahnung ist **aus der Personalakte zu entfernen,** wenn kein schutzwürdiges Interesse des Arbeitgebers am Verbleib der Abmahnung in der Personalakte mehr besteht. **Voraussetzung:** Die Abmahnung ist für die weitere Beurteilung des Arbeitnehmers in jeder Hinsicht bedeutungslos geworden. Eine bestimmte **Frist** gibt es hierfür außer im Fall einer tariflichen Regelung nicht.

D6 Der Aufhebungsvertrag: Eine Alternative zur Kündigung

1 Wann Sie einen Aufhebungsvertrag in Betracht ziehen sollten

Beabsichtigt Ihr Arbeitgeber eine **ordentliche Kündigung,** können Sie, um die Risiken eines Kündigungsschutzprozesses zu vermeiden, das Arbeitsverhältnis durch den Abschluss eines Aufhebungsvertrages einvernehmlich beenden. Abhängig davon, welche Hürden der Arbeitgeber bei einer Kündigung nehmen müsste, haben Sie so die Chance, im Vorfeld eine **Abfindung** für den Verlust des Arbeitsplatzes auszuhandeln.

Müssen Sie wegen einer schweren Arbeitsvertragsverletzung eine **außerordentliche Kündigung** befürchten, können Sie mit einem Aufhebungsvertrag immerhin ein unverdächtiges Beendigungsdatum erreichen (z. B. zum Monats- / Quartalsende). Allerdings müssen Sie sich hier gegebenenfalls auf eine Freistellung ohne Fortzahlung der Bezüge einlassen. Über eine Abfindung können Sie verhandeln, wenn der Arbeitgeber befürchtet, die Vertragsverletzung nicht nachweisen zu können, oder wenn er überhaupt eine gerichtliche Auseinandersetzung vermeiden will.

Wollen Sie eine neue Arbeitsstelle antreten oder sich selbstständig machen, kann mithilfe des Aufhebungsvertrages die an sich **einzuhaltende Kündigungsfrist verkürzt** werden.

Um die Vor- und Nachteile eines Aufhebungsvertrags abwägen zu können, müssen Sie folgende Aspekte einbeziehen:

- An den Aufhebungsvertrag sind Sie **gebunden,** auch wenn er sich später als nachteilig herausstellt. Nur in wenigen Ausnahmefällen kann er rückgängig gemacht werden (→ Abschn. 4). Überstürzen Sie deshalb nichts und holen Sie **rechtskundigen Rat** ein, bevor Sie unterschreiben.
- Allgemeine und besondere **Kündigungsschutzvorschriften** müssen **nicht beachtet** und **Kündigungsfristen nicht eingehalten** werden. Das kann sich positiv auf die auszuhandelnde Abfindungshöhe auswirken.
- Der Aufhebungsvertrag zielt nicht auf die befristete Fortsetzung des Arbeitsverhältnisses, sondern auf dessen Beendigung und unterliegt deshalb grundsätzlich **keiner Befristungskontrolle** nach § 14 Abs. 1 TzBfG. **Ausnahme:** Das Beendigungsdatum im Aufhebungsvertrag überschreitet die an sich einzuhaltende Kündigungsfrist um ein Vielfaches.

- Wenn Sie auf **Arbeitslosengeld** angewiesen sind, müssen Sie außerdem beachten, dass die einvernehmliche Beendigung des Arbeitsverhältnisses zu einer **Sperrzeit** – in der Regel zwölf Wochen – beim Arbeitslosengeld und einer Verkürzung der Anspruchsdauer führen kann (→ Abschn. 5).

Vor Abschluss eines Aufhebungsvertrags sollten Sie sich auf alle Fälle über dessen Folgen informieren. Ihr Arbeitgeber muss Sie nämlich normalerweise nicht von sich aus auf etwaige nachteilige Folgen eines Aufhebungsvertrags hinweisen.

Gesteigerte Hinweis- und Aufklärungspflichten können den Arbeitgeber dann treffen, wenn eine zur Beendigung des Arbeitsverhältnisses führende Vereinbarung auf seine Initiative hin und in seinem Interesse zustande kommt. Erteilt der Arbeitgeber Ihnen Auskünfte, so müssen sie richtig und vollständig sein. Aber selbst wenn der Arbeitgeber seine Aufklärungspflicht verletzt hat, ist der Aufhebungsvertrag nicht unwirksam. Ihnen steht jedoch ein Schadensersatzanspruch zu.

! Lassen Sie sich nicht von Ihrem Arbeitgeber unter Druck setzen. Bitten Sie sich eine Bedenkzeit aus, innerhalb derer Sie Rechtsrat einholen und beispielsweise einen Vertragsentwurf prüfen lassen können. Wenden Sie sich dazu an einen Fachanwalt für Arbeitsrecht.

2 Welches sind die Kernpunkte eines Aufhebungsvertrages?

Der »richtige« Beendigungszeitpunkt

Vermeiden Sie »krumme« Beendigungsdaten. Sie werden künftige Arbeitgeber, aber auch die Agentur für Arbeit stutzig machen – etwa, wenn es um die Verhängung einer Sperrzeit geht (→ Abschn. 5).

Seien Sie auch vorsichtig bei der Abkürzung und der Verlängerung von Kündigungsfristen! Wenn Sie **Arbeitslosengeld** in Anspruch nehmen wollen, sollte zwischen dem Abschluss des Aufhebungsvertrages und der Beendigung des Arbeitsverhältnisses eine **Frist** liegen, **die der vom Arbeitgeber einzuhaltenden ordentlichen Kündigungsfrist entspricht** (→ Kapitel D 3).

Wird das Arbeitsverhältnis ohne Einhaltung dieser Frist beendet und erhält der Arbeitnehmer eine Abfindung, ruht der Anspruch auf Arbeitslosengeld grundsätzlich bis zum Ablauf der ordentlichen Kündigungsfrist.

Sie sollten auch aus folgenden Gründen auf den »richtigen« Beendigungszeitpunkt des Arbeitsverhältnisses achten:

- Nach der Dauer Ihres Arbeitsverhältnisses richtet sich Ihr Anspruch auf **Arbeitsentgelt** und **Urlaub;**
- für **Sonderzahlungen** wie beispielsweise Tantiemen, Gratifikationen und Urlaubsgeld gibt es Stichtage;
- auch für die Berechnung der **Betriebsrente** ist normalerweise der Zeitpunkt der Beendigung des Arbeitsverhältnisses maßgeblich;
- im Sozialversicherungsrecht wird zwischen der Beendigung des Beschäftigungsverhältnisses und des Arbeitsverhältnisses unterschieden. Das ist für den Beginn der Sperrfrist beim Arbeitslosengeld von Bedeutung.

Der Beendigungsgrund

Wenn Sie nach Beendigung des Arbeitsverhältnisses durch einen Aufhebungsvertrag arbeitslos werden und Arbeitslosengeld in Anspruch nehmen wollen, droht Ihnen **wegen »Arbeitsaufgabe«** die Verhängung einer Sperrzeit. Eine **Sperrzeit wird nicht verhängt,** wenn Sie für den Abschluss des Aufhebungsvertrags einen wichtigen Grund haben (→ Abschn. 5).

Die Abfindung

Die Höhe der Abfindung können Sie **frei aushandeln.** Hat Ihr Arbeitgeber ein großes Interesse an der Beendigung des Arbeitsverhältnisses, wird er in der Regel bereit sein, auch deutlich mehr als die »übliche« Abfindung in Höhe eines halben Monatsgehalts pro Beschäftigungsjahr zu bezahlen. Maßgebliches Kriterium ist, ob eine mögliche Kündigung der gerichtlichen Überprüfung standhielte. Dabei kann ein gegebenenfalls bestehender Sonderkündigungsschutz eine Rolle spielen. Auch das Interesse an einer schnellen Lösung kann die Abfindungshöhe beeinflussen.

Beachten Sie: Eine Abfindung, die **mehr als 0,5 Monatsgehälter pro Beschäftigungsjahr** beträgt, ist für die Bundesagentur für Arbeit ein Indiz für ein »versicherungswidriges Verhalten« und löst in der Regel eine Sperrfrist einschließlich der Kürzung der Bezugsdauer aus (→ Abschn. 5). Die Grenzen müssen Sie in der Verhandlung mit dem Arbeitgeber ausloten.

Und weiter: Eine in einem Aufhebungsvertrag vereinbarte Abfindung geht nicht auf die Erben über, wenn der Arbeitnehmer vor dem im Aufhebungsvertrag vereinbarten Beendigungszeitpunkt stirbt. Vereinbaren Sie deshalb ausdrücklich, dass die Abfindung vererblich ist.

Die Regelung sämtlicher Zahlungsansprüche

Insbesondere wenn Sie von der Verpflichtung zur Arbeitsleistung freigestellt sind, sollten Sie regeln, welches Entgelt Ihnen bis zur Beendigung des Arbeitsverhältnisses zusteht. Vergessen Sie nicht die **variablen Gehaltsbestandteile** wie beispielsweise Provisionen oder Tantiemen, Boni und sonstige Einmalzahlungen.

Sonderzuwendungen (z. B. Urlaubsgeld, Weihnachtsgratifikation) sind üblicherweise an Stichtage gebunden. Ein 13. Monatsgehalt, welches ausschließlich als Gegenleistung für geleistete Arbeit bezahlt wird, steht Ihnen anteilig pro Monat zu. Das gilt auch für **Bonuszahlungen.**

Der (Rest-)Urlaub

Urlaubsansprüche entstehen bis zur rechtlichen Beendigung des Arbeitsverhältnisses. Der Urlaub kann entweder noch im bestehenden Arbeitsverhältnis **genommen** werden oder er ist nach Beendigung des Arbeitsverhältnisses **abzugelten.** Was mit Ihrem restlichen Urlaubsanspruch passiert, hängt auch davon ab, ob und **unter welchen Bedingungen Sie freigestellt** werden:

- Üblicherweise wird ausdrücklich vereinbart, dass **»Sie unter Fortzahlung der Vergütung und unter Anrechnung noch offener Urlaubsansprüche«** von der Verpflichtung zur Arbeitsleistung freigestellt werden. **Aber:** Der Urlaubsanspruch wird dadurch nur erfüllt, wenn es sich um eine unwiderrufliche Freistellung handelt. In diesem Fall dürfen Sie die konkrete Lage des Urlaubs innerhalb des verbleibenden Zeitraums selbst bestimmen. Eine Urlaubsabgeltung kommt nur dann in Betracht, wenn Sie Ihren Urlaub bis zur Beendigung des Arbeitsverhältnisses wegen Krankheit nicht nehmen konnten.
- Enthält der Aufhebungsvertrag zum Resturlaub **keine Regelung,** erfolgt im Zweifel keine Anrechnung. Der Urlaub ist dann bei Beendigung des Arbeitsverhältnisses abzugelten. Der Arbeitgeber kann hier allerdings ebenso wie bei der widerruflichen Freistellung den Urlaubszeitraum einseitig festlegen, also auch in die Zeit bis zur Beendigung des Arbeitsverhältnisses.

Die Modalitäten bei einer Freistellung

Um spätere Streitigkeiten zu vermeiden, sollten Sie die **folgenden Punkte ausdrücklich regeln:**

- Normalerweise erfolgt die Freistellung unter Fortzahlung der vertraglich vereinbarten Vergütung. Werden Sie **unbezahlt freigestellt,** haben Sie auch keinen Anspruch auf Entgeltfortzahlung – weder für Feiertage noch im Krankheitsfall, falls Sie beispielsweise bis zur Beendigung des Arbeitsverhältnisses arbeitsunfähig werden.

  Werden Sie **»unter Fortzahlung der ordnungsgemäß abzurechnenden Bezüge« freigestellt,** ist das normalerweise so auszulegen, dass keine Zahlungspflicht über die gesetzlichen Ansprüche hinaus begründet wird (z. B. sind Sie bei Abschluss des Aufhebungsvertrags schon länger als sechs Wochen arbeitsunfähig, ist der Arbeitgeber gesetzlich nicht verpflichtet, während der Freistellung Entgeltfortzahlung zu leisten). Wollen Sie eine darüber hinausgehende Zahlungspflicht schaffen, müssen Sie dies ausdrücklich regeln.

- Üblich ist es, Arbeitnehmer unter **Anrechnung des Resturlaubsanspruchs** freizustellen.

- Einen auch zur privaten Nutzung überlassenen **Dienst-Pkw** dürfen Sie grundsätzlich bis zur Beendigung des Arbeitsverhältnisses weiterfahren. Die Überlassung des Dienstwagens zur privaten Nutzung ist nämlich Teil Ihres Entgelts. Haben Sie den Dienstwagen trotzdem **vorzeitig zurückgegeben,** können Sie eine **Entschädigung** in Höhe des entgangenen Nutzungswerts verlangen. Dieser richtet sich allerdings nicht nach den im Verkehrsrecht üblichen Tabellen, sondern nach der Höhe des geldwerten Vorteils im Steuerrecht (derzeit: 1 % des Bruttolistenpreises).

- Bei **einseitiger Freistellung** durch den Arbeitgeber müssen Sie sich gemäß § 615 Abs. 2 BGB anrechnen lassen, was Sie anderweitig verdient oder böswillig zu verdienen unterlassen haben. Ob das auch bei der **einvernehmlichen Freistellung** im Aufhebungsvertrag gilt, ist eine Frage der Vertragsauslegung. Im Zweifel müssen Sie bei einer unwiderruflichen Freistellung nicht mehr bei Ihrem alten Arbeitgeber arbeiten. Sie dürfen sich also anderweitig verdingen. Soll dieser Zwischenverdienst angerechnet werden, muss das vereinbart werden.

- Solange das Arbeitsverhältnis besteht, dürfen Sie Ihrem Arbeitgeber auch während der Freistellung **keinen Wettbewerb** machen und beispielsweise für die Konkurrenz arbeiten. Sie können dieses Verbot aber im Aufhebungsvertrag aufheben oder modifizieren.

- Mit der **unwiderruflichen Freistellung** von der Arbeitsleistung werden Sie beschäftigungslos, auch wenn das Arbeitsverhältnis rechtlich fortbesteht. Die Sperrzeit wegen Arbeitsaufgabe, in der Regel zwölf Wochen, läuft deshalb ab dem Zeitpunkt der Freistellung (→ Abschn. 5).

Das (Zwischen-)Zeugnis

Bereits vor Beendigung des Arbeitsverhältnisses haben Sie **Anspruch** auf ein Zwischenzeugnis, damit Sie sich rechtzeitig um eine neue Stelle bewerben können. Es ist sinnvoll, bei der Verhandlung über den Aufhebungsvertrag auch über den konkreten Inhalt des Zeugnisses, insbesondere die Leistungsbeurteilung, zu sprechen. Viele Arbeitgeber akzeptieren auch einen von Ihnen vorgelegten Zeugnisentwurf.

Die Ausgleichsklausel

Ein Aufhebungsvertrag soll auch **verhindern,** dass Sie sich mit Ihrem Arbeitgeber **später gerichtlich auseinandersetzen** müssen. Das erreicht man mit sogenannten Ausgleichsklauseln, Abgeltungsklauseln oder Ausgleichsquittungen. Dazu werden Formulierungen verwendet wie beispielsweise: »Weitere gegenseitige Ansprüche der Parteien bestehen nicht mehr.« Solche Klauseln erfassen **grundsätzlich alle** bekannten und unbekannten **Ansprüche** im Zeitpunkt des Vertragsschlusses. **Ausgenommen** davon sind:

- Sogenannte **»unabdingbare Ansprüche«:** Eine abschließende Übersicht über diese Ansprüche gibt es nicht. Für folgende Ansprüche ist die Unabdingbarkeit jedoch anerkannt.
  - **Urlaubs- und Urlaubsabgeltungsansprüche,** soweit sie den gesetzlichen Mindesturlaub und den Zusatzurlaub für schwerbehinderte Menschen nach dem SGB IX betreffen. Zulässig sind jedoch sogenannte »Tatsachenvergleiche«, in denen geregelt wird, dass der Urlaubsanspruch tatsächlich gewährt wurde.
  - **Ruhegeldanwartschaften,** sofern sie unverfallbar sind und nicht ausnahmsweise abgefunden werden können (§ 3 BetrAVG).
  - Ansprüche aus einem **Tarifvertrag** oder einer **Betriebsvereinbarung** sind nur mit Zustimmung der Tarifvertragsparteien bzw. des Betriebsrats verzichtbar.
- Der Anspruch auf **ein Zeugnis** bzw. **eine Zeugnisberichtigung.** Bei wesentlichen inhaltlichen oder formalen Fehlern können Sie trotz einer solchen Klausel die Berichtigung Ihres Zeugnisses verlangen.
- **Der Anspruch auf Herausgabe der Arbeitspapiere** (z. B. Lohnsteuerkarte, Sozialversicherungsnachweisheft, Sozialversicherungsausweis, Urlaubsbescheinigung).

Haben Sie mit Ihrem Arbeitgeber schriftlich ein **nachvertragliches Wettbewerbsverbot** vereinbart, erfasst die allgemeine Ausgleichsklausel nicht Schadensersatzansprüche wegen der Verletzung dieses Wettbewerbsverbots. **Aber:** Durch eine umfassende Ausgleichsklausel werden ein nachvertragliches Wettbewerbsverbot und die Pflicht zur Zahlung einer Karenzentschädigung regelmäßig aufgehoben, wenn keine gegenteiligen Anhaltspunkte ersichtlich sind. **Folge:** Sie dürfen dann zwar Wettbewerb machen, erhalten aber auch keine Karenzentschädigung. Ob das gewollt war, ist eine Frage der Auslegung.

3 Was darüber hinaus noch geregelt werden sollte

Die Ansprüche aus der betrieblichen Altersversorgung

Eine **unverfallbare Versorgungsanwartschaft** nach § 1 b BetrAVG bleibt erhalten. Das gilt auch für eine **betriebliche Altersversorgung durch Entgeltumwandlung** (§ 1 b Abs. 5 BetrAVG). Tritt der Versorgungsfall ein, wird das vorzeitige Ausscheiden bei der Berechnung der Höhe der Betriebsrente proportional berücksichtigt (§ 2 BetrAVG). Eine unverfallbare Versorgungsanwartschaft kann bei der Beendigung des Arbeitsverhältnisses nur ausnahmsweise abgefunden werden (§ 3 BetrAVG).

Die Übertragung einer Direktversicherung

Hat Ihr Arbeitgeber zur Aufstockung Ihrer späteren Rente eine Direktversicherung im Wege der Gehaltsumwandlung abgeschlossen, muss die Direktversicherung im Beendigungszeitpunkt auf Sie übertragen werden. Sinnvoll ist, in diesem Zusammenhang zu regeln, wer die für das laufende Jahr anfallende Prämie bezahlt.

Die Rückgabe von Arbeitsmitteln

In Bezug auf die vom Arbeitgeber überlassenen Arbeitsmittel (z. B. Dienstwagen, Laptop, mobile Endgeräte) empfiehlt sich eine Regelung, wann, wo und wie diese zurückzugeben sind. In Betracht kommt auch eine Übertragung bzw. Veräußerung an Sie als Mitarbeiter.

Der Auszug aus der Dienst- / Werkswohnung

Bei einer **Werkdienstwohnung** (§ 576 b BGB) ist die Nutzung Bestandteil des Arbeitsvertrags. Deshalb endet das Nutzungsrecht mit der Beendigung des Arbeitsverhältnisses. Wohnen Sie dort allerdings mit Ihrer Familie oder haben Sie die Wohnung überwiegend selbst mit Einrichtungsgegenständen ausgestattet, gelten die Vorschriften über Mietverhältnisse entsprechend.

Für **Werkmietwohnungen** gilt das allgemeine Mietrecht, bei Beendigung des Arbeitsverhältnisses kann der Mietvertrag allerdings zu erleichterten Bedingungen gekündigt werden (§§ 576 f. BGB).

Die Rückzahlungsverpflichtungen

Über Rückzahlungsansprüche des Arbeitgebers können Sie im Rahmen des Aufhebungsvertrages verhandeln, sie also ganz oder teilweise ausschließen bzw. ihre Fälligkeit regeln. Hier gilt:

- **Sonderzuwendungen** (z. B. Gratifikationen, Urlaubsgeld) müssen Sie nur zurückzahlen, wenn das im Arbeitsvertrag, einem einschlägigen Tarifvertrag oder in einer Betriebsvereinbarung vorgesehen ist, oder wenn Sie keinen Anspruch darauf hatten (→ Kapitel D 1).
- Hat der Arbeitgeber Ihnen eine **Ausbildung finanziert,** kann er die dafür aufgewendeten Kosten unter bestimmten Voraussetzungen von Ihnen zurückverlangen, wenn Sie vor Ablauf der vereinbarten Frist ausscheiden (→ Kapitel D 1).
- Auch **Umzugskosten** kann der Arbeitgeber von Ihnen zurückfordern, wenn darüber eine Vereinbarung besteht und seit Beginn des Arbeitsverhältnisses noch keine drei Jahre vergangen sind.
- Mit Ausscheiden aus dem Arbeitsverhältnis können sich die Modalitäten eines **Arbeitgeberdarlehens** ändern. Es ist zulässig, ab dem Ausscheiden den Zinssatz auf das marktübliche Niveau anzuheben oder – in sehr engen Grenzen – das Restdarlehen fällig zu stellen.

Das nachvertragliche Wettbewerbsverbot

An ein schriftlich vereinbartes nachvertragliches Wettbewerbsverbot sind beide Parteien gebunden. Vor Beendigung des Arbeitsverhältnisses kann der Arbeitgeber darauf durch schriftliche Erklärung **verzichten.** Er bleibt dann allerdings trotzdem verpflichtet, ein Jahr lang die Karenzentschädigung zu zahlen (§ 75 a HGB), obwohl Sie ihm nun Wettbewerb machen dürfen. Allerdings müssen

Sie sich Ihren **Verdienst anrechnen** lassen, soweit dieser zusammen mit der Karenzentschädigung mehr als 110 % Ihres bisherigen Verdienstes beträgt.

Beachten Sie: Das Wettbewerbsverbot und der Anspruch auf die Karenzentschädigung können jedoch einvernehmlich auch durch eine Ausgleichsklausel im Aufhebungsvertrag aufgehoben werden (→ Abschn. 2). Umgekehrt kann im Rahmen eines Aufhebungsvertrages aber auch ein nachvertragliches Wettbewerbsverbot neu vereinbart werden.

Die Klagerücknahme oder der Verzicht auf Rechtsmittel

Wenn Sie **bereits Kündigungsschutzklage erhoben** haben, erledigt sich diese durch den Abschluss eines Aufhebungsvertrags. Üblicherweise wird deshalb in den Aufhebungsvertrag eine Klausel aufgenommen, in der Sie sich verpflichten, die Kündigungsschutzklage beim Arbeitsgericht **zurückzunehmen.**

Das ist für Sie nicht nachteilig, weil Ihnen hierdurch normalerweise keine zusätzlichen Kosten entstehen. Anders allerdings, wenn Sie erst im Berufungsverfahren die Klage bzw. die Berufung zurücknehmen!

Manchmal besteht ein vorsichtiger Arbeitgeber auch darauf, dass Sie sich im Aufhebungsvertrag **verpflichten, keine Kündigungsschutzklage zu erheben.** Eine trotzdem eingereichte Klage wäre dann schon wegen des Klageverzichts **unzulässig.** Wegen des Aufhebungsvertrags hätte sie aber auch sonst keinen Erfolg.

Die Kostenregelung

Bei der Verhandlung über einen Aufhebungsvertrag trägt **jede Partei ihre Kosten selbst.** Das gilt im Übrigen auch für die Kosten vor dem Arbeitsgericht. Gegebenenfalls springt Ihre Rechtsschutzversicherung ein. Inwieweit der Arbeitgeber bereit ist, die Kosten Ihres Anwalts zu übernehmen, ist Verhandlungssache.

4 Können Sie einen Aufhebungsvertrag rückgängig machen?

Durch einvernehmliche Aufhebung

Ein einmal geschlossener Aufhebungsvertrag lässt sich wieder aufheben, wenn sich beide Parteien über die Fortsetzung des Arbeitsverhältnisses einig sind. Diese Aufhebungsvereinbarung ist zwar formlos möglich. Aus Beweisgründen sollten Sie dies jedoch schriftlich festhalten. Achten Sie in diesem Fall insbesondere darauf, die Anrechnung der bisherigen Betriebszugehörigkeit ausdrücklich zu regeln!

Es besteht ein Rücktritts- oder Widerrufsrecht

Die **vertragliche Vereinbarung** eines Rücktritts- oder Widerrufsrechts ist in der Praxis unüblich, weil Sie normalerweise genügend Zeit zum Überlegen haben sollten. Zahlt der Arbeitgeber die vereinbarte Abfindung nicht, steht Ihnen ein **gesetzliches Rücktrittsrecht** zu (§ 323 BGB) – allerdings erst nach angemessener Fristsetzung (z. B. zwei Wochen).

Der am Arbeitsplatz (z. B. im Personalbüro) geschlossene Aufhebungsvertrag zählt nicht zu den »außerhalb von Geschäftsräumen geschlossenen Verträgen«, darunter fällt auch das frühere »Haustürgeschäft«. Ein **gesetzliches Widerrufsrecht** nach § 312 BGB steht Ihnen deshalb nicht zu.

Manche **Tarifverträge** räumen das Recht ein, den Aufhebungsvertrag innerhalb einer bestimmten Frist zu widerrufen. Hierauf können Sie sich jedoch nur berufen, wenn der Tarifvertrag auch auf Ihr Arbeitsverhältnis Anwendung findet. Hierauf hinweisen muss Sie der Arbeitgeber aber nur, wenn das im Tarifvertrag vorgesehen ist.

Die »Schriftform« wurde nicht eingehalten

Die Beendigung des Arbeitsverhältnisses durch Aufhebungsvertrag bedarf der Schriftform (§§ 623, 126 BGB). Das heißt, dass jeder Vertragspartner bei zwei gleichlautenden Schriftstücken mindestens die für die Gegenseite bestimmte Vertragsurkunde **eigenhändig unterschreiben** muss. Es reicht nicht aus, wenn Sie ein Telegramm, ein Telefax oder eine Kopie austauschen.

Auch die »elektronische Form« und die »Textform« sind ausgeschlossen (→ Kapitel A 6). **Konkret:** Weder eine digitale Unterschrift noch ein Vertragsschluss per E-Mail ersetzen die eigenhändigen Unterschriften. Die Schriftform kann aber durch **notarielle Beurkundung** oder durch einen **gerichtlichen Vergleich** ersetzt werden.

Ein Aufhebungsvertrag, der nicht der Schriftform genügt, ist **nichtig.** Er beendet das Arbeitsverhältnis nicht.

Der Aufhebungsvertrag wird an eine Bedingung geknüpft

Wird der Aufhebungsvertrag unter einer Bedingung abgeschlossen, ist er **unwirksam,** wenn damit der **Kündigungsschutz umgangen** wird (z. B. soll das Arbeitsverhältnis enden, wenn der Arbeitnehmer im Betrieb Alkohol zu sich nimmt oder wenn er nicht rechtzeitig aus dem Urlaub zurückkehrt). Dasselbe gilt, wenn kein Aufhebungsvertrag, sondern ohne Sachgrund eine **befristete Verlängerung** des Arbeitsverhältnisses vereinbart wird.

Der Grund für den Aufhebungsvertrag entfällt

Wird der Aufhebungsvertrag auf Veranlassung des Arbeitgebers abgeschlossen, um eine betriebsbedingte Kündigung zu vermeiden, und ergibt sich in der Zeit zwischen Vertragsabschluss und Beendigungsdatum eine **Weiterbeschäftigungsmöglichkeit** für den Arbeitnehmer, ist der Vertrag wegen »Wegfalls der Geschäftsgrundlage« **anzupassen.** Diese Anpassung kann auch die Weiterbeschäftigung sein.

Sie haben einen Anfechtungsgrund

Ausnahmsweise besteht die Möglichkeit, dass Sie den Aufhebungsvertrag binnen Jahresfrist anfechten (§§ 123, 124 BGB). Das ist zum Beispiel der Fall, wenn Sie nachweisen können, dass Sie durch arglistige Täuschung oder durch widerrechtliche Drohung zum Vertragsschluss verleitet wurden.

In der Praxis wird der Arbeitnehmer häufig vor die Alternative »Aufhebungsvertrag oder fristlose Kündigung« gestellt. Die Drohung mit einer (außerordentlichen) Kündigung gilt jedoch dann nicht als widerrechtlich, wenn ein verständiger – nicht »idealer« – Arbeitgeber eine außerordentliche Kündigung ernsthaft in Erwägung gezogen hätte. Dass die Kündigung wirksam gewesen wäre, ist aber nicht erforderlich.

» **Beispiel:** Die Androhung einer Kündigung ist widerrechtlich, wenn es an einer erforderlichen Abmahnung fehlt. Gleiches gilt, wenn der Arbeitgeber bei einer Verdachtskündigung die zumutbare Aufklärung unterlassen hat.

Die Erfolgsaussichten einer Anfechtung sind in der Praxis jedoch gering: Wollen Sie einen Aufhebungsvertrag anfechten, müssen Sie den **Anfechtungsgrund beweisen.** Erfahrungsgemäß gelingt das nur selten, auch wenn das Gericht Ihre Aussage in der mündlichen Verhandlung in die Beweiswürdigung mit einbeziehen muss.

Beachten Sie: Wussten Sie im Zeitpunkt des Vertragsschlusses nicht, dass Sie schwanger oder schwerbehindert sind, kommt eine Anfechtung des Aufhebungsvertrages wegen Irrtums (§ 119 BGB) nicht in Betracht. Das gilt auch, wenn Sie sich über die Folgen des Aufhebungsvertrages nicht im Klaren waren.

5 Das gilt für Ruhens- und Sperrzeiten beim Arbeitslosengeld

Keine Anrechnung der Abfindung auf das Arbeitslosengeld

Egal, wie hoch die Abfindung wegen der Beendigung des Arbeitsverhältnisses (sogenannte »Entlassungsentschädigung«) ausfällt, eine Anrechnung auf das Arbeitslosengeld wird nicht vorgenommen.

Nur wenn das Arbeitsverhältnis unter **Abkürzung der durch den Arbeitgeber einzuhaltenden ordentlichen Kündigungsfrist** beendet wird, **ruht** der Anspruch auf Arbeitslosengeld abhängig von der Höhe der Abfindung. **Das bedeutet konkret:** Eine Kürzung der Anspruchsdauer findet nicht statt. Die Arbeitslosengeldzahlung wird lediglich zeitlich verschoben.

Sperrzeit wegen Arbeitsaufgabe

Grundsätzlich fällt ein Aufhebungsvertrag ebenso wie ein Abwicklungsvertrag nach vorangegangener Kündigung unter den Tatbestand des »versicherungswidrigen Verhaltens«, weil Sie dadurch aktiv an der Beendigung des Beschäftigungsverhältnisses mitgewirkt haben. **Folge:** Der Anspruch auf Arbeitslosengeld **ruht** grundsätzlich für die Dauer von **zwölf Wochen und** die **Anspruchsdauer verkürzt sich um ein Viertel.**

Die Sperrzeit beginnt mit Beendigung des »Beschäftigungsverhältnisses«, also schon mit der einvernehmlichen unwiderruflichen Freistellung, und läuft damit parallel zur Kündigungsfrist. Sie kann also faktisch bei Beendigung des Arbeitsverhältnisses bereits abgelaufen sein. In diesem Fall schlägt also nur die Verkürzung der Anspruchsdauer negativ zu Buche.

Ein »wichtiger Grund« rettet vor der Sperrzeit

Trotz versicherungswidrigen Verhaltens wird keine Sperrzeit verhängt, wenn Sie für die Aufgabe des Beschäftigungsverhältnisses einen wichtigen Grund haben. Das Bundessozialgericht bejaht einen solchen Grund, wenn Sie als Arbeitnehmer einer objektiv wirksamen **betriebs- oder personenbedingten Kündigung** durch den Abschluss eines Aufhebungsvertrages **zuvorkommen,** um Nachteile für Ihr berufliches Fortkommen zu vermeiden. Eine betriebsbedingte Kündigung, die mit dem Hinweis verbunden ist, dass der Arbeitnehmer eine Abfindung erhält, wenn er keine Kündigungsschutzklage erhebt, löst ebenfalls keine Sperrzeit aus, wenn der Arbeitnehmer die Kündigung akzeptiert.

Daraus hat sich folgende **Praxis der Arbeitsagenturen** entwickelt: Bei einem Aufhebungs- oder Abwicklungsvertrag wird **keine Sperrfrist verhängt,** wenn

- der Vertrag zur Vermeidung einer drohenden Kündigung aus betrieblichen Gründen oder nach einer solchen abgeschlossen wird,
- zwischen Abschluss des Aufhebungsvertrags und der Beendigung des Arbeitsverhältnisses mindestens eine der ordentlichen Kündigungsfrist des Arbeitgebers entsprechende Frist liegt,
- und die Abfindung für den Verlust des Arbeitsplatzes zwischen 0,25 und 0,5 Bruttogehältern pro Beschäftigungsjahr liegt.

In diesen Fällen wird die mit dem Aufhebungsvertrag in Verbindung stehende Kündigung nicht weiter auf ihre objektive Rechtmäßigkeit überprüft. **Beachten Sie jedoch:** Erhebliche Abweichungen der Abfindung nach oben oder unten können dazu führen, dass ein wichtiger Grund für die Lösung des Arbeitsverhältnisses nicht anerkannt wird!

Ein Aufhebungsvertrag wie auch ein gerichtlicher Vergleich sollte deshalb stets den **Beendigungsgrund enthalten.** Ist er plausibel und gibt es keine Hinweise auf andere Hintergründe (z. B. ein »krummes Beendigungsdatum«), sind diese Angaben für den Sachbearbeiter der Agentur für Arbeit wichtige Anhaltspunkte bei der Prüfung der Frage, ob eine Sperrzeit verhängt wird.

! Wenn Sie sichergehen wollen, dass keine Sperrzeit verhängt wird, klären Sie das unter Vorlage eines Vertragsentwurfs mit dem für Sie zuständigen Sachbearbeiter der Arbeitsagentur.

Sind Sie mit einer Sperrzeit-Entscheidung der Arbeitsagentur nicht einverstanden, steht Ihnen nach erfolglosem Widerspruch der Weg zu den Sozialgerichten offen. Diese überprüfen den Arbeitslosengeldbescheid unabhängig. Sie sind also in ihrer Beurteilung weder an einen Vergleich noch an eine Entscheidung im Kündigungsschutzprozess vor dem Arbeitsgericht gebunden.

D7 Arbeitsplatz gegen Geld: Das Ringen um die Abfindung

1 Situation 1: Sie vereinbaren mit Ihrem Arbeitgeber eine Abfindung

1.1 Hauptsache, Sie einigen sich!

Eine Abfindung als Gegenleistung für die Aufgabe des Arbeitsplatzes können Sie beanspruchen, wenn Sie das mit Ihrem Arbeitgeber vereinbaren. Folgende Möglichkeiten kommen dafür in Betracht:

- **Aufhebungsvertrag:** Hierbei einigen Sie sich, schon **bevor eine Kündigung ausgesprochen wird,** auf die Beendigung des Arbeitsverhältnisses.
- **Abwicklungsvertrag:** Dabei einigen Sie sich **nach Ausspruch einer Kündigung** auf die Beendigung des Arbeitsverhältnisses.
- **Prozessvergleich:** In diesem Fall schließen die Beteiligten den »Abwicklungsvertrag« vor Gericht **im Rahmen eines Kündigungsschutzprozesses** beziehungsweise in einem Rechtsstreit über die Wirksamkeit einer Befristung. Der Abfindungsvergleich dient dazu, den Rechtsstreit beizulegen und ist zugleich Vollstreckungstitel. Sie können sich auch **außergerichtlich vergleichen.** Beachten Sie dabei jedoch, dass aus einem solchen Vergleich nicht vollstreckt werden kann. Kommt Ihr Vertragspartner also den Vergleichsvereinbarungen nicht freiwillig nach, müssen Sie ihn erneut verklagen.

Beachten Sie: Eine Abfindungsvereinbarung können Sie in **keiner dieser Situationen erzwingen.**

1.2 Höchstgrenzen für vereinbarte Abfindungen gibt es nicht

Ihr **Verhandlungsgeschick** ist hier **gefragt.** Denn für die Höhe der in einem Vertrag oder Vergleich vereinbarten Abfindung gibt es – zumindest theoretisch – keine Grenzen. Es hängt deshalb wesentlich von der **Interessenlage der Parteien** ab, zu welchen Konditionen das Arbeitsverhältnis beendet wird.

Wenn der **Arbeitgeber** ein großes Interesse an der Beendigung hat, wird er Ihnen auch bei der Abfindungshöhe entgegenkommen. Das ist insbesondere der Fall, wenn Ihre Chancen, einen Kündigungsschutzprozess zu gewinnen, hoch sind. Denn dann muss Ihr Arbeitgeber Sie nicht nur weiterbeschäftigen, sondern normalerweise auch den gesamten Verdienst seit Ablauf der Kündigungsfrist nachzahlen, soweit Sie keinen anderweitigen Verdienst erzielt haben.

In der Praxis ist insbesondere beim **Abfindungsvergleich vor Gericht** die Vereinbarung eines halben Monatsgehalts pro Beschäftigungsjahr die Ausgangsbasis für die Abfindungsverhandlung. Maßgeblich ist hierfür grundsätzlich der individuelle Bruttomonatsverdienst in dem Monat, in dem Ihr Arbeitsverhältnis endet. Je nach Prozessaussicht wird hiervon nach unten oder oben abgewichen.

! Gute Chancen auf eine **höhere Abfindung** haben Sie, wenn die **Kündigung** aus **mehreren Gründen unwirksam** ist.

Beachten Sie beim Abfindungspoker: Bei der Frage, ob eine **Sperrfrist wegen Arbeitsaufgabe** beim Bezug von Arbeitslosengeld verhängt wird, werden die Sachbearbeiter bei den Arbeitsagenturen stutzig, wenn die Abfindung sich außerhalb der Bandbreite von 0,25 bis 0,5 Monatsgehältern pro Beschäftigungsjahr bewegt. Informieren Sie sich dazu auch in Kapitel D 6.

1.3 Wann bekommen Sie Ihr Geld?

Auch das ist **Verhandlungssache.** In der Regel wird die Abfindung mit der Beendigung des Arbeitsverhältnisses fällig. Das heißt, Sie erhalten das Geld mit Ablauf der Kündigungsfrist oder zu dem im Aufhebungsvertrag vereinbarten Zeitpunkt Ihres Ausscheidens. Abweichende Vereinbarungen sind möglich, in der Praxis aber eher selten.

1.4 Was gilt für den Erbfall?

Ein in einem **Prozessvergleich** vereinbarter Abfindungsanspruch geht grundsätzlich auf die Erben über, wenn der Arbeitnehmer vor dem im Abfindungsvergleich festgelegten Auflösungszeitpunkt verstirbt. Etwas anderes gilt nur, wenn die Vereinbarung ergibt, dass das Erleben des Beendigungsdatums Vertragsinhalt geworden ist.

! Liegt die Beendigung des Arbeitsverhältnisses bei Vertrags- oder Vergleichsschluss in der Zukunft, sollten Sie **ausdrücklich vereinbaren,** dass der Abfindungsanspruch bereits mit Vertragsschluss entsteht und die Abfindung **vererblich** ist.

2 Situation 2: Nach betriebsbedingter Kündigung verzichten Sie gegen eine Abfindung auf eine Kündigungsschutzklage

§ 1 a KSchG sieht einen **gesetzlichen Abfindungsanspruch** bei **betriebsbedingten Kündigungen** vor. Vorausgesetzt wird, dass der Arbeitgeber Ihnen im Kündigungsschreiben die Zahlung einer Abfindung zusagt, falls Sie keine Kündigungsschutzklage nach § 4 KSchG erheben(→ Kapitel D 4).

Dasselbe gilt, wenn Sie eine Änderungskündigung (§ 2 KSchG) erhalten und die geänderten Vertragsbedingungen nicht unter Vorbehalt annehmen. Wenn Sie die Kündigungsschutzklage verspätet erheben oder später wieder zurücknehmen, besteht kein Anspruch nach § 1 a KSchG.

Die Höhe der Abfindung nach § 1 a KSchG beträgt 0,5 Monatsverdienste für jedes Beschäftigungsjahr. Gesetzliche Höchstgrenzen wie bei § 10 KSchG **gibt es nicht.**

Ob Sie von einem solchen Angebot Gebrauch machen sollten, hängt entscheidend davon ab, wie Sie Ihre **Chancen** in einem möglichen **Kündigungsschutzprozess** einschätzen: Liegen tatsächlich betriebsbedingte Gründe vor, sollten Sie auf das Angebot eingehen, weil Sie die Kündigungsschutzklage voraussichtlich verlieren werden. Eine Abfindung gibt es in diesem Fall nur, wenn ein **Sozialplan** eingreift.

Sind die betriebsbedingten **Gründe nur vorgeschoben** und andere Kündigungsgründe nicht ersichtlich, haben Sie die Chance, im Kündigungsschutzprozess eine höhere Abfindung auszuhandeln.

Ihr Vorteil: Verzichten Sie in den Fällen des § 1 a KSchG auf eine Klageerhebung, hat das **keine Sperrzeit** beim Arbeitslosengeld zur Folge.

Ihr Risiko: Der Abfindungsanspruch nach § 1 a KSchG entsteht erst **mit Ablauf der Kündigungsfrist** der zugrunde liegenden Kündigung und ist dementsprechend erst ab diesem Zeitpunkt **vererblich.** Stirbt der Arbeitnehmer kurz vor Ablauf der Kündigungsfrist, können die Erben die Abfindung nicht beanspruchen. Eine **abweichende Vereinbarung** ist hier **nicht möglich** – anders als bei einem Vertrag oder Vergleich (Abschn. 1.4).

! Bei langen Kündigungsfristen oder bei hohen Abfindungsbeträgen ist deshalb von dieser Möglichkeit abzuraten. Schließen Sie in diesen Fällen besser einen Abwicklungsvertrag ab.

3 Situation 3: Sie erhalten eine Abfindung durch Urteil im Kündigungsschutzprozess

3.1 Die gesetzlichen Hürden dafür liegen hoch

Ist eine Kündigung nach § 1 KSchG sozial ungerechtfertigt, besteht das Arbeitsverhältnis fort. Allerdings können beide Parteien unter bestimmten Voraussetzungen beantragen, dass das Arbeitsverhältnis trotzdem gegen Zahlung einer Abfindung aufgelöst wird. Im Einzelnen gilt:

Die Kündigung muss sozial ungerechtfertigt sein

Das **Arbeitsgericht muss feststellen,** dass die Kündigung auch sozial ungerechtfertigt ist. Das Arbeitsverhältnis kann nicht durch Urteil aufgelöst werden, wenn die Kündigung lediglich aus anderen Gründen unwirksam ist (z. B. weist sie nur formelle Fehler auf, wird der Sonderkündigungsschutz für Schwerbehinderte missachtet oder wurde der Betriebsrat fehlerhaft angehört).

Die Auflösung des Arbeitsverhältnisses muss beantragt werden

Es gibt **keine Auflösung »von Amts wegen«.** Mindestens eine Partei muss die Auflösung des Arbeitsverhältnisses im Verlauf des Prozesses beantragen (§ 9 KSchG). Der späteste Zeitpunkt dafür ist die letzte mündliche Verhandlung in der Berufungsinstanz.

Als **Arbeitnehmer** können Sie die Auflösung beantragen, wenn Ihnen die Fortsetzung des Arbeitsverhältnisses nicht zuzumuten ist. **Nicht ausreichend zur Begründung** ist allein die Tatsache, dass Sie gegen die im Ergebnis ungerechtfertigte Kündigung Klage erheben mussten. Auch können Sie Ihren Antrag nicht damit begründen, dass Sie inzwischen eine **neue,** gegebenenfalls **besser bezahlte Stelle** gefunden haben.

Der **Arbeitgeber** kann die Auflösung des Arbeitsverhältnisses beantragen, wenn Gründe vorliegen, die eine den Betriebszwecken dienliche weitere Zusammenarbeit nicht erwarten lassen (z. B. beleidigt oder bedroht der Arbeitnehmer den Arbeitgeber im Kündigungsschutzprozess oder beeinflusst Zeugen, die für oder gegen ihn aussagen können).

3.2 Die Höhe der Abfindung ist begrenzt

Für die durch Urteil festzusetzende Abfindung gibt es **gesetzliche Höchstgrenzen** (§ 10 KSchG):

- Grundsätzlich: Zwölf Monatsverdienste,
- 15 Monatsverdienste nach Vollendung des 50. Lebensjahres und einer Betriebszugehörigkeit von mindestens 15 Jahren,
- 18 Monatsverdienste nach Vollendung des 55. Lebensjahres und einer Betriebszugehörigkeit von mindestens 20 Jahren.

Ob sich aus der **Nichtberücksichtigung von Betriebszugehörigkeitszeiten** für jüngere Arbeitnehmer Kapital schlagen lässt, ist rechtlich nach wie vor umstritten. Darin könnte eine **unzulässige Altersdiskriminierung** liegen. Lassen Sie sich hierzu von Ihrem Anwalt beraten.

Als **Monatsverdienst** gilt, was dem Arbeitnehmer bei der für ihn maßgebenden regelmäßigen Arbeitszeit in dem Monat, in dem das Arbeitsverhältnis endet, an Geld und Sachbezügen zusteht (§ 10 Abs. 3 KSchG). Variable Einkommensbestandteile (z. B. Tantieme, Provision) sowie Zuwendungen mit Entgeltcharakter (z. B. 13. Monatsgehalt, Boni) werden anteilig hinzugerechnet. Nicht berücksichtigungsfähig sind Spesen und sonstiger Aufwendungsersatz.

3.3 Das Gericht setzt die Abfindung im Urteil fest

Das Gericht setzt die **konkrete Abfindungssumme** im Urteil fest. Dabei berücksichtigt es die Betriebszugehörigkeit, das Lebensalter des Arbeitnehmers, dessen Unterhaltsverpflichtungen und die weiteren Umstände des Einzelfalls (z. B. wirtschaftliche Lage des Arbeitgebers, Folgen der Entlassung für den Arbeitnehmer, Maß der Sozialwidrigkeit der Kündigung).

Die per Urteil rechtskräftig zugesprochene Abfindung ist **vererblich,** auch wenn der Arbeitnehmer vor dem im Urteil festgesetzten Beendigungszeitpunkt verstirbt. Einen Auflösungsantrag, den der Arbeitnehmer selbst gestellt haben muss, können seine Erben weiterverfolgen.

4 Situation 4: Sie erhalten eine Abfindung aufgrund eines Sozialplanes

Um wirtschaftliche Nachteile infolge einer Betriebsänderung auszugleichen oder zu mildern, können Arbeitgeber und Betriebsrat in Betrieben mit mehr als 20 Arbeitnehmern einen **Sozialplan** vereinbaren (§ 111 BetrVG 1952). Solche Sozialpläne enthalten häufig **Abfindungsregelungen.** Liegen die entsprechenden Voraussetzungen vor, steht betroffenen Arbeitnehmern die Abfindung zu, auf die ohne Zustimmung des Betriebsrats nicht verzichtet werden kann.

Beachten Sie: Abfindungen aufgrund eines Sozialplanes, die für den Verlust des Arbeitsplatzes gezahlt werden, dürfen nicht vom Verzicht auf eine Kündigungsschutzklage abhängig gemacht werden. **Zulässig** sind aber zusätzliche Leistungen für den Klageverzicht (sogenannte »Turboprämien«) im Rahmen einer **freiwilligen Betriebsvereinbarung.**

5 Wie wirkt sich eine Abfindung auf das Arbeitslosengeld aus?

5.1 Grundsatz: Keine Anrechnung der Abfindung

Sogenannte **»Entlassungsentschädigungen«** (z. B. Abfindungen, Entschädigungen für den Verlust des Arbeitsplatzes) führen nur zum **Ruhen** des Anspruchs auf Arbeitslosengeld, wenn das Arbeitsverhältnis **ohne Einhaltung der für den Arbeitgeber geltenden ordentlichen Kündigungsfrist** beendet wird (§ 158 SGB III). Dann wird nämlich unterstellt, dass in der Abfindung auch das Arbeitsentgelt enthalten ist, das Ihnen bis zur ordentlichen Beendigung des Arbeitsverhältnisses bezahlt worden wäre.

Die Ruhenszeit nach § 158 SGB III **verkürzt nicht den Zeitraum,** für den Sie Arbeitslosengeld beanspruchen können. Die Leistungen der Bundesagentur für Arbeit **beginnen lediglich später** (§ 148 SGB III). **Anders** bei einer Sperrzeit wegen Arbeitsaufgabe nach § 159 Abs. 1 Nr. 1 SGB III. Hier führt die Sperrzeit über eine verkürzte Bezugsdauer auch zu einer Minderung des Arbeitslosengeldanspruchs(→ Kapitel D 6).

5.2 So lange kann der Anspruch auf Arbeitslosengeld ruhen

Wenn das Arbeitsverhältnis ordentlich gekündigt werden kann

In diesem Fall ruht der Anspruch auf Arbeitslosengeld längstens bis zu dem Zeitpunkt, zu dem das Arbeitsverhältnis geendet hätte, wenn die **maßgebliche** gesetzliche, tarifliche oder einzelvertraglich vereinbarte **Kündigungsfrist** des Arbeitgebers eingehalten worden wäre.

Der Ruhenszeitraum beträgt **längstens ein Jahr.** Gerechnet wird vom Ende des Arbeitsverhältnisses an. Der Ruhenszeitraum **endet außerdem,** wenn der pauschalierte Entgeltanteil der Abfindung – abhängig von Alter und Betriebszugehörigkeit – verbraucht ist. Angerechnet werden hierbei zwischen 25 % und 60 %.

! Kümmern Sie sich um Ihren Krankenversicherungsschutz, denn solange der Anspruch auf Arbeitslosengeld nach § 158 SGB III ruht, besteht grundsätzlich kein gesetzlicher Krankenversicherungsschutz! Besteht also weder Versicherungsschutz nach § 19 Abs. 2 SGB V (hier: ein Monat nachwirkender Versicherungsschutz nach dem Ende der Pflichtmitgliedschaft) noch sind Sie familienversichert (§ 10 SGB V bzw. § 25 SGB XI), müssen Sie sich selbst krankenversichern (§ 9 SGB V).

5.3 Es kann eine Sperrzeit folgen

Die Zahlung einer Abfindung alleine führt nicht zur Verhängung einer Sperrzeit. Allerdings kann eine Abfindung, die die Grenzen von 0,5 Monatsgehältern pro Beschäftigungsjahr überschreitet, ein Indiz dafür sein, dass Sie das Beschäftigungsverhältnis ohne wichtigen Grund gelöst haben. Das führt zur Verhängung einer Sperrzeit von in der Regel 12 Wochen (§ 159 Abs. 1 Nr. 1 SGB III), während der der Arbeitslosengeldanspruch ruht und die mit einer Verkürzung der Anspruchsdauer um 25 % verbunden ist (§ 148 Abs. 1 Nr. 4 SGB III). Über die Möglichkeit einer Sperrzeit beim Bezug von Arbeitslosengeld informiert Sie Kapitel D 6.

6 Was gilt steuer- und sozialversicherungsrechtlich?

Abfindungen gehören zu den steuerbegünstigten Einkünften

Abfindungen für den Verlust des Arbeitsplatzes gehören zu den **steuerpflichtigen Einkünften.** Sie werden allerdings als außerordentliche Einkünfte begünstigt besteuert. Nach dem sogenannten **»Fünftelungs-Verfahren«** wird die Abfindung für die Bestimmung des Steuersatzes rechnerisch auf fünf Jahre verteilt.

» **Beispiel:** Ein Arbeitnehmer erhält eine Abfindung von € 25 000,–. Für die Steuerlast wird nach dem »Fünftelungs-Verfahren« angenommen, dass ihm im laufenden Jahr nur € 5 000,– zugeflossen sind. Die hierauf entfallende individuelle Steuerschuld wird dann verfünffacht und in dem Jahr fällig, in dem die Abfindung ausbezahlt wird.

! Es kann sinnvoll sein, sich die Abfindung erst im Jahr nach dem Ausscheiden auszahlen zu lassen. Insbesondere wenn Sie im nächsten Jahr mit deutlich geringeren Einkünften als im Jahr des Ausscheidens rechnen (z. B. werden Sie eine Zeit lang arbeitslos sein), können Sie so die Steuer auf die Abfindung vermindern.

Wer ist Steuerschuldner?

Steuerschuldner sind grundsätzlich Sie als **Arbeitnehmer.** Wenn nichts anderes vereinbart ist, muss der Arbeitgeber also die auf die Abfindung entfallenden Steuern einbehalten und an das Finanzamt abführen. Nur wenn es **ausdrücklich vereinbart** wurde, hat der Arbeitgeber die auf die Abfindung fällige Einkommensteuer zusätzlich zu bezahlen. Das ist in der Praxis aber selten.

Abfindungen unterliegen nicht der Sozialversicherungspflicht

Für Abfindungen, die für den Verlust des Arbeitsplatzes bezahlt werden, müssen Sie **keine Beiträge** zur Kranken-, Renten-, Arbeitslosen- und Pflegeversicherung abführen.

E1 Der Wohnraum-Mietvertrag: Kurz, korrekt und sicher

1 So gestalten Sie den Mietvertrag

Mieter haben in vielen Punkten eine entgegengesetzte Sicht. Doch am Ende wollen schließlich beide Seiten einen fairen und rechtmäßigen Vertrag schließen, um so von vornherein Streit zu vermeiden.

Halten Sie den Vertrag so kurz wie möglich!

Wenn ein Mietvertragsformular über 20 Seiten hinausgeht, tun sich Mieter und Vermieter schwer, alles zu lesen und zu verstehen.

Dass manche Mietverträge derart aufgebläht sind, liegt vor allem daran, dass der benutzte Mustervertrag alle denkbaren Fälle abdecken wollte. Also: Streichen Sie alle Klauseln, die nicht benötigt werden.

Verwenden Sie nur rechtssichere Vertragsklauseln

In Mietverträgen tauchen immer wieder Klauseln auf, durch die die nach dem Gesetz bestehenden Verpflichtungen vom Vermieter auf den Mieter abgewälzt werden sollen.

» **Beispiel:** Obwohl nach § 535 Abs. 1 Satz 2 BGB der Vermieter für die Schönheitsreparaturen und auch die Kleinreparaturen zuständig ist, verpflichten die gängigen Vertragsklauseln den Mieter, die Arbeiten auszuführen.

Wenn Sie aber als Vermieter bei der Abänderung der Gesetzeslage zu forsch vorgehen, riskieren Sie, dass die Klauseln unwirksam sind.

» **Beispiel:** In Ihren Mietverträgen haben Sie die Kostenbegrenzung aus der »Kleinreparatur-Klausel« (meistens € 75,– für eine Reparatur, höchstens € 300,– im Jahr) herausgenommen. Damit ist diese Vereinbarung unwirksam. Das heißt: Sie können Ihren Mieter für keinerlei Kleinreparaturen mehr zur Kasse bitten.

Nutzen Sie das »Rechtstipps«-Mietvertrags-Muster

Den **»Rechtstipps«-Wohnungsmietvertrag** finden Sie als interaktives Muster auf Ihrer Rechtstipps-CD. Der Vorteil: Sie können Ihren Vertrag ganz auf Ihre **individuelle Mietsituation** zuschneiden. Das heißt zum Beispiel: Wenn Sie eine von mehreren Alternativen gewählt haben, erscheint auch nur diese beim Ausdrucken des fertigen Mietvertrages. So wird Ihr Vertrag **kurz und übersichtlich.**

Bei der Auswahl und Formulierung der einzelnen Klauseln wurde die **Interessenlage** von Ihnen als Vermieter **hinreichend berücksichtigt.** Auch als Mieter werden Sie damit »gut leben« können. Das Muster gibt Ihnen **Rechtssicherheit.** Die Klauseln wurden mit der aktuellen Rechtsprechung abgeglichen und sind nach dem derzeitigen Stand der Dinge »bestandskräftig«.

Ein »**Wohnungsübergabeprotokoll**« als wichtige »Anlage 1« zum Mietvertrag hilft Ihnen bei der Bestandsaufnahme vor Mietbeginn. Und eine **Hausordnung** als »Anlage 2« können Sie auf die Besonderheiten Ihrer Hausgemeinschaft zuschneiden.

! Fügen Sie als Vermieter Ihrem Mietvertrag immer eine Hausordnung bei. Ihre Mieter können sich dann oft untereinander einigen, ohne Sie behelligen zu müssen.

2 Die 14 wichtigsten Fragen zum Vertragsabschluss

2.1 Welche Personen müssen Sie eintragen?

Treten auf einer oder sogar auf beiden Seiten – Vermieter und Mieter – **mehrere Personen** auf, stellt sich die Frage, ob sie im Vertrag als »Partei« auftauchen müssen. Wie das gehandhabt wird, hat **Auswirkungen:** zum Beispiel auf spätere Mieterhöhungen, Kündigungen, Wechsel bei den Vertragsparteien oder sogar auf die Wirksamkeit von befristeten Mietverträgen.

Wenn es mehrere Eigentümer gibt

Oft ist es praktischer, **nur einen** von mehreren Eigentümern als Vermieter im Mietvertrag einzutragen. Wenn die Miteigentümer an verschiedenen Orten wohnen und zum Beispiel für bestimmte Erklärungen alle unterschreiben müssen, kann es zu Verzögerungen kommen (z. B. Mieterhöhungen oder Kündigungen). Tritt aber nur **ein Miteigentümer als Vermieter** auf, müssen Sie Folgendes beachten:

- Die Miteigentümer, die nicht Vermieter sind, haben **keinen Einfluss** auf die Entwicklung des Mietverhältnisses. Zum Beispiel bei Mieterhöhungen oder Kündigungen können sie nicht mitreden. Hier helfen dann nur verbindliche Absprachen untereinander.
- Der Kündigungsschutz des Mieters ist gefährdet, wenn einer der **Miteigentümer,** der nicht Vermieter ist, die Räumung verlangt. Denn er ist nicht Vertragspartner des Mieters und damit nicht an den Mietvertrag gebunden.
- Beim **Verkauf des Mietobjekts** tritt der neue Eigentümer nicht nach § 566 BGB automatisch in den Mietvertrag mit ein, weil nicht alle verkaufenden Miteigentümer zugleich auch Vermieter sind. Das ist gefährlich für den Mieter: Er muss die Wohnung räumen, wenn der Erwerber das verlangt.

! Klären Sie als Mieter vor Vertragsabschluss die Eigentumsverhältnisse. Erfahren Sie, dass von mehreren Eigentümern nur eine Person als Vermieter auftritt, sollten Sie sich von den übrigen schriftlich versichern lassen, dass diese mit der Vermietung an Sie einverstanden sind.

Mehrere Personen auf Mieterseite

Wollen mehrere volljährige Personen in die Wohnung einziehen und schließen alle den Mietvertrag, **haften alle** gegenüber dem Vermieter als »Gesamtschuldner«.

» **Beispiel:** Die nicht miteinander verheirateten Mieter M1 und M2 haben seit einigen Monaten keine Miete mehr bezahlt, weil M1 in finanziellen Schwierigkeiten ist und M2 nicht die gesamte Miete übernehmen will. Der Vermieter braucht auf diese Probleme keine Rücksicht zu nehmen, sondern kann von M2 die Zahlung der gesamten Rückstände und der folgenden Mieten verlangen.

Außerdem werden **Wechsel auf Mieterseite erschwert:** Zieht jemand anderes ein, muss der Vertrag geändert werden.

» **Beispiel:** Die Wohnung wird an ein nicht verheiratetes Paar vermietet. Beide werden im Mietvertrag als Mieter eingetragen. Als man sich nicht mehr versteht, zieht einer aus. Dieser bleibt aber trotzdem Mieter, da er das Mietverhältnis nicht einseitig auflösen kann. Allerdings kann er in diesem Fall von seinem Expartner verlangen, mit ihm die Kündigung auszusprechen, um das Mietverhältnis insgesamt zu beenden.

Vermieter werden deshalb meist Wert darauf legen, dass alle einziehenden Erwachsenen als Mieter unterschreiben.

Als **Mieter** sollten Sie vor Vertragsabschluss mit Ihren Mitbewohnern zumindest die Fragen der **Haftung** und die Konsequenzen einer möglichen **Trennung** erörtern. Berücksichtigen Sie dabei Folgendes:

Ehegatten

Überlässt der Vermieter es Ihnen, wer letztendlich als Mieter gelten soll, ist es für Sie und Ihren Ehepartner relativ unproblematisch, ob Sie beide als Mieter auftreten oder nur einer. Denn im Falle der Trennung oder Scheidung können die mietrechtlichen Folgen durch das Familiengericht geregelt werden. Dabei bestehen nach § 1568 a BGB folgende Möglichkeiten:

- Wenn sich die Ehegatten nicht darüber einig sind, wer von beiden ausziehen soll, und ein Zusammenleben in der gemeinsamen Wohnung nicht mehr möglich ist, kann das Familiengericht einem von beiden die Wohnung zuweisen. Dabei berücksichtigt das Gericht das Wohl der im Haushalt lebenden Kinder, und welcher Ehegatte nach seinen Lebensverhältnissen in stärkerem Maße auf die Wohnung angewiesen ist (§ 1568 a Abs. 1 BGB).
- Sind sich die Ehegatten **beide einig,** wer von ihnen ausziehen soll, können sie selbst bestimmen, wer das Mietverhältnis fortsetzen soll. Hierfür reicht nach dem Gesetz (§ 1568 a Abs. 3 BGB) eine entsprechende **Mitteilung** an den Vermieter.

Eingetragene Lebenspartner

Für behördlich eingetragene Lebenspartner sind die mietrechtlichen Konsequenzen ähnlich wie bei Eheleuten. Insbesondere kann das Familiengericht bei Trennung die Rechtsverhältnisse an der Wohnung und am Hausrat nach dem Lebenspartnerschaftsgesetz regeln (§ 17 LPartG).

Im Todesfall eines Partners hat der überlebende Lebenspartner die gleichen Rechte wie ein Ehegatte und tritt deshalb gemäß § 563 Abs. 1 Satz 2 BGB in das Mietverhältnis ein.

Nicht eheliche Partner

Erhält einer von beiden nicht den Mieterstatus, so ist er gegenüber dem als Mieter eingetragenen Partner insofern benachteiligt, als er von diesem jederzeit auf die Straße gesetzt werden könnte, wenn die Gemeinschaft scheitert.

Sind beide Mieter, sind die Rechtsfolgen im Falle der Trennung komplizierter, denn hier gibt es keine Regelungsmöglichkeiten über das Familiengericht.

» **Beispiel:** Das junge, nicht verheiratete Paar hatte gemeinsam den Mietvertrag unterschrieben. Nach einem Jahr trennt man sich. Einer der beiden zieht aus. Der in der Wohnung verbliebene Mieter zahlt die Miete nicht vollständig und der Vermieter fordert den ausgezogenen Partner auf, die Mietrückstände zu begleichen. Das darf er, weil der ausgezogene Partner weiterhin Gesamtschuldner aus dem Mietvertrag bleibt und auch kein Recht hat, vom Vermieter zu verlangen, aus dem Mietverhältnis entlassen zu werden.

Nach Scheitern der Lebensgemeinschaft könnte der ausgezogene Mieter allenfalls von seinem Expartner die Mitwirkung bei der Kündigung des Mietverhältnisses verlangen, um weiteren Forderungen des Vermieters zu entgehen.

Wohngemeinschaft (WG)

Als Vermieter wollen Sie natürlich den Überblick behalten, wer in der Wohnung wohnt, und einen verantwortlichen Ansprechpartner haben (z. B. für Mieterhöhungen, Betriebskostenabrechnung, Schönheitsreparaturen). Außerdem liegt es in Ihrem Interesse, über die Wohnung verfügen zu können, wenn die Personen ausgezogen sind, an die Sie ursprünglich vermietet hatten.

Als **Mitglied einer WG** werden Sie daran interessiert sein, Mieterwechsel zügig und ohne großen Verwaltungsaufwand durchführen zu können.

Nützliche Tipps für die Vermietung an Wohngemeinschaften finden Sie unter dem Stichwort »Wohngemeinschaften als Mieter« auf Ihrer Rechtstipps-CD.

2.2 Wie darf die Wohnung genutzt werden?

In den meisten Formularmietverträgen heißt es ausdrücklich, dass das Mietobjekt »**ausschließlich zu Wohnzwecken**« vermietet wird. Hierdurch machen Sie als Vermieter deutlich, dass der Mieter ohne Ihre Zustimmung zur beruflichen bzw. gewerblichen Nutzung der Wohnung nicht berechtigt ist. Dies betrifft allerdings nicht Tätigkeiten, die ein Mieter **üblicherweise** in einer Wohnung ausübt (z. B. künstlerische oder wissenschaftliche Tätigkeiten).

! Haben Sie als Mieter vor, die Wohnung teilgewerblich zu nutzen, sollten Sie zunächst einmal klären, ob das, was Sie vorhaben, noch unter den **»vertragsgemäßen Gebrauch«** fällt. Wenn nicht, sollten Sie diese Sondernutzung gleich im Mietvertrag regeln.

Ist die Zustimmung erforderlich, können Sie als Vermieter hierfür einen angemessenen **Zuschlag zur Miete** verlangen. Die Höhe dieses Zuschlags können Sie zum Beispiel bestimmen, indem Sie die ortsübliche Gewerbemiete ansetzen – natürlich nur für die Fläche, die gewerblich genutzt wird.

! Da es den **Gewerbemietzuschlag** nicht automatisch gibt, sollten Sie als Vermieter im Mietvertrag eine entsprechende **Vereinbarung treffen.** Vereinbaren Sie am besten auch, dass dieser Zuschlag anlässlich einer Mieterhöhung im selben prozentualen Verhältnis wie die allgemeine Mieterhöhung erhöht werden darf.

2.3 Was genau wird vermietet?

Da alle Rechte und Pflichten von Mieter und Vermieter sich auf die »Mietsache« beziehen, sollten Sie möglichst **detailliert beschreiben,** was alles dazu gehört. Dies betrifft, neben den reinen Wohnräumen, die außerhalb gelegenen Räume und Einrichtungen wie zum Beispiel Keller- und Bodenräume. Um Verwechslungen zu vermeiden, sollten Sie diese genau kennzeichnen (z. B. »Keller **Nr. ...**«).

Welche Gemeinschaftseinrichtungen dürfen mitbenutzt werden?

In der Regel dürfen Gemeinschaftseinrichtungen (z. B. Waschküche, Trockenboden, Fahrradkeller) von den Mietern **auch ohne ausdrückliche Vereinbarung** mitbenutzt werden. Trotzdem sollte im Mietvertrag eine Klarstellung stehen.

Wenn eine Garage / ein Stellplatz vermietet werden soll

Werden Garage bzw. Stellplatz mit vermietet, so ist das dann kein Problem, wenn Sie als Vermieter für Wohnung und Garage / Stellplatz ein **einheitliches Mietverhältnis** haben möchten. In diesem Fall kann die Garage nur zusammen mit der Wohnung gekündigt werden. Ebenso kann für die Garage / den Stellplatz die Miete nur anlässlich einer Erhöhung der Wohnraummiete erhöht werden.

Wollen Sie **kein einheitliches Mietverhältnis** von Wohnung und Garage / Stellplatz, müssen Sie dies **ausdrücklich klarstellen.** Hierzu reicht nicht allein, dass Sie für Wohnraum und Garage / Stellplatz getrennte Vertragsformulare verwenden. Selbst wenn eine Garage zeitlich später als die Wohnung angemietet wird, stellt dies, auch wenn keine ausdrückliche Einbeziehung in den bisherigen Mietvertrag erfolgt ist, in der Regel nur eine Ergänzung des Wohnraummietvertrages dar.

! Schließen Sie als Vermieter einen **gesonderten** Garagenmietvertrag ab. Weisen Sie darin ausdrücklich auf die rechtliche Selbstständigkeit dieses Vertrages hin durch die Formulierung: »Der Garagenmietvertrag ist rechtlich und wirtschaftlich unabhängig von dem Mietvertrag über den Wohnraum.«

Wenn ein Garten vermietet werden soll

In diesem Fall sollten Sie im Mietvertrag ausdrücklich die Einzelheiten der Gartennutzung und -gestaltung regeln und zumindest folgende Punkte berücksichtigen:

- Wer übernimmt die Gartenpflege?
- Wer trägt die Kosten für den Einsatz von Gartengeräten?
- In welchem Umfang darf der Mieter Bepflanzungen nach seinem Geschmack vornehmen und vorhandene Bepflanzungen entfernen?
- Wer darf die Früchte ernten?
- Wer muss die Verantwortung für vorhandene Gefahrenquellen übernehmen (z. B. Gartenteich oder Spielgeräte)?
- In welchem Zustand soll der Garten bei Mietende zurückgegeben werden?

Haus- und Wohnungseingangstürschlüssel

Als **Vermieter** sollten Sie Ihrem Mieter eine ausreichende Zahl von Schlüsseln zur Verfügung stellen. Geben Sie im Mietvertrag zur Kontrolle die genaue Anzahl der ausgegebenen Schlüssel an. Gehören die Haus- und Wohnungstürschlüssel zu einer **Zentralschließanlage,** sollte dies ausdrücklich erwähnt werden, damit der Mieter gewarnt ist, gegebenenfalls bei Schlüsselverlust für die Erneuerung zu haften.

! Klären Sie als **Mieter** mit Ihrer Privathaftpflichtversicherung, ob das Risiko des Schlüsselverlustes in Ihrem Versicherungsvertrag mit abgedeckt ist. Ansonsten sollten Sie eine entsprechende »Schlüssel-Klausel« zusätzlich vereinbaren.

Zwar sind Sie als Vermieter nicht berechtigt, gegen den Willen des Mieters einen Wohnungsschlüssel zu behalten. Doch kann dies für **Notfälle** sinnvoll sein. Auf diese Weise können Sie bei längerer Abwesenheit des Mieters schnell in die Wohnung und größeren Schaden verhindern.

! Vereinbaren Sie als **Vermieter** im Mietvertrag unter »Besondere Vereinbarungen«: »Der Mieter ist damit einverstanden, dass der Vermieter einen Wohnungsschlüssel einbehält. Der Vermieter darf von dem Schlüssel bei Abwesenheit des Mieters nur in Notfällen Gebrauch machen.«

2.4 Soll die Wohnfläche im Vertrag eingetragen werden?

Der Bundesgerichtshof hat entschieden, dass ein Mieter vom Vermieter Miete zurückverlangen kann, wenn die **Wohnung kleiner als vereinbart** ist. Stellt sich im Laufe des Mietverhältnisses heraus, dass die tatsächliche Wohnfläche mehr als 10 % unter der im Mietvertrag angegebenen Fläche liegt, liegt darin ein **Mietmangel.**

Dies gilt selbst dann, wenn im Mietvertrag die Wohnfläche nicht präzise beziffert wird, sondern der Eintrag wie üblich lautet: »Wohnfläche: ca. ... m^2«. Als Mieter können Sie deshalb bei entsprechender Abweichung zu viel gezahlte Mieten bis zu drei Jahre rückwirkend einfordern.

! Verzichten Sie als **Vermieter** auf einen Eintrag der Wohnfläche im Mietvertrag, wenn Sie die genaue Wohnfläche **nicht zweifelsfrei ermittelt haben.** Doch sollten Sie zumindest für die Zukunft (z. B. für die nächste Mieterhöhung, Heiz- oder Betriebskostenabrechnung) **die Wohnfläche korrekt vermessen.** Denn hier zählt nicht das, was im Vertrag steht, sondern wie groß die Wohnung tatsächlich ist.

2.5 Welche Mietdauer ist sinnvoll?

Mietvertrag auf unbestimmte Dauer

Als **Mieter** können Sie bei diesem Vertrag bis zum dritten Werktag eines Monats zum Ablauf des übernächsten Kalendermonats kündigen. Als **Vermieter** brauchen Sie, um kündigen zu können, normalerweise einen gesetzlichen Kündigungsgrund (z. B. Eigenbedarf). Anders als für den Mieter verlängert sich für den Vermieter die Kündigungsfrist: je nach Dauer des Mietverhältnisses bis auf maximal neun Monate.

Ein **befristeter Kündigungsausschluss** ist erlaubt: Vertragsklauseln wie zum Beispiel »Mieter und Vermieter verzichten für die Dauer von ... Jahren auf das Recht zur ordentlichen Kündigung« können vereinbart werden, und zwar sowohl per **Individualvereinbarung** wie auch als **Allgemeine Geschäftsbedingung** in einem Formularmietvertrag. Ein beidseitiger vertraglicher Kündigungsausschluss ist allerdings nur **für maximal vier Jahre zulässig.**

Qualifizierter Zeitmietvertrag (Befristung)

Seit dem 1. 9. 2001 kann ein befristeter Mietvertrag nur noch als **qualifizierter Zeitmietvertrag** abgeschlossen werden. Diese Art von befristetem Vertrag kann nur dann vereinbart werden, wenn der Vermieter nach Ablauf der vereinbarten Mietzeit das Mietobjekt anderweitig verwenden will. Das geht nur bei folgenden drei in § 575 Abs. 1 BGB genannten Vorhaben:

- Der Vermieter will die Räume als Wohnung für sich, seine Familienangehörigen oder Angehörige seines Haushalts nutzen,
- **oder** die Mieträume in zulässiger Weise beseitigen oder so wesentlich verändern oder instand setzen, dass die Maßnahmen durch die Fortsetzung des Mietverhältnisses erheblich erschwert würden (z. B. ein Umbau des Hauses),
- **oder** die Räume an einen zur Dienstleistung verpflichteten Mieter (als Werkwohnung) vermieten.

Die Absicht muss im Mietvertrag so **genau beschrieben** werden, dass der Mieter sich davon ein Bild machen kann (z. B.: »Nach Vertragsablauf will ich die Wohnung meinem ältesten Sohn überlassen.«) Ungenaue Formulierungen, wie zum Beispiel »Ich will die Wohnung einem Angehörigen überlassen«, reichen nicht aus. Mit vagen Formulierungen riskieren Sie als Vermieter, dass der Vertrag als auf unbestimmte Zeit abgeschlossen gilt (§ 575 Abs. 1 Satz 2 BGB).

Keine Chance zur Verlängerung: Haben Sie bis zum Mietende keine Ersatzwohnung gefunden, können Sie selbst aus Härtegründen **keine Verlängerung** des Mietverhältnisses und auch über das Gericht **keine Räumungsfrist** verlangen. Wollen Sie das Mietverhältnis aus besonderen Gründen vorzeitig beenden, muss Ihr Vermieter Sie nur entlassen, wenn Sie **Nachmieter** stellen können. Angesichts der Befristung werden Sie die aber nur schwer finden.

2.6 Welche Miete muss wann und wie gezahlt werden?

Grundsätzlich wird die **Miethöhe** bei Abschluss des Vertrags neu festgesetzt. Grenzen nach oben setzt dabei die **Mietpreisbremse.** Danach dürfen in bestimmten ausgewiesenen Gebieten die Mieten bei Neuabschlüssen maximal 10 % über der ortsüblichen Vergleichsmiete liegen. Ob das konkrete Mietobjekt davon betroffen ist, bringen Sie beispielsweise beim örtlich zuständigen Wohnungsamt in Erfahrung.

Im Mietvertrag sollte deutlich gemacht werden, **wie sich der Mietbetrag zusammensetzt.** Vor allem ist klarzustellen, ob die allgemeinen Betriebskosten und Heizkosten teilweise oder ganz in der Miete enthalten sind oder wie üblich neben der Miete umgelegt werden (→ Kapitel D 2).

Die üblichen Mietverträge sehen (entsprechend § 556 b Abs. 1 BGB) vor, dass die Miete »**spätestens am dritten Werktag eines Monats**« zu entrichten ist. Für die **Rechtzeitigkeit** der Zahlung kommt es nach herrschender Meinung allein auf den Zeitpunkt der **Einzahlung** an.

! Vereinbaren Sie als Vermieter im Mietvertrag folgende zulässige Klausel: »Für die Rechtzeitigkeit der Zahlung ist der Eingang beziehungsweise die Gutschrift maßgebend.«

Der Vermieter darf die Miete **per Lastschrift** einziehen. Dem Mieter muss allerdings das Recht belassen werden, die Erlaubnis dazu aus wichtigem Grund zu widerrufen.

2.7 Wie kann die Miete erhöht werden?

Sie wollen die Miete auf die ortsübliche Vergleichsmiete erhöhen

Das ist die häufigste Form der Mieterhöhung (→ Kapitel E 5). Sind Vergleichswohnungen schwer zu finden und ist auch kein Mietspiegel vorhanden, kann es unter Umständen für den Vermieter günstiger sein, eine »Indexmiete« zu vereinbaren (s. u.).

! Wollen Sie einen **befristeten Kündigungsausschluss** oder einen **befristeten Mietvertrag** abschließen, sollten Sie im Mietvertrag vorsichtshalber folgende Formulierung einfügen: »Der Vermieter ist berechtigt, eine Mieterhöhung auch dann durchzuführen, wenn ein befristeter Kündigungsausschluss oder ein befristeter Mietvertrag abgeschlossen wird.«.

Sie vereinbaren eine Indexmiete

Die Parteien können auch vereinbaren, dass die Miete durch den vom Statistischen Bundesamt ermittelten Preisindex für die Lebenshaltung aller privaten Haushalte in Deutschland (sogenannter **Verbraucherpreisindex für Deutschland**) bestimmt wird (§ 557 b BGB).

Das heißt: Steigen die Preise (Inflation), steigt auch die Miete. Diese Form der Mieterhöhung bietet sich dann an, wenn eine Erhöhung auf die ortsübliche Vergleichsmiete schwer zu begründen ist (vgl. oben) oder wenn Sie bei Mietbeginn eine Miete vereinbaren, die schon über der ortsüblichen Miete liegt.

Im Mietvertrag können Sie vereinbaren, dass sich die Miete entweder im gleichen Verhältnis wie der Verbraucherpreisindex verändert oder nur dann, wenn die Veränderung des Verbraucherpreisindex einen bestimmten Prozentsatz (z. B. 5 %) überschreitet.

Über den jeweiligen **Verbraucherpreisindex** können Sie sich beim **Statistischen Bundesamt Deutschland** (www.destatis.de) informieren (Servicetelefon: 0611 – 75 47 77).

Eine Indexmiete kann auch zu einer Mietreduzierung führen! Fällt der Index, kann der Mieter auch eine entsprechende Herabsetzung der Miete verlangen. Deshalb muss die Index-Klausel auch so formuliert werden, dass eine Veränderung der Miete nach oben und unten darunterfällt – sonst ist sie nicht rechtmäßig!

Sie vereinbaren eine Staffelmiete

Bei einer Staffelmiete (Erhöhung in festgelegten Abständen) sollten Sie darauf achten, dass die jeweils zu zahlende Monatsmiete ausdrücklich genannt wird oder zumindest der jeweilige Erhöhungsbetrag in Euro angegeben wird (§ 557 a BGB).

Falls Sie während der Mietzeit **Modernisierungen** vornehmen wollen, können Sie dafür während der Laufzeit der Staffelmietvereinbarung **keine Extra-Mieterhöhung** verlangen.

Aufgepasst bei befristetem Mietvertrag! Wird in einem befristeten Mietvertrag gleichzeitig eine Staffelmiete vereinbart, kann der Mieter den Vertrag spätestens **nach vier Jahren kündigen.** Denn sein Kündigungsrecht kann bei einer Staffelmietvereinbarung für höchstens vier Jahre ausgeschlossen werden (§ 557 a Abs. 3 BGB).

Dasselbe gilt auch, wenn Sie einen Mietvertrag auf unbestimmte Zeit abgeschlossen haben, gleichzeitig aber einen längeren **Kündigungsausschluss** vereinbart haben. Das bedeutet: Nach vier Jahren kann der Mieter auf jeden Fall kündigen.

2.8 Muss der Mieter eine Mietsicherheit leisten?

Eine Kaution steht Ihnen als Vermieter nur zu, wenn der Mietvertrag eine entsprechende Klausel enthält. Die gängigen Mietvertragsformulare sehen die Zahlung einer sogenannten **Barkaution** vor.

Bei Vereinbarung einer **Bankbürgschaft** sollten Sie auf Folgendes achten: Nach Mietende müssen Sie etwaige Zahlungsansprüche unverzüglich durchsetzen, damit keine Verjährung eintritt. Im Gegensatz zur Barkaution deckt die Mietbürgschaft **keine verjährten Ansprüche.**

2.9 Was gilt, wenn die Wohnung bei Mietbeginn Mängel hat?

Manche Mietverträge enthalten sogenannte »Übernahme- und Besichtigungsklauseln« (z. B.: »Dem Mieter ist der Zustand der Mieträume durch Besichtigung bekannt. Er bestätigt ausdrücklich bei Abschluss des Mietvertrages, dass die Mieträume keine Mängel aufweisen.«). Solche Klauseln sind regelmäßig unwirksam, also nicht gültig, obwohl sie im Vertrag stehen.

! Erstellen Sie als Vermieter vor Vertragsabschluss unbedingt ein **Wohnungsübergabeprotokoll.** Legen Sie darin fest, bis wann und von wem die Mängel beseitigt werden sollen. Sind Ihnen als Vermieter **nicht behebbare** Mängel bekannt (z. B. Flug- oder Gaststättenlärm), sollten Sie dies unbedingt im Protokoll festhalten. Nur so entgehen Sie späteren Ansprüchen des Mieters auf Minderung der Miete.

Ein Muster für ein Wohnungsübergabeprotokoll finden Sie auf Ihrer Rechtstipps-CD.

2.10 Wenn der Mieter bauliche Veränderungen vornehmen will

Bauliche Veränderungen, die noch als »vertragsgemäßer Gebrauch« der Mietwohnung angesehen werden, sind unproblematisch, da Sie diese ohne Erlaubnis des Vermieters vornehmen können.

Anders ist es, wenn Sie als Mieter größere Maßnahmen vorhaben, die beispielsweise mit **Eingriffen in die bauliche Substanz** verbunden sind (z. B. Wanddurchbruch, Installation eines Bades oder einer Duschanlage).

! Denken Sie als Mieter immer daran, dass Sie bei Mietende normalerweise zur **Wiederherstellung des ursprünglichen Zustandes** verpflichtet sind. Deshalb kann es im Einzelfall auch bei erlaubten Maßnahmen sinnvoll sein, darüber mit dem Vermieter zu sprechen.

Wenn Sie zum Beispiel für Ihre Einbauküche neue Fliesen anbringen wollen, sollten Sie mit Ihrem Vermieter klären, ob er von den vorhandenen Fliesen einen ausreichenden Teil vorrätig hat oder ob er später Ihre Fliesen übernehmen würde.

Wenn der **Mieter modernisieren** will und sich der **Vermieter** mit größeren baulichen Veränderungen durch den Mieter **einverstanden erklärt,** sollten beide Parteien am besten eine **schriftliche Modernisierungs-Vereinbarung** treffen und darin die mit der geplanten Modernisierung verbundenen wichtigen Fragen schriftlich regeln.

Seit dem 1. 9. 2001 sind Sie als Mieter **berechtigt,** von Ihrem Vermieter unter bestimmten Voraussetzungen die Zustimmung zum **behindertengerechten Umbau** der Mietwohnung zu verlangen (sogenannte »**Barrierefreiheit**« gemäß § 554 a BGB).

2.11 Wie sind Renovierung und Kleinreparaturen zu regeln?

Renovierung beziehungsweise Schönheitsreparaturen

Nach dem Gesetz müssen Sie **als Vermieter** die Wohnung bei Bedarf renovieren (§ 535 Abs. 1 Satz 2 BGB). Wollen Sie dies anders regeln, müssen Sie das im Mietvertrag ausdrücklich vereinbaren (→ Kapitel E 3).

Welche Voraussetzungen muss eine Kleinreparatur-Klausel erfüllen?

Auch hier gilt das gesetzliche Leitbild des § 535 Abs. 1 Satz 2 BGB, wonach diese vom **Vermieter** auszuführen sind. Zwar lassen sich Reparaturen, soweit es sich um **Kleinreparaturen** handelt, per Mietvertrag auf den Mieter abwälzen. Doch wurden in der Vergangenheit bei der Formulierung solcher Klauseln immer wieder Fehler gemacht:

- Der Mieter darf lediglich verpflichtet werden, die **Kosten** für Kleinreparaturen zu übernehmen, nicht jedoch, diese selbst in Auftrag zu geben;
- die Klausel darf sich nur auf die Reparatur von solchen Gegenständen beziehen, die dem **häufigen Zugriff** des Mieters ausgesetzt sind (z. B. Heiz- und Warmwassergeräte, Bad- und Duscheinrichtungen, Rollläden; nicht aber unter Verputz verlegte Leitungen);
- es muss ein **Höchstbetrag je Reparaturmaßnahme** (z. B. € 100,– plus MwSt.) genannt werden;
- es muss eine Höchstgrenze für die Summe der Reparaturen angegeben werden für den Fall, dass sich innerhalb eines bestimmten Zeitraumes (z. B. eines Jahres) mehrere Kleinreparaturen häufen (z. B. 7 % der Jahresnettokaltmiete als Höchstgrenze).

Liegen die Kosten für die Reparatur über der vereinbarten Höchstgrenze, handelt es sich nicht mehr um eine »Kleinreparatur«, für die der Mieter einzustehen hat. Selbst dann nicht, wenn der vereinbarte Höchstbetrag nur geringfügig überschritten wird.

Deshalb sind **Beteiligungsklauseln,** die den Mieter verpflichten sollen, sich an Reparaturen zu beteiligen, die die oben genannte Kostengrenze übersteigen, **unwirksam.**

2.12 Darf der Mieter Haustiere halten?

Vor allem wegen des möglichen Ärgers zwischen Nachbarn empfiehlt es sich, die Haltung von Haustieren im Mietvertrag zu regeln.

Allerdings sollten Sie **kein generelles und umfassendes Verbot der Tierhaltung** aussprechen und auch keinen entsprechenden Formularmietvertrag verwenden. Wird in Formularmietverträgen das Halten von bestimmten Haustieren (z. B. Hunden und Katzen) generell verboten, so ist diese Klausel nach einem neuen Urteil des Bundesgerichtshofs vom 20. 3. 2013 (VIII ZR 168/12) gemäß § 307 Abs. 1 Satz 1, Abs. 2 Nr. 1 BGB unwirksam. Dieses Verbot benachteiligt einen Mieter unangemessen, weil es ihm Hunde- und Katzenhaltung ausnahmslos und ohne Rücksicht auf besondere Fallgestaltungen und Interessenlagen verbietet. Ob eine Tierhaltung zum vertragsgemäßen Gebrauch der Wohnung gehört, erfordert eine umfassende **Interessenabwägung im Einzelfall.** Zu berücksichtigen sind hierbei die betroffenen Belange und Interessen von Vermieter und Mieter, der anderen Hausbewohner und der Nachbarn. Es wird daher immer auf die konkrete Argumentation ankommen.

Das Halten von **Kleintieren** (z. B. Kanarienvögel oder Wellensittiche, Zierfische, Goldhamster etc.) kann einem Mieter gar **nicht untersagt** werden. Das Halten exotischer Tiere wie Schlangen kann dagegen grundsätzlich untersagt werden.

2.13 Muss der Mieter die Räum- und Streupflicht übernehmen?

Hier gibt es einen verbreiteten Irrtum: Es gibt **kein Gewohnheitsrecht,** wonach »der **Parterremieter** zur Ausführung des Winterdienstes verpflichtet ist.« Daher muss die Übernahme dieser Verpflichtung durch den Mieter ausdrücklich und eindeutig vereinbart werden.

! Es reicht aus, wenn Sie als Vermieter im Mietvertrag grundsätzlich die Übernahme des Winterdienstes durch den Mieter vereinbaren. Die Einzelheiten können Sie in einem gesonderten »Reinigungsplan« regeln.

2.14 Wann darf der Vermieter das Mietobjekt betreten?

Die Gerichte räumen Ihnen als Vermieter das Recht ein, das Mietobjekt zumindest **alle zwei Jahre** auch ohne konkreten Anlass oder vertragliche Vereinbarung zu betreten, um dessen Zustand prüfen zu können. Denn nur so können Sie Ihre Instandhaltungspflichten erfüllen.

Aber: Auch bei einer zulässigen Besichtigung müssen Sie Ihren Besuch vorher ankündigen und mit dem Mieter einen Termin vereinbaren. Außerhalb dieses 2-Jahres-Turnus kommt ein Besichtigungsrecht nur in Betracht, wenn ein **gewichtiger Grund** (z. B. Ablesen der Wasseruhr, Besichtigung durch Kaufinteressenten) vorliegt.

! Vereinbaren Sie als Vermieter in Ihrem Mietvertrag die »Spielregeln« für die notwendige Besichtigung, damit nicht jedes Mal Streit entsteht.

[illegible]

[illegible]

2.13 Muss der Mieter die Räum- und Streupflicht übernehmen?

[illegible]

[illegible]

2.14 Wann darf der Vermieter das Mietobjekt betreten?

[illegible]

[illegible]

[illegible]

E2 Heiz- und allgemeine Betriebskosten richtig ermitteln und abrechnen

1 Die Grundregeln für die Heizkostenabrechnung

Normalerweise muss der Verbrauch gemessen werden

Nach § 4 Abs. 2 der für Heiz- und Warmwasserkosten geltenden **Heizkostenverordnung** (HeizkostenV) ist der Vermieter verpflichtet, in zentralbeheizten Mehrfamilienhäusern **Heizkostenverteiler** anzubringen. Das sind Geräte, die an den Heizkörpern die abgegebene Wärme messen.

Sind diese vorhanden, muss die Heizkostenabrechnung den konkreten Verbrauch der einzelnen Nutzer im Haus berücksichtigen. **Unzulässig** ist damit die Vereinbarung einer **Warmmiete** (Heizkosten in der Miete enthalten) oder einer **Heizkostenpauschale** (ohne Abrechnungspflicht).

Zur Messung des Heizungs- und Warmwasserverbrauchs werden **unterschiedliche Messgeräte** verwendet. Welcher Typ zum Einsatz kommt, hängt von der Auswahl durch den Vermieter und teilweise auch vom Heizungstyp ab. Die Geräte unterscheiden sich vor allem in der Funktionsweise, der Messgenauigkeit und den Kosten.

Nur im Ausnahmefall ist keine Messung vorgeschrieben

Sind in Ihrem Haus keine Heizkostenverteiler installiert, sollten Sie zunächst anhand der nachfolgenden Übersicht prüfen, ob bei Ihnen einer der **Ausnahmefälle** (des § 11 HeizkostenV) vorliegt:

- Es handelt sich um ein sogenanntes **Passivhaus** oder **Niedrigenergiehaus,** das einen Heizwärmebedarf von weniger als 15 kWh / qm pro Jahr aufweist.
- **Der Einbau von Erfassungsgeräten ist technisch nicht möglich oder mit unverhältnismäßig hohen Kosten verbunden.** Die Anbringung muss wegen der **technischen Besonderheit** (z. B. der Heizungsanlage) unmöglich sein. Von **unverhältnismäßig hohen Kosten** kann man ausgehen, wenn die Kosten für die Installation der Messgeräte sowie des Mess- und Abrechnungsaufwandes die voraussichtliche Einsparung von Energiekosten übersteigen.
- **Der Wärmeverbrauch in einem vor dem 1. 7. 1981 bezugsfertig gewordenen Gebäude lässt sich nicht beeinflussen.** Dies gilt zum Beispiel für alte Plattenbauten mit Einrohrheizung ohne Ventile.

- **Es handelt sich um besondere Wohnverhältnisse.** Hier geht es um Mietverhältnisse, in denen typischerweise eine sogenannte »Warmmiete« vereinbart wird, das heißt keine extra Heiz- und Warmwasserkostenabrechnung erfolgt. Dies gilt insbesondere für **Alters- und Pflegeheime, Studenten- und Lehrlingsheime.**
- **Es werden energiesparende Technologien verwendet.** Diese Ausnahme betrifft Gebäude, die überwiegend mit modernen Spartechniken versorgt werden: Rückgewinnung aus Wärmepumpen- oder Solaranlagen, Kraft-Wärme-Kopplung, Verwertung von Abwärme.
- **Es handelt sich um ein Einfamilienhaus.** Dasselbe gilt auch, wenn **Wohnungen mit Einzelöfen** oder **separater Etagenheizung** (z. B. Gastherme) ausgestattet sind.
- **Es handelt sich um ein Zweifamilienhaus.** Erfassungsgeräte brauchen nur dann nicht installiert zu werden, wenn der Vermieter eine der beiden Wohnungen bewohnt **und** die Parteien vereinbart haben, dass die Heizkostenverordnung keine Anwendung finden soll.

Verstöße gegen die Heizkostenverordnung haben Folgen

Schreibt die HeizkostenV eine verbrauchsabhängige Abrechnung vor und ist diese wegen **fehlender Erfassungsgeräte** nicht möglich, sind Sie als Mieter berechtigt, die auf Sie entfallenden **Heiz- und Warmwasserkosten um 15 % zu kürzen** (§ 12 Abs. 1 HeizkostenV).

Haben Sie allerdings nach Vorlage der Heiz- und Warmwasserkostenabrechnung den Nachzahlungsbetrag in voller Höhe und ohne ausdrücklichen Vorbehalt überwiesen, entfällt Ihr Kürzungsrecht für die Vergangenheit.

Sie können auch zusätzlich die Anbringung von Heizkostenverteilern verlangen. Bevor Sie diesen Anspruch anmelden, sollten Sie zunächst die wirtschaftlichen Auswirkungen einer solchen Forderung prüfen. Denn unter Umständen haben Sie und auch die übrigen Mieter dadurch nur Nachteile.

» **Beispiel:** In einem Sechsfamilienhaus ohne Heizkostenverteiler wird die Heizung derart kostengünstig betrieben, dass auch bei einer verbrauchsabhängigen Abrechnung weitere Einsparungen an Heizenergie nicht zu erwarten sind. Gleichwohl verlangt eine Mietpartei die Anschaffung von Heizkostenverteilern. Der Vermieter kommt der Forderung nach und führt daraufhin zulässigerweise eine **Mieterhöhung** wegen Modernisierung durch. Hinzu kommen dann jährlich wiederkehrend die **Kosten** der **Ablesung** und der **Abrechnung** durch eine Wärmemessdienstfirma.

2 Wenn die Geräte abgelesen werden sollen

Wenn der erste Ablesetermin »platzt«

Kann der Mieter den angegebenen Ablesetermin nicht wahrnehmen, sollte er dies der Messdienstfirma bzw. dem Vermieter rechtzeitig mitteilen und einen **Ersatztermin** vereinbaren.

! Falls die Messdienstfirma die **Kosten für den zusätzlichen »Fahrt- und Zeitaufwand«** ersetzt verlangt, können Sie dies ablehnen, wenn Sie um einen neuen Termin gebeten haben oder vom ersten Termin nichts wussten (z. B. weil Sie verreist waren). Hier hilft dem Unternehmen auch keine entsprechende Kostenklausel im Kleingedruckten. Denn die ist unwirksam.

Erst wenn Sie einen zweiten Ablesetermin schuldhaft platzen lassen, könnten entsprechende Kosten auf Sie zukommen.

Mieter aufgepasst: Kontrollieren Sie den Ableser

Damit Sie die vom Ableser erfassten Werte überprüfen können, sollten Sie rechtzeitig vor Beginn der Ablesung selbst ablesen. Beginnen Sie die Ablesung im ersten Zimmer links nach der Wohnungstür und setzen Sie diese dann im Uhrzeigersinn fort. In der Regel sind die Erfassungsgeräte auch in dieser Reihenfolge auf dem Ableseprotokoll aufgeführt.

Lesen Sie die **Skalenwerte in Augenhöhe** ab. Ausschlaggebend bei Verdunstergeräten ist hierbei die **Unterkante** des konkav gebogenen (d. h. zu den Seiten hin ansteigenden) Flüssigkeitsspiegels.

Machen Sie den Ableser dann zu Beginn der Ablesung darauf aufmerksam, dass Sie vergleichen wollen. Lehnt er ab, verweigern Sie in Ihrem eigenen Interesse die Unterschrift unter das Ableseprotokoll. Denn dann können Sie bei deutlichen Abweichungen zwischen Ihren und seinen Werten später nach Vorlage der Heizkostenabrechnung erfolgreich reklamieren.

! Bitten Sie den Ableser, Ihnen gleich eine **Kopie des Ableseprotokolls** auszuhändigen. Damit können Sie dann später überprüfen, ob Verbrauchswerte in die Heizkostenabrechnung korrekt übertragen worden sind. Falls der Ableser zögert, können Sie ihn darauf aufmerksam machen, dass Sie Ihrem Vermieter hierdurch Verwaltungsaufwand ersparen. Denn er ist nach § 6 Abs. 1 Satz 2 HeizkostenV ohnehin verpflichtet, Ihnen die Ableseergebnisse **innerhalb eines Monats** mitzuteilen.

Was gilt, wenn der Verbrauch geschätzt werden soll?

Nach § 9 a Abs. 1 HeizkostenV ist eine Schätzung **nur »wegen Geräteausfalls oder aus anderen zwingenden Gründen«** zulässig.

» **Beispiel:**

- Bei einem elektronischen Heizkostenverteiler sind die Batterien ausgefallen. Oder bei einem Verdunstergerät wurde durch die Kinder des Mieters die Ampulle beschädigt.
- Auf der Fahrt nach Hause zum Ablesetermin wird der Mieter in einen Verkehrsunfall verwickelt. Als er viel später zu Hause eintrifft, ist der Ableser bereits weg.

Solange die Messdienstfirma nach einem geplatzten ersten Termin nicht einen zweiten Termin vereinbart hat, ist eine **Schätzung unzulässig.**

! Stellen Sie als Mieter fest, dass in Ihrem Fall unzulässigerweise geschätzt wurde, können Sie die Ihnen berechneten **Kosten um 15 %** kürzen (→Abschn. 1). Erscheint Ihnen die Kostenbelastung allerdings im Vergleich zu bisherigen Abrechnungen überhöht (→Abschn. 3.3), sollten Sie zunächst eine Korrektur der Abrechnung verlangen. Erklären Sie gleichzeitig, dass Sie die Nachzahlung aus diesem Grunde zurückbehalten bzw. ein Guthaben nur »unter Vorbehalt« annehmen.

Ist in einem Mietobjekt gleich in mehreren Räumen die Ablesung nicht möglich und betrifft dies **mehr als 25 %** der gesamten Wohn- oder Nutzfläche oder des umbauten Raums, ist eine **Schätzung** ebenfalls **unzulässig.** In diesem Fall sind die Kosten ausschließlich nach Wohn- bzw. Nutzfläche oder nach umbautem Raum zu verteilen (§ 9 a Abs. 2 HeizkostenV). Die Mieter können dann ihre so errechneten Kosten **um 15 % kürzen.**

Als **Schätzungsgrundlagen** kommen in Betracht (§ 9a Abs. 1 Satz 1 HeizkostenV):

- Sie suchen sich ältere Abrechnungen heraus und nehmen für Ihre Schätzung den Verbrauch der betroffenen Räume in vergleichbaren Zeiträumen.
- Sie können aber auch den gemessenen Verbrauch vergleichbarer anderer Räume im jeweiligen Abrechnungszeitraum heranziehen.
- Oder Sie gehen vom Durchschnittsverbrauch des Gebäudes oder der Nutzergruppe aus.

Vorrang hat immer die **»Schätzung nach Vorjahr«.** Hier wird allerdings nicht einfach der Vorjahresverbrauch übernommen. Vielmehr sind die im Vorjahr gemessenen Verbrauchseinheiten ins Verhältnis zum Gesamtverbrauch der Liegenschaft zu setzen. Ist der vorherige Abrechnungszeitraum zum Beispiel wegen stark abweichender Witterungsbedingungen nicht vergleichbar, greift man auf frühere Perioden zurück.

Nur wenn eine Schätzung »nach Vorjahr« nicht möglich ist, kommt die Schätzung auf der **Grundlage des Verbrauchs vergleichbarer anderer** Räume **im aktuellen Abrechnungszeitraum** in Betracht.

3 Wie Sie die Heizkostenabrechnung prüfen

3.1 Bis wann muss abgerechnet werden?

Der Vermieter hat seinem Mieter die Heizkostenabrechnung »**spätestens bis zum Ablauf des zwölften Monats nach Ende des Abrechnungszeitraums**« vorzulegen. Versäumt er diese Frist, braucht der Mieter in der Regel nicht mehr nachzuzahlen. Denn es handelt sich hierbei um eine sogenannte »**Ausschlussfrist**« (→ Abschn. 4.1).

3.2 Ist die Abrechnung nachvollziehbar?

Der Vermieter muss eine geordnete Zusammenstellung der Einnahmen und Ausgaben vorlegen. Auch ein juristisch und betriebswirtschaftlich nicht geschulter Mieter muss die Abrechnung nachvollziehen können. Folgende Angaben sind erforderlich:

- Zusammenstellung der Gesamtkosten;
- Erläuterung der Verteilerschlüssel;
- Berechnung des Mieteranteils an den Gesamtkosten;
- Aufstellung der Vorauszahlungen;
- bei einem **Mieterwechsel** der **spezielle Nutzungszeitraum** des betroffenen Mieters;
- bei der Verwendung von **Heizöl** ist der **Anfangsbestand** (in Liter und Euro) anzugeben, der mit dem **Endbestand** der vorangegangenen Abrechnungsperiode identisch sein muss;
- die in der Abrechnungsperiode **angelieferten Brennstoffmengen** (nach Litern und Euro);
- bei Heizöl der **Restbestand.** Hierbei wird die Restmenge mit dem Preis, der für die **letzte Öllieferung** gezahlt wurde, multipliziert;
- die **weiteren Heizungsbetriebskosten** (z.B. Betriebsstrom, Heizungswartung, → Abschn. 3.3) nach Art und Betrag;

- versorgt die Heizungsanlage die Wohnungen gleichzeitig mit Warmwasser (sogenannte »**verbundene Anlagen**«), ist der auf das Warmwasser entfallende **Brennstoffanteil extra zu berechnen.**

3.3 Wurden die Kosten richtig berechnet?

Liegen die Kosten im üblichen Rahmen?

Stellt sich heraus, dass sich die Kosten gegenüber dem Vorjahreszeitraum **deutlich verändert** haben, sollten Sie sich als Mieter die Kostenentwicklung etwas genauer anschauen.

» **Beispiel:** Aus Ihrer aktuellen Heizkostenabrechnung ergibt sich für Sie ein Gesamtverbrauch von € 660,– und ein Guthaben von € 75,–. In Ihrer Liegenschaft mit 400 m² beheizter Nutzfläche sind für Heizung (ohne Warmwasser) Gesamtkosten von € 2 640,– angefallen.

Daraus errechnen Sie einen Wert von € 0,55 pro Quadratmeter und Monat. Wenn Sie diesen Wert mit den 80 m² Ihrer eigenen Wohnung multiplizieren, erhalten Sie einen Vergleichswert von € 44,– pro Monat und € 528,– für den gesamten Abrechnungszeitraum.

Im Vergleich dazu liegt der Ihnen angelastete Gesamtverbrauch von € 660,– somit **über** dem Durchschnitt. Aus der Vorjahresabrechnung errechnen Sie, dass Ihr Gesamtverbrauch damals **unter** dem Durchschnitt lag.

Ergibt sich bei einer derartigen Kontrolle, dass **hohe Verbrauchskosten** schuld an den überhöhten Heizkosten sind, sollten Sie vor Rückfrage beim Vermieter die eigene **Wohnsituation** und das eigene **Wohnverhalten hinterfragen.**

» **Beispiel:**

- Haben Sie durch Dauerlüftung (insbesondere gekippte Fenster) einen höheren Energieverbrauch verursacht?
- Haben Sie bei Abwesenheit oder zur Nachtzeit die Rollläden abgesenkt, Fensterläden geschlossen oder die Vorhänge zugezogen?
- Beheizen Sie Ihre Wohnräume stärker als andere Mietparteien und höher als die üblichen 20 Grad Celsius?
- Haben Sie Ihre Heizkörperventile korrekt bedient (z. B. bei gesteuerten Anlagen bei Verlassen der Räume nicht völlig abgestellt)?
- War für eine gute Luftzirkulation über und vor den Heizkörpern gesorgt oder waren diese mit dicken Vorhängen zugehängt oder mit Möbeln zugestellt?

Welche Kosten dürfen berechnet werden?

Die in einer Heizkostenabrechnung umlagefähigen Kosten sind in § 2 Nrn. 4–6 BetrKV, § 7 Abs. 2 HeizkostenV und § 8 Abs. 2 HeizkostenV **abschließend aufgezählt.** Das heißt, nur die dort aufgeführten Kosten dürfen umgelegt werden.

Welche Kosten unter die Heizkosten fallen und welche nicht, sagt Ihnen das »Heizkosten-ABC«. Sie finden diese wertvollen Informationen auf Ihrer Rechtstipps-CD.

Wurden die Warmwasserkosten richtig ermittelt?

Handelt es sich um eine selbstständige zentrale Warmwasserversorgungsanlage, können gemäß § 8 Abs. 2 HeizkostenV berechnet werden die Kosten für:

- (Kalt-)Wasser;
- Grundgebühren;
- Zählermiete;
- Verwendung von Zwischenzählern;
- Betrieb einer hauseigenen Wasserversorgungs- u. Wasseraufbereitungsanlage einschließlich der Aufbereitungsstoffe;
- Wassererwärmung.

Doppelberechnung ist nicht erlaubt! Wurde das für Warmwasser verbrauchte Kaltwasser bereits bei den allgemeinen Betriebskosten abgerechnet, dürfen diese Kosten nicht noch einmal in der Warmwasserkostenabrechnung auftauchen (§ 8 Abs. 2 Satz 1 HeizkostenV).

Handelt es sich um eine **verbundene Warmwasserversorgungsanlage,** die neben dem Warmwasser für die Heizung auch warmes Wasser aus dem Hahn liefert, müssen die dabei entstehenden Kosten auf beide Abrechnungsbereiche (Heizung und Warmwasser) aufgeteilt werden.

Hierfür werden zunächst einmal die Warmwasserkosten ermittelt und dann von den Gesamtkosten abgezogen. Der Rest entfällt dann auf die Heizkosten.

Der **Brennstoffverbrauch** muss **seit dem 1. 1. 2014** mit **Wärmezählern** ermittelt werden. Nur in besonderen Ausnahmefällen darf der Brennstoffverbrauch nach einer komplizierten Formel berechnet werden, die § 9 HeizkostenV vorhält.

Wurden die Kosten richtig verteilt?

Die Aufteilung in Grund- und Verbrauchskosten

Wurden die Betriebskosten für Heizung und Warmwasser ordnungsgemäß ermittelt, sind diese im nächsten Schritt aufzuteilen in

- einen verbrauchsunabhängigen Teil **(Grundkosten)** und
- einen verbrauchsabhängigen Teil **(Verbrauchskosten).**

Aufgepasst bei Balkonflächen und Dachwohnungen! Wird der Grundkostenanteil nach Quadratmetern Wohnfläche berechnet, sind die **Balkonflächen** aus der Berechnung **herauszunehmen.** Fehlberechnungen schleichen sich auch öfter bei **Wohnungen mit Dachschrägen** ein.

Grundkosten und Verbrauchskosten sind (soweit nichts anderes vereinbart ist) so aufzuteilen, dass der Verbrauchsanteil **zwischen 50 % und 70 %** liegt (§ 7 Abs. 1 HeizkostenV; § 8 Abs. 1 HeizkostenV). Der Grundkostenanteil liegt dann entsprechend zwischen 50 % und 30 %. Dabei werden die **Grundkosten** entsprechend der Vereinbarung im Mietvertrag entweder nach Boden- oder Nutzfläche (in Quadratmetern) oder nach umbautem Raum (in Kubikmetern) verteilt.

» **Beispiel:** Für Heizung und Warmwasser sind an Betriebskosten insgesamt € 2 760,– ermittelt worden. Im ersten Schritt wird der Warmwasseranteil herausgerechnet (siehe oben) und dafür ein Betrag von € 496,– errechnet. Entsprechend betragen die Heizkosten € 2 264,– (€ 2 760,– ./. € 496,–). Diese Kosten werden nach dem vereinbarten Umlageschlüssel (50 : 50) wie folgt aufgeteilt:

Heizung

50 % Grundkosten	= € 1 132,–
50 % Verbrauchskosten	= € 1 132,–

Warmwasser

50 % Grundkosten	= € 248,–
50 % Verbrauchskosten	= € 248,–

Muss der Aufteilungsmaßstab bei Ihnen geändert werden?

Für Abrechnungszeiträume, die mit dem **1. 1. 2009** begonnen haben, muss der Abrechnungsmaßstab auf »70 % (Verbrauchskosten) und 30 % (Grundkosten)« geändert werden, wenn folgende Voraussetzungen für Ihr Mietobjekt zutreffen:

- Es handelt sich um ein **älteres Gebäude,** das das Anforderungsniveau der **Wärmeschutzverordnung** vom 16. 8. 1994 nicht erfüllt,
- das durch eine **Öl- oder Gasheizung** mit Wärme versorgt wird
- und in dem die freiliegenden **Strangleitungen** der Wärmeverteilung überwiegend (mehr als die Hälfte) **gedämmt** sind.

Welcher Aufteilungsmaßstab gilt in Ihrem Fall?

Die Heizkostenverordnung gestattet dem Vermieter, den Aufteilungsmaßstab zunächst selbst zu bestimmen. Üblicherweise wird er **im Mietvertrag festgelegt.** Darin kann der verbrauchsabhängige Anteil gegenüber der gesetzlichen Vorgabe **auch höher** vereinbart werden (z. B. 100 %).

Ein **höherer Verbrauchsmaßstab** ist aber häufig **nicht zu empfehlen.** Denn dieser ist entgegen eines weitverbreiteten Irrtums nicht immer gerecht: In den Heizkosten sind viele **Fixkosten** (z. B. Wartungs- und Reinigungsarbeiten, Eichserviceverträge, Abrechnungskosten) enthalten, die mit dem Verbrauch nichts zu tun haben.

Ebenso können die normalerweise auf dem Weg zum Verbraucher anfallenden **Wärmeverluste** nicht nach Verbrauch aufgeteilt werden. Deshalb empfiehlt sich in den meisten Fällen ein **Verteilungsmaßstab von 50 : 50.**

Finden Sie im Mietvertrag **keine entsprechende Vereinbarung,** sollten Sie anhand der bisherigen Heizkostenabrechnungen prüfen, welcher Umlegungsmaßstab bisher galt. Stellen Sie daraufhin fest, dass in der vorliegenden Abrechnung der Aufteilungsmaßstab geändert wurde, sollten Sie prüfen, ob diese Änderung ausnahmsweise zulässig ist.

In folgenden Fällen lässt § 6 Abs. 4 HeizkostenV die **Änderung für künftige Abrechnungszeiträume** zu:

- Der Verbrauch wird erstmalig nach bestimmten Nutzergruppen (z. B. Wohnraum- und Gewerberaummieter) erfasst.
- Der Vermieter hat bauliche Maßnahmen durchgeführt, die nachhaltig Heizenergie einsparen.
- Es haben sich »andere sachgerechte Gründe« ergeben, die eine Änderung des Aufteilungsmaßstabes rechtfertigen (z. B. soll wegen einer verbesserten Wärmedämmung der verbrauchsbedingte Anteil von 50 % auf 70 % erhöht werden).

Der Vermieter muss die Mieter allerdings über die bevorstehende Veränderung **spätestens vor Beginn des Abrechnungszeitraums** informiert haben.

Zu beachten ist hierbei auch, dass diese nachträgliche Änderung der Aufteilung nur in den oben beschriebenen Grenzen (Verbrauchsanteil zwischen 50 % und 70 %) zulässig ist. Hat der Vermieter dieses Verfahren nicht eingehalten, kann der Mieter die Korrektur der Abrechnung verlangen.

3.4 Sind Mieterwechsel korrekt berücksichtigt worden?

Sind Mieter während der Abrechnungsperiode aus- oder eingezogen, müssen die Heiz- und Warmwasserkosten zwischen Vor- und Nachmieter aufgeteilt werden. Zieht ein Mieter während des Abrechnungszeitraums aus, kann er keine sofortige Abrechnung der Heizkosten verlangen. Er muss sich bis zur Erstellung der Gesamtabrechnung nach Ablauf des Abrechnungszeitraumes gedulden.

In § 9 b HeizkostenV ist die Kostenaufteilung bei Nutzerwechsel zwar geregelt, jedoch lässt Abs. 4 dieser Vorschrift **abweichende vertragliche Vereinbarungen** ausdrücklich zu. Schauen Sie deshalb zunächst in Ihren Mietvertrag. Finden Sie dort zum Mieterwechsel nichts geregelt, findet die Kostenaufteilung entsprechend den nachfolgenden Punkten statt.

Normalerweise muss eine Zwischenablesung stattfinden

Aufgrund der Ablesewerte errechnet man dann den verbrauchsbedingten Anteil der Heiz- und Warmwasserkosten zwischen Vor- und Nachmieter. Die **Kosten** für die Zwischenablesung muss der **Vermieter** tragen.

Ist eine Zwischenablesung nicht möglich oder lässt sie wegen des Zeitpunkts des Mieterwechsels aus technischen Gründen **keine hinreichend genaue Ermittlung der Verbrauchsanteile** zu, dürfen diese nach § 9 a Abs. 3 HeizkostenV auf andere Art und Weise ermittelt werden (z. B. mithilfe der unten dargestellten »**Gradtagszahlen**«).

So wird der verbrauchsunabhängige Kostenanteil aufgeteilt

Hinsichtlich der **Heizung** hat der Vermieter die Wahl zwischen

- einer zeitanteiligen Aufteilung oder
- der Aufteilung nach der sogenannten »Gradtagszahlentabelle«.

Bei der **Gradtagszahlentabelle** handelt es sich um eine vom deutschen Wetterdienst erstellte langjährige Übersicht von Temperaturdaten, die eine Gewichtung der einzelnen Monate nach statistisch ermittelten Außentemperaturen darstellt.

In der ersten Spalte steht der Promille-Anteil eines Monats an den gesamten Heizkosten des Jahres (z. B. Januar = 170 ‰, entspricht 17 %), in der zweiten Spalte der Anteil eines einzelnen Tages (z. B. ein Januar-Tag = 5,48 ‰).

Promille-Anteile je		
Monat		**Tag**
Januar	170	5,48
Februar	150	5,36
März	130	4,19
April	80	2,66
Mai	40	1,29
Juni, Juli, August zus.	40	0,43
September	30	1,0
Oktober	80	2,58
November	120	4,0
Dezember	160	5,16

Im Unterschied zur Heizung ist der **Warmwasserverbrauch** in weitaus geringerem Maße von Witterungseinflüssen abhängig. Deshalb kommt dafür **nur eine zeitanteilige Aufteilung** in Betracht.

» **Beispiel:** Der Mieter zieht am 31. Januar aus. Der mietvertraglich vereinbarte Heizkostenabrechnungszeitraum läuft jeweils vom 1. Oktober bis 30. September. Von den Heizkosten hat er 530 ‰ (Oktober bis Januar addiert) zu tragen, von den Warmwasserkosten $^4/_{12}$.

4 Die Abrechnung der allgemeinen Betriebskosten

4.1 Die 12-Monats-Frist als Ausschlussfrist

Vermieter müssen ihren Mietern die Betriebskostenabrechnung »**spätestens bis zum Ablauf des zwölften Monats nach Ende des Abrechnungszeitraums mitteilen**« (§ 556 Abs. 3 Satz 2 BGB).

Abrechnung auch per Fax oder E-Mail möglich

Für die Betriebskostenabrechnung reicht die sogenannte »**Textform**« (§ 126 b BGB). Das bedeutet:

- Die Abrechnung muss nicht handschriftlich unterzeichnet sein. Es gehen auch **Kopie, Fax** oder **E-Mail.**
- Die **Person des Erklärenden** (hier: Vermieter) muss genannt sein.
- Der **Abschluss der Erklärung muss gekennzeichnet sein.** Zum Beispiel dadurch, dass am Ende die Unterschrift des Absenders eingescannt wird oder der Name angegeben wird.

Was bedeutet »Abrechnungszeitraum«?

Der Abrechnungszeitraum beträgt bei Wohnraum **ein Jahr.** Er **kann** mit dem Kalenderjahr identisch sein. So können für **unterschiedliche Betriebskostengruppen** unterschiedliche Abrechnungszeiträume festgelegt werden. **Wichtig:** Der Abrechnungszeitraum von zwölf Monaten darf dabei weder über- noch unterschritten werden.

Wann beginnt die »Abrechnungsfrist« und wann läuft sie ab?

Mit Beendigung des Abrechnungszeitraums beginnt für den Vermieter sofort die Abrechnungsfrist zu laufen. Sie beträgt nach dem Gesetz ebenfalls **zwölf Monate** zum Ablauf des Monats. Rechnet der Vermieter innerhalb dieser Frist nicht ab, kann der Mieter aus einer verspäteten Abrechnung nicht mehr zur Kasse gebeten werden. Denn es handelt sich hierbei um eine sogenannte **Ausschlussfrist.**

Fällt der **letzte Tag** der Frist auf einen **Sonntag,** einen am Wohnort des Mieters anerkannten **Feiertag** oder einen **Samstag,** reicht auch der Zugang der Abrechnung am folgenden Werktag.

Nicht fristgerecht ist die Betriebskostenabrechnung allerdings, wenn sie am letzten Tag der Jahresfrist – im Allgemeinen den 31. 12. – nach 18 Uhr in den Briefkasten des Wohnungsmieters eingeworfen wird. **Ausnahme:** Der maßgebende Tag fällt auf einen Sonn- oder Feiertag.

! Vermuten Sie als Mieter, dass Ihnen aus der letzten Abrechnungsperiode ein Guthaben zustehen könnte, sollten Sie Ihren Vermieter zur Abrechnung auffordern. Machen Sie das am besten schriftlich und setzen Sie ihm hierfür eine Frist. Für den Fall, dass er die Frist nicht einhält, können Sie den Einbehalt der weiteren Vorauszahlungen ankündigen.

Wenn der Vermieter die Abrechnungsfrist nicht eingehalten hat

Der Mieter darf wegen einer verspäteten Abrechnung die **Nachzahlung verweigern.** Hat er irrtümlich die sich aus einer verspäteten Abrechnung ergebende Nachzahlung gezahlt, kann er innerhalb von drei Jahren nach Entdecken seines Irrtums den versehentlich gezahlten **Betrag zurückfordern.**

Hat der Vermieter im **bestehenden Mietverhältnis** nicht fristgerecht abgerechnet, kann der Mieter die im betreffenden Abrechnungszeitraum gezahlten **Vorauszahlungen nicht zurückverlangen.** Denn der Mieter hat ein ausreichendes Druckmittel, um den Vermieter zur Abrechnung zu bewegen, indem er seine weiteren Vorauszahlungen einbehält. Dagegen darf er nach **Beendigung des Mietverhältnisses** die **vollständige Rückzahlung** der geleisteten Abschlagszahlungen verlangen.

Fristüberschreitung nur in Sonderfällen erlaubt

Die Abrechnungsfrist darf der Vermieter ausnahmsweise überschreiten, wenn er die Verspätung »**nicht zu vertreten hat**« (§ 556 Abs. 3 Satz 3 BGB).

» **Beispiel:**

- Es gibt Unstimmigkeiten in den Abrechnungen der **Lieferanten.**
- Der Vermieter erhält den **Grundsteuerbescheid** erst nach Ablauf der Abrechnungsfrist.
- Der **Wohnungsverwalter** übersendet die Abrechnung verspätet. Hier muss der Vermieter allerdings nachweisen können, dass er die Abrechnung beim Verwalter abgemahnt hat.

Allerdings darf sich der Vermieter nach Wegfall des Abrechnungshindernisses (z. B. hat er den Grundsteuerbescheid verspätet erhalten) nicht allzu viel Zeit lassen. Im Regelfall muss er innerhalb von **drei Monaten** nach Wegfall des Abrechnungshindernisses reagieren.

Ebenso wird es dem Vermieter angelastet, wenn er seine Abrechnung zwar rechtzeitig abgeschickt hat, dann aber – als eine Reaktion des Mieters auf die Abrechnung nicht erfolgt – über mehrere Monate **nichts weiter unternimmt,** anstatt beim Mieter mal nachzufragen.

Behauptet der Mieter, die Abrechnung nicht oder nicht fristgemäß erhalten zu haben, ist es Sache des Vermieters, zu beweisen, dass sein Schreiben beim Mieter rechtzeitig zugegangen war.

4.2 Die Abrechnung nachvollziehbar gestalten

Gedanklich und rechnerisch klar verständlich

Die Einnahmen und Ausgaben müssen **zweckmäßig** und **übersichtlich** dargestellt werden, sodass auch ein juristisch und betriebswirtschaftlich **nicht geschulter Mieter** die Abrechnung gedanklich und rechnerisch nachvollziehen kann.

Die Abrechnung muss enthalten:

- eine Zusammenstellung der Gesamtkosten,
- die Angabe und Erläuterung der zugrunde gelegten Verteilerschlüssel,
- die Berechnung des Anteils des Mieters und
- die Aufstellung der vom Mieter geleisteten Vorauszahlungen.

Entspricht eine Abrechnung diesen formalen Anforderungen nicht, wird sie gar nicht erst fällig.

Allerdings dürfen die **Anforderungen nicht überzogen** werden. Soweit für einzelne Positionen der Abrechnung (z.B. »Hausreinigung« oder »Gartenpflege«) mehrere Rechnungen vorliegen, können diese zusammengefasst werden. Zudem darf bei einer Wohnanlage auf die Angabe der Gesamtkosten verzichtet werden. Dasselbe gilt für einzelne Rechenschritte, die zu dem jeweiligen Betriebskostenanteil des Gebäudes führen würden. Es reicht aus, wenn wie hier der Gesamtbetrag pro Gebäude – abzüglich der nicht umlagefähigen Kosten – angegeben wird.

Aufpassen bei der Angabe der Gesamtkosten

Sind **einzelne Kosten nicht umlagefähig,** müssen diese gleichwohl in folgenden Fällen dargestellt und als Abzugsposten kenntlich gemacht werden:

- Das Mietobjekt besteht aus **Wohn- und Gewerbeeinheiten.** Für den Gewerbeteil nimmt der Vermieter für bestimmte Betriebskostenpositionen (z.B. Grundsteuer, Versicherungen und Wasser / Abwasser) einen **Vorwegabzug** vor. Dies muss er in der Aufstellung seiner Gesamtkosten kenntlich machen. Andernfalls ist die Abrechnung zumindest für die hiervon betroffenen Kostenteile unwirksam.
- Die Abrechnung enthält sogenannte **»gemischte Kosten«,** das heißt Kostenteile, die nicht als Betriebskosten umlegbar sind. Wenn der Vermieter deshalb zum Beispiel bei den Hausmeisterkosten die darin enthaltenen nicht umlagefähigen »Verwaltungskosten« herausnimmt oder bei den Kosten der

»Fahrstuhlwartung« den darin enthaltenen Reparaturkostenanteil, muss er in jedem Fall in der Abrechnung darstellen, um welchen Anteil die Gesamtkosten bereinigt wurden.

Steuerliche Gesichtspunkte gleich mit berücksichtigen

Auch Mieter können Steuern sparen, wenn sie dem Finanzamt nachweisen können, dass sie sich finanziell beteiligt haben an den Kosten für »Hilfen in Haus und Garten sowie Handwerkerleistungen«, den sogenannten **»haushaltsnahen Hilfen«** (§ 35 a EStG). Denn in einigen Betriebskostenpositionen (z. B. Gebäudereinigung und Schornsteinreinigung) können derartige Aufwendungen enthalten sein.

Gegenüber seinem Finanzamt muss der Mieter nachweisen, inwieweit er an den steuerlich relevanten Kosten beteiligt war. Da sich der Staat **nicht** an den **Materialkosten** beteiligt, fallen **nur die Lohn-, Fahrt- und Maschinenkosten** steuerlich ins Gewicht. Diese müssen deshalb rechnerisch von den Materialkosten getrennt werden.

Hat der Vermieter die steuerlich berücksichtigungsfähigen Kosten in der Betriebskostenabrechnung noch nicht gesondert aufgeführt, kann der Mieter von ihm eine **gesonderte Bescheinigung** hierüber verlangen.

! Bitten Sie Ihren Vermieter, die Kosten für »haushaltsnahe Hilfen« in der **Betriebskostenabrechnung** aufzuschlüsseln. Zum Beispiel, indem er die anteiligen steuerlich relevanten Kosten in einer **Extraspalte** aufführt.

Hierdurch erspart er sich zusätzlichen Verwaltungsaufwand für eine Extrabescheinigung. Geben Sie Ihrem Vermieter gleich noch den Tipp, dass er derartige Handwerkerrechnungen **nie bar** bezahlt! Denn damit entfiele die steuerliche Absetzbarkeit.

4.3 Welche Kosten dürfen umgelegt werden?

Maßgeblich ist zum einen die Betriebskostenverordnung

Umlagefähig sind nur solche Kosten, die in der Betriebskostenverordnung (BetrKV) **ausdrücklich genannt** sind. Deshalb fallen zum Beispiel »Bank- und Kontogebühren«, »Erbbauzinsen« oder Kosten der »Fassadenreinigung« nicht darunter.

Nach dem Gesetz sind ursprünglich sämtliche Betriebskosten vom Vermieter zu tragen. Zwar darf er sie auf die Mieter umlegen, aber nur, wenn er dies korrekt vereinbart hat. Am besten ist es, wenn im Mietvertrag die umzulegenden Betriebskosten **einzeln aufgelistet** werden.

Welche Kosten unter die Betriebskosten fallen und welche nicht, sagt Ihnen das »Betriebskosten-ABC«. Sie finden diese wertvollen Informationen auf Ihrer Rechtstipps-CD.

In manchen Mietverträgen sind die Kosten nicht einzeln aufgeführt. Vielmehr wird lediglich auf den gesetzlichen Betriebskostenkatalog verwiesen.

» **Beispiel:** »Neben der Miete sind die Betriebskosten gemäß § 2 BetrKV zu zahlen.«

Auch wenn derartige Kurzformulierungen nicht optimal sind, werden sie inzwischen als wirksam angesehen. Ist die Bezeichnung einzelner Betriebskosten im Mietvertrag aber **zu ungenau,** bleiben die Kosten, die der Vermieter damit eigentlich hatte umlegen wollen, in der Miete enthalten und dürfen somit **nicht umgelegt** werden.

» **Beispiel:**

- »Neben der Miete trägt der Mieter anteilig die Nebenkosten.«
- Die Kosten für Grundsteuer, Abfall, Abwasser und Straßenreinigung können nicht unter dem Sammelbegriff »Grundbesitzabgaben« zusammengefasst werden.

Wie Eigenleistungen des Vermieters zu behandeln sind

Wenn ein Vermieter selbst die Straße reinigt, die Gartenpflege selbst in die Hand nimmt oder Hauswarttätigkeiten durchführt, sind dies »Sach- und Arbeitsleistungen« im Sinne von § 1 Abs. 1 Satz 2 BetrKV.

Nach dieser Vorschrift dürfen sie »mit dem Betrag angesetzt werden, der für eine gleichwertige Leistung eines Dritten, insbesondere eines Unternehmers, angesetzt werden könnte; die Umsatzsteuer des Dritten darf nicht angesetzt werden«.

4.4 Wenn anders als vereinbart abgerechnet wurde

Zahlung von nicht vereinbarten, aber umlagefähigen Kosten

Der Vermieter hat in der Vergangenheit grundsätzlich umlagefähige Kosten (z. B. Grundsteuer, Sach- und Haftpflichtversicherung) umgelegt, obwohl diese Positionen in der mietvertraglichen Umlagevereinbarung fehlen: Beanstandet der Mieter solche Abrechnungen nicht, sondern zahlt er die geforderte Nachzahlung oder nimmt er das Guthaben daraus an, kann das zu einer Vertragsänderung führen.

Man wird von einer »**stillschweigenden Vereinbarung**« ausgehen können, wenn der Mieter die Abrechnungen **mehrmals** unwidersprochen hingenommen hat. In der Frage, **welcher Zeitraum** für eine solche stillschweigende Vereinbarung verstrichen sein muss, ist die Rechtsprechung uneinheitlich (Zeiträume zwischen drei und sechs Jahren).

Ist zur Umlage mietvertraglich nicht vereinbarter Betriebskosten **keine** stillschweigende Änderungsvereinbarung zustande gekommen, muss der Mieter sich beeilen. Seine Überzahlungen kann er nur innerhalb von **zwölf Monaten nach Zugang** einer ansonsten ordnungsgemäßen Abrechnung verlangen.

Zahlung von grundsätzlich nicht umlagefähigen Kosten

Hat der Mieter in der Vergangenheit Betriebskosten bezahlt, die im Betriebskostenkatalog des § 2 BetrKV nicht enthalten sind und deshalb auch nicht als umlagefähige Kosten vereinbart werden dürfen (z. B. »Instandhaltungsrücklage« oder »Rechtsschutzversicherung«), kann er diese **Überzahlungen zurückverlangen.** Dabei muss er allerdings die **dreijährige Verjährungsfrist** beachten.

4.5 Das Wirtschaftlichkeitsgebot beachten

Bei der Betriebskostenumlage muss der Vermieter den sogenannten »Grundsatz der Wirtschaftlichkeit« im Auge behalten (§ 556 Abs. 3 Satz 1 Halbsatz 2 BGB). Hierbei haben sich folgende **Fallgruppen** gebildet:

- **Nicht nachvollziehbare erhebliche Kostenerhöhungen:** Wenn zum Beispiel die Hausmeisterkosten um das Doppelte angestiegen sind, und dann noch der Vermieter als Auftragnehmer auftritt, ist die Kostenumlage nur gerechtfertigt, wenn er hierfür nachvollziehbare vernünftige Gründe angeben kann.

- **Unnötige Kosten:** Der Vermieter lässt die Hausreinigung häufiger als erforderlich durchführen. Das Amtsgericht Regensburg hat zum Beispiel in einem Apartmenthaus die Reinigung der Treppenhäuser und Flure einmal pro Woche und die Fensterreinigung zweimal im Jahr für ausreichend angesehen.
- **Preis-Leistungs-Verhältnis gestört:** ein Stundenlohn von € 25,– für Treppenhausreinigung und Hofreinigung.
- **Bauliche Mängel als Kostentreiber:** Wegen eines Rohrleitungsschadens steigt die Versicherungsprämie der Gebäudeversicherung um 37 %. Solche dem Schadensverlauf angepasste Erhöhungen sind nicht auf die Mieter umlegbar.

Zwar ist es **zunächst Sache des Mieters,** konkrete Anhaltspunkte dafür darzulegen, dass der Vermieter gegen das Wirtschaftlichkeitsgebot verstoßen hat. Im Streitfall muss aber der **Vermieter beweisen,** dass er mit der Betriebskostenbelastung des Mieters dem Grundsatz der Wirtschaftlichkeit genügt.

4.6 Die richtigen Verteilerschlüssel verwenden

Wenn bestimmte Verteilerschlüssel vereinbart worden sind

Überprüfen Sie anhand Ihres Mietvertrages, ob und welche Verteilerschlüssel vereinbart worden sind. Vermietern von frei finanzierten Wohnungen steht es bei Vertragsabschluss frei, zwischen welchen der nachfolgend aufgeführten Verteilerschlüsseln sie wählen:

- Wohnfläche,
- Personenzahl,
- Verbrauch,
- Wohneinheiten,
- Miteigentumsanteile (bei vermieteter Eigentumswohnung),
- m^3 umbauter Raum,
- Verhältnis der Leerraummiete.

Wichtig: An die vereinbarten Verteilerschlüssel ist der Vermieter gebunden.

Vermieter von **Eigentumswohnungen** sollten darauf achten, dass sie bei Abschluss des Mietvertrages die Verteilerschlüssel des Vertrages der **Wohngeldabrechnung anpassen.** Sonst müssen sie umrechnen.

» **Beispiel:** Der Vermieter hat vergessen, im Mietvertrag für seine Eigentumswohnung ausdrücklich klarzustellen, dass die **Grundsteuer** nicht anteilig nach »Wohnfläche« umgelegt werden soll, sondern in voller Höhe nach dem im Grundsteuerbescheid erhobenen Betrag. In der Betriebskostenabrechnung darf er deshalb von seinem Mieter nur den Betrag verlangen, der sich auf die anteilige Wohnfläche bezieht. Das heißt, er muss den auf seine Wohnung entfallenden Grundsteuerbetrag durch die Gesamtfläche der Wohnanlage teilen und dann mit der Wohnfläche der Wohnung multiplizieren.

Für **verbrauchsabhängige Betriebskosten** (z.B. für Wasser, Abwasser und Müllabfuhr), für die bisher ein nicht verbrauchsabhängiger Maßstab vereinbart war, darf der Vermieter den Verteilerschlüssel **für die Zukunft einseitig ändern.** Voraussetzung hierfür ist, dass der Verbrauch **gemessen** werden kann (z.B. durch Wasseruhren) und der Vermieter diese Änderung seinen Mietern vor Beginn des neuen Abrechnungszeitraums **in Textform** mitteilt (§ 556 a Abs. 2 BGB).

Es wurden keine Verteilerschlüssel vereinbart

In diesem Fall müssen die Betriebskosten »nach dem Anteil der **Wohnfläche**« umgelegt werden (§ 556 a Abs. 1 Satz 1 BGB).

Ausnahme: Sind für die **verbrauchsabhängigen** Betriebskosten (z.B. Wasser, Müllabfuhr) entsprechende Messeinrichtungen vorhanden, **muss** der Vermieter die Kosten »nach Verbrauch« abrechnen (§ 556 a Abs. 1 Satz 2 BGB).

» **Beispiel:**

- Sind die Wohnungen mit **Wasseruhren** ausgestattet, muss der Vermieter die Zählerstände berücksichtigen. Er hat die **Wahl,** ob er die gesamten Wasserkosten nach dem abgelesenen Verbrauch umlegt oder einen Teil davon nach einem festen Umlagemaßstab, oder ob er bestimmte Nebenkosten nach einem festen Maßstab und den eigentlichen Verbrauch nach Zähleranzeige umlegt.
- In der Gemeinde wird für die **Müllabfuhr** ein **Erfassungssystem** verwendet (z.B. Scannersystem). Dadurch kann festgestellt werden, wie oft die der Mietpartei zugewiesene Mülltonne geleert worden ist.

Was gilt, wenn neben Wohn- auch Gewerberäume vorhanden sind?

Auch wenn bei solchen »Mischmietverhältnissen« für die Gewerberäume weitaus höhere Betriebskosten anfallen, muss nur unter bestimmten Umständen ein **Vorwegabzug** vorgenommen werden. Dafür werden die auf die Gewerberäume entfallenden Kosten extra berechnet und von den auf die Wohnräume entfallenden Gesamtkosten abgezogen. Das kommt vor, wenn die Kosten bei den Gewerbeflächen für alle oder einzelne Betriebskostenarten so sehr ins Gewicht fallen, dass die Wohnungsmieter dadurch **»auffallend mehr belastet«** werden.

» **Beispiel:** Das Landgericht Aachen hat die durch Gewerbeeinheiten verursachten Mehrkosten als nicht unerheblich angesehen, wenn diese **3 %** der Gesamtkosten übersteigen.

Die **Darlegungs- und Beweislast** dafür, dass ein Vorwegabzug erforderlich ist, trägt der **Mieter.** Deshalb muss er zunächst die Tatsachen vortragen und gegebenenfalls beweisen, dass diese einen Vorwegabzug ausnahmsweise geboten erscheinen lassen. Dafür kann der Mieter Auskunft vom Vermieter und Einsicht in die benötigten Belege verlangen.
Nimmt der Vermieter einen Vorwegabzug vor, muss er immer auch die Gesamtkosten angeben, damit die Abrechnung für den Mieter nachvollziehbar ist.

Was gilt bei Leerstand?

Stehen Wohnungen im Hause leer, muss der Vermieter die auf diese Wohnungen entfallenden Betriebskosten grundsätzlich selbst tragen.

» **Beispiel:**

- Ist im Mietvertrag der **»Flächenanteil«** als Verteilerschlüssel vereinbart, müssen auch die vom Leerstand betroffenen Wohnungen bei der Gesamtwohnfläche mit angegeben werden.
- Werden nach dem Mietvertrag die Betriebskosten **»nach Personenzahl«** verteilt, sind die sich durch den Leerstand ergebenden Nachteile für die verbleibenden Mieter dadurch auszugleichen, dass für die unvermieteten Wohnungen der Personenanteil nach der **durchschnittlichen Belegung** der vermieteten Wohnungen berechnet wird.

Was gilt bei abweichender Wohnfläche?

Ist die tatsächliche Wohnfläche größer oder kleiner als die vereinbarte, ist auf der Basis der **vereinbarten** Wohnfläche abzurechnen, wenn die Abweichung **unter 10 %** liegt.

4.7 Den Kostennachweis richtig führen

Der Mieter darf die Unterlagen prüfen

Der Vermieter muss dem Mieter auf Anforderung sämtliche die Betriebskostenabrechnung betreffenden Rechnungen und sonstigen Belege im Original vorlegen. Befinden sich diese am Ort der Mietwohnung, so kann der Mieter sie dort einsehen. Befinden sich die Unterlagen andernorts, müssen sie vom Vermieter am Ort der Mietwohnung vorgelegt werden.

Es reicht, wenn der Vermieter dem Mieter einen Aktenordner vorlegt, aus dem sich der Mieter die ihn interessierenden Rechnungen heraussuchen kann. Anstatt sich schriftliche Aufzeichnungen zu machen, darf der Mieter die Belege **fotografieren.** Wenn der Mieter sich durch einen Beauftragten vertreten lassen bzw. eine Person seines Vertrauens mitnehmen möchte, hat der Vermieter das zu akzeptieren.

Kann der Mieter Belegkopien verlangen?

Im Gegensatz zu preisgebundenen Wohnungen hat der Mieter einer **frei finanzierten Wohnung keinen Anspruch auf Fotokopien.** Vielmehr soll dem Vermieter ermöglicht werden, Unklarheiten der Abrechnung im persönlichen Gespräch mit dem Mieter auszuräumen. Benötigt der Mieter dann doch noch Belege, um sie zum Beispiel von einem Anwalt überprüfen zu lassen, ist es ihm unbenommen, mit einer eigenen Kamera Fotos davon zu machen.

Ausnahmsweise kann der Mieter vom Vermieter Kopien verlangen, wenn ihm die Einsichtnahme der Belege in dessen Räumen nicht zugemutet werden kann.

» **Beispiel:** Der Vermieter wohnt an einem weiter entfernten Ort. Es ist ihm auch nicht möglich, dem Mieter die Unterlagen am Ort der Mietwohnung vorzulegen.

Welche Kosten der Vermieter für Kopien verlangen kann

Hat der Mieter ausnahmsweise einen Anspruch auf Belegkopien, kann der Vermieter hierfür einen **Vorschuss** verlangen. Bei der Bemessung der ihm entstehenden Kosten ist nur der **Kopieraufwand** zu berücksichtigen. Weiteren Verwaltungsaufwand kann er nicht ersetzt verlangen.

Die von den Gerichten pro Kopie zugebilligten Kosten liegen im Extremfall zwischen € 0,05 und € 0,50. Mit **€ 0,25** pro Kopie dürfte es in der Regel keine Probleme geben.

4.8 Berechtigte Forderungen fristgerecht begleichen

Erhalten Sie als Mieter eine korrekte Betriebskostenabrechnung, wird eine Nachzahlung daraus zu diesem Zeitpunkt **fällig.** Allerdings müssen Sie die Nachforderung aus der Abrechnung **nicht sofort** begleichen. Ihnen wird von den Gerichten eine gewisse **Prüfungs- und Überlegungsfrist** (je nach Gericht zwei Wochen bis zwei Monate) eingeräumt.

Die eingangs erwähnte »Fälligkeit« hat insofern praktische Bedeutung nur in Zusammenhang mit der **Verjährung.** So beginnt die dreijährige Regelverjährungsfrist für Nachforderungen des Vermieters gemäß § 199 BGB mit dem Schluss des Jahres, in dem die Fälligkeit des Anspruchs eingetreten ist.

5 Mit fehlerhaften Abrechnungen korrekt umgehen

5.1 Wann der Vermieter nachbessern darf

Inhaltliche Fehler nur ausnahmsweise nachzubessern

Sind dem Vermieter bei der Betriebskostenabrechnung Fehler unterlaufen (z. B. Rechenfehler, falsche Verteilerschlüssel), darf der Vermieter eine korrigierte Abrechnung »nachschieben«, solange dies noch **vor Ablauf** der zwölfmonatigen **Ausschlussfrist** (→ Abschn. 4.1) geschieht.

Ob die Mieter die sich aus der fehlerhaften Abrechnung ergebenden Nachzahlungen bereits geleistet haben oder ihnen entsprechende Guthaben ausgezahlt worden sind, spielt dabei keine Rolle.

» **Beispiel:** Der Vermieter stellt fest, dass er in der Abrechnung über die Betriebskosten des Abrechnungszeitraums 2013 die Verteilerschlüssel teilweise fehlerhaft berechnet hatte. Deshalb schickt er allen Mietern eine entsprechend korrigierte Abrechnung zu. Wenn dies noch vor Ablauf des Jahres 2014 geschieht, hat er Anspruch auf die restlichen Nachzahlungen.

Rückwirkende Grundsteuererhöhung auch nach Fristablauf! Erhält der Vermieter eine rückwirkende Grundsteuernachforderung für bereits abgerechnete Zeiträume, darf er diese auf die Mieter umlegen, sofern er diese bei Abrechnung **innerhalb von drei Monaten** nach Erhalt des Heranziehungsbescheids an die Mieter weiterleitet.

Korrektur einer formell unwirksamen Abrechnung

Hat der Vermieter eine formell unwirksame Abrechnung erstellt, indem er zum Beispiel die Gesamtkosten nicht nachvollziehbar ausgewiesen hat (→ Abschn. 4.2), liegt wegen der Unwirksamkeit »keine Abrechnung« vor. Beseitigt der Vermieter nunmehr seine Abrechnungsmängel, liegt genau genommen keine »Korrektur« vor, sondern eine neue Abrechnung. Diese darf er in jedem Fall vor Ablauf der Abrechnungsfrist (→ Abschn. 4.1) erstellen.

5.2 Wie der Mieter reagieren sollte

Wenn Sie als Mieter eine **Betriebskostenabrechnung akzeptieren** (z. B. nehmen Sie ein Guthaben vorbehaltlos an oder überweisen eine Nachzahlung), laufen Sie Gefahr, jedenfalls für den abgerechneten Zeitraum, keine Fehlerkorrektur verlangen zu können (zu den Ausnahmen → Abschn. 4.4).

Wenn die Abrechnung formelle Mängel enthält

Fehlen in der Betriebskostenabrechnung **die notwendigen Mindestangaben** (z. B. Zusammenstellung der Gesamtkosten, Verteilerschlüssel), ist die Abrechnung **nicht nachvollziehbar.** Hier brauchen Sie nicht zu zahlen. Rechnet Ihr Vermieter auf Verlangen danach korrekt ab, kann er eine Nachzahlung von Ihnen nur verlangen, wenn Sie die Abrechnung noch **vor Ablauf der Abrechnungsfrist** (→ Abschn. 4.1) erhalten.

Wenn offensichtliche inhaltliche Fehler vorliegen

Enthält die Abrechnung alle wichtigen Angaben, sind diese aber rechnerisch falsch oder stimmen sie nicht mit den mietvertraglichen Vereinbarungen überein, **korrigieren** Sie die Abrechnung am besten gleich **selbst.** Voraussetzung dafür ist selbstverständlich, dass Ihnen sämtliche Daten zur Verfügung stehen.

» **Beispiel:** Aus der Betriebskostenabrechnung ergibt sich eine Nachzahlung von insgesamt € 150,–. Bei Durchsicht der Abrechnung stellt der Mieter fest, dass ihm unzulässigerweise »Grundsteuer« in Höhe von € 30,– berechnet wurde. Nach seinem Mietvertrag ist die Grundsteuer aber in der Miete enthalten, weil sie in der Aufstellung der umzulegenden Betriebskosten fehlt. Nach Abzug dieses Betrages überweist er den Restbetrag von € 120,–.

Teilen Sie Ihrem Vermieter am besten **schriftlich** mit, warum und in welcher Weise Sie die Abrechnung korrigiert haben. Einwendungen gegen die Abrechnung müssen Sie spätestens **innerhalb von zwölf Monaten** nach Erhalt der Abrechnung erheben (§ 556 Abs. 3 Satz 5 BGB). Bis dahin müssen Sie zum Beispiel auch beanstanden, dass Ihnen Kosten angelastet worden sind, die Sie nach dem Mietvertrag gar nicht zahlen müssten.

6 Künftige Vorauszahlungen vernünftig anpassen

Ergibt sich aus der aktuellen ordnungsgemäßen Betriebskostenabrechnung, dass die bisherigen Vorauszahlungen nicht ausgereicht haben, können diese für die Zukunft auf eine **angemessene Höhe** angepasst werden (§ 560 Abs. 4 BGB). Die Höhe der künftigen Vorauszahlung wird anhand des Abrechnungsergebnisses über den letzten Abrechnungszeitraum ermittelt.

» **Beispiel:** Aus der letzten Betriebskostenabrechnung ergibt sich eine Nachzahlung für den Mieter in Höhe von € 336,–. Ein Zwölftel davon entsprechen € 28,–. Um diesen Betrag kann die bisherige monatliche Vorauszahlung erhöht werden.

Der Vermieter darf ohne konkrete Anhaltspunkte für eine künftige Kostensteigerung **keinen Sicherheitszuschlag** (z. B. in Höhe von 10 % auf die zuletzt abgerechneten Betriebskosten) vornehmen.

Die entsprechende Anpassung kann der Vermieter gleich mit der Betriebskostenabrechnung vornehmen. Ergibt sich aus der Abrechnung ein Guthaben und reduziert der Vermieter die Vorauszahlungen nicht, darf auch der **Mieter** gegenüber dem Vermieter erklären, dass er seine Vorauszahlungen künftig entsprechend kürzt.

Wie Sie als Mieter das dem Vermieter am besten mitteilen, zeigt Ihnen das interaktive Muster auf Ihrer Rechtstipps-CD.

E3 Streitthema Nr. 1: Die Schönheitsreparaturen

1 Wer ist für die Renovierung zuständig?

1.1 Was zählt zu den Schönheitsreparaturen?

Eine Auflistung der Schönheitsreparaturen, die Vermieter normalerweise durch entsprechende Vereinbarungen auf die Mieter abwälzen, finden Sie in § 28 Abs. 4 Zweite Berechnungsverordnung (II. BV). Zu den Schönheitsreparaturen zählt danach:

- das Tapezieren, Anstreichen oder Kalken von Wänden und Decken,
- das Streichen der Fußböden,
- das Streichen der Heizkörper einschließlich Heizrohre,
- das Streichen von Innen- und Außentüren von innen,
- das Streichen der Fensterrahmen von innen.

Anstelle des nicht mehr zeitgemäßen »Streichens der Fußböden« tritt heute zum Beispiel die Verpflichtung, Teppichböden gründlich zu reinigen oder unversiegelte Holzböden von Zeit zu Zeit zu ölen.

Zu den Schönheitsreparaturen zählen allerdings nur Maßnahmen, die notwendig sind, um die durch ein ganz **»normales Abwohnen«** entstandenen Spuren **»in«** einer Wohnung wieder zu beseitigen. Wenn der Vermieter **mehr als das** möchte, ist er hierzu **nicht berechtigt.**

» **Beispiel:**

- **Erstanstriche** wie beispielsweise bei neuen Heizkörpern oder Fenstern.
- Das **Abschleifen und Versiegeln von Holzfußböden oder Parkett.**
- **Schäden,** die durch den **bauseitigen Zustand des Hauses** entstanden sind.
- Notwendige Anstriche der **Außenfenster** oder des **Balkons.**

Schäden, die der **Mieter schuldhaft verursacht,** muss er auf eigene Kosten beseitigen, unabhängig davon, ob eine Schönheitsreparaturvereinbarung besteht.

Welche Maßnahmen unter die Schönheitsreparaturen fallen und welche nicht, sagt Ihnen das »Renovierungs-ABC«. Sie finden diese wertvollen Informationen auf Ihrer Rechtstipps-CD.

1.2 Wenn nichts vereinbart wurde

In diesem Fall bleiben Sie **als Vermieter** für die Schönheitsreparaturen zuständig. So sieht es § 535 BGB vor.

Wenn der Mieter trotzdem renoviert hat, kann er seine Renovierungskosten im Nachhinein vom Vermieter zurückverlangen.

1.3 Wenn der Mietvertrag eine Renovierungsklausel enthält

Nur mit einer klaren Vereinbarung muss der Mieter renovieren

Aus dem Mietvertrag muss sich zweifelsfrei ergeben, dass der Mieter die Schönheitsreparaturen tragen soll. Dazu muss der Begriff **»Schönheitsreparaturen«** fallen.

Renovierungsklauseln als Stolperfallen für Vermieter

Mietvertrags-Klauseln sind üblicherweise Allgemeine Geschäftsbedingungen (AGB). Wirksam sind sie aber nur, wenn sie den Mieter nicht »unangemessen« benachteiligen. Verstößt eine Klausel gegen AGB-Recht, ist sie **unwirksam.** Dann muss nicht mehr der Mieter, sondern der Vermieter die Schönheitsreparaturen ausführen.

So hat der Bundesgerichtshof zum Beispiel vielen Vermietern einen Strich durch die Rechnung gemacht, die in ihren Formularmietverträgen sogenannte **»starre Fristen«** vereinbart hatten.

Diese sind unwirksam, weil Mieter dadurch unzumutbar benachteiligt werden. Eine Renovierung kann nicht unabhängig vom Zustand der Wohnung allein nach Ablauf bestimmter Fristen verlangt werden.

Der Bundesgerichtshof hat zugunsten der Mieter auch noch einen draufgelegt: Wer renoviert hat, weil er irrtümlich von der Wirksamkeit seiner Renovierungsklausel ausging, kann seine Aufwendungen vom Vermieter zurückverlangen.

Und noch etwas Gutes für Mieter: Findet er in seinem Mietvertrag eine sogenannte **»Weiß-Streich-Klausel«,** nach der er verpflichtet ist, die Wohnung bei Mietende in weißer Farbe zu hinterlassen, braucht er gar nicht zu renovieren.

Denn ein Vermieter darf seinen Mietern keine starren Farbvorschriften machen. Er muss ihnen also immer einen gewissen Spielraum für die Farbwahl einräumen. Tut er das nicht, ist die Klausel unwirksam.

Erst recht muss ein Vermieter seinen Mietern für die Art der Renovierung und Farbwahl weitgehende Freiheiten einräumen, soweit es die Zeit **während** des Mietverhältnisses betrifft. Erst für das Mietende darf er die Gestaltungsspielräume durch eine entsprechende Klausel etwas einschränken.

Für Sonderwünsche taugt nur eine echte Individualvereinbarung

Nur ganz **ausnahmsweise** können vom Gesetz nicht vorgesehene Zusatzpflichten (z.B. Abziehen des Parketts) als »Schönheitsreparaturen« auf den Mieter abgewälzt werden. Allerdings geht das nur, wenn diese mit dem Mieter **individuell ausgehandelt** wurden.

In der Regel wird der betroffene **Vermieter** jedoch kaum beweisen können, dass die Vereinbarung mit dem Mieter tatsächlich ausgehandelt und **ernsthaft zur Disposition gestellt** worden ist. Was bedeutet: Beim Vertragsabschluss muss das Thema ausdrücklich zur Sprache gekommen und die Entscheidung dem Mieter völlig freigestellt worden sein. Kann der Vermieter im Streitfall diesen Beweis nicht führen, ist die Vereinbarung unwirksam.

2 Wann muss renoviert werden?

2.1 Wenn keine Fristen vereinbart worden sind

Eine Renovierung ist immer dann fällig, wenn die **Räume unansehnlich** geworden sind. Das heißt, wenn zum Beispiel die Tapeten und Anstriche verschossen, verschmutzt oder rissig, Lackfarben vergilbt oder erheblich abgestoßen sind. Mangels Vereinbarung wurden in der Vergangenheit von der Rechtsprechung sogenannte »**Regelfristen**« entwickelt. Danach konnte bisher – wie in den älteren Mietvertragsvordrucken noch nachzulesen – eine Renovierung fällig werden:

- für Küche und Bad: alle drei Jahre,
- für Wohnräume: alle fünf Jahre,
- für Lackanstriche: alle sechs bis acht Jahre,
- für Nebenräume: alle sieben Jahre.

Der Bundesgerichtshof hat bereits angedeutet, dass diese Fristen wegen verbesserter Materialien in neueren Verträgen auf »fünf, acht und zehn Jahre« verlängert werden müssten.

Diese »**Regelfristen**« dienen lediglich der Orientierung: Sind sie abgelaufen, muss der Mieter nur dann zu Farbe und Pinsel greifen, wenn der konkrete Zustand der Mieträume es erfordert.

Vor allem **während des Mietverhältnisses** sind die Gerichte mit dem Mieter sehr viel großzügiger als bei Mietvertragsende. Allerdings muss **nicht** erst eine **Substanzgefährdung** vorliegen, damit der Mieter zur Renovierung verpflichtet ist.

2.2 Wenn ein Fristenplan existiert

Haben Sie einen Fristenplan in Ihrem Mietvertrag, muss er sich immer an den im vorigen Abschnitt genannten Fristen orientieren. Ist dies der Fall, gilt für die Renovierungspflicht des Mieters während der Mietzeit das Obengesagte.

Zu kurze Fristen sind immer unwirksam

Werden die Fristen im Verhältnis zu den im vorigen Abschnitt genannten üblichen Fristen zum Nachteil des Mieters **zu kurz** angesetzt (z. B. für Nassräume nur zwei Jahre), hat das für den Vermieter fatale Folgen: Nicht nur die Fristenregelung ist dann unwirksam, sondern die **gesamte Schönheitsreparaturvereinbarung.**

Auch »starre« Fristen machen die Renovierungspflicht zunichte

Ist die Renovierungsklausel so formuliert, dass der Mieter **auf jeden Fall** nach Ablauf der genannten Fristen renovieren muss – auch wenn die Wohnung rein optisch gesehen eigentlich noch gar **nicht renoviert** werden müsste –, dann ist die Klausel und damit auch die **gesamte** Schönheitsreparaturverpflichtung unwirksam.

» **Beispiel:** Sie haben folgende Klausel in Ihrem Vertrag: »Der Mieter führt auf seine Kosten die Schönheitsreparaturen in den Mieträumen, wenn erforderlich, mindestens aber in der nachstehenden Zeitfolge fachgerecht aus: ... «. Mit dieser Formulierung ist die Verpflichtung unwirksam, der Mieter muss gar nicht renovieren.

2.3 Wenn die Wohnung bei Mietbeginn unrenoviert war

Wird die Wohnung bei Vertragsbeginn unrenoviert oder renovierungsbedürftig überlassen und erhält der Mieter hierfür vom Vermieter **keinen angemessenen Ausgleich,** ist die vertragliche Überwälzung der Schönheitsreparaturen auf ihn unwirksam. Vor dieser misslichen Rechtslage kann sich der Vermieter auch nicht schützen, indem er in den Vertrag schreibt, die Wohnung sei »bei Übergabe in renoviertem Zustand «gewesen. Zwar muss der Mieter das Gegenteil beweisen, was aber mittels Zeugen in der Regel nicht schwer sein wird. Im Ergebnis braucht der Mieter bei einer nicht renoviert übernommenen Wohnung nichts zu machen. Die allgemeine Klausel über die Abwälzung der Schönheitsreparaturen ist nur wirksam, wenn die Wohnung renoviert übergeben wurde.

»Unrenoviert« heißt jedoch nicht immer gleich »renovierungsbedürftig«. Aber wann kann man von einer unrenovierten Wohnung sprechen? Bei der Abgrenzung kommt es darauf an, ob etwa vorhandene Gebrauchsspuren so unerheblich sind, dass die Räume den Gesamteindruck einer renovierten Wohnung vermitteln. Eine Wohnung gilt bereits dann nicht mehr als frisch renoviert, wenn sie das letzte Mal vor einem **Vierteljahr vor Einzug** des Mieters renoviert und zwischenzeitlich bewohnt wurde.

Allerdings kann der Mieter durch eine Vertragsklausel verpflichtet werden, die **laufenden** Schönheitsreparaturen vorzunehmen. Soll der Mieter einer anfänglich nicht renovierten Wohnung die Renovierung laut einem Fristenplan durchführen, beginnen die Fristen erst **ab Mietbeginn.**

Erhält der Mieter bei Einzug in eine unrenovierte Wohnung vom Vermieter einen **angemessenen Ausgleich für die nötigen Renovierungsarbeiten,** gilt die Wohnung als »renoviert vom Vermieter übergeben«. Der finanzielle Ausgleich muss allerdings gleichwertig zu den erforderlichen Arbeiten sein. Ausgleich könnte beispielsweise ein befristeter Erlass der Kaltmiete nach Einzug sein.

2.4 Muss der Mieter bei Mietende renovieren?

Wenn der Mietvertrag keine Renovierungsklausel enthält

Ist im Mietvertrag über Schönheitsreparaturen nichts gesagt, muss der Mieter nicht renovieren. Er darf die Wohnung dann »besenrein« zurückgeben. Darunter fällt nur das Beseitigen von grobem Schmutz, indem er zum Beispiel auch die Spinnweben in seinem Kellerraum entfernt.

Dübellöcher, soweit sie im üblichen Rahmen anfallen, braucht der Mieter nicht zu verschließen.

Nur weil es sich um eine **»Raucherwohnung«** handelt, steht dem Vermieter kein Schadensersatzanspruch zu. Jedenfalls, wenn es sich um einen »normalen« Raucher handelt. Auch wenn der Mieter über viele Jahre in der Wohnung geraucht hat, sodass Wände und Decken nikotingelb verfärbt sind und entsprechend riechen, kann der Vermieter von ihm keinen Schadensersatz verlangen.

Anders sieht es bei **»Exzessivrauchern«** aus. Wurde so stark geraucht, dass sich die Ablagerungen nicht mehr durch normale Schönheitsreparaturen beseitigen lassen, haftet der Mieter auf Schadensersatz.

Wenn der Mieter laut Mietvertrag die Schönheitsreparaturen trägt

Hat der Vermieter dem Mieter die »laufenden« Schönheitsreparaturen wirksam übertragen, muss der Mieter bei Mietende renovieren, wenn

- die üblichen oder vertraglichen **Renovierungsfristen** bei Mietende bereits **abgelaufen** sind **und**
- die **Renovierung** aufgrund des Zustandes der Mieträume **auch notwendig** ist.

Klauseln, die besagen, dass der Mieter **bei Auszug grundsätzlich** renovieren muss, sind **meist unwirksam.** Jedenfalls dann, wenn eine **Formularklausel** vom Mieter eine Abschlussrenovierung verlangt, ohne Rücksicht darauf, wann der Mieter das letzte Mal renoviert hat.

3 Wie muss renoviert werden?

3.1 Fachgerecht heißt nicht: Da muss ein Fachmann ran!

Renoviert der Mieter, muss er eine **fachmännische Arbeit in »mittlerer Art und Güte«** abliefern. »Fachmännisch« bedeutet aber nicht, dass auch ein Fachmann ran muss. Vielmehr kann der Mieter die Schönheitsreparaturen auch in **Eigenarbeit** ausführen.

Aufgepasst, wenn Ihr Mietvertrag eine Fachhandwerkerklausel enthält! Sobald der Mieter per Formularklausel dazu verpflichtet und ihm dadurch das Recht genommen wird, selbst zu renovieren, ist die Klausel in dieser Hinsicht **unwirksam.** Der Mieter bleibt für die Renovierung verantwortlich. Er darf die Schönheitsreparaturen dann selbst ausführen – allerdings fachgerecht.

3.2 Vorsicht beim Griff in den Farbtopf

Für die Renovierung sind grundsätzlich **alle** Tapeten, Farben und Lacke erlaubt, die im Fachhandel erhältlich sind. Während des Mietverhältnisses ist der Mieter in der Gestaltung seiner Räume weitgehend frei. Allerdings gelten **folgende Beschränkungen:**

- Die **Substanz der Mieträume darf nicht beeinträchtigt werden.** Deswegen kann im Einzelfall eine Raufasertapete in einem Feuchtraum wie dem Bad unzulässig sein. Eine Styroporverkleidung wird wegen der besonderen Gefährlichkeit im Brandfall immer unzulässig sein.
- **Bei Mietende** müssen die Mieträume farblich den **herkömmlichen Geschmacksvorstellungen** angepasst werden.

4 Der Mieter hat nicht (ordentlich) renoviert

4.1 Wie sich Vermieter ihre Ansprüche sichern

Sie machen deutlich, dass sie die Wohnung so nicht akzeptieren

Nimmt der Vermieter die Wohnung bei Mietende **vorbehaltlos** ab, kann dies vom Mieter als **Verzicht auf die Renovierung** angesehen werden. Der Vermieter verliert so unter Umständen seine Schadensersatzansprüche.

» **Beispiel:**

- Der Vermieter händigt dem Mieter am Ende der Wohnungsabnahme das Mietersparbuch aus, auf dem sich die **Mietkaution** befindet.
- Der Vermieter unterschreibt das **Abnahmeprotokoll** trotz erkennbarer Mängel und bescheinigt dem Mieter somit den ordnungsgemäßen Zustand der Wohnung.

Um späterem Streit vorzubeugen, streben viele Vermieter eine möglichst frühzeitige – am besten schon vor Mietende – **gemeinsame Wohnungsabnahme** an. Halten Sie das Ergebnis in einem **Wohnungsabnahmeprotokoll** fest.

Eine Checkliste für die Wohnungsabnahme und ein Muster für ein Wohnungsabnahmeprotokoll finden Sie auf Ihrer Rechtstipps-CD.

Ausreichende Beweise sind für die Sicherung der Vermieteransprüche wichtig

Im Streitfall muss der Vermieter beweisen, dass der Mieter die Mieträume **nicht** in vertragsgerechtem Zustand zurückgegeben hat. Außerdem muss er die Höhe der Kosten für die noch erforderlichen Maßnahmen beziffern. Im **Normalfall** dürfte es ausreichen, wenn er beispielsweise von einem Malermeister einen detaillierten Besichtigungsbericht (am besten mit Fotos) vorlegen kann. Hilfreich ist auch, wenn er einen Kostenvoranschlag machen lässt. In **komplizierteren Fällen** (z. B. weil der Mieter meint, wegen bauseitiger Mängel – das können etwa Feuchtigkeitsschäden sein – nicht renovieren zu müssen) braucht der Vermieter unter Umständen einen Sachverständigen.

Der Vermieter muss dem Mieter genau mitteilen, was dieser noch zu tun hat

Dem Mieter ist schriftlich klipp und klar zu machen, welche Arbeiten noch erforderlich sind.

» **Beispiel:** Der Vermieter schreibt korrekt: »Die Raufasertapeten im Wohnzimmer sind an der türseitig gelegenen Wand nicht auf Stoß geklebt und der Anstrich nicht deckend ausgeführt. Deshalb sind eine Neutapezierung und ein Anstrich dieser Wand erforderlich«.

Wird die Aufforderung **zu allgemein formuliert,** macht der Vermieter damit seine möglichen **Schadensersatzansprüche zunichte.**

Hat sich der Mieter in einem gemeinsam erstellten **Wohnungsabnahmeprotokoll** verpflichtet, die darin einzeln bezeichneten Arbeiten auszuführen, reicht allerdings die allgemeine Aufforderung, die »erforderlichen Maßnahmen noch vorzunehmen«.

Dem Mieter ist eine Frist zu setzen

Der Vermieter muss die Frist so bemessen, dass der Mieter in dieser Zeit die verlangten Schönheitsreparaturen durchführen kann. Zum Beispiel reicht nach Auffassung des Kammergerichts Berlin für die Renovierung einer kompletten Wohnung grundsätzlich eine Frist von **14 Tagen.**

Hat der Vermieter die Frist zu kurz bemessen, bleibt seine Aufforderung zwar **wirksam** – jedoch verlängert sich die gesetzte Frist um einen angemessenen Zeitraum.

Der Vermieter darf wählen: Erfüllung oder Schadensersatz

Hat der Mieter bis zum Ablauf der ihm gesetzten Frist nicht oder nur ungenügend renoviert, hat der Vermieter die **Wahl:**

- Er kann verlangen, dass der Mieter die restlichen Schönheitsreparaturen ausführt **(Erfüllungsanspruch).**
- Er kann stattdessen die Renovierung selbst vornehmen lassen und die Kosten hierfür ersetzt verlangen **(Schadensersatzanspruch).**

Schadensersatz wird er vor allem dann wählen, wenn er dem Mieter eine korrekte Renovierung nicht mehr zutraut oder er weitere Zeitverzögerungen vermeiden will.

Der Vermieter muss seine Wahl dem Mieter gegenüber **klar zum Ausdruck bringen.** Hat er sich auf den Schadensersatz festgelegt, kann er später nicht mehr auf den Erfüllungsanspruch umschwenken (vgl. § 281 Abs. 4 BGB).

Was gilt, wenn der Mieter die Renovierung von vornherein ablehnt?

In diesem Fall kann sich der Vermieter die beschriebene Vorgehensweise sparen. Er braucht also den Mieter nicht erst unter Fristsetzung abzumahnen. Im Streitfall muss er allerdings beweisen können, dass der Mieter **klar zum Ausdruck gebracht** hat, er werde seinen Vertragspflichten nicht nachkommen.

Die Verweigerung des Mieters muss also sozusagen »sein letztes Wort« gewesen sein – Sinneswandel **ausgeschlossen!** Zieht der Mieter einfach aus, **ohne** renoviert zu haben, darf der Vermieter allein daraus noch nicht schließen, dass er die Renovierung ablehnt.

Wie geht es nach Fristablauf weiter?

Nach Fristablauf kann der Vermieter wieder **wählen:**

- Er weist dem Mieter die erforderlichen Renovierungskosten durch einen **Kostenvoranschlag** oder ein **Gutachten** nach. Die so ermittelten (»**fiktiven**«) Kosten muss der Mieter dann ersetzen, egal ob die Wohnung tatsächlich renoviert oder unrenoviert weitervermietet wird.
- Führt der Vermieter die Schönheitsreparaturen in **Eigenarbeit** aus, darf er seine Eigenleistungen (Material und Stundensatz) als Schaden ansetzen oder vom Mieter die »**fiktiven**« Kosten ersetzt verlangen.
- Beauftragt er **Fachleute** mit der Renovierung, kann er den Rechnungsbetrag vom Mieter ersetzt verlangen.
- Vereinbart der Vermieter mit dem **Nachmieter,** dass dieser die **Renovierung übernimmt** und von ihm die **Kosten erstattet** bekommt, kann er vom Vormieter entweder die beim Nachmieter entstandenen tatsächlichen oder die »fiktiven« Kosten verlangen!

4.2 Welche Kosten der Vermieter sonst noch verlangen kann

Konnte der Vermieter die Wohnung nicht fristgemäß an den Nachmieter übergeben, muss ihm der Ex-Mieter für die Zeit der Verzögerung den **Mietausfall** ersetzen.

Wenn der Nachmieter schon eingezogen ist und wegen der noch durchzuführenden Schönheitsreparaturen beeinträchtigt ist, kann er dessen als Mietminderung vorgenommene Mietabzüge vom Vormieter ersetzt verlangen.

Die **Beweissicherungskosten** kann der Vermieter ebenfalls als Schadensersatz geltend machen. Dasselbe gilt auch für die Kosten, die durch die Einschaltung eines **Gutachters** entstanden sind.

5 Der Mieter soll zahlen statt renovieren

5.1 Wenn der Mietvertrag eine Abgeltungsklausel enthält

In den meisten Formularmietverträgen finden sich sogenannte Abgeltungsklauseln, zum Beispiel:

»Sind bei Beendigung des Mietverhältnisses einzelne oder sämtliche Schönheitsreparaturen noch nicht fällig, so hat der Mieter die zu erwartenden Kosten anteilig aufgrund eines Kostenvoranschlags eines vom Vermieter auszuwählenden Malerfachbetriebes nach folgender Maßgabe zu zahlen: ...«.

Eine solche Klausel ist nach neuester Rechtsprechung des BGH unwirksam. Dies gilt unabhängig davon, ob die Wohnung dem Mieter zu Beginn des Mietverhältnisses renoviert oder nicht renoviert überlassen wurde.

Der Mieter braucht trotz vertraglich vereinbarter Abgeltungsklausel nicht zu zahlen. Zahlt er aus Unwissenheit dennoch, muss der Vermieter das Geld auf Verlangen zurückerstatten. Der Anspruch auf Rückerstattung verjährt allerdings in sechs Monaten nach dem Auszug des Mieters.

Eine unwirksame Abgeltungsklausel hat **keine Auswirkung auf die allgemeine Schönheitsreparaturklausel.** Ist die wirksam, bleibt es bei der Renovierungspflicht, soweit der Zustand der Wohnung dies erforderlich macht.

5.2 Wenn der Vermieter nach Mietende umbauen will

Wann er Geld statt Renovierung verlangen kann

In solchen Fällen darf der Vermieter den Mieter auffordern, an sich fällige, jedoch wegen der geplanten Umbaumaßnahmen sinnlose **Schönheitsreparaturen zu unterlassen.** Gleichzeitig kann er vom Mieter dafür einen **Geldausgleich** verlangen. Dies **gilt allerdings nicht,** wenn

- der Vermieter die Umbaumaßnahmen bereits bei Mietbeginn geplant und deshalb extra einen **Zeitmietvertrag** abgeschlossen hatte;
- der Vermieter das **Mietobjekt abreißen** will. Dieser Punkt ist allerdings unter Juristen strittig.

Der Vermieter sollte den Mieter **so früh wie möglich** über die geplanten Umbaumaßnahmen **informieren.** Denn hat dieser noch kurz vor Mietende renoviert, bekommt der Vermieter kein Geld.

Führt der Mieter aber Schönheitsreparaturen durch, obwohl ihm der geplante Umbau angezeigt worden war, muss er trotzdem zahlen.

Ist **nicht das gesamte** Mietobjekt von den Umbauplänen betroffen, muss der Vermieter deutlich machen, in welchen Räumen der Mieter Schönheitsreparaturen durchzuführen hat und in welchen sie unnötig sind. Denn der Ausgleichsanspruch besteht nur hinsichtlich der umgebauten Räumlichkeiten.

Was der Mieter zahlen muss

Hätte der Mieter die Arbeiten durch Verwandte oder Bekannte ausführen lassen, gilt: Solange er die von ihm geschuldete Renovierung nicht ohnehin **abgelehnt** hat, braucht er – neben den Kosten für das notwendige Material – nur den Betrag zu zahlen, den er für deren Arbeitsleistung hätte aufwenden müssen.

Berechnungsgrundlage ist ein **angemessener Stundensatz** (z. B. € 7,– bis € 10,–) nebst **Materialkosten.** Der Vermieter kann von ihm nicht dasselbe verlangen, was eine Fachfirma für die ersparte Renovierung angesetzt hätte.

Kann der Mieter glaubhaft darlegen, dass er sämtliche Arbeiten von Freunden **kostenlos** und **fachgerecht** hätte durchführen lassen, braucht er sogar nur die ersparten **Materialkosten** zu zahlen.

6 Wie schnell Renovierungsansprüche verjähren

Schon ab der Rückgabe der Wohnung läuft die Uhr

Der **Vermieter** hat gemäß § 548 BGB nur **sechs Monate** Zeit – dann läuft die Verjährungsfrist ab.

Das ist besonders tückisch, denn so kann der Verjährungsbeginn sowohl vor als auch nach Mietende liegen. Gerade wenn der Mieter die Mieträume **vorzeitig** zurückgibt, heißt es für Vermieter also aufgepasst!

Mieter, die trotz unwirksamer Renovierungsklausel renoviert haben, haben Anspruch auf Ersatz ihrer Renovierungskosten. Mit der Geltendmachung ihres Anspruchs auf **Wertersatz** (§ 818 Abs. 2 BGB) müssen sie sich nach ihrem Auszug aber beeilen.

Denn der Anspruch verjährt innerhalb von **sechs Monaten** ab Mietende (§ 548 Abs. 2 BGB). Diese Verjährungsvorschrift erfasst nämlich auch Ersatzansprüche des Mieters wegen Schönheitsreparaturen, die er in Unkenntnis der Unwirksamkeit einer Renovierungsklausel durchgeführt hat (BGH, Urteil vom 4. 5. 2011, VIII ZR 195/10).

Wie die Verjährung gehemmt werden kann

Der Vermieter kann den Ablauf der Verjährungsfrist »aufhalten«, indem er zum Beispiel ein **selbstständiges Beweisverfahren** bei Gericht beantragt. Entscheidet dann das Gericht über den Antrag, läuft die restliche Verjährungsfrist erst sechs Monate danach wieder an (§ 204 Abs. 2 BGB).

E4 Was tun bei Wohnungsmängeln?

1 Liegt überhaupt ein »Wohnungsmangel« vor?

Unter einem »mietrechtlichen Mangel« versteht man die »für den Mieter **nachteilige Abweichung** des **tatsächlichen** Zustandes der Mietsache von dem **vertraglich geschuldeten** Zustand«.

» **Beispiel:**

- Schallschutz unzureichend
- Wand- oder Deckenisolierung unzureichend
- Taubengitter fehlen
- Schimmelbefall
- Schadstoffaustritte (Formaldehyd, Asbest)
- Sperrung der Wohnung oder einzelner Wohnungsteile wegen Baufälligkeit
- Lärm durch Baumaßnahmen aus der Nachbarschaft
- Unangenehme Geruchsbelästigungen durch Gewerbebetriebe
- Unzureichende Heizleistung an kalten Tagen (Temperaturen von unter 20 °C in den Mieträumen)
- Deutliches Unterschreiten der ganzjährig zu liefernden Warmwassertemperatur von mindestens 40 °C

Da es hierbei darum geht, was »vertraglich geschuldet« ist, sollten Sie zunächst in Ihren **Mietvertrag** schauen. Finden Sie darin nichts, denken Sie daran, dass auch **mündliche Absprachen** verbindlich sein können. Für die Frage, ob ein Mangel vorliegt, können folgende Gesichtspunkte eine Rolle spielen:

Vereinbart wurde ein besonders guter oder schlechter Zustand

» **Beispiel:**

- »Ruhig gelegene Wohnung« hieß es unter anderem in der Vermietungsanzeige. Nach dem Einzug muss der Mieter feststellen, dass ca. alle halbe Stunde von der nahe gelegenen Bahnstrecke Zuglärm auftritt. Das, was andere Mieter als ortsübliche Störung hinzunehmen haben, gilt in diesem Fall als Mangel.

- Vor Vertragsabschluss hat der Vermieter die Mieter auf die erheblich verzogenen Türen der Wohnung besonders hingewiesen und erklärt, er werde sie auf keinen Fall instand setzen. Damit waren die Mieter einverstanden. Dieser objektiv schlechte Zustand gilt in diesem Fall nicht als Mangel.

Es wurde eine spezielle Eigenschaft des Mietobjekts zugesichert

Von einer »zugesicherten Eigenschaft« spricht man dann, wenn der Vermieter dafür einstehen, das heißt für sie garantieren will. Fehlt sie, liegt ein »Mietmangel« auch dann vor, wenn damit keine objektive Beeinträchtigung verbunden ist.

» **Beispiel:**

- Im Mietvertrag steht: »Bis zum 30. September werden Thermopanefenster eingesetzt.« Werden die Fenster dann erst am 15. April des Folgejahres eingebaut, liegt vom 1. Oktober bis 14. April ein Mangel vor. Ob die alten Fenster noch völlig in Ordnung waren, spielt dabei keine Rolle.
- Die Mieter erklären vor Vertragsabschluss, dass sie die Wohnung nur anmieten wollen, wenn sie ihren Kaminofen im Wohnzimmer installieren dürfen. Der Vermieter sichert die besondere Tragfähigkeit der Decke zu. Später stellt sich heraus, dass die Decke für diese Sonderlast doch nicht tauglich ist.

Die tatsächliche Wohnfläche ist kleiner als die vereinbarte

Der im Mietvertrag übliche Eintrag »**Wohnfläche: ca. ... m²**« gilt in der Regel nicht als zugesicherte Eigenschaft. Hier ist im Normalfall davon auszugehen, dass es den Parteien nicht entscheidend auf die genaue Wohnungsgröße ankam, sondern durchaus Toleranzen hingenommen werden sollten. Bei einer **Flächenabweichung von mehr als 10 %** wird aber diese Toleranzgrenze überschritten, sodass man auch bei einer solchen Vereinbarung von einem Mangel ausgehen muss.

Nicht immer lassen sich Messungenauigkeiten zu 100 % ausschließen. Deshalb sind Vermieter aus dem Schneider, wenn sie im Mietvertrag zum Wohnflächeneintrag deutlich machen, dass es sich hierbei nicht um eine »**verbindliche Beschaffenheitsvereinbarung**« handelt.

» **Beispiel:** Im Mietvertrag heißt es: »Größe der Wohnung: ca. 54,78 m². Diese Angabe dient wegen möglicher Messfehler nicht zur Festlegung des Mietgegenstandes. Der räumliche Umfang der gemieteten Sache ergibt sich vielmehr aus der Angabe der vermieteten Räume.«

Wenn Sie keine ausdrückliche Vereinbarung getroffen haben

Dies dürfte der Normalfall sein. Hierbei kommt es darauf an, welcher Zustand als »**allgemein üblich**« oder »**erlaubt**« angesehen werden kann.

» **Beispiel:**

- In den Wohnräumen erreichen Sie trotz voll aufgedrehter Heizkörperventile Raumtemperaturen von nur 17 – 18 °C.
- Im Treppenhaus ist der Anstrich unansehnlich. Putz löst sich von Decken und Wänden.

In beiden Beispielsfällen liegt ein Mangel vor.

2 Ein Mangel liegt vor – was als Erstes wichtig ist

2.1 Der Mieter muss den Mangel unverzüglich anzeigen

Nach dem Gesetz (§ 536 c Abs. 1 BGB) müssen Sie auftretende Mängel **unverzüglich** Ihrem Vermieter melden, damit dieser sie rechtzeitig beheben kann und weitere Schäden vermieden werden. Wie viel Zeit Sie für die Meldung haben, hängt vom konkreten Einzelfall ab.

! Fassen Sie Ihre Mängelanzeige aus Beweisgründen immer **schriftlich** ab und versenden Sie sie per **Einschreiben mit Rückschein.** Wenn Sie die Mängel **mündlich** melden, sollten Sie darauf achten, dass Sie dies unter **Zeugen** tun.

Unterlassen Sie die Anzeige oder zeigen Sie den Mangel zu spät an, gefährden Sie Ihr Mietminderungsrecht oder müssen unter Umständen Schadensersatz leisten.

» **Beispiel:** Der Mieter entdeckt im Holzrahmen des morsch gewordenen Wohnzimmerfensters an den Halterungen zum Mauerwerk auffällige Risse. Dem Vermieter sagt er davon nichts. Eines Tages fällt der gesamte Fensterflügel auf die Straße und verletzt einen Passanten. In diesem Fall haftet der Mieter für die Schäden des Passanten. Außerdem hat er kein Recht zur Mietminderung für die Zeit, in der er ohne Fensterflügel auskommen muss.

Die **Anzeigepflicht entfällt ausnahmsweise** in folgenden Fällen:

- Der Mieter hat den Mangel selbst verschuldet und muss ihn ohnehin selbst beseitigen lassen.
- Der Vermieter muss und kann den Mangel nicht beheben (z. B. bei Straßenbaumaßnahmen).
- Der Vermieter kennt den Mangel bereits. Oder er muss ihn zumindest kennen, weil er zum Beispiel von anderer Seite davon erfahren hat.

2.2 Klären Sie, welche Rechtsfolgen in Betracht kommen

Bevor Sie konkrete Schritte unternehmen, sollten Sie sich zunächst anhand der nachfolgenden Auflistung einen Überblick über die **verschiedenen Möglichkeiten** verschaffen, die der Mieter nach Auftreten eines Mangels hat.

- **Der Mieter kann vom Vermieter die Mängelbeseitigung verlangen.** Denn gemäß § 535 BGB muss der Vermieter die Wohnung im vertragsgemäßen Zustand zur Verfügung stellen und erhalten.
- **Der Mieter kann Kostenersatz für die Mängelbeseitigung verlangen.** Unter den in § 536 a Abs. 2 BGB bestimmten Voraussetzungen darf der Mieter den Mangel selbst beseitigen bzw. beseitigen lassen und die Kosten vom Vermieter ersetzt verlangen (→ Abschn. 3.3).
- **Der Mieter kann die Miete mindern.** Weil die Wohnung wegen des Mangels »nicht mehr die volle Miete wert ist«, wird die Miete gemäß § 536 BGB entsprechend herabgesetzt (→ Abschn. 4).
- **Der Mieter kann bis zur Mängelbeseitigung einen Teil der Miete zurückbehalten (§ 320 Abs. 1 Satz 1 BGB).** Dieses Recht, das allein als **Druckmittel** zur Mängelbeseitigung dient, hat der Mieter neben der Mietminderung (Abschn. 3.3).

  Aufgepasst: Anders als bei der Mietminderung muss der Mieter **nach erfolgter Mängelbeseitigung** die zurückbehaltene Miete dem Vermieter **zurückzahlen!**

- **Der Mieter kann Schadensersatz verlangen.** Entsteht für den Mieter durch den Wohnungsmangel ein Schaden, kann er unter bestimmten Umständen gemäß § 536 a Abs. 1 BGB vom Vermieter hierfür Ersatz verlangen (→ Abschn. 5).
- **Der Mieter kann fristlos kündigen.** Wenn die Wohnung wegen des Mangels **nicht** oder **nicht vollständig bewohnt werden kann,** hat der Mieter gemäß § 543 Abs. 2 Ziffer 1 BGB ein Sonderkündigungsrecht. Dasselbe gilt gemäß § 569 Abs. 1 BGB für den Fall, dass die Nutzung der Wohnung infolge des Mangels mit einer **erheblichen Gesundheitsgefährdung** verbunden ist (→ Abschn. 6). Seine **umzugsbedingten Aufwendungen** kann der Mieter in diesen Fällen vom Vermieter ersetzt verlangen.

2.3 Sichern Sie sich Ihre Rechte und sammeln Sie Beweise

Für den Fall, dass Sie später mit Ihrem Vermieter in Streit darüber geraten, ob und in welchem Ausmaß Mängel vorgelegen haben, sollten Sie vorsorgen. Folgende **Beweismöglichkeiten** bieten sich hauptsächlich an:

- **Fotos:** Fotografieren Sie am besten in Anwesenheit eines Dritten (Freunde, Bekannte, Nachbarn), damit Sie in einem Streitfall den Zeitpunkt dieser Bestandsaufnahme beweisen können.
- **Zeugen:** Diese sind insbesondere dann wichtig, wenn es sich um »unsichtbare Beeinträchtigungen« handelt. Zum Beispiel übt Ihr Nachbar regelmäßig über Mittag Trompete. Setzen Sie dazu ein kurzes **Zeugenprotokoll** auf, worin Sie den Zeitpunkt, die Dauer und das Ausmaß der Störung notieren, und lassen Sie das Protokoll dann von Ihrem Zeugen unterschreiben.
- **Mängeltagebuch:** Dieses sollten Sie immer dann führen, wenn es darum geht, das Ausmaß der Wohnbeeinträchtigung Ihrem Vermieter zu veranschaulichen. Beschreiben Sie ausführlich Art und Umfang Ihrer Beeinträchtigungen.
- **Bestandsaufnahme mit dem Vermieter:** Nehmen Sie gemeinsam mit Ihrem Vermieter die Mängel in Augenschein. Versuchen Sie, sich mit ihm darüber zu **einigen,** wann der Mangel beseitigt werden soll und wie Sie Ihre Rechte bis dahin ausüben dürfen (z. B. Umfang der Mietminderung). Fertigen Sie darüber ein Protokoll an und lassen Sie dies von Ihrem Vermieter unterzeichnen.
- **Gerichtliche Beweissicherung:** Besonders dann, wenn die Ursache des Mangels (z. B. Wandfeuchtigkeit) unklar und zu befürchten ist, dass später (z. B. nach Mängelbeseitigung) Umfang oder Ursache des Mangels nicht

mehr bewiesen werden können, sollten Sie das sogenannte »**selbstständige Beweisverfahren**« gemäß § 485 ZPO beantragen. Zum Beispiel hat ein auf diese Weise über das Gericht eingeholtes Sachverständigengutachten mehr Überzeugungskraft als ein Privatgutachten.

3 Wenn der Mangel beseitigt werden soll

3.1 Klären Sie zuerst, wer den Mangel beseitigen muss

Im Normalfall ist der Vermieter zuständig

Die Mängelbeseitigungspflicht des Vermieters ergibt sich aus § 535 BGB, wonach er »die Mietsache in einem zum vertragsgemäßen Gebrauch geeigneten Zustand zu überlassen und zu erhalten hat«. Die **Instandhaltungspflicht entfällt,** wenn die sogenannte »**Opfergrenze**« überschritten würde. Davon spricht man, wenn ein krasses Missverhältnis zwischen Reparaturaufwand und dem Nutzen der Reparatur für den Mieter besteht und die Mangelhaftigkeit nicht vom Vermieter verschuldet worden ist.

» **Beispiel:** Das Versorgungsunternehmen sperrt die Gaszufuhr zu einem Mietshaus, da die Gasleitungen in dem Haus altersbedingt undicht sind. Eine Mietpartei verlangt die Wiederherstellung der Gaszufuhr, um in der Küche den gerade erst angeschafften Gasherd weiterhin benutzen zu können. Der Vermieter hält die Wiederherstellung der Gasversorgung für unzumutbar, da diese mindestens € 11 000,– kosten würde. Stattdessen stellt er den Mietern einen gleichwertigen Elektroherd zur Verfügung. Das Amtsgericht Neukölln hat in diesem Fall die Opfergrenze als überschritten angesehen und die Forderung der Mieter abgewiesen.

Wenn der Mieter den Mangel selbst verursacht hat

In diesem Fall hat er ihn in der Regel auch selbst zu beseitigen.

» **Beispiel:** Der Mieter schlägt seine Wohnungstür zu, obwohl er den Türschlüssel von innen hat stecken lassen. Um wieder in die Wohnung zu gelangen, muss der Schließzylinder aufgebohrt werden. Die Reparaturkosten gehen zulasten des Mieters.

Wenn Dritte den Mangel verursacht haben

Ist dem Vermieter die **Mängelbeseitigung nicht möglich,** ist er hierzu auch nicht verpflichtet. Wird beispielsweise die gegenüberliegende Kirche restauriert, kann der Vermieter gegen den davon ausgehenden Baulärm nichts unternehmen. Das hindert den Mieter allerdings grundsätzlich nicht daran, die Miete zu mindern. Ausnahme: Der Mangel wie etwa Baulärm war für ihn schon bei Einzug absehbar. So muss generell in der Nachbarschaft von alten Gebäuden mit umfassenden Bauarbeiten gerechnet werden.

Werden Mängel allerdings **von anderen Mietern des Hauses verursacht,** muss der Vermieter im Rahmen seiner Fürsorgepflicht für Abhilfe sorgen.

Wenn unklar ist, wer für die Mängelbeseitigung verantwortlich ist

Hauptfall: Feuchte Wände / Decken und Schimmel. Hier geht es regelmäßig um die Frage, ob die Feuchtigkeit auf Schäden am Haus bzw. Baumängel (z. B. Risse in der Außenfassade oder ungenügende Wärmedämmung) zurückzuführen ist oder sie vom Mieter durch ein falsches Heiz- und Lüftungsverhalten verursacht worden ist.

Praktische Tipps, wie Sie den Ursachen für aufgetretenen Schimmel auf den Grund gehen und wie Sie am besten weiter vorgehen, finden Sie unter dem Stichwort »Wohnungsfeuchtigkeit« auf Ihrer Rechtstipps-CD.

3.2 Fordern Sie Ihren Vermieter zur Mängelbeseitigung auf

Sie haben Ihrem Vermieter bereits den Mangel angezeigt. Geschieht daraufhin nichts, sollten Sie ihn nunmehr ausdrücklich auffordern, den Mangel innerhalb angemessener Frist zu beseitigen – aus Beweisgründen am besten schriftlich.

Ist aufgrund bestimmter Umstände (z. B. Witterungsbedingungen) **nicht absehbar, bis wann** der Mangel beseitigt werden kann, sollten Sie klären, ob Ihr Vermieter überhaupt zur Mängelbeseitigung bereit ist. Fordern Sie ihn deshalb auf, Ihnen innerhalb einer bestimmten Frist (z. B. von zwei Wochen) **verbindlich mitzuteilen,** dass er die Mängel beseitigen wird, sobald dies möglich sein wird.

3.3 Was tun, wenn Ihr Vermieter den Mangel nicht beseitigt?

Als Druckmittel: Sie behalten die Miete ein

Nach § 320 BGB dürfen Sie einen gewissen Teil der Miete einbehalten, um dadurch Ihrer Aufforderung zur Mängelbeseitigung Nachdruck zu verleihen. Die aus diesem Grunde einbehaltenen Beträge müssen Sie **wieder zurückzahlen,** sobald der Mangel beseitigt ist.

Sie sind **nicht berechtigt, pauschal den gesamten Mietbetrag** einzubehalten! Die Gerichte erlauben hierfür lediglich das **Drei- bis Fünffache der Minderungsquote** (Erklärung siehe unten). Deshalb müssen Sie zunächst die Höhe der in Ihrem Fall anzusetzenden Mietminderungsquote bestimmen (→ Abschn. 4.2).

Teilen Sie Ihrem Vermieter schriftlich mit, dass Sie bis zur Mängelbeseitigung den ermittelten Betrag von den folgenden Mietzahlungen einbehalten. Mietvertragsklauseln, die dieses Recht einschränken (z. B. »Die Ausübung eines Zurückbehaltungsrechts ist nur zulässig, wenn diese mindestens einen Monat vor Fälligkeit schriftlich angekündigt worden ist«), sind wegen Verstoßes gegen AGB-Recht unwirksam.

Sie sorgen selbst für die Mängelbeseitigung

Es kann Fälle geben, in denen es für Sie **praktikabler** oder **notwendig** ist, die Mängelbeseitigung selbst in die Hand zu nehmen.

Auch wenn die Beseitigung eines Mangels relativ einfach und nicht kostenaufwendig sein sollte, dürfen Sie selbst erst dann die Mängelbeseitigung vornehmen und die Kosten dafür ersetzt verlangen, wenn Sie Ihren Vermieter in Verzug gesetzt haben (§ 536 a Abs. 2 Nr. 1 BGB). Das bedeutet, dass Sie ihn vergeblich zur Mängelbeseitigung aufgefordert haben.

Handelt es sich aber um eine sogenannte **Notreparatur** (z. B. fällt bei Wohnungsreparaturen am Wochenende die Heizung aus und Vermieter und Hausmeister sind nicht erreichbar), die zur Erhaltung oder Wiederherstellung der Mietsache erforderlich ist (§ 536 a Abs. 2 Nr. 2 BGB), dürfen Sie handeln, ohne den Vermieter in Verzug gesetzt zu haben.

! Verlangen Sie im Hinblick auf die Ihnen entstehenden Kosten einen angemessenen **Vorschuss.** Ist Ihr Vermieter zur Zahlung nicht bereit, können Sie ihm hierfür eine Frist setzen und nach entsprechender Vorankündigung den Vorschuss mit der Miete verrechnen.

Wenn in Ihrem Mietvertrag hierfür eine einmonatige Ankündigungsfrist vorgesehen ist, müssen Sie diese einhalten.

Sie klagen auf Beseitigung des Mangels

Eine Klage ist in all den Fällen zu empfehlen, in denen der Vermieter sich weigert, der Forderung nachzukommen, und in denen der Mieter den Mangel nicht selbst beseitigen kann oder will.

Typische Fälle sind dabei kostenaufwendige Maßnahmen, die der Mieter nicht vorfinanzieren will (z. B. müssen wegen der morschen Fensterrahmen mehrere Fenster ersetzt werden). Oder wenn Streit über die Ursachen eines Mangels besteht (z. B. bei Feuchtigkeitsschäden). In solchen Fällen empfiehlt sich immer eine vorherige anwaltliche Beratung.

4 Was Sie zur Mietminderung wissen müssen

»Mietminderung« im Sinne des § 536 BGB bedeutet, dass die Miete um den Betrag herabgesetzt wird, um den der Wohnwert bzw. die Benutzbarkeit der Wohnung durch den Mangel beeinträchtigt ist.

4.1 Wann nicht gemindert werden darf

Der Mieter hat den Mangel selbst verschuldet

Ihnen fällt zum Beispiel ein größerer Gegenstand in Ihr Waschbecken, das dadurch erheblich beschädigt wird. Hier sind Sie selbst für die Reparatur verantwortlich und auch nicht berechtigt, die Miete zu mindern.

Der Vermieter konnte den Mangel mangels Anzeige nicht beseitigen

Zeigen Sie einen Mangel nicht unverzüglich an, verlieren Sie Ihr Mietminderungsrecht zumindest für die Vergangenheit (§ 536 c Abs. 2 Nr. 1 BGB). Dasselbe gilt auch für den Fall, dass Sie Miete als Druckmittel einbehalten.

Die Verletzung der Anzeigepflicht schadet dagegen nicht, wenn der Vermieter keinen Einfluss auf die Mängelbeseitigung nehmen kann (z. B. bei Straßenbauarbeiten können Sie auch mindern, wenn Sie die Beeinträchtigung durch den Baulärm und -schmutz nicht angezeigt haben).

Die Beeinträchtigung durch den Mangel ist »unerheblich«

Eine Mietminderung kommt nicht in Betracht, wenn die Auswirkungen des Mangels derart gering sind, dass sie kaum spürbar sind (§ 536 Abs. 1 Satz 3 BGB).

» **Beispiel:**

- Die Abweichung der tatsächlichen Wohnfläche von der vertraglich vereinbarten beträgt nur ca. 6 %.
- Die von einer Nachbarwohnung ausgehenden, das übliche Maß nicht übersteigenden Geräusche durch Haushaltsgeräte, wie Staubsauger, Wasch- oder Spülmaschine.

Der Mangel beruht auf Maßnahmen, die einer energetischen Modernisierung dienen

Lässt der Vermieter Baumaßnahmen durchführen, um die nicht mehr zeitgemäße energetische Ausstattung seines Gebäudes durch energiesparende Ausführungen zu ersetzen oder zu ergänzen, ist der Mieter für die **ersten drei Monate** von seinem Mietminderungsrecht ausgeschlossen (§ 536 Abs. 1 a BGB). Vermietern soll durch diese mit der Mietrechtsänderung 2013 neu geschaffene Vorschrift die Durchführung solcher Maßnahmen und die dadurch geförderte Einsparung von Endenergie schmackhaft gemacht werden.

» **Beispiel:** Der Vermieter lässt am Gebäude Dämmmaßnahmen durchführen und die Heizung erneuern. Obwohl die Gebrauchstauglichkeit der Wohnungen durch Lärm und Schmutz erheblich beeinträchtigt ist, dürfen die Mieter für einen Zeitraum von drei Monaten die Miete nicht mindern.

Liegt ein Wohnungsmangel allerdings nach Ablauf der drei Monate noch immer vor, darf wieder gemindert werden.

Der Mieter hat den Mangel bei Vertragsabschluss gekannt

Wer den angebotenen Mietvertrag in Kenntnis vorhandener Mängel unterschreibt, verliert sein Minderungsrecht. Das gilt auch für den Mieter, der einen Mangel **grob fahrlässig nicht erkannt** hat (§ 536 b Satz 1 BGB).

» **Beispiel:** Der Mieter mietet eine Wohnung an, ohne sie zuvor besichtigt zu haben. Die verrotteten Fensterrahmen hätten ihm ansonsten gleich auffallen müssen.

Eine Mietminderung trotz Kenntnis des Mangels bei Mietbeginn kann allerdings in Ausnahmefällen in Betracht kommen.

» **Beispiel:**

- Die bei Mietbeginn vorliegende **Beeinträchtigung** hat sich im Laufe der Mietzeit **verschlimmert,** z. B. das Wohnzimmerfenster, das sich bei Mietbeginn schlecht schließen ließ, hat sich inzwischen so verzogen, dass es regelmäßig reinregnet.
- Der Vermieter hat bei Mietbeginn die **spätere Beseitigung des Mangels zugesichert.** Ab dem hierfür vereinbarten Termin kann der Mieter die Miete mindern.
- Der Mieter kann berechtigterweise davon ausgehen, dass ein bestimmter **Mangel nicht von Dauer** sein würde, z. B. auf dem Hausgrundstück lagernder Baumüll.

Das Mietminderungsrecht kann anlässlich einer Mieterhöhung auf die ortsübliche Vergleichsmiete wieder »aufleben«. **Strittig** ist, ob die Mietminderung dann nur auf den **Mieterhöhungsbetrag** beschränkt ist oder auf die **Miete.**

» **Beispiel:** Wegen der seit Mietbeginn morschen Fensterrahmen wäre eigentlich eine Mietminderung in Höhe von 10 % gerechtfertigt gewesen. Wenn der Vermieter die Miete unter Berufung auf die ortsübliche Vergleichsmiete von € 800,– auf € 960,– erhöht, würde die Mietminderung nach der erstgenannten Ansicht € 16,– betragen (10 % von € 160,–) und nach der anderen Ansicht € 96,– (10 % von € 960,–).

Wenn der Mieter trotz der Mängel die volle Miete zahlt

Das Mietminderungsrecht fällt nicht mehr »automatisch« nach sechs Monaten weg. Ein zu langes Abwarten des Mieters kann aber als »stillschweigender Verzicht« gewertet werden bzw. es kann die »Verwirkung« des Anspruchs in Betracht kommen.

4.2 So ermitteln Sie den Mietminderungsbetrag

Es gibt zwar sogenannte »Mietminderungs-Tabellen«. Darin sind für bestimmte Mängel (z. B. Baulärm) bestimmte Minderungsbeträge ausgewiesen. Gleichwohl können Sie aus solchen Tabellen unter dem entsprechenden Stichwort nicht einfach »Ihre« Minderungsquote in Prozent ablesen.

Solche Tabellen können Sie immer **nur als Bewertungshilfe** heranziehen. Denn die aufgeführten Entscheidungen beruhen auf **Einzelfällen,** die nicht pauschal auf andere übertragen werden können.

Eine Mietminderungs-Tabelle finden Sie auf Ihrer Rechtstipps-CD.

Wie Sie im Folgenden sehen werden, ist die **Bestimmung der Minderungsquote im Einzelfall** nicht immer einfach und häufig verbindlich nur mithilfe von Sachverständigen zu klären. Ein solches Verfahren ist aber erfahrungsgemäß sehr kostenaufwendig. Deshalb soll Ihnen die folgende Anleitung vor allem dabei helfen, eine »seriöse« Minderungsquote auf preisgünstigere Weise zu ermitteln.

! Streben Sie mit Ihrem Vermieter immer eine **Einigung über die Minderungsquote** an. Denn die ist, auch wenn sie sorgfältig ermittelt wurde, nur selten unangreifbar. Legen Sie die Tatsachen und Berechnungsschritte offen. Damit erhöhen Sie die Chance für eine Einigung.

Bestimmen Sie zunächst die Minderungsquote

Eine Mietminderung wird immer in einem prozentualen Anteil ausgedrückt. Deshalb geht es im ersten Schritt darum, die für Ihren Fall passende **Minderungsquote** herauszufinden. Dabei sollten Sie zunächst berücksichtigen

- den Grad der Beeinträchtigung,
- die Dauer der Beeinträchtigung,
- die Art des Mangels,
- den Anteil der davon betroffenen Räume.

Am einfachsten ist der Fall, wenn das gesamte Mietobjekt (z. B. wegen eines Wohnungsbrandes) unbewohnbar ist. Hier würde die Mietminderungsquote 100 % betragen. In den meisten Fällen ist es jedoch komplizierter. Im Hinblick auf die Art des Mangels empfiehlt es sich, zunächst zu unterscheiden, inwieweit sich der Mangel auf Teile der Wohnung unterschiedlich auswirkt.

Der Mangel wirkt sich auf das gesamte Mietobjekt aus

Typische Fälle sind hier die sogenannten »Umweltmängel« (z. B. Lärm- oder Geruchsbelästigungen), die ihre Ursache meist außerhalb des Mietobjekts haben. Die Ermittlung der Minderungsquote ist hier schwierig, weil es meist keine feste Bezugsgröße (z. B. m^2) für die Berechnung gibt.

Wollen Sie beispielsweise wegen des Lärms, der durch Bauarbeiten vor Ihrem Haus verursacht wird und der in jedem Raum Ihrer Wohnung wahrzunehmen ist, die Miete mindern, gehen Sie am besten wie folgt vor:

Suchen Sie nach vergleichbaren Fällen

Hierzu lohnt sich zunächst ein Blick in einschlägige Urteile. Dadurch bekommen Sie einen Eindruck davon, wie die Gerichte bestimmte Mängel bewerten. Überprüfen Sie deshalb anhand einer **Mietminderungs-Tabelle,** ob Sie dort zu Ihrem Fall entsprechende Urteile finden, die Ihnen mehr Sicherheit bei der Bewertung des Mangels geben.

Bewerten Sie die Beeinträchtigung durch den Mangel

Listen Sie zunächst alle Umstände auf, durch die Sie in Ihrer Wohnqualität beeinträchtigt werden.

» **Beispiel:** »Baumaßnahmen vor dem Haus: erhebliche Lärmbelästigungen durch Presslufthämmer und Baggerarbeiten; optische Beeinträchtigung durch hohe Schuttberge direkt vor dem Haus; direkter Zugang zum Haus erschwert; erhebliche Verschmutzung des Treppenhauses.«

Protokollieren Sie die jeweilige **Dauer** der Beeinträchtigungen, z. B. in einem **Mängeltagebuch.** Vergleichen Sie diese Umstände mit denen, die in dem zu Ihrem Fall »passenden« Urteil beschrieben sind. Setzen Sie Ihre Minderungsquote entsprechend an.

Nicht alle Teile des Mietobjekts sind in gleicher Weise beeinträchtigt

Wenn nicht die gesamte Wohnung betroffen ist, sondern nur **einzelne Räume** (z. B. Wohnzimmer, Arbeitszimmer) beeinträchtigt sind, müssen Sie hauptsächlich diese berücksichtigen. Eine Möglichkeit besteht darin, vom **Wohnflächenanteil** auszugehen.

In der Praxis werden jedoch häufiger Bewertungen verwendet, die auf die sogenannte »**Hamburger Tabelle**« zurückgehen. Danach wird jedem Wohnraum ein bestimmter **Wohnwert** zugeteilt.

Je nachdem, in welchem Maße die einzelnen Räume von dem Mangel beeinträchtigt sind, lässt sich dann der jeweilige Minderungsanteil ermitteln.

» **Beispiel:** Sie zahlen für Miete und Nebenkosten (Bruttomiete) insgesamt € 600,–. In der Zeit vom 15. Juli bis 31. August ist Ihr Schlafzimmer wegen eines größeren Wasserschadens nicht benutzbar (Minderungsquote hierfür deshalb 100 %). Eines der beiden Betten und den Kleiderschrank bringen Sie während dieser Zeit in Ihrem Wohnzimmer unter. Dieses ähnelt nunmehr eher einer Abstellkammer. Gäste können Sie deshalb dort nicht mehr empfangen (Benutzbarkeit des Wohnzimmers: 50 %). Weil Sie das zweite Bett in Ihrem Arbeitszimmer unterbringen müssen, ist auch dieser Raum beeinträchtigt (Minderungsquote hier 20 %).

Die Minderungsquote ermitteln Sie für dieses Berechnungsbeispiel anhand der **Hamburger Tabelle** wie folgt:

Raum	Wohnwert	Mietanteil	Beeinträchtigung	Minderwert
Wohnzimmer	28 %	€ 168,–	50 %	€ 84,–
Arbeitszimmer	20 %	€ 120,–	20 %	€ 24,–
Schlafzimmer	12 %	€ 72,–	100 %	€ 72,–
Küche	10 %	€ 60,–	–	–
Bad	10 %	€ 60,–	–	–
Abstellräume	7 %	€ 42,–	–	–
Gäste-WC	3 %	€ 18,–	–	–
Balkon	10 %	€ 60,–	–	–
gesamt	**100 %**	**€ 600,–**	**–**	**€ 180,–**

Gehen Sie in Ihrem Fall immer von Ihrer »**Bruttomiete**« aus (siehe unten). Nach der Tabelle haben Sie für den Beispielsfall den Minderungsbetrag von € 180,– ermittelt. Dieser macht im Verhältnis zur Bruttomiete (€ 600,–) eine Minderungsquote von 30 % aus.

Diese Quote müssen Sie nunmehr auf den **Zeitraum** der Beeinträchtigung beziehen. Daraus ergibt sich für den halben Juli eine Minderungsquote von 15 % und für den gesamten August eine von 30 %.

Bei Anwendung der Hamburger Tabelle ist es nicht allein damit getan, die Minderungsquoten der einzelnen Räume zusammenzurechnen. Nach Auffassung der Hamburger Richter ist **zusätzlich eine Gesamtbewertung der Wohnverhältnisse** erforderlich.

Dies geschieht praktisch durch eine gewisse Auf- oder Abrundung der Minderungsquote, wodurch berücksichtigt werden soll, inwieweit sich der Mangel auch auf den Wohnwert der nicht unmittelbar betroffenen übrigen Wohnräume auswirkt.

Im obigen Beispielsfall kann der Mangel in den betroffenen Räumen nicht durch eine verstärkte Nutzung anderer Räume kompensiert werden. Deshalb kann man der Minderungsquote von 30 % hier noch schätzungsweise 10 % **von dieser Quote** (also 3 %) hinzuschlagen.

Die Berechnung der Mietminderung nach der Bruttomiete

Früher wurde der konkrete Mietminderungsbetrag meist anhand der Nettomiete (Grundmiete ohne Betriebskosten) berechnet. Der Bundesgerichtshof hat jedoch inzwischen klargestellt:

Berechnungsgrundlage der Mietminderung nach § 536 BGB ist allein die **Bruttomiete** (Grundmiete einschließlich aller Betriebskosten). Dabei ist **unerheblich,** ob die Betriebskosten als **Pauschale** oder **Vorauszahlung** geschuldet werden.

» **Beispiel:** Der Mieter zahlt monatlich eine Grundmiete von € 500,– und eine Betriebskostenvorauszahlung von € 300,–. Wird die Mietminderung mit 10 % angesetzt, ergibt dies einen monatlichen Abzug von € 80,– (10 % von € 500,– plus 10 % von € 300,–). Der Vermieter erhält im Minderungszeitraum also nicht die vereinbarte Vorauszahlung in Höhe von € 300,–, sondern lediglich € 270,–.

Welche **Vorauszahlungsbeträge** darf er aber dann bei der folgenden Betriebskostenabrechnung berücksichtigen – die **geschuldeten** oder die **tatsächlich gezahlten?** Hier müssen Sie unterscheiden:

- Beruht die Mietminderung auf einer **Wohnflächendifferenz** (→ Abschn. 1), sind nur die **tatsächlich gezahlten** Vorauszahlungen zu berücksichtigen. Dadurch wird vermieden, dass die Minderung zugunsten des Mieters bei einer Umlage der Betriebskosten nach Quadratmetern doppelt berücksichtigt wird.
- Beruht die Mietminderung dagegen auf **anderen Mängeln,** sind die **ursprünglich geschuldeten** Vorauszahlungsbeträge zu berücksichtigen. Der Mieter wird also bei der Abrechnung so behandelt, als hätte er die Vorauszahlungen ungemindert gezahlt.

! Beachten Sie als Mieter, dass die zuletzt genannte Berechnungsweise umstritten ist. Ziehen Sie deshalb den (auf der Grundlage der Bruttomiete errechneten) Minderungsbetrag **von der Grundmiete** ab und machen Sie Ihren Vermieter darauf ausdrücklich (schriftlich) aufmerksam.

4.3 So führen Sie die Mietminderung praktisch durch

Schildern Sie Ihrem Vermieter die Mängelsituation

Erläutern Sie Ihrem Vermieter die Umstände detailliert und machen Sie ihn auf die Gesetzeslage aufmerksam: Das Recht zur Mietminderung besteht gemäß § 536 BGB **unabhängig davon,** ob Ihr Vermieter den Mangel verschuldet hat oder für dessen Beseitigung verantwortlich ist.

Streben Sie eine Vereinbarung mit Ihrem Vermieter an

Ist Ihr Vermieter bereit, den Mangel zu beseitigen, und sind Sie sich auch über die Höhe der Mietminderung einig, kann eine schriftliche Vereinbarung darüber möglichen Konflikten vorbeugen.

Zahlen Sie die Miete zunächst »unter Vorbehalt«

Dieser Schritt empfiehlt sich unabhängig davon, ob es zu einer Vereinbarung mit Ihrem Vermieter gekommen ist. Wie Sie aus den vorherigen Abschnitten wissen, ist es häufig nicht so einfach, den Mietminderungsbetrag zweifelsfrei zu ermitteln.

Außerdem werden Sie in den meisten Fällen die Miete für den laufenden Monat bereits vorausbezahlt haben, sodass der Mietabzug ohnehin erst später erfolgen kann. Oder vielfach lässt sich der Umfang einer zulässigen Minderung erst im Nachhinein feststellen.

Aus diesen Gründen sollten Sie Ihrem Vermieter gleich nach Auftreten des Mangels mitteilen, dass Sie wegen des Mietminderungsrechts die Miete bis zur endgültigen Klärung »unter Vorbehalt« zahlen. Auf diese Weise vermeiden Sie, bei Ihrem Vermieter durch eine unter Umständen überhöhte Mietminderung ins Fettnäpfchen zu treten.

Steht die Mietminderungsquote fest (z. B. weil sie einfach zu ermitteln ist oder der Vermieter einverstanden ist), können Sie den entsprechenden Mietabzug für den laufenden Monat schon bei der nächsten Mietzahlung vornehmen.

Haben Sie die **Miete** vor Auftreten des Mangels **bereits voll gezahlt,** dürfen Sie den laufenden Minderungsbetrag normalerweise bei der nächsten Mietzahlung verrechnen.

Sie möchten zusätzlich die Mängelbeseitigung beschleunigen

Sie können neben der Mietminderung **als Druckmittel zusätzlich Miete einbehalten** (→ dazu Abschn. 3.3). Haben Sie noch keinen konkreten Mietminderungsbetrag festgelegt, weil Sie die Miete unter Vorbehalt zahlen, sollten Sie die Minderungsquote grob bestimmen, um anhand dessen den zulässigen Mieteinbehalt (das Drei- bis Fünffache des Minderungsbetrages) ermitteln zu können.

5 Wann gibt es Schadensersatz?

Durch einen Mangel kann Ihnen als Mieter über die reine Wertminderung der Wohnung hinaus ein Schaden entstehen. Dies ist vor allem bei baulichen Mängeln möglich (z. B. Gesundheitsschäden durch Wohngifte wie Formaldehyd, Schimmel an den Wänden oder Sachschäden durch Wassereinbrüche). § 536 a Abs. 1 BGB unterscheidet **drei Fälle:**

- **Der Wohnungsmangel war bereits bei Vertragsabschluss vorhanden**
  Beispielsweise gibt es kurz nach Ihrem Einzug in Ihre Dachgeschosswohnung einen heftigen Wassereinbruch. Dadurch werden Teile Ihres Mobiliars erheblich beschädigt. Es stellt sich heraus, dass bereits bei Vertragsabschluss Dachschäden vorhanden waren, die den Wassereinbruch ermöglicht haben. Die Schäden an der Wohnung und vor allem an Ihrem Eigentum muss Ihr Vermieter ersetzen. Hier haftet der Vermieter, auch wenn ihn kein Verschulden trifft, aufgrund der sogenannten »**Garantiehaftung**«. Denn mit Abschluss des Mietvertrages »garantiert« der Vermieter, dass die Wohnung frei von Mängeln ist.

  Ausgeschlossen ist die Garantiehaftung, wenn dies im Mietvertrag vereinbart wurde (z. B. »Für sichtbare und unsichtbare Mängel der Mietsache leistet der Vermieter keine Gewähr.«).

  Keinen Schadensersatz erhalten Sie als Mieter auch in den Fällen, in denen Sie bei Vertragsabschluss den Mangel gekannt haben oder hätten kennen müssen (§ 536 b BGB). Zum Beispiel, wenn Sie eine Wohnung anmieten und beziehen, ohne sie zuvor besichtigt zu haben.

- **Der Wohnungsmangel entsteht erst im Laufe des Mietverhältnisses**
  Beispielsweise wohnen Sie bereits mehrere Jahre in der Wohnung. Aufgrund eines Defekts an der Dachrinne dringt Wasser durch die Außenwände. Hierdurch verschimmelt die Rückwand Ihres Schlafzimmerschranks.

In diesem Fall haftet der Vermieter nur bei **Verschulden,** das heißt, wenn er den Schaden vorsätzlich oder fahrlässig verursacht hat. War dem Vermieter in dem Beispielsfall der Zustand der Dachrinne bekannt und hat er gleichwohl nichts unternommen, wird man ihm deshalb einen Schuldvorwurf machen können. Hier ist **kein Haftungsausschluss im Kleingedruckten möglich!** In Formularmietverträgen findet man häufig noch Klauseln folgenden Wortlauts: »Führt ein Mangel des Mietobjekts zu Sach- oder Vermögensschäden, so haftet der Vermieter gegenüber dem Mieter für diese Schäden – auch aus unerlaubter Handlung – nur bei Vorsatz oder grober Fahrlässigkeit«.

Klauseln dieser Art, die nach der früheren Rechtsprechung als zulässig angesehen worden sind, hat der Bundesgerichtshof inzwischen für unwirksam erklärt.

- **Der Vermieter ist mit der Mängelbeseitigung im Verzug**
  Beispielsweise haben Sie Ihrem Vermieter mitgeteilt, dass der mitgemietete Kühlschrank in der Wohnung zwischenzeitliche Aussetzer beim Kühlen hat. Gleichzeitig haben Sie ihn aufgefordert, den Kühlschrank **innerhalb einer bestimmten Frist** reparieren oder austauschen zu lassen. Als nach Fristablauf noch immer nichts unternommen wurde, verlangen Sie Ersatz für die verdorbenen Lebensmittel.
  Eine Mahnung ist entbehrlich, wenn für die Leistung ein bestimmter Zeitpunkt vereinbart ist (vgl. § 286 Abs. 2 Nr. 1 BGB). Zum Beispiel muss nach Ihrem Mietvertrag die Heizung jeweils am 1. Oktober in Betrieb genommen werden. Geschieht das nicht, können Sie bei zu geringen Temperaturen in der Wohnung den Ersatz Ihrer Mehraufwendungen verlangen. Dazu gehören zum Beispiel auch die Kosten für die Anschaffung eines Elektroheizgerätes.

Führt ein Wohnungsmangel zu einer **Gesundheitsschädigung,** kann der Mieter auch **Schmerzensgeld** verlangen (§ 253 Abs. 2 BGB).

6 Wann darf der Mieter fristlos kündigen?

Sind in einer Wohnung **erhebliche** Mängel vorhanden, kann der Mieter unter Umständen fristlos kündigen. Dies kommt unter zwei Gesichtspunkten in Betracht:

- § 543 Abs. 2 Nr. 1 BGB: Der Mieter kann die Wohnung wegen des Mangels **nicht vertragsgemäß nutzen** (→ Kapitel E 8).
- § 569 Abs. 1 BGB: Der Wohnungsmangel führt zu einer **erheblichen Gesundheitsgefährdung** (→ Kapitel E 8).

E5 Die Mieterhöhung

1 Sie können sich frei einigen

Auch wenn im Gesetz das Verfahren für eine Mieterhöhung genau geregelt ist, steht es den Mietparteien grundsätzlich frei, sich **unabhängig von den gesetzlichen Vorschriften zu einigen** (§ 557 Abs. 1 BGB).

» **Beispiel:** Der Vermieter möchte die Miete für seine Mietwohnung um € 20,– erhöhen. Dabei verweist er lediglich auf den bisher über Jahre gezahlten günstigen Mietpreis und bittet seinen Mieter, die Mieterhöhung zu akzeptieren.

Dieser kommt nach Beratung durch einen Mietexperten zu dem Ergebnis, dass auf dem gesetzlichen Weg eine weitaus höhere Mieterhöhung erzielt werden könnte. Deshalb stimmt er der Mieterhöhung zu, obwohl er hierzu nicht verpflichtet wäre.

Anlass für eine solche **Mietabänderungsvereinbarung** kann auch eine Modernisierungsmaßnahme sein oder der Wunsch des Mieters, andere Personen in den Mietvertrag aufzunehmen oder den Mietvertrag in weiteren Punkten zu ändern.

Stimmt der Mieter einem solchen Angebot nicht zu, bleibt dem Vermieter nichts anderes übrig, als den formellen Weg zu gehen, wie es im Einzelnen in dem **§ 558 BGB** beschrieben ist.

2 Erhöhung auf die »ortsübliche Vergleichsmiete«

2.1 Kann eine Mieterhöhung verlangt werden?

Ist die Mieterhöhung überhaupt zulässig?

Die Möglichkeit, die Miete auf die ortsübliche Vergleichsmiete anzuheben, ist in bestimmten Fällen ausgeschlossen:

- Die Wohnung ist nach altem Recht **öffentlich gefördert** und somit **preisgebunden.** In diesem Fall steht dem Vermieter nur die sogenannte »Kostenmiete« zu, die nach besonderen gesetzlichen Vorschriften berechnet wird.
- Die Wohnung ist nur zu **vorübergehendem Gebrauch** vermietet (§ 549 Abs. 2 Nr. 1 BGB). Hier kann aber eine Mieterhöhung gegebenenfalls über eine Änderungskündigung erfolgen.

- Der Wohnraum ist vom Vermieter ganz oder überwiegend mit Einrichtungsgegenständen auszustatten **(möblierter Wohnraum)** und nicht einer Familie oder einer Lebenspartnerschaft zum dauernden Gebrauch überlassen worden. Außerdem muss der überlassene Wohnraum **Teil der vom Vermieter selbst bewohnten** Wohnung sein (§ 549 Abs. 2 Nr. 2 BGB).
- Der Wohnraum ist Teil eines **Studenten- oder Jugendwohnheims.**
- Es handelt sich um ein **Geschäftsraum-Mietverhältnis.**
- Vermieter und Mieter haben den Ausschluss einer Mieterhöhung **ausdrücklich vereinbart** (§ 557 Abs. 3 BGB).
- Es liegen **bestimmte Umstände** vor, aus denen heraus man annehmen kann, dass ein Ausschluss der Mieterhöhung gewollt war (§ 557 Abs. 3 BGB).
- Die Parteien haben eine andere Form von Mieterhöhung vereinbart, zum Beispiel eine **Staffel**- (§ 557 a BGB) oder **Indexmiete** (§ 557 b BGB).

Ist die gesetzliche Wartefrist bereits abgelaufen?

Das Gesetz sieht vor, dass der Mieter zumindest **ein Jahr** lang von Mieterhöhungen verschont bleiben soll. Vor Ablauf dieser **Sperrfrist** darf keine Mieterhöhung verlangt werden (§ 558 Abs. 1 Satz 2 BGB). Wurde **bisher keine Mieterhöhung** dieser Art vorgenommen, ist für die Berechnung der Sperrfrist der **Mietbeginn** ausschlaggebend.

Mieterhöhungen wegen Modernisierung (§ 559 BGB) und wegen Veränderung der Betriebskostenpauschale (§ 560 BGB) lösen **keine** Sperrfrist aus. Dasselbe gilt auch, wenn Sie sich anlässlich einer Modernisierung mit Ihrem Vertragspartner **einvernehmlich** auf eine Mieterhöhung **geeinigt** haben.

Schickt ein Vermieter seinen Mietern das Erhöhungsschreiben bereits vor Ablauf der Jahresfrist, ist die Mieterhöhung **unwirksam.** Dem Vermieter bleibt also nichts anderes übrig, als die Mieterhöhung seinen Mietern nach Ablauf der Sperrfrist nochmals zuzuschicken.

Hat der Vermieter die Formvorschriften beachtet?

Es genügt die sogenannte »**Textform**« des § 126 b BGB. Deshalb darf eine Mieterhöhung auch per Fax oder E-Mail übermittelt werden.

Wann ausnahmsweise die Schriftform (also Brief, E-Mail genügt nicht) erforderlich ist: Haben Sie einen **befristeten Mietvertrag mit einer Restlaufzeit von über einem Jahr,** muss nicht nur für den Mietvertragsabschluss die Schriftform beachtet werden (§ 550 BGB), sondern auch für **Vertragsänderungen** (z. B. Mieterhöhungen).

Wird während der Laufzeit des Vertrages die Miete nicht in Schrift-, sondern lediglich in Textform vereinbart, läuft der ursprünglich befristete Vertrag nunmehr auf unbestimmte Zeit weiter. Das heißt, er kann dann auch schon vor Ablauf der vereinbarten Befristung gekündigt werden.

Sind die richtigen Absender und Adressaten genannt?

Der **jeweilige Vermieter** muss als **Absender** angegeben werden. Handelt es sich hierbei um eine **Personenmehrheit** (z. B. ein Ehepaar oder eine Erbengemeinschaft), müssen **alle** als Absender auftreten. Ist das Gebäude in vermietetem Zustand erworben worden, muss das Erhöhungsverlangen von den im Grundbuch eingetragenen Erwerbern stammen.

Selbstverständlich ist auch eine **Vertretung möglich.** Dabei kann ein Mitglied der Personenmehrheit andere Mitglieder mit vertreten. Oder es wird ein Dritter (z. B. ein Hausverwalter oder ein Rechtsanwalt) beauftragt.

Wird eine **juristische Person** (z. B. eine GmbH oder ein eingetragener Verein) vertreten, muss eine **vertretungsberechtigte Person** Absender sein. Gerade bei Wohnungsverwaltungsgesellschaften kommt es manchmal vor, dass **nicht vertretungsberechtigte Angestellte** (z. B. Sachbearbeiter oder Ehegatten der Geschäftsführer) die Erklärung abgeben. Dies ist **unwirksam.**

Der Vertreter ist verpflichtet, seine Vertretungsvollmacht durch **Vorlage einer Vollmacht** offenzulegen, sofern nicht bereits der Mietvertrag eine entsprechende Bevollmächtigungsklausel enthält. Eine Vollmacht ist auch dann entbehrlich, wenn dem Mieter die Bevollmächtigung aus der Vergangenheit bekannt ist.

Fehlt die erforderliche Vollmacht, wird die Mieterhöhung unwirksam, wenn der Mieter diesen Mangel unverzüglich beanstandet (§ 174 BGB). Er muss sich also sofort an den Absender wenden und mitteilen, dass er die Mieterhöhung wegen Fehlens der Vollmacht zurückweist.

Das Mieterhöhungsverlangen muss an **alle Mieter** gerichtet werden. Hat der Vermieter die Wohnung zum Beispiel einem **Ehepaar** überlassen und den Mietvertrag mit beiden Ehegatten abgeschlossen, muss er das Mieterhöhungsverlangen auch dann an beide Ehegatten richten, wenn einer von beiden die Wohnung verlassen hat und weiterhin als Vertragspartner anzusehen ist.

Enthält der Mietvertrag eine **Klausel,** wonach sich die Mieter wechselseitig zur Entgegennahme solcher Erklärungen bevollmächtigen, reicht es aus, wenn der Vermieter die Mieterhöhung an den in der Wohnung verbliebenen Mieter schickt. Gleichwohl muss er die Mieterhöhung ausdrücklich auch an den bereits ausgezogenen Mieter richten. Ansonsten riskiert er, dass die Mieterhöhung als unwirksam angesehen wird.

Hat der Vermieter die »Zustimmung« verlangt?

Wichtig ist, dass der Vermieter vom Mieter die **»Zustimmung«** (vgl. § 558 BGB) zur Mieterhöhung **einfordert** (z. B.: »Ich bitte Sie, einer Mieterhöhung von bisher € ... auf € ... zuzustimmen.«).

Tut der Vermieter dies nicht, liegt **kein wirksames** Mieterhöhungsverlangen vor. Formulierungen, die lediglich den Eindruck erwecken, es bestünde eine Zahlungspflicht, haben rechtlich keine Bedeutung.

» **Beispiel:** »Wegen der allgemeinen Preissteigerungen erhöht sich Ihre Miete von € ... auf € ...«

»Hiermit erhöhe ich die Miete für Ihre Wohnung von € ... auf € ...«

Diese Erklärungen sind unwirksam, weil das Gesetz ausdrücklich die Zustimmung des Mieters verlangt.

Zahlt der Mieter auf ein solches Schreiben hin, kann er die entsprechenden **Beträge zurückverlangen!** Denn in der bloßen Zahlung ist keine Zustimmung zu einer Mietabänderungsvereinbarung zu sehen.

Dabei ist es völlig unerheblich, ob der Mieter die erhöhte Miete einmal, zweimal oder schon über Jahre gezahlt hat.

2.2 Die richtige Begründung der Mieterhöhung

Das Mieterhöhungsverlangen des Vermieters ist nur dann wirksam, wenn er die von ihm behauptete **»ortsübliche Vergleichsmiete«** ordnungsgemäß begründet. § 558 a Abs. 2 BGB nennt als mögliche **Begründungsmittel** die Bezugnahme auf

- einen **Mietspiegel,**
- eine Auskunft aus einer **Mietdatenbank,**
- ein mit Gründen versehenes **Gutachten** eines öffentlich bestellten und vereidigten Sachverständigen,
- entsprechende Entgelte für mindestens drei **Vergleichswohnungen.**

Ist in der Gemeinde ein **qualifizierter Mietspiegel** (Erläuterung siehe unten) vorhanden, der auch Angaben zu der hier betreffenden Wohnung enthält, darf der Vermieter weiterhin auch jedes andere Begründungsmittel benutzen.

In diesem Fall muss er aber dem Mieter zusätzlich die Werte des qualifizierten Mietspiegels mitteilen (§ 558 a Abs. 3 BGB).

» **Beispiel:** Der Vermieter verlangt vom Mieter die Zustimmung zu einer Mieterhöhung auf € 5,–/m² und begründet dies mit der Angabe von drei Vergleichswohnungen. Im qualifizierten Mietspiegel ist für die Wohnung ein Wert von € 4,80 angegeben. Dies muss der Vermieter im Erhöhungsverlangen angeben. Er kann aber begründen, warum seiner Meinung nach dieser Wert überschritten werden kann.

Was bedeutet überhaupt »ortsübliche Vergleichsmiete«?

Die »ortsübliche Vergleichsmiete« (§ 558 Abs. 2 BGB) ist ein **repräsentativer Querschnitt der Mieten,** die

- in derselben oder vergleichbaren Gemeinde,
- für Wohnraum vergleichbarer Art, Größe, Ausstattung, Beschaffenheit und Lage einschließlich der energetischen Ausstattung und Beschaffenheit,
- in den letzten vier Jahren vereinbart oder geändert worden sind.
- Die Miete darf nicht aufgrund einer Förderzusage oder kraft Gesetzes festgelegt worden sein.

Einfluss auf die Miethöhe haben dabei nur die im Gesetz genannten fünf **Wohnwertmerkmale:**

- **Art:** Damit ist die Struktur des Hauses und der Wohnung gemeint. Unterscheidungsmerkmale sind hier unter anderem: Altbau oder Neubau; Einfamilienhaus, Reihenhaus oder Mehrfamilienhaus; Appartement oder Mehrzimmerwohnung.
- **Größe:** Damit ist vor allem die Wohnfläche der Wohnung, aber auch die Zimmerzahl gemeint. Haben die Parteien im Mietvertrag die Größe der Wohnung genannt und entspricht die vereinbarte nicht der tatsächlichen Wohnfläche, gilt Folgendes:

Ist die **vereinbarte Wohnfläche geringer** als die tatsächliche, ist für die Berechnung der neuen Miete die tatsächliche Wohnfläche maßgeblich.

Ist die **vereinbarte Wohnfläche größer** als die tatsächliche, ist ebenfalls die tatsächliche Größe maßgeblich. Hat der Mieter auf eine mit dem falschen Größenansatz berechnete Mieterhöhung entsprechende Überzahlungen geleistet, kann er diese vom Vermieter zurückverlangen. Eine **Toleranzgrenze** zugunsten des Vermieters in Höhe von 10 % gibt es bei der Berechnung der Mietüberzahlung nicht mehr.

- **Ausstattung:** Hierzu zählt alles, was vom Vermieter dem Mieter zur Verfügung gestellt wurde (z. B. Einbauschränke, Garderoben, Gärten, Terrassen, Waschküche, Kellerräume). Mietereinbauten sind hierbei nicht zu berücksichtigen.
- **Beschaffenheit:** Damit ist der Zuschnitt der Wohnung einschließlich der mitvermieteten Hausteile sowie Art und Gestaltung der Umgebung gemeint. Auch der Zustand der Wohnung ist hier ein Merkmal.

  Nicht behebbare Mängel sind bei der Mietpreisbildung zu berücksichtigen. Darunter fallen zum Beispiel Dauerbeeinträchtigungen durch Fluglärm oder eine Gaststätte.
  Behebbare Mängel werden jedoch nicht berücksichtigt, da der Mieter durch seine Gewährleistungsrechte (z. B. auf Mietminderung oder Zurückbehaltung der Miete) hinreichend geschützt ist.
- **Lage:** Wertbestimmend ist hier zunächst die **Ortslage.** Diese wird bestimmt durch die Baudichte, den baulichen Zustand des Ortsteils, Frei- und Grünflächen, landschaftlichen Charakter, Beeinträchtigungen durch Lärm, Staub, Geruch, Verkehrsanbindungen und die vorhandenen Infrastruktur-Einrichtungen. Darüber hinaus spielt auch die **Lage im Haus** eine Rolle. Diese wird bestimmt durch die Geschosslage und die Ausrichtung nach der Himmelsrichtung.

Checklisten zur Überprüfung der Mieterhöhung und Formulierungsbeispiele für eine Mieterhöhung finden Sie auf Ihrer Rechtstipps-CD.

Der Vermieter bezieht sich auf einen Mietspiegel

Diese Begründungsart ist wohl die vergleichsweise sicherste, preiswerteste und häufigste. Gemäß § 558 c Abs. 1 BGB handelt es sich hierbei um eine **Übersicht über die ortsüblichen Vergleichsmieten.** Diese Übersicht muss erstellt worden sein

- entweder von der Gemeinde,
- oder von den Interessenvertretern der Vermieter und Mieter **gemeinsam,**
- oder von den Interessenvertretern der Vermieter oder Mieter **allein** und vom jeweils anderen Verband anerkannt worden sein,
- oder **von einem Dritten** und von beiden Verbänden **anerkannt** worden sein.

Alle Mietpreisübersichten oder Mietwerttabellen, die nicht diese Voraussetzung erfüllen, sind **keine Mietspiegel.**

Ob es in Ihrer Gemeinde einen gültigen Mietspiegel gibt, können Sie bei der Gemeinde oder den Interessenvertretern der Vermieter oder Mieter erfragen. Zum Teil sind die Mietspiegel auch im Internet veröffentlicht.

Der Vermieter muss den Mietspiegel dem Mieterhöhungsverlangen nur dann nicht beifügen, wenn der Mietspiegel **kostenlos öffentlich zugänglich** ist. Ist der Mietspiegel dagegen **nicht allgemein zugänglich,** riskiert der Vermieter die Unwirksamkeit seines Mieterhöhungsverlangens, wenn er den Mietspiegel nicht beifügt.

Seit dem 1. 9. 2001 gibt es neben dem bisherigen »einfachen Mietspiegel« (§ 558 c BGB) zusätzlich den **»qualifizierten Mietspiegel«** (§ 558 d BGB). Dieser muss folgende Voraussetzungen erfüllen:

- Er muss nach anerkannten wissenschaftlichen Grundsätzen erstellt worden sein und
- durch die Gemeinde oder
- von Interessenvertretern der Vermieter und Mieter anerkannt worden sein.

Von dem einfachen Mietspiegel unterscheidet er sich auch dadurch, dass er

- alle zwei Jahre aktualisiert wird und
- alle vier Jahre neu zu erstellen ist (§ 558 d Abs. 2 BGB) und
- in einem gegebenenfalls erforderlich werdenden Prozess vermutet wird, dass die Werte des qualifizierten Mietspiegels die ortsübliche Vergleichsmiete tatsächlich wiedergeben (§ 558 d Abs. 3 BGB). Praktisch sind deshalb Mieterhöhungen über die Werte eines qualifizierten Mietspiegels hinaus kaum durchsetzbar.

Stützt der Vermieter seine Mieterhöhung auf einen Mietspiegel, muss er **korrekt und für den Mieter nachvollziehbar** begründen, wie er die dort ausgewiesenen Mietpreise auf die Wohnung übertragen hat. Andernfalls kann der Mieter die Mieterhöhung als unwirksam ablehnen.

Der Vermieter bezieht sich auf eine Mietdatenbank

Hierbei handelt es sich um eine fortlaufend geführte Sammlung von Mieten, die dem Zweck dient, die ortsübliche Vergleichsmiete zu ermitteln. Eine solche Mietdatenbank gibt es derzeit lediglich in Hannover. Gegen eine Gebühr erhält der auskunftswillige Vermieter Vergleichswohnungen genannt, mit denen er seine Mieterhöhung begründen kann.

Der Vermieter bezieht sich auf ein Sachverständigengutachten

Die Mieterhöhung kann auch mit einem **mit Gründen versehenen Gutachten eines öffentlich bestellten und vereidigten Sachverständigen** begründet werden (§ 558 a Abs. 2 Nr. 3 BGB). Dieser Weg ist allerdings relativ teuer. Denn die Kosten für ein solches Gutachten liegen zwischen € 1 000,– und € 2 000,–. Auch kann der **Vermieter** diese Kosten von seinen **Mietern nicht ersetzt verlangen.**

Der Vermieter bezieht sich auf Vergleichswohnungen

Der Vermieter ist auch berechtigt, sein Mieterhöhungsverlangen damit zu begründen, dass er **mindestens drei Vergleichswohnungen** benennt (§ 558 a Abs. 2 Nr. 4 BGB).

Diese Begründungsart ist **am wenigsten aussagekräftig,** denn drei »Vergleichswohnungen« lassen sich meist finden, vor allem aus dem **eigenen Wohnungsbestand** des Vermieters (was zulässig ist!). Diese Auswahl beweist aber meist noch nicht die »Ortsüblichkeit« der angestrebten Miethöhe. Auch schleichen sich bei der Auswahl und Angabe der Vergleichswohnungen leicht Fehler ein.

2.3 Muss die Mieterhöhung begrenzt werden?

Die sogenannte »Kappungsgrenze« (§ 558 Abs. 3 BGB) beträgt im Normalfall **20 %** und hat folgende Bedeutung: Innerhalb von drei Jahren darf die Miete für eine Wohnung nicht um mehr als 20 % erhöht werden, selbst wenn der Vermieter eine höhere ortsübliche Vergleichsmiete nachweisen kann.

Ausnahmsweise darf die Kappungsgrenze für bestimmte Gemeinden durch Rechtsverordnung des jeweiligen Landes auf **15 %** abgesenkt werden. Voraussetzung hierfür ist, dass »die ausreichende Versorgung der Bevölkerung mit Mietwohnungen zu angemessenen Bedingungen in einer Gemeinde oder einem Teil einer Gemeinde besonders gefährdet ist« (§ 558 Abs. 2 Satz 2 BGB). Ob die reduzierte Kappungsgrenze auch für Ihre Wohnung gilt, erfahren Sie beispielweise beim örtlichen **Wohnungsamt.**

Wegen der Kappungsgrenze muss bei jeder Mieterhöhung noch eine entsprechende **Kontrollrechnung** durchgeführt werden:

Ermitteln Sie zunächst die Ausgangsmiete

Das ist die Miete, die drei Jahre vor Wirksamwerden der jetzigen Mieterhöhung gezahlt worden ist.

» **Beispiel:** Die aktuelle Mieterhöhung wird zum 1. 6. 2008 verlangt. Wenn das Mietverhältnis mehr als drei Jahre besteht, ist Ausgangsmiete für die Berechnung der Kappungsgrenze die am 1. 6. 2005 gezahlte Miete. Wenn das Mietverhältnis noch keine drei Jahre besteht, dann gilt die Miete bei Beginn des Mietverhältnisses.

»Miete« ist hierbei jeweils die von den Parteien **vereinbarte** Miete, egal, ob es sich um eine reine Nettomiete, um eine Teilinklusivmiete oder eine Inklusivmiete (in der sämtliche Betriebskosten enthalten sind) handelt.

Ermitteln Sie die konkrete Kappungsgrenze für Ihre Mieterhöhung

Auf die Ausgangsmiete schlagen Sie nun **20 %** auf. So erhalten Sie den Betrag, der durch die konkrete Mieterhöhung nicht überschritten werden darf. Liegt demnach die Kappungsgrenze **unter** der verlangten »ortsüblichen Vergleichsmiete«, kann nur der gekappte Betrag verlangt werden.

» **Beispiel:** Ausgangsmiete: € 4,–/m². Die ortsübliche Vergleichsmiete liegt nachweislich bei € 5,20/m². Die Kappungsgrenze liegt bei € 4,80/m² (€ 4,– + 20 %). Deshalb muss die darüber hinausgehende Mieterhöhung »gekappt« werden.

Liegt die Kappungsgrenze dagegen über der verlangten Miete, wirkt sie sich auf die Mieterhöhung nicht aus.

Prüfen Sie, ob Besonderheiten zu beachten sind

Gab es zwischen der oben beschriebenen Ausgangsmiete und der jetzigen Mieterhöhung bereits Mieterhöhungen wegen Modernisierung (§ 559 BGB), werden diese Erhöhungsbeträge der Kappungsgrenze zugeschlagen. Das bedeutet: Die mit der Modernisierung begründeten Erhöhungen werden bei der 20 %-Regelung nicht eingerechnet.

» **Beispiel:** Ausgangsmiete 2001: € 4,–/m². Mieterhöhung wegen Modernisierung gemäß § 559 BGB im Jahre 2002: € 1,–/m². Verlangt der Vermieter im Jahr 2004 eine Mieterhöhung auf die ortsübliche Vergleichsmiete, errechnet sich die Kappungsgrenze wie folgt: € 4,–/m² + 20 % = € 4,80/m² + € 1,–/m². Bei der Mieterhöhung auf die ortsübliche Vergleichsmiete darf deshalb der Betrag von € 5,80/m² nicht überschritten werden.

Dasselbe gilt für **Mieterhöhungen bei (Teil-)Inklusivmieten,** die vor dem 1. 9. 2001 vereinbart worden sind und bei denen im Mietvertrag die **Erhöhung wegen Betriebskostensteigerungen** vertraglich vereinbart worden ist.

Hat ein Vermieter innerhalb der letzten drei Jahre **Modernisierungen** durchgeführt, jedoch seine damalige Mieterhöhung auf die »ortsübliche Vergleichsmiete« (gemäß § 558 BGB und nicht gemäß § 559 BGB) gestützt, wird der **fiktive** – nach § 559 BGB umlagefähige – Modernisierungskostenanteil ebenfalls der Kappungsgrenze zugeschlagen.

Dasselbe gilt auch, wenn Sie als Vermieter anlässlich einer Modernisierung kein förmliches Mieterhöhungsverfahren durchgeführt haben, sondern die **Mieterhöhung einvernehmlich** gemäß § 557 BGB vereinbart haben.

! Hat Ihr Vermieter bei seiner ansonsten ordnungsgemäß begründeten Mieterhöhung die Kappungsgrenze nicht berücksichtigt oder falsch berechnet, dürfen Sie die Mieterhöhung im Hinblick darauf nicht ablehnen. Sie müssen der Mieterhöhung bis zu dem Erhöhungsbetrag zustimmen, den Sie aus der korrekten Anwendung der Kappungsgrenze selbst errechnet haben.

2.4 Wie können Sie als Mieter auf die Mieterhöhung reagieren?

Wenn das Mieterhöhungsverlangen wirksam ist

Sie stimmen der Mieterhöhung uneingeschränkt zu

Hat Ihr Vermieter alle in den vorigen Abschnitten beschriebenen Gesichtspunkte beachtet und haben Sie an dem verlangten Erhöhungsbetrag nichts auszusetzen, müssen Sie der Mieterhöhung zustimmen.

Dies müssen Sie innerhalb der gesetzlichen **Zustimmungsfrist** tun, das heißt bis zum Ablauf des zweiten Kalendermonats nach dem Zugang der Mieterhöhung (→ Abschn. 2.5).

Eine **Form** für die Zustimmung ist grundsätzlich nicht vorgeschrieben. Deshalb können Sie auch auf andere Art und Weise zustimmen, zum Beispiel durch die **Zahlung** des Erhöhungsbetrages.

Da in der Rechtsprechung umstritten ist, ob eine einmalige Zahlung hierfür ausreicht oder ob mehrere vorbehaltlose Zahlungen der erhöhten Miete erforderlich sind, sollten Sie die Zustimmung **schriftlich** erteilen. Dies ist ohnehin in folgenden Fällen **ausnahmsweise erforderlich:**

- bei Mietverträgen, die für längere Zeit als ein Jahr befristet sind, oder
- wenn der Mietvertrag eine **Vereinbarung** enthält, wonach Vertragsabänderungen der Schriftform bedürfen.

Haben mit Ihnen **weitere Mieter** den Mietvertrag unterschrieben, müssen **alle** der Mieterhöhung zustimmen. Geschieht dies nicht, kann der Vermieter auf Zustimmung klagen. In diesem Fall trägt auch der Mieter, der zugestimmt hatte, das Kostenrisiko des Prozesses mit. Denn mangels wirksamer Zustimmung muss auch er mit verklagt werden.

Sie können auch eingeschränkt zustimmen

Sie müssen nicht immer in voller Höhe zustimmen. Sind Sie der Meinung, dass eine geringere Mieterhöhung als die verlangte angemessen ist, müssen Sie zumindest **teilweise zustimmen.** Hierdurch senken Sie Ihr Kostenrisiko für den Fall eines Mieterhöhungsprozesses.

» **Beispiel:** Der Mieter erhält eine formal korrekte Mieterhöhung auf € 5,–/m². Aufgrund eigener Erkundigungen hält er jedoch lediglich € 4,50/m² für gerechtfertigt. Außerdem beanstandet er, dass die **Kappungsgrenze** lediglich € 4,40/m² zulässt.

Da er nicht zustimmt, muss das Gericht – obwohl es seine Auffassung teilt – ihn zur »Zustimmung auf € 4,40/m²« verurteilen. Die auf ihn entfallenden anteiligen Prozesskosten hätte er sich sparen können, wenn er von vornherein teilweise zugestimmt hätte.

Sie können von Ihrem Sonderkündigungsrecht Gebrauch machen

Die Mieterhöhung gibt Ihnen als Mieter nach § 561 BGB ein **Sonderkündigungsrecht.** Danach können Sie das Mietverhältnis bis zum Ablauf des zweiten Monats nach Zugang des Mieterhöhungsschreibens zum Ablauf des übernächsten Monats kündigen.

Kündigen Sie schon im Monat des Zugangs oder im Folgemonat, verschiebt sich dadurch der Endtermin nicht.

Haben Sie gemäß § 561 BGB gekündigt, tritt die Mieterhöhung nicht in Kraft. In der Praxis hat dieses Sonderkündigungsrecht hauptsächlich Bedeutung in den Fällen, in denen ein befristeter Mietvertrag vorliegt oder nach altem Recht eine längere Kündigungsfrist als die gesetzliche Drei-Monats-Frist einzuhalten ist.

Wenn das Mieterhöhungsverlangen unwirksam ist

Sie können die Mieterhöhung ablehnen oder nicht reagieren

Stellen Sie nach Überprüfung der verlangten Mieterhöhung fest, dass diese wegen formaler Mängel unwirksam ist, sind Sie nicht verpflichtet, der Mieterhöhung zuzustimmen.

Auch besteht **keine Verpflichtung,** ein unwirksames Erhöhungsverlangen zurückzuweisen. Deshalb sind Formulierungen im Mieterhöhungsschreiben, wie zum Beispiel: »Wenn ich von Ihnen bis zum ... nichts gehört habe, gehe ich davon aus, dass damit die Zustimmung als erteilt gilt«, ohne rechtliche Bedeutung.

Nicht jeder Fehler führt gleich zur Unwirksamkeit der Mieterhöhung! Holen Sie sich deshalb am besten Rechtsrat ein, wenn die Unwirksamkeitsfrage nicht einfach zu beantworten ist.

Dürfen Sie die Sonderkündigungsmöglichkeit nutzen?

Sie möchten gern kurzfristig kündigen, haben aber einen befristeten Mietvertrag oder nach Ihrem Mietvertrag eine längere Kündigungsfrist als die gesetzliche Drei-Monats-Frist für eine Kündigung einzuhalten:

In solch einem Fall stellt sich die Frage, ob Sie das oben beschriebene Sonderkündigungsrecht auch bei einer **unwirksamen** Mieterhöhung in Anspruch nehmen können. Diese Frage ist strittig.

! Einen Rechtsstreit über diese Frage können Sie vermeiden, wenn Sie, statt gleich zu kündigen, Ihren Vermieter erst einmal auf die Unwirksamkeit seiner Mieterhöhung aufmerksam machen. Wenn er daraufhin den Fehler behebt und Ihnen ein **wirksames** Erhöhungsverlangen schickt, kommen Sie zweifelsfrei in den Genuss des Sonderkündigungsrechts.

Sollen Sie wegen der Mieterhöhung vor Gericht gehen?

Ob ein Mieterhöhungsprozess eingeleitet und gegebenenfalls durchgeführt wird, ist vor allem eine wirtschaftliche Frage. Das **Kostenrisiko** eines solchen Prozesses ist dann sehr hoch, wenn sich das Gericht entschließt, ein Sachverständigengutachten einzuholen.

Auch wenn die Gerichte immer mehr dazu übergehen, die Werte eines Mietspiegels als Beweismittel zu verwerten, so wird dennoch häufig ein Gutachten zusätzlich eingeholt werden müssen. Dies kann selbst dann geschehen, wenn keine der Parteien dies beantragt hat.

Erfahrungsgemäß liegen allein die Kosten für ein solches Gutachten zwischen ca. € 1 000,– und € 2 000,–. Hinzu kommen die übrigen Kosten des Verfahrens und der Anwälte.

Wenn der Mieter innerhalb der Zustimmungsfrist nicht zugestimmt hat, dann muss sich der **Vermieter entscheiden, ob er binnen der Klagefrist** von drei weiteren Monaten nach Ablauf der Zustimmungsfrist den Anspruch einklagt. Tut er dies nicht, bleibt sein Erhöhungsverlangen wirkungslos.

! Ein solches Verfahren sollten Sie möglichst nicht ohne fachlichen Rat durch einen Anwalt (z. B. beim Mieterverein) führen. Denn im gerichtlichen Verfahren gibt es zahlreiche Formalien, die Sie beachten müssen und deren Nichtbeachtung mit Rechtsnachteilen für Sie verbunden ist.

2.5 Welche Fristen müssen Sie beachten?

Durch ein wirksames Mieterhöhungsverlangen werden verschiedene Fristen in Gang gesetzt, die zwingend eingehalten werden müssen. Diese betreffen einmal die vom Mieter zu beachtende Überlegungs- bzw. **Zustimmungsfrist.**

Stimmt der Mieter zu, schuldet er die erhöhte Miete mit Beginn des dritten Kalendermonats nach dem Zugang des Erhöhungsverlangens (§ 558 b Abs. 1 BGB). Erfolgt die Zustimmung nicht und will der Vermieter eine gerichtliche Klärung, muss er seine Zustimmungsklage innerhalb der **Klagefrist** von drei Monaten nach Ablauf der Zustimmungsfrist erheben (§ 558 b Abs. 2 Satz 2 BGB).

Übersicht: Fristenplan für Ihre Mieterhöhung			
Zugang der Mieterhöhung im Laufe des Monats	**Ablauf der Zustimmungsfrist**	**Ablauf der Klagefrist**	**Beginn der Mieterhöhung**
Januar	31. März	30. Juni	1. April
Februar	30. April	31. Juli	1. Mai
März	31. Mai	31. August	1. Juni
April	30. Juni	30. September	1. Juli
Mai	31. Juli	31. Oktober	1. August
Juni	31. August	30. November	1. September
Juli	30. September	31. Dezember	1. Oktober
August	31. Oktober	31. Januar	1. November
September	30. November	28. (29.) Februar	1. Dezember
Oktober	31. Dezember	31. März	1. Januar
November	31. Januar	30. April	1. Februar
Dezember	28. (29.) Februar	31. Mai	1. März

Wenn der letzte Tag der Frist ein **Samstag, Sonntag oder Feiertag** in Ihrem Bundesland ist, endet die Frist mit Ablauf des nächsten Werktages. Da die Klagefrist immer drei volle Monate beträgt, kann diese gegebenenfalls nicht am Ersten eines Monates beginnen, sondern erst ein bis zwei Tage später, sodass sie dann auch später endet.

3 Die Mieterhöhung wegen Modernisierung

3.1 Wann kann eine Mieterhöhung verlangt werden?

Nimmt der Vermieter **Modernisierungsmaßnahmen** an seinem Mietobjekt vor und handelt es sich nicht um **reine Instandsetzungsarbeiten,** darf er hierfür nach § 559 BGB eine Mieterhöhung vornehmen. Dies gilt für die in § 555 b BGB aufgezählten **baulichen Maßnahmen,**

- **die den Gebrauchswert der Mietsache nachhaltig erhöhen** (§ 555 b Nr. 4 BGB). Darunter fallen zum Beispiel Maßnahmen zur Verbesserung des Schallschutzes und der sanitären Anlagen.
- **durch die die allgemeinen Wohnverhältnisse auf Dauer verbessert werden** (§ 555 b Nr. 5 BGB). Hierzu zählen vor allem Maßnahmen im **Außenbereich,** wie zum Beispiel die Anlage und der Ausbau von Kinderspielplätzen, Grünanlagen oder Stellplätzen.
- **durch die in Bezug auf die Mietsache Endenergie nachhaltig eingespart wird** (§ 555 b Nr. 1 BGB). Zum Beispiel wird an der Fassade eine Wärmedämmung angebracht, durch die Heizkosten eingespart werden, oder durch die Anbringung von Solarkollektoren auf dem Dach wird für die Warmwasserbereitung nicht mehr so viel Öl oder Gas verbraucht.
- **durch die der Wasserverbrauch nachhaltig reduziert wird** (§ 555 b Nr. 6 BGB).
- **die aufgrund von Umständen durchgeführt werden, die der Vermieter nicht zu vertreten hat und die keine Erhaltungsmaßnahmen sind** (§ 555 b Nr. 6 BGB). Zum Beispiel, wenn der Vermieter nach der Landesbauordnung zum Einbau von Kaltwasserzählern oder zum Einbau von Rauchmeldern verpflichtet wird.

Aufgepasst bei Erhaltungsmaßnahmen! Für die Durchführung notwendiger Reparaturen gibt es **keine Mieterhöhung,** selbst wenn die Maßnahmen aufwendig sind und die Mietsache nachher schöner aussieht (z. B. werden nach einem Wasserschaden im Bad die Fliesen erneuert und dabei wird auch gleich die altersbedingt verschlissene Badewanne erneuert).

3.2 Wann ist die Mieterhöhung unzulässig?

Bei speziellen Mietverhältnissen oder Vereinbarungen

Dies gilt zum Beispiel für **preisgebundene** oder **zu vorübergehendem Gebrauch** gemietete Wohnungen, oder wenn eine Mieterhöhung vertraglich ausgeschlossen ist. Hier gelten dieselben Ausschlussgründe wie für die Mieterhöhung auf die »**ortsübliche Vergleichsmiete**« (→ Abschn. 2.1).

Bei Staffelmieten

Dies gilt, wenn Sie vertraglich vorab für bestimmte Zeitpunkte konkrete Mieterhöhungsbeträge vereinbart haben.

Bei Indexmieten

Dies gilt, wenn Sie vertraglich die Möglichkeit zur Mieterhöhung an die Entwicklung des Verbraucherpreisindex für Deutschland gekoppelt haben.

Ausnahme: Hat der Vermieter »andere« Baumaßnahmen – zum Beispiel aufgrund behördlicher Anordnung – durchzuführen, ist die Mieterhöhung nicht ausgeschlossen (§ 557 b Abs. 2 Satz 2 BGB).

3.3 Wie wird die Mieterhöhung berechnet?

Nach § 559 Abs. 1 BGB darf die »jährliche Miete« um 11 % der für die Wohnung aufgewendeten Kosten erhöht werden. Haben Sie beispielsweise Modernisierungskosten in Höhe von € 6 000,– ermittelt, ergeben 11 % davon einen Jahresbetrag von € 660,–. $^{1}/_{12}$ davon führt zu einer monatlichen Mieterhöhung von € 55,–.

Wie Sie sehen werden, ist die Berechnung des Mieterhöhungsbetrages in der Praxis meist nicht so einfach. Orientieren Sie sich am besten an folgendem **Berechnungsschema:**

Zunächst sind die umlegbaren Kosten zu ermitteln

Hierzu zählen die **reinen Baukosten,** wie zum Beispiel die Handwerker- und Baustoffkosten, die tatsächlich entstanden sind. **Rabatte, Skonti** usw. sind deshalb abzuziehen.

Hat der Vermieter die Arbeiten ganz oder teilweise in **Eigenleistung** erbracht, darf er hierfür **fiktive Kosten** in Höhe des Nettoentgelts für eine gleichwertige

Unternehmerleistung ansetzen. Allerdings muss er die Arbeiten fachgerecht durchgeführt haben. Baunebenkosten können im Einzelfall angesetzt werden, wenn sie **erforderlich** waren.

» **Beispiel:**

- Architektenhonorare, soweit die Einschaltung eines Architekten notwendig und wirtschaftlich vernünftig war
- Baugenehmigungsgebühren
- Kosten für Baustelleneinrichtung und Absperrung der Gehwege
- Kosten der Einrichtung von Baustrom- und Bauwasseranschlüssen
- Reinigungskosten als notwendige Folge der Baumaßnahme

Solche Kosten können also in die Mieterhöhung einfließen. Sofern der Vermieter seinem Mieter **Aufwendungsersatz** gezahlt hat, kann er auch diese Kosten umlegen. Hierbei handelt es sich um den Fall, dass der Mieter entgeltlich Arbeiten durchgeführt hat, die zu den **Bauarbeiten** in der Wohnung gehören (z. B. Reinigung der Möbel und Teppiche).

Musste der Mieter aber wegen der Arbeiten ins Hotel ziehen oder hatte er sonstige Auslagen (z. B. für die Beaufsichtigung der Wohnung), handelt es sich nicht um umlagefähige Baukosten.

Die nicht umlagefähigen Kosten müssen außen vor gelassen werden

Hat der Vermieter für die Finanzierung einen **Kredit** aufgenommen, darf er die dadurch entstandenen Kosten nicht umlegen.

Hat der Mieter wegen der Beeinträchtigung der baulichen Maßnahmen (z. B. durch Schmutz, Lärm) zu Recht die Miete gemindert, darf auch der dadurch entstehende **Mietausfall nicht umgelegt** werden. Dies gilt auch für Mietausfälle, wenn andere Mieter im Haus deswegen die Miete gemindert haben.

Die Kosten für Instandsetzungsmaßnahmen sind abzuziehen

Häufig werden gleichzeitig mit einer Modernisierung auch **fällige** Instandsetzungsmaßnahmen durchgeführt.

» **Beispiel:**

- Die morschen, einfach verglasten Holzfenster werden nicht repariert, sondern durch Thermopanefenster mit Kunststoffrahmen ersetzt.
- Die bisher schadhafte Hausfassade wird nicht nur ausgebessert, sondern mit einer Wärmedämmschicht versehen.

Die Kosten für Erhaltungsmaßnahmen sind Vermietersache. Im Rahmen einer Mieterhöhung nach § 559 BGB müssen diese deshalb als »ersparte Instandsetzungskosten« nachvollziehbar aufgeschlüsselt und abgezogen werden. Dies gilt aber nur, wenn die Maßnahmen **zum Zeitpunkt der Modernisierung fällig** waren. Die Ersparnis auch zukünftig anfallender Maßnahmen fällt nicht darunter.

Der Vermieter muss in diesem Fall eine **Vergleichsrechnung** zwischen den Kosten einer bloßen Instandsetzung und den tatsächlich entstandenen Kosten vorlegen. Hierbei sind auch die **Baunebenkosten** mit zu berücksichtigen.

» **Beispiel:** Der Vermieter will die schadhafte Fassade nicht nur sanieren, sondern auch einen Wärmeputz anbringen lassen. Dann errechnen sich die umlagefähigen Modernisierungskosten aus der **Differenz** der am Ende tatsächlich aufgewandten Kosten und den Kosten, die für die bloße Sanierung erforderlich gewesen wären.

Wenn also für beide Arbeiten ein Gerüst aufgestellt werden musste, dann gehören die hierfür aufgewandten Kosten nicht zu den Modernisierungskosten (sog. **»Sowieso-Kosten«**). Das gilt auch für die Kosten der Baustelleneinrichtung, des Baustroms, eventuelle Genehmigungsgebühren oder Versicherungen.

Die ersparten Instandhaltungskosten lassen sich zum Beispiel durch **Kostenvoranschläge** oder **Sachverständigengutachten** nachweisen. Hierbei sind die gegenwärtigen Preise zugrunde zu legen.

Fremdmittel müssen berücksichtigt werden

Hat der Vermieter für die Modernisierung Fremdmittel erhalten, muss er diese bei der Berechnung der Mieterhöhung als Abzugskosten berücksichtigen. Von der **Art der Fremdmittel** hängt ab, wie diese im Einzelnen angerechnet werden (§ 559 a BGB):

- Kosten, die **vom Mieter oder für diesen von einem Dritten** übernommen oder die mit **Zuschüssen aus öffentlichen Haushalten** gedeckt werden, sind von den gesamten Modernisierungskosten abzuziehen (§ 559 a Abs. 1 BGB).

Beispiel:

- Der Mieter zahlt dem Vermieter einen Baukostenzuschuss, der nicht zurückgezahlt werden muss. Dafür verzichtet der Vermieter für zehn Jahre auf sein Recht zur Eigenbedarfskündigung und gegebenenfalls auch auf weitere Mieterhöhungen.
- Der Arbeitgeber des Mieters zahlt für die Modernisierung einen Zuschuss und erhält dafür ein Belegungsrecht an der Wohnung für eine bestimmte Zeit.
- Der Vermieter erhält für seine Modernisierungsmaßnahmen öffentliche Zuschüsse aus einem Landesmodernisierungsprogramm.

- Hat der Vermieter für die Modernisierung **Zinsvergünstigungen aus öffentlichen Haushalten** bekommen, ist zunächst die **jährliche Zinsersparnis** zu errechnen (§ 559 a Abs. 2 BGB). Hierfür vergleicht man den Zinssatz für erstrangige Hypotheken auf dem freien Markt zum Zeitpunkt der Beendigung der Modernisierungsmaßnahme mit dem tatsächlich bezahlten Zinssatz. Dann überträgt man die so ermittelte Zinsverbilligung auf den maßgeblichen Darlehensbetrag.

  Beispiel: Für die Modernisierung sind insgesamt € 60 000,– angefallen. Als Fördermaßnahme hat der Vermieter ein Darlehen in Höhe von € 30 000,– zu einem (vergünstigten) Zinssatz von 5 % erhalten. Zum maßgeblichen Zeitpunkt betrug der übliche Zinssatz für erstrangig abgesicherte Darlehen 9 %. Der Kürzungsbetrag errechnet sich wie folgt:

  9 % abzüglich 5 % = 4 %. 4 % von € 30 000,– = € 1 200,– jährlich. Diesen Betrag muss der Vermieter von dem Jahresmieterhöhungsbetrag von € 6 600,– (11 % von € 60 000,–) abziehen. Daraus ergibt sich eine monatliche Mieterhöhung von € 450,– ((6 600 ./. 1 200) : 12).

3.4 Wie müssen die Modernisierungskosten verteilt werden?

Stehen die **Modernisierungskosten** fest, ist deren Weitergabe im Wege der Mieterhöhung am einfachsten, wenn sie sich ausschließlich auf eine bestimmte Wohnung beziehen (z. B. wurde nur in einer Wohnung das Bad gefliest).

Sind dagegen **mehrere Wohnungen** von der Modernisierung betroffen (z. B. wurde die Außenfassade eines Mehrfamilienhauses wärmegedämmt), müssen die Kosten »angemessen auf die einzelnen Wohnungen aufgeteilt werden« (§ 559 Abs. 2 BGB). Dabei sind jeweils die Kosten zu ermitteln, die konkret für jede einzelne Wohnung aufgewendet wurden.

3.5 Was bei der Mieterhöhungserklärung zu beachten ist

Fehler in der Mieterhöhungserklärung machen diese unwirksam. Eine nachträgliche Heilung oder Nachbesserung ist nicht möglich. Der Vermieter muss beim Abfassen des Mieterhöhungsschreibens unbedingt die folgenden Punkte beachten:

Ist der richtige Zeitpunkt eingehalten worden?

Eine Mieterhöhung kann erst verlangt werden, wenn die Baumaßnahmen von den Handwerkern **vertragsgerecht erbracht** worden sind. Auf eine förmliche Abnahme der Arbeiten kommt es hierbei nicht an.

Ebenso schadet es nicht, wenn noch **Nebenarbeiten** ausstehen, zum Beispiel Außenanlagen wieder hergestellt werden, Bauschuttcontainer abgefahren oder noch Mängel beseitigt werden müssen.

Die genaue Höhe der **Kosten muss bekannt sein.** Erforderlich ist deshalb, dass dem Vermieter **alle Rechnungen** der Auftragnehmer vorliegen. **Ausnahme:** Er hatte zuvor bereits Fest- oder Pauschalpreise vereinbart.

Sind die Baumaßnahmen hinreichend erläutert?

Der Vermieter ist verpflichtet, dem Mieter in der Mieterhöhungserklärung plausibel zu machen, dass es sich um eine »**Modernisierungsmaßnahme**« im Sinne des Gesetzes handelt. Das heißt, dass hierdurch zum Beispiel die Wohnverhältnisse verbessert oder Heizenergie eingespart werden.

Musste er andere Maßnahmen aufgrund gesetzlicher Gebote oder behördlicher Anordnungen vornehmen (→ Abschn. 3.1), dann ist anzugeben, aufgrund welcher Umstände diese erfolgt sind und warum er diese nicht zu vertreten hatte.

Für bauliche Maßnahmen zur **Einsparung von Heizenergie** ist mindestens die Angabe der alten und neuen Wärmedurchgangswerte erforderlich. Die Vorlage einer **Wärmebedarfsberechnung** ist nicht erforderlich.

Ist der konkrete Erhöhungsbetrag berechnet und erläutert?

§ 559 b Abs. 1 BGB verlangt, dass der verlangte Erhöhungsbetrag aufgrund der entstandenen Kosten **nachvollziehbar** berechnet und erläutert wird. Hierdurch soll der Mieter hinreichend prüfen können, ob er die geforderte Mieterhöhung zahlen muss.

Deshalb sind zunächst die Kosten anzugeben, die auf die einzelnen Modernisierungsmaßnahmen (z. B. Einbau von Thermopanefenstern, Wärmedämmung der Außenfassade) und die dazugehörigen Gewerke (z. B. Maurerarbeiten, Tischlerarbeiten) entfallen.

Dabei ist auch der Abzug von fälligen **Instandsetzungsarbeiten** und **Fremdmitteln** (→ Abschn. 3.3) unbedingt mit zu berücksichtigen.

Hat der Vermieter mit dem Werkunternehmer für ein Einzelgewerk (z. B. Einbau einer Gasetagenheizung) einen **Pauschalpreis vereinbart,** kann die Angabe des Pauschalpreises ausreichend sein.

! Ersparen Sie sich am besten einen Streit hierüber, indem Sie Ihren Vermieter um Einsichtnahme in die Rechnungsbelege bitten. Denn die muss Ihnen der Vermieter auf Anfrage vorlegen.

Sind in dem Erhöhungsschreiben alle Absender und Adressaten genannt?

Wird die Mieterhöhungserklärung zum Beispiel nicht an alle Mieter gerichtet, ist sie unwirksam. Zwar muss der Vermieter die Erklärung nicht unterschreiben. Denn hierfür reicht die **Textform** des § 126 b BGB aus. Deshalb darf er die Erklärung zum Beispiel auch per Kopie, Fax oder E-Mail schicken. Doch muss er gleichwohl darauf achten, dass als Absender alle Personen auf Vermieterseite genannt sind und die Erklärung an alle Mieter gerichtet ist.

3.6 Ab wann muss die erhöhte Miete gezahlt werden?

Hat der Mieter eine korrekte Mieterhöhungserklärung erhalten, schuldet er die erhöhte Miete mit **Beginn des dritten Monats** nach dem Zugang der Erklärung (§ 559 b Abs. 2 Satz 1 BGB).

» **Beispiel:** Sie erhalten das Mieterhöhungsschreiben am 20. 3. Den Erhöhungsbetrag müssen Sie mit der Junimiete entrichten.

Wurde die Modernisierungsmaßnahme und/oder die Mieterhöhung **nicht ordnungsgemäß angekündigt** oder übersteigt die tatsächliche Mieterhöhung die vormals angekündigte um mehr als 10 %, verschiebt sich der Zahlungstermin um **weitere sechs Monate** (§ 559 b Abs. 2 BGB).

» **Beispiel:**

- Der Vermieter hatte entgegen § 555 c Abs. 1 BGB die Drei-Monats-Frist für die Ankündigung der Modernisierung nicht eingehalten, sondern die Mieter erst zwei Monate zuvor informiert.
- Die ursprünglich mit € 60,– angekündigte Mieterhöhung stellt sich nach Abschluss der Arbeiten als zu niedrig dar. Jetzt werden € 70,– verlangt.

Der Mieterhöhungsbetrag bildet mit der bisherigen Miete die »neue Miete«. Es handelt sich also nicht um einen »Zuschlag«. Deshalb fällt der modernisierungsbedingte Mietanteil auch nicht weg, wenn die Modernisierungskosten hierdurch nach ca. neun Jahren getilgt sind.

Die »neue Miete« kann dann erst wieder erhöht werden, wenn die ortsübliche Vergleichsmiete für vergleichbare modernisierte Wohnungen höher ist.

E6 Wie Sie bei der Kündigung von Wohnraum alles richtig machen

1 Darf überhaupt gekündigt werden?

1.1 Ihr Mietvertrag läuft auf unbestimmte Zeit

Wenn Sie einen Kündigungsausschluss vereinbart haben

Haben Sie mit Ihrem Mieter / Vermieter vereinbart, dass das Kündigungsrecht für einen bestimmten Zeitraum ausgeschlossen sein soll, können Sie bis zu dessen Ablauf nicht ordentlich kündigen.

Ein solcher Kündigungsausschluss ist allerdings nur wirksam, wenn er für beide Seiten gilt und auf **maximal vier Jahre** begrenzt ist. Gerechnet wird dabei vom Zeitpunkt des Vertragsschlusses bis zu dem Zeitpunkt, zu dem der Mieter den Vertrag erstmals beenden kann. Bindet die Klausel im Vertrag den Mieter an einen längeren Zeitraum, gilt der Kündigungsausschluss nicht.

Vermieter brauchen fast immer eine stichhaltige Begründung

Während **Mieter** bei einem Mietverhältnis »auf unbestimmte Zeit« jederzeit (Ausnahme: vereinbarter Kündigungsausschluss) und ohne besondere Begründung kündigen können, ist dies für **Vermieter** in der Regel anders.

Nach § 573 BGB müssen Vermieter, um ordentlich kündigen zu können, ein **»berechtigtes Interesse«** an der Beendigung des Mietverhältnisses vorweisen können.

» **Beispiel:** Der Vermieter benötigt die Mietwohnung entweder für sich oder für zu seinem Haushalt gehörende Personen oder Familienangehörige.

Nur in Ausnahmefällen braucht der Vermieter **keinen Kündigungsgrund** vorzuweisen, und zwar in folgenden Fällen:

- Sie bewohnen ein **Zweifamilienhaus** und möchten die darin liegende andere Wohnung (sog. »Einliegerwohnung«) kündigen (vgl. § 573 a Abs. 1 BGB).
- Nach dem **Tod des Mieters** kündigen Sie das Mietverhältnis **gegenüber den Erben** (§ 564 BGB).
- Sie haben **möblierten Wohnraum** innerhalb der von Ihnen **selbst bewohnten Wohnung** vermietet (§ 549 Abs. 2 Nr. 2 BGB).

- Sie haben den Wohnraum »nur zum vorübergehenden Gebrauch« vermietet (§ 549 Abs. 2 Nr. 2 BGB; z. B. Vermietung für die Zeit einer Kur).
- Es handelt sich um **unmöblierten Wohnraum,** der Teil der von Ihnen **selbst bewohnten Wohnung** ist (§ 573 a Abs. 2 BGB).

Was nach einem Haus- oder Wohnungskauf gilt

Hat der Vermieter ein **Mietshaus** erworben und möchte er einer Mietpartei (z. B. »wegen Eigenbedarf«) kündigen, muss er damit warten, bis er als Eigentümer **im Grundbuch eingetragen** ist. **Konkret:** Auch wenn es wie üblich mit der Grundbucheintragung länger dauert, nützt es nichts, die Kündigung schon vorher auszusprechen.

Nach Erwerb einer **vermieteten Eigentumswohnung** muss der Käufer eine mehrjährige Wartefrist einhalten, wenn diese Wohnung vor dem Verkauf in Wohnungseigentum **umgewandelt** worden ist (→ Kapitel E 7).

Teilkündigungen sind nur ausnahmsweise erlaubt

Haben Sie auf **Mieterseite** den Mietvertrag mit mehreren Personen unterschrieben (z. B. als Ehepaar), können Sie den Mietvertrag nicht für sich allein kündigen. Wenn nicht alle kündigen, ist die Kündigung unwirksam.

Entsprechend können auch **Vermieter** nicht nur einzelnen Personen einer Mietergemeinschaft kündigen. Kündigen sie nicht gegenüber allen Mietern, ist die Kündigung unwirksam.

Wollen Sie als **Mieter nicht mehr benötigte** Abstellräume, einen Garten oder die Garage kündigen, ist dies nur möglich, wenn es sich dabei um ein von Ihrem Wohnraummietvertrag **getrenntes** Mietverhältnis handelt.

» **Beispiel:** Im Laufe des Mietverhältnisses haben Sie von Ihrem Vermieter zusätzlich eine Garage angemietet. Dafür haben Sie einen Extra-Mietvertrag abgeschlossen und zudem noch vereinbart, dass es sich hierbei noch um ein »eigenständiges« Mietverhältnis handelt.

Auch ein **Vermieter** ist zu einer Teilkündigung nicht berechtigt. Allerdings gibt es für ihn von diesem Grundsatz folgende **Ausnahmen:**

- Es handelt sich um ein Mietverhältnis im Sinne des § 549 Abs. 2 BGB (z. B. Wohnraum, den er nur zum »vorübergehenden Gebrauch« vermietet hat, oder **möblierten Wohnraum** in der von ihm selbst bewohnten Wohnung).
- Nach § 573 b BGB darf er Räume, die nicht zum Wohnen bestimmt sind (z. B. Abstellräume, Speicher, Keller), oder **Grundstücksteile** (z. B. Garten,

Stellplatz, Garage) isoliert kündigen. Damit beendet er aber nur das Mietverhältnis über diesen Teil, der übrige Teil des Mietverhältnisses wird dagegen aufrechterhalten.

Allerdings geht das nur, wenn der Vermieter beabsichtigt, auf diese Weise Wohnraum zu schaffen, um diesen dann zu vermieten. Oder auch, wenn er neuen Wohnraum schaffen und diesen und die vorhandenen Wohnungen mit Nebenräumen und Grundstücksteilen ausstatten will.

» **Beispiel:**

- Der Vermieter hat eine Wohnung mit Stellplatz vermietet. Auf den vermieteten Stellplätzen will er ein neues Mietshaus bauen. Davon ist auch der Stellplatz des Mieters betroffen, dem er hiermit kündigt.
- Dem Mieter wird sein mitgemieteter Trockenraum im Dachgeschoss gekündigt, weil sein Vermieter das ganze Dachgeschoss zu einer Mietwohnung umbauen will. Als Ausgleich hierfür möchte der Vermieter ihm einen Kellerraum vermieten. Da aber alle Kellerräume vermietet sind, kündigt er einem anderen Mieter seinen Kellerraum. Diesen teilt er dann unter beiden Mietern auf.

Die **Kündigungsfrist** beträgt in einem solchen Fall **drei Monate.** Die hiervon betroffenen Mieter können für die weggefallenen Räume oder Grundstücksteile eine angemessene Herabsenkung der Miete verlangen (§ 573 b Abs. 4 BGB).

1.2 Ihr Mietvertrag ist befristet

Qualifizierter Zeitmietvertrag nach neuem Recht

Haben Sie Ihren befristeten Mietvertrag **nach dem 1. 9. 2001** abgeschlossen, kann es sich nur um einen sogenannten »qualifizierten« Zeitmietvertrag handeln.

Denn seit der Mietrechtsreform können Wohnraummietverträge nur dann befristet werden, wenn der Vermieter darin angibt, dass er nach Fristablauf sein Mietobjekt in bestimmter Weise verwenden will (z. B. für den Eigenbedarf).

Dieser Vertrag endet normalerweise erst mit Ablauf der vereinbarten Frist und kann nicht durch eine ordentliche Kündigung vorab beendet werden (§ 542 Abs. 2 BGB).

Zeitmietvertrag mit Verlängerungsklausel nach altem Recht

Haben Sie Ihren Zeitmietvertrag **vor dem 1. 9. 2001** abgeschlossen, handelt es sich aller Wahrscheinlichkeit nach um einen sogenannten »einfachen« Zeitmietvertrag, an den Sie auch heute noch gebunden sind.

Steht in Ihrem Mietvertrag: »Das Mietverhältnis verlängert sich jeweils um ... Monate / Jahr(e), wenn eine der Parteien nicht bis spätestens ... (z. B. drei) Monate vor Ablauf der Mietzeit kündigt.«, ist es ein **Zeitmietvertrag mit Verlängerungsklausel.**

Haben Sie eine solche Klausel vereinbart, gilt diese auch noch heute. Als Mieter können Sie Ihr Mietverhältnis deshalb jeweils nur zum vertraglich vereinbarten Ablauftermin kündigen, selbst wenn die Kündigungsfristen für Mieter neuerer Mietverträge kürzer sind (→ Abschn. 3.2).

Der **Vermieter** kann dagegen nur kündigen, wenn er ein »berechtigtes Interesse« vorweisen kann (→ Abschn. 2.4).

Zeitmietvertrag ohne Verlängerungsklausel nach altem Recht

Heißt es in Ihrem Mietvertrag: »Der Mietvertrag wird auf die Dauer von ... Jahren geschlossen und läuft am ... ab.«, handelt es sich um einen Zeitmietvertrag ohne Verlängerungsklausel.

In diesem Fall endet das Mietverhältnis zum vereinbarten Termin, ohne dass Sie kündigen müssen. Grundsätzlich dürfen Sie vorher auch nicht ordentlich kündigen.

Wenn der Mieter die Vertragsverlängerung verlangt: Der Mieter kann von seinem Vermieter bei diesem Vertragstypus die Verlängerung des Vertrages auf unbestimmte Zeit verlangen. Dies muss allerdings spätestens **zwei Monate vor Ablauf** des Mietvertrages **schriftlich** geschehen.

Die Verlängerung des Mietverhältnisses kann der Vermieter dadurch verhindern, indem er noch vor dem vereinbarten Endtermin der Verlängerung des Mietvertrages **widerspricht.** Ein Widerspruch macht aber nur Sinn, wenn der Vermieter ein »berechtigtes Interesse« vorweisen kann oder ausnahmsweise keinen Kündigungsgrund braucht (→ Abschn. 1.1).

Wann Sie eine vorzeitige Vertragsbeendigung erreichen können

Auch bei einem befristeten Mietvertrag bzw. vereinbarten Kündigungsausschluss können Sie in folgenden Fällen das Mietverhältnis vorzeitig beenden:

- Sie kündigen das Mietverhältnis **fristlos** (z. B. weil Ihr Mieter / Vermieter Sie schwerwiegend beleidigt hat; → Kapitel E 8).
- Sie können sich auf ein **Sonderkündigungsrecht** berufen (z. B. nach einer Mieterhöhung; → nachfolgender Abschnitt).
- Sie einigen sich mit Ihrem Vertragspartner über die vorzeitige Beendigung und schließen einen **Mietaufhebungsvertrag.**

1.3 Sonderkündigungsrechte

Da viele Mieter sich inzwischen aufgrund der neuen Gesetzeslage auf eine dreimonatige Kündigungsfrist berufen können, kommen diese Sonderkündigungsrechte vornehmlich für diejenigen zum Tragen, die durch ihren Altmietvertrag noch an längere Kündigungsfristen gebunden sind oder einen befristeten Mietvertrag oder einen Kündigungsausschluss vereinbart haben.

Hier ein kurzer **Überblick** über die wichtigsten Sonderkündigungsrechte von Mieter und Vermieter:

Sonderkündigungsrechte des Mieters

- Wenn der Vermieter **Modernisierungsmaßnahmen ankündigt:** Erhält der Mieter die Ankündigung, kann er bis Ende des Folgemonats zum Ablauf des nächsten Monats kündigen.
- Bei **Mieterhöhung bis zur ortsüblichen Vergleichsmiete:** Erhält der Mieter die Mieterhöhung, kann er bis Ende des zweiten Folgemonats für den Ablauf des übernächsten Monats kündigen.
- Bei **Mieterhöhung wegen Modernisierung:** Kündigung wie oben möglich.
- Wenn eine **Staffelmiete** in einem **befristeten Mietvertrag** vereinbart wurde: Kündigung mit dreimonatiger Frist frühestens zum Ablauf des vierten Mietjahres, danach jederzeit mit Drei-Monats-Frist.
- Wenn der Vermieter die **Erlaubnis zur Untervermietung verweigert:** Kündigung mit Drei-Monats-Frist innerhalb eines zumutbaren Zeitraums nach Kenntnis von der Ablehnung.
- Bei **Tod des Mieters:** Kündigung nach Kenntnis vom Tod mit Drei-Monats-Frist.

Sonderkündigungsrechte des Vermieters

- Wenn eine **Einliegerwohnung vermietet** ist: Kündigung jederzeit auch ohne »berechtigtes Interesse« möglich; allerdings verlängert sich die im konkreten Fall geltende Kündigungsfrist um drei Monate.
- Bei **Tod des Mieters:** Kündigung innerhalb eines Monats nach Kenntnis vom Tod und davon, dass kein anderer in das Mietverhältnis eintritt, mit dreimonatiger Frist.
- Im Fall der **Zwangsversteigerung:** Kündigung sofort nach Zuschlag mit Drei-Monats-Frist zulässig, allerdings nur, wenn »berechtigtes Interesse« vorliegt.

2 So machen Sie formal alles richtig

2.1 Kündigen Sie immer schriftlich

Die Kündigung von **Wohnraum** muss immer **schriftlich** erfolgen (§ 568 Abs. 1 BGB). Eine Kündigung per **Telefax** (oder per **Telegramm** oder **E-Mail**) genügt deshalb nicht den Anforderungen an die gesetzliche Schriftform und ist deshalb **unwirksam.**

2.2 Alle Absender und Adressaten sind anzugeben

Wenn der Vermieter kündigt

Wenn nicht nur eine Person als Vermieter im Mietvertrag steht, sondern eventuell noch sein Ehegatte oder Miterben, mit denen er das vermietete Anwesen gemeinsam geerbt hat, darf er in seiner Kündigungserklärung niemanden vergessen.

Als erster Grundsatz gilt dabei: Alle Vermieter, die den Mietvertrag unterschrieben haben, müssen auch die Kündigung unterschreiben. Fehlt die Unterschrift eines Mitvermieters, ist die Kündigung **unwirksam.** Die Folge: Es muss dann nochmals gekündigt werden. Dabei beginnt die Kündigungsfrist wieder neu zu laufen.

Wird einer Mietergemeinschaft gekündigt, muss die Kündigung an alle Mieter gerichtet werden, die im Mietvertrag aufgeführt sind.

Hat auf Mieterseite eine Person, die im Kopf des Mietvertrages aufgeführt ist, den Mietvertrag nicht unterschrieben, ist zweifelhaft, ob sie damit auch Vertragspartner geworden ist.

Dasselbe gilt auch für den umgekehrten Fall, dass eine nicht im Kopf des Mietvertrages aufgeführte Person den Mietvertrag unterschrieben hat. Handelt es sich hierbei um Ehegatten, wird teilweise die Auffassung vertreten, dass beide Eheleute Vertragspartner sind. In einem solchen Fall sollte die Kündigung vorsichtshalber an beide Personen adressiert werden.

Ist einer der Mieter während der Vertragslaufzeit endgültig aus der Wohnung ausgezogen (z. B. im Fall der Trennung oder Scheidung), bedeutet das noch lange nicht, dass er damit auch aus dem Mietvertrag ausgeschieden ist!

Ist die neue Anschrift des ausgezogenen Mieters bekannt, müssen deshalb **zwei** Kündigungsschreiben verschickt werden. Ist dessen neue Anschrift dagegen nicht bekannt, darf die Kündigung für den ausgezogenen Mieter ebenfalls an die Adresse der Mietwohnung versandt werden.

Dasselbe gilt, wenn im Mietvertrag vereinbart ist, dass sich Mieter gegenseitig zum Empfang von Kündigungen bevollmächtigen.

Aufgepasst bei Altmietverträgen aus DDR-Zeiten! Wohnt in der Mietwohnung ein Ehepaar, von dem bloß ein Ehepartner den Mietvertrag unterschrieben hatte, muss nach jetziger Rechtslage trotzdem gegenüber **beiden Ehegatten** gekündigt werden.

Wenn Sie als Mieter kündigen

Achten Sie darauf, dass alle Personen auf Mieterseite die Kündigung unterschreiben. Dies gilt insbesondere auch, wenn einer Ihrer Mitmieter bereits ausgezogen ist.

! Sind Sie unsicher, wer auf Ihrer Seite als Mieter gilt, sollten Sie vorsichtshalber alle Beteiligten als Absender angeben und unterschreiben lassen.

2.3 Aufgepasst, wenn Sie sich vertreten lassen

Ihre Kündigung müssen Sie nicht unbedingt selbst aussprechen. Sie können auch einen Vertreter damit beauftragen, beispielsweise einen Rechtsanwalt.

Besonders **vorteilhaft** ist eine Vertretung, wenn auf Kündigerseite mehrere Personen (z. B. ein Ehepaar oder eine Erbengemeinschaft) stehen. Das erleichtert die Abwicklung. Dies kann auch in der Form geschehen, dass einer von Ihnen in eigenem Namen **und** stellvertretend für die anderen die Kündigung ausspricht.

Achten Sie auf die genaue Formulierung der Vollmacht

Ihr Vertragspartner muss erkennen können, dass der Vertreter im Namen aller Personen auf Vermieter- / Mieterseite handelt. Sprechen Sie zum Beispiel als Vermieter und gleichzeitig als Stellvertreter Ihrer Mitvermieter eine Kündigung aus, müssen Sie dies im Kündigungsschreiben eindeutig herausstellen.

Originalvollmacht nicht vergessen!

Der Vertreter muss dem Kündigungsschreiben eine **original unterschriebene** Vollmacht der Vertretenden beifügen. Es reicht nicht, wenn der Vertreter der Kündigung bloß die Kopie der Vollmacht beifügt, weil er zum Beispiel das Original behalten will.

Hat die Originalvollmacht dem Kündigungsschreiben **nicht beigelegen,** kann der Empfänger die Kündigung unter Berufung auf die fehlende Vollmacht als unwirksam zurückweisen.

Die Kündigung wird aber nur unwirksam, wenn er dies **unverzüglich** tut. »Unverzüglich« bedeutet hierbei »ohne schuldhaftes Verzögern«!

Ausnahmsweise braucht eine Vollmacht nicht beigefügt zu werden, wenn der Empfänger von der Vertretungsbefugnis weiß bzw. sie bereits anerkannt hatte.

» **Beispiel:** Der Anwalt des Vermieters ist als dessen Vertreter im Mietvertrag aufgeführt und hat diesen bisher in mehreren Prozessen gegen den Mieter vertreten.

2.4 Wer seine Kündigung mit Gründen versehen muss

Der Mieter kündigt

Bei einer ordentlichen Kündigung brauchen Sie als Mieter keine Kündigungsgründe anzugeben. Dasselbe gilt auch, wenn Sie ein **Sonderkündigungsrecht** wahrnehmen.

Es reicht hier aus, dass die Voraussetzungen für eine Sonderkündigung vorliegen (z. B. haben Sie eine Mieterhöhung wegen Modernisierung erhalten).

! Im Unterschied zur ordentlichen Kündigung sollten Sie Ihre Sonderkündigung immer begründen, auch wenn Sie dazu gesetzlich nicht verpflichtet sind. Denn nicht jeder Vermieter kennt die Sonderkündigungsmöglichkeiten. Auf diese Weise ersparen Sie sich unnötige Rückfragen.

Bei einer außerordentlichen fristlosen Kündigung aus wichtigem Grund (z. B. wegen Gesundheitsgefährdung durch Schimmelpilze; → Kapitel E 8) müssen Sie die Gründe für Ihre Kündigung angeben (§ 569 Abs. 4 BGB).

Der Vermieter kündigt

Der Vermieter von **Wohnraum** muss seine Kündigung **immer** exakt begründen (§ 573 Abs. 3 BGB). Auf welche Gründe er sich dabei berufen kann, ist in § 573 Abs. 2 BGB beschrieben. Dabei werden als sogenannte »**berechtigte Interessen**« des Vermieters anerkannt:

- Der Mieter hat seine vertraglichen Pflichten schuldhaft nicht unerheblich verletzt.
- Der Vermieter benötigt die Mieträume für sich, seine Familienangehörigen oder Angehörige seines Haushalts.
- Der Vermieter ist durch die Fortsetzung des Mietverhältnisses an einer angemessenen wirtschaftlichen Verwertung des Grundstücks gehindert und würde dadurch erhebliche Nachteile erleiden.

Deshalb sollte ein Vermieter in seiner ordentlichen Kündigung **alle Gründe angeben.** Kommt es nämlich zu einem Rechtsstreit, berücksichtigt das Gericht nur die im Kündigungsschreiben angegebenen Gründe.

Dabei reicht es **nicht** aus, wenn der Vermieter in seinem Kündigungsschreiben lediglich den Gesetzeswortlaut wiederholt (z. B. »Ich kündige hiermit wegen Eigenbedarf.«). Eine so spärlich begründete Kündigung ist unwirksam.

Kündigt der Vermieter in dem von ihm selbst bewohnten Zweifamilienhaus dem Mieter seiner »Einliegerwohnung« (§ 573 a Abs. 1 BGB), muss er seinem Mieter **deutlich erklären,** dass er von seinem Sonderkündigungsrecht nach § 573 a BGB Gebrauch macht.

» **Beispiel:** Er sollte schreiben: »... gemäß § 573 a BGB kann der Vermieter ein Mietverhältnis über Wohnraum auch ohne Vorliegen eines berechtigten Interesses kündigen, wenn das Mietobjekt sich in einem Gebäude mit nicht mehr als zwei Wohnungen befindet und der Vermieter eine der beiden Wohnungen selbst bewohnt.

Diese Voraussetzungen liegen hier vor. Nur auf sie und nicht auf berechtigte Interessen im Sinne des § 573 Abs. 1 BGB wird die oben ausgesprochene Kündigung gestützt.«

Wenn der **Mieter stirbt,** ist das Mietverhältnis gemäß § 564 BGB gegenüber den Erben des Mieters mit dreimonatiger Frist kündbar. Eine Begründung hierfür ist **nicht erforderlich.**

Will der Vermieter **fristlos kündigen** (→ Kapitel E 8), muss er sein Kündigungsschreiben mit einer **Begründung** versehen (§ 569 Abs. 4 BGB).

2.5 Die Belehrung über das Widerspruchsrecht des Mieters

Erhält der Mieter eine ordentliche Kündigung, steht ihm ein **Widerspruchsrecht** (§ 574 BGB) zu. Danach kann er die Fortsetzung des Mietverhältnisses verlangen, wenn die Kündigung für ihn eine besondere Härte darstellt (z. B. kann er aus Alters- und Gesundheitsgründen nicht umziehen).

Hat der Vermieter in seiner Kündigung über das Widerspruchsrecht belehrt, muss der Mieter seinen Widerspruch **spätestens zwei Monate** vor Mietende einlegen. Versäumt er diese Frist, darf der Vermieter die Fortsetzung des Mietverhältnisses ablehnen, auch wenn tatsächlich Härtegründe vorliegen.

Ist die Widerspruchsbelehrung allerdings unterblieben, kann der Mieter sich immer noch im ersten Termin eines Räumungsprozesses auf seine Härtegründe berufen.

3 Fristen unbedingt einhalten!

3.1 Wenn der Vermieter kündigt

Gesetzliche Kündigungsfristen

Für den Vermieter beträgt die gesetzliche Kündigungsfrist zunächst **drei Monate** (§ 573 c Abs. 1 Satz 1 BGB). Allerdings **verlängert** sich diese je nach **Wohnzeit** des Mieters:

- nach fünf Jahren beträgt sie sechs Monate;
- nach acht und mehr Jahren beträgt sie neun Monate.

Die für die Kündigungsfrist maßgebliche Mietdauer berechnen Sie, indem Sie den Zeitraum ermitteln, der zwischen dem Zeitpunkt der vereinbarten **Überlassung** der Wohnung und dem **Zugang** des Kündigungsschreibens beim Mieter liegt.

Bei Mietverträgen, die **vor dem 1. 9. 2001** abgeschlossen worden sind, war häufig die wohnzeitabhängige Verlängerung der Kündigungsfrist entsprechend der alten Gesetzeslage vereinbart. Danach betrug die Frist nach **zehnjähriger** Wohnzeit **zwölf** Monate. Finden Sie in Ihrem Mietvertrag noch eine solche Vereinbarung, ist jedenfalls der **Vermieter** daran gebunden.

Spezialfall: Sonderkündigungsrecht

Beruft sich der Vermieter in seiner Kündigung nicht auf ein »berechtigtes Interesse«, sondern nimmt er zum Beispiel sein Sonderkündigungsrecht bei **Einliegerwohnungen** wahr, **verlängert** sich die für ihn geltende Kündigungsfrist **um drei Monate** (§ 573 a Abs. 1 Satz 2 BGB).

» **Beispiel:** Mitte Juni entscheidet sich der Vermieter, dem Mieter seiner Einliegerwohnung zu kündigen. Da dieser darin bereits sechs Jahre wohnt, beträgt die gesetzliche Kündigungsfrist sechs Monate. Diese verlängert sich – weil er sich auf sein Sonderkündigungsrecht beruft – um weitere drei Monate. Wenn der Mieter die Kündigung bis zum dritten Werktag des Juli bekommt, endet das Mietverhältnis somit am 31. März des Folgejahres.

In anderen Fällen kann der Vermieter bei Vorliegen eines Sonderkündigungsrechts (→ Abschn. 1.3) eine längere Kündigungsfrist auch auf **drei Monate** verkürzen:

- anlässlich des Todes des Mieters oder
- nachdem er das Mietobjekt im Wege der Zwangsversteigerung erworben hat.

Außerordentliche fristlose Kündigung

Im Gegensatz zu den oben genannten Kündigungsarten beendet eine **fristlose** Kündigung (z. B. wegen Zahlungsverzuges; → Kapitel E 8) das Mietverhältnis **sofort.** Das heißt: Es endet, wenn das Kündigungsschreiben dem Mieter zugeht.

Es ist allerdings auch möglich, dass der Vermieter die Schwierigkeiten seines Mieters, sofort eine andere Bleibe zu finden, berücksichtigt und im Kündigungsschreiben erklärt, dass das Mietverhältnis erst zu einem späteren Zeitpunkt enden soll.

Vereinbarte Kündigungsfristen

Haben Sie in Ihrem Mietvertrag eine längere als die gesetzliche Kündigungsfrist vereinbart, ist der Vermieter daran gebunden.

3.2 Wenn Sie als Mieter kündigen

Gesetzliche Kündigungsfristen

Abgesehen davon, dass Sie als Mieter jederzeit ohne irgendeine Begründung ordentlich kündigen dürfen, genießen Sie das Privileg, dass Sie sich auf eine **dreimonatige** Kündigungsfrist berufen können (§ 573 c Abs. 1 Satz 1 BGB).

Im Gegensatz zur Vermieterkündigung verlängert sich Ihre Kündigungsfrist nach längerer Wohnzeit nicht. **Ausnahme:** Sie haben **vor dem 1. 9. 2001** wirksam etwas anderes vereinbart (siehe nächsten Punkt).

Haben Sie **möblierte** Wohnräume innerhalb der Wohnung Ihres Vermieters gemietet, können Sie spätestens am 15. eines Monats zum Ablauf dieses Monats kündigen (§ 573 c Abs. 3 BGB).

Vereinbarte Kündigungsfristen

§ 573 c Abs. 4 BGB verbietet die Vereinbarung einer für den Mieter nachteiligen längeren Frist als der gesetzlichen Drei-Monats-Frist.

Haben Sie Ihren Mietvertrag **vor dem 1. 9. 2001** abgeschlossen, kann es sein, dass Sie darin noch die **wohnzeitabhängige Verlängerung** der Kündigungsfrist nach der alten Rechtslage finden.

Zum Beispiel: »Nach fünf, acht und zehn Jahren seit der Überlassung des Wohnraums verlängert sich die Kündigungsfrist um jeweils drei Monate.« Solche Mietvertragsklauseln gelten nur dann weiterhin, wenn sie zwischen Vermieter und Mieter im konkreten Fall **individuell vereinbart**, also **ausgehandelt** worden sind.

Haben Sie in Ihrem Mietvertrag eine **kürzere** als die gesetzliche Kündigungsfrist vereinbart, ist diese Vereinbarung für Sie als Mieter wirksam. Ihr Vermieter kann sich dagegen nicht auf diese Vereinbarung berufen, falls er kündigt.

Mietverträge, die in den neuen Bundesländern **vor dem 3. 10. 1990** abgeschlossen wurden, enthalten teilweise noch die Kündigungsregelungen des damals geltenden § 120 Abs. 2 ZGB mit einer **zweiwöchigen** Kündigungsfrist. Wenn das auf Sie zutrifft, können Sie sich auch heute noch auf diese Frist berufen.

3.3 Was Sie zum Kündigungstag wissen sollten

Ihren Wohnraummietvertrag können Sie – sofern die Drei-Monats-Frist gilt – am **dritten Werktag** des Kalendermonats für den Ablauf des übernächsten Monats kündigen (§ 573 a Abs. 1 Satz 1 BGB).

Das heißt, nur wenn Sie diesen Termin (dritter Werktag) einhalten, zählt der entsprechende Monat bei der Berechnung der Kündigungsfrist mit.

» **Beispiel:** Der Vermieter erhält die Kündigung seines Mieters am dritten Werktag des Juni. Das Mietverhältnis endet deshalb am 31. August.

Liegt innerhalb der ersten drei Tage des Monats ein **Sonn- oder Feiertag**, zählt dieser bei der Fristberechnung nicht mit. Der Kündigungstag verschiebt sich dadurch entsprechend. Fällt ein **Samstag** in diese Karenzzeit, gilt dieser als Werktag, auch wenn er auf den **letzten** Tag der Karenzzeit fällt.

Verpassen Sie diesen Termin auch nur um einen Tag, verschiebt sich das Mietende um einen ganzen Monat. Besonders misslich wirkt sich die Fristüberschreitung aus, wenn Sie noch einen befristeten **Altmietvertrag mit Verlängerungsklausel** haben. Hier kann es Ihnen passieren, dass sich das Mietende um einen weitaus längeren Zeitraum verschiebt.

3.4 Wie Sie den fristgemäßen Zugang sicherstellen

Ihre Kündigung wird erst wirksam, wenn sie Ihrem Vertragspartner zugeht. Und diesen Zugang müssen Sie beweisen. Sie können die Kündigung per Einschreiben, per Boten oder per Gerichtsvollzieher zustellen. Letzteres empfiehlt sich insbesondere, wenn Ihr Vertragspartner erfahrungsgemäß gern behauptet, Post von Ihnen nicht erhalten zu haben.

E7 Die Kündigung wegen Eigenbedarf

1 Eigenbedarfskündigung – so einfach geht das nicht

Lässt sich der Mieter nichts zuschulden kommen, kann er nur gekündigt werden, wenn sein Vermieter hierfür wichtige Gründe vorweisen kann. Das Gesetz spricht hier von »berechtigten Interessen«.

Der in der Praxis am häufigsten vorkommende Grund ist der sogenannte »Eigenbedarf« im Sinne des § 573 Abs. 2 Nr. 2 BGB: Der Vermieter **benötigt** die Räume als Wohnung **für sich,** seine **Familienangehörigen** oder **Angehörige seines Haushalts.**

Vermieter im mitbewohnten Zweifamilienhaus haben es leichter: Wer in dem von ihm selbst bewohnten Zweifamilienhaus die andere Wohnung (sogenannte **»Einliegerwohnung«)** vermietet hat und dem Mieter kündigen will, hat ein **Sonderkündigungsrecht** (→ Kapitel E 6).

1.1 Wenn Ihr Mietvertrag die Kündigung verbietet

Ein auf bestimmte Zeit abgeschlossener Mietvertrag (sogenannter »**Zeitmietvertrag**«) ist für die Dauer der Befristung **nicht kündbar** – auch nicht wegen Eigenbedarf (→ Kapitel E 1).

Steht in Ihrem Mietvertrag, dass beide Parteien für eine bestimmte Zeit auf das Recht zur Kündigung verzichten (sogenannter »**Kündigungsausschluss**«: maximal vier Jahre sind erlaubt), ist ebenfalls eine Eigenbedarfskündigung ausgeschlossen.

1.2 In welchen Fällen das Gesetz die Kündigung verbietet

Wenn die Wohnung nicht zum Wohnen gebraucht wird

Nach dem Wortlaut des § 573 Abs. 2 Nr. 2 BGB liegt Eigenbedarf nicht vor, wenn der Vermieter die gekündigte Wohnung nicht vornehmlich »**als Wohnung**« benötigt. Soll die gekündigte Wohnung also überwiegend oder vollständig gewerblich oder zu freiberuflichen Zwecken genutzt werden, kommt deshalb eine Eigenbedarfskündigung nicht in Betracht.

Wenn der Vermieter »auf Vorrat« kündigt

§ 573 Abs. 2 Nr. 2 BGB verlangt für den Eigenbedarf, dass der Vermieter die Mietwohnung »**benötigt**«. Davon kann aber nur die Rede sein, wenn dies zum **Zeitpunkt der Kündigung** oder **in absehbarer Zeit** der Fall ist. Eine feste zeitliche Grenze gibt es allerdings nicht.

Hat der Vermieter dagegen noch keine konkrete Verwendungsabsicht, darf er auch noch nicht kündigen.

Begründet der Vermieter seine Kündigung damit, dass er eine größere Wohnung benötige, weil er eine Familie gründen und Kinder haben wolle, liegt nach allgemeiner Ansicht aber noch keine »Vorratskündigung« vor.

Ebenso wird man es ihm nicht vorwerfen können, wenn er vor dem Bezug der Wohnung noch Sanierungs-, Umbau- oder Renovierungsarbeiten durchführt. Dabei spielt es keine Rolle, wenn der normalerweise hierfür erforderliche Zeitraum überschritten wird.

Wenn der Eigenbedarf bei Mietbeginn absehbar war

In solch einem Fall ist eine später auf Eigenbedarf gestützte Kündigung in aller Regel rechtsmissbräuchlich. Kann der Vermieter vor Mietbeginn absehen, dass er die Mieträume in Zukunft benötigt, muss er die Mietinteressenten vor Vertragsabschluss auf die mögliche Kündigungsabsicht hinweisen.

Die Gerichte verlangen hierzu vom Vermieter, dass er bei Vertragsabschluss eine entsprechende »**Bedarfsvorschau**« für die folgenden **fünf Jahre** trifft.

» **Beispiel:** Zum Zeitpunkt des Mietvertragsabschlusses leben im Haushalt des Vermieters auch sein 18-jähriger Sohn und seine 17-jährige Tochter. In diesem Fall muss der Vermieter den Mieter vor Vertragsabschluss darauf hinweisen, dass »die Wohnung aller Voraussicht nach von einem seiner Kinder innerhalb der nächsten fünf Jahre benötigt wird«.

Schließen Sie in solch einem Fall am besten einen Zeitmietvertrag ab.

Wenn die Wohnung in Wohnungseigentum umgewandelt wird

Wird Ihre Wohnung nach Abschluss des Mietvertrages in Wohnungseigentum umgewandelt, verbietet § 577 a BGB für einen gewissen Zeitraum (sogenannte »**Sperrfrist**«) die auf »berechtigte Interessen« gestützte Kündigung.

Die Kündigungssperrfrist für den Vermieter beträgt im Normalfall drei Jahre (§ 577 a Abs. 1 BGB). Die Frist beginnt mit dem **ersten Verkauf** der umgewandelten Wohnung. Das heißt mit dem Tag, an dem der erste Käufer als Eigentümer im Grundbuch eingetragen wird.

Nach der Umwandlung seiner Mietwohnung erhält der Mieter kraft Gesetzes ein Vorkaufsrecht (§ 577 Abs. 1 BGB). Der Verkäufer oder der Käufer müssen den Mieter über den Inhalt dieses Kaufvertrages unterrichten und ihn auch über sein Vorkaufsrecht belehren (§ 577 Abs. 2 BGB).

Das gilt aber nur **für den ersten** Verkauf der Wohnung nach der Umwandlung. Wechselt die Wohnung später nochmals den Besitzer, gilt das Vorkaufsrecht nicht mehr.

In Gebieten, wo eine ausreichende Versorgung der Bevölkerung mit Mietwohnungen zu angemessenen Bedingungen gefährdet ist, kann die Frist durch Rechtsverordnung bis zu zehn Jahre verlängert werden (§ 577 a Abs. 2 BGB).

1.3 Für wen kann Eigenbedarf angemeldet werden?

Für den Vermieter selbst

Am einfachsten ist der Fall, wenn der Vermieter die zu kündigenden Wohnräume für sich selbst benötigt (sogenannte »**Eigennutzung**«).

Sind auf Vermieterseite **mehrere Personen** (z. B. Eheleute oder Mitglieder einer Erbengemeinschaft), genügt es, wenn nur eine davon die Wohnung benötigt.

Für Familienangehörige

Der Vermieter kann Eigenbedarf nicht nur für sich selbst, sondern auch für Familienangehörige geltend machen – egal, ob diese bisher in der Wohnung des Vermieters oder anderswo wohnten.

Familienangehörige sind alle Personen, zu denen der Vermieter einen besonderen **sozialen Kontakt** hat, aus dem sich eine **sittliche Verantwortung** für den Wohnbedürftigen ergibt.

! Gehen Sie von folgender **Faustregel** aus: Je weiter der Verwandtschaftsgrad entfernt ist, desto enger muss der soziale Kontakt zur Bedarfsperson sein.

Nahe Verwandte sind **immer »eigenbedarfstauglich«:**

- Verwandte in gerader Linie, also **Eltern, Kinder, Großeltern** und **Enkel**
- **Geschwister**
- **Nichten** und **Neffen**
- Auch die **Schwiegereltern** zählen zu den engsten Angehörigen.
- Auch das **Stiefkind** wird teilweise zu den nahen Angehörigen gezählt, für die Eigenbedarf grundsätzlich geltend gemacht werden kann. Teilweise wird verlangt, dass der Vermieter eine enge persönliche Beziehung zu seinem Stiefkind nachweisen kann.

Bei **entfernten Verwandten** verlangen die Gerichte vom Vermieter den Nachweis, dass tatsächlich ein **enges Verhältnis** besteht und sich für ihn darüber hinaus eine **moralische Verpflichtung** zur Unterstützung dieser Personen ergibt:

- **Cousin/-e** sowie **Großcousin/-e**
- **Neffe / Nichte**
- **Onkel / Tante / Schwager / Schwägerin**

Für Angehörige des Vermieterhaushalts

Hierzu zählen alle Personen, die derzeit mit dem Vermieter **auf Dauer** unter einem Dach leben. Darunter fallen sowohl die bei ihm wohnenden **Familienangehörigen** als auch eingetragene Lebenspartner (§ 1 LPartG) und deren Kinder, Partner einer nicht ehelichen Lebensgemeinschaft, Hausangestellte, Pflegepersonen und Betreuer.

Für Pflegepersonal

Will der Vermieter eine **Hausgehilfin** oder **Pflegerin** in seinen Haushalt aufnehmen und benötigt er wegen dieses zusätzlichen Raumbedarfs die zu kündigende Wohnung, fällt dies unter »Eigennutzung« (→ Abschnitt 1.3).

Möchte er die Pflegekraft **mit eigenem Wohnraum** versorgen, liegt kein Eigenbedarf im Sinne des § 573 Abs. 2 Nr. 2 BGB vor. Hier wird man aber zu seinen Gunsten ein »berechtigtes Interesse« im Sinne des Abs. 1 dieser Vorschrift bejahen können.

Vorausgesetzt, die Beschäftigung solcher Hilfspersonen ist nötig (z. B. Pflegefall) und ihre Unterbringung im Haus oder in der Nähe der Vermieterwohnung aus persönlichen, wirtschaftlichen oder sonstigen Gründen geboten.

1.4 Der Eigenbedarf muss plausibel begründet werden

Das Gesetz verlangt für den Eigenbedarf, dass die gekündigte Wohnung zu Wohnzwecken tatsächlich »**benötigt**« wird. Dazu muss der Vermieter **vernünftige** und **nachvollziehbare Gründe** vorbringen können.

» **Beispiel:**

- Der Vermieter, ein krankhafter Schnarcher, benötigt einen der vermieteten Räume einer Zweizimmerwohnung im Erdgeschoss des von ihm selbst bewohnten Hauses als Schlafzimmer für seine Ehefrau.
- Der Vermieter möchte in die gekündigte Wohnung ziehen, um die Fahrtzeit zu seiner Arbeitsstätte zu verkürzen.
- Der im Dachgeschoss wohnende Vermieter kündigt die Erdgeschosswohnung, weil er aus gesundheitlichen Gründen nicht mehr so viel Treppen steigen kann.

Eine umfangreiche Übersicht darüber, welche Gründe von den Gerichten als Eigenbedarf angesehen wurden, finden Sie auf Ihrer Rechtstipps-CD.

Der Vermieter muss hierfür keine Not- oder Zwangslage oder einen Wohnraummangel behaupten. Welchen Wohnbedarf der Vermieter als **angemessen** ansieht, hängt ab von seiner **individuellen** Wohnbedarfsplanung.

Deshalb kann ein Vermieter selbst mit **ausgefallenen Nutzungswünschen** vor Gericht Gehör finden. Vorausgesetzt, es gelingt ihm, seine Vorstellungen von angemessenem Wohnraum plausibel zu machen.

1.5 Wenn mehrere Wohnungen infrage kommen

Hat der Vermieter **mehrere Wohnungen** zur Auswahl, darf er frei darüber entscheiden, welche Wohnung er hierfür auswählt. Auch wenn der Vermieter einem Mieter kündigt, den dies härter als andere Mieter trifft, macht das die Kündigung nicht unwirksam. Denn eine »**Sozialauswahl**« bei der Eigenbedarfskündigung **gibt es nicht.**

Allerdings riskiert der Vermieter unter Umständen, dass der gekündigte Mieter aus Härtegründen Widerspruch einlegt (§ 574 BGB). Dadurch könnte die Vertragsbeendigung verzögert oder gar auf lange Sicht vereitelt werden.

1.6 Kündigungsschreiben

Die Eigenbedarfskündigung muss **schriftlich** erfolgen, an sämtliche Mieter der Wohnung gerichtet und von sämtlichen Vermietern unterschrieben werden (→ Kapitel E 6). Der Kündigungsgrund »Eigenbedarf« muss nachvollziehbar beschrieben werden.

Angaben zum Bedarf

Der Mieter muss dem Kündigungsschreiben entnehmen können, warum der Vermieter die Wohnung benötigt. Er soll hierdurch abschätzen können, wie seine Chancen stehen, sich gegen die Kündigung zu wehren. **Pauschale Angaben** reichen nicht aus und machen die **Kündigung unwirksam.**

» **Beispiel:**

- »Ich stütze die Kündigung auf Eigenbedarf. Die Gründe dafür sind in meinen derzeitigen Lebensverhältnissen und Lebensvorstellungen zu sehen.«
- »Ich benötige die Wohnung wegen Eigenbedarf für eine Pflegeperson.«

Solche Formulierungen reichen nicht aus. Selbst wenn dem Mieter die Kündigungsgründe bereits bekannt sind, dürfen sie im Kündigungsschreiben nicht fehlen. Im Streitfall können sie vor Gericht auch nicht einfach nachgeschoben werden.

Angaben zur Person

In dem Kündigungsschreiben muss der Vermieter angeben, für wen er die Wohnung benötigt. Will er sie einem **Familienangehörigen** überlassen, muss er den Grad der Verwandtschaft (z. B. Sohn, Nichte) mitteilen und auch die konkreten Wohnverhältnisse dieser Bedarfsperson offenlegen.

Wird gekündigt, weil der Vermieter eine **Pflegeperson** benötigt, muss diese zum Zeitpunkt des Kündigungsausspruchs noch nicht feststehen.

2 Eigenbedarf vorzutäuschen, zahlt sich nicht aus

2.1 Schadensersatz und Betrugsanzeige drohen

Wer Eigenbedarf nur vortäuscht, begeht eine **vorsätzliche Pflichtverletzung.**

Erschleicht sich der Vermieter auf diese Weise den Auszug seiner Mieter, ist er diesen gegenüber zum **Schadensersatz** verpflichtet.

Dasselbe gilt auch, wenn der Vermieter bei Ausspruch der Kündigung seinen behaupteten Eigenbedarf tatsächlich ausüben wollte, dieser dann aber nach Ausspruch der Kündigung und vor Auszug des Mieters wieder wegfiel (→ Abschn. 3).

Schadensersatzpflichtig macht sich der Vermieter auch dann, wenn er die gekündigten Räume des Mieters nach dessen Auszug in anderer Weise nutzen will, als er im Kündigungsschreiben behauptet.

» **Beispiel:** Der Vermieter kündigt die Erdgeschosswohnung in seinem Haus, »weil er aufgrund einer drastischen und bleibenden Verschlechterung seines Gesundheitszustandes seine derzeit im Dachgeschoss liegende Wohnung nur mit großer Mühe erreichen könne und er überdies in der gekündigten Wohnung eine dringend benötigte Pflegeperson unterbringen müsse«.

Nach Auszug der Mieter bleibt er in der Dachgeschosswohnung und hält sich nur ab und zu in einem abgeteilten Zimmer der Erdgeschosswohnung auf. Die in die Erdgeschosswohnung eingezogenen Mieter leisten keine Pflegedienste. Und ihre Handreichungen gegenüber dem Vermieter gehen über übliche Gefälligkeiten nicht hinaus.

Ebenso muss ein Vermieter Schadensersatz leisten, wenn er bei Ausspruch der Kündigung **noch nicht sicher** ist, ob sich sein behaupteter Eigenbedarf tatsächlich verwirklichen lässt. Dazu reicht schon, wenn seine Fehleinschätzung auf Fahrlässigkeit beruht.

» **Beispiel:** Der Vermieter möchte in der gekündigten Wohnung mit seiner Ehefrau zusammenziehen, die als Lehrerin an einem anderen Ort arbeitet und wohnt.

Zwar hat die Ehefrau die Versetzung zum Ort der Mietwohnung beantragt. Jedoch hat es der Vermieter versäumt, sich vor Ausspruch der Kündigung zu vergewissern, dass dieser Versetzung keine vorhersehbaren Hindernisse entgegenstehen.

Unabhängig von dem Schadensersatz, den der Vermieter bei vorgetäuschtem Eigenbedarf riskiert, droht ihm auch eine **Anzeige wegen Betrugs.** Denn ein vorsätzlich vorgetäuschter Eigenbedarf ist als Betrug gemäß § 263 StGB strafbar.

2.2 Wer die Beweislast trägt

Im Fall einer unberechtigten Eigenbedarfskündigung trägt der **Mieter** die Beweislast dafür, dass der Vermieter gar nicht vorhatte, den behaupteten Eigenbedarf tatsächlich wahrzunehmen.

Hierzu reicht es allerdings aus, dass der Mieter beweist, dass die vom Vermieter zur Begründung des Eigenbedarfs angegebenen Tatsachen nicht zutreffen. Es ist dann Sache des Vermieters, plausibel darzulegen, dass er ursprünglich tatsächlich vorhatte, die Mieterwohnung zu beziehen und weshalb er das dann doch nicht tat.

2.3 Welche Kosten der Mieter ersetzt verlangen kann

Der Vermieter muss dem Mieter alle durch die unberechtigte Kündigung entstandenen Kosten ersetzen. Dazu zählen zum Beispiel die Kosten für:

- **Wohnungssuche,** wie zum Beispiel Urlaub für Besichtigungen, Telefonate und Fahrzeugbenutzung sowie Ummeldung der Telefonanschlüsse
- **Inserate** und **Makler**
- **Umzug,** Möbelwagen und Hilfskräfte
- erforderliche **neue Einrichtungsgegenstände** (z. B. Garderobe, Badeinbauschrank), neue Gardinen und Zubehör
- notwendige **doppelte Mietzahlungen** (für alte und neue Wohnung)
- die **Renovierung** der neuen Wohnung, soweit die alte Wohnung noch nicht renovierungsbedürftig war
- die **Mietdifferenz** für maximal drei bis vier Jahre, sofern die neue Wohnung den gleichen Nutzungswert wie die gekündigte hat
- den **Wertverlust** durch Zurücklassen von Einbauten ohne Entschädigung
- die Beauftragung eines **Detektivs,** um die Täuschung nachweisen zu können
- den vorangegangenen **Räumungsrechtsstreit.**

3 Wenn eine Alternativwohnung frei wird

Wird nach Ausspruch der Kündigung eine andere Wohnung des Vermieters frei, die für ihn gleichermaßen wie die gekündigte geeignet ist, muss er diese Wohnung nutzen. **Ausnahme:** Er kann beachtliche Gründe vorweisen, dass er an der bereits gekündigten Wohnung festhalten möchte.

Die frei gewordene Wohnung muss vergleichbar sein

Der Vermieter muss nur dann auf eine leer stehende Wohnung zurückgreifen, wenn sie vergleichbar ist. Das heißt, wenn er den von ihm bestimmten Wohnbedarf hier ohne wesentliche Abstriche befriedigen kann und die Wohnung nach Größe, Lage und Zuschnitt genauso gut geeignet ist wie die gekündigte.

Kommt die Wohnung jedoch als Alternativwohnung in Betracht, muss er dem gekündigten Mieter unverzüglich anbieten, das Mietverhältnis fortzusetzen. Unterlässt er das, macht er sich schadensersatzpflichtig.

Wann eine frei gewordene Wohnung angeboten werden muss

Will oder kann der Vermieter die frei stehende Alternativwohnung nicht selber beziehen bzw. nutzen, muss er im Normalfall diese Wohnung dem gekündigten Mieter anbieten. Auch hier droht ihm Schadensersatz, wenn er dies unterlässt.

Durch diese Verpflichtung soll dem Mieter ermöglicht werden, eine Wohnung in seiner vertrauten häuslichen Umgebung zu beziehen. Deshalb muss der Vermieter eine frei gewordene Wohnung nur dann anbieten, wenn sie **im selben Haus** oder in **derselben Wohnungsanlage** liegt.

»Anbieten« bedeutet, dass der Vermieter den Mieter über die Größe und Ausstattung der Alternativwohnung sowie über die Mietkonditionen (Miete, Nebenkosten) informiert.

Die Anbietpflicht besteht nicht mehr, wenn die **Kündigungsfrist abgelaufen** ist.

4 Wenn der Eigenbedarf wieder wegfällt

In diesem Fall ist der Vermieter verpflichtet, den gekündigten Mieter hierüber sofort zu informieren und ihm **anzubieten,** den Mietvertrag mit ihm **fortzusetzen.** Andernfalls macht er sich **schadensersatzpflichtig** (→ Abschn. 2.3).

Dies gilt sogar dann, wenn der Mieter – noch während die Kündigungsfrist läuft – eine andere Wohnung mietet und **seinerseits** das Mietverhältnis kündigt.

Dasselbe gilt, wenn der Mieter innerhalb der Kündigungsfrist zwar noch nicht ausgezogen ist, aber schon eine Eigentumswohnung gekauft hat, um dort einzuziehen.

E8 Fristlos kündigen oder gekündigt – so gehen Sie auf Nummer sicher

1 Wann kann der Vermieter fristlos kündigen?

Auslöser für eine fristlose Kündigung ist in der Regel ein vertragswidriges Verhalten eines Vertragspartners. Bei Mietverträgen sind es meist die **Vermieter,** die das Mietverhältnis auf diese Weise kurzfristig beenden möchten.

Das liegt auch in der Natur der Sache: Denn ein Vermieter hat ja – anders als ein Mieter – nicht das Problem, kurzfristig eine andere Wohnung finden zu müssen. Deshalb liegt der Schwerpunkt der folgenden Ausführungen auf der Kündigung durch den Vermieter.

Der Gesetzgeber hat für diese Art der Kündigung schon wegen ihrer weitreichenden Folgen (schnelles Vertragsende und unter Umständen Schadensersatzansprüche) einige Hürden aufgebaut. Wer kündigt, muss unbedingt die dafür geltenden **Formvorschriften** (→ Kapitel E 6) einhalten und die Kündigung **sorgfältig begründen** (§ 569 Abs. 4 BGB).

Abgesehen von der Kündigung wegen Zahlungsverzuges ist in den meisten Fällen auch eine **vorherige Abmahnung** erforderlich.

1.1 ... wenn der Mieter die Miete nicht gezahlt hat

Ist der Mieter für zwei aufeinanderfolgende Termine mit der Mietzahlung im Verzug, darf der Vermieter das Mietverhältnis fristlos kündigen (§ 543 Abs. 2 Nr. 3 a, 1. Alt. BGB).

Was gehört zur »Miete«?

Darunter fällt die vertraglich vereinbarte Miete einschließlich der Nebenkosten. Das ist entweder die monatliche Nettomiete zuzüglich der Betriebskostenvorauszahlungen bzw. -pauschalen oder die Bruttomiete.

Das Kündigungsrecht bezieht sich nur auf diese **regelmäßig wiederkehrenden Zahlungen.** Deshalb kann der Mieter nicht fristlos gekündigt werden, wenn er zum Beispiel die Nachzahlung aus einer Betriebskostenabrechnung oder die Kaution nicht gezahlt hat.

Wann ist der Mieter mit seinen Zahlungen »im Verzug«?

Verzug liegt immer dann vor, wenn der Mieter den vereinbarten oder gesetzlichen Zahlungstermin hat verstreichen lassen. In den meisten Verträgen steht, dass die Miete »**bis zum dritten Werktag** eines Monats gezahlt werden muss«. So bestimmt es auch § 556 b Abs. 1 BGB. Der Mieter befindet sich deshalb nach Ablauf des dritten Werktages mit der Mietzahlung automatisch »im Verzug«.

Fällt in diese Karenzzeit – die ersten drei Tage – ein **Samstag,** gilt dieser **nicht** als **Werktag** (die Banken erledigen an diesem Tag nämlich keine Bankgeschäfte). In diesem Fall verschiebt sich der Fristablauf um einen Tag.

Für die **Rechtzeitigkeit** der Zahlung kommt es darauf an, wann der Mieter die Überweisung bzw. die Einzahlung vornimmt. **Ausnahme:** Die Parteien haben – wie allgemein üblich – im Mietvertrag vereinbart, dass das Geld zum Fälligkeitstermin auf dem Konto des Vermieters eingegangen sein muss.

Krankheit oder **Arbeitslosigkeit** entschuldigen den säumigen Mieter nicht. Auch die **fehlerhafte Bearbeitung von Überweisungsaufträgen** durch seine Bank geht zulasten des Mieters.

Hat der Mieter nicht gezahlt, ist er in folgenden Fällen trotzdem nicht im Verzug:

- Wegen eines Mangels der Mietsache hat der Mieter die Miete berechtigterweise zurückbehalten oder gemindert (→ Kapitel E 4).
- Der Mieter hat mit eigenen Ansprüchen gegenüber der Miete aufgerechnet (z. B. steht dem Mieter aus der letzten Betriebskostenabrechnung ein Guthaben zu).
- Der Mieter hat die Miete bei der Hinterlegungsstelle des Amtsgerichts hinterlegt (z. B. weil nach einem Eigentümerwechsel sowohl der alte als auch der neue Vermieter die Miete verlangen).
- Der Vermieter hat von der ihm vertraglich eingeräumten Einzugsermächtigung keinen Gebrauch gemacht.

Was muss der Vermieter bei der Begründung beachten?

Bei **klarer und einfacher Sachlage** reicht es aus, wenn der Vermieter den Zahlungsverzug als Kündigungsgrund nennt und den Gesamtbetrag der rückständigen Miete beziffert.

Dies betrifft zum Beispiel die Fälle, in denen sich die Höhe der Miete nicht verändert hat, der Rückstand in den beiden letzten Monaten entstanden ist und der Mieter die Miete allein zahlt, das heißt keine Zahlungen Dritter (z. B. des Sozialamtes) vorliegen.

An die **Begründungspflicht** des Vermieters können **höhere Ansprüche** gestellt werden, wenn sich der Rückstand zum Beispiel erst aus einer **Vielzahl unterschiedlicher Positionen** ergibt (→ Abschn. 1.2).

Was gilt, wenn der Mieter die Rückstände ausgleicht?

Der Mieter kann die Folgen der fristlosen Kündigung (Beendigung des Mietverhältnisses) dadurch rückgängig machen, dass er den **gesamten Mietrückstand** begleicht.

Dies kann auch im Wege der Aufrechnung mit eigenen Ansprüchen geschehen. Geschieht dies **vor Zugang der Kündigung,** ist die Kündigung ausgeschlossen (§ 543 Abs. 2 Satz 2 BGB).

Rechnet der Mieter **nach Zugang der Kündigung** mit fälligen Gegenforderungen auf, wird die fristlose Kündigung unwirksam, wenn der Mieter die Aufrechnung **unverzüglich** (z. B. innerhalb einer Woche nach Erhalt der Kündigung) erklärt (§ 543 Abs. 2 Satz 3 BGB).

Die Kündigung wird auch dann noch unwirksam, wenn der Mieter bis spätestens **zwei Monate** nach Zustellung der **Räumungsklage** sämtliche Rückstände begleicht (§ 569 Abs. 3 Nr. 2 BGB) bzw. mit eigenen Forderungen aufrechnet. Diesen Zweimonatszeitraum bezeichnet man als sogenannte **»Schonfrist«.**

Fällt das Fristende auf einen **Sonntag,** einen staatlich anerkannten allgemeinen **Feiertag** oder einen **Samstag,** verschiebt sich das Fristende auf den nächsten Werktag.

Für die **Rechtzeitigkeit der Zahlung** kommt es nicht darauf an, dass der Betrag dem Konto des Vermieters gutgeschrieben wird, sondern dass der Mieter innerhalb der Schonfrist den Überweisungsauftrag erteilt oder den Betrag auf das Konto des Vermieters eingezahlt hat.

Der Stempel auf dem Überweisungsträger ist allerdings kein ausreichender Beweis. Es zählt allein die Abbuchung vom Konto des Mieters laut Kontoauszug.

Ist der Mieter wirtschaftlich nicht in der Lage, die Rückstände innerhalb der Schonfrist auszugleichen, kann er die Räumung der Wohnung dadurch abwenden, dass eine **öffentliche Stelle** (z. B. das Sozialamt) sich zur Zahlung der Mietrückstände verpflichtet.

Die entsprechende Verpflichtungserklärung der öffentlichen Stelle muss **dem Vermieter** spätestens zwei Monate nach Zustellung der Räumungsklage vorliegen. **Nicht ausreichend** ist es, wenn die Verpflichtungserklärung gegenüber dem Gericht oder gegenüber dem Mieter selbst abgegeben wird!

Der für den Mieter rettende »Joker« Schonfrist sticht nur einmal innerhalb von zwei Jahren (§ 569 Abs. 3 Satz 2 Nr. 2 BGB)! Für die Berechnung dieser Zweijahresfrist kommt es auf den jeweiligen Zugang der Kündigungserklärungen an.

1.2 ... wenn der Mieter nur teilweise gezahlt hat

Auch der Mieter, der zwar Zahlungen geleistet hat, dies aber nicht vollständig, riskiert ab einem bestimmten Punkt die fristlose Kündigung. § 543 Abs. 2 Nr. 3 BGB unterscheidet hier **zwei Fälle:**

Der Mietrückstand beträgt mehr als eine Monatsmiete

Nach § 543 Abs. 2 Satz 1 Nr. 3 a, 2. Alt. BGB kann der Vermieter fristlos kündigen, wenn der Mieter sich für **zwei aufeinanderfolgende Zahlungstermine** mit einem »nicht unerheblichen Teil« der Miete im Verzug befindet.

Das heißt, dass ein Mietrückstand in Höhe von **mehr als einer Monatsmiete** (z. B. Miete plus 1 Cent) in diesem Zeitraum erreicht sein muss.

Der Rückstand beträgt zwei volle Monatsmieten

§ 543 Abs. 2 Satz 1 Nr. 3b BGB räumt dem Vermieter das Recht zur fristlosen Kündigung ebenfalls ein, wenn der Mieter für einen Zeitraum von mehr als zwei Zahlungsterminen mit **zwei vollen Monatsmieten** in Verzug geraten ist.

Diese Kündigungsalternative soll die Fälle erfassen, in denen der Mieter die fristlose Kündigung dadurch vermeiden will, dass er zum Beispiel jede zweite Miete zahlt und so einen Verzug von zwei aufeinanderfolgenden Terminen verhindert.

Von dieser Kündigungsmöglichkeit werden insbesondere auch die Fälle erfasst, in denen der Mieter über einen längeren Zeitraum eine **unberechtigte Mietminderung** vorgenommen hat, weil er zum Beispiel wegen eines kleinen Wasserflecks an der Küchenwand die Miete um 25 % gemindert hat.

Der Vermieter muss den **Zahlungsrückstand genau aufschlüsseln!** Dies gilt insbesondere, wenn der Mietrückstand über einen längeren Zeitraum aufgelaufen ist.

Soll sich der Rückstand aus einem **Kontoauszug** ergeben, muss in der Kündigungserklärung auf den Kontoauszug hingewiesen und dieser der Kündigung beigefügt werden.

Aus dem Kontoauszug muss sich der zugrunde liegende Miet-Rückstand im Einzelnen ergeben.

Der Mieter muss erkennen können, dass es sich bei den einzelnen Positionen tatsächlich um **kündigungsrelevante Rückstände** handelt (also Mietzahlungen) und es sich nicht um Nebenkostennachforderungen, Schadensersatzansprüche oder Ähnliches handelt, die ebenfalls in ein Mietkonto eingestellt werden.

Falls der Mieter vor oder nach Kündigungszugang **sämtliche Rückstände begleicht,** gilt das oben in Abschnitt 1.1 Gesagte.

1.3 … wenn die Miete mehrmals verspätet gezahlt wurde

Obwohl der Vermieter in diesem Fall jeweils die volle Miete erhält, riskiert der Mieter wegen der Verspätung die fristlose Kündigung nach § 543 BGB unter folgenden Voraussetzungen:

Die unpünktlichen Zahlungen erfolgten mehrfach

Ob eine Zahlung unpünktlich ist, richtet sich auch hier danach, welchen Zahlungstermin die Parteien vertraglich vereinbart haben (→ Abschn. 1.1). Eine einmalige verspätete Mietzahlung reicht für eine Kündigung nicht aus. Erforderlich ist, dass der Mieter **über einen längeren Zeitraum** die Miete unpünktlich zahlt.

Es gibt **keine festen Regeln** dazu, wie oft bzw. über welchen Zeitraum hinweg der Mieter die Miete unpünktlich gezahlt und um wie viele Tage oder Wochen er den Zahlungstermin überschritten haben muss. Je nach den **Umständen des Einzelfalles** können teilweise schon drei oder vier Zahlungsüberschreitungen ausreichend sein.

» **Beispiel:** Die Kündigung kann mit der unpünktlichen Zahlung von vier Mietzinsraten begründet werden, wenn der Mieter schon früher die Miete unpünktlich gezahlt hatte.

Die Fortsetzung des Mietverhältnisses ist unzumutbar

Der Umstand unpünktlicher Mietzahlungen **allein** reicht für eine Kündigung nicht aus. Vielmehr müssen hierdurch die Interessen des Vermieters so schwerwiegend beeinträchtigt sein, dass ihm die **Fortsetzung des Mietverhältnisses unzumutbar** ist.

Um dies feststellen zu können, müssen die **Interessen beider Seiten** sorgfältig gegeneinander abgewogen werden.

» **Beispiel:** Zugunsten des **Vermieters** wird berücksichtigt, dass seine wirtschaftlichen Verhältnisse nicht rosig sind und er aufgrund laufender Zahlungsverpflichtungen auf den pünktlichen Eingang der Mieten angewiesen ist.

Zugunsten des **Mieters** wird berücksichtigt, dass die unpünktliche Mietzahlung durch das Sozialamt erfolgt oder der Mieter teilweise auch vor den Fälligkeitsterminen gezahlt hatte.

Auch wenn der Vermieter die unpünktliche Zahlungsweise jahrelang hingenommen hat, darf er aus diesem Grund kündigen. In einem solchen Fall muss er darlegen, warum ihm die Vertragsfortsetzung **nun unzumutbar** geworden ist.

Der Vermieter hat den Mieter erfolglos abgemahnt

Ist das Zahlungsverhalten des Mieters für den Vermieter unzumutbar geworden, muss er seinen Mieter zunächst **abmahnen** (§ 543 Abs. 3 BGB). Damit muss er ihm deutlich machen, dass er die unpünktlichen Mietzahlungen nicht mehr hinnehmen will und im Fall der Wiederholung das Mietverhältnis **»fristlos kündigen«** wird (sog. **»qualifizierte Abmahnung«**).

Hat der Vermieter eine Abmahnung mit Kündigungsandrohung ausgesprochen und zahlt der Mieter die Miete wiederum verspätet, kann der Vermieter fristlos kündigen. Hierfür reicht unter Umständen schon eine **einmalige** Verspätung.

Denn indem der Mieter nicht auf die Abmahnung reagiert und sein vertragswidriges Verhalten auch danach fortsetzt, macht er deutlich, dass er nicht bereit ist, seine zögerliche Zahlungsweise ernsthaft und auf Dauer abzustellen.

Hat der Vermieter wirksam gekündigt, bleibt die Kündigung wirksam, auch wenn der Mieter die Mieten in der Folgezeit pünktlich zahlt.

1.4 ... wenn der Mieter die Mietsache erheblich gefährdet

Der Vermieter kann das Mietverhältnis fristlos kündigen, wenn der Mieter die Mietsache »infolge mangelnder Sorgfalt erheblich gefährdet« und hierdurch die Rechte des Vermieters in erheblichem Maße verletzt (§ 543 Abs. 2 Nr. 2 BGB).

Jeden Mieter trifft eine doppelte Sorgfaltspflicht:

- Am Mietobjekt auftretende Mängel muss er unverzüglich **anzeigen.** Dasselbe gilt für den Fall, dass die Mietsache zum Beispiel durch Sturm, Hochwasser, Frost, Regen oder durch ähnliche Umstände gefährdet wird.
- Er muss die Mietsache pfleglich behandeln und Schäden von ihr abwenden, wenn der Vermieter nicht rechtzeitig tätig werden kann (sogenannte **Obhutspflicht).**

Verletzt der Mieter eine dieser Pflichten, reicht für eine Kündigung bereits die **erhebliche Gefährdung** der Mietsache aus. Eine Schädigung muss noch nicht eingetreten sein.

Ob ein Kündigungsrecht besteht, muss man jeweils unter Abwägung der beiderseitigen Interessen im Einzelfall feststellen. Ein Kündigungsrecht ist von den Gerichten zum Beispiel in folgenden Fällen bejaht worden:

- Der Mieter verursacht wiederholt Wasserschäden.
- Die Wohnung ist derart überbelegt, dass damit Beeinträchtigungen der Bausubstanz einhergehen. Wichtig: Allein ein Verstoß gegen die Mindestwohnfläche je Person rechtfertigt noch nicht die fristlose Kündigung.
- Der Mieter begibt sich ins Krankenhaus, ohne die Wasserleitungen vor dem Einfrieren zu schützen.

Der Vermieter kann erst dann fristlos kündigen, wenn er den Mieter **zuvor abgemahnt** hat und der Mieter die Pflichtverletzung gleichwohl fortsetzt.

1.5 ... wenn der Mieter die Mietsache unbefugt einem Dritten überlässt

Will der Mieter seine Wohnung ganz oder teilweise einem Dritten überlassen, muss er hierzu die **Zustimmung** seines Vermieters **einholen.**

Ohne die Zustimmung riskiert er die fristlose Kündigung. Denn die **unerlaubte Untervermietung** berechtigt den Vermieter dazu (§ 543 Abs. 2 Nr. 2, 2. Alt. BGB).

Die Kündigung ist allerdings nur berechtigt, wenn die unerlaubte Untervermietung die Rechte des Vermieters **erheblich verletzt.**

Dabei sind die Interessen von Mieter und Vermieter gegeneinander abzuwägen. Zugunsten des Vermieters sind die Gründe zu berücksichtigen, die ihm die Aufnahme des Dritten als unzumutbar erscheinen lassen.

» **Beispiel:** Die Wohnung ist für die Aufnahme einer weiteren Person zu klein.

Aufseiten des Mieters kommt es darauf an, welche Gründe bei ihm für die Aufnahme eines Dritten vorliegen.

» **Beispiel:** Der Mieter kann eigentlich von seinem Vermieter die Erlaubnis zur Untervermietung verlangen, weil er aus finanziellen Gründen darauf angewiesen ist, einen Teil seiner Wohnung unterzuvermieten. Allerdings hat er es versäumt, vorab die Erlaubnis des Vermieters einzuholen.
Darin liegt keine erhebliche Verletzung der Rechte des Vermieters. Eine Kündigung ist in diesem Fall nicht gerechtfertigt.

Etwas anderes kann gelten, wenn der Mieter den Willen des Vermieters bewusst missachtet oder die Aufnahme eines Dritten absichtlich verschleiert hat.

» **Beispiel:** Der Mieter gibt vor, die Person sei nur für kurze Zeit zu Besuch. Später stellt sich heraus, dass diese doch dauerhaft in der Wohnung wohnt.

Will der Vermieter fristlos kündigen, muss er zuvor seinen Mieter **abmahnen** (§ 543 Abs. 3 Satz 1 BGB). Zur Beendigung der unerlaubten Beherbergung muss er eine **angemessene** Frist setzen.

Bei einer unerlaubten Untervermietung muss diese Abhilfefrist – das ist die Zeitspanne, in der der Mieter die Sache beenden soll – der Kündigungsfrist entsprechen, die für das Untermietverhältnis vereinbart ist.

Dem Mieter muss also erst einmal Gelegenheit gegeben werden, das Mietverhältnis mit seinem Untermieter durch eine ordentliche Kündigung zu beenden.

1.6 ... wenn der Mieter den Hausfrieden stört

Auch die Störung des Hausfriedens kann den Vermieter zur fristlosen Kündigung des Mietverhältnisses berechtigen (§ 569 Abs. 2 BGB). Voraussetzung ist, dass der Mieter den Hausfrieden **nachhaltig stört** und dass es für den Vermieter dadurch **unzumutbar wird,** das Mietverhältnis fortzusetzen.

» **Beispiel:**

- Der Mieter hält in seiner Wohnung trotz Abmahnung weiterhin einen **Kampfhund.**
- Trotz Abmahnung setzt der Mieter seine **Verstöße gegen die Hausordnung** fort.
- Durch den **Katzengestank** aus der Wohnung des Mieters werden die übrigen Mieter des Hauses erheblich belästigt.

Aus dem Begriff »Hausfrieden« folgt, dass durch das störende Verhalten des Mieters die anderen **Hausbewohner** beeinträchtigt werden müssen. Dass sich lediglich die Bewohner der Nachbarhäuser gestört fühlen, reicht nicht aus.

Wohnt der störende Mieter nicht allein und sind weitere Personen **Mieter,** muss der Vermieter auch den übrigen Mietern kündigen. Denn eine Teilkündigung ist nicht möglich und wäre unwirksam.

Zieht der störende Mieter allerdings aus, fehlt es an der Unzumutbarkeit für die Kündigung. Deshalb muss der Vermieter in solch einem Fall die übrigen Mieter in der Wohnung lassen.

Voraussetzung für die Kündigung ist, dass der Vermieter den störenden Mieter **zuvor abgemahnt** hat (§ 543 Abs. 3 BGB). Setzt der Mieter sein vertragswidriges Verhalten fort, darf der Vermieter mit dem Ausspruch seiner Kündigung nicht zu lange warten.

Durch längeres Warten riskiert er, dass ihm die Fortsetzung des Mietverhältnisses aus Sicht eines Gerichts doch wieder zuzumuten wäre.

1.7 Sonstige schwerwiegende Vertragsverletzungen

Eine fristlose Kündigung ist möglich, wenn die Pflichtverletzung des Mieters für den Vermieter die Fortsetzung des Mietverhältnisses unzumutbar macht (§ 543 Abs. 1 BGB). Darunter fällt beispielsweise die schon behandelte **unpünktliche Mietzahlung** des Mieters (→ Abschn. 1.3).

Weitere Fälle, in denen Gerichte eine fristlose Kündigung zuließen, hatten mit Beleidigung, Diebstahl oder Täuschung zu tun, wie diese Beispiele verdeutlichen:

» **Beispiel:**

- Der Mieter erstattet gegen seinen Vermieter Strafanzeige wegen Betruges, obwohl Anhaltspunkte für ein vorsätzliches Verhalten des Vermieters fehlen.
- Der Mieter beleidigt den Vermieter mehrfach, indem er ihm z. B. grundlos betrügerische Manipulationen vorwirft.

- Der Mieter zapft unerlaubterweise eine Stromverteilerdose im Keller an.
- Der Mieter äußert ungefragt gegenüber Kaufinteressenten der Wohnung seine Vermutungen zum Zustand des Gebäudes und der Wohnung und macht das Kaufobjekt in unsachlicher Weise schlecht.
- Der Mieter gibt in seiner Selbstauskunft vor Vertragsschluss wahrheitswidrig an, dass gegen ihn in den letzten fünf Jahren keine Vollstreckungsmaßnahmen oder Räumungsklagen eingeleitet oder durchgeführt worden seien.

Bei einer Kündigung aus wichtigem Grund nach § 543 Abs. 1 BGB müssen die Interessen des Vermieters an der vorzeitigen Beendigung des Vertrages und des Mieters am Fortbestand des Mietverhältnisses umfassend gegeneinander abgewogen werden.

Insofern ist im Einzelfall auch zugunsten des Mieters zu berücksichtigen, wenn er durch ein Verhalten des Vermieters provoziert worden ist.

2 Wann kann der Mieter fristlos kündigen?

Der Mieter ist in folgenden Fällen zur fristlosen Kündigung berechtigt:

- Die **Mietsache kann nicht vertragsgemäß genutzt werden** (§ 543 Abs. 2 Satz 1 Nr. 1 BGB). Zum Beispiel wird die Wohnung nicht zum vereinbarten Termin übergeben. Oder wegen erheblicher Mängel ist die Wohnung nicht bewohnbar.
- Der **Wohnungszustand ist gesundheitsgefährdend** (§§ 543 Abs. 1 Satz 1, 569 Abs. 1 BGB). Zum Beispiel wird in der Wohnung eine hohe PCP- und Lindan-Konzentration festgestellt.
- Der **Vermieter hat schwerwiegende Vertragsverletzungen begangen** (§ 543 Abs. 1 BGB). Zum Beispiel dringt der Vermieter grundlos und ohne Vorankündigung mit einem Nachschlüssel oder einem eigenen Schlüssel in die Wohnung des Mieters ein.

Mehr zu den Kündigungsmöglichkeiten des Mieters erfahren Sie auf Ihrer Rechtstipps-CD.

F1 Autokauf – was Verkäufer und Käufer wissen sollten

1 Gebrauchtwagen kaufen und verkaufen

1.1 Ein paar Grundregeln für Privatverkäufer

Nicht alle verkaufsfördernden Maßnahmen sind erlaubt

Als privater Verkäufer dürfen Sie Ihr **Auto vor dem Verkauf waschen, polieren, putzen und auch sonst aufmöbeln.** Sie dürfen den Wagen aber nicht »frisieren«. Die **Faustregel** lautet: Was der Optik dient, ist erlaubt, was der Täuschung dient, ist verboten!

So können Sie einen realistischen Verkaufspreis ermitteln

Wenn Sie sich wegen des erzielbaren Preises nicht sicher sind, verschaffen Sie sich am besten durch **den Prüfbericht eines anerkannten Sachverständigen** (z. B. über die DEKRA) einen Überblick darüber, was Ihr Fahrzeug wert ist. Eine weitere Möglichkeit, den Preis zu ermitteln, haben Sie zum Beispiel über Eurotax Schwacke unter www.schwacke.de oder mit dem **ADAC Special Gebrauchtwagen.** Mit den Basisdaten können Sie die Werte ermitteln, die ein Händler als Einkaufs- und Verkaufspreis zugrunde legt. Der Mittelwert zwischen beiden Preisen ist in vielen Fällen ein guter Anhaltspunkt.

Vorsichtsmaßnahmen bei den Verkaufsverhandlungen

Will der Interessent eine **Probefahrt** mit Ihrem Fahrzeug machen, prüfen Sie nach, ob er den **Führerschein** hat. Lassen Sie niemanden ohne Fahrerlaubnis ans Steuer und auch **niemanden die Probefahrt allein** machen. Wird das Fahrzeug bei dieser Gelegenheit gestohlen, bekommen Sie den Schaden von Ihrer Kaskoversicherung unter Umständen nicht ersetzt.

Nicht ohne schriftlichen Kaufvertrag

Schließen Sie den Kaufvertrag schriftlich. Verwenden Sie am besten unser Kaufvertragsmuster. Füllen Sie beide **Kaufvertragsformulare** – eines für Ihren Vertragspartner und eins für Sie – möglichst **vollständig** aus. Vergleichen Sie die angegebenen Daten mit dem Personalausweis oder dem Pass des Käufers, auch wenn das Ihr Vertragspartner für übertriebenes Misstrauen hält.

Ein Kaufvertragsmuster mit Checklisten zum Gebrauchtwagenkauf finden Sie auf Ihrer Rechtstipps-CD.

Beachten Sie: Selbstständige und Freiberufler haften genauso streng wie ein Profihändler, der Firmen- oder Geschäftswagen verkauft. Sind Sie also Rechtsanwalt, Architekt, Arzt oder ein selbstständiger Handwerker wie Metzger, Maler oder Bäcker, sollten Sie ein anderes Kaufvertragsmuster verwenden (z. B. vom ADAC). Das brauchen Sie aber auch nur dann, wenn Ihr **»Geschäftswagen«** tatsächlich **hauptsächlich geschäftlich genutzt** wird.

Möchten Sie lieber einen **anderen vorformulierten** Vertrag verwenden, vergessen Sie auf keinen Fall, Ihre **Haftung für Mängel auszuschließen.** Verwenden Sie am besten eine Formulierung wie »das Fahrzeug wird unter Ausschluss der Sachmängelhaftung verkauft«. Eine Formulierung wie »gekauft wie besehen« schließt die Haftung nur für sichtbare Mängel aus. **Ergänzen Sie außerdem:** »Der Ausschluss gilt nicht für Schadensersatzansprüche, die auf einer grob fahrlässigen oder vorsätzlichen Verletzung von Pflichten des Verkäufers beruhen, sowie bei Körperschäden«. Sonst ist der gesamte Haftungsausschluss unwirksam, und Sie haften für jeden Mangel.

Veräußerungsanzeige nicht vergessen

Schicken Sie **umgehend** jeweils eine **Veräußerungsanzeige an die Zulassungsstelle und die Versicherung.** Heben Sie **Kopien der Verkaufsmeldung** auf. Wenn Sie diesen wichtigen Schritt versäumen, bleiben Sie weiterhin Kfz-steuerpflichtig und gegenüber der Versicherung verantwortlich für die Prämienzahlung. Sie haften auch für weitere Kosten, falls der Käufer den Wagen nicht von sich aus umschreiben lässt.

Ist der **Käufer ein Ausländer** und wird das Fahrzeug außer Landes gebracht, kann es später schwierig werden, den Verkaufs- und den Übergabenachweis von Auto und Papieren zu führen. Nicht einmal die Absendung der Veräußerungsanzeige sichert Sie vollständig ab. Meldet der Käufer den Wagen nicht um und ist er unter der angegebenen Adresse nicht erreichbar, dann haften Sie trotzdem bis zu einem Jahr für die Kfz-Steuer und die Versicherungsprämie.

Wenn Sie Zweifel an der **Verlässlichkeit des Käufers** haben, fahren Sie mit ihm vor der Übergabe zur Zulassungsstelle und melden Sie den Wagen gleich um. Oder: Sie **legen das Kfz vor der Übergabe an den Käufer still.** Dann benötigt er bei der Abholung des Wagens eine rote Nummer und ein Zollkennzeichen. Hat der Käufer das nicht, dann sollten Sie ihm den Wagen auch nicht übergeben.

Fahrzeugübergabe nur gegen »Cash«

Was die Kaufpreiszahlung anbetrifft, empfehlen wir Ihnen dringend Barzahlung. Spätestens bei der Fahrzeugübergabe sollte der Käufer den vollen Preis zahlen. Händigen Sie dem Käufer den Fahrzeugbrief erst dann aus, wenn der Kaufpreis voll bezahlt ist. Denn sobald Sie dem Käufer den Wagen und den Brief aushändigen, verschaffen Sie ihm das Eigentum am Fahrzeug. Zu diesem Zeitpunkt geht auch die Versicherung auf den Käufer über.

1.2 Ein paar Grundregeln für Käufer

Prüfen Sie das Fahrzeug auf »Herz und Nieren«

Dabei hilft Ihnen eine **Checkliste** für die technische Prüfung beim Gebrauchtwagenkauf. Bestehen Sie außerdem darauf, dass Sie und gegebenenfalls eine Person Ihres Vertrauens das Fahrzeug **Probe fahren** dürfen. Vergessen Sie deshalb nicht, Ihren Führerschein mitzunehmen. Allerdings sollten Sie sich nicht darauf verlassen, dass das Fahrzeug kaskoversichert ist. Sie müssen sich deshalb darauf einstellen, selbst für einfache Fahrlässigkeit zu haften.

Hat der Verkäufer einen **Prüfbericht,** lassen Sie sich diesen aushändigen. Daraus ersehen Sie, welche Beanstandungen der Prüfer bei seiner letzten Untersuchung erhoben hat. Achten Sie auch unbedingt darauf, wann das Fahrzeug wieder zum **TÜV** muss.

Nachträgliche Veränderungen am Wagen werden nicht erfasst und können den Wert des Fahrzeugs deutlich beeinträchtigen. Denken Sie daran, dass wichtige Kriterien für den Wert des Gebrauchtwagens trotz regelmäßiger Hauptuntersuchung überhaupt nicht berücksichtigt werden – wie

- der Zustand des Motors oder des Getriebes,
- die Kilometerleistung und
- das Baujahr.

Unbedingt die Papiere genau anschauen

Überprüfen Sie die Eintragungen in den Fahrzeugpapieren. Bei Abweichungen zwischen den Angaben in den Papieren und der Fahrgestellnummer sollten Sie um sofortige Aufklärung bitten. Kann der Verkäufer die Differenzen nicht eindeutig ausräumen, verzichten Sie besser auf den Kauf.

Wenn nicht der Fahrzeugeigentümer direkt mit Ihnen verhandelt: In diesem Fall lassen Sie sich vorsichtshalber eine **schriftliche Verkaufsvollmacht** und gegebenenfalls die Ausweispapiere des Bevollmächtigten zeigen. Notieren Sie außerdem seine Anschrift.

Alles Wichtige muss rein in den Kaufvertrag

Um Täuschungen über wichtige Eigenschaften des Fahrzeugs auszuschließen, sollten Sie die entsprechenden Erklärungen im Kaufvertrag festhalten. Bieten Sie dem Verkäufer an, unser Vertragsmuster zu nehmen (→ Rechtstipps-CD). Beide Verträge enthalten die wichtigsten Punkte, auf die es beim Gebrauchtwagenkauf ankommt. Außerdem sollte eine mitverkaufte **Zusatzausstattung oder Zubehör** im Vertrag vollständig aufgeführt und genau beschrieben werden. Verwenden Sie hierzu gegebenenfalls ein Ergänzungsblatt, das von beiden Parteien unterschrieben wird.

Beachten Sie: Beim Privatverkauf darf der Vertragspartner einseitig benachteiligt werden (z. B. durch vollständigen Haftungsausschluss). Hauptsache er hat die Möglichkeit, das von Ihnen vorgeschlagene Vertragsmuster abzulehnen.

Was Sie bei der Ummeldung beachten müssen

Die auf das Fahrzeug abgeschlossenen **Versicherungen** gehen mit dem Kauf auf Sie über, soweit das Fahrzeug noch angemeldet ist. Sie haben allerdings das Recht, diese Versicherungen zu kündigen. Wollen Sie die Versicherung wechseln, müssen Sie sich für die Ummeldung die erforderlichen Unterlagen besorgen. Für die Ummeldung brauchen Sie

- den Fahrzeugbrief bzw. neu: Zulassungsbescheinigung Teil II,
- den Fahrzeugschein bzw. neu: Zulassungsbescheinigung Teil I (bzw. Stilllegungsbescheinigung),
- die Bescheinigung über die Abgasuntersuchung,
- die Versicherungsbestätigung (Doppelkarte) und
- Ihren Personalausweis oder Reisepass mit Meldebestätigung.

Wenn Sie keine Zeit haben, das Fahrzeug selbst umzumelden, müssen Sie dem **Beauftragten eine schriftliche Vollmacht** mitgeben. Außerdem braucht er seinen eigenen **Personalausweis** oder **Reisepass.**

! Wollen Sie für spätere Verkäufe die **Vorgeschichte Ihres Fahrzeugs dokumentieren,** sollten Sie vor dem Umtausch der Fahrzeugpapiere den alten Kfz-Brief kopieren oder sich das entwertete Exemplar von der Zulassungsstelle aushändigen lassen. Bei den neuen Kfz-Papieren empfiehlt es sich, die Zulassungsbescheinigung II vor der jeweils dritten Haltereintragung ebenfalls zu kopieren, da schon beim dritten Halterwechsel eine neue Bescheinigung ausgestellt wird.

Ein Kfz-Händler als Vertragspartner

Auch hier sollten Sie eine Probe- bzw. Testfahrt machen. Nehmen Sie deshalb unbedingt Ihren Führerschein mit. Wenn es hier zu einem Unfall kommen sollte, gilt dasselbe wie beim Neuwagenkauf (→ Abschn. 3). Das heißt, nur wenn Sie **vorsätzlich oder grob fahrlässig das Fahrzeug beschädigt** haben, kann man von Ihnen Schadensersatz verlangen.

Diese Grundsätze gelten selbst dann, wenn das Fahrzeug nicht auf den Händler, sondern auf einen Privatmann zugelassen ist und keine rote Nummer trägt, außer der Händler macht Sie ausdrücklich darauf aufmerksam, dass kein entsprechender Versicherungsschutz besteht.

Wenn Sie den Kauf vor der Übergabe rückgängig machen wollen: Ein Zurück gibt es nur bei reinen **Internetkäufen.** Hier gelten die gesetzlichen Regelungen für Fernabsatzgeschäfte (→ Kapitel A 6). Ansonsten gibt es nur noch bei direkten Abzahlungskäufen die Möglichkeit, innerhalb einer bestimmten Frist vom Vertrag loszukommen. In allen anderen Fällen wird man von Ihnen nach den allgemein üblichen und zulässigen Gebrauchtwagen-Verkaufsbedingungen eine 10 %-Schadenspauschale verlangen.

Wichtig: Wenn der Händler im »**Kundenauftrag**« verkauft, vermittelt er nur den Verkauf. Ihr Vertragspartner ist der private Fahrzeugeigentümer. Sie stehen damit rechtlich schlechter da, was die Haftung anbetrifft, als wenn der Händler selbst Ihr Vertragspartner geworden wäre. Anders sieht es nur dann aus, wenn der Händler dem Alteigentümer einen bestimmten Mindestverkaufspreis garantiert hat und ihm beim Kauf eines Neuwagens den entsprechenden Teil des Kaufpreises für das neue Fahrzeug gestundet hat. Dann ist ein Haftungsausschluss, wie er bei Privatverkäufen möglich ist, unzulässig.

Ein Selbstständiger als Vertragspartner

Alle Unternehmer (Freiberufler, Handwerker, Einzelhändler etc.), selbst wenn sie absolut nichts mit der Autobranche zu tun haben, werden beim Verkauf ihres Geschäftsfahrzeuges an einen Privatmann rechtlich wie berufsmäßige Autoverkäufer behandelt. Es gilt **dieselbe Mängelhaftung wie bei professionellen Gebrauchtwagenhändlern** (→ Abschn. 2.2), außer das »Geschäftsfahrzeug« wird überwiegend privat genutzt.

! Als Käufer tun Sie gut daran, **Ihren Vertragspartner nicht darüber aufzuklären,** dass er seine Haftung für das Fahrzeug nicht ganz ausschließen, aber auf ein Jahr verkürzen kann – gesetzt den Fall, er verkauft es nicht als rein privat genutztes Fahrzeug. Dann ist der Haftungsausschluss auf jeden Fall unzulässig. Der Verkäufer haftet dann zwei Jahre lang für Mängel.

2 Wenn der »Gebrauchte« Mängel hat

2.1 Wann kann man von einem Mangel sprechen?

Verschleiß und Mangel sind zweierlei

Unabhängig von Privat- oder Händlerkauf liegen beachtliche Mängel immer dann vor, wenn der tatsächliche Zustand des Fahrzeugs von dem abweicht, **was die Vertragsparteien ausdrücklich oder stillschweigend vereinbart haben.**

So ist ein Unfallwagen immer mangelhaft, weil Sie, wenn auch vielleicht »unbewusst«, selbst beim Gebrauchtwagen ein unfallfreies Modell wünschen. Das gilt insbesondere, wenn durch einen Unfall das Fahren beeinträchtigt wird, aber auch wenn der Zustand des Fahrzeugs nicht den **Anpreisungen des Verkäufers, des Herstellers oder der Werbung** entspricht.

» **Beispiel:** Stellt sich der Verbrauch eines sogenannten »Dreiliterautos« als erheblich über dem angepriesenen Wert heraus, ist das Auto mangelhaft. Ein Verkäufer kann sich vor einer Haftung hier nur dadurch schützen, indem er beim Verkauf die Angabe berichtigt.

Ansonsten müssen Sie als Käufer eines Gebrauchtwagens davon ausgehen, dass **Abnutzungs- und Verschleißerscheinungen,** die nicht über das hinausgehen, was bei Alter und Laufleistung des Autos normalerweise vorkommt, **keinen Mangel** darstellen (z. B. der Zahnriemen). Anders sieht es aus, wenn beispielsweise am Motor oder Getriebe Schäden auftreten, die normalerweise nach Alter und Fahrleistung nicht zu erwarten sind.

Sollte sich der Mangel schon **in den ersten sechs Monaten** nach der Fahrzeugübergabe zeigen, besteht auch für Gebrauchtwagen eine sogenannte **Beweislastumkehr.** Das heißt, der Verkäufer muss beweisen, dass das Fahrzeug fehlerfrei übergeben worden ist.

Für welche Kfz-Mängel haftet der Verkäufer im Einzelnen?

Im Folgenden finden Sie eine Übersicht über die wichtigsten Mangelfälle bei Gebrauchtwagen, wie sie von der Rechtsprechung gesehen werden.

- **Alter / Baujahr / Erstzulassung / Standzeit**

  Stimmen Angaben über Baujahr und Zeit der Erstzulassung nicht, handelt es sich eindeutig um einen Sachmangel. Eine lange Standzeit ist dagegen nur dann ein Mangel, wenn sich diese auf den Zustand des Fahrzeugs negativ ausgewirkt hat (z. B. weil es die ganze Zeit im Freien gestanden hat).

- **Austauschmotor, generalüberholter Motor**

  Ein noch im Fahrzeug vorhandener Erstmotor darf nicht als Austauschmotor bezeichnet werden, auch wenn er noch so gründlich überholt worden ist. Außerdem darf ein Austauschmotor nicht schwächer sein als der Originalmotor.

- **Benzin und Ölverbrauch**

  Beim Benzinverbrauch sind Abweichungen bis zu 10 % von den Normalwerten hinzunehmen. Was darüber hinausgeht, stellt beim Kauf vom Händler einen Mangel dar. Beim Privatverkäufer nur ausnahmsweise.

- **Einwandfreier technischer Zustand**

  Ein Verkäufer, der diese Erklärung abgibt, erklärt damit, das Fahrzeug sei betriebsbereit und betriebssicher. Stellt sich dies als nicht zutreffend heraus, liegt ein Sachmangel vor.

- **Kilometerangabe Laufleistung**

  Kilometerangaben auf dem Verkaufsschild oder im Bestellschein sind auf alle Fälle Zusagen, die die Sachmängelhaftung auslösen können. Bei einem Privatverkauf muss man allerdings berücksichtigen, dass der Verkäufer nicht immer korrekt unterscheidet zwischen Kilometerstand als Tachostand und Gesamtlaufleistung. Am besten verwendet man den Begriff »Gesamtfahrleistung, soweit bekannt«. Der Verkäufer haftet dann, wenn es nicht stimmt.

- **Lack**

  Die fehlende Originallackierung ist kein Mangel, solange diese technisch einwandfrei durchgeführt worden ist.

- **Rostfreiheit**

  Die Zusage »frei von Durchrostung« begründet einen Sachmangel, wenn sich Durchrostungsstellen finden.

  Bei einem Oldtimer bedeutet der Begriff »restauriert« die Zusage, dass das Fahrzeug vollständig vom Rost befreit und vor baldigem erneutem Rostbefall geschützt ist.

- **TÜV abgenommen**

  Bei einem Gebrauchtwagenhändler bedeutet die Zusage »TÜV abgenommen«, dass das Fahrzeug sich in einem verkehrssicheren, vorschriftsmäßigen Zustand befindet. Bei einem Privatverkäufer bedeutet dies dagegen nur die formelle TÜV-Abnahme.

- **Unfallfreiheit / bestimmter Unfallschaden**

  Der Gebrauchtwagenhändler muss jedes Fahrzeug vor dem Verkauf auf Unfallspuren untersuchen. Gibt er an, das Fahrzeug sei unfallfrei, muss er dafür geradestehen. Nur harmlose Lack- oder Bagatellschäden müssen nicht angegeben werden im Gegensatz zu Schäden am Getriebe, Motor, Chassis oder an der Lenkung und den Achsen etc. Hier besteht sogar seitens des Verkäufers ohne ausdrückliches Nachfragen eine Offenbarungspflicht.

  Selbst wenn der Händler von dem Unfall nichts weiß, weil ihn der Vorbesitzer verschwiegen hat, haftet er für die mangelnde Unfallfreiheit.

- **Vorbesitzer**

  Auch wenn sich die Anzahl der Vorbesitzer aus dem Kfz-Brief ergibt, liegt ein Sachmangel vor, wenn der Verkäufer hier falsche Angaben macht. Auch über die Art der Nutzung durch den Vorbesitzer werden unter Umständen Angaben gemacht, die einen Sachmangel begründen, wenn die Angaben nicht stimmen.

  In einigen besonderen Fällen trifft den Verkäufer sogar eine Offenbarungspflicht über den vorherigen Gebrauch. Das ist zum Beispiel bei Fahrschulwagen so. Dasselbe gilt für Taxis – zumindest nach einem 30-monatigen Einsatz. Bei Miet- und Leihwagen besteht dagegen keine Offenbarungspflicht.

2.2 Wie sieht die Mängelhaftung beim Kauf von privat aus?

Verständlicherweise **schließt der private Verkäufer seine Haftung für Sachmängel am verkauften Fahrzeug vertraglich vollkommen aus.** Das ist auch sein gutes Recht. Gute Karten haben Käufer allerdings, wenn der vorformulierte

Kaufvertrag die Haftung pauschal mit der Formulierung »unter Ausschluss der Sachmängelhaftung« ausschließt. Das ist zu allgemein und deshalb unzulässig.

Ein Ausschluss gilt aber nicht, wenn der Verkäufer **vorsätzlich bestimmte Fahrzeugeigenschaften verschwiegen** hat, für die er **offenbarungspflichtig** gewesen wäre (§ 276 Abs. 3 BGB). Er haftet auch, wenn er **eine Garantie für bestimmte Eigenschaften übernommen** hat (§ 442 Abs. 1 BGB). Hier kommt es nicht einmal darauf an, ob dem Verkäufer ein Verschulden angelastet werden kann.

2.3 Mängelhaftung beim Kauf vom Händler oder Unternehmer

Haftung kann nicht vollkommen ausgeschlossen werden

Die Haftung für Mängel darf nicht ausgeschlossen, aber auf nur **ein Jahr begrenzt** werden. Findet sich dennoch ein Haftungsausschluss im Kaufvertrag, ist dieser unwirksam. **Ausnahme:** Wenn ein Freiberufler oder Selbstständiger sein Fahrzeug verkauft, das er praktisch nur privat genutzt hat und nur aus steuerlichen Gründen im Betriebsvermögen geführt hatte, darf er genauso wie ein Privatverkäufer die Haftung ausschließen. Besteht eine grundsätzliche Haftung, steht Ihnen beim Gebrauchtwagenkauf im ersten halben Jahr nach der Übergabe der Vorteil der sogenannten **Beweislastumkehr** zu. Das heißt, der Verkäufer muss in den ersten sechs Monaten beweisen, dass das Fahrzeug bei der Übergabe in Ordnung war.

Wenn der Händler einen Privatverkauf vermittelt: Bei diesem sogenannten **Agenturgeschäft** werden Sie als Käufer genauso behandelt, als wenn Sie direkt vom privaten Verkäufer gekauft hätten. Das heißt, in der Regel ist hier die Sachmängelhaftung vollständig ausgeschlossen.

Anders sieht es nur dann aus, wenn der Händler für das Gebrauchtfahrzeug, das er im »Kundenauftrag« weiterveräußert, dem Alteigentümer einen bestimmten Mindestverkaufspreis garantiert und ihm bei Kauf eines Neuwagens den entsprechenden Teil des Kaufpreises für das Neufahrzeug gestundet hätte. Dann wäre ein Haftungsausschluss unzulässig.

Ein Nachbesserungsversuch muss hingenommen werden

Macht der Käufer einen relevanten Mangel geltend, **hat der Verkäufer eine zweite Chance** zur ordnungsgemäßen Vertragserfüllung. Hüten Sie sich also vor einer übereilten Selbstreparatur, ohne dem Händler eine angemessene Frist zur Nachbesserung eingeräumt zu haben. Andernfalls bleiben Sie auf den Kosten sitzen, selbst wenn der Verkäufer Kosten durch Ihre eigene Arbeit gespart hat.

! Es reicht zwar aus, wenn Sie den Verkäufer zur »umgehenden Beseitigung« auffordern. Besser ist aber eine konkrete Fristsetzung (z. B. »binnen fünf Tagen«).

Als Käufer können Sie dem Verkäufer nicht vorschreiben, wie er die Nachbesserung vornehmen muss. Er kann die Nacherfüllung verweigern, wenn sie mit unverhältnismäßigen Kosten verbunden wäre. Es sei denn, dies wäre die einzig mögliche Art und Weise der Nacherfüllung (§ 439 Abs. 3 Satz 1 BGB).

Auf alle Fälle muss **der Mangel ordnungsgemäß und fachgerecht beseitigt werden.** Das ist natürlich für einen nicht professionellen Autoverkäufer (wie einen Rechtsanwalt oder Bäcker) nicht ganz einfach. Diesem Personenkreis wird man zugestehen müssen, notfalls die Nachbesserung wegen unverhältnismäßiger Kosten verweigern zu dürfen. Dann stehen dem Käufer die nachfolgend geschilderten Rechte zu.

Wichtig: Auch hier nicht die Aufforderung zur Nachbesserung vergessen, selbst wenn klar ist, dass der Bäcker etc. vom Autoreparieren nichts versteht.

Wenn Sie den Schaden mitverursacht haben: Haben Sie den Schaden vergrößert, indem Sie zum Beispiel trotz Aufleuchtens der Warnlampe weitergefahren sind, müssen Sie einen **Teil der Reparaturkosten selbst tragen.**

Tritt der **Mangel erneut** auf, müssen Sie sich **nur noch einen zweiten Nachbesserungsversuch** zumuten lassen (§ 440 Satz 2 BGB).

Wenn der Gebrauchte ein Unfallwagen ist: Hier hat der Verkäufer **kein Nachbesserungsrecht.** Nachbesserung ist nur möglich bei einem wirklich unfallfreien Fahrzeug. In diesem Fall steht Ihnen das Recht zu, vom Vertrag gleich zurückzutreten und Ihr Geld zurückzuverlangen. Sie können aber auch den Kaufpreis mindern und das fehlerhafte Auto zu einem niedrigeren Preis behalten.

2.4 Wenn sich der Mangel nicht beseitigen lässt

Rücktritt oder Minderung – Sie haben die Wahl

Bieten Sie dem Verkäufer die **Fahrzeugrückgabe gegen Erstattung des Kaufpreises** an. Sie müssen sich allerdings den **Nutzungsvorteil auf den Kaufpreis anrechnen** lassen. Bei der Berechnung vergleicht man die tatsächliche und voraussichtliche Gesamtnutzungsdauer.

» **Beispiel:** Angenommen, der Wagen hatte einen Wert von € 5 000,– und wäre noch fünf Jahre genutzt worden. Dann verliert er pro Jahr € 1 000,– an Wert, sodass die Nutzungsdauer von zwei Monaten einen Nutzungswert von € 166,66 ergibt.

Wenn Sie das Fahrzeug behalten wollen, muss nur **der Kaufpreis herabgesetzt** werden. Hier wird wie folgt gerechnet: Es wird die Differenz gebildet zwischen dem Wert, den das Fahrzeug zum Zeitpunkt des Vertragsschlusses in mangelfreiem Zustand gehabt hätte, und dem tatsächlichen Wert mit dem Mangel (§ 441 Abs. 3 Satz 1 BGB).

» **Beispiel:** Das Fahrzeug wurde mit einer angeblichen Laufleistung von 100 000 km zum marktgerechten Preis von € 10 000,– verkauft. Die wahre Laufleistung betrug aber 140 000 km. Das Fahrzeug wäre daher nur € 7 000,– wert gewesen. Die Minderung beträgt hier € 3 000,–.

Hätte der Käufer dagegen nur € 9 500,– bezahlt, muss wie folgt gerechnet werden: 7 000 × 9 500 : 10 000 = 6 650. Hier betrüge die Minderung € 2 850,–.

Wenn Ihnen durch den Fahrzeugmangel ein Schaden entstanden ist

Ist Ihnen durch das mangelhafte Fahrzeug zusätzlicher Schaden entstanden, steht Ihnen **unter folgenden Voraussetzungen** neben dem Rücktritts- oder Minderungsrecht auch ein **Schadensersatzanspruch** zu, unabhängig davon, ob es sich um einen Privatverkäufer oder einen Profihändler handelt:

- **Den Verkäufer muss an dem Mangel ein Verschulden** treffen. Er muss den Mangel gekannt haben.
- Oder er hat – was meistens der Fall sein wird – seine üblichen **Sorgfaltspflichten verletzt** und kannte deshalb den Mangel nicht.

Wichtig: Dieses **Verschulden wird dem Verkäufer von Gesetzes wegen automatisch unterstellt** (§ 280 BGB) – allerdings **nur im ersten halben Jahr nach der Fahrzeugübergabe.** Diese gesetzliche Unterstellung kann allerdings vom Verkäufer widerlegt werden. Er muss nur beweisen, dass der beanstandete Mangel nicht schon bei der Übergabe vorhanden war. Hier wird er sich auf Sachverständigengutachten berufen müssen. Dasselbe gilt, wenn sich erst später herausstellt, dass das Fahrzeug tatsächlich von Anfang an einen Mangel hatte.

Welche Schadensposten zu ersetzen sind: Zunächst können Sie den **Kaufpreis gegen Rückgabe des Fahrzeugs** fordern (§ 281 Abs. 4 BGB). Es werden aber auch **weitere Schäden** ersetzt.

» **Beispiel:** Abschleppkosten, Reparaturkosten, Wertminderung, Nutzungsausfall, Gutachterkosten, der entgangene Gewinn (wenn der Kaufpreis ausnahmsweise unter dem Verkehrswert des Fahrzeugs liegt, wird bei der Schadensberechnung auf den tatsächlichen Verkehrswert abgestellt), der Kaufpreisanteil, der für den in Zahlung gegebenen Altwagen angesetzt wurde, und die Kosten für den Vertrag (z. B. für Inspektion, Telefonate, Porto, Inserate, Überführungskosten, Zulassungskosten, Kosten der Fahrzeugfinanzierung).

Darüber hinaus müssen alle Körper- und Sachschäden, Nutzungsausfall, Übernachtungskosten wegen einer Panne, Mietwagen- oder sonstige Reisekosten ersetzt werden.

Alternative: Sie behalten das Fahrzeug und verlangen die Kostenübernahme für die Schadensbeseitigung. Die anderen, darüber hinausgehenden Schadensposten stehen Ihnen selbstverständlich auch zu.

2.5 Wann verjähren Sachmängelansprüche?

Grundsätzlich haben Sie auch bei einem Gebrauchtwagen **zwei Jahre** lang ab der Ablieferung Zeit, Ihre Ansprüche geltend zu machen (§§ 438 Abs. 1 Satz 3, 438 Abs. 2 BGB). Diese **Frist darf aber auf ein Jahr verkürzt** werden (§ 475 Abs. 2 BGB). Die Verkürzung muss ausdrücklich vereinbart worden sein.

Sollte sich der Mangel erst **nach Ablauf dieses einen Jahres** herausstellen, haben Sie aber **grundsätzlich keine Ansprüche mehr** aus Sachmängelhaftung gegen den Verkäufer. **Ausnahme:** Der Verkäufer hat Sie **arglistig getäuscht.** Dann beträgt die Verjährungsfrist drei Jahre nach § 438 Abs. 3 BGB i. V. m. § 195 Abs. 3 BGB. Hier beginnt die Frist erst ab dem Zeitpunkt, an dem Sie als Käufer Kenntnis von dem Mangel und der Täuschung erlangen (§ 199 Abs. 1 BGB). Endgültig aus ist es aber auch hier nach 10 Jahren (§§ 199 Abs. 3, 199 Abs. 4 BGB).

2.6 Wie Sie gerichtliche Auseinandersetzungen vermeiden

Selbst wenn Sie sich mit dem Verkäufer nicht gleich einigen können, brauchen Sie nicht gleich vor Gericht zu gehen – gesetzt den Fall, Ihr Vertragspartner ist Mitglied des **Zentralverbandes des Kfz-Handels.** Meistens haben die Händler ein entsprechendes Zeichen in ihren Geschäftsräumen hängen. Dieser **Verband bietet außergerichtliche Schlichtungsverfahren** an.

2.7 Was ist von einer Garantieversicherung zu halten?

Wird Ihnen vom Händler eine sogenannte **Gebrauchtwagengarantie** angeboten, tritt diese immer ein. Das gilt auch dann, wenn der Käufer nicht mehr beweisen kann, dass der Mangel schon von Anfang an vorhanden war. Außerdem gestatten die Garantieerklärungen in der Regel, dass die Nachbesserung nicht nur vom Verkäufer, sondern auch entsprechend den Garantiebestimmungen von jeder Vertragswerkstatt durchgeführt werden kann.

Aufpassen müssen Sie, wenn Sie eine **selbstständige Garantieversicherung,** die unabhängig vom gekauften Fahrzeug angeboten wird, abgeschlossen haben. Diese Versicherung hat ihre Tücke darin, dass im Schadensfall der Garantiegeber häufig die Zahlung verweigert mit der Behauptung, Sie hätten Ihre Wartungs-, Anzeige- oder sonstigen Garantiebedingungen nicht ordentlich eingehalten. **Allerdings sind derartige Klauseln in der Regel unzulässig.** Im Ergebnis muss deshalb die Versicherung zahlen.

Aber bei einer Durchrostungsgarantie mit Bindung an das Werkstattnetz des Verkäufers sieht es anders aus. Hier handelt es sich um eine Gegenleistung zur Garantie, die verlangt werden darf. Daher können Sie Garantieleistungen in diesem Fall nur beanspruchen, wenn Sie die erforderlichen Wartungen in einer entsprechenden Werkstatt vornehmen lassen.

3 Der Neuwagenkauf

Schon die Probefahrt hat ihre Tücken

Beschädigen Sie bei der Probefahrt das Fahrzeug, haften Sie in aller Regel nicht. Sie dürfen davon ausgehen, dass ein Autohaus seine Vorführwagen **voll versichert** hat, wenn Sie keine anderen Vereinbarungen treffen. Damit haften Sie auf einer Probefahrt nur für Schäden, die **grob fahrlässig** oder unter **Vorsatz** entstehen. Möchte der Händler eine andere Haftungsregelung geltend machen oder ist das Auto nicht vollkaskoversichert, muss er **vor Antritt der Probefahrt** ausdrücklich darauf hinweisen.

Tageszulassung oder echter Neukauf?

Autos mit Tageszulassung sind oft **deutlich günstiger** als Neuwagen, obwohl es sich im Grunde um Neuwagen handelt. Sie werden nur für einen Tag zum Straßenverkehr zugelassen und am nächsten Tag wieder abgemeldet, ohne je einen Meter auf der Straße bewegt worden zu sein. Die Händler machen sich so den Wertverlust zunutze (z. B. bei schlechtem Absatz eines bestimmten Modells). Der Vorteil liegt auf der Hand: Sie bekommen als Kunde einen Neuwagen zum Preis eines Gebrauchtwagens, wobei der Preisunterschied leicht im zweistelligen Prozentbereich liegen kann. Nachteile gibt es keine.

Sie haben die Wahl: Deutscher oder EU-Neuwagen

Der freie Warenverkehr innerhalb der EU ermöglicht, dass Sie Ihr Auto grundsätzlich **überall in der EU** kaufen können. Aufgrund der **unterschiedlichen Steuern** in den EU-Ländern und der daraus resultierenden Preispolitik gibt es verlockende Angebote für EU-Neuwagen, die als Reimport von europäischen Autohändlern direkt oder über einen deutschen Händler an den Kunden in Deutschland überführt werden. So können Sie nicht selten bis zu 30 % sparen. Achten Sie aber auf die Grundausstattung, diese kann deutlich variieren.

Natürlich können Sie auch im Ausland direkt bei einem Händler kaufen. Dann müssen Sie sich allerdings selbst um alle Formalitäten kümmern. Oder Sie kaufen Ihren Neuwagen über einen **Online-Vermittler.** Die hier erzielten Rabatte für deutsche Autos sind oft noch größer als bei EU-Fahrzeugen. In der Regel liegen sie zwischen 15 % und 40 % des Neupreises.

Beachten Sie: Auch wenn beim Kauf übers Internet **europaweit** die gesetzlichen Herstellergarantien gelten, ist es für Sie schwieriger, Gewährleistungsrechte durchzusetzen, die sich nach ausländischem Recht richten. Einigen Sie sich in diesen Fällen **schriftlich** mit dem Verkäufer, welches Recht gelten soll (sog. **Rechtswahlvereinbarung**).

Was gehört in jeden Vertrag?

Im Wesentlichen geht es hier um den Kaufpreis und die Ausstattung des Fahrzeugs laut Prospekt. Haben Sie allerdings **Sonderwünsche** (z. B. eine Sitzbelüftung oder Massagefunktion), sollten Sie unbedingt darauf achten, dass diese ausdrücklich **im Vertrag festgehalten** werden. Lassen Sie sich **nicht** auf **mündliche** Absprachen ein.

Vor allem beim **Zubehör** kann es zu Problemen kommen. Denn gerade bei sehr langen Lieferzeiten passiert es immer wieder, dass bei der Ausstattung ab Werk zwischen dem Zeitpunkt der Bestellung und dem Zeitpunkt der Auslieferung abgespeckt wird. Das führt für Sie im Ergebnis zu einer indirekten **Preiserhöhung,** da Sie für den vereinbarten Kaufpreis weniger erhalten.

! Solche **indirekten** Preiserhöhungen sollten Sie am besten gleich im Vertrag mit der folgenden Klausel ausschließen: »Die Ausstattung des Fahrzeugs erfolgt entsprechend den Prospektangaben zum Zeitpunkt der Bestellung des Fahrzeugs«.

Flatrate-Angebote: Nicht alle Pakete taugen

Für € 99,– im Monat einen neuen Kleinwagen fahren und das auch noch inklusive Versicherung für vier Jahre, mit zwei Jahren Garantieverlängerung und Kreditabsicherung. Das klingt auf den ersten Blick verlockend, ist aber bei genauerer Betrachtung oft nur ein **durchschnittliches** Angebot. Denn bei den meisten Flatrates zahlen Sie den **Listenpreis.** Damit schneiden Sie sich die Möglichkeit ab, einen Preisnachlass auszuhandeln. Beinhaltet das Angebot dann auch noch die Inspektions- und Wartungsarbeiten, ist Vorsicht geboten. In der Regel sind Sie damit an die **Vertragswerkstatt** gebunden.

Wenn Sie Ihren Gebrauchtwagen in Zahlung geben möchten:

Der Kaufvertrag über einen Neuwagen mit der gleichzeitigen Vereinbarung der Inzahlungnahme Ihres Altfahrzeugs bildet eine **rechtliche Einheit.** Der **Kaufpreis** für das neue Fahrzeug **reduziert** sich um den Betrag, der für die Inzahlungnahme Ihres alten Fahrzeugs vereinbart wurde. Bei Mängeln eines der Fahrzeuge muss unterschieden werden:

Hat Ihr alter Gebrauchtwagen einen Mangel, haften Sie nach dem Gesetz **wie ein Verkäufer.** Wurde die Gewährleistung vertraglich nicht ausgeschlossen, kann der Händler Nacherfüllung verlangen oder **vom Vertrag zurücktreten.** Das gilt auch, wenn Eigenschaften zugesichert oder Mängel arglistig verschwiegen wurden. Macht der Händler von seinem Rücktrittsrecht Gebrauch, hat dies aber keine Auswirkung auf den **Gesamtvertrag:** Sie müssen dann den vollen Kaufpreis bezahlen und ihren »alten« Gebrauchtwagen wieder zurücknehmen.

Weist dagegen der Neuwagen Mängel auf, müssen Sie dem Händler zuerst eine Frist zur Nacherfüllung setzen. Gelingt die Nacherfüllung nicht, können Sie vom Vertrag zurücktreten. Dann müssen Sie allerdings nach der Rechtsprechung des BGH Ihren Gebrauchten zurücknehmen und können keine Auszahlung des Anrechnungsbetrages verlangen.

Überführungskosten

Oft sind die Überführungskosten eines Neuwagens **viel zu hoch, willkürlich** und **entsprechen nicht** der Rechtslage. Verbraucher müssen sich auf einen **Endpreis ohne Nebenkosten** verlassen können. Laut Gesetz müssen **alle** anfallenden Kosten in den Endpreis eingerechnet sein.

Wenn es zur Bestellung kommt

Sind alle Details geklärt, legt der Verkäufer Ihnen die **verbindliche** Bestellung zur Unterschrift vor. Bevor Sie die Bestellung unterschreiben, sollten Sie unbedingt noch einmal alle wichtigen oben angesprochenen Punkte durchchecken. Sorgen Sie dafür, dass aus Beweisgründen sämtliche Vereinbarungen **schriftlich** festgehalten werden. Auch der **Liefertermin** sollte möglichst mit in die Bestellung aufgenommen werden.

Lesen Sie auch das »Kleingedruckte«: In der Regel verwenden Autohändler die sogenannten Neuwagen-Verkaufsbedingungen (NWVB), die von den drei Verbänden der Automobilwirtschaft (VDA, VDIK und ZDK) gemeinsam ausgearbeitet werden, was jedoch keine Gewähr für Ihre Richtigkeit und Wirksamkeit bietet. Außerdem kann jeder Autohändler die Bedingungen nach seinem Gusto anpassen.

Beachten Sie: Die Bestellung ist noch **kein Vertragsschluss.** Der Vertrag kommt erst mit der **ausdrücklichen Annahme** Ihrer Bestellung oder der **Lieferung** des Neuwagens zustande. Oft erklären Verkäufer die Annahme allerdings direkt bei Entgegennahme der Bestellung und bestätigen dies schriftlich auf dem Bestellformular.

An Ihre Bestellung sind Sie **drei Wochen gebunden** (vgl. die NWVB). So lange hat der Verkäufer Zeit, zu prüfen, ob er Ihre Bestellung annimmt. Lässt er diese Zeit verstreichen, ohne die Bestellung anzunehmen oder zu liefern, sind Sie nicht mehr daran gebunden.

! Entgegen einer weitverbreiteten Meinung gibt es **kein allgemeines Rücktrittsrecht** des Käufers. Ihre Bindung an die Bestellung ist vorbehaltlos.

Wenn Sie ein bestelltes Fahrzeug nicht haben wollen, kann der Verkäufer laut den NWVB eine **Stornogebühr von 15 %** des Kaufpreises von Ihnen verlangen.

Beachten Sie: Manchmal bestätigt der Verkäufer die Annahme unter **geänderten Bedingungen,** beispielsweise zu einem anderen Preis oder mit einer anderen Ausstattung. Damit haben Sie noch **keinen Vertrag** geschlossen. Der Verkäufer macht Ihnen vielmehr ein **neues Angebot,** das Sie annehmen oder ablehnen können.

Wenn der Liefertermin platzt

Nach den NWVB kann der Verkäufer einen **unverbindlichen** Liefertermin **bis zu sechs Wochen** überziehen . Ist das Fahrzeug beim Verkäufer vorrätig auf Lager vorhanden, verkürzt sich diese Frist nach den NWVB auf **zehn Tage.** In beiden Fällen hat die Lieferverzögerung keine rechtlichen Konsequenzen.

Nach Ablauf einer der beiden genannten Fristen kann der Käufer den Verkäufer zur Lieferung auffordern. Eine vorherige Mahnung ist rechtlich folgenlos und setzt den Verkäufer nicht in Verzug.

! Fordern Sie in einem solchen Fall den Verkäufer zur Lieferung auf, sollten Sie ihm gleichzeitig eine **angemessene Frist** zur Lieferung setzen, die von der Rechtsprechung mit **14 Tagen** angesetzt wird.

4 Leider immer wieder: Mängel am Neuwagen

4.1 Auch einen Neuwagen sollten Sie auf Mängel untersuchen

Wann liegt ein Mangel vor?

Ein Mangel ist immer dann gegeben, wenn das Fahrzeug **nicht voll funktionsfähig** ist. Auch wenn der Wagen entgegen der Vereinbarung kein Neuwagen ist oder ihm sonstige Eigenschaften fehlen, die Sie vereinbart haben, ist er mangelhaft. **Beachten Sie:** Nicht unter die Sachmängelhaftung fallen **Verschleißteile,** wie beispielsweise Bremsklötze, Gummilager, Auspuffteile sowie andere Bauteile, die bei jedem Fahrzeug einer gewöhnlichen Abnutzung unterliegen.

Nachdem das Fahrzeug beim Händler angekommen ist, werden Sie aufgefordert, es abzuholen. Entsprechend der für den Neuwagenhandel gebräuchlichen Verkaufsbedingungen (NWVB) haben Sie dafür **14 Tage** Zeit. Fahren Sie das Fahrzeug **Probe und** untersuchen Sie es **auf Mängel.** Entspricht das gelieferte Fahrzeug nicht dem bestellten, können Sie die **Abnahme verweigern.** Unter sämtlichen Funktionsstörungen, die einen Mangel am Fahrzeug darstellen, sind die beiden folgenden Mängel besonders hervorzuheben.

Wann ist Fabrikneuheit gegeben?

Sie können als Käufer von Fabrikneuheit ausgehen, wenn das Fahrzeug **unverändert** weiter gebaut wird, keine Mängel wegen **langer Standzeit** vorliegen und zwischen Produktion und Abschluss des Kaufvertrages nicht mehr als **zwölf Monate** liegen. Dabei stellen die 12 Monate **keine starre Grenze** dar. Im Einzelfall können konkrete Umstände eine andere Zeitgrenze möglich machen (z. B. bei seltenen Fahrzeugen wie einem Ferrari).

Abweichungen von den Angaben im Prospekt

Abweichende Prospektangaben stellen in der Regel einen Mangel am Fahrzeug dar. Besonders bei den Angaben zum **Kraftstoffverbrauch** kommt es immer wieder zu Streitigkeiten. **Beachten Sie:** Der Verbrauch eines Fahrzeugs ist stark vom Fahrverhalten des Fahrers abhängig. Klärung kann meist nur die **Einschaltung eines Gutachters** bringen, der unter Laborbedingungen die entsprechenden Messungen vornimmt.

! Weicht der tatsächliche Spritverbrauch mehr als 10 % von den Herstellerangaben ab, sollten Sie ein unabhängiges Gutachten in Erwägung ziehen.

4.2 So machen Sie Ihre Rechte geltend

Zuerst müssen Sie dem Verkäufer die Möglichkeit geben, den **Mangel zu beseitigen,** also die notwendige Reparatur vorzunehmen. Setzen Sie dem Verkäufer hierzu schriftlich eine angemessene Frist zur »Nacherfüllung« – in der Regel zehn bis 14 Tage (am besten per Einschreiben mit Rückstein).

Ein häufig anzutreffender Mangel bei Neufahrzeugen sind **Lackschäden.** Nach neuer höchstrichterlicher Rechtsprechung verzichten Sie als Kunde hier **nicht auf Ihr Rücktrittsrecht,** wenn Sie **zunächst Nachbesserung** verlangen. Führt diese nicht zu dem Zustand, der einem fabrikneuen Fahrzeug entspricht, haben Sie weiterhin einen Anspruch auf Lieferung eines fabrikneuen Fahrzeugs.

Misslingt der erste Versuch, müssen Sie in aller Regel einen **zweiten Versuch** akzeptieren. Bleibt auch der zweite Anlauf erfolglos oder lässt der Verkäufer die Frist verstreichen, haben Sie Anspruch auf Minderung des Kaufpreises oder Rücktritt vom Vertrag, wenn der Fehler **erheblich** ist. Diese »Erheblichkeit« muss immer im **Einzelfall** geprüft werden. Die Höhe der Reparaturkosten im

Verhältnis zur Kaufpreishöhe ist dabei nur ein Indikator. Unter Umständen ist die Minderung des Kaufpreises auch bei geringfügigen Mängeln möglich.

Die Frist für die **2-jährige Sachmängelhaftung** beginnt mit der Fahrzeugübernahme. Kommt es während dieser Zeit zu Auseinandersetzungen, wird der Ablauf gehemmt und die Frist um den entsprechenden Zeitraum verlängert. Erklären Sie als Käufer berechtigterweise den Rücktritt, muss der Verkäufer Ihnen den Kaufpreis erstatten und das Fahrzeug zurücknehmen.

! Die Rückabwicklung geschieht »Zug um Zug«. Sie sollten keinesfalls in Vorleistung treten. Geben Sie den Neuwagen daher nur gegen Erstattung des Kaufpreises zurück.

Der Verkäufer kann allerdings für die bereits gefahrenen Kilometer eine **Nutzungsentschädigung** von Ihnen verlangen. In der Regel wird die Nutzungsentschädigung in Abhängigkeit der erwarteten **Gesamtlaufleistung** errechnet. Die Nutzungsentschädigung beträgt insoweit **pro gefahrene 1 000 km:**

- 0,67 % des Kaufpreises bei einer Gesamtfahrleistung von 150 000 km,
- 0,50 % des Kaufpreises bei einer Gesamtfahrleistung von 200 000 km,
- 0,40 % des Kaufpreises bei einer Gesamtfahrleistung von 250 000 km und
- 0,33 % des Kaufpreises bei einer Gesamtfahrleistung von 300 000 km

Umgekehrt können Sie dem Autohändler Ihre **vergeblich aufgewendeten Vertragskosten** in Rechnung stellen. Dazu gehören Überführungskosten, Kosten für den Kfz-Brief, An- und Abmeldekosten, außergerichtliche Anwaltskosten, sofern Sie einen Anwalt einschalten mussten, und Gutachterkosten für die Mängelfeststellung. Außerdem muss der Verkäufer Ihnen weitere Aufwendungen, wie zum Beispiel Inspektions- und Reparaturkosten, ersetzen. Steuer- und Versicherungsprämien können Sie dagegen **nicht zurückverlangen.**

Von Ihnen **eingebautes Zubehör,** wie beispielsweise ein Radio oder eine Anhängerkupplung, dürfen Sie entfernen. Ist das nicht möglich, haben Sie das Recht, Schadensersatz für nutzlose Zusatzausstattung zu verlangen (z. B. Leichtmetallfelgen, Breitreifen, Tempomat, Autotelefon und Navigationssystem).

! Problematisch kann die Haftungsfrage bei **EU-Importen** werden. In diesen Fällen tritt der Verkäufer oft nur als **Vermittler** für ein ausländisches Autohaus auf. Ansprüche müssen dann **im Ausland nach ausländischem Recht** geltend gemacht werden. Zwar bleibt die **Herstellergarantie** bestehen, mit Nachbesserungen aus der Sachmängelhaftung im Ausland kann es allerdings schwierig werden. Auch kann der Käufer nicht so einfach vom Kaufvertrag zurücktreten.

5 Herstellergarantie und Kulanz

Als Käufer erhalten Sie mit dem Erwerb des Neufahrzeugs regelmäßig auch eine Garantie des Herstellers, die **neben** den gesetzlichen Gewährleistungsansprüchen (vgl. oben) besteht. Diese Garantieleistung ist eine **freiwillige** Leistung des Herstellers. Häufig ist der Garantiezeitraum länger als die gesetzliche Gewährleistung von 24 Monaten. Die Einzelheiten ergeben sich aus dem Garantieheft, das Sie als Käufer mit dem Fahrzeug ausgehändigt bekommen.

In den Garantiebedingungen kann der Hersteller **nach Belieben** festlegen, in welchen Fällen Sie als Kunde die Garantie in Anspruch nehmen können (vgl. Übersicht »Garantien der Autohersteller im Vergleich« auf www.adac.de). Die großen Hersteller gewähren jedem Inhaber des Produktes unter Vorlage eines gültigen Kaufbeleges die Garantieleistung, wenn die Geltendmachung **innerhalb der Garantielaufzeit** erfolgt.Eine beworbene Garantie ist für den Händler dann **bindend.**

Die Garantie umfasst in aller Regel die Funktionsfähigkeit des Autos, also das Versprechen, dass das Fahrzeug keine Material- und Herstellungsmängel hat. Mitverschulden Ihrerseits führt meist zum **Ausschluss der Garantie.**

Einige Autohersteller weisen ihre Kunden durch Aufkleber auf dem Serviceheft oder auf ihrer Internetseite darauf hin, dass sie Servicetermine und angemahnte Garantieleistungen **nur in einer Fachwerkstatt** beheben lassen dürfen. Andernfalls drohe dem Halter der Verlust seiner Ansprüche aus Garantie und Gewährleistung. Eine solche Einschränkung durch die Hersteller ist nach EU-Recht nicht mehr erlaubt (vgl. Kfz-Gruppenfreistellungsverordnung).

! Lassen Sie auf der Rechnung vermerken, dass die Arbeiten **nach den Vorgaben des Herstellers** durchgeführt wurden.

Diese freie Wahl der Werkstatt gilt aber **nur bei den Service-Leistungen.** Tritt während der laufenden Herstellergarantie oder der gesetzlichen Sachmängelhaftung ein Schaden am Fahrzeug auf, **muss eine Fachwerkstatt** aufgesucht werden. Denn Nachbesserungen dürfen nur beim Verkäufer oder in einer Werkstatt derselben Fahrzeugmarke durchgeführt werden.

Hinzu kommt, dass Hersteller sich in manchen Fällen auch **nach Ablauf** der Garantie aus **Kulanz** an anfallenden Reparaturkosten beteiligen. Da es sich hier um eine freiwillige Leistung handelt, wird diese abgelehnt, wenn die vorangegangenen Arbeiten an dem Wagen nicht lückenlos in einer **fabrikatsgebundenen Werkstatt** durchgeführt wurden.

F2 Werkstattbesuch: Wer den Schaden hat ...

1 Erste Verhandlungen mit der Werkstatt

Garantie, Gewährleistung, Kulanz – wo liegen die Unterschiede?

Wenn Reparaturen notwendig sind, lautet oft die erste Frage: »Habe ich eigentlich noch Garantie?«. In aller Regel ist damit eigentlich »**Gewährleistung**« gemeint. Hierbei handelt es sich um **gesetzliche Vorgaben** zur Haftung des **Verkäufers oder Herstellers** für **Mängel** an der Kaufsache. Ein Mangel liegt immer dann vor, wenn der Wagen beispielsweise technisch nicht einem Neuwagen entspricht oder nicht voll funktionsfähig ist. Es dürfen auch keine vereinbarten Eigenschaften fehlen. Im Allgemeinen haftet im Rahmen der Gewährleistung also das Autohaus, in dem Sie das Auto gekauft haben.

Bestand der Schaden schon **beim Kauf** Ihres Neuwagens, ist daher die Reparatur in den folgenden beiden Jahren in der Regel kostenfrei. Ausgenommen sind aber die normalen Verschleißerscheinungen (z. B. an den Bremsen).

Gewährleistung auf Neufahrzeuge besteht **innerhalb der ersten beiden Jahre** ab Kaufdatum (vgl. Beitrag 9 a / 2). Zeigt sich der Mangel bereits in den ersten sechs Monaten, ist der Verkäufer sogar in der Pflicht, Ihnen zu beweisen, dass der Mangel nicht schon beim Kauf vorhanden war (sog. Beweislastumkehr).

Bei Gebrauchtwagen kann die 2-Jahres-Frist auf ein Jahr verkürzt werden. Dies muss der Verkäufer dann allerdings **ausdrücklich** mit Ihnen vereinbaren (vgl. Beitrag 9 a / 1).

Eine **Garantie** dagegen ist eine **freiwillige** Erklärung des **Verkäufers** oder **Fahrzeugherstellers.** Sie kann über Ihre gesetzlichen Gewährleistungsrechte hinausgehen. Verkäufer oder Hersteller des Fahrzeugs können die **Zeitspanne,** für die Sie eine Garantie abgeben wollen, **frei wählen.** Außerdem steht es ihnen frei, die **Bedingungen** der Garantie zu bestimmen.

» **Beispiel:** Verkäufer oder Hersteller können die Garantie auf bestimmte Fahrzeugteile beschränken (z. B. »10 Jahre Garantie auf Durchrostung«).

Ist der Kauf länger als zwei Jahre her oder handelt es sich um einen Gebrauchtwagen, können Sie nur noch auf ein eventuelles Garantieversprechen oder auf **Kulanz** des Verkäufers oder Herstellers hoffen. Insbesondere, wenn die Gewährleistungszeit noch nicht lange abgelaufen ist, wird nicht selten aus Kulanz gezahlt (z. B. bei einem drei Jahre alten Auto). Anders als bei der Gewährleistung oder Garantie haben Sie hierauf jedoch leider **keinen Anspruch.**

! Handelt es sich um eine Reparatur während der Gewährleistungs- oder Garantiezeit und sind weder Eigenverschulden noch Unfall Grund des Reparaturauftrages, so sollte im Auftrag »Reparatur im Rahmen der Herstellergarantie bzw. Sachmängelhaftung« vermerkt werden.

Denn nicht selten wird während einer Garantiereparatur ein Schaden festgestellt, der im Rahmen der Garantie nicht abgewickelt werden kann. In einem solchen Fall muss die Werkstatt dann mit Ihnen Kontakt aufnehmen.

Nach Ablauf dieser Zeiträume kann unter Umständen der Hinweis »Kulanzantrag stellen« sinnvoll sein.

Ganz wichtig: Kostenvoranschlag einholen!

Auch wenn Sie es eilig haben, sollten Sie sich unbedingt nach dem Kostenrahmen der bevorstehenden Reparatur **genau erkundigen** und sich nicht mit groben Schätzungen zufriedengeben. Lassen Sie sich am besten einen **schriftlichen Kostenvoranschlag** geben.

Eine solche Schätzung des zu erwartenden Aufwandes ist in aller Regel kostenlos (§ 632 Abs. 3 BGB), sofern Sie später die betreffende Werkstatt mit der Reparatur beauftragen. Tun Sie dies nicht, müssen Sie den Kostenvoranschlag meist bezahlen.

Erteilen Sie auf Basis des Kostenvoranschlags den Auftrag, darf die Reparatur **nicht wesentlich teurer** werden. **Faustregel:** Der Endpreis darf den Kostenvoranschlag um **nicht mehr als 15 % – 20 %** überschreiten. Soll er diesen Wert übersteigen, muss die Werkstatt **zuvor Ihre Zustimmung** dazu einholen.

! Möchten Sie eine **absolut verbindliche Preisangabe,** müssen Sie auf einen schriftlichen Kostenvoranschlag im Sinne der Kfz-Reparaturbedingungen bestehen, an den die Werkstatt **drei Wochen lang gebunden** ist.

Wenn der Kostenvoranschlag überschritten wird

Übersteigt der Endpreis um mehr als 20 % den im Kostenvoranschlag vorgesehenen Betrag, ohne dass man Sie rechtzeitig darüber informiert hat, können Sie den **Auftrag kündigen.** Sie müssen dann grundsätzlich nur die Arbeiten bezahlen, die **bis zu dem Zeitpunkt** durchgeführt wurden, zu dem Sie **gekündigt haben bzw. hätten kündigen können.**

Für alles, was danach gemacht wurde, müssen Sie **keine Lohnkosten** zahlen. Die Materialkosten brauchen Sie nur zu tragen, wenn die durchgeführten Arbeiten für Sie nützlich waren (z. B. um Ihr Fahrzeug wieder betriebssicher zu machen).

Wenn der Endpreis aus dem Kostenvoranschlag sogar **garantiert** wird (Festpreisvereinbarung), darf es überhaupt nicht teurer werden.

Bestimmen Sie eine Höchstgrenze

Können Sie den Auftrag nicht in allen Einzelheiten bestimmen, wie es etwa bei Inspektionen vorkommt, oder kann die Schadensursache nicht weiter eingegrenzt werden, können Sie auch **eine Höchstgrenze für die zu erwartenden Reparaturkosten festlegen** – und zwar am besten **schriftlich auf dem Auftragsformular.**

Dasselbe gilt für verbindliche Rahmenbedingungen wie Stundenlöhne und Ersatzteilpreise.

Erteilen Sie **auf gar keinen Fall einen Pauschalauftrag** wie »Bringen Sie den Wagen wieder zum Fahren« oder »Bereiten Sie den Wagen für den TÜV vor«. Dann sind Streitigkeiten vorprogrammiert.

! Wollen Sie Ihr Fahrzeug in erster Linie TÜV-fit machen, ist es meist günstiger, das Fahrzeug zunächst selbst dem TÜV vorzustellen und anschließend mit der Mängelliste in die Werkstatt zu bringen.

Selbst wenn **keine Höchstgrenze** festgelegt war, ist die Lage für Sie **nicht vollkommen aussichtslos.** Nach der Rechtsprechung hat die Werkstatt Sie auch bei einem pauschalen Auftrag **vor** der Ausführung **größerer Arbeiten** zu **informieren.** Für Fehleinschätzungen im Kostenvoranschlag ist prinzipiell die Werkstatt haftbar.

Neben einem Kostenvoranschlag lohnt es sich oft auch, ein Übergabeprotokoll zu erstellen, in dem alle Besonderheiten, wie etwa Kratzer, Beulen oder der Sauberkeitszustand, aufgeführt werden. So kann es später nicht zu Missverständnissen kommen.

2 Rechte und Pflichten

Der Vertragsschluss: Wann, mit wem und zu welchen Konditionen?

Wie bei allen anderen Handwerkerverträgen handelt es sich auch bei der Autoreparatur um einen **Werkvertrag**. Im Folgenden erfahren Sie die **wesentlichen Besonderheiten,** die für das Kfz-Handwerk gelten. In einem Reparaturauftrag sollten also folgende Punkte Beachtung finden:

- das Kennzeichen Ihres Fahrzeugs,
- der Kilometerstand,
- die Fahrgestellnummer,
- das Annahmedatum und der Reparaturzeitpunkt,
- der Name der Person, die den Auftrag angenommen hat,
- Ihre Telefonnummer für etwaige Rückfragen,
- alle geplanten Arbeiten nebst den voraussichtlichen **Kosten,**
- Kostenobergrenze für eine unter Umständen notwendige Fehlersuche,
- die Frage, ob ausschließlich neue Teile oder auch gebrauchte Teile zur Reparatur verwendet werden dürfen;
- eine detaillierte Beschreibung von im Fahrzeug eventuell befindlichen Wertsachen und
- Angaben zur von Ihnen bevorzugten Zahlungsweise.

Die Werkstatt hat aufgrund ihrer Sachkunde Ihnen gegenüber diverse **Aufklärungs- und Beratungspflichten.** Insbesondere muss man Sie darüber informieren, wenn mit der Reparatur besondere Umstände zusammenhängen, die weitere Kosten zur Folge haben oder unter Umständen zu Schäden führen können.

» **Beispiel:** Eine Werkstatt, der Sie Ihr Kfz zur Inspektion übergeben haben, muss Sie auf einen **festgestellten** Ölmangel aufmerksam machen und über die Ursachen und möglichen Schadensfolgen aufklären.

Unterlässt es die Werkstatt, Sie über solche Mängel oder zu ergreifende Maßnahmen zu unterrichten, macht sie sich schadensersatzpflichtig, wenn es durch die Falsch- oder Schlechtberatung später zu Folgeschäden kommen sollte.

So entschlüsseln Sie das Kleingedruckte

Allgemeine Geschäftsbedingungen (AGB) regeln typischerweise Haftungsfragen, Gewährleistungsrechte sowie Liefer- oder Zahlungsfristen. Von Bedeutung sind AGB für Sie nur dann, wenn es später Probleme mit der Werkstatt geben sollte. Die meisten Kfz-Werkstätten nutzen die vom Zentralverband des Deutschen Kraftfahrzeuggewerbes (ZDK) veröffentlichten Kfz-Reparaturbedingungen. Andere erstellen sie selbst.

Die **AGB gelten als vereinbart,** wenn Sie als Kunde die Möglichkeit haben, sie vor Abschluss eines Vertrages überhaupt richtig zur Kenntnis zu nehmen. Aus diesem Grund werden sie üblicherweise zusammen mit der Auftragsbestätigung überreicht oder hängen in der Werkstatt aus. Im letzteren Fall muss man Sie darauf hinweisen, selbst wenn Sie als Stammkunde die Werkstatt und ihre Vorgehensweise schon länger kennen sollten.

Wichtig: Auftrag genau definieren

Um böse Überraschungen zu vermeiden, sollten Sie den **Umfang** der Reparatur und die **voraussichtlichen Kosten** im Auftragsschein **möglichst genau festhalten** lassen. So können Sie dann später anhand des Auftragsscheins genau nachvollziehen, ob die Reparatur **dem erteilten Auftrag entsprochen** hat.

Beachten Sie: Wenn Sie einen ganz bestimmten Auftrag erteilt haben, ist die Werkstatt an diesen streng gebunden und darf andere Teile Ihres Fahrzeugs nicht ohne Weiteres prüfen. Kommt es dann zum Beispiel zu einem Zahnriemenriss und infolgedessen zu einem Motorschaden, kann das nicht der Werkstatt angelastet werden. **Anders,** wenn bei einer Inspektion ein defekter Zahnriemen übersehen wurde. Hier würde die Werkstatt für etwaige Schäden haften.

Termine, Termine, Termine

Normalerweise vereinbaren Sie bei der Erteilung des Reparaturauftrages einen **genau bestimmten Fertigstellungstermin.** Überschreitet die Werkstatt den Termin, weil sich der Arbeitsumfang erweitert hat, muss man Ihnen die Gründe der Verzögerung und auch gleich einen neuen Fertigstellungstermin nennen.

Wird der Termin jedoch aus anderen Gründen überschritten, dürfen Sie gegebenenfalls **Schadensersatz** verlangen. Dies setzt voraus, dass die Werkstatt an der Verspätung **schuld** ist und Ihnen dadurch ein **Schaden** entstanden ist. Ob

Ihnen tatsächlich ein **Schaden** entstanden ist, hängt davon ab, welche Kosten Sie wegen der Verspätung hatten (z. B. mussten Sie einen Mietwagen nehmen).

Kann die Werkstatt den Termin **aus eigenem Verschulden** nicht einhalten und verzögert sich die Reparatur um **mehr als 24 Stunden,** muss sie Ihnen entweder kostenlos ein Ersatzfahrzeug zur Verfügung stellen oder 80 % der Kosten eines von Ihnen genutzten gleichwertigen Mietwagens zahlen. Überschreitet die Werkstatt den Termin wegen vorsätzlichen oder grob fahrlässigen Verschuldens, weil sie einfach zu viele Aufträge angenommen hat, können Sie gegebenenfalls weiteren Schadensersatz verlangen. Hierzu zählen beispielsweise die Kosten, die Ihnen aufgrund der verzögerungsbedingt notwendigen Verschiebung Ihres Urlaubs entstehen (z. B. Umbuchungskosten).

Kann bei **höherer Gewalt,** also ohne eigenes Verschulden der Werkstatt (z. B. aufgrund eines Streiks oder Ausbleiben von Fachkräften), der Termin nicht eingehalten werden, haben Sie dagegen keinen Anspruch auf Schadensersatz. Anderes gilt allerdings unter Umständen dann, wenn die Verzögerung darauf beruht, dass die Vertragswerkstatt ein **Originalersatzteil nicht beschaffen** kann. Kfz-Hersteller sind nämlich verpflichtet, Ersatzteile bereitzuhalten.

Ohne eine konkrete Terminvereinbarung steht Ihnen Schadensersatz nur dann zu, wenn Sie für die Reparatur eine im Hinblick auf die durchzuführende Reparatur angemessene Frist abgewartet und die Fertigstellung angemahnt haben. Bei kleineren Reparaturen kann die Frist etwa zwei bis drei Tage betragen, bei größerem Reparaturaufwand auch sieben bis 14 Tage. Für eine verspätete **Ersatzteillieferung** haftet die Werkstatt normalerweise nicht.

Sie können auch vom Vertrag zurücktreten. Das ist aber **nicht immer sinnvoll,** wenn zum Beispiel der Motor bereits ausgebaut ist. Dann stehen Ihnen aber auf jeden Fall die bis zum Rücktritt entstandenen Kosten für die Verspätung zu.

Der Normalfall: Reparatur – Bezahlung

Auf der Rechnung müssen die durchgeführten Arbeiten, die verwendeten Ersatzteile und sonstige Positionen inklusive der jeweiligen Zeit- und Preisangaben aufgeführt sein. Überprüfen Sie, ob die Rechnung mit dem ursprünglichen Auftrag **übereinstimmt** und nichts **ohne Grund** oder **doppelt** abgerechnet wurde.

Führt die Werkstatt Arbeiten durch, die sich im Nachhinein als **»unnötig«** erweisen, müssen Sie diese Arbeiten trotzdem bezahlen, wenn Sie nach den anerkannten Regeln des Handwerks und der Technik notwendig waren, um den Schaden zu finden. Dabei muss die Werkstatt **nach wirtschaftlichen Gesichtspunkten** vorgehen und darf nicht einfach die teuerste Variante wählen.

Eventuell unnötig eingebaute oder ausgetauschte Teile müssen Sie nicht einfach hinnehmen. Auf Ihr Verlangen hin müssen diese wieder ausgebaut oder ausgetauscht werden.

! Ob Arbeiten an Ihrem Wagen unnötig waren, ist für einen Laien kaum zu beurteilen. In der Regel sollten Sie sich daher in einem solchen Fall fachmännischen Rat holen (z. B. von einem Kfz-Sachverständigen). Achten Sie hier jedoch darauf, dass die Kosten für den Sachverständigen nicht die eigentlichen Reparaturkosten übersteigen.

Lassen sich die Arbeiten nicht wieder rückgängig machen, zum Beispiel weil Schäden am Lack ausgebessert wurden, müssen Sie nur zahlen, wenn die Arbeiten **in Ihrem Interesse** lagen. War dies nicht der Fall, müssen Sie sich trotzdem eventuell an den Materialkosten beteiligen. Schließlich ist Ihr Fahrzeug mit einer frisch lackierten Tür **mehr wert** als mit der alten verkratzten.

Hat die Werkstatt dagegen **schwerwiegende Sicherheitsmängel** behoben, also etwa abgenutzte Bremsbeläge ausgetauscht, so ist anzunehmen, dass dies auf jeden Fall in Ihrem Interesse liegt. Sie müssen daher die zusätzlichen Arbeiten bezahlen, sofern die Reparaturkosten in einem vernünftigen Verhältnis zum Fahrzeugwert stehen.

Wenn Sie nicht zahlen: Ihr Auto als Pfand

Das Gesetz gibt der Werkstatt für den Fall, dass Sie die Rechnung nicht zahlen, ein nützliches »Werkzeug« an die Hand, nämlich das sogenannte **Werkunternehmerpfandrecht** (§ 647 BGB): Bis zur vollständigen Begleichung der Rechnung darf die Werkstatt Ihr **Fahrzeug zurückhalten.**

Sofern Sie also aus irgendeinem Grund mit der Rechnung nicht einverstanden sind, sollten Sie trotzdem zahlen, wenn auch ausdrücklich nur **»unter Vorbehalt«.** Im Idealfall lassen Sie sich dies von der Werkstatt schriftlich bestätigen.

3 Wenn die Reparatur schiefgeht

3.1 Sie nehmen Ihr Auto in Empfang

Mit der sogenannten **»Abnahme«.** n Sie an, dass die Werkstatt ordentliche Arbeit geleistet hat und die Reparaturleistung vereinbarungsgemäß ausgefallen ist. In der Regel werden Sie die Reparaturleistungen **»stillschweigend«** abnehmen, indem Sie die Rechnung begleichen und Ihr Fahrzeug mitnehmen. Dieses Vorgehen ist gängig und birgt für Sie **keine Nachteile.** Sie sind auch nicht dazu **verpflichtet,** eine Probefahrt zu machen. In der ersten **Fahrt nach Hause** ist allerdings noch keine »stillschweigende Abnahme« zu sehen.

Stellt sich bei einer Probe- oder auf der Heimfahrt heraus, dass die Reparatur leider doch nicht erfolgreich war, dürfen Sie daher die **Abnahme verweigern** und darauf bestehen, dass die Reparatur noch ordnungsgemäß durchgeführt wird. Alternativ können Sie die Reparaturleistung aber auch lediglich **unter Vorbehalt abnehmen,** wenn Sie beispielsweise das Fahrzeug dringend benötigen.

! In einem solchen Fall sollten Sie sich **ausdrücklich und schriftlich vorbehalten,** später Ihre Gewährleistungsrechte geltend zu machen. Andernfalls droht Ihnen ein Rechtsverlust, wenn Sie den Mangel nicht beanstanden.

Aber auch wenn sich erst **einige Zeit später** bei der alltäglichen Nutzung herausstellt, dass doch noch nicht alles in Ordnung ist, sollten Sie der Werkstatt die Mängel **so schnell wie möglich** melden. Grundsätzlich sind Mängel, die innerhalb von **zwölf Monaten** nach der Abnahme festgestellt werden, von der Werkstatt zu verantworten.

Ist keine entsprechende AGB-Klausel vereinbart, haftet die Werkstatt sogar **zwei Jahre** lang für die **Reparaturleistung.** Die 2-Jahres-Frist beginnt mit der Erklärung der Abnahme. Für die Teile, die nach einer mangelhaften Reparatur zur Beseitigung des Mangels eingebaut werden, beginnt eine **neue** 2-Jahres-Frist zu laufen.

Wenn die Werkstatt Ihnen einen Mangel **arglistig** verschwiegen hat, haftet sie sogar **drei Jahre** lang. Die Frist beginnt dann erst zu laufen, wenn Sie vom Mangel Kenntnis erlangt haben bzw. haben müssten.

Beachten Sie: Vereinbaren Sie bei Vertragsschluss die Geltung der Reparaturbedingungen des Kfz-Handwerks, gelten für Sie **verkürzte** Verjährungsfristen: Dann haftet die Werkstatt **nur ein Jahr** lang ab Abnahme. Außerdem haftet sie für die Teile, die zur Mängelbeseitigung eingebaut wurden, nur bis zum Ablauf der ursprünglichen Frist. Es beginnt **keine neue Frist** zu laufen.

Insgesamt existieren für Sie als Verbraucher zahlreiche Schutzvorschriften, mit deren Hilfe Sie sich zur Wehr setzen und Ihre Ansprüche durchsetzen können.

3.2 Das Mittel der Wahl: die Nachbesserung

Falls die Reparatur schiefgegangen sein sollte, **müssen** Sie zunächst Nachbesserung verlangen. Die Werkstatt muss den **Fehler kostenfrei beheben.** Etwaige Zusatzkosten, etwa für Transport, Arbeitsaufwand oder Material, sind von der

Werkstatt zu tragen. Dazu gehören auch die Kosten für Gutachter und Rechtsanwälte, die im Zuge der Suche nach dem Mangel eventuell anfallen.

Das alles setzt jedoch voraus, dass Ihr Anspruch auf Nacherfüllung auch wirklich besteht. Insofern lohnt sich unter Umständen der Gang zum Anwalt auch schon eher, damit der die Situation abklären kann und Sie am Ende nicht selbst für die Werkstattkosten aufkommen müssen.

! Bleibt Ihr Fahrzeug mehr als 50 km von der Werkstatt entfernt liegen, dürfen Sie es auch woanders reparieren lassen. Allerdings nur, wenn dem Auftrag die AGB des Kfz-Handwerks zugrunde liegen. Sie sollten auf jeden Fall Ihre Werkstatt **umgehend benachrichtigen** und deren **Zustimmung verlangen.** Verweigert Ihre Werkstatt die Zustimmung, verweigert sie praktisch die Nachbesserung (s. u.).

Auch die Fremdwerkstatt muss darauf hingewiesen werden, dass es sich um eine Mängelbeseitigung handelt, was dann auch **in den Auftragsschein** gehört.

Für die ideale Durchführung der Nachbesserung sollte der zu behebende Mangel so genau wie möglich beschrieben werden.

Ist die erste Nachbesserung dennoch nicht erfolgreich, muss die Werkstatt einen **zweiten Versuch** unternehmen. Verweigert sie dies, steht es Ihnen frei, die Werkstatt zu wechseln.

Dazu müssen Sie zuvor allerdings zunächst eine **angemessene Frist** zur Durchführung der (weiteren) Nachbesserung setzen. Was in solchen Situationen angemessen ist, hängt vom jeweiligen Einzelfall ab. Bei kleineren Schäden sollte diese Frist zwei bis drei Tage, bei größeren Reparaturen sieben bis 14 Tage betragen.

Auf das Setzen einer Frist können Sie **verzichten, wenn**

- die Nachbesserung endgültig fehlgeschlagen oder unzumutbar ist. Das ist der Fall, wenn **zwei** Nachbesserungsversuche nichts gebracht haben und / oder
- die Werkstatt die Nachbesserung **ernsthaft und endgültig verweigert.**

In diesen Fällen können Sie den Mangel selbst beseitigen oder in einer anderen Werkstatt beheben lassen. Für die Kosten muss dann die erste Werkstatt aufkommen. Oder Sie belassen das Fahrzeug in diesem Zustand und verlangen von der Werkstatt den Wertunterschied zwischen der mangelhaften und der mangelfreien Reparatur.

3.3 Ebenfalls möglich: Reduzierung des Rechnungsbetrages

Falls eine Nachbesserung nicht sinnvoll ist, haben Sie auch die Möglichkeit, den Rechnungsbetrag zu **mindern.** Sie müssen also den Mangel genau bezeichnen und erläutern, wie viel weniger Sie deswegen zu zahlen bereit sind. Ein exakter Minderungsbetrag kann in den meisten Fällen nicht angegeben werden, sodass er regelmäßig geschätzt wird.

3.4 Nur bei erheblichen Mängeln: Rücktritt vom Vertrag

Bei **erheblichen** Mängeln können Sie vom Vertrag zurücktreten. Als erheblich sind Mängel dann anzusehen, wenn die Fahrtüchtigkeit oder -sicherheit Ihres Fahrzeugs beeinträchtigt ist oder wenn gleich mehrere Mängel zusammentreffen. Sie müssen Ihren Wunsch nach Rücktritt vom Vertrag der Werkstatt **ausdrücklich** mitteilen. Diese muss dann bereits bezahlte Beträge an Sie zurückzahlen und eventuell eingebaute Teile wieder ausbauen.

3.5 Auch manchmal nötig: Schadensersatzforderung

Wenn die Nachbesserung fehlschlägt

Nach ergebnisloser oder verweigerter Nachbesserung können Sie das Fahrzeug auch in diesem Zustand belassen und von der Werkstatt den **Wertunterschied** zwischen der mangelhaften und der mangelfreien Reparatur verlangen. Der Betrag, der Ihnen zusteht, entspricht dem, was Sie für eine endgültige Reparatur in einer anderen Werkstatt bezahlen müssen.

Wenn aus einem Mangel weitere Mängel werden

Haben Sie aufgrund der fehlgeschlagenen Reparatur zusätzliche Kosten, wie zum Beispiel **Gutachterkosten, Anwaltskosten oder Nutzungsausfall,** steht Ihnen ein Erstattungsanspruch zu.

Wenn es aufgrund der mangelhaften Reparatur zu einem **Unfall** gekommen ist, haftet die Werkstatt auch für die Unfallschäden. Dies gilt nicht nur im Hinblick auf Sach-, sondern auch auf eventuelle Personenschäden. Für die Bemessung eines entsprechenden Schmerzensgeldes kommt es nicht auf ein Verschulden der Werkstatt an.

Solange die Werkstatt Ihr Fahrzeug in ihrer Obhut hat, muss sie damit pfleglich umgehen und es **vor möglichen Schäden bewahren.** Auch wenn die Werkstatt Ihren Wagen nicht ausreichend vor Beschädigung oder Diebstahl durch fremde Personen schützt, macht sie sich schadensersatzpflichtig.

Schadensersatzforderung der Werkstatt

Wenn Sie Ihr Fahrzeug **nicht rechtzeitig abholen,** kann auch der Werkstatt ein Anspruch auf Schadensersatz zustehen. Sie kann Ihnen ein »angemessenes Standgeld« von bis zu € 7,50 pro Tag in Rechnung stellen.

! Wenn die **allgemeinen Kfz-Reparaturbedingungen** – wie in den meisten Werkstätten üblich – vereinbart waren, bleibt Ihnen über den eigentlich vereinbarten Zeitpunkt hinaus noch **eine weitere Woche,** Ihr Fahrzeug abzuholen. Die Wochenfrist beginnt, wenn Ihnen die Werkstatt mitteilt, dass Ihr Wagen fertig ist und die Rechnung vorliegt. Bei kleineren Reparaturen, die innerhalb eines Arbeitstages ausgeführt werden, verkürzt sich die Frist auf **zwei Arbeitstage.**

Darüber hinaus befinden Sie sich dann in **Verzug,** und der Werkstattinhaber haftet nur noch für **Vorsatz** und **grobe Fahrlässigkeit.** Falls also etwa ein Werkstattmitarbeiter **während dieser Zeit** fahrlässig Ihr Fahrzeug beschädigen sollte, haftet der Werkstattinhaber dafür **ausnahmsweise nicht.** Gleiches gilt, wenn Ihr Fahrzeug unzureichend gesichert war.

4 So setzen Sie Ihre Rechte durch

Erste Hilfe ohne Richter

Bei Streitigkeiten mit der Werkstatt sollte Ihr erster Weg zur Schiedsstelle der Kfz-Innung führen. Hier kann ein Schlichtungsverfahren durchgeführt werden, sofern Ihre Werkstatt Innungs-Mitglied ist. Einzelheiten zu diesem Verfahren sowie die Kontaktdaten Ihrer regional zuständigen Schiedsstelle finden Sie beim

Zentralverband Deutsches Kraftfahrzeuggewerbe e. V.
Franz-Lohe-Str. 21, 53129 Bonn
Tel.: 0228 / 9127 – 0, Fax: 0228 / 9127 – 150
www.kfzgewerbe.de

So haben Sie auch **ohne Anwalt** die Chance, schnell und einfach zu Ihrem Recht zu kommen. Sie müssen lediglich einen **schriftlichen** und **vor allem rechtzeitigen** Antrag stellen. »Rechtzeitig« bedeutet in Bezug auf Reparaturen so bald wie möglich nach Kenntnis des Streitpunktes.

Bei **Garantieansprüchen** muss der Antrag spätestens acht Tage nach Ablauf der Garantiefrist, in allen anderen Fällen spätestens vor Ablauf von dreizehn Monaten seit Übergabe des Kraftfahrzeuges erfolgen. Wenn dieses Schiedsverfahren fehlschlagen sollte, können Sie immer noch den Rechtsweg beschreiten.

Der Gang zum Gericht

Die Beschreitung des Rechtsweges bietet Ihnen generell mehrere Möglichkeiten. Wenn Sie beispielsweise noch Geld von der Werkstatt zu bekommen haben, können Sie den Erlass eines Mahnbescheides beantragen. Das Mahnverfahren ist weitgehend automatisiert und kann Sie unter Umständen schnell zum Ziel führen.

Wenn sich die Werkstatt allerdings dagegen wehrt oder Sie kein Geld, sondern beispielsweise die Herausgabe Ihres Fahrzeugs fordern, bleibt nur noch der Gang zum »normalen« Gericht. Hier müssen dann Ansprüche genau beschrieben und begründet, Anträge gestellt und Zeugen benannt werden. Daher empfiehlt sich hier **stets die Inanspruchnahme eines Rechtsanwalts** – auch dann, wenn Sie sich unproblematisch im Recht wähnen.

F3 Verkehrsunfall: So wickeln Sie Sach- und Personenschäden ab

1 Haftungslage – wer ersetzt Ihnen den Schaden?

1.1 Der Unfallverursacher haftet

Derjenige, der einen Verkehrsunfall verursacht, haftet grundsätzlich für den entstandenen Schaden. Allerdings sind häufig mehrere Personen beteiligt, die alle irgendwie an dem Geschehen schuld sind. Daneben existiert auch noch eine **verschuldensunabhängige** Haftung, die sogenannte »Betriebsgefahr«. Hier haften Sie, ohne schuld zu sein – nur, weil ein fahrendes Auto an sich gefährlich ist (sogenannte »**Gefährdungshaftung**«).

» **Beispiel:** Sie haften für einen Unfall – ausgelöst durch einen technischen Defekt der Servolenkung.

Können Sie als Unfallverursacher beweisen, dass der Unfall für Sie **unabwendbar** war, entfällt die Haftung aus der Betriebsgefahr. Sie tritt außerdem in den Hintergrund, wenn ein anderer Unfallbeteiligter einen so eklatanten Verkehrsverstoß begeht, dass er den Unfall praktisch **alleine** zu verantworten hat.

Sind schwächere Verkehrsteilnehmer beteiligt (z. B. Radfahrer oder Fußgänger), haften Sie als Autofahrer immer, wenn kein Fall von »**höherer Gewalt**« gegeben ist (z. B. bei Naturkatastrophen). Allerdings kommt immer ein Mitverschulden des schwächeren Verkehrsteilnehmers in Betracht. Kinder haften erst ab ihrem **10. Lebensjahr.**

» **Beispiel:** Ein Fahrrad fahrendes 8-jähriges Kind nimmt Ihnen die Vorfahrt und kollidiert mit Ihrem Fahrzeug. Hier haften Sie sowohl für den eigenen Schaden als auch für den des Kindes.

Ausgenommen von diesem besonderen **Haftungsprivileg** sind vorsätzlich herbeigeführte Schäden, wie zum Beispiel Steinwürfe von Autobahnbrücken oder Schäden im ruhenden Verkehr (ein Kind fährt z. B. mit dem Fahrrad gegen Ihr ordnungsgemäß geparktes Auto).

Auch **Fahrzeuginsassen** haben gegen die Haftpflichtversicherung des Unfallverursachers Ansprüche auf Schadensersatz und Schmerzensgeld. Andererseits kann sie ebenso ein **Mitverschulden** treffen, wenn sie sich beispielsweise zum erkennbar betrunkenen Fahrer ins Auto gesetzt haben.

1.2 Wenn mehrere Unfallbeteiligte haften

Es wird »gequotelt«

Trifft nicht nur einen Fahrer die Alleinschuld, sondern gibt es mehrere Unfallverursacher, wird **gequotelt.** Das gilt sowohl gegenüber »unschuldigen« Dritten sowie untereinander und auch unabhängig davon, ob ein »echtes« Mitverschulden besteht (wenn z. B. das Auto in einer unübersichtlichten Kurve geparkt wurde) oder »nur« die Betriebsgefahr angerechnet wird.

Als Geschädigter mit einer Mitschuld erhalten Sie nur einen **prozentualen** Anteil Ihres Schadens ersetzt. Der Teil, der Ihrem Mitverschulden entspricht, wird abgezogen. Umgekehrt trägt Ihre Versicherung den Schaden Ihres Unfallgegners in Höhe Ihres prozentualen Anteils an der Gesamtschuld.

» **Beispiel:** Im Alltag existiert eine Vielzahl von Unfallkonstellationen mit den unterschiedlichsten Haftungsquoten. Auch Verkehrsrechtsspezialisten sind auf Fachliteratur und Beispiele aus der Rechtsprechung angewiesen, pauschale Aussagen sind kaum zu treffen. Daher sollten Sie sich insbesondere in komplexeren Fällen an einen auf Verkehrsrecht spezialisierten Anwalt wenden.

Die Schadensquote muss nicht bestimmt werden, wenn der Unfall für einen der Beteiligten ein unabwendbares Ereignis war – also auch ein sogenannter »Idealfahrer« den Unfall nicht hätte verhindern können.

» **Beispiel:** Sie kommen auf einer nicht erkennbaren Ölspur ins Schleudern, wodurch ein anderer Fahrer zum Bremsen gezwungen wird. Wenn dessen Hintermann den nötigen Sicherheitsabstand nicht beachtet und auffährt, haftet dieser allein und die Betriebsgefahr des anderen Fahrzeugs spielt keine Rolle mehr.

Auch wenn der Unfallverursacher keinen Verkehrsverstoß begangen hat, kann es im Einzelfall sein, dass die von seinem Fahrzeug ausgehende Betriebsgefahr so erheblich ist, dass sie zu einem entsprechenden Abzug führt.

» **Beispiel:** Überschreiten Sie die Richtgeschwindigkeit auf der Autobahn um mehr als 20 km/h, fahren also mehr als 150 km/h, und kommt es zu einem Unfall mit einem langsameren, auf Ihre Spur wechselnden Fahrzeug, kann Ihr Schadensersatzanspruch gekürzt werden. In einem vergleichbaren Fall hatte das OLG Hamm einen Abzug von immerhin 25 % angenommen. Denn ein »Idealfahrer« hält sich stets an die Richtgeschwindigkeit.

Jeder haftet für alles

Alle Verursacher eines Verkehrsunfalls sind sogenannte »**Gesamtschuldner**«. Das hat einen enormen Vorteil für den Geschädigten: Sie haben die Wahl, an welche Person oder Versicherung Sie sich wenden. Jeder haftet im Verhältnis zu Ihnen als dem Geschädigten in vollem Umfang.

! Wenden Sie sich trotzdem möglichst an den mutmaßlichen Hauptverursacher bzw. dessen Versicherung. Das spart Zeit und Aufwand für den Fall, dass sich später herausstellt, dass einer der anderen Mitschuldigen doch nicht haftet.

2 Was wird als Sachschaden ersetzt?

2.1 Was steht Ihnen zu?

Sie sollen all das erhalten, was Ihnen zusteht, sich aber **nicht** an der gegnerischen Versicherung **bereichern.** Es kommt daher immer auf den Einzelfall an. Damit Sie nichts vergessen, erhalten Sie im Folgenden einen Überblick über die wichtigsten Schadenspositionen.

Beachten Sie: Eventuelle Leistungen aus einer privaten Unfallversicherung werden nicht auf den Ihnen zustehenden Schadensersatzanspruch angerechnet, Leistungen aus gesetzlichen Versicherungen hingegen schon (z. B. die von Ihrer Krankenversicherung getragenen Behandlungskosten). Außerdem obliegt Ihnen eine Schadensminderungspflicht, das heißt, Sie müssen als Geschädigter dafür sorgen, dass ein Schaden möglichst abgewendet wird bzw. klein bleibt.

2.2 Die einzelnen Schadenspositionen

Reparaturkosten

Entweder Sie lassen Ihr Fahrzeug reparieren ...

Die Reparaturkosten dürfen grundsätzlich dem entsprechen, was eine anerkannte Fachwerkstatt für die Instandsetzung verlangt. Das kann auch eine Markenwerkstatt sein, jedenfalls dann, wenn

- das Unfallfahrzeug **nicht älter als drei Jahre** ist,
- das Unfallfahrzeug zwar älter als drei Jahre ist, aber bislang immer in einer markengebundenen Fachwerkstatt gewartet wurde (»**scheckheftgepflegt**«) bzw. schon bei einem vorherigen Unfallschaden in einer solchen Fachwerkstatt repariert wurde, **oder**

- die von der Versicherung benannte Werkstatt nur deshalb günstiger ist, weil bei ihr vertraglich vereinbarte Sonderkonditionen mit dem Versicherer des Unfallverursachers gelten.

Bisweilen ist mit der Reparatur vor allem älterer Fahrzeuge eine Wertsteigerung verbunden (z. B. bei einer neuen Lackierung). Hier wird von den Versicherern in der Regel ein Abzug »**neu für alt**« gemacht, was aber nicht immer zulässig ist (z. B. wurde Ihr Fahrzeug vor dem Unfall erst neu lackiert).

» **Beispiel:** Wird ein Reifen durch den Unfall beschädigt, sodass er ersetzt werden muss, kann in aller Regel kein Abzug »neu für alt« erfolgen. Ausnahme: Der Reifen weist nur noch die Mindestprofiltiefe auf und hätte daher ohnehin bald ersetzt werden müssen.

... oder Sie machen fiktive Reparaturkosten geltend

Es steht Ihnen frei, zu wählen, ob Sie die Kosten einer tatsächlich durchgeführten Reparatur geltend machen oder fiktive Kosten auf Basis eines Gutachtens oder eines Kostenvoranschlags. Die fiktiven Reparaturkosten dürfen aber den Wiederbeschaffungswert des Fahrzeugs nicht übersteigen. Außerdem müssen Sie sich den Restwert des Fahrzeugs anrechnen lassen, wenn Sie das Fahrzeug nicht mindestens sechs Monate weiterbenutzen, sondern es zum Beispiel vorher weiterverkaufen.

Beachten Sie: Bei der fiktiven Reparaturkostenabrechnung können Sie keine Mehrwertsteuer, keine Nutzungsausfallentschädigung und keine Mietwagenkosten ersetzt verlangen.

! Auch ein noch so guter Sachverständiger kann die Reparaturkosten lediglich schätzen. Fallen sie tatsächlich höher als erwartet aus, beispielsweise wegen erst später entdeckter Schäden, dann muss die gegnerische Versicherung auch den höheren Betrag erstatten.

Haben Sie ein neues Fahrzeug angeschafft und Zubehörteile (z. B. das Radio oder die Anhängerkupplung) vom alten ins neue Fahrzeug umbauen lassen, werden diese Kosten gegen Nachweis von der gegnerischen Versicherung ersetzt. **Ausnahme:** Diese Kosten wurden schon im Sachverständigengutachten, im Wiederbeschaffungs- oder im Restwert berücksichtigt.

Neuwertentschädigung

Wird ein Neufahrzeug erheblich beschädigt, steht Ihnen nicht nur ein Anspruch auf Reparatur, sondern sogar eine Neuwertentschädigung zu (sogenannter »unechter Totalschaden«). Sie können dann den vollen Neuwert des Fahrzeugs verlangen. Ihren alten Wagen müssen Sie im Gegenzug der Versicherung überlassen. Eine Abrechnung auf Neuwertbasis verlangt immer die tatsächliche Anschaffung eines neuen Fahrzeugs. **Beachten Sie:** Zwischenzeitlich eingetretene Preiserhöhungen für ein Ersatzfahrzeug gehen nicht zulasten des Geschädigten. Erzielbare Rabatte werden dagegen angerechnet.

Ein Fahrzeug gilt dann als Neuwagen, wenn Sie es neu erworben haben **(keine Vorbesitzer).** Die bisher gefahrene Strecke darf in der Regel **nicht über 1 000 km** liegen. In seltenen Fällen wurden aber auch schon Laufleistungen über 3 000 km noch als neu eingestuft. Das Fahrzeug darf **nicht mehr als acht Wochen** in Gebrauch gewesen sein.

Restwert, Totalschaden und Entsorgungskosten

Echter oder wirtschaftlicher Totalschaden

Bei einer starken Beschädigung eines Fahrzeugs kann unter Umständen ein Totalschaden vorliegen – entweder ein echter oder ein wirtschaftlicher. Letzteres ist dann der Fall, wenn die geschätzten Reparaturkosten den Wiederbeschaffungswert des Fahrzeugs übersteigen, eine Reparatur also aus wirtschaftlichen Erwägungen unvernünftig wäre. Konkret:

- **Technisch unmöglich:** Ist das Fahrzeug infolge des Unfalls nur noch schrottreif, eine Reparatur schlicht unmöglich, erhält der Geschädigte als Ersatz den Wiederbeschaffungswert eines adäquaten Fahrzeugs abzüglich des Restwertes des »Schrotthaufens«.
- **Wirtschaftlich unsinnig:** Übersteigen die Reparaturkosten die Kosten für die Wiederbeschaffung um mehr als 30 %, kann von einem wirtschaftlichen Totalschaden ausgegangen werden. In diesem Fall werden die Reparaturkosten nur bis zur Höhe des Wiederbeschaffungswerts ersetzt.

Entscheidend sind die tatsächlichen Reparaturkosten und nicht die vom Gutachter geschätzten. Voraussetzung für eine Leistung der Versicherung ist, dass Sie das reparierte Auto mindestens für weitere sechs Monate behalten.

Wie wird der Restwert des Fahrzeugs berücksichtigt?

Bei einem Totalschaden wird stets der sogenannte »Restwert« des beschädigten Fahrzeugs angerechnet. Sie erhalten also eine Entschädigung abzüglich des Restwerts. Dieser ergibt sich regelmäßig aus dem Sachverständigengutachten.

Um die Erzielung des Restwerts müssen Sie sich nicht allein kümmern. Entweder der Sachverständige oder die Versicherung werden Ihnen in der Regel einen potenziellen Käufer für Ihr Unfallfahrzeug benennen. Andernfalls fragen Sie einfach nach. Gelingt der Verkauf trotzdem nicht, brauchen Sie sich nur einen **marktgerechten** Wert anrechnen zu lassen. Sie müssen nicht selbst aufwendig recherchieren oder Ihr Fahrzeug über eine Internetbörse veräußern.

Erzielen Sie beim Verkauf Ihres Fahrzeugs einen überdurchschnittlichen Preis, der mit dessen Zustand nichts zu tun hat, dürfen Sie den Übererlös behalten. Das Gleiche gilt, wenn Sie beispielsweise aufgrund ausführlicher eigener (nachweisbarer) Recherchen einen Liebhaber für Ihren Wagen ausfindig gemacht haben und so einen guten Verkaufserlös erzielen konnten. Andernfalls müssen Sie sich die Differenz zu der vom Gutachter geschätzten Höhe anrechnen lassen.

Den Restwert müssen Sie sich auch dann abziehen lassen, wenn Sie das noch fahrtaugliche Fahrzeug unrepariert weiterbenutzen und den Wiederbeschaffungswert in Anspruch nehmen. Anders sieht es dagegen aus, wenn Sie das fahrtaugliche, aber unreparierte Fahrzeug mindestens sechs Monate weiterbenutzen und die fiktiven, unter dem Wiederbeschaffungswert gebliebenen Reparaturkosten verlangen. Hier kann es Ihnen passieren, dass die gegnerische Versicherung Ihnen nur den Wiederbeschaffungswert abzüglich Restwert zahlen will, weil sie damit günstiger wegkommt. Darauf müssen Sie sich nicht einlassen.

Gutachten und Kostenvoranschlag

Entscheidend ist die Höhe des Schadens

Abhängig von der Höhe des Schadens an Ihrem Fahrzeug dürfen Sie ein Gutachten einholen und bekommen die anfallenden Sachverständigenkosten erstattet. Bei einem nur geringfügigen Sachschaden reicht ein Kostenvoranschlag einer Fachwerkstatt völlig aus. Liegt der Sachschaden höher als ca. **€ 1 000,–**, können Sie einen Gutachter einschalten.

Aber auch in diesem Fall sollten Sie zunächst eine grobe Einschätzung durch eine Fachwerkstatt veranlassen, damit Sie nicht Gefahr laufen, später auf den Sachverständigenkosten sitzen zu bleiben. Bei einer niedrigeren Schadenshöhe sollten Sie ein Gutachten nur nach Rücksprache mit der Versicherung in Auftrag geben.

! Besteht die Versicherung ihrerseits auf einem Gutachter, lassen Sie sich dies am besten kurz **schriftlich** bestätigen. Verbraucherfreundliche Gutachter finden Sie beispielsweise über den **Bundesverband der freiberuflichen und unabhängigen Sachverständigen für das Kraftfahrzeugwesen e.V.** (www.bvsk.de) oder auch beim **ADAC.** Alternativ können Sie die Auswahl des Gutachters auch ganz der Versicherung überlassen – allerdings müssen Sie dann mit einem »versicherungsfreundlichen« Gutachten rechnen.

Wenn auch die Haftungsfrage unklar ist

Ist nicht nur der Umfang des Schadens, sondern auch die Haftungsfrage unklar, dürfen Sie auch bei **Bagatellschäden** einen Sachverständigen zwecks Beweismittelsicherung einschalten.

! Da aber beides – sowohl Schadenshöhe als auch Haftungslage – im Einzelfall knifflig sein kann, sollten Sie sich im Zweifelsfall vorab von einem spezialisierten Rechtsanwalt beraten lassen.

Sie haben grundsätzlich das Recht, den Gutachter **frei zu wählen.** Einen von der Versicherung vorgeschlagenen müssen Sie nicht akzeptieren. Erstattungsfähig sind die »allgemein üblichen« Gutachtergebühren.

! In aller Regel können Sie eine **Abtretungserklärung** unterschreiben. Dann kann der Gutachter direkt mit der Versicherung abrechnen und Sie müssen sich darum nicht kümmern.

Abschlepp- und Standkosten

Ist Ihr Fahrzeug nicht mehr fahrbereit oder nicht mehr verkehrstauglich, muss es abgeschleppt werden. Ersatzfähig sind hier die Kosten für den Transport zur nächsten Werkstatt oder zum nächsten Schrottplatz.

Sie dürfen Ihr Fahrzeug auch zur Werkstatt Ihres Vertrauens bringen lassen. Sofern sich der Unfall in der Nähe Ihres Wohnortes ereignet hat, werden diese Kosten im Regelfall ersetzt. Bei größeren Entfernungen sollten Sie im Rahmen Ihrer Schadensminderungspflicht vorab mit der Versicherung Rücksprache halten.

! Wird Ihr Fahrzeug für den Zeitraum, den Sie für die Einholung eines Sachverständigengutachtens benötigen, bei einer Werkstatt untergestellt, kann es sein, dass diese Ihnen Standkosten berechnet.

Diese müssen von der gegnerischen Versicherung ersetzt werden, sofern der Standzeitraum ungefähr eine Woche nicht überschreitet. Bei einem längeren Zeitraum sollten Sie die Frage der Kostenerstattung möglichst frühzeitig mit der Versicherung klären, um später keine bösen Überraschungen zu erleben.

Mietwagenkosten

Mietwagenkosten werden übernommen

Für die Dauer der Reparatur bzw. bis zur Lieferung eines Ersatzfahrzeugs haben Sie Anspruch auf einen Mietwagen. Die Kosten dafür hat die gegnerische Versicherung zu tragen. In der Regel müssen Sie die Kosten allerdings vorstrecken.

Sie sollten sich im Hinblick auf Ihre Schadensminderungspflicht keinen Wagen länger als zwei bis drei Wochen lang anmieten. Nur **ausnahmsweise** oder wenn die Versicherung es genehmigt hat, dürfen Sie diese Zeitspanne überschreiten. Im Zweifel wird Ihnen auch zugemutet, den Unfallwagen zunächst nur notdürftig zu reparieren oder sich ein Interimsfahrzeug zu besorgen. Gleiches gilt in der Regel, wenn Sie sich aufgrund eines Totalschadens einen Neuwagen beschaffen.

Wann sollten Sie besser auf Bus und Bahn umsteigen?

Fahren Sie nur wenig **(ca.15 bis 30 km)** täglich, ist ein Mietwagen in der Regel zu teuer, da sogar Taxifahrten günstiger wären. Die Versicherung kann dann den Ersatz der Mietwagenkosten verweigern. Bus und Bahn, unter Umständen sogar das Taxi, sind dann die bessere, weil günstigere Alternative. Können Sie den Fahrbedarf jedoch nicht genau abschätzen oder benötigen Sie Ihr Fahrzeug aus **beruflichen Gründen,** so müssen Sie sich nicht auf die öffentlichen Verkehrsmittel verweisen lassen.

Seien Sie vorsichtig bei »Unfallersatztarifen«

Vorsicht bei Mietwagen zum »Unfallersatztarif«, da dessen Kosten normalerweise über denen eines »Normaltarifs« liegen. Lassen Sie sich angesichts Ihrer Schadensminderungspflicht keinen Mietwagen zum »Unfallersatztarif« aufdrängen.

Aufwendige Recherchen oder Marktanalysen werden von Ihnen allerdings nicht verlangt. Grundsätzlich gilt das Preisniveau an dem Ort, an dem das Mietfahrzeug angemietet und übernommen wird. Anhaltspunkte für den richtigen Tarif sind der Schwacke-Mietpreisspiegel oder der des Fraunhofer Instituts. Da innerhalb der Rechtsprechung unterschiedliche Meinungen zu den beiden Mietpreisspiegeln existieren, wird inzwischen immer häufiger der Mittelwert aus beiden angesetzt.

! Den Schwacke-Mietpreisspiegel finden Sie im Internet unter www.schwacke.de – hier sind Einzelabfragen kostenpflichtig möglich. Der Mietpreisspiegel des Fraunhofer Instituts kann online unter www.mietwagenspiegel.iao.fraunhofer.de ebenfalls kostenpflichtig bestellt werden.

Wenn die Versicherung den Rotstift ansetzt

Bei einem groben Missverhältnis zwischen Reparatur- und Mietwagenkosten wird der Erstattungsbetrag von der Versicherung oftmals gekürzt (wenn z. B. das Unfallfahrzeug ein Mittelklasse-Kleinwagen ist, der Mietwagen aber ein Sportwagen der Oberklasse sein soll). Dies ist aber nicht in jedem Fall zulässig (z. B. stehen Sie vor einer unaufschiebbaren Urlaubsreise).

Nutzungsausfall

Nutzungsausfallentschädigung statt Mietwagen

Können Sie infolge des Unfallschadens Ihr Fahrzeug nicht nutzen, können Sie **statt** etwaiger Mietwagenkosten den sogenannten »Nutzungsausfall« in Anspruch nehmen. Die Bemessung der exakten Höhe richtet sich ohne weitere Nachweise nach den **Tabellen von Sanden-Danner,** aufgeschlüsselt nach den einzelnen Fahrzeugarten (z. B. Pkw, Geländewagen, Transporter).

Ein Anspruch auf Nutzungsausfall besteht sogar dann, wenn Sie kein Ersatzfahrzeug anschaffen. Sind Sie dagegen nicht in der Lage, Ihr Fahrzeug zu nutzen (z. B. wegen einer Flugreise oder aufgrund der Unfallfolgen), bekommen Sie auch keinen Nutzungsausfall erstattet. Ausnahme: Eine andere Person benutzt das Fahrzeug ebenfalls regelmäßig. Unter besonderen Umständen wird der Nutzungsausfall ausnahmsweise auch für einen längeren Zeitraum gewährt (z. B. wenn die Kosten für ein Interimsfahrzeug vergleichbar wären). Im Zweifel sollten Sie bei der gegnerischen Versicherung anfragen.

Nutzungsausfall – in welcher Höhe?

Ist Ihr Fahrzeug nicht älter als fünf Jahre, steht Ihnen Nutzungsausfall in voller Höhe zu. Ältere Autos werden für gewöhnlich in die nächstniedrigere Gruppe der Tabelle eingestuft. Bei erheblich älteren Fahrzeugen (also 10 Jahre und mehr), die zudem auch noch Mängel aufweisen, richtet sich der Nutzungsausfall nach den sogenannten »Vorhaltekosten«. Bei einem alten, aber sehr gut erhaltenen und insbesondere mangelfreien Fahrzeug können ausnahmsweise die doppelten Vorhaltekosten beansprucht werden.

! Nutzungsausfallwert und Vorhaltekosten für Ihr Fahrzeug erfahren Sie telefonisch unter folgenden Nummern: Service-Telefon von Eurotax-Schwacke, Tel.: 0900 / 50032222 (1,99 €/min) montags bis freitags zwischen 8 und 17 Uhr und ADAC-Unfallservice, Tel.: 0180 / 5101112 (0,14 €/min im Festnetz) rund um die Uhr; für ADAC-Mitglieder.

MERKANTILER MINDERWERT

Merkantiler Minderwert als eigene Schadensposition

Verkaufen Sie Ihr Fahrzeug, müssen Sie auch nach erfolgreich durchgeführter Reparatur darauf hinweisen, dass es sich um einen **Unfallwagen** handelt. Das führt regelmäßig zu einer Minderung des zu erzielenden Kaufpreises im Verhältnis zum aktuellen Marktwert (sogenannter »merkantiler Minderwert«). Daher ist dieser Wertverlust eine separate Schadensposition, sofern die Schadenshöhe die Bagatellgrenze von etwa € 750,– deutlich überschreitet und das schadhafte Teil sich nicht durch ein Neuteil ersetzen lässt. Außerdem gibt es den merkantilen Minderwert in der Regel nur, wenn

- das Fahrzeug **nicht älter als fünf Jahre** ist,
- die Fahrleistung **nicht über 100 000 km** liegt **und**
- das Fahrzeug **bisher unfallfrei** geblieben ist.

Aufgrund der Tatsache, dass moderne Fahrzeuge inzwischen recht langlebig sein können, sind die genannten Grenzen nicht »in Stein gemeißelt«, sondern dienen lediglich als Orientierungshilfe.

So berechnet sich der merkantile Minderwert

Um den merkantilen Minderwert zu berechnen, gibt es viele teilweise recht unterschiedliche Berechnungsmethoden. In der Praxis wird oftmals die Methode »Halbgewachs / Berger« angewandt (auch »Hamburger Modell« genannt):

» **Beispiel:** Zunächst benötigen Sie den Kilometerstand Ihres Wagens zum Unfallzeitpunkt. Dann müssen Sie aus der Reparaturrechnung für Ihr Fahrzeug die minderwerterheblichen Reparaturkosten herausrechnen. Im Zweifel können hier 2 / 3 des Rechnungsbetrages angenommen werden. Dann können Sie die Wertminderung wie folgt ermitteln:

Bei einer Laufleistung bis (...) km können Sie von einem Minderwert von (...) Prozent der minderwerterheblichen Reparaturkosten ausgehen.

20 000 km	30 %
50 000 km	20 %
75 000 km	15 %
100 000 km	10 %

Viele Gerichte bedienen sich auch der Methode nach »**Ruhkopf / Sahm**«, deren Berechnungsmethode aber etwas komplizierter ausfällt. Auch hier ist es durchaus ratsam, sich von einem in Verkehrsrecht versierten Anwalt beraten zu lassen.

Finanzierungskosten

Aufgrund eines Verkehrsunfalls können hohe Kosten auf einen am Unfall Beteiligten zukommen. So müssen Sie nicht selten die Reparatur-, Mietwagen- oder Anwaltskosten **vorstrecken.** Fehlt Ihnen hierzu das nötige »Kleingeld« und ist auch keine Stundung der Rechnung oder Abtretungserklärung möglich, bleibt Ihnen im schlimmsten Fall nichts anderes übrig, als ein Darlehen aufzunehmen. Dies sollte allerdings der letzte Ausweg sein, wenn beispielsweise auch die Versicherung keine Vorschusszahlung erbringen will.

Sofern Sie im »Fall der Fälle« Ihre Schadensminderungspflicht beachten und die günstigste Kreditart wählen, haben Sie einen Anspruch auf Erstattung der Finanzierungskosten – also der Zinsen. Eine einfache Nachfrage bei Ihrer Bank reicht hier völlig aus, aufwendige Recherchen nach der günstigsten Kreditvariante müssen Sie nicht durchführen.

! Im Falle einer **klaren Haftungslage** ist die Abtretung Ihrer Ansprüche an die Werkstatt eine gute Möglichkeit, die eigene Geldbörse zu schonen und keinen Kredit aufnehmen zu müssen.

Kleidung und andere mitgeführte Gegenstände

Gegenstände, die durch einen Verkehrsunfall Schaden erleiden, verloren gehen oder gar gestohlen werden, müssen vom Unfallverursacher bzw. von dessen Versicherung ersetzt werden.

In erster Linie sind das Dinge, wie das Autoradio, Navigationsgerät, Kleidung, Mobiltelefon, Brille, Hörgerät, Schmuck – aber auch Einkäufe. Letztendlich sind all die Dinge, die **typischerweise** im Auto transportiert werden, ersatzfähig. Das schließt aber beispielsweise die ausnahmsweise mitgeführte Luxus-Stereoanlage ebenso aus wie alle anderen »atypischen« Gegenstände.

Für die Sachen, die einem gewissen Verschleiß unterliegen, erhalten Sie regelmäßig den Zeitwert ersetzt.

Rückstufungsschaden

Es gibt Konstellationen, bei denen es sinnvoll oder einfach nur bequemer und schneller ist, die **eigene Vollkaskoversicherung** in Anspruch zu nehmen, als sich an die Versicherung des Unfallgegners zu wenden. Insbesondere in Fällen eines Mitverschuldens sollten und dürfen Sie direkt an Ihre eigene Kaskoversicherung herantreten. Zieht dies eine Höherstufung oder einen Rabattverlust nach sich, muss die gegnerische Versicherung diesen Rückstufungsschaden ebenfalls ersetzen.

Sozialversicherungsbeiträge

Wenn Sie aufgrund des Unfalls für eine längere Zeit keine Sozialversicherungsbeiträge einzahlen können (z.B. wegen eines längeren Krankenhausaufenthalts), müssen Sie später mit einer **Minderung der Sozialleistungen** rechnen, insbesondere einer **Rentenminderung.** Dieser Schaden muss ebenfalls von der gegnerischen Versicherung ausgeglichen werden.

Wiederbeschaffungskosten

Im Falle eines Totalschadens kommt für den Geschädigten regelmäßig die Anschaffung eines neuen Fahrzeugs in Betracht. Alle Kosten, die zur Beschaffung eines **gleichwertigen Fahrzeugs** erforderlich sind, sind daher ebenfalls erstattungsfähig. Dabei wird in der Regel der Zeitwert zum Zeitpunkt des Unfalls **plus ca. 15 %** zugrunde gelegt. Sachverständige halten sich grundsätzlich an die Werte aus der Schwacke-Liste. Im Einzelfall kann eine Erhöhung oder Reduzierung dieser Standardwerte notwendig sein, wenn etwa das Unfallfahrzeug eine vergleichsweise geringe oder hohe Laufleistung aufweist.

Mehrwertsteuer

Auch die Mehrwertsteuer ist ein Posten, der auf Ihrer Liste mit Schadensersatzansprüchen auftauchen sollte. Eine Ausnahme gilt allerdings dann, wenn Sie auf Gutachtenbasis abrechnen (sogenannte »fiktive Abrechnung«), vorsteuerabzugsberechtigt sind oder bei einem wirtschaftlichen Totalschaden auf Wiederbeschaffungsbasis abrechnen, aber kein Ersatzfahrzeug anschaffen.

RECHTSANWALT

Als Geschädigter eines Verkehrsunfalls haben Sie generell das Recht, einen Rechtsanwalt einzuschalten und sich von diesem beraten und vertreten zu lassen. Das Anwaltshonorar muss die Versicherung des Unfallverursachers übernehmen. Eine Ausnahme besteht nur für sogenannte »Bagatellfälle«, in denen es eindeutig ist, wer in welcher Höhe haftet.

! Sofern Sie in einem solchen einfach gelagerten Fall aus anderen Gründen auf einen Rechtsbeistand angewiesen sind, muss Ihnen die gegnerische Versicherung auch in einem solchen Fall die Anwaltskosten erstatten. Ihr angeschlagener Gesundheitszustand kann Sie beispielsweise in eine solche Situation bringen.

3 Was wird als Personenschaden ersetzt?

3.1 Was tun, wenn Sie verletzt wurden?

Haben Sie durch einen Verkehrsunfall Verletzungen davongetragen, sollten Sie sich auf jeden Fall in die Hände eines **fachkundigen Rechtsanwalts** begeben. Denn die wesentlichen Ansprüche wie Verdienstausfall und Unterhaltsschaden zu berechnen, ist für einen Laien viel zu kompliziert. Dennoch ist es sehr wichtig, dass Sie die grundlegenden Begrifflichkeiten kennen. Nur dann wissen Sie, auf was es ankommt, und können an der einen oder anderen Stelle nachfragen, selbst wenn Ihr Anwalt die Sprache nicht darauf bringen sollte.

! Auch wenn der Schock nach einem Unfall meist groß ist, Sie sollten den Unfall **umgehend, spätestens aber innerhalb einer Woche,** Ihrer Kfz-Versicherung melden. Sonst kann es passieren, dass die Versicherung den Schaden nicht ersetzen muss!

3.2 Behandlungskosten

Die unmittelbaren Behandlungskosten und die sogenannten »vermehrten Bedürfnisse«, wie zum Beispiel orthopädische Hilfsmittel, Diäten oder Pflegepersonal, werden nur ersetzt, soweit sie nicht von einer Krankenkasse oder einer anderen Stelle übernommen werden.

Auch im Rahmen von Personenschäden gilt die **Schadensminderungspflicht**. Als Kassenpatient dürfen Sie daher nicht ohne Weiteres privatärztliche Zusatzleistungen vereinbaren. Nur wenn diese aus medizinischen Gründen zwingend erforderlich sind, werden solche Zusatzleistungen erstattet.

Prinzipiell ersatzfähig sind Kosten für Ärzte und Behandlungen, Krankenhausaufenthalte, Arzneimittel, Kuren, künstliche Glieder oder Prothesen, erforderliche kosmetische Operationen sowie Fahrten zu ärztlichen Behandlungen. **Beachten Sie:** Nicht nur Ihre eigenen Fahrt- und Übernachtungskosten sind zu ersetzen, sondern auch die für Krankenbesuche nächster Angehöriger oder nicht ehelicher Lebenspartner. Sogar Kosten für einen Babysitter können erstattungsfähig sein, wenn zum Beispiel eine junge Mutter ihren verletzten Partner besucht und ihr Kind nicht anderweitig versorgen lassen kann.

Da Sie nicht arbeiten können, während Sie Ihren Angehörigen besuchen, sich eventuell sogar Urlaub nehmen müssen und auch etwas zu essen und zu trinken brauchen, können Sie Ihren **Verpflegungsaufwand** sowie etwaigen **Verdienstausfall** geltend machen. Allerdings müssen Sie das entsprechend begründen und mit entsprechenden Nachweisen belegen.

Haben Sie aufgrund eines verletzungsbedingten **Dauerschadens** vermehrte Bedürfnisse, erhalten Sie im Regelfall von der gegnerischen Versicherung eine **Geldrente.** Diese soll etwaige Mehraufwendungen für medizinische Hilfsmittel (z. B. orthopädische Schuhe), Anschaffungs-, Betriebs- und Sonderkosten für einen Pkw, für den behindertengerechten Umbau der Wohnung oder des Hauses, für medizinisch erforderliche Kuren, für eine ständige ärztliche Kontrolle, für die Pflege durch eine Haushaltshilfe oder Krankenschwester, für besondere Stärkungsmittel, Massagen oder Gymnastik, aber auch für eine spezielle Diät oder Privatunterricht abdecken. Kann der Mehrbedarf durch eine erstmalige Anschaffung, zum Beispiel einen Rollstuhl, oder durch den Umbau des Wohnbereichs gedeckt werden, kann auch ein einmaliger Betrag gezahlt werden. Dieses Geld ist grundsätzlich nicht zweckgebunden, sodass Sie es auch für andere Zwecke verwenden dürfen.

! Haben Sie einen **Selbstbehalt** mit Ihrer Versicherung vereinbart, also einen bestimmten Pauschalbetrag, den Sie auf jeden Fall selbst leisten müssen, so können Sie diesen ebenfalls ersetzt verlangen. Dies gilt in gleichem Maße auch für Leistungsgrenzen der Sozialversicherungsträger.

3.3 Verdienstausfall

Sind Ihre Verletzungen so schlimm, dass Sie eine Zeit lang **nicht arbeiten gehen können,** kann es je nach Dauer der Arbeitsunfähigkeit zu Gehaltseinbußen kommen. Soweit Ihr Verdienstausfall nicht mehr durch Lohnfortzahlung Ihres Arbeitgebers, der Krankenkasse, der Berufsgenossenschaft, der Rentenversicherung oder andere Stellen gedeckt wird, muss die gegnerische Versicherung einspringen. Zum Verdienstausfall zählen neben Ihrem eigentlichen Einkommen unter Umständen auch Leistungen wie Urlaubs- oder Weihnachtsgeld, Bonuszahlungen, Überstundenentgelt oder Spesen, aber auch der Eigenanteil am privaten Hausbau.

! Haben Sie infolge des Unfalls eine **dauerhafte Minderung der Erwerbsfähigkeit** erlitten, steht Ihnen ein Anspruch auf Zahlung einer Verdienstausfallrente zu. Diese beziehen Sie dann für den Zeitraum, den Sie voraussichtlich gearbeitet hätten. Maßgeblich ist hierbei regelmäßig das **voraussichtliche Renteneintrittsalter.**

3.4 Schmerzensgeld

Wie wird Schmerzensgeld berechnet?

Wenn Sie beim Unfall verletzt wurden, können Sie nicht nur die Erstattung der Behandlungskosten verlangen, sondern **zusätzlich** die Zahlung eines Schmerzensgeldes. Lediglich bei reinen Bagatellverletzungen (z. B. Schürfwunden oder ein leichtes Schleudertrauma) wird regelmäßig kein Schmerzensgeld gezahlt.

Die **Höhe** Ihres Schmerzensgeldanspruchs richtet sich nach verschiedenen Kriterien, insbesondere nach der Schwere der erlittenen Verletzungen, der Dauer des Krankenhausaufenthaltes, der unfallbedingten Beeinträchtigung, der Dauer der Arbeitsunfähigkeit, der Erwerbsfähigkeit und dem Grad einer eventuellen Invalidität. Aber auch Alter, Beruf und Geschlecht spielen eine wichtige Rolle. In aller Regel erhalten Sie das Schmerzensgeld als einmalige Zahlung, regelmäßige bzw. Rentenleistungen gibt es nur bei schwerwiegenden dauerhaften Schädigungen.

Wer kann Schmerzensgeld beanspruchen?

Grundsätzlich steht nur dem **Geschädigten** selbst ein Schmerzensgeldanspruch zu. Der Anspruch auf Schmerzensgeld ist allerdings vererblich, selbst wenn erst die Erben diesen Anspruch geltend machen. Unter Umständen können auch **Familienangehörige** oder **nahe Verwandte** ihrerseits Schmerzensgeld verlangen, etwa wegen der Trauer und dem Schmerz über den Tod des nahen Angehörigen. Als **Ausnahmeregelung** wird dies aber eher selten gewährt.

» **Beispiel:** Ein Schmerzensgeldanspruch der Angehörigen kann bei **massiven psychischen Beeinträchtigungen** wie anhaltenden Depressionen bestehen, etwa nach dem Unfalltod des eigenen Kindes.

Trifft Sie ein **Mitverschulden** am Unfall oder bestand eine gesundheitliche Vorschädigung, kann der Schmerzensgeldanspruch gekürzt werden.

3.5 Haushaltsführungsschaden

Wenn Sie den Alltag nicht mehr allein bewältigen können

Sind die erlittenen Verletzungen so gravierend, dass Sie als Geschädigter ohne fremde Hilfe Ihren Haushalt nicht mehr führen können, haben Sie Anspruch auf Ersatz des sogenannten »Haushaltsführungsschadens«. Das gilt selbst dann, wenn gar **keine Haushaltshilfe engagiert** wird, sondern beispielsweise Familienmitglieder helfen.

! Auch **alleinlebenden** Personen steht generell ein Anspruch auf Ersatz des Haushaltsführungsschadens zu. Dieser erhöht sich nach oberlandesgerichtlicher Rechtsprechung bei Personen, die in einer **nichtehelichen** Lebensgemeinschaft zusammenleben, nicht, da hier keine Unterhaltspflicht gegenüber dem Partner besteht.

Die Berechnung ist nicht einheitlich

Wird eine Haushaltshilfe eingestellt, so sind die dadurch anfallenden Kosten von der gegnerischen Versicherung zu ersetzen, soweit sie **tatsächlich erforderlich** sind. Wird keine fremde Hilfe in Anspruch genommen, können für die Berechnung der Schadensersatzhöhe ungefähr **€ 7,50 bis € 10,– pro Stunde** veranschlagt werden. Es gibt dazu sehr unterschiedliche Rechtsprechung, sodass keine exakten Vorgaben gemacht werden können, sondern **jeder Einzelfall** für sich bewertet werden muss.

! In diesen Fällen sollten Sie sich an einen auf Verkehrsunfälle spezialisierten Rechtsanwalt wenden.

Hinsichtlich der veranschlagten Stundenanzahl müssen entsprechende **Nachweise** erbracht werden. Orientieren kann man sich dabei an den entsprechenden **Tabellen** (z. B. in »Der Haushaltsführungsschaden« von Schulz-Borck / Pardey).

3.6 Unterhaltsschaden

Im Falle des Todes des Unfallopfers haben diejenigen Personen, die **Unterhaltsansprüche** gegen den Getöteten hatten, einen entsprechenden Schadensersatzanspruch gegen die Versicherung des Unfallverursachers. Berechtigt sind grundsätzlich Ehegatten, eheliche und nicht eheliche Kinder sowie die Eltern des Verstorbenen.

! Die Berechnung der exakten Schadensersatzhöhe gestaltet sich leider sehr kompliziert, sodass der Gang zum Anwalt dringend angeraten ist.

Eine eventuelle Erbschaft oder auch die Auszahlung einer Lebensversicherung sind nicht auf den Unterhaltsschadensersatzanspruch anzurechnen. Allerdings besteht auch in diesem Bereich eine **Schadensminderungspflicht,** sodass der Unterhaltsberechtigte beispielsweise einer Erwerbstätigkeit nachgehen muss, sofern möglich. Kommt er dieser Pflicht nicht nach, wird ihm ein **fiktives Arbeitseinkommen** von den Schadensersatzleistungen abgezogen. Die Dauer der Zahlungen richtet sich nach der Zeitspanne, die der Getötete aller Voraussicht nach erwerbstätig gewesen wäre, also bis zum **planmäßigen Renteneintrittsalter.**

3.7 Beerdigungskosten

Bei unfallbedingten Todesfällen sind die angemessenen Kosten für eine standesgemäße Beerdigung von der Versicherung des Unfallverursachers zu tragen. Dazu zählen im Einzelnen Ausgaben für Todes- und Zeitungsanzeigen, Kosten des Beerdigungsinstitutes, Grabkosten, Bewirtungs- und Unterbringungskosten von Trauergästen, der Verdienstausfall anlässlich der Beerdigung und anschließender Bewirtung der Trauergäste, Kosten für den Erbschein sowie Kosten für Trauerkleidung. **Pflege- und Instandsetzungskosten** für das Grab werden hingegen nicht ersetzt. Ebenso wenig sind höhere Kosten durch Inanspruchnahme eines Mehrpersonengrabes erstattungsfähig.

4 So setzen Sie Ihre Ansprüche durch

4.1 Verhandlungen mit Versicherungen sind oft schwierig

Geht es auch ohne fremde Hilfe?

Auch wenn **keine »Anwalts-Pflicht«** besteht, ist es in vielen Fällen sinnvoll, sich nicht ohne fachmännische Hilfe auf einem so unübersichtlichen Terrain wie dem Verkehrsrecht zu bewegen. Zumindest bei unklarer Haftungslage, bei mehreren Beteiligten bzw. bei nicht nur unerheblichen Sach- oder gar Personenschäden ist der Gang zum Anwalt in der Regel unerlässlich. Außerdem sind die **Anwaltsgebühren** in den meisten Fällen ohnehin **erstattungsfähig.**

Möchten Sie Ihre Rechte selbst wahrnehmen, orientieren Sie sich bei der Berechnung Ihrer Forderung von Schadensersatzleistungen und Schmerzensgeldzahlungen am besten an den oben aufgeführten Punkten. Listen Sie alle Kostenpunkte auf und fordern Sie die Versicherung auf, Ihnen den Gesamtbetrag innerhalb der nächsten zwei Wochen zu überweisen.

Geduld beweisen

Verhandlungen mit Versicherungen können sehr langwierig und kompliziert sein. Dann sind Geduld und Durchhaltevermögen gefragt. Werden Sie nicht nervös, wenn Sie zunächst nur ein Standardschreiben erhalten, nach dem Motto »Wir werden uns um Ihr Anliegen kümmern«. Erfahrungsgemäß zahlen die Versicherungen grundsätzlich nicht alles, was Sie fordern, sondern anerkennen bestimmte Schadenspositionen nicht oder kürzen die Beträge.

! Angesichts der Zeit, die bei Verhandlungen mit Versicherungen verstreichen kann, sollten Sie auf jeden Fall eine **angemessene Vorschusszahlung** verlangen.

Sind Sie mit der erbrachten Zahlung seitens der gegnerischen Versicherung nicht einverstanden oder müssen noch bestimmte Aspekte geklärt werden (weil z. B. noch Unterlagen fehlen), dann sollten Sie die Zahlung nur **unter Vorbehalt** annehmen. Teilen Sie der Versicherung mit, dass Sie die Zahlung als **Vorschussleistung** betrachten.

Vorsicht bei einem Abfindungsvergleich

Versicherungen bieten häufig einen sogenannten »Abfindungsvergleich« an (bisweilen auch als »Abfindungserklärung« oder »Vergleich« bezeichnet). So sollen **Nachforderungen** zu einem späteren Zeitpunkt verhindert werden, wenn sich beispielsweise erst nach einiger Zeit ein Dauerschaden feststellen lässt.

! Eine solche Erklärung müssen Sie nicht unterschreiben – insbesondere sollten Sie dann davon Abstand nehmen, wenn Sie einen Verletzungsschaden erlitten haben, der noch nicht völlig ausgeheilt ist. Stellt sich nämlich später heraus, dass Sie einen unfallbedingten **Dauerschaden** erlitten haben, können Sie diesen in der Regel dann nicht mehr geltend machen.

Bagatellschäden müssen Sie nicht melden

Da Sie im Schadensfall in der Regel »**zurückgestuft**« werden können und dann höhere Prämien zahlen müssen, kann es sich lohnen, kleinere Schäden (bis zu € 250,–) **selbst zu regulieren.**

! Prüfen Sie Ihre Versicherungspolice. In manchen Tarifen ist eine sogenannte **»Freischuss-Klausel«** enthalten. Damit haben Sie sozusagen eine Unfallbeteiligung pro Jahr frei, die keine Prämienerhöhung nach sich zieht.

Liegt die Schadenshöhe über der 250-Euro-Grenze, sollten Sie nicht voreilig handeln, sondern die **Schlussnachricht** abwarten. Darin wird Ihnen von der Versicherung mitgeteilt, in welcher Höhe Ihr Unfallgegner entschädigt worden ist. Sie können dann immer noch bei Ihrer Versicherung nachfragen, ob es unter dem Strich für Sie günstiger ist, den Schaden selbst zu ersetzen oder die Regulierung Ihrer Versicherung zu überlassen. Hierfür bleiben Ihnen s**echs Monate** Zeit, gerechnet ab Erhalt der Schlussnachricht. Die Rückstufung des Vertrages selbst erfolgt immer erst mit der ersten Prämienfälligkeit im nächsten Kalenderjahr.

Wann droht Verjährung?

Auch wenn zunächst keine besondere Eile besteht und nach einem Verkehrsunfall viele Dinge zu erledigen sind – allzu lange sollten Sie nicht warten, Ihre Ansprüche gegenüber der Versicherung geltend zu machen. Alle Ansprüche, egal ob Reparaturkosten, Nutzungsausfall oder Schmerzensgeld, verjähren nach drei Jahren. Nach Ablauf dieser Verjährungsfrist können Sie Ihre Ansprüche nicht mehr geltend machen. Die Verjährungsfrist beginnt am Ende des Jahres, in dem der Anspruch entstanden ist, also ab Kenntnis des Unfallhergangs.

» **Beispiel:** Ereignete sich der Unfall am 13. 5. 2013, dann sind Ihre Ansprüche ab dem 1. 1. 2017 verjährt.

Die Verjährung kann jedoch **gehemmt** werden, wenn zum Beispiel zwischen Ihnen und der gegnerischen Versicherung Verhandlungen über den Anspruch laufen. Die Wirkung der Hemmung besteht so lange, bis ein Vertragspartner die Verhandlungen für gescheitert erklärt und die Fortsetzung der Verhandlungen verweigert. Dann läuft die 3-jährige Verjährung weiter (sie startet nicht neu).

Die Verjährung tritt **frühestens drei Monate** nach dem Ende der Hemmung ein. Dadurch soll vermieden werden, dass Sie als Geschädigter bei Verhandlungen kurz vor Ablauf der Verjährungsfrist mit der Durchsetzung Ihrer Ansprüche in zeitliche Schwierigkeiten geraten. Gehemmt wird die Verjährung auch, wenn Sie Ihre Ansprüche **gerichtlich geltend** machen (z. B. durch einen Mahnbescheid oder eine Klage). Es kann allerdings auch zu einem Neubeginn der Verjährung kommen, wenn die gegnerische Versicherung Ihnen gegenüber den Anspruch durch Abschlagszahlung, Zinszahlung, Sicherheitsleistung oder in anderer Weise anerkennt oder wenn eine gerichtliche oder behördliche Vollstreckungshandlung vorgenommen oder beantragt wird.

Wenn es zum gerichtlichen Verfahren kommt

Konnte **außergerichtlich** keine Einigung erzielt werden, bleibt Ihnen keine andere Möglichkeit, als den Rechtsweg zu beschreiten. Das heißt: Mahnbescheid beantragen oder Klage erheben. Allerspätestens jetzt sollten Sie sich anwaltlich vertreten lassen.

Denn vor Gericht müssen Sie nicht nur wissen, welche Ansprüche Sie in welcher Höhe und welchen Nachweisen geltend machen können. Sie müssen sich zudem auch mit den prozessualen Spielregeln auskennen. Sonst laufen Sie Gefahr, wegen eines »Formfehlers« Ihre eigentlich berechtigten Ansprüche nicht (mehr) durchsetzen zu können. Haben Sie eine Rechtsschutzversicherung für den Bereich Verkehrsrecht, wird Ihre Versicherung nicht nur die Anwalts-, Gerichts- und sonstigen Verfahrenskosten übernehmen, sondern Ihnen auch bei der Suche nach einem passenden Anwalt helfen.

Werden Sie dagegen als Halter oder Fahrer vom Unfallgegner verklagt, müssen Sie so schnell wie möglich Ihre Kfz-Haftpflichtversicherung darüber in Kenntnis setzen. Haben Sie selbst schon einen Anwalt beauftragt, muss auch dieser über die Klage des Gegners informiert werden.

F4 Verwarnung oder Bußgeld – wie Sie sich am besten verhalten

1 Mit diesen Sanktionen müssen Sie rechnen

1.1 Geldbuße, Punkte oder Fahrverbot?

Grundsätzlich ist bei den Sanktionen von Verkehrsverstößen zwischen **drei** Haupt-Folgen zu unterscheiden. Je nach Sachlage wird bloß eine **Geldbuße** verhängt, oder es gibt darüber hinaus **Punkte** sowie ein **Fahrverbot. Zusätzlich** kann Ihnen dann auch noch die Pflicht zur Führung eines Fahrtenbuchs auferlegt werden.

1.2 Verwarnung oder Bußgeld – wo liegen die Unterschiede?

Für eine Vielzahl von Vergehen sind Verwarn- oder Bußgeldstrafen vorgesehen. Geregelt wird das im allseits bekannten, aber wenig beliebten Bußgeldkatalog.

Es ist ein erheblicher Unterschied, ob Sie vonseiten der Polizei einen Verkehrsverstoß vorgehalten bekommen und **»nur« verwarnt** werden oder ob Ihnen ein **Bußgeld** auferlegt wird. Diesen Unterschied spüren Sie ganz deutlich vor allem in der Geldbörse.

» **Beispiel:**

- **Weniger schwerwiegende** Verstöße (sogenannte »B-Verstöße«) werden mit einem **Verwarngeld** von € 5,– bis zu € 55,– geahndet. Hierunter fallen zum Beispiel Behinderung von Rettungsfahrzeugen, Fahren ohne Erste-Hilfe-Material oder das Versäumen der Anmeldefrist für die TÜV-Untersuchung.
- **Schwerwiegende** Verstöße (sogenannte »A-Verstöße«) werden mit einem **Bußgeld** ab € 40,– belangt. Dazu gehören beispielsweise Unfallflucht, Missachtung von Rotlicht, Überholen bei absolutem Überholverbot oder auch Gefährdung des Verkehrs auf Autobahnen.

Ein **Bußgeldbescheid** wird also immer dann fällig, wenn Ihnen eine Verkehrsordnungswidrigkeit vorgeworfen wird, die nach dem Bußgeldkatalog mit € 60,– und mehr geahndet wird. Mit einem Bußgeldbescheid müssen Sie aber **auch rechnen,** wenn Sie eine an sich »harmlose« Verkehrsordnungswidrigkeit (bis zu € 55,–) begangen, aber **nicht gezahlt** haben.

2 So können Sie sich zur Wehr setzen

2.1 Sie wurden verwarnt – was nun?

Wenn Sie persönlich »erwischt« werden

Sofern Sie angehalten werden, erfolgt die Verwarnung in aller Regel **unmittelbar** mündlich durch den jeweiligen Beamten. Unter Umständen bekommen Sie den Verwarnungsgeldbescheid gleich **vor Ort** ausgehändigt. Dann können Sie wählen, ob Sie sich mit der Verwarnung einverstanden zeigen oder nicht. Sie haben das Recht, sich die Angelegenheit **binnen einer Woche** in Ruhe zu überlegen und die Zahlung innerhalb dieser Frist zu veranlassen.

Beachten Sie: Diskutieren rettet Sie in einem solchen Moment erfahrungsgemäß nicht. Viel erfolgversprechender ist es, **Einsicht zu zeigen** und **freundlich** um Verständnis zu bitten. Denn im Einzelfall **kann** von der Verwarnung auch abgesehen werden. Allerdings **kann** die Behörde auch vom Angebot einer Verwarnung absehen und gleich das förmliche Bußgeldverfahren einleiten.

Wenn eine schriftliche Verwarnung erfolgt

Höchstwahrscheinlich finden Sie einige Tage nach Ihrer Tat eine **schriftliche** Verwarnung im Briefkasten. Diesem Schreiben können Sie entnehmen, was genau man Ihnen zur Last legt und was das Ganze kosten soll. Der Bußgeldkatalog sieht je nach Tatbestand zwischen € 5,– und € 55,– vor.

Beachten Sie: Dem sogenannten »Knöllchen«, das Sie zum Beispiel bei Parkverstößen an Ihrer Windschutzscheibe vorfinden, kommt **keinerlei rechtliche Bedeutung** zu. Es handelt sich hierbei nur um die **Ankündigung** eines Verwarnungsgeldbescheides.

Auch wenn Sie die schriftliche Verwarnung zugeschickt bekommen, haben Sie eine Woche Bedenkzeit. Sie läuft ab dem **Zeitpunkt der Zustellung.** Zahlen Sie innerhalb dieser Woche, erklären Sie Ihr Einverständnis mit der Verwarnung. Der Fall ist damit für Sie erledigt.

Wenn Sie die **Zahlungsfrist versäumt** haben, werden Sie genauso behandelt wie jemand, der mit der Verwarnung nicht einverstanden ist oder nicht bezahlt. Die verspätete Zahlung wird rechtlich als unwirksam gewertet. Es kommt dann zum **teureren** Bußgeldverfahren. Die eingegangene Zahlung wird in einem solchen Fall auf den dann folgenden Bußgeldbescheid angerechnet.

Bei der Zahlung sollten Sie darauf achten, die **korrekten Daten** anzugeben. Achten Sie neben Kontonummer und Bankleitzahl oder IBAN und BIC auch auf die Angabe des richtigen Verwendungszwecks. Kommt es nämlich durch fehlerhafte Überweisungsangaben Ihrerseits zu Verzögerungen, so gehen diese **zu Ihren Lasten.**

Wie stehen Ihre Chancen?

Schon aus eigenem Interesse sollten Sie darauf bedacht sein, es nicht zu Missverständnissen oder Fehlbeurteilungen kommen zu lassen. Bisweilen kommt es vor, dass die Feststellungen in der Verwarnung **offensichtlich falsch** sind (z. B. falsches Kennzeichen). Das darf keinesfalls zu Ihren Lasten gehen. Liegt aber ein offensichtlicher Schreibfehler beim Namen oder ein Zahlendreher beim Geburtsdatum vor, haben Sie schlechte Karten. Der Bescheid bleibt hier trotz des Fehlers wirksam.

Sind Sie **nicht selbst** gefahren, kann man Sie grundsätzlich nicht zur Kasse bitten. Hier können Sie den wahren Übeltäter nennen und zahlen lassen. Dazu verpflichtet sind Sie jedoch nicht. Äußern Sie sich nicht, kann dies allerdings in seltenen Fällen eine Fahrtenbuchauflage zur Folge haben.

Wenn ein **Verkehrszeichen unwirksam** ist, weil zum Beispiel eine Geschwindigkeitsbegrenzung unzulässigerweise für einen bestimmten Bereich auf der Autobahn festgelegt wurde, nützt Ihnen das wenig. Solange es da steht, wo es steht, müssen Sie es beachten, wenn es nicht gerade vollkommen **unsinnig** ist. Anders sieht es dagegen aus, wenn ein Verkehrsschild nicht erkennbar ist, weil es zum Beispiel mit Schnee bedeckt, zugewachsen oder verwittert ist. Auch Schilder für den **fließenden** Verkehr, die irrtümlich in die verkehrte Richtung zeigen, müssen Sie nicht beachten.

Für eine Ordnungswidrigkeit können Sie nur dann bestraft werden, wenn Sie **rechtswidrig** gehandelt haben. In einer **echten Notsituation** ist dies nicht der Fall. Die Notsituation sollte sich aber **nachweisen** lassen. **Beachten Sie: Ausnahmeregelungen** aufgrund von Notsituationen haben immer hohe Anforderungen. Allerdings lohnt es sich in vielen Fällen trotzdem, seine Beweggründe anzuführen und dadurch zumindest positiv auf das **Strafmaß** einzuwirken.

Auch **formelle** Aspekte der Verwarnung müssen korrekt sein. Andernfalls ist der Bescheid unter Umständen unwirksam (z. B. muss die zuständige Behörde handeln).

Wird das Fahrzeug auch von anderen Personen gefahren, kann Ihnen bei sogenannten **Kennzeichenanzeigen** nicht immer nachgewiesen werden, dass Sie in dem konkreten Fall der Übeltäter waren. Bei **Parkverstößen** nützt es Ihnen allerdings wenig, Ihre Täterschaft zu leugnen. Hier greift die **Halterhaftung.** Das heißt, Ihnen werden pauschale Kosten für das Verwaltungsverfahren auferlegt, wenn der tatsächlich Verantwortliche nicht mit »zumutbaren Mitteln« ermittelt werden kann.

Selbst bei **fotoüberwachten Verkehrskontrollen** kann es vorkommen, dass man den Fahrer nicht erkennt. Hier liegt es nahe, sich mit dem Argument »herausreden« zu wollen, nicht zu wissen, wer gefahren sei. Bei harmloseren Verstößen kommt es öfter vor, dass das Verfahren dann eingestellt wird. Kommt diese Ausrede aber allzu häufig oder in besonders schweren Fällen wie zum Beispiel bei einer überfahrenen Rotlichtampel zum Einsatz, müssen Sie mit einer **Fahrtenbuchauflage** rechnen.

Um festzustellen, ob möglicherweise der Ehepartner oder andere Familienmitglieder auf dem Foto zu erkennen sind, darf die Bußgeldbehörde Einblick in die Unterlagen des Einwohnermeldeamtes nehmen oder ihre Mitarbeiter zur Wohnanschrift oder ins Büro des Fahrzeughalters schicken.

Wann verjähren Verkehrsverstöße?

Verstöße, die nach dem Bußgeldkatalog geahndet werden, verjähren nach **drei Monaten**. Nach Erlass des Bußgeldbescheides gilt eine verlängerte Verjährungsfrist von **sechs Monaten.** Eine wichtige **Ausnahme** gilt für Alkohol- und Drogenfahrten ab 0,5 ‰: Hier tritt die Verjährungsfrist erst **nach einem Jahr** ein. Nach Ablauf der in Ihrem Fall geltenden Frist dürfen Sie dann für den jeweiligen Verkehrsverstoß nicht mehr belangt werden – auch wenn feststeht, dass Sie ihn begangen haben.

Die Verjährungsfrist beginnt mit dem **Tag der Begehung.** Es gibt allerdings zahlreiche Handlungen, die die Verjährung **unterbrechen.** Dann verlängert sich die Verjährungsfrist. Dazu zählen insbesondere

- die erste Vernehmung des Betroffenen,
- die Versendung des Anhörungsbogens,
- die Beauftragung eines Sachverständigen und
- der Erlass des Bußgeldbescheides (bzw. seine Zustellung).

Nach jeder Unterbrechungshandlung beginnt die Verjährung wieder von Neuem. Das heißt, es wird **erneut eine Frist** von drei beziehungsweise sechs Monaten in Gang gesetzt. **Wichtig:** Die neue Unterbrechungsfrist beginnt schon mit dem Tag der Unterbrechung.

Außerdem tritt hier nur dann eine Verjährungsunterbrechung ein, wenn aus dem Anhörungsbogen **unmissverständlich** hervorgeht, **gegen wen** sich die Ermittlungen richten. Bei Ermittlungen gegen »unbekannt« findet keine Unterbrechung statt. Gute Chancen haben Sie deshalb, wenn sich in den Akten zwar aufgrund einer Kennzeichenanzeige ein **Täterfoto** befindet, die Person des Täters aber nicht bekannt ist. Das gilt auch dann, wenn sich der Kreis der Täter auf wenige Personen beschränkt, wie das häufig bei **Familienautos** der Fall ist. Aus den **Akten** müssen schon konkret die Personalien desjenigen, gegen den ermittelt wird, hervorgehen. Es muss also für Sie klar erkennbar sein, dass sich die Ermittlungen gegen Sie richten.

Wenn Sie die Verjährungsfrage überprüfen wollen, tun Sie dies am besten mittels **Akteneinsicht.** Nur so können die jeweils entscheidenden Daten in Erfahrung gebracht werden.

2.2 Wenn ein Bußgeld droht

Der Anhörungsbogen kommt

Zunächst erhalten Sie den sogenannten »Anhörungsbogen«. Hierin wird Ihnen erstmals offiziell mitgeteilt, dass gegen Sie ein **Ermittlungsverfahren** wegen einer Verkehrsordnungswidrigkeit eingeleitet worden ist. Der Anhörungsbogen muss nicht förmlich zugestellt werden. Mit dem Zusenden des Anhörungsbogens wird die Verjährung unterbrochen.

In diesem Stadium des Verfahrens sollten Sie sich gut überlegen, ob es sinnvoll ist, gegen den Vorwurf anzugehen. Das ist nämlich nur dann der Fall, wenn sich aus tatsächlichen oder rechtlichen Gründen oder der Beweislage Chancen ergeben, dass das Verfahren gegen Sie **eingestellt** wird. Hierzu sollten Sie dieselben Punkte wie beim Verwarnungsgeld prüfen.

Kommen Sie dann zu dem Ergebnis, dass Ihre **Erfolgsaussichten gleich null** sind, weil das Radarfoto Sie eindeutig erkennen lässt, sollten Sie sich in Ihr Schicksal fügen und einfach den Bußgeldbescheid abwarten. In solchen Fällen ist es unnötige Arbeit, den Anhörungsbogen auszufüllen. Im Gegenteil: Alles was Sie hier erklären, kann später in einer Gerichtsverhandlung berücksichtigt werden.

Nur wenn Sie sich **wirklich sicher** sind, dass Sie erfolgreich gegen den Bußgeldbescheid vorgehen könnten, sollten Sie die Gründe schon auf dem Anhörungsbogen mitteilen. Vielleicht können Sie so schon die Einstellung des Verfahrens bewirken.

An diesem Punkt prüft die zuständige Bußgeldbehörde, ob Ihre Einwände überzeugend sind. Anderenfalls ermittelt sie weiter, um zu einer sachgerechten Entscheidung zu kommen. Das Verfahren wird also entweder eingestellt oder ein Bußgeldbescheid wird erlassen. Am ehesten wird das Verfahren **eingestellt,** wenn klar erkennbar ist, dass die Beweislage aufseiten der Behörde ungünstig ist.

Es folgt der Bußgeldbescheid

In den meisten Fällen kommt es zu einem Bußgeldbescheid, weil die Behörde zum gegebenen Zeitpunkt keine umfangreichen rechtlichen oder tatsächlichen Feststellungen trifft. Einen Bußgeldbescheid gibt es auch, wenn Sie sich gar nicht zu dem Vorwurf geäußert haben.

Den Bußgeldbescheid erhalten Sie aus Gründen des Zustellungsnachweises per Postzustellungsurkunde. Sind Sie nicht anzutreffen, wird das Schriftstück bei der Post niedergelegt. Der Bußgeldbescheid **gilt** in beiden Fällen **als zugestellt.**

Aus dem Bußgeldbescheid geht Folgendes hervor:

- die Angaben zur beschuldigten Person (Betroffener),
- welche Tat Ihnen konkret zur Last gelegt wird,
- gegen welche Gesetzesvorschrift Sie verstoßen haben,
- welche Beweismittel existieren und
- welche Geldbuße und welche Nebenfolgen (z.B. Fahrverbot) verhängt werden sollen.

2.3 Das Fahrverbot – von wegen »freie Fahrt für freie Bürger«

Ein »besonders grober Verkehrsverstoß« steht im Raum

Ein **Fahrverbot** – nicht zu verwechseln mit der Entziehung der Fahrerlaubnis – wird **zusätzlich zum Bußgeld** verhängt, wenn Sie einen **besonders groben Verstoß** begangen haben. Wenn ein Fall nach dem Bußgeldkatalog vorliegt, der mit einem Regelfahrverbot zusätzlich bestraft wird, und keine Anhaltspunkte bestehen, davon abzuweichen, ordnet die Bußgeldbehörde **automatisch** das vorgesehene Fahrverbot an.

Kommt es zu einer Gerichtsentscheidung, in der das Fahrverbot aufrechterhalten bleibt, muss das **Gericht** allerdings in seinem Urteil **begründen,** warum es so und nicht anders entschieden hat.

Ihnen wird eine »beharrliche Pflichtverletzung« vorgeworfen

Ein Fahrverbot riskieren Sie übrigens auch, wenn Sie schon einmal wegen einer Geschwindigkeitsüberschreitung von mindestens **26 km/h** erwischt worden sind und **innerhalb eines Jahres** seit Rechtskraft dieser Entscheidung erneut eine Geschwindigkeitsüberschreitung von mindestens 26 km/h begehen. Denn mit einem solchen Verhalten zeigen Sie sich nicht nur **uneinsichtig.** Darüber hinaus verstoßen Sie auch zum **wiederholten Male** gegen **wichtige** Verkehrsvorschriften.

Wie weit reicht ein Fahrverbot?

Das Fahrverbot kann für **ein bis drei Monate** ausgesprochen werden. Es gilt für Kraftfahrzeuge jeder Art, also zum Beispiel auch für ein Mofa. Wer nach Eintritt der Rechtskraft des Fahrverbots Kraftfahrzeuge führt, macht sich dadurch **strafbar.** Wer über einen weiteren **ausländischen** Führerschein verfügt, darf diesen jetzt nicht zum Anlass nehmen und Auto fahren: Fahrverbot bleibt Fahrverbot!

! Ein Fahrverbot lässt sich unter Umständen reduzieren, indem Sie bereits **vor der Hauptverhandlung** an einer Schulung für »im Verkehr auffällig gewordene Fahrzeugführer« teilnehmen. Am besten besprechen Sie das vorab mit dem entscheidenden Richter.

Als »Ersttäter« haben Sie darüber hinaus die Möglichkeit, den **Antritt** des Fahrverbots in gewissen Grenzen **selbst zu bestimmen.** Für Ersttäter beginnt das Fahrverbot nämlich erst mit dem Tag, an dem sie den **Führerschein abgeliefert** haben, spätestens jedoch mit Ablauf der **4-Monats-Frist** (siehe Bußgeldbescheid oder Urteil).

Beachten Sie: Wurde Ihnen das Fahrverbot per Bußgeldbescheid erteilt, müssen Sie den Führerschein bei der **Behörde** abgeben, die den Bußgeldbescheid erlassen hat. Ergibt sich das Fahrverbot aus einem Urteil, müssen Sie Ihren Führerschein an die **Staatsanwaltschaft** senden.

2.4 Die Fahrtenbuchauflage

Wann droht eine Fahrtenbuchauflage?

Sie müssen damit rechnen, ein Fahrtenbuch zu führen,

- wenn Sie mit Ihrem Fahrzeug **einen erheblichen** Verkehrsverstoß (z. B. das Überfahren einer roten Ampel) oder
- **mehrere leichtere** Verstöße begangen haben (z. B. dreißig Parkverstöße innerhalb von zwei Jahren) **und**
- die Feststellung des »Übeltäters« innerhalb der Verjährungsfrist **nicht möglich** war.

»Erheblich« ist ein Verkehrsverstoß ab einer Geldbuße von **€ 60,– und mehr.** Allerdings darf die Behörde Ihnen das Fahrtenbuch nicht nur deshalb auferlegen, weil es ihre Arbeit erleichtert. Die vorhandenen Ermittlungsmöglichkeiten müssen **erschöpft** sein. Das ist auch dann der Fall, wenn der Fahrzeughalter seine **zumutbare** Mitwirkung verweigert.

Wenn Sie lediglich die Frage im Anhörungsbogen, ob **Sie selbst** gefahren seien, nicht beantworten, darf Ihnen nicht unterstellt werden, Sie hätten als Halter Ihre Mithilfe verweigert. Dies beruht auf dem **Aussageverweigerungsrecht.** Eine Fahrtenbuchauflage ist deshalb hier in aller Regel noch nicht zu erwarten. Gefährlich wird es erst dann, wenn Sie bei weiterem Nachhaken der Ermittlungsbeamten **weiterhin jede Mithilfe verweigern.** Dann muss die Behörde nicht weiter ermitteln und kann eine Fahrtenbuchauflage erteilen.

Wie wird ein Fahrtenbuch geführt?

Die Fahrtenbuchauflage verpflichtet den betreffenden Fahrzeughalter dazu, in seinem Fahrtenbuch für ein bestimmtes Fahrzeug und vor Beginn jeder einzelnen Fahrt

- Name, Vorname und Anschrift des Fahrzeugführers,
- das amtliche Kennzeichen des Fahrzeugs und
- Datum und Uhrzeit des Beginns der Fahrt

einzutragen. Abschließend sind zusätzlich noch Datum und Uhrzeit des Fahrtendes einzutragen und die Eintragung ist zu unterschreiben.

Der Fahrzeughalter ist ebenfalls dazu verpflichtet, das Fahrtenbuch auf Verlangen **jederzeit** an dem von der anordnenden Behörde festgelegten Ort zur Prüfung **auszuhändigen** und es **sechs Monate** nach Ablauf der Zeit, für die es geführt werden muss, **aufzubewahren.**

Kann ein Fahrtenbuch auch elektronisch geführt werden?

Zwar gibt das Gesetz den notwendigen Inhalt eines Fahrtenbuchs vor (s. o.), aber nicht die Form, in der es geführt werden muss. Da die Eintragungen jedoch stets mit einer Unterschrift zu versehen sind, sollte das Fahrtenbuch in Papierform vorliegen. Sie können es aber grundsätzlich auch elektronisch, also beispielsweise in einer Excel-Datei oder mittels Smartphone-App, führen. Dies setzt allerdings regelmäßige Ausdrucke der Fahrtenbuch-Inhalte auf Papier voraus, auf denen dann unterschrieben werden kann.

3 Wie gehen Sie am besten vor?

Mit oder ohne Anwalt?

Mehr Aussicht auf Erfolg haben Sie in der Regel mit der Unterstützung eines entsprechend spezialisierten Rechtsanwalts (z. B. Fachanwalt für Verkehrsrecht). Sofern Sie aber ein paar Gesichtspunkte **beachten,** haben Sie auch ohne Anwalt gute Möglichkeiten der Verteidigung.

Fristen unbedingt einhalten!

Wenn Sie gegen einen Bußgeldbescheid vorgehen wollen, müssen Sie **innerhalb von zwei Wochen nach der Zustellung schriftlich** per Post oder direkt (»zur Niederschrift«) bei der erlassenden Bußgeldbehörde Einspruch einlegen. Auch per Fax oder Computerfax können Sie Einspruch einlegen. Von E-Mails ist allerdings abzuraten, da die Gerichte hier bisher eine ausreichende Schriftform verneinen.

Anderenfalls wird der Bußgeldbescheid **rechtskräftig.** Dann müssen Sie binnen **weiterer zwei Wochen** bezahlen, sonst kann die festgesetzte Geldbuße im Wege der Zwangsvollstreckung beigetrieben werden.

Ob Sie den Einspruch fristgerecht eingelegt haben, hängt vom Eingangsdatum bei der Behörde ab. Die 2-Wochen-Frist beginnt mit der Zustellung, die sich aus der Postzustellungsurkunde ergibt. Haben Sie die Einspruchsfrist versäumt, bleibt Ihnen noch die Möglichkeit, »**Wiedereinsetzung in den vorigen Stand**« zu beantragen (siehe unten).

Wie legen Sie Einspruch ein?

Den Einspruch können Sie **selbst einlegen** – auch ohne Anwalt. Sie können Ihren Einspruch mit einer Begründung versehen, sind dazu jedoch **nicht verpflichtet.** Die Behörde leitet das Verfahren **ohne weitere Prüfung** an die zuständige Staatsanwaltschaft weiter. Es ist daher völlig ausreichend, wenn Sie Ihr Schreiben an die Bußgeldbehörde folgendermaßen formulieren: »**Gegen den vorbezeichneten Bußgeldbescheid, zugestellt am [Datum der Zustellung], lege ich Einspruch ein.**«

Prüfen Sie die Erfolgsaussichten Ihres Einspruchs

Wenn Sie glauben, erfolgreich gegen den Bußgeldbescheid vorgehen zu können, sollten Sie die gleichen Punkte wie beim Verwarnungsbescheid prüfen

(s. o.), bevor Sie einen Einspruch riskieren. Bedenken Sie aber, dass in einem Bußgeldverfahren in ein **Strafverfahren** übergegangen werden kann, wenn es zur Gerichtsverhandlung kommt.

Sind Sie allein mit der Höhe des Bußgeldes nicht einverstanden, können Sie ebenfalls Einspruch einlegen. Bei den Beträgen des Bußgeldkataloges handelt es sich um sogenannte **Regelsätze,** von denen abgewichen werden kann. Die Regelsätze gehen von einer gewöhnlichen Tatausführung aus. Das heißt, dass es zum Beispiel bei einer Geschwindigkeitsüberschreitung keine erschwerenden Umstände gegeben hat und auch die Verkehrssicherheit nicht besonders beeinträchtigt gewesen sein darf. Ein Mitverschulden eines anderen Fahrers oder eine langjährige unbeanstandete Fahrpraxis können aber auch möglicherweise zu einer Herabsetzung des Bußgeldes führen.

Wenn Sie Glück haben und der Richter milde gestimmt ist, weil Sie etwa Einsicht in das »Unrecht Ihrer Tat« zeigen, gelingt es Ihnen möglicherweise, bei punktbewehrten Regelgeldbußen (ab € 60,–) eine **Herabsetzung auf € 55,–** zu erreichen. Dadurch können Sie Punkte verhindern. Bei **schwerwiegenden** Verkehrsordnungswidrigkeiten wird Ihnen das allerdings kaum gelingen. Dasselbe gilt, wenn Sie kein **»unbeschriebenes Blatt«** mehr sind.

Vielen Betroffenen geht es gar nicht so sehr um die Geldbuße. Nicht selten ist das **Fahrverbot** die schlimmere Sanktion. Wird Ihnen nur **besonders leichte Fahrlässigkeit** vorgeworfen oder hat der Unfallgegner den Unfall **mitverschuldet,** kann ein Einspruch das Fahrverbot gegebenenfalls aus der Welt schaffen. Auch wenn das Fahrverbot eine **unverhältnismäßige Härte** für Sie mit sich bringen würde, kann im Einzelfall davon abgesehen werden.

Wenn Ihnen nur der **Termin** für das Fahrverbot **nicht passt,** haben Sie die Möglichkeit, binnen **vier Monaten** nach Rechtskraft des Fahrverbotes einen Ihnen genehmen Termin auszusuchen. Dazu müssen Sie Ihren Führerschein innerhalb der 4-Monats-Frist einfach zu dem Zeitpunkt bei der zuständigen Behörde abliefern, der Ihnen recht ist. Voraussetzung hierfür ist allerdings, dass innerhalb der letzten zwei Jahre vor der Ordnungswidrigkeit und bis zur Bußgeldentscheidung **kein anderes Fahrverbot** verhängt wurde.

Wollen Sie das Inkrafttreten des Fahrverbotes zeitlich noch etwas **nach hinten schieben,** haben Sie die Möglichkeit, zunächst Einspruch einzulegen. Sie können aber **vor einer Entscheidung** durch das Gericht **den Einspruch wieder zurücknehmen.** Erst ab diesem Zeitpunkt wird der Bußgeldbescheid rechtskräftig, sodass Sie die oben genannte 4-Monats-Regel **etwas später** in Anspruch nehmen können.

Sie haben Einspruch eingelegt – was passiert jetzt?

Die Behörde überprüft **erneut** die **Rechtmäßigkeit** des Bußgeldbescheides, das heißt, ob der Bußgeldbescheid aufrechterhalten oder zurückgenommen werden muss. Bei schlechter Beweislage aufseiten der Bußgeldbehörde wird das Verfahren häufig **eingestellt.**

Die Kosten für notwendige Auslagen, wie zum Beispiel die Einschaltung eines Anwaltes, werden Ihnen dann von der Staatskasse **erstattet.** Das geht aber in der Regel nur, wenn die Geldbuße mehr als € 10,– beträgt und das »Verteidigungsvorbringen« nicht verspätet erfolgt ist.

Hebt die Bußgeldbehörde den Bescheid nicht auf, werden die Akten an die **Staatsanwaltschaft** übersandt. Hier wird **noch einmal geprüft,** ob der Sachverhalt genügend aufgeklärt ist. Trifft dies zu, wird die Akte dem zuständigen Amtsgericht vorgelegt.

Wenn Sie **kein Gerichtsverfahren wollen,** können Sie noch zu diesem Zeitpunkt den **Einspruch zurückziehen.** Das geht selbstverständlich auch im späteren Verlauf des gerichtlichen Verfahrens. Die bis dahin entstandenen Kosten müssen Sie allerdings tragen.

Wenn im schriftlichen Verfahren entschieden werden soll

Normalerweise entscheidet das Amtsgericht über Ihre Verkehrsordnungswidrigkeit nach einer Hauptverhandlung. Ausnahmsweise darf das Gericht aber auch schriftlich und ohne Verhandlung durch Beschluss entscheiden, sofern es die Durchführung der Hauptverhandlung als **nicht erforderlich** ansieht. Voraussetzung ist, dass weder Sie noch die Staatsanwaltschaft diesem Verfahren **widersprechen.** Das Gericht kann dann keine höhere Buße aussprechen als im Bescheid festgesetzt, was Ihnen dagegen bei einer Hauptverhandlung passieren kann.

! Abweichend hiervon kann auch im schriftlichen Verfahren eine höhere Geldbuße festgesetzt werden, wenn dafür vom **Fahrverbot** abgesehen wird. Daher sollten Sie oder Ihr Anwalt sich im Falle eines Fahrverbots mit dem zuständigen Richter vorab über die Rechtsfolge einigen. Geht der Richter hierauf nicht ein, sollten Sie mit dem Einspruch gleich auch dem schriftlichen Verfahren widersprechen.

Ihre Rolle als Verkehrssünder in der Hauptverhandlung

Prinzipiell sind Sie als Betroffener **verpflichtet,** in der Hauptverhandlung **zu erscheinen.** Sie oder Ihr Rechtsanwalt können jedoch unter bestimmten Voraussetzungen erreichen, dass Sie nicht persönlich erscheinen müssen.

Allerdings darf die Anwesenheit des Betroffenen in der Hauptverhandlung **nicht zur Aufklärung** wesentlicher Gesichtspunkte des Sachverhalts **erforderlich** sein. Insbesondere wenn es Ihnen um das Fahrverbot geht, ist der **persönliche Eindruck** immens wichtig. Beachten Sie: Erscheinen Sie als Betroffener **nicht in der Hauptverhandlung,** obwohl Sie von dieser Verpflichtung nicht entbunden wurden, wird das Gericht Ihren Einspruch gegen den Bußgeldbescheid ohne Weiteres **verwerfen.**

Ist das Gericht der Auffassung, dass Ihnen die Verkehrsordnungswidrigkeit **nicht nachgewiesen** werden kann, verkündet es einen **Freispruch.** Die zunächst ausgewiesene Geldbuße entfällt, die gesamten Verfahrenskosten einschließlich Ihrer »notwendigen Auslagen«, also auch die Kosten für Ihren Rechtsanwalt, trägt dann die **Staatskasse.**

Kommt das Gericht dagegen zu dem Schluss, dass Sie die Verkehrsordnungswidrigkeit wie vorgeworfen **begangen** haben, werden Sie **verurteilt.** Das Gericht bestimmt nun die zu verhängende Geldbuße neu. Stellt sich in der Hauptverhandlung heraus, dass der Verkehrsverstoß schwerwiegender war als zunächst angenommen, oder liegen andere zusätzliche belastende Umstände vor, müssen Sie mit einer **Verschärfung der Strafe** rechnen. Es kann aber natürlich auch zu Ihren Gunsten eine **geringere Strafe** herauskommen.

In manchen Fällen kommt es weder zu einem Freispruch noch zur Verurteilung, sondern zur **Einstellung** des Verfahrens. Das ist zum Beispiel der Fall, wenn

- der Verkehrsverstoß wenig Bedeutung hat,
- eine Gefährdung oder Behinderung ausgeschlossen war oder
- eine Vorschrift erst kurze Zeit vorher in Kraft getreten ist und der Verkehrsteilnehmer sie noch nicht kannte.

Aber auch bei einer Einstellung des Verfahrens müssen Sie in der Regel mit einer Geldbuße rechnen.

Die Rechtsbeschwerde ist das richtige Rechtsmittel

Anders als im Strafverfahren gibt es im Bußgeldverfahren **keine Berufung.** Zulässig ist allein die sogenannte Rechtsbeschwerde, mit der nur Verfahrensfehler oder Gesetzesverstöße geprüft werden. Legen Sie keine Rechtsbeschwerde ein, wird das Urteil nach Ablauf der Frist **rechtskräftig** (siehe unten). Sie können eine Rechtsbeschwerde erheben, wenn

- eine Geldbuße von mehr als € 250,– verhängt wurde oder
- eine Nebenfolge (z. B. Fahrverbot) angeordnet wurde oder
- der Einspruch gegen den Bußgeldbescheid durch das Urteil als unzulässig (z. B. wegen Verspätung) verworfen wurde oder
- ein schriftlicher Beschluss nach § 72 OWiG ergangen ist, obwohl Sie dem schriftlichen Verfahren widersprochen haben.

! Auch wenn es Ihnen zunächst nur darum geht, eine **ausführliche schriftliche Begründung** vom Gericht zu erhalten, sollten Sie eine Rechtsbeschwerde einlegen. Bedenken Sie dabei, dass hierfür Gerichtskosten anfallen (mindestens € 40,– bzw. 10 % der Geldbuße).

Nach Erhalt des schriftlich begründeten Urteils können Sie dann entscheiden, ob Sie das Urteil so annehmen wollen und die Rechtsbeschwerde zurücknehmen oder nicht.

Daneben kann auch die **Staatsanwaltschaft** Rechtsbeschwerde einlegen, wenn Sie freigesprochen wurden, das Verfahren eingestellt oder von der Verhängung des Fahrverbots abgesehen wurde, zuvor aber im Bußgeldbescheid eine Geldbuße von mehr als € 600,– festgesetzt, ein Fahrverbot verhängt oder eine solche Geldbuße oder ein Fahrverbot von der Staatsanwaltschaft beantragt worden war.

Die Rechtsbeschwerde muss innerhalb **einer Woche** nach der Urteilsverkündung **eingelegt** und binnen **eines Monats** nach Zustellung der Entscheidung **begründet** werden. Die Begründung muss von einem **Rechtsanwalt unterzeichnet** sein.

Es ist nicht alles verloren, wenn Sie zu spät reagieren ...

Haben Sie die Einspruchsfrist gegen den Bußgeldbescheid oder die Frist für die Rechtsbeschwerde versäumt, können Sie »**Wiedereinsetzung in den vorigen Stand**« beantragen (§ 52 OWiG; § 79 OWiG), wenn

- Sie beispielsweise den Gerichtstermin **unverschuldet versäumt** haben (z. B. nicht vorhersehbare Erkrankung, Urlaubsabwesenheit),

- Sie **Tatsachen glaubhaft machen** können, die Sie daran gehindert haben, rechtzeitig ein Rechtsmittel einzulegen (z. B. durch eine eidesstattliche Erklärung eines Zeugen, ein Flugticket oder ein ärztliches Attest) **und**
- Sie einen entsprechenden **Antrag stellen.** Dieser muss Angaben über die versäumte Frist und über die Gründe enthalten, weswegen Sie das Rechtsmittel nicht rechtzeitig einlegen konnten.

  Außerdem müssen Sie den Zeitpunkt angeben, ab dem Sie wieder in der Lage waren, ein Rechtsmittel einzulegen. Ab diesem Zeitpunkt haben Sie eine Woche, um den Antrag zu stellen.

Geht es um die Versäumung der Einspruchsfrist gegen den Bußgeldbescheid, ist die Bußgeldbehörde zuständig für die Entscheidung über den Antrag. Ansonsten ist das Gericht zuständig, bei dem die Frist wahrzunehmen gewesen wäre. Mit dem Antrag auf Wiedereinsetzung müssen Sie **gleichzeitig das versäumte Rechtsmittel nachholen,** also zum Beispiel den Einspruch gegen den Bußgeldbescheid.

4 Wenn »Punkte« zum Problem werden

4.1 Wann gibt es Punkte in Flensburg?

Für jeden rechtskräftigen Bußgeldbescheid oder – nach einem Einspruch – für gerichtliche Entscheidungen in Verkehrsordnungswidrigkeitsfällen, bei denen das Bußgeld mindestens € 60,– beträgt (ohne die Verfahrenskosten), erhalten Sie eine Eintragung in das Fahreignungsregister. Haben Sie durch ein und dieselbe Handlung mehrere Verkehrsordnungswidrigkeiten gleichzeitig begangen (sog. **Tateinheit**), gibt es hierfür **nur einmal** Punkte – und zwar für die Tat mit der höchsten Punktzahl.

4.2 Wann haben Punkte ernsthafte Folgen?

Das kommt darauf an, wie viele Punkte Sie haben:

- Bei **vier bis fünf** Punkten werden Sie ermahnt und von der örtlichen Straßenverkehrsbehörde über Ihren Punktestand informiert. Gleichzeitig erhalten Sie eine Empfehlung zur Teilnahme an einem **freiwilligen Fahreignungsseminar.** Nehmen Sie an diesem Teil, wird Ihnen ein Punkt erlassen.
- Bei **sechs bis sieben** Punkten werden Sie gebührenpflichtig verwarnt. Durch die Teilnahme an einem Fahreignungsseminar besteht keine Möglichkeit mehr zur Punktereduzierung.

- Bei **acht** Punkten kommt es direkt zum **Entzug der Fahrerlaubnis.** Eine Neuerteilung erfolgt frühestens nach **sechs Monaten** und in der Regel nach dem sogenannten »Idiotentest« (medizinisch-psychologische Untersuchung oder kurz: **MPU**).

Die Bescheinigung über die erfolgte Teilnahme muss der Zulassungsbehörde innerhalb von drei Monaten nach Seminarende vorgelegt werden. Es kann nur **alle fünf Jahre** einmal ein Punktabzug durch Teilnahme an Seminaren erreicht werden.

Zumindest die freiwillige Teilnahme bei Erreichung von vier bis fünf Punkten mit der Aussicht auf Reduzierung der eingetragenen Punktzahl um einen Punkt sollten betroffene Autofahrer ernsthaft in Betracht ziehen.

4.3 Wann werden Punkte gelöscht?

Die Eintragungen im Fahreignungsregister werden **nach Ablauf einer bestimmten Zeit** automatisch wieder gelöscht. Die Tilgungsfristen betragen

- **zweieinhalb** Jahre bei mit einem Punkt sanktionierten Ordnungswidrigkeiten,
- **fünf** Jahre bei Ordnungswidrigkeiten und Straftaten, die mit zwei Punkten bestraft werden,
- **zehn** Jahre für schwere Straftaten, bei deren Vorliegen drei Punkte erteilt werden.

4.4 Wie erfahren Sie Ihren Punktestand?

Wenn Sie sich nicht sicher sind, wie Ihr derzeitiger Punktestand aussieht, können Sie sich **kostenlos** bei der »Verkehrssünderkartei« erkundigen. Richten Sie Ihren »Antrag auf Auskunft aus dem Fahreignungsregister« an das

Kraftfahrt-Bundesamt,
24932 Flensburg.

! Sie finden die erforderlichen Formulare zum Ausdrucken sowie weitere Informationen zur Antragstellung im Internet unter www.kba.de.

5 Auszug aus dem Bußgeldkatalog

Die hier aufgeführten Beträge sind **Regelsätze,** die von fahrlässiger Begehung und gewöhnlichen Tatumständen ausgehen. Wichtig: Die Regelsätze erhöhen sich bei einer **Gefährdung** oder **Sachbeschädigung.** Werden durch eine Handlung **mehrere Tatbestände** verwirklicht, ist nur ein Regelsatz, bei **unterschiedlichen Regelsätzen** der höchste, anzuwenden.

Abstand	**Euro**	**Punkte**	**Fahrverbot / Monate**
Der Abstand von einem vorausfahrenden Fahrzeug betrug in Meter (bei einer Geschwindigkeit von mehr als 80 km/h) weniger als:			
$^{5}/_{10}$ des halben Tachowertes	75,–	1	
$^{4}/_{10}$ des halben Tachowertes	100,–	1	
$^{3}/_{10}$ des halben Tachowertes	160,–	2	1
$^{2}/_{10}$ des halben Tachowertes	240,–	2	2
$^{1}/_{10}$ des halben Tachowertes	320,–	2	3
Der Abstand von einem vorausfahrenden Fahrzeug betrug in Meter (bei einer Geschwindigkeit von mehr als 130 km/h) weniger als:			
$^{5}/_{10}$ des halben Tachowertes	100,–	1	
$^{4}/_{10}$ des halben Tachowertes	180,–	1	
$^{3}/_{10}$ des halben Tachowertes	240,–	2	1
$^{2}/_{10}$ des halben Tachowertes	320,–	2	2
$^{1}/_{10}$ des halben Tachowertes	400,–	2	3

Autobahn	**Euro**	**Punkte**	**Fahrverbot / Monate**
Beim Einfahren Vorfahrt durchgehender Fahrbahn nicht beachtet	75,–	1	
Auf Autobahnen oder Kraftfahrstraßen gewendet, rückwärts oder entgegen der Fahrtrichtung gefahren			
– in einer Ein- oder Ausfahrt	75,–	1	
– auf Nebenfahrbahn oder Seitenstreifen	130,–	1	
– auf durchgehender Fahrbahn	200,–	2	1
– Seitenstreifen zum Zwecke des schnelleren Vorwärtskommens benutzt	75,–	1	
Auf Autobahnen oder Kraftfahrstraßen Fahrzeug			
– gehalten	30,–		
– geparkt	70,–	1	

Alkohol	**Euro**	**Punkte**	**Fahrverbot / Monate**
Zuwiderhandlung gegen § 24 a StVG			
Kraftfahrzeug geführt mit einer Blutalkoholkonzentration von 0,5 ‰ oder mehr oder einer Alkoholmenge im Körper, die zu einer solchen Blutalkoholkonzentration geführt hat	500,–	2	1
– bei Wiederholung	1 000,–	2	3
– bei mehrfacher Wiederholung	1 500,–	2	3
Kraftfahrzeug geführt unter Drogeneinfluss	500,–	2	1
– bei Wiederholung	1 000,–	2	3
– bei mehrfacher Wiederholung	1 500,–	2	3
Verstoß gegen die Nullpromillegrenze für Fahranfänger	250,–	1	

Fristenüberschreitung	**Euro**	**Punkte**	**Fahrverbot / Monate**
Den Termin für die Hauptuntersuchung – um mehr als 2 Monate – um mehr als 2 bis zu 4 Monate überschritten – um mehr als 4 bis zu 8 Monate überschritten – um mehr als 8 Monate überschritten	 15,– 25,– 60,– 75,–	 1 1	
Den Termin für die Abgasuntersuchung – um mehr als 2 bis zu 4 Monate überschritten – um mehr als 4 bis zu 8 Monate überschritten – um mehr als 8 Monate überschritten	 25,– 60,– 75,–	 1 1	

Fußgänger und Radfahrer	**Euro**	**Punkte**	**Fahrverbot / Monate**
Bei stockendem Verkehr auf einen Fußgängerüberweg gefahren	5,–		
Unzulässig auf Geh- und Radwegen geparkt – mit Behinderung	20,– 30,–		
In einem Fußgängerbereich einen Fußgänger gefährdet – bei dort zugelassenem Fahrzeugverkehr – bei dort nicht zugelassenem Fahrzeugverkehr	 60,– 70,–	 1 1	
Beim Abbiegen keine Rücksicht auf einen Fußgänger genommen und ihn dadurch gefährdet	70,–	1	

Geschwindigkeit **Überschreitung km / h**	**Euro**		**Punkte**		**Fahrverbot / Monate**	
	inner-orts	außer-orts	inner-orts	außer-orts	inner-orts	außer-orts
bis 10	15,–	10,–				
11 – 15	25,–	20,–				
16 – 20	35,–	30,–				
21 – 25	80,–	70,–	1	1		
26 – 30	100,–	80,–	1	1		
31 – 40	160,–	120,–	2	1	1	1
41 – 50	200,–	160,–	2	2	1	1
51 – 60	280,–	240,–	2	2	2	1
61 – 70	480,–	440,–	2	2	3	2
über 70	680,–	600,–	2	2	3	3

Gurtanlegepflicht	**Euro**	**Punkte**	**Fahrverbot / Monate**
– Verstoß gegen die Gurtanlegepflicht	30,–		
– Mitnahme von Kind ohne angelegten Gurt	60,–	1	
– Mitnahme von mehreren Kindern ohne angelegten Gurt	70,–	1	
– nicht ausreichende Sicherung eines Kindes, z. B. nur Gurt, kein Kindersitz	30,–		
– nicht ausreichende Sicherung mehrerer Kinder, z. B. nur Gurt, kein Kindersitz	35,–		

Halten und Parken Definition Parken: Verlassen des Fahrzeugs; Halten für mehr als drei Minuten	**Euro**	**Punkte**	**bei Behinderung**
Halten auf Fußgängerüberwegen, bis zu 5 m davor	10,–		15,–
auf Bahnübergängen	10,–		15,–
vor und in Feuerwehrzufahrten	10,–		15,–
an Taxiständen	10,–		15,–
bis zu 10 m vor Lichtzeichen	10,–		15,–
im Halteverbot	10,–		15,–
in »zweiter Reihe«	15,–		20,–
Parken auf Geh- und Radwegen	20,–		30,–
an engen und unübersichtlichen Stellen	15,–		25,–
auf Fußgängerüberwegen sowie bis zu 5 m davor	15,–		25,–
vor und in Feuerwehrzufahrten	35,–		
und dadurch Rettungsfahrzeuge im Einsatz behindert	65,–	1	
bis zu 10 m vor Lichtzeichen	15,–		25,–
unberechtigt auf Schwerbehinderten-Parkplatz	35,–		
in »zweiter Reihe«	20,–		25,–
Parken an Parkuhr / mit Parkscheibe / -schein			
An einer abgelaufenen Parkuhr, ohne vorgeschriebene Parkscheibe, ohne Parkschein oder unter Überschreitung der Höchstparkdauer geparkt			
– bis 30 Minuten	10,–		
– bis zu 1 Stunde	15,–		
– bis zu 2 Stunden	20,–		
– bis zu 3 Stunden	25,–		
– länger als 3 Stunden	30,–		
Auf einer Autobahn oder Kraftfahrstraße gehalten	30,–		
Auf einer Autobahn oder Kraftfahrstraße geparkt	70,–	1	

Überholen	Euro	Punkte	Fahrverbot / Monate
– unter Nichtbeachten von Verkehrszeichen	70,–	1	
Zum Überholen ausgeschert und dadurch nachfolgenden Verkehr gefährdet	80,–	1	
Innerhalb geschlossener Ortschaften rechts überholt	30,–		
– mit Sachbeschädigung	35,–		
Außerhalb geschl. Ortschaften rechts überholt	100,–	1	
Überholt, obwohl nicht übersehen werden konnte, dass während des ganzen Überholvorganges jede Behinderung des Gegenverkehrs ausgeschlossen war, oder bei unklarer Verkehrslage	100,–	1	
– und dabei Verkehrszeichen (Zeichen 276, 277) nicht beachtet oder Fahrstreifenbegrenzung überquert oder überfahren oder der durch Pfeile vorgeschriebenen Fahrtrichtung nicht gefolgt	150,–	1	
– mit Gefährdung oder	250,–	2	1
– Sachbeschädigung	300,–	2	1

Vorfahrt / Wechsellichtzeichen	Euro	Punkte	Fahrverbot / Monate
Beim Einfahren in eine Autobahn oder Kraftfahrstraße Vorfahrt auf der durchgehenden Fahrbahn nicht beachtet	75,–	1	
Vorfahrt oder Stoppschild nicht beachtet und dadurch einen anderen gefährdet	70,–	1	
Ampel bei Rot überfahren	90,–	1	
– mit Gefährdung oder	200,–	2	1
– Sachbeschädigung	240,–	2	1
– Ampel bei schon länger als 1 Sekunde leuchtendem »Rot« überfahren	200,–	2	1
– bei schon länger als 1 Sekunde andauernder Rotphase, verbunden mit Gefährdung oder	320,–	2	1
– Sachbeschädigung	360,–	2	1

6 So ist die Rechtslage im EU-Ausland

6.1 Andere Länder, andere Preise

Viele typische Reiseländer der Deutschen haben **deutlich höhere Bußgelder** für Verkehrsverstöße normiert, als sie in Deutschland üblich sind.

Das Ignorieren von ausländischen Bußgeldbescheiden hilft nicht mehr. Bußgelder aus dem EU-Ausland können in der Regel auch in Deutschland vollstreckt werden.

Allerdings ist die **Vollstreckung erst ab einer Höhe von € 70,– möglich.** Da für die Berechnung der € 70,– nicht nur das Bußgeld selbst, sondern auch die Verwaltungskosten herangezogen werden, ist der Betrag schnell erreicht.

6.2 Besonderheiten in einzelnen Ländern

- **Belgien**

  In Belgien kann die Polizei **das Auto** sogar bis zum vollständigen Bezahlen des Bußgeldes **festhalten.**

- **Dänemark**

  Alkohol am Steuer kann in Dänemark richtig teuer werden. Das Bußgeld wird dabei **anhand des Monatsverdienstes** berechnet. Die dänischen Behörden gelangen an die Information über den Verdienst, indem sie ein förmliches Ermittlungsverfahren einleiten. Dieses Ermittlungsverfahren kann über ein Rechtshilfeersuchen auch in Deutschland fortgeführt werden. In Dänemark müssen Sie auch tagsüber auf allen Straßen das Abblendlicht einschalten.

  Die Polizei in Dänemark greift gegenüber Verkehrssündern hart durch. Grundsätzlich ist das Bußgeld **an Ort und Stelle zu bezahlen.** Ist das dem Autofahrer nicht möglich, wird häufig eine Sicherheitsleistung oder eine Kaution verlangt. Kann diese nicht geleistet werden, kann auch das **Auto beschlagnahmt** werden.

- **Frankreich**

  In jedem Auto muss **ein Alkoholtestgerät mitgeführt** werden. Allerdings werden **vorerst** keine Bußgelder erhoben, wenn kein Alkoholtestgerät mitgeführt wird. Außerdem muss jedes Auto **mindestens eine Warnweste** für den Fahrer mit sich führen. Wenn die Mitfahrer nach einem Unfall oder einer Autopanne aus dem Auto aussteigen wollen, benötigen auch sie eine

Warnweste. Darüber hinaus sind Verbandskasten und Warndreieck mitzuführen. Für Fahranfänger gelten drei Jahre lang besondere Geschwindigkeitsbeschränkungen.

- **Großbritannien**

  Richtig teuer werden kann im Vereinigten Königreich das Fahren mit einem Alkoholwert von 0,8 ‰ oder mehr. Hier können bis zu € 5 715,– Bußgeld erhoben werden.

- **Italien**

  Auch hier wird das Fahren unter Alkoholeinfluss teuer. Bei einem Alkoholwert von 0,5 ‰ und mehr wird ein Bußgeld von mindestens € 500,– fällig.

  Bei einer Geschwindigkeitsüberschreitung von 20 km/h sowie beim Überfahren einer roten Ampel beginnen die Bußgelder bei € 170,–. Als Besonderheit ist hier zu beachten, dass das Bußgeld **nachts um ein Drittel** höher ist. Auf Autobahnen und außerorts ist das Abblendlicht auch tagsüber Pflicht.

  Das Tragen einer **Warnweste** ist bei Verlassen des Autos außerhalb von geschlossenen Ortschaften Pflicht. Außerdem müssen ein Verbandskasten und ein Warndreieck im Auto deponiert sein.

  Bußgelder aus Italien können derzeit noch nicht in Deutschland vollstreckt werden, weil das Vollstreckungsabkommen noch nicht in innerstaatliches Recht umgesetzt ist.

- **Luxemburg**

  In Luxemburg wird ab 0,5 ‰ im Blut ein Bußgeld ab € 100,– fällig.

- **Niederlande**

  In den Niederlanden wird ab einem Blutalkoholwert von 0,5 ‰ ein Bußgeld ab € 350,– fällig. Bei unseren niederländischen Nachbarn werden auch **Parkverstöße** richtig teuer. Hier werden Sie mit mindestens € 90,– belangt.

- **Österreich**

  Das Fahren unter Alkoholeinfluss wird mit mindestens € 300,– sanktioniert. Das gilt ab einem Promillewert von 0,5 ‰.

  Auch in Österreich ist das Tragen einer **Warnweste** bei Verlassen des Autos bei einem Unfall oder einer Autopanne Pflicht. Ein Verbandskasten und ein Warndreieck sind mitzuführen.

- **Polen**

  In Polen wird das Fahren unter Alkoholeinfluss bereits ab **0,2 ‰** im Blut bestraft.

  In Polen zugelassene Kraftfahrzeuge müssen sogar einen **Feuerlöscher,** darüber hinaus alle anderen Pkws ein Warndreieck und ein Verbandskasten mit sich führen. Sie müssen auch tagsüber das **Abblendlicht** anschalten. Bei Zuwiderhandeln wird ein Bußgeld ab € 10,– fällig.

  In der Durchsetzung der Bußgelder vor Ort sind die polnischen Behörden inzwischen **weniger streng.** Bußgelder müssen nicht mehr sofort bezahlt werden. Die Polizei muss auch eine Rechnung ausstellen.

- **Schweiz**

  Ganz wichtig: Die Schweiz ist **kein EU-Land,** folglich kann aus der Schweiz nicht über das Bundesamt der Justiz in Deutschland vollstreckt werden. Aber zu früh freuen sollten Sie sich hier auch nicht. Wenn Sie ein Bußgeld nicht bezahlen, werden Sie in das schweizerische **Fahndungsregister** aufgenommen. Wenn Sie dann erneut in die Schweiz einreisen, können Sie dort zur Zahlung gezwungen werden. Die Vollstreckungsverjährung beträgt drei Jahre.

  Fahren unter Alkoholeinfluss wird bei den Eidgenossen mit hohen Geldstrafen und sogar Gefängnis sanktioniert. Das gilt ab einem Alkoholwert von 0,5 ‰ im Blut. Für Führerscheininhaber auf Probe und Berufskraftfahrer gilt eine strikte Promille-Grenze von 0,1 ‰. Auch in der Schweiz müssen Sie auf allen Straßen tagsüber mit Licht fahren.

- **Ungarn**

  In Ungarn müssen die Bußgelder vor Ort entweder in Forint oder aber per Scheck bezahlt werden.

  Die Promillegrenze liegt bei **0,0 ‰.** Bei Fahren unter Alkoholeinfluss kommt es häufig zu einem **sofortigen Führerscheinentzug.**

  In Ungarn müssen Sie auf Autobahnen und außerorts auch tagsüber das **Abblendlicht** einschalten. Bei Zuwiderhandeln wird ein Bußgeld ab € 40,– fällig.

Alle weiteren Bußgelder auch für weitere europäische Länder können Sie der nachfolgenden **Tabelle** entnehmen.

6.3 Bußgeldübersicht Europa

	Alkohol am Steuer	20 km/h zu schnell	Überfahren einer roten Ampel	Telefonieren am Steuer	Überholverstoß	In Deutschland vollstreckbar
Deutschland	ab 500	bis 35	90 bis 320	40	30 bis 250	(+)
Belgien	ab 150	ab 100	ab 150	ab 100	ab 150	ab 70
Bulgarien	ab 100	ab 25	ab 25	ab 25	ab 30	ab 70
Dänemark	ab 1 MV	ab 135	270	200	270	ab 70
Finnland	ab 15 TS	ab 70	ab 10 TS	bis 115	ab 10 TS	ab 70
Frankreich	ab 135	ab 135	ab 135	ab 135	ab 135	ab 70
Griechenland	ab 80	ab 100	ab 350	100	ab 350	(-)
Großbritannien	bis 5715	ab 70	ab 70	ab 75	ab 70	ab 70
Italien	ab 500	ab 170	ab 170	ab 155	ab 85	(-)
Kroatien	ab 90	ab 65	ab 260	ab 65	ab 90	ab 70
Luxemburg	ab 100	ab 50	ab 145	75	145	ab 70
Mazedonien	ab 250	ab 20	ab 300	45	ab 35	(-)
Montenegro	ab 70	ab 70	ab 70	ab 60	ab 70	(-)
Niederlande	ab 350	ab 160	220	220	220	ab 70
Norwegen	ab 670	ab 480	700	175	700	(-)
Österreich	ab 300	ab 20	ab 70	ab 50	ab 70	ab 70
Polen	ab 145	ab 25	ab 75	ab 50	ab 60	ab 70
Portugal	ab 250	ab 60	ab 120	ab 120	ab 120	ab 70
Rumänien	ab 145	ab 95	ab 65	ab 65	ab 95	ab 70
Schweden	ab 40 TS	ab 290	ab 300	kein Verbot	ab 300	ab 70

	Alkohol am Steuer	20 km/h zu schnell	Überfahren einer roten Ampel	Telefonieren am Steuer	Überhol-verstoß	In Deutsch-land voll-streckbar
Schweiz	ab 485	ab 145	ab 200	80	ab 240	(-)
Serbien	ab 45	ab 45	ab 135	45	ab 135	(-)
Slowakei	ab 450	ab 50	150	ab 60	150	ab 70
Slowenien	ab 300	ab 50	250	120	ab 500	ab 70
Spanien	ab 500	ab 100	ab 200	ab 200	ab 200	ab 70
Tschechien	ab 100	ab 60	ab 100	ab 60	ab 200	ab 70
Ungarn	bis 980	bis 100	bis 330	bis 100	bis 330	ab 70

Alle Beträge beinhalten Strafe und Verwaltungskosten

Alle Beträge sind in Euro

TS = Tagessatz

MV = Monatsverdienst

Abkürzungsverzeichnis

a. A.	anderer Ansicht
a. a. O.	am angegebenen Ort
Abs.	Absatz
Abschn.	Abschnitt
AbwAG	Abwasserabgabengesetz
a. F.	alte Fassung (des Gesetzes)
AFG	Arbeitsförderungsgesetz
AFWoG	Gesetz zum Abbau der Fehlsubventionierung im Wohnungswesen
AG	Amtsgericht
AGB	Allgemeine Geschäftsbedingungen
AGBG	Gesetz zur Regelung des Rechts der Allgemeinen Geschäftsbedingungen
AGG	Allgemeines Gleichbehandlungsgesetz
AgV	Arbeitsgemeinschaft der Verbraucherverbände e.V.
AHB	Allgemeine Haftpflichtversicherungsbedingungen
AIZ	Allgemeine Immobilienzeitung
AKB	Allgemeine Bedingungen für die Kraftfahrtversicherung
Alt.	Alternative
AltTZG	Altersteilzeitgesetz
a. M.	andere Meinung
Amtsbl	Amtsblatt
AnfG	Anfechtungsgesetz
AO	Abgabenordnung
AP	Arbeitsrechtliche Praxis (Sammlung der Entscheidungen des Bundesarbeitsgerichts, der Landesarbeitsgerichte und Arbeitsgerichte)
ARB	Allgemeine Rechtsschutzversicherungsbedingungen
ArbG	Arbeitsgericht
ArbGG	Arbeitsgerichtsgesetz
ArbPlSchG	Arbeitsplatzschutzgesetz
ArbSchG	Arbeitsschutzgesetz
ArbStVO	Arbeitsstättenverordnung
ArbuR	Arbeit und Recht (Zeitschrift)
ArbZG	Arbeitszeitgesetz
AuA	Arbeit und Arbeitsrecht (Zeitschrift)
AUB	Allgemeine Unfallversicherungsbedingungen
AVB	Allgemeine Versicherungsbedingungen

AVBEltV	Allgemeine Bedingungen für die Elektrizitätsversorgung von Tarifkunden
AVBGasV	Verordnung über Allgemeine Bedingungen für die Gasversorgung von Tarifkunden
AVS	Allgemeiner Vertragsrechtsschutz
AZ	Aktenzeichen
BA	Bundesagentur für Arbeit
BAföG	Bundesausbildungsförderungsgesetz
BÄO	Bundesärzteordnung
BAG	Bundesarbeitsgericht
BAK	Blutalkoholkonzentration
BAT	Bundesangestelltentarif
BauGb	Baugesetzbuch
BauNVO	Baunutzungsverordnung
BauO NW	Bauordnung des Landes Nordrhein-Westfalen
BauR	Baurecht (Zeitschrift)
BayObLG	Bayerisches Oberstes Landesgericht
BayStrWG	Bayerisches Straßen- und Wegegesetz
BB	Der Betriebsberater (Zeitschrift)
BBG	Bundesbeamtengesetz
BBiG	Berufsbildungsgesetz
Bd.	Band
BDSG	Bundesdatenschutzgesetz
BEEG	Gesetz zum Elterngeld und zur Elternzeit
BEG	Bundesgesetz zur Entschädigung für Opfer der nationalsozialistischen Verfolgung
BErzGG	Gesetz über die Gewährung von Erziehungsgeld und Erziehungsurlaub
BeschFG	Beschäftigungsförderungsgesetz
BetrAVG	Gesetz zur Verbesserung der betrieblichen Altersversorgung
BetrKV	Betriebskostenverordnung
BetrVG	Betriebsverfassungsgesetz
BeurkG	Beurkundungsgesetz
BezG	Bezirksgericht
BGB	Bürgerliches Gesetzbuch
BGB-InfoV	BGB-Informationspflichtenverordnung
BGBl	Bundesgesetzblatt
BGH	Bundesgerichtshof
BGH LM	Rechtsprechung des Bundesgerichtshofs (Lindenmaier-Möhring)
BGH Warn	Rechtsprechung des Bundesgerichtshofs (Warneyer)

BGHZ	Entscheidungen des Bundesgerichtshofs in Zivilsachen (amtliche Sammlung)
BHB	Besondere Bedingungen und Risikobeschreibungen für die Berufshaftpflichtversicherung von Architekten, Bauingenieuren und beratenden Ingenieuren
BImSchG	Bundesimmissionsschutzgesetz
BlGBWR	Blätter für Grundstücks-, Bau- und Wohnrecht
BMA	(ehemaliges) Bundesministerium für Arbeit und Sozialordnung
BMÄ	Bewertungsmaßstab Ärzte
BMGS	Bundesministerium für Gesundheit und Soziale Sicherung
BMJ	Bundesministerium der Justiz
BMV / Ä	Bundesmantelvertrag/Ärzte
BMWA	Bundesministerium für Wirtschaft und Arbeit
BNatSchG	Bundesnaturschutzgesetz
BNotO	Bundesnotarordnung
b+p	Beruf und Personal (Zeitschrift)
BPersVertrG	Bundespersonalvertretungsgesetz
BRAGO	Bundesgebührenordnung für Rechtsanwälte
BRAK-Mitt.	Mitteilungen der Bundesrechtsanwaltskammer
BRAO	Bundesrechtsanwaltsordnung
BSG	Bundessozialgericht
BSHG	Bundessozialhilfegesetz
BtG	Betreuungsgesetz
BTOEltV	Bundestarifordnung Elektrizität
BUrlG	Bundesurlaubsgesetz
BUZ	Berufsunfähigkeits-Zusatzversicherung
II. BV	Zweite Berechnungsverordnung
BVerfG	Bundesverfassungsgericht
BVerfGG	Entscheidungen des Bundesverfassungsgerichts (amtliche Sammlung)
BVerwG	Bundesverwaltungsgericht
BVerwGE	Entscheidungen des Bundesverwaltungsgerichts (amtliche Sammlung)
bzw.	beziehungsweise
CCI	Computerrecht Intern (Zeitschrift)
CR	Computer und Recht (Zeitschrift)
DAR	Deutsches Autorecht (Zeitschrift)
DAT	Deutsche Automobil Treuhand GmbH
DB	Der Betrieb (Zeitschrift)
DDR-FGB	Familiengesetzbuch der DDR
DDR-GBl	Gesetzblatt der DDR

d.h.	das heißt
DIN	Deutsche Industrie-Norm
DNotZ	Deutsche Notar-Zeitschrift
DöV	Die öffentliche Verwaltung (Zeitschrift)
DtZ	Deutsch-Deutsche Rechts-Zeitschrift
DVBl	Deutsches Verwaltungsblatt (Zeitschrift)
DVNÄG	Durchführungsverordnung zum Namensänderungsgesetz
DWE	Der Wohnungseigentümer (Zeitschrift)
DWW	Deutsche Wohnungswirtschaft (Zeitschrift)
EBE	Eildienst bundesgerichtlicher Entscheidungen
ec	Eurocheque
EGBGB	Einführungsgesetz zum BGB
EGG	Gesetz über rechtliche Rahmenbedingungen für den elektronischen Geschäftsverkehr
EheG	Ehegesetz
EnEV	Energieeinsparverordnung
EntgfzG	Entgeltfortzahlungsgesetz
EnWG	Energiewirtschaftsgesetz
ErbbRVO	Verordnung über das Erbbaurecht
EStG	Einkommensteuergesetz
EuGH	Gerichtshof der Europäischen Gemeinschaften
EuGVÜ	Übereinkommen über die gerichtliche Zuständigkeit und Vollstreckung gerichtlicher Entscheidungen in Zivil- und Handelssachen
EVO	Eisenbahn-Verkehrsordnung
EWG-Vertrag	Vertrag zur Gründung der Europäischen Wirtschaftsgemeinschaft
EZA	Entscheidungssammlung zum Arbeitsrecht
f.	folgende
FamRZ	Zeitschrift für das gesamte Familienrecht
FernAbsG	Fernabsatzgesetz
FernUSG	Gesetz zum Schutz der Teilnehmer am Fernunterricht
ff.	fortfolgende
FG	Finanzgericht
FGG	Gesetz über die Angelegenheiten der freiwilligen Gerichtsbarkeit
FVE	Fremdenverkehrsrechtliche Entscheidungen
GasGVV	Gasgrundversorgungsverordnung
GBO	Grundbuchordnung
GE	Das Grundeigentum
GemHH	Der Gemeindehaushalt (Zeitschrift)
GewO	Gewerbeordnung
GewSchG	Gewaltschutzgesetz

GG	Grundgesetz
GKG	Gerichtskostengesetz
GmbH	Gesellschaft mit beschränkter Haftung
GOÄ	Gebührenordnung für Ärzte
GOZ	Gebührenordnung für Zahnärzte
GrdstVG	Grundstücksverkehrsgesetz
GrEStG	Grunderwerbsteuergesetz
GRG	Gesundheits-Reformgesetz
GrundMV	Grundmietverordnung
GrStG	Grundsteuergesetz
GRUR	Gewerblicher Rechtsschutz und Urheberrecht (Zeitschrift)
GVBl	Gesetz- und Verordnungsblatt
GVG	Gerichtsverfassungsgesetz
GvKostG	Gerichtsvollzieherkostengesetz
GV-NW	Gesetz- und Verordnungsblatt (Nordrhein-Westfalen)
GVV	Grundversorgungsverordnung
HansOLG	Hanseatisches Oberlandesgericht
HausratV	Verordnung über die Behandlung der Ehewohnung und des Hausrats
HeizkostenV	Verordnung über Heizkostenabrechnung
HGB	Handelsgesetzbuch
HKVO	Heizkostenverordnung
h. M.	herrschende Meinung
HmbGE	Hamburger Gerichtsentscheid
HOAI	Honorarordnung für Architekten und Ingenieure
HRG	Gesetz zur Regelung von Härten im Versorgungsausgleich
HWiG	Gesetz über den Widerruf von Haustürgeschäften und ähnlichen Geschäften
HwO	Gesetz zur Ordnung des Handwerks
IATA	International Air Transport Association
i. d. F.	in der Fassung
InfVO	Verordnung über die Informationspflichten von Reiseveranstaltern
inkl.	inklusive
InsO	Insolvenzordnung
i. V. m.	in Verbindung mit
JArbSchG	Jugendarbeitsschutzgesetz
JÖschG	Gesetz zum Schutz der Jugend in der Öffentlichkeit
JuSchG	Jugendschutzgesetz
JWG	Jugendwohlfahrtsgesetz
KAG	Kommunalabgabengesetz
KAPOVAZ	Kapazitätsorientierte variable Arbeitszeit

KG	Kommanditgesellschaft
KG-Berlin	Kammergericht Berlin
KindUG	Kinderunterhaltsgesetz
KO	Konkursordnung
KostO	Kostenordnung
K&R	Kommunikation und Recht (Zeitschrift)
KreisG	Kreisgericht
KSchG	Kündigungsschutzgesetz
KStZ	Kommunale Steuer-Zeitschrift
LAG	Landesarbeitsgericht bzw. Lastenausgleichsgesetz
LAGE	Entscheidungen der Landesarbeitsgerichte
LBO	Landesbauordnung
LG	Landgericht
LohnfortzG	Lohnfortzahlungsgesetz
LSozG	Landessozialgericht
LuftVG	Luftverkehrsgesetz
MaBV	Makler- und Bauträgerverordnung
MBKK	Musterbedingungen für die Krankheitskosten- und Krankenhaustagegeldversicherung
MBKT	Musterbedingungen für die Krankentagegeldversicherung
MdE	Minderung der Erwerbsfähigkeit
MDR	Monatszeitschrift für Deutsches Recht
MHG	Gesetz zur Regelung der Miethöhe
MietRB	Mietrechtsberater (Zeitschrift)
MM	Mietrechtliche Mitteilungen (im Mietermagazin Berlin)
MMR	Multimedia und Recht (Zeitschrift)
MontÜbk	Montrealer Übereinkommen
MuBO	Musterberufsordnung für Ärzte
MuSchG	Mutterschutzgesetz
m. w. N.	mit weiteren Nachweisen (z.B. aus Schrifttum und Rechtsprechung)
MwSt.	Mehrwertsteuer
NachwG	Nachweisgesetz
NÄG	Namensänderungsgesetz
Nds. Rpfl.	Der niedersächsische Rechtspfleger (Zeitschrift)
n. F.	neue Fassung (des Gesetzes)
NJW	Neue Juristische Wochenschrift (Zeitschrift)
NJW-CoR	Computerreport der Neuen Juristischen Wochenschrift (Zeitschrift)
NJW-RR	NJW-Rechtsprechungsreport (Zeitschrift)
NJWE-VHR	NJW-Entscheidungsdienst Versicherungs-/ Haftungsrecht (Zeitschrift)

NMV	Neubaumietenverordnung
n. rk.	nicht rechtskräftig
n. v.	nicht veröffentlicht
NVersZ	Neue Zeitschrift für Versicherung und Recht
NVwZ	Neue Zeitschrift für Verwaltungsrecht
NVwZ-RR	NVwZ-Rechtsprechungsreport (Zeitschrift)
NWVBl.	Nordrhein-Westfälische Verwaltungsblätter (Zeitschrift)
NZA	Neue Zeitschrift für Arbeits- und Sozialrecht
NZM	Neue Zeitschrift für Miet- und Wohnungsrecht
NZV	Neue Zeitschrift für Verkehrsrecht
o. dgl.	oder dergleichen
OEG	Opferentschädigungsgesetz
OHG	offene Handelsgesellschaft
OLG	Oberlandesgericht
OLGZ	Entscheidungen der Oberlandesgerichte in Zivilsachen
OVG	Oberverwaltungsgericht
OWiG	Gesetz über Ordnungswidrigkeiten
PBefG	Personenbeförderungsgesetz
PflVG	Pflichtversicherungsgesetz
PKH	Prozesskostenhilfe
PostG	Postgesetz
PreisAngVO	Preisangabenverordnung
ProdHG	Produkthaftungsgesetz
PuR	Praxis und Recht (Zeitschrift)
RAG	Rechtsanwendungsgesetz
RBerG	Rechtsberatungsgesetz
RDV	Recht der Datenverarbeitung (Zeitschrift)
RE	Rechtsentscheid
RegTP	Regulierungsbehörde für Telekommunikation und Post
RG	Reichsgericht
RGZ	Reichsgericht, Rechtsprechung in Zivilsachen
RpflG	Rechtspflegergesetz
RRA	ReiseRecht aktuell (Zeitschrift)
r+s	Recht und Schaden (Zeitschrift)
Rspr.	Rechtsprechung
RVG	Rechtsanwaltsvergütungsgesetz
RVO	Reichsversicherungsordnung
RW	Recht der Wohnungswirtschaft (Zeitschrift)
ScheckG	Scheckgesetz
SchwbG	Schwerbehindertengesetz
SG	Soldatengesetz bzw. Sozialgericht

SGB	Sozialgesetzbuch
SGG	Sozialgerichtsgesetz
SMS	Short Message Service
sog.	sogenannte / -r
StGB	Strafgesetzbuch
StPO	Strafprozessordnung
StromGVV	Stromgrundversorgungsverordnung
StVE	Straßenverkehrs-Entscheidungen
STVG	Straßenverkehrsgesetz
StVO	Straßenverkehrsordnung
StVZO	Straßenverkehrs- und Zulassungsordnung
TDDSG	Teledienste-Datenschutzgesetz
TDG	Teledienstgesetz
TDSV	Telekommunikationsdienstunternehmen-Datenschutzverordnung
TKG	Telekommunikationsgesetz
TKV	Telekommunikationsverordnung
TröD	Tarifvertrag für den öffentlichen Dienst
TzBfG	Teilzeit- und Befristungsgesetz
UÄndG	Gesetz zur Änderung unterhaltsrechtlicher, verfahrensrechtlicher und anderer Vorschriften
UrhG	Urheberrechtsgesetz
UVG	Unterhaltsvorschussgesetz
UWG	Gesetz gegen den unlauteren Wettbewerb
v.	vom
VAHRG	Gesetz zur Regelung von Härten im Versorgungsausgleich
VerbrKrG	Verbraucherkreditgesetz
VermG	Vermögensgesetz
VerschG	Verschollenheitsgesetz
VersR	Versicherungsrecht (Zeitschrift)
VG	Verwaltungsgericht
VGH	Verwaltungsgerichtshof
vgl.	vergleiche
VHB	Allgemeine Bedingungen für die Neuwertversicherung des Hausrats
VIZ	Zeitschrift für Vermögens- und Investitionsrecht
VO	Verordnung
VOB	Verdingungsordnung für Bauleistungen
VRS	Verkehrsrecht-Sammlung
VuR	Verbraucher und Recht (Zeitschrift)
VVG	Versicherungsvertragsgesetz
VwGO	Verwaltungsgerichtsordnung

VwVfG	Verwaltungsverfahrensgesetz
WA	Warschauer Abkommen
Warn-Rspr	Warneyer, Die Rechtsprechung
WE	Wohnungseigentum (Zeitschrift)
WEG	Wohnungseigentumsgesetz
WEZ	Zeitschrift für Wohnungseigentum
WG	Wechselgesetz
WHG	Wasserhaushaltsgesetz
WiStG	Wirtschaftsstrafgesetz
WM	Wertpapiermitteilungen (Zeitschrift)
WM/WuM	Wohnungswirtschaft und Mietrecht (Zeitschrift)
w. o.	wie oben
WoBauÄndG	Wohnungsbauänderungsgesetz
WoBindG	Wohnungsbindungsgesetz
WoFG	Wohnraumförderungsgesetz
WoFlV	Wohnflächenverordnung
WoVermG	Gesetz zur Regelung der Wohnungsvermittlung
WRP	Wettbewerb in Recht und Praxis (Zeitschrift)
ZAP	Zeitschrift für die Anwaltspraxis
z. B.	zum Beispiel
ZDG	Zivildienstgesetz
ZdK	Zentralverband des Kraftfahrzeuggewerbes
ZfIR	Zeitschrift für Immobilienrecht
ZfS	Zeitschrift für Schadensrecht
ZGB	Zivilgesetzbuch der DDR
ZIP	Zeitschrift für Wirtschaftsrecht und Insolvenzpraxis
ZKF	Zeitschrift für Kommunalfinanzen
ZMR	Zeitschrift für Miet- und Raumrecht
ZOV	Zeitschrift für offene Vermögensfragen
ZPO	Zivilprozessordnung
ZSEG	Gesetz über die Entschädigung von Zeugen und Sachverständigen
ZVG	Zwangsversteigerungsgesetz
zzt.	zurzeit

Index

A

B

D

E

F

G

H

I

K

V

W

Z